KB002613

물류관리사

CERTIFIED PROFESSIONAL LOGISTICIAN

동영상강의 www.pmg.co.kr

화물운송론

조윤성 편저

박문각 물류관리사

합격기준 박문각

PMG 박문각

이 책의 머리말

운전기사가 없는 차량이 도로를 주행하고, 드론이 배송을 담당하는 시대가 도래하고 있다. 로지스틱 4.0시대를 맞이하여 급속하게 변화되고 있는 운송환경에서 신속, 정확, 안전하면서도 경제적인 방법으로 운송서비스를 제공하는 것은 운송기업 및 종사자들의 임무라고 할 수 있다. 특히 구매형태가 오프라인에서 온라인으로 급속히 전환되고 있는 시점에서 개인들에 대한 Just In Time 배송서비스는 매우 주요한 운송형태로 자리 잡았다.

또한 경제의 글로벌화는 운송거리의 확대를 초래하고, 이는 운송비용의 증가는 물론 공급채널의 위험요인을 키우는 요소로 작용하고 있다. 따라서 운송과정에서의 위험을 완화하고 비용을 줄이는 일은 운송관리자의 큰 책임이 되고 있다.

따라서 기업들은 물류전문지식을 갖춘 인재들을 많이 필요로 하고 있다. 그동안 물류관리자들에게는 생산 및 유통의 지원자로서의 역할이 강조되어 왔으나 이제는 생산 및 판매의 기획단계에서부터 참여하고 효율적인 상품의 조달 및 공급체계를 설계하고, 시스템을 실행하는 핵심적인 역할을 담당하는 관리자로서 그 위상이 높아지고 있는 것이다.

물류관리사 자격증은 기업에서 필요한 물류인재를 확보하기 위한 중요한 판단의 기준이 될 수 있는 요소이다. 물론 물류관리사 자격증을 취득하였다고 물류관리 현장에서 곧 바로 독자적으로 업무수행을 할 수 있는 능력이 확보되거나 검증된 것은 아니다. 물류관리사 자격증 취득에 필요한 지식수준은 물류관리업무에 입문할 수 있는 기본적인 소양을 갖춘 수준정도밖에 되지 않기 때문이다.

때문에 자격증을 취득하더라도 전문가가 되기 위해서는 더 많은 물류전문지식과 현장경험을 쌓아야 하며, 자격증 또한 그렇게 되기 위한 밑거름이라고 생각해야 한다.

특히 화물운송론은 물류비 중 비중이 가장 높은 물류기능이며, 물류현장에서 가장 빈번하게 마주치는 분야이다. 또한 고객만족서비스를 위해서도 가장 중요한 부분이다. 수배송시스템의 설계기법과 같이 어려운 분야도 있으나 훌륭한 관리자가 되기 위해서는 직접 설계할 필요까지는 없어도 개념을 정확히 이해하고 활용할 수는 있어야 한다.

따라서 화물운송론을 공부하는 데 있어서는 단순한 암기보다는 전체적인 내용을 이해하는 것이 필요하다.

지금까지의 출제경향도 이해 중심의 문제가 많이 출제되었다는 점을 상기해 주기 바란다.

본 교재는 가급적 현장실무에 초점을 맞춰 집필하였다. 부디 본 교재를 이용하여 공부하는 수험생 여러분들 모두 합격의 영광이 있기를 바라며 차근차근 준비해 나가시길 바란다.

끝으로 본 교재가 나올 수 있도록 지원해 주신 박문각 박용 회장님 이하 편집부 직원 여러분께 감사를 드린다.

편저자 조윤성

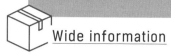

01 물류관리사란?

❶ 물류관리사(CPL : Certified Professional Logistician)

물류에 관한 전문지식이 필요한 사항에 대하여 계획·조사·연구·진단·평가 또는 이에 관한 상담·자문을 통하여 화물의 수송·보관·하역·포장 등의 물류관리에 필요한 직무를 수행하는 자를 말한다. 물류관리사가 되고자 하는 자는 국토교통부 장관이 실시하는 시험에 합격하여야 한다.

❷ 물류관리사의 업무영역

물류관리사는 물류시스템 기획, 물류정보시스템 개발, 물류기술 개발, 물류센터 운영, 수배송 관리업무, 물류 창고 및 자재·재고관리 업무, 물류컨설팅 등의 업무를 담당하며, 전 산업분야에서 활동하고 있다.

물류관리사를 필요로 하는 조직		
•유통업체	•생산업체	•교육기관
•정부기관	•서비스기관	•컨설팅회사
•물류기업(운송, 보관)		

❸ 물류관리사의 향후 전망

현재 물류관리사는 국내 제조업의 47%, 유통업의 24%가 물류전문인력이 부족한 상태이며, 앞으로 인력수요가 제조업은 3만여 명, 유통업은 7천여 명에 이를 것으로 예측하고 있다.

물류관리사는 물류관련 정부투자기관, 공사와 운송·유통·보관 전문회사, 대기업 또는 중소기업의 물류관련 부서(물류, 구매, 자재, 수송 등), 물류연구기관에 취업이 가능하며, 수송·보관·하역·포장 등 물류전부문의 효율성, 적시성, 생산성을 제고하기 위하여 부문별로 표준화, 자동화, 정보화 등을 계획·추진하여 기업의 합리적인 일관 물류체계를 구축하고 물류비를 절감하는 일을 담당할 것으로 기대된다.

각계 전문기관에서 물류부문을 전자상거래와 함께 21C 유망직종 중의 하나로 분류하고 있으며, 정부 차원에서 국가물류기본계획(2016~2025)을 수립하여 우리나라가 지향하는 물류미래상을 제시하고 세계속에서 경쟁할 수 있는 물류전문인력을 양성·보급한다는 장기 비전을 제시하고 있다.

❹ 물류관리사 합격자 통계현황

물류관리사는 지난 1997년 처음 도입한 후 제1회 시험부터 제23회 시험까지 총 31,076명이 배출되었다. 최근 5년간의 합격자는 제19회 1,727명(합격률 29.18%), 제20회 1,173명(합격률 21.22%), 제21회 1,657 명(합격률 34.2%), 제22회 1,994명(합격률 40.5%), 제23회 1,474명(합격률 26.82%)이다.

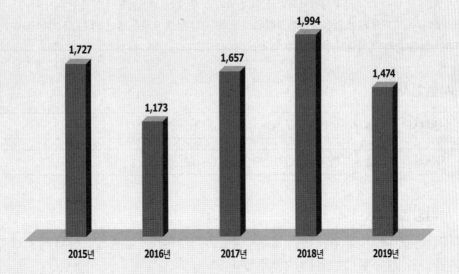

02 \ 물류관리사 시험

❶ 시험 개요

물류에 대한 사회적 인식의 제고와 함께 물류체계 개선을 위한 다각적인 대책이 강구되고 있는 시점에서 국가물류비 절감을 위해 H/W 측면의 물류시설 확충과 함께 이를 합리적으로 운영·관리할 물류 전문인력의 체계적 양성이 요구됨에 따라 물류 전문인력의 양성을 위하여 1995년 화물유통촉진법(현, 물류정책기본법)에 물류관리사 자격시험제도를 신설 입법화한 후, 1997년 9월부터 물류관리사 자격시험제도가 시행되었다(응시자격 제한 없음. 단, 부정행위로 인해 시험 무효처분을 받은 자는 그 처분을 받은 날로부터 3년간 물류관리사 시험에 응시할 수 없음).

❷ 시험실시기관

| 소관부처 | ➡ | 국토교통부(www.molit.go.kr) 물류정책과 |
| 시행처 | ➡ | 한국산업인력공단(www.Q-net.or.kr) |

❸ 시험방법

① 물류관리사 자격시험은 매년 1회 실시하되, 국토교통부장관이 물류관리사의 수급상 특히 필요하다고 인정하는 경우에는 2년마다 실시할 수 있다.
② 응시원서 접수는 인터넷 접수만 가능하며 시험장소는 원서 접수시 수험자가 직접 선택한다.
③ 시험은 필기의 방식으로 실시하며, 과목당 40문항씩 5지 택일형을 원칙으로 하되 기입형을 가미할 수 있다.

❹ 시험일정

매년 6월 또는 7월에 실시

❺ 시험과목 및 시험시간

시험은 물류관리 업무수행에 필요한 소양 및 지식의 검정과 이론 및 실무능력의 검정에 중점을 둔다.

분 류	시험과목	세부사항	문항 수	시험시간
1교시 (3과목)	물류관리론	물류관리론 내의 화물운송론·보관하역론 및 국제물류론은 제외	40	120분
	화물운송론		40	
	국제물류론		40	
2교시 (2과목)	보관하역론		40	80분
	물류관련법규	「물류정책기본법」, 「물류시설의 개발 및 운영에 관한 법률」, 「화물자동차 운수사업법」, 「항만운송사업법」, 「유통산업발전법」, 「철도사업법」, 「농수산물 유통 및 가격안정에 관한 법률」 중 물류 관련 규정	40	

↻ 시험과 관련하여 법률 등을 적용하여 정답을 구하여야 하는 문제는 시험 시행일을 기준으로 현재 시행 중인 법률을 적용하여 그 정답을 구하여야 함.

❻ 시험과목의 일부면제 및 제출서류

면제과목	물류관리론(화물운송론·보관하역론 및 국제물류론은 제외)·화물운송론·보관하역론 및 국제물류론에 관한 과목이 개설되어 있는 대학원에서 해당 과목을 모두 이수(학점을 취득한 경우로 한정함)하고 석사학위 이상의 학위를 받은 자는 시험과목 중 물류관련법규를 제외한 과목의 시험을 면제한다(과목면제자는 물류관련법규만 응시).
제출서류	과목면제 서류심사 신청서 1부, 대학원 성적증명서(원본) 1부, 학위증(학위기재) 사본 또는 졸업증명서 원본 1부

❼ 합격자 결정기준

매 과목 100점을 만점으로 하여 매 과목 40점 이상, 전 과목 평균 60점 이상 득점한 자를 합격자로 결정한다.

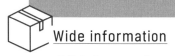

03 출제경향 및 수험대책

❶ 화물운송론이란?

화물운송은 재화의 장소적 이동기능을 담당하는 물류의 가장 기본적이고 중요한 기능이다. 화물운송비는 물류비 중 가장 많은 비중을 차지하고 있는 부문으로서 시스템의 효율화로 가장 큰 효과를 얻을 수 있는 부문이며, 보관·하역·포장 및 유통가공 부문에도 많은 영향을 주는 기능이다. 또한 트럭, 철도, 항공, 선박 및 파이프라인과 같은 다양한 운송수단을 이용하여 국내는 물론 외국과의 교역물자를 운송하는 광범위한 범위의 물류기능을 담당하고 있는 것이다. 한편 최근의 운송은 신속성을 최우선으로 하고 있으며 소량 다빈도 배송체계 속에서 Just in time으로 재화를 전달해야 하고, 구매자에 대한 고객만족 전달서비스를 제공해야 하는 기능까지도 담당하고 있으며, 이러한 운송을 효율적으로 수행하기 위한 다양한 정보시스템과 기기들이 활용되고 있다. 특히 소비의 온라인화는 택배서비스 수요를 급증시키고 있으며, 다양한 형태의 택배서비스가 제공되고 있고, 개인들에 대한 배송서비스는 매우 섬세하게 운영되고 소비자의 심리적인 부분까지 고려해야 하는 어려움도 있다. 이러한 화물운송의 특징 때문에 물류를 처음 접하는 학생들의 경우에는 어렵게 느끼기도 하지만 기본적인 원칙들을 이해하고 용어의 의미를 정확히 이해하면서 차근차근 준비한다면 소기의 목적을 거둘 수 있을 것이다.

❷ 과년도 문제분석

구 분	제20회	제21회	제22회	제23회	제24회	총 계	비율(%)
운송의 기초	6	5	4	8	5	28	14
공로운송	7	7	7	7	8	36	18
철도운송	2	3	3	3	3	14	7
해상운송	2	8	5	4	4	23	11.5
항공운송	2	4	2	1	3	12	6
복합운송	1	1	1	1	1	5	2.5
수배송시스템	8	8	9	9	8	42	21
운송임	7	1	4	3	5	20	10
택 배	3	3	4	4	2	16	8
ULS	2	0	1	0	1	4	2
계	40	40	40	40	40	200	100.0

❸ 출제경향

- 화물운송론과 국제물류론이 분리되던 제11회에는 공로운송 부분이 많은 비중을 차지하였으나 점차 해상운송, 복합운송 부문의 출제가 증가하였다. 그러나 국제물류와 중복출제 문제가 제기되면서 제 17회부터는 해상 및 항공운송부분의 출제비중이 현저히 감소되고 해상 및 항공운송 부분에서는 해상 및 항공운송에 대한 기본적인 이해와 선박 및 항공기 등 하드웨어와 관련된 문제가 출제되는 경향이 있다. 한편 택배서비스는 시장의 확대와 일반적인 이용기회의 확대로 인하여 중요도가 높아져 제 17회부터 매년 3~4문제가 출제되고 있다.

- 제20회부터는 수배송네트워크 의사결정 방법과 수배송 경로결정 문제들이 많이 출제되고 있고 북서 코너법과 보겔의 추정법을 동시에 적용하여 답을 찾아야 하는 문제도 출제되고 있으며 KS 용어표준에 따른 용어정의 문제가 종종 출제되고 있다.

- 제24회의 출제 난이도는 제23회에 비해 다소 평이하게 출제되었다고 할 수 있다. 다만, 국제운송 관련 국제조약에 관한 문제나 컨테이너 무게 검증문제 등은 관련 내용을 완전히 이해해야 하는 문제로서 향후에도 2~3문제는 이러한 유형의 문제가 출제될 수 있으므로 철저히 대비해야 한다. 또한 안전운임 제와 같이 시사성이 있는 문제들이 1~2문제가 매년 출제되고 있다.

❹ 수험대책

- 화물운송의 역할, 수요와 공급에 대한 특성, 운송수단 선택의 결정요인, 운송시장의 변화와 개선방향 등을 잘 이해해야 한다. 또한 수송수단별 장단점을 숙지해야 한다. 특히 단순암기보다는 전체적인 내용을 포괄적으로 이해할 수 있도록 해야 한다.

- 공로운송부분에서는 특장차량의 종류와 활용방법, 차량의 제원과 운송에 미치는 영향, 운송의 효율화기법, 효율성 계산방법, 비용절감기법, 안전운행을 위한 기준, 원가계산방법 등 실무에서 직접 활용되는 문제들이 출제되고 있기 때문에 충분한 준비를 하는 것이 필요하다. 또한 공로운송 "안전운임제"가 새롭게 시행되었고 "택배 표준약관"이 개정되었기 때문에 이 부분에 대한 준비가 필요하다.

- 해상운송 부분에서는 해상운송의 특징, 선박 제원에 관한 사항, 운송의 방법과 특징, 운송의 절차 등 해상운송의 기본적인 이해를 필요로 하는 문제가 출제될 것이므로 기본에 충실한 준비가 필요하다.

- 수배송시스템의 중요성이 더욱 커지면서 수배송효율화기법은 물론, 수배송 양의 할당 문제와 수배송네트워크 및 배송루트결정 문제들이 높은 비중으로 출제되고 있어 이에 대한 이해와 문제해결능력을 갖추어야 한다. 또한 단골로 출제되는 북서코너법, 최소비용법, Minimal Spanning Tree법, 최대수송량법 등은 그렇게 어려운 문제들이 아니므로 이 부분을 포기하지 말 것을 권한다. 또한 보겔의 추정법도 출제되었기 때문에 앞으로 계속 출제될 가능성이 있고, 수송수요·공급모형에 대한 이해도 필요하다.

- 운임과 관련된 문제도 비중이 증가하고 있기 때문에 운임의 종류뿐만 아니라 운임의 결정요소, 적용방법 등 실무에서 적용하고 있는 내용에 대해서도 준비를 해야 한다.

Contents
이 책의 차례

Contents
이 책의 차례

물류관리사

CERTIFIED PROFESSIONAL LOGISTICIAN

운송의 이해

01 운송의 이해

| 학습목표 | 1. 운송의 개념과 기본적인 기능에 대하여 이해하고 설명할 수 있다.
2. 운송을 수행하기 위한 기본적인 요소를 이해하고 운송의 중요성과 운송 전반에 적용되는 원칙 등을 이해하고 설명할 수 있다.
3. 운송의 변화추세와 그에 따른 대응방향을 이해하고 설명할 수 있다.

| 단원열기 | 화물운송론을 공부하기 위해서는 기본적으로 운송 전반에 대한 기초적인 지식이 필요하다. 본 장은 각론을 이해하는 데 필요한 기초적인 지식을 습득하는 부분으로서 습득해야 할 내용은 많지 않지만 시험에서 차지하는 비중은 높기 때문에 완벽하게 이해하는 것이 필요하다. 특히 운송의 특징, 성격, 운영효율화 원칙, 운송환경의 변화와 그에 따른 운송형태의 변화, 운송수단별 장단점, 운송수단의 선택방법 등은 출제빈도가 높다.

제1절 운송의 개념

1 운송의 개념

상품이 생산되는 장소와 그것을 필요로 하는 장소 간에는 항상 거리의 장애가 존재하고 있다. 이러한 장소적 장애요인을 제거하고 생산자(판매자)와 구매자를 원활히 연결함으로써 재화의 가치를 높이기 위한 재화의 공간적 이동행위를 운송이라고 한다.

- 운송은 무형의 용역상품이다.
- 운송은 장소적 효용과 시간적 효용을 창출한다.
- 운송은 재화의 생산과 소비에 따른 파생적 수요이다.
- 경제규모의 확대와 국제무역의 활성화로 운송의 역할은 더욱 중요해지고 있다.
- 재고의 축소, 구매자의 소비욕구의 다양화는 운송을 더욱 어렵게 하고 있다.
- 운송은 경제적인 수행과 고객만족을 동시에 충족시켜야 하는 과제를 안고 있다.

2 운송의 기능

(1) 제품이동기능

생산지와 소비지의 장소적 불일치를 해소하기 위하여 생산된 제품을 소비지로 이동시키는 기능을 담당한다. 제품이 소비지로 이동됨으로써 제품의 가치가 증대된다.

(2) 제품보관기능

운송수단이 재화를 운송하고 있는 순간에는 그 재화가 운송수단 내에 보관된 효과를 발생시킨다. 글로벌아웃소싱이 활발해지면서 운송 중인 상품이 안전하게 목적지에 도착될 수 있도록 관리하는 기능이 더욱 중요해지고 있다.

(3) 시간조절기능

운송수단, 운송통로, 운송거점에 의하여 재화가 전달되는 시간이 조절된다.

3 운송서비스의 수요와 공급의 특징

(1) 운송서비스의 기본적 특징

운송서비스는 기본적으로 무형의 재화이다. 무형의 재화(용역)는 무형성, 이질성, 동시성(비분리성), 소멸성의 특징을 갖고 있다. 따라서 운송서비스의 수요와 공급의 형태 및 특성과 운송의 효율성은 이러한 서비스의 특징에 의하여 영향을 받는다.

(2) 운송서비스 공급의 특성

① **즉시재**(Instantaneous Goods) : 운송의 공급은 수요자의 요청에 따라 실질적으로 운송행위가 이루어질 때 비로소 운송공급이 이루어지는 즉시재이다(수요에 대비한 사전생산 불가능).

② **공적(空積)운송**(Unused Capacity) : 공적운송이란 운송수단이 화물을 적재하지 않고 운송하는 것을 말한다. 대부분의 운송수단은 실질적인 운송을 하기 위해서는 필연적으로 공적운행이 발생하게 된다.

③ **결합생산**(Joint Production) : 하나의 운송수단이 단독으로 운송서비스를 생산하기도 하지만, 많은 경우 운송의 효율화를 위해서 또는 운송여건상 다른 운송수단과 연결하여 운송을 완성하는 결합생산형태가 대부분이다.

④ **복합생산**(Multiple Composite Production) : 운송은 하나의 운송에 다양한 다른 화주의 다른 화물을 동시에 운송할 수 있는, 소위 복합생산이 가능한 서비스이다.

(3) 운송서비스 수요의 특징

① **이질적·개별적 수요** : 운송은 운송을 요구하는 사람, 운송되는 화물의 특성에 따라 서비스의 형태가 결정되는 이질적이고 개별적인 형태로 발생한다.

② **집합수요** : 운송서비스 수요가 개별적으로 발생하더라도 일정한 산업, 지역, 시기, 화물에 따라 일정한 집단적 수요패턴을 보인다.

③ **파생수요** : 운송은 생산과 판매 조건에 따라 운송수량, 지역, 시간 등이 결정되는 파생적이며, 생산과 소비활동을 지원하는 성격을 갖는다.

④ **종합수요** : 운송은 운송 그 자체로서만 끝나지 않고 하역, 포장, 보관 등 다른 형태의 물류수요와 동시에 발생하는 종합수요형태로 발생한다.

(4) 운송수요의 탄력성

운송수요는 다음과 같은 조건에 따라 탄력성이 결정된다.

① **화물의 운임부담력** : 화물의 가격과 운임의 크기를 비교하여 운임이 높으면 다른 운송수단을 선택하거나 운송을 포기하게 된다.

② **상품의 대체성** : 운임수준이 높아도 다른 상품으로 대체되기 어려우면 운송을 하겠지만 대체 상품이 있다면 운임이 높을 경우 운송을 포기하고 다른 상품을 구매하게 된다.

③ **운송수단의 대체성** : 목적지까지 운송할 수단이 다양하면 운임수준은 운송수단간 경쟁에 의하여 결정된다. 즉, 운임수준이 높으면 다른 운송수단을 선택하게 된다.

④ **운송원가** : 기본적으로 운송원가가 어떤 수준으로 변화하느냐에 따라 운임의 상승 및 하락폭이 결정된다.

┃보충학습┃

서비스형태별 운송탄력성

1. **정기운송서비스** : 운송임 및 운송량에 대한 공급탄력성은 낮은 편임.
   예 노선화물, 정기선 해운 및 항공, 택배 등
2. **부정기운송서비스** : 운송임 및 운송물량에 대한 탄력성이 높은 편임.
   예 부정기선 해운 및 항공, 구역화물운송, 주선업 시장 등
   ◇ 운임에 대한 운송수요 탄력성 산출

$$운송수요탄력성 = \frac{운송수요\ 변화량/기본\ 운송수요}{운임\ 변동액/기존\ 운임}$$

■4 운송관리의 중요성

(1) 물류비의 가장 많은 비중을 차지

전체 물류비의 약 71.05% 점유(2015년 기준, 교통연구원 산출)

(2) 글로벌아웃소싱과 운송의 복잡화

① 부품 및 제품의 글로벌아웃소싱 확대
② 제품의 해외기지 생산
③ 해상운송, 항공운송, 철도운송, 공로운송이 복합적으로 이루어짐.

(3) 재고의 축소와 JIT수배송시스템 필요성 증대

일반적으로 생산 및 유통업체들은 재고비 부담을 감소시키기 위해 상품재고를 최소한으로 운영하는 전략을 실행하고 있으며, 이에 따라 운송은 소량다빈도 수배송형태로 변하였으며 화물의 인계도 Just in time을 요구한다.

(4) 운송을 통한 구매자 만족 추구

운송은 구매자에게 상품을 전달하는 행위이다. 따라서 판매자는 운송을 통하여 상품을 신속, 안전, 정확 및 친절하게 전달하려고 한다.

5 운송의 경제적 역할

(1) 물품의 교환 촉진

원활하고 경제적인 운송은 지역 간 경쟁력 있는 상품의 생산과 교환 소비를 촉진한다.

(2) 가격의 안정과 평준화

운송의 발달은 수요와 공급을 조절할 수 있도록 함으로써 가격의 안정과 평준화가 이루어지도록 한다.

(3) 지역적 분업화 촉진

각 지역이 모든 재화를 생산하지 않고 경쟁력 있는 재화만을 생산하고 서로 교환함으로써 지역별 분업화가 활발하게 이루어질 수 있도록 한다.

(4) 경쟁조성

재화가 어디에서 생산되건 필요한 상품을 운송해 줌으로써 지역에 관계없이 동일한 시장, 동일한 상품에 대한 판매경쟁이 공정하고 활발하게 이루어지게 된다.

(5) 대량생산과 대량소비

저렴한 운송비와 대량운송기술은 판매가격을 인하시켜 결국 대량소비를 가능하게 한다.

(6) 도시화

물품교환이 촉진되고 지역적 분업이 활성화되면 산업입지의 특성에 따른 도시화가 활발하게 이루어지게 된다.

(7) 무점포판매 및 전자상거래의 활성화

택배서비스의 발달은 점포가 필요 없는 카탈로그판매업, 통신판매업, 온라인쇼핑몰 등 새로운 업태의 유통을 활성화시키고 있다.

6 운송시스템의 기본 요소

운송시스템이란 운송수단이 출발지에서 화물을 상차하여 목적지에 도착하여 하차할 때까지의 일련의 과정을 말하며 이 과정에는 기본적으로 다음과 같은 3대 요소가 필요하다.

(1) **운송수단**(Mode)

운송을 직접 담당하는 수단으로서 자동차, 선박, 항공기, 철도차량, 파이프라인, 케이블카 등이 이에 속한다.

(2) **운송연결점**(Node)

운송을 위한 재화를 효율적으로 처리하기 위한 장소 또는 시설로서 출발 및 도착지의 물류센터, 제조공장, 화물터미널, 역, 항만, 공항 등이 이에 속한다.

(3) **운송통로**(Link)

운송수단이 운행에 이용하는 통로를 말한다. 공로(公路), 철도, 파이프, 케이블, 해상항로, 내수면로, 항공로 등이 있다.

◉ 운송시스템의 요소

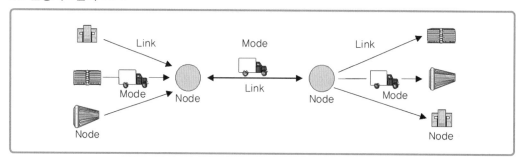

7 운송의 구분

운송은 이용하는 통로와 운송수단의 종류에 따라 다음과 같이 구분할 수 있다.

구 분		내 용
육상 운송	육상운송은 지표면에 설치된 통로를 이용하여 운송을 하는 방법	
	공로(公路)운송	공공도로(Public road)를 이용하여 운송을 하는 방법으로서 주로 자동차가 운송수단이 된다.
	철도운송	지표면에 건설된 궤도를 이용하여 운송하는 방법으로서 궤도를 따라 운행하는 기관차와 화차가 운송수단이 된다.
	파이프라인운송	주로 액체 또는 분체물이나 기체를 지하에 매설하거나 지상에 설치된 파이프를 통하여 이동시키는 방법이다.
	삭도(索道)운송	삭도란 케이블카를 말한다. 지상에 설치된 철탑과 철탑사이에 가설된 케이블을 이용하여 이동하는 운송수단이다.
해상 운송	해수면 또는 담수면을 통로로 이용하여 운송하는 방법. 운송수단으로 선박을 이용	
	원양해운	국내항구와 외국항구, 외국항구 간을 운항하는 해상운송
	연안해운	국내항만 간을 운항하는 해상운송
	내수면운송	하천, 운하, 호수 등을 따라 운항하는 운송
항공 운송	하늘의 통로를 이용하여 운송하는 방법. 운송수단으로 항공기를 이용	
복합 운송	2가지 이상의 운송수단을 연결하여 운송하는 것을 복합운송이라고 한다. 지리적 여건 때문에 필연적으로 이루어지기도 하고 운송의 효율화를 위해 시행되기도 한다.	

◉ 2가지 이상의 운송수단이란 운송수단을 관리하는 법규가 다른 경우를 말한다.
　　例 화물자동차운수사업법, 철도법, 해운법, 항공사업법 등

8 운송의 원칙

(1) 운송의 기본원칙

경제적 운송을 위하여 적용되어야 할 가장 기본적인 원칙이다.

① **규모의 경제 원칙**: 경제적 운송을 위해서는 운송되는 화물의 단위를 대형화하거나 대형운송수단을 이용해야 한다는 원칙이다.

　㉠ 대형운송수단은 에너지효율성, 종사자의 생산성, 관리의 효율성 등이 높아져 운송단위당 비용 효율성이 높아진다.

　㉡ 대형운송수단을 이용하여 운송될 수 있도록 운송단위를 대형화해야 한다.

② **거리의 경제 원칙**: 경제적 운송을 위해서는 한 번에 장거리로 운송해야 한다는 원칙이다.

  ㉠ 상하역시간이 동일할 때 장거리 운송일수록 운송거리가 부담하는 상하역시간의 비율이 낮아져 운송단위당 운송원가가 낮아진다.

  ㉡ 중간터미널을 경유하지 않고 최종 목적지까지 운송하는 것이 비용이 적게 소요된다(상하차비용, 운행시간측면).

⑵ **운영의 효율화를 위한 원칙**(운영·관리원칙)

운송수단을 운영할 때 비용을 절감하기 위하여 지향해야 할 운영원칙이다. 주로 운송단위당 고정비를 절감하기 위한 방법이다.

① **대형화 원칙**: 대형화란 화물의 운송단위를 크게 하는 방법을 말한다.

  ㉠ 운송단위의 대형화

  ㉡ 대형차량을 이용한 운송의 추구

② **영차율 극대화 원칙**(공차율 최소화): 영차율이란 차량이 화물을 적재하고 운행한 비율을 말한다.

  ㉠ 적재하지 않고 운행한 거리는 생산 없는 장비가동과 같다.

  ㉡ 계획운송, 복화화물의 확보, 순회운송 등으로 영차율을 높여야 한다.

③ **회전율 극대화 원칙**: 회전율이란 일정한 시간 내에 운송하는 횟수를 말한다.

  ㉠ 운송장비가 일정한 시간 내 최대한 많은 횟수의 운송을 할 수 있도록 운영·관리해야 한다는 원칙이다.

  ㉡ 상하차시간의 단축, 대기시간의 단축, 최단거리의 선택, 효율적인 복합운송, 효율적인 배차방법 등이 필요하다.

④ **가동률 극대화 원칙**: 가동률이란 특정 운송수단에 대하여 사전에 목표로 세운 가동시간 또는 가동일수 대비 실제 가동시간이나 일수의 비율을 말하며, 가동이란 운송을 하거나 운송을 하기 위해 이동하는 행위를 말한다.

  ㉠ 운송장비의 가동률(운행률)을 높여야 한다는 원칙이다.

  ㉡ 운송장비의 운행가동상태의 유지(정비), 운송가능한 화물의 확보, 악천후에도 상하차작업이 가능한 시설의 확보가 필요하다.

⑤ **적재율 극대화의 원칙**: 적재율이란 운송수단이 적정(적법)하게 적재할 수 있는 운송량 대비 실제 적재한 운송량의 비율을 말한다.

  ㉠ 일반적으로는 균등하게 적재를 하여 하중이 특정 부분으로 편중되지 않도록 해야 한다.

  ㉡ 운송량에 맞게 적정한 운송수단을 선택하는 것이 필요하다.

9 운송관련 용어

운송관련 용어에 대한 정의는 다음과 같다. 그러나 물류현장에서 사용되는 의미와 학문적으로 사용되는 의미 및 한국표준(KS)에서 정하고 있는 바가 다소 차이가 있다.

용어	내용
운송(運送)	• 운송시스템의 3요소를 갖추고 수행되는 모든 형태의 재화의 장소적 이동을 말함. • 수송과 동일한 뜻으로 사용되기도 하나 물류현장에서는 모든 형태의 장소적 이동을 나타내는 최상위개념으로 사용되고 있음.
운수(運輸)	행정용어. 운송과 운송을 지원하는 각종 기능(운송주선, 운송관리)을 포함하는 용어
수송(輸送)	• 사전(辭典)적 의미로는 운송과 동일한 뜻이며 한국표준(KS) T 0001에서는 화물을 자동차, 선박, 항공기, 철도, 기타의 기관에 의해 어떤 지점에서 다른 지점으로 이동시키는 행위로 규정함. • 실제로는 대형차량을 이용하여 장거리운송, point to point 개념으로 운송하는 구간운송을 의미함.
일관수송	물류효율화를 목적으로 화물을 발송지에서 도착지까지 해체하지 않고 연계하여 수송하는 것을 말함. 대표적으로 팔레트와 컨테이너를 이용(KS T 0001)
집하(集荷)	화물을 발송지에 있는 물류거점으로 모으는 것(KS T 0001)
배송(配送)	화물을 물류거점에서 화물수하인에게 보내는 것(KS T 0001)
공동배송	물류효율화를 위하여 여러 기업들이 공동으로 배송하는 것을 말함.
주행(走行)과 운행(運行)	주행이란 자동차가 정지해 있지 않고 도로를 통해 이동하는 행위를 말하며, 운행이란 어떤 목적을 갖고 목적지를 향해 주행하는 것을 말함.
공차(空車)	자동차에 화물을 싣지 않은 상태
영차(盈車)	자동차에 화물을 적재한 상태. 영차를 실차(實車)라고도 함.
복화운송 (復貨運送)	어느 지역에 두착한 화물자동차가 처음 출발했던 지역 또는 방향으로 운송되는 화물을 적재하고 돌아가는 운송
TL(Truck Load)운송	운송되는 화물의 양이 많아 1대의 트럭을 이용하여 단독 운송하는 것을 말함.
LTL(Less Truck Load) 운송	운송화물이 소량이어서 여러 의뢰인의 화물을 1대의 차량에 합적하여 운송하는 화물을 말함.
복합일관운송	• 수송단위 물품을 재포장하지 않고 철도차량, 트럭, 선박, 항공기 등 다른 운송기관(수단)을 조합(결합)하여 수송하는 것을 말함(KS T 0001). • 일반적으로는 국제운송에서 이용하는 운송방법으로서 하나의 운송계약에 의하여 단일책임, 단일운임을 적용하며 2가지 이상의 운송수단을 결합하여 운송하는 것을 말함.
노선운송	비교적 장거리 구간을 경유지와 시간을 정해놓고 순차적으로 운송하는 형태

간선운송	터미널과 터미널, 물류거점과 거점간의 대형운송. 지선운송의 상대적인 개념
지선운송	터미널 또는 물류거점에서 영업점 등 소규모 물류네트워크에 운송하는 형태
셔틀운송	터미널 또는 물류거점에서 영업점 등을 순회하면서 배달 또는 집하하는 형태
적재효율	• 수송기관(수단)에 최대로 적재할 수 있는 화물의 용적 또는 중량에 대하여 실제 적재된 화물의 용적 또는 중량의 비율(KS T 0001) • 운송수단의 적정 또는 적법하게 적재할 수 있는 능력대비 실제로 적재한 화물량의 비율(현실적 정의)
물류공동화	기업들이 물류활동의 효율성을 높이기 위하여 물류에 필요한 시설, 장비, 인력, 조직, 정보망 등을 공동으로 이용하는 것을 말함(KS T 0001).
물류센터	화물을 집하, 배송하는 시설로 보관뿐만 아니라, 유통·가공·분류·배송기능을 가진 시설을 말함(KS T 0001).
트럭터미널	화물을 옮겨싣기 위해 자동차운송업의 상업용자동차를 동시에 2대 이상 정차시키는 것을 목적으로 설치한 시설(KS T 0001)
물류터미널	화물의 집화(集貨)·하역(荷役) 및 이와 관련된 분류·포장·보관·가공·조립 또는 통관 등에 필요한 기능을 갖춘 시설물
컨테이너 터미널	• 컨테이너의 해상운송과 육상운송을 연결하는 접점 또는 철도운송과 트럭운송을 연결하는 접점의 시설을 말함(KS T 0001). • 항만, 철도역, 기타 컨테이너의 운송이 많은 지역에 설치한 컨테이너의 보관·공급·회수·운송을 위한 시설을 말함.

제 2 절 운송수단의 선택과 우리나라 운송시장 현황

1 운송수단 및 방법의 선택

효율적인 운송이 되기 위해서는 우선적으로 운송의 목표를 설정하는 일이 필요하며, 그 목적을 달성하기 위한 적절한 운송수단과 운송방법의 선택이 필요하다.

(1) 운송목표의 설정

적절한 운송수단 및 운송방법이 선택되기 위해서는 우선적으로 운송의 목표가 설정되어야 한다. 운송목표는 다음과 같은 측면에서 검토하여 설정하게 되며, 설정된 1차 목표를 달성할 수 있는 방법 안에서 2, 3차 목표를 달성하기 위한 운송수단과 방법을 선택하게 된다.

① **경제적 운송**: 가장 저렴하게 운송할 방법을 모색하는 데 1차적인 목표를 두고 운송수단과 방법의 선택을 검토한다.

② **고객만족적 운송**: 구매자 또는 소비자에게 최상의 운송 또는 배달서비스를 제공하기 위한 운송수단 및 방법을 선택하는 데 1차적 목표를 둔다.

③ **화물특성에 적합한 운송**: 화물의 특성에 적합한 운송수단 및 방법을 선택하는 데 1차적 운송 목표를 두고 선정한다(냉동·냉장화물, 파손가능화물, 중량화물, 위험화물 등).

④ **운송여건(환경)에 적합한 운송**: 물류센터의 여건, 도로여건, 상하역장비여건 등에 적합한 운송수단 및 방법의 선택에 우선순위를 둔다.

⑤ **법규의 제한에 적합**: 법적으로 운송에 규제를 가하는 화물에 대해서는 해당 법규에 적합한 운송수단 및 방법을 선택해야 한다.

⑵ **운송수단 적합성 판단을 위한 검토요소**

운송수단을 결정하기 전 어떤 운송수단이 목적물의 운송에 적합한지를 판단하기 위해 사전에 검토할 사항은 다음과 같다.

◉ 운송수단 적합성 검토요소

검토요소	비 고
화물의 종류와 특징	특징에 적합한 운송수단
화물의 규격(중량·용적)	화물의 단위당 규격을 수용할 수 있는 운송수단
이동경로	이동경로의 통행에 지장 없는 운송수단
운송거리	운송거리에 따른 경제적인 운송수단
발송가능시기와 도착해야 할 시기	Lead time을 충족시킬 수 있는 운송수단
운송비부담능력	지불 가능한 운송비 상한선을 충족시킬 수 있는 운송수단
물류센터의 작업여건	물류센터에서의 원활한 상하차가 가능한 운송수단
발송화물의 Lot size	1회 발송량에 적합한 운송수단
수하인의 요구사항	수하인이 요청한 운송수단 또는 수하인의 수하조건에 부합하는 운송수단

(3) 운송대안에 대한 평가와 선택

① **운송대안별 평가요소** : 선택 가능한 운송수단에 대하여 질적으로 어떤 운송안(案)이 우수한지를 판단하기 위한 평가요소로서 일반적으로 다음 6가지 측면에서 평가한다.

◉ 운송대안별 평가요소

구 분	내 용	일반적인 운송수단별 순위
편리성	• 결절점(結節点)에서의 연결은 용이한가? • 송장 등 운송서류가 간단한가? • 필요시 이용이 가능한가?	트럭 > 철도 > 항공 > 해운 > 파이프라인
확실성	• 지정기일 내 인도가 가능한가? • 정기간 운행이 가능한가?	파이프라인 > 철도 > 항공 > 트럭 > 해운
신속성	• 발송에서 도착까지 시간이 단기간인가? • 주행속도가 신속한가?	항공 > 트럭 > 철도 > 해운 > 파이프라인
안전성	• 클레임 발생빈도가 많은가? • 사고에 의한 화물손상이 적은가? • 멸실, 손상 등에 대한 보상이 정확히 이행되는가?	파이프라인 > 항공 > 철도 > 트럭 > 해운
경제성	• 절대평가에 의한 비용이 저렴한가? • 상대평가에 의해 신속하고 저렴한가? • 자사의 운송수단 이용보다 저렴한가?	파이프라인 > 해운 > 철도 > 트럭 > 항공
신뢰성	• 운송주체가 크고 안전성이 높은가? • 장기거래관계에 있는가?	파이프라인 > 철도 > 항공 > 해운 > 트럭

> **핵심잡기**
>
> **운송수단의 선택시 고려요소**
>
> 1. 운송화물의 특성 : 화물의 종류, 중량, 용적, 가치, 운송경로, 거리, lead time 등
> 2. 운송수단의 특성 : 경제성, 편리성, 확실성, 신뢰성, 안전성, 신속성

② **적합한 운송수단의 선택에 대한 일반적 기준** : 운송의 유형에 따른 일반적인 운송수단의 선택 기준(선호도)은 다음과 같다.

◉ 운송유형별 적합운송수단의 선택방법

유 형	고려해야 할 요소(특성)	적합한 운송수단
공장 ⇨ 물류거점 간 간선수송의 경우	• 충분한 납기여유 • 차량단위 규모 • 계획운송	• 대형트럭 • 컨테이너 • 선박(원거리, 대량 경유)
공장 ⇨ 대규모 소비자 직송의 경우	• 불충분한 납기여유 • 정확성 유지	• 중형트럭 • 소형컨테이너 • 카페리(원거리시)
물류거점 ⇨ 소규모 배송의 경우	• 납기 임박 • 정확성 유지 • 소량 다품종	• 중·소형 트럭 • 승용화물차량 • 항공편(소량, 납기임박, 수출의 경우)

③ **운송의 종류와 수단별 기능의 적합성**: 운송에 영향을 주는 요소와 운송수단 간의 적합성을 비교하면 다음과 같이 정리될 수 있다.

◉ 주요 운송수단별 기능의 적합성 비교

구 분	화물자동차	철 도	선 박	항공기	파이프라인
화물중량	소·중량화물	대량화물	대량화물	소·중량화물	대량화물
운송거리	근·중거리	장거리	원거리	원거리	원·중거리
운송비용	비싸다	저렴	저렴	비싸다	저렴
기후의 영향	조금 받음	별로 없음	많이 받음	많이 받음	받지 않음
안정성	조금 낮음	높음	낮음	낮음	높음
일관운송체계	용이	어려움	어려움	어려움	어려움
중량제한	많이 받음	조금 받음	없음	많이 받음	받지 않음
화물수취 용이성	용이	불편	불편	불편	불편
운송시간	비교적 짧음	길다	길다	짧음	짧음
하역 및 포장비	보통	보통	비싸다	비싸다	없음

■2 비용관점에서의 운송수단 선택

운송수단을 선택함에 있어 다양한 선택요인들을 종합적으로 판단하여 선택하는 것이 일반적이지만 기본적으로 비용의 크기를 고려하지 않을 수 없다.

(1) 총비용관점에서의 운송수단 선택

운송수단은 신속성 및 1회 운송량의 크기(운송능력)에 따라 운송비용이 달라진다. 즉, 운송속도가 빠르면 운임이 상승하고 대량으로 운송하면서 운송속도가 느릴수록 운임은 낮아진다. 반면 운송속도가 느리고 소량으로 JIT수배송이 가능할수록 재고수준을 낮게 유지할 수 있어 재고비는 낮아지게 된다(이를 운송·재고 Trade-Off관계라고 함). 따라서 전체비용(물류비)을 최적 수준에서 결정하기 위해서는 운송비용과 재고비용의 합이 최적(최저)이 되는 수준을 탐색하는 작업이 필요하다.

◉ 운송속도와 운송능력

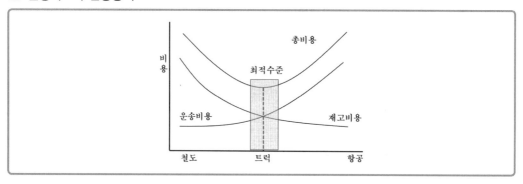

(2) 물류센터와 운송방법의 선택

판매처에 상품을 공급할 경우 물류센터의 수를 "어느 정도 수준으로 할 것인가?"가 운송의 형태와 운송비는 물론이고 고객서비스 수준에도 영향을 주게 된다. 일반적으로 물류센터의 수가 많아지면 근접한 거리에서 공급을 하므로 운송비는 낮아지게 된다. 반면 각 물류센터의 안전재고량이 많아지고 입출고 및 관리인력의 수가 증가하여 재고비용은 증가하게 된다. 따라서 물류비가 최적화 될 수 있도록 하기 위해서는 운송비용(수송비와 배송비의 합)과는 전체 재고비용의 합이 최저수준이 될 수 있는 물류센터의 수를 결정하고 이에 효율적으로 지원할 수 있는 운송시스템이 구축되어야 한다.

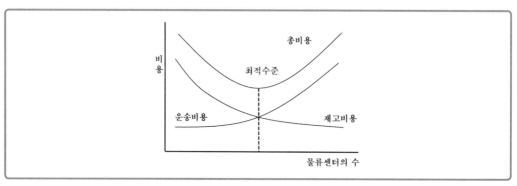

3 운송수단별 장단점 비교

각각의 운송수단은 다음과 같은 장단점을 가지고 있다. 따라서 이용자는 운송할 화물의 특성 및 운송에 요구되는 조건(시간, 비용, 기타서비스 등)을 고려하여 선택해야 한다.

◉ 수송수단별 장단점 비교

종류	장점	단점
화물자동차	• Door to door의 편리한 운송 • 근거리운송에 경제적이고 운임이 탄력적임. • 간단한 포장상태로 운송 가능 • 필요한 때 즉시 이용 가능 • 다양한 통로 가능 • 신속한 운송 가능 • 화물의 특성에 맞는 차량 이용 가능(크기, 형태) • 장비조작이 비교적 용이함.	• 대량수송에 적합하지 못함. • 장거리운송에 부적합(비용적 측면) • 운행의 안전성 저하 • 환경오염 유발(대기, 소음, 교통체증 등) • 교통체증에 취약 • 적재중량 제한
철도	• 대량운송 및 중량물 운송에 적합 • 중·장거리운송에 적합(경제적) • 비교적 안전한 운행 • 전천후 운송수단임. • 정시성 우수	• 근거리운송에 비용이 높음. • 연계운송이 필요(소운송이 필요) • 화물파손율 증가 • 화차확보에 시간 소요(사전예약) • 역구내 체류시간 발생 • 운임이 비탄력적
선박	• 대량화물의 장거리운송에 적합 • 단위당 운송료가 저렴하고 탄력적 • 용적 및 중량화물운송에 제한받지 않음. • 컨테이너운송체계에 의한 일관운송시스템 확립	• 운행속도가 늦음. • 기후에 영향을 많이 받음. • 육로운송과 연계운송 필요 • 항만 내 화물처리기간 소요 • 항만설비 투자 및 하역비 고가
항공기	• 신속한 운송 가능 • 정시성이 높음 • 소량·경량의 고가화물, 장거리운송에 적합 • 파손율이 적음.	• 운송단가가 높음. • 이동통로의 경직성 • 중량과 용적제한을 많이 받음. • 기후 영향을 많이 받음. • 공항 내 화물처리기간 소요 • 육상운송과 연계운송 필요
파이프라인	• 공해 및 사고의 위험이 적음. • 저렴하게 대량으로 운송 • 24시간 운송통로의 이용(운송능력 100% 활용) • 운송속도가 정확함. • 운송의 제어 용이 • 운송 및 상하역의 완전 자동화 가능	• 통로에 대한 대규모 투자 필요 • 동일한 종류의 화물만 운송 가능(화물별 운송통로 필요) • 이용 가능한 화물이 적음(분체, 유체 및 기체화물). • 한 방향으로만 운송

4 철도와 화물자동차운송의 선택기준

일반적으로 중·근거리운송에는 화물자동차(공로)운송이, 장거리운송에는 철도가 유리하다고 한다. 그러나 그 한계치가 어디인가는 소운송비용, 하역비, 포장비 등의 수준에 따라 달라지는바, 이를 계산하는 데 이용되는 공식이 채트반(Chatban)공식이다.

● 공로와 철도운송의 경제성 경계점 공식

$$L = \frac{D}{T - R}$$

L = 자동차의 경제효용거리의 한계(분기점)
D = 톤당 추가되는 비용(철도역 상하차비용 + 포장비 + 소운송비용 + 기타 추가비용)
T = 자동차운송의 ton·km당 운송비
R = 철도운송의 ton·km당 운송비

◎ 채트반공식 이용시 유의사항
1. 철도운임은 운송거리에 비례하여 증가하지만, 화물자동차운임은 운송거리에 체감하여 증가한다.
2. 철도운임은 지역에 관계없이 운송거리에 비례하지만, 화물자동차운임은 지역에 따라 운임이 다르게 형성된다.
3. 철도운임은 이용하는 차량의 크기에 관계없이 운송량과 운송거리에 비례하지만, 화물자동차운임은 차량의 크기에 따라 운임단가 차이가 크다.
4. 철도운임은 운송수요에 관계없이 일정한 수준을 유지하지만, 화물자동차 운임은 수요에 따라 크게 변동한다.

◎ 철도운송의 경제성 효용거리 단축방안
1. 전체적으로 운임수준을 낮춘다.
2. 소운송 비용(거리)을 낮춘다(복합터미널 시스템 구축).
3. 상하역비를 절감할 수 있도록 한다(자동화. 기계화 추진).
4. 불필요한 포장비가 발생하지 않도록 한다.
5. 상하역과정에서 파손, 분실 등이 발생하지 않도록 한다.

5 수출입화물 운송수단의 선택시 감안해야 할 비용요소

수출입화물 운송수단 선택시 화물운송임 외에 검토해야 할 비용요소는 다음과 같다.

재고비용	운송이 장기간 소요됨에 따라 운송기간 중 발생하는 상품가액에 대한 이자비용 등을 말한다.
운송지연 리스크	운송이 장시간 소요됨에 따라 발생하게 될 가격의 하락, 판매기회의 상실 등에 대한 잠재적 리스크를 경제적으로 계산한 비용을 말한다.
사고리스크	운송수단에 따른 화물파손 등의 사고발생가능성에 따른 잠재적 위험에 대한 경제적 비용을 말한다.

포장비용	국제운송에서는 장거리운송 및 다단계작업과정이 발생하기 때문에 화물의 안전운송을 위하여 견고한 포장이 필요한데 운송수단에 따라 포장의 견고성이 달라진다.
기회비용	이용 가능한 운송수단 간의 운송기간을 비교하여 운송기간이 증감됨으로서 발생할 수 있는 판매기회의 증감에 따라 판매이익의 크기가 달라진다.
기타비용	위 외에도 운송수단의 차이는 각종 업무처리절차 등의 차이도 발생시키며 이에 따른 비용도 차이가 난다.

6 운송시장의 환경과 운송형태의 변화

수요 및 사회적 측면에서의 변화	공급 측면에서의 변화
• 소량·맞춤형 생산 • 재고수준의 감축 • 글로벌아웃소싱의 일반화 • 신속한 운송의 요구 • 구매고객에 대한 서비스수준 향상 • 경제적인 운송요구 증대 • 물류의 가시성 제공(Visibility) • 전자상거래의 증가 • 물류보안 및 환경에 대한 규제 강화	• 소량 다빈도 배송 • Just in time 수배송시스템 구축 • 국제 복합운송의 일반화 • 정보시스템의 활용 증가 • 공동수배송시스템의 활용 증가 • 항공운송의 급증 • 택배서비스의 활성화 • 전용운송장비의 사용 활성화 • 운송의 전문화

7 화물운송 및 관련업의 종류

(1) 화물자동차(공로)운송사업

기본적으로 화물운송사업을 하기 위해서는 「화물자동차운수사업법」이 정하는 바에 따라 사업면허를 취득해야 한다.

구 분		역 할
화물자동차 운송사업	일반화물자동차 운송사업	20대 이상의 화물자동차를 이용하여 화물운송서비스 제공
	개별화물자동차 운송사업	개인이 차량 1대를 보유하고 운송서비스 제공
화물자동차운송주선업		• 화주와 차주를 연결시켜주는 역할 • 자기명의로 운송계약을 하거나 수수료를 받고 단순중개 가능
화물자동차운송가맹사업		일반화물운송사업과 운송주선업을 동시에 수행하는 대형주선업자

(2) 철도운송사업

① 「철도사업법」에 따라 국토교통부장관의 면허를 받아야 운영할 수 있다.

② 한국철도공사가 전국적인 철도운송사업자로서 지정되어 운영하고 있다.

③ 민간사업자도 요건을 갖추어 면허를 신청하면 면허가 발급될 수 있다.

(3) 해상운송사업

선박운송 및 이를 지원하는 기능인 항만하역 등에 관한 업종은 「해운법」과 「항만운송사업법」에 의하여 다음과 같이 구분되어 운영되고 있다. 여객운송사업은 면허제, 기타 운송사업 및 지원사업은 등록제로 운영된다.

구 분		역 할
해상화물 운송사업	외항정기화물 운송사업	국내항과 외국항 사이 또는 외국항과 외국항 사이에서 정하여진 항로에 선박을 취항하게 하여 일정한 일정표에 따라 운항하는 해상화물운송사업
	내항화물 운송사업	국내항과 국내항 사이에서 운항하는 해상화물운송사업
	외항부정기화물 운송사업	외항정기화물운송사업 및 내항화물정기사업 외의 해상화물운송사업
	해운중개업	화물운송의 중개영업, 용선중개, 선박 매매중개 등을 하는 사업자
	해운대리점업	해운회사와 영업대리계약을 체결하고 운송영업활동(해운회사 명의)을 하는 사업자
	선박대여업	자신이 보유한 선박을 타인에게 대여하여 운송사업을 할 수 있도록 함.
	선박관리업	타인의 선박관리, 선원관리, 보험관리 서비스 등을 제공하는 용역사업
항만운송 사업	항만하역사업	부두에서 화물을 선박에 하역해 주는 사업
	검수사업	선적 또는 양하한 화물의 실질적인 인수도 양을 증명해 주는 사업
	감정사업	선박 및 화물에 대한 성능, 품질 등을 증명해 주는 사업
	검량사업	선적화물의 용적 및 중량을 계산하고 증명해 주는 사업
항만운송 관련사업 (등록)	항만용역사업	선원운송(통선), 선박경비, 선박접안, 청소, 용수공급 등을 하는 사업
	물품공급업	선박에 대한 주·부식공급 및 세탁서비스 제공사업 등(신고제)
	선박수리업	고장선박의 수리서비스 제공
	선박연료공급업	선박의 운항에 필요한 연료의 공급서비스
	컨테이너수리업	수출입컨테이너 보수 및 정비업

⑷ 항공운송사업

항공운송 및 운송에 관련한 사업은 「항공사업법」에 의하여 규정되고 있으며, 해상운송과 같이 공항 내에서 이루어지는 각종 관련사업도 면허를 받아야 운영이 가능하다.

구 분		역 할	
항공운송 사업	국내항공 운송사업	항공기 1대 이상 보유 • 좌석 51석 이상의 항공기 보유, 운항 • 최대 이륙중량 25,000kg 초과 항공기 • 조종실과 객실 및 화물칸 분리 항공기	정기편과 부정기편으로 운항 가능
	국제항공 운송사업		
	소형항공기 운송사업	자본금 또는 자산평가액 7억 이상, 항공기 1대 이상을 보유한 사업자	
	항공기 사용사업	• 항공기를 이용한 방제, 건설자재 설치, 경비용역, 촬영 등 운송 이외의 서비스 제공 사업 • 50석 이하(화물전용기: 최대 이륙중량 25,000kg 이하)의 항공기를 이용한 여객 또는 화물운송서비스	
항공운송 관련사업	항공취급사업	• 자본금 3억 이상의 조건을 갖추어 국토교통부에 등록 • 항공기에 대한 급유, 하역, 정비 등 공항에서 지상조업서비스 제공	
	항공기정비업	• 항공기에 대한 정비사업(국토교통부에 등록) • 자본금 3억 이상, 정비사 1명 이상 등의 요건 구비	
	항공기대여업	항공기, 경량항공기 또는 초경량비행장치 1대 이상을 보유하고 대여서비스 제공	
	초경량비행 장치사용업	초경량비행장치를 사용하여 유상으로 농약살포, 사진촬영 등 국토교통부령으로 정하는 업무를 하는 사업	
	항공레저 스포츠사업	항공기(비행선과 활공기), 경량항공기 또는 초경량비행장치를 사용하여 조종교육, 체험 및 경관조망을 목적으로 사람을 태워 비행하는 서비스, 대여서비스, 정비·수리·개조서비스	
	국제상업 서류송달업	국제 간 운송되는 상업서류, 샘플 등 소형화물의 국제택배서비스(등록제)	
	도심공항 터미널업	공항구역이 아닌 곳에서 항공여객 및 항공화물의 수송 및 처리에 관한 편의를 제공하기 위하여 이에 필요한 시설을 설치·운영하는 사업	
	항공운송 총대리점업	항공운송사업자를 위하여 유상으로 항공기를 이용한 여객 또는 화물의 국제운송계약 체결을 대리(代理)하는 사업	

(5) 국제물류주선업

타인의 수요에 따라 자기의 명의와 계산으로 타인의 물류시설·장비 등을 이용하여 수출입화물의 물류를 주선하는 사업을 말하며(「물류정책기본법」), 일정한 조건을 갖추어 시·도에 등록한다. 포워더(Forwarder)라고도 한다. 자본금 규모는 최소 3억원이며 매 3년마다 등록기준에 관한 변동내용을 신고해야 한다.

■8 우리나라 운송시장의 현황과 합리화방향

(1) 우리나라 화물운송의 문제점

① **과도한 공로운송 의존도** : 전체 운송물량의 약 75%가 트럭을 이용하여 운송되고 있다(비용, 환경적인 측면에서 불리).

② **트럭운송의 지입제 운영의 일반화**
  ㉠ 전체 영업용 차량의 95% 이상이 지입제로 운영되고 있다.
  ㉡ 운송질서의 문란 및 운송신뢰도 저하
  ㉢ 운송시스템의 발전 저해

③ **자가 및 물류자회사에 의한 운송비율 과중** : 운송업체의 대규모화 및 전문화를 저해한다.

④ **국제물류주선업체의 규모 영세**
  ㉠ 전국에 3,500여 국제물류주선업체 활동
  ㉡ 국제경쟁력 미흡

⑤ **철도 및 연안해운 시스템의 비효율성**
  ㉠ 철도역 및 항만의 상하역설비 비효율
  ㉡ 공로에 비해 운송비 및 신속성 면에서 경쟁력 저하

⑥ **물류단지의 미흡** : 도시 내 물류집중처리를 위한 단지조성 미흡

⑦ **국내운송주선의 다단계화** : 다단계 주선에 의한 실질적인 운송수입 감소

(2) 운송 합리화 추진방향

① **공동수배송 활성화** : 소량 다빈도 배송이 증가할수록 공동수배송을 활성화해야 한다.

② **운송시스템의 개선**(효율화, 표준화)
  ㉠ 화물차량, 철도차량, 선박 등 모든 운송수단이 상하역을 효율적으로 수행하고 안전하게 운송할 수 있을 뿐만 아니라 물류표준규격에 맞춰 적재할 수 있는 구조를 갖도록 개선되어야 한다.
  ㉡ 터미널 및 역, 항만의 상하역 시설의 현대화 및 시스템화 필요

③ **화물정보시스템의 활성화**
  ㉠ CVO정보시스템의 활용 활성화
  ㉡ 운송의 효율화를 위한 각종 최적화 시스템 구축
④ **물류아웃소싱 활성화**(3PL)
  ㉠ 자가물류 및 2자물류보다는 물류전문기업에 아웃소싱
  ㉡ 물류전문기업의 대규모화, 전문화 유도
⑤ **효율적인 복합운송체계 구축**: 국내운송의 복합운송체계 구축에 의한 모달 쉬프트 추구
⑥ **화물운송의 직영화**: 운송장비의 직영화에 의한 운송시스템 현대화 추구
⑦ **화물자동차운송가맹사업의 활성화**: 지입차량을 효율적으로 관리할 수 있는 가맹사업자의 사업을 활성화
⑧ **도시지역 내 화물터미널 활성화**
  ㉠ 도시지역에 화물터미널 시설 설치 및 운영 활성화
  ㉡ 효율적인 배송 및 공동수배송시스템 구축

제 3 절 물류터미널

1 물류터미널의 의의

물류터미널은 운송될 화물과 운송할 운송수단을 효율적으로 연계시킴과 동시에 효율적인 수배송이 이루어지도록 지원하는 중요한 물류인프라역할을 수행한다. 「물류시설의 개발 및 운영에 관한 법률」에 의하면 "물류터미널이란 화물의 집화(集貨)·하역(荷役) 및 이와 관련된 분류·포장·보관·가공·조립 또는 통관 등에 필요한 기능을 갖춘 시설물을 말한다. 다만, 가공·조립 시설은 대통령령으로 정하는 규모 이하의 것이어야 한다."라고 규정하고 있다. 따라서 물류의 효율화를 위한 중요한 시설이며 국가적으로 적극적인 유성과 발전을 추구하고 있는 물류시스템의 일부이다.

▎2 물류시설운영업의 종류

「물류시설의 개발 및 운영에 관한 법률」에서는 물류의 효율화를 위한 시설을 운영하는 사업자로서 아래와 같은 사업자를 지정하고 있다.

(1) 물류시설의 정의

① 화물의 운송·보관·하역을 위한 시설

② 화물의 운송·보관·하역과 관련된 가공·조립·분류·수리·포장·상표부착·판매·정보통신 등의 활동을 위한 시설

③ 물류의 공동화·자동화 및 정보화를 위한 시설

④ 위 ①부터 ③까지의 시설이 모여 있는 물류터미널 및 물류단지

(2) 물류시설운영업의 종류

「물류정책기본법 시행령」 제3조에 의하면 물류터미널운영사업자로서 다음과 같이 규정하고 있다.

복합물류터미널	두 종류 이상의 운송수단 간의 연계운송을 할 수 있는 규모 및 시설을 갖춘 물류터미널사업자
일반물류터미널	물류터미널사업 중 복합물류터미널사업을 제외한 물류터미널사업자
해상터미널	항만물류터미널사업자
공항화물터미널	공항물류터미널사업자
화물차전용터미널	화물차의 주차 및 대기공간을 제공하는 사업자(트럭터미널)
컨테이너화물조작장(CFS)	LCL화물을 전문적으로 취급하는 터미널사업자
컨테이너장치장(CY)	컨테이너의 장치와 공급을 위한 터미널사업자
물류단지	• 물류시설이 집단화된 일련의 토지 • 터미널, 창고, 유통가공시설, 판매시설, 각종 지원시설
집배송단지	• 화물의 집하와 배송기능이 집중적으로 설치된 장소 • 일종의 창고단지

3 물류터미널의 기능

일반적으로 물류터미널은 다음과 같은 기능을 수행하고 있다.

화물운송의 중계기능	대량운송과 소량 집배송과 연계하기 위한 기능으로서 화물취급장 등을 갖추고 있다.
화물보관기능	수송 또는 배송할 화물의 보관을 위하여 창고를 보유하고 있다.
운송수단 간 연계기능	복합화물터미널의 경우 철도와 연계운송이 가능하도록 철도인입선이 설치되어 있고 화물적환장이 구비되어 있다.
도매시장기능	일반적이지는 않지만 유통과 물류를 효율적으로 연계하기 위하여 도매시장 등 유통시설을 유치해 운영하고 있는 터미널도 있다.
통관기능	수입화물의 운송비 절감을 위하여 터미널 내 보세장치장 설영특허를 받아 운영한다
유통가공기능	창고 및 배송센터 등을 이용하여 유통화물의 포장, 조립, 혼적포장 등 가공기능을 수행할 수 있다
운송주선기능	화물자동차운송주선업체들이 입주하여 도착되는 차량들을 대상으로 화물운송주선사업을 행한다.
주차장	타 지역으로부터 도착하는 차량들의 주차장 역할을 하며(유료주차), 차고지가 부족한 운송업체들을 대상으로 주차장 임대사업을 행한다.
지원기능	물류터미널에 입주해 있는 많은 운송업체, 창고업체, 운송주선업체들의 업무를 지원하기 위하여 자동차정비업체, 주유소, 은행들이 입주하고 있으며, 종사자 및 운전기사들의 편의를 위한 각종 휴게시설, 식당, 숙박시설 등도 입주해 있다. 또한 시설 및 인력의 효율적 이용을 위하여 지게차 등 하역장비 임대 업체 및 노무 인력공급업체 등도 입주해 있는 경우도 있다.

■ 4 물류터미널에 설치되는 시설

복합 및 일반화물터미널이 운송의 효율성을 높이고 화물터미널로서의 제 기능을 하기 위해서는
다음과 같은 시설 및 시스템이 필요하다.

화물취급장	집하된 화물을 분류하고 대형화하여 노선운송을 가능케하고 도착된 화물은 배달지별로 분류하는 일종의 크로스닥킹(Cross Docking)시설 예 택배, 정기화물, 공동집배송업체
보관시설(창고)	보관·유통가공을 위한 창고시설
대형 주차장	운송차량의 주차장 및 물량대기차량의 주차공간
정비시설	터미널 이용차량의 정비지원시설
주유소	터미널 이용차량들에 대한 주유서비스 시설
휴게시설	운전기사 및 터미널업무 종사자들을 위한 휴게실, 숙박시설, 음식점, 목욕시설 등
관리용 건물	터미널 입주업체들의 사무공간과 터미널 관리를 위한 건물
팔레트풀	팔레트풀을 설치하여 팔레트의 공급과 회수를 원활하게 함.
보세장치장	수출입화물의 통관을 위한 창고
CFS	소량의 수출입화물의 컨테이너화 및 통관을 위한 창고
컨테이너 야드	수출입컨테이너의 복합운송을 가능케하고 컨테이너를 화주에게 공급하고 회수 및 보관하는 시설
구차구화정보 시스템(CVO)	터미널 이용차량의 공차정보와 물량정보를 제공하기 위한 정보시스템

■ 5 물류터미널 운영의 이점

화물터미널의 기능과 시설 등이 갖추어지면 화물터미널은 다음과 같이 물류관리를 합리화하는
데 많은 이점을 가져다 줄 수 있다.

(1) 물류기능 간의 효율적인 연계

화물자동차와 철도 또는 다른 운송수단 간에 효율적인 일관운송을 가능케 하여 운송비를 절감할
수 있게 해준다.

(2) 공동화의 이점

대단위 단지 내에서 보관, 운송 및 취급되기 때문에 수배송의 공동화와 보관의 공동화가 용이해 진다.

(3) 운송의 대형화 촉진

화물터미널에서의 집하기능을 통하여 장거리운송은 대형차량으로, 근거리운송은 소형의 집배송
차량으로 수배송이 이루어진다.

(4) 시설의 대규모화의 이점

대규모 단지의 많은 물류업체를 지원하기 위한 기능들이 입주하여 효율적인 지원을 하게 된다 [팔레트 렌탈, 지게차 렌탈, 노무인력의 공급(작업 및 포장 등), 운송차량의 수배].

(5) 현대적 설비 및 시설에 의한 물류비 절감

대규모 물류수요에 따라 시설 및 장비에 대한 투자가 용이해진다.

(6) 운송화물정보의 용이한 확보

화물터미널 내에는 많은 화물이 도착하고 발송되기 때문에 화물운송정보의 확보가 용이할 뿐만 아니라, 구차구화시스템이 운영될 경우에는 외부의 운송화물에 대한 정보까지도 확보할 수 있다.

(7) 전문적 물류서비스

물류업체가 집단화되고 경쟁이 발생함으로써 물류업체들은 물류관리전문가에 의한 전문적인 물류관리서비스가 제공될 수 있도록 노력하게 된다.

(8) 공차운행 억제

화물터미널 내에서 발생하는 화물의 운송과 주차장을 이용하여 대기함으로써 물량확보를 위한 불필요한 공차운행이 방지된다.

6 우리나라의 물류터미널 현황

(1) 복합물류터미널

정부(국토교통부)주도로 추진되고 있으며, BOT(Build − Operate − Transfer, 정부계획, 민간업자 건설 및 운영 후 반환)방식으로 건설 및 운영한다.

◉ 전국 복합화물터미널 현황

명 칭	위 치	규 모	화물취급능력	비 고
군포복합물류터미널	군포시 부곡동	약 730천m²	1,146만톤/년	03년 확장
양산복합물류터미널	양산시 물금면	약 316천m²	371만톤/년	
호남복합물류터미널	장성군 서남면	약 520천m²	470만톤/년 34만teu/년	ICD겸영
중부복합물류터미널	청원군 부용면 연기군 동면	약 481천m²	236만톤/년 35만teu/년	ICD겸영
영남권 복합물류터미널	칠곡군 지천면	약 456천m²	357만톤/년 33만teu/년	ICD겸영
수도권북부 복합물류터미널	파주시 파주읍	약 390천m²	170만톤/년 23만teu/년	계획 중

(2) 컨테이너 전용터미널

- 컨테이너를 전용으로 취급하기 위한 터미널
- 컨테이너의 운송, 하역, 보관, 공급, 통관, CFS기능을 수행함.
- 항만과 내륙지역에 다양한 형태로 운영되고 있음.

① 부두컨테이너 터미널(On-Dock Terminal)
  ㉠ 컨테이너 전용부두에 인접하여 설치된 컨테이너 전용터미널을 말한다.
  ㉡ 컨테이너의 수출입이 이루어지는 항만에 설치되는 기본적인 컨테이너취급 전문터미널이다.
  ㉢ On-Dock Terminal에서는 수출입컨테이너의 통관, 보관, 운송, CFS기능 등이 이루어진다.

② ICD(Inland Container Depot)
  ㉠ 내륙지역에서 컨테이너의 복합운송이 이루어지도록 시설과 장비가 갖추어져 있다.
  ㉡ 컨테이너의 수출입통관, 운송, 보관, 하역, CFS기능이 갖추어져 있다.
  ㉢ 국내 운영중인 ICD 현황

구 분	명 칭	위 치	규 모	완 공	주요 시설	연간처리능력
수도권	의왕 ICD	의왕	22.8만평	'99	컨테이너 작업장(3동) 컨테이너 장치장(13만평)	컨테이너 137만teu/년
부산권	양산 ICD	양산	29만평	'03	컨테이너 작업장(10동) 컨테이너 장치장(19만평)	컨테이너 140만teu/년

  ⬡ 중부지역, 호남지역, 영남내륙지역은 복합화물터미널에 병설되어 운영되고 있음.
  ㉣ ICD의 기능

- 통관기능
- CFS기능
- 공컨테이너 보관 및 공급기능
- 컨테이너의 내륙 운송기능(영컨테이너의 운송 및 공컨테이너 회수)
- 컨테이너의 철도차량 하역기능
- 보세장치기능
- 각종 지원기능(컨테이너 수리, 운행, 기타 운전원 지원기능)

③ 내륙Depot(CY)
  ㉠ 내륙지역에 설치된 중소규모의 컨테이너 터미널이다.
  ㉡ 트레일러 운송만을 취급하거나 철도역에 설치되어 복합운송이 가능하다.
  ㉢ 통관기능이나 CFS기능 등 지원기능이 없거나 부족하다.

> **심화학습**
>
> **철도 컨테이너 Depot(CY) 현황**
>
> 부산진, 의왕, 동산, 삽교, 부강, 동익산, 미평, 조치원, 홍국사, 율촌, 약목, 동래, 청주, 옥천, 울산항, 가야, 임곡, 송정리, 신창원, 남창원, 사상, 온산, 아포, 태금, 신탄진

④ **ODCY**(Off-Dock Container Yard)

　　㉠ 부두인근 또는 내륙지역에 설치한 컨테이너 터미널이다.

　　㉡ 부두에 설치된 컨테이너 터미널을 On-Dock CY라고 칭하는데 반해 부두 밖에 설치된 CY를 Off-Dock CY라고 한다.

　　㉢ 부두 내의 컨테이너 터미널 처리능력을 보완하기 위하여 운영된다.

　　㉣ 주로 컨테이너 운송업자 또는 컨테이너운송선사가 설치하여 운영한다.

　　㉤ ODCY도 대부분 컨테이너 야드는 물론이고 보세장치장, CFS기능을 갖추고 있다.

(3) 일반물류터미널

① 화물을 보관할 수 있는 창고 및 화물취급장 등이 설치되어 있고, 이곳에 보관되고 처리되는 화물을 중심으로 화물차량의 운행(운행과 주차)이 이루어지는 터미널을 말한다.

② 대표적으로 인천 트럭터미널, 부산 종합화물터미널(부산 엄궁동) 등이 있다.

　　◉ **한국복합화물터미널 전경**

실전예상문제

01 운송의 기능 및 효용에 관한 설명으로 옳지 않은 것은?

① 운송은 지역적 분업화에 기여한다.

② 운송의 장소적 효용은 공간적 격차를 해소시켜 준다.

③ 운송의 시간적 효용은 생산과 소비의 시간적 격차를 조정해 준다.

④ 운송에는 재화를 일시적으로 보관하는 기능이 있다.

⑤ 운송은 재화의 상품가격 조정 및 안정화에는 기여하지 않는다.

해설 효율적인 운송은 지역적 상품가격을 평준화시킴과 동시에 경쟁을 촉진시켜 가격을 안정시키는 역할을 한다.

02 운송의 역할에 관한 설명으로 옳은 것은?

① 제품 운송이 없어도 소비자들은 원하는 것을 무엇이든 가까운 소매점에서 구할 수 있다.

② 운송의 발달은 지역간·국가간의 경쟁 유발과 함께 재화의 지역간 이동을 원활하게 하여 제품의 시장가격을 차별화한다.

③ 운송은 물류관리에 영향을 주지 않기 때문에 제품의 수익과 경쟁우위와는 관련이 없다.

④ 저렴한 운송비와 대량운송 기술의 발달은 시장을 확대하고 대량생산과 대량소비를 가능하게 한다.

⑤ 운송의 발달은 분리된 지역의 통합기능을 저해할 수 있다.

해설 운송이 없으면 원거리지역에 있는 소비자들은 손쉽게 상품을 구하기 어렵게 되고, 운송이 효율화되면 원활한 상품공급으로 경쟁이 활발해 지고 가격은 평준화 및 안전화된다. 또한 원활한 운송은 넓은 지역을 하나의 경제권으로 묶는 역할도 하게 된다.

03 운송의 특징에 관한 설명으로 옳지 않은 것은?

① 효율적인 운송으로 인해 소비자들은 보다 빠르고 저렴하게 재화를 획득할 수 있다.

② 운송이란 물리적인 형태를 가지고 있는 유형재이다.

③ 운송은 제품의 경제적 가치 결정에 영향을 미친다.

④ 장소적 이동이 곧 운송서비스의 생산이므로 운송이 창출하는 장소효용은 고객이 원하는 제품을 원하는 장소에 도착하게 할 때 발생한다.

⑤ 운송이 창출하는 시간 효용은 제품이 고객이 필요한 제 시간에 정확히 운송될 때 발생한다.

해설 운송은 무형의 상품이며 무형성, 동시성, 이질성, 소멸성 등의 특징을 갖고 있다.

04 운송수요에 관한 설명으로 옳지 않은 것은?

① 운송수요는 이질적 개별수요의 성격을 나타낸다.

② 운송임의 수준에 따라 운송수요가 변동되기도 한다.

③ 운송수요는 본원적 수요로서 서비스 가격(운임)의 변동에 대해 매우 탄력적으로 반응한다.

④ 운송수요는 운송수단뿐만 아니라 보관, 창고, 포장, 하역 및 정보활동 등과 결합되어야 제대로 충족될 수 있다.

⑤ 운송수요는 제품별로 계절적 변동성을 나타내는 경우도 있다.

해설 운송수요는 생산이나 소비의 파생적 수요이다. 따라서 운송수요에 따라 운임수준이 변동되는 정도가 더 크다고 할 수 있다.

05 화물운송의 종류에 관한 설명으로 옳지 않은 것은?

① 공로운송은 공공도로를 이용하여 운송하는 방법으로 주로 자동차를 이용한다.

② 해상운송은 대형운송수단이며, 원거리운송에 적합하다.

③ 철도운송은 공로운송에 비해 근거리에서는 경쟁력이 떨어진다.

④ 파이프라인운송은 석유류제품, 가스제품 운송 등에 이용되고 있으며, 다른 운송수단과 연계하여 활용할 수 있는 가능성이 매우 높다.

⑤ 항공운송은 신속한 운송을 요하는 고가 화물에 많이 이용된다.

해설 파이프라인운송은 최종소비자에게 직접 연결할 수도 있고(가스), 차량을 연결하여 운송할 수도 있으나 (송유관) 다른 모든 운송수단과 연계하는 것은 매우 제한적이다.

Answer 1. ⑤　2. ④　3. ②　4. ③　5. ④

06 운송에 관한 설명으로 옳지 않은 것은?

① 최적의 운송수단 선택, 정보시스템의 발전, 신규 수송루트의 개발 등으로 운송의 효율성이 향상되었다

② 운송은 수요자의 요청이 있을 때만 공급이 이루어지는 즉시재(Instantaneous Goods)의 성격을 갖는다.

③ Modal Shift 등 수송체계의 다변화, 운송업체의 대형화 등을 통해 운송시스템의 합리화가 가능하다.

④ 운송수요는 유통 및 생산에 대한 파생수요적 성격을 갖는다.

⑤ 운송 대형화에 따른 비용 절감으로 물류비 중 운송비가 가장 낮은 비중을 차지하고 있다.

해설 운송비는 물류비 중 그 비중이 가장 높게 나타나고 있고, 운송의 소량다빈도화에 따라 계속 증가될 것으로 예상된다.

07 운송효율성을 향상시킬 수 있는 방안으로 옳지 않은 것은?

① 가동율 향상　　　　② 공차율 증대　　　　③ 운송의 대형화
④ 회전율(수) 향상　　⑤ 영차율 향상

해설 공차율은 영차율의 반대개념으로, 공차율을 줄여야 차량의 생산성이 높아진다.

08 운송수단과 그 특징으로 옳게 짝지어진 것은?

> ㉠ 대량화물 운송에 적합하다.　　　㉡ 일관운송이 용이하다.
> ㉢ 원거리 운송에 유리하다.　　　　㉣ 근거리 운송에 유리하다.
> ㉤ 중량에 제한을 받지 않는다.

① 선박 : ㉠, ㉢, ㉤
② 철도 : ㉠, ㉣, ㉤
③ 항공기 : ㉡, ㉢, ㉤
④ 화물차 : ㉡, ㉣, ㉤
⑤ 파이프라인 : ㉠, ㉢, ㉣

해설 대량화물 운송은 철도와 선박, 일관운송은 화물자동차, 원거리 운송은 철도와 선박, 단거리 운송은 화물자동차, 중량제한은 선박이 가장 유리하며 특징이라고 할 수 있다.

09 해상운송을 타 운송수단과 비교한 것으로 옳지 않은 것은?

① 대량화물의 장거리 운송에 적합하다.

② 화물의 용적 및 중량에 대한 제한이 적다.

③ 항공운송에 비해 운임이 저렴하다.

④ 타 운송수단에 비해 운송속도가 느리다.

⑤ 화물자동차 운송에 비해 운송의 완결성이 높다.

해설 완결성이란 화물의 Door to Door운송능력을 말한다. 해상운송은 항만과 물류센터간에 트럭이나 철도 등을 통하여 마무리운송을 해주어야 최종적인 운송의 완결이 이루어진다.

10 운송수단별 특징에 관한 설명으로 옳은 것은?

① 항공운송과 파이프라인운송은 화물의 종류에 제약을 받지 않는다.

② 철도운송과 도로운송은 중량의 제한을 받지 않는다.

③ 항공운송과 도로운송은 장거리운송에 적합하다.

④ 도로운송과 항공운송은 소·중량 화물운송에 적합하다.

⑤ 해상운송과 철도운송은 기후의 영향을 받지 않는다.

해설 항공운송은 보안문제 때문에 화물의 종류에 제약을 받으며, 파이프라인은 유체, 기체 및 분체화물만을 운송할 수 있다. 도로운송은 총중량 및 축중의 제한을 받으며 비교적 중근거리용 운송수단이다. 한편 해상운송은 기후에 가장 많은 영향을 받는 운송수단이다.

11 파이프라인 운송의 특징에 관한 설명으로 옳지 않은 것은?

① 다른 운송수단에 비해서 유지비가 저렴하다.

② 연속으로 대량운송이 가능하다.

③ 컴퓨터 시스템에 의한 자동화가 가능하다.

④ 유류 등을 운송하므로 친환경 운송수단이 아니다.

⑤ 초기 시설투자비가 비교적 많이 든다.

해설 파이프라인은 지하에 매설되어 전기를 이용한 기계의 압력으로 화물이 이동되기 때문에 이산화탄소 배출이 없는 대형의 친환경운송수단이다.

Answer 6. ⑤   7. ②   8. ①   9. ⑤   10. ④   11. ④

12 화물운송에 있어 공로운송의 증가 이유에 관한 설명으로 옳지 않은 것은?

① 도심지, 공업단지 및 상업단지까지 문전운송을 쉽게 할 수 있다.

② 화주가 다수인 소량 화물을 각지로 신속하게 운송할 수 있다

③ 단거리 수송에서는 정차장 비용, 1회 발차시 소요 되는 동력 등 철도보다 경제성이 있다.

④ 도로망이 확충될 때 운송상의 경제성과 편의성이 증대하기 때문이다.

⑤ 철도운송에 비해 규모의 경제효과가 커서 상대적으로 투자가 용이하다.

> **해설** 화물운송은 차량의 크기와 적재량의 크기에 따라서 규모의 경제가 발생한다. 그러나 사업의 규모면에서는 규모의 경제가 매우 제한적이다.(**예** 10톤차량 10대를 보유한 회사나 1대를 보유한 회사나 서울 ↔ 부산간의 운송원가는 동일하다. 때문에 차량 1대를 이용하여 지입차량으로 등록하고 운영하는 사례가 증가하는 것이다).

13 운송시장의 환경변화 요인으로 옳지 않은 것은?

① 정보화 사회의 확산

② 운송화물의 다품종 대량화

③ 운송시장의 국제화

④ 소량다빈도 수배송의 확산

⑤ 보안관련 규제 강화

> **해설** 생산의 형태가 다품종 소량생산체계로 변화되면서 운송도 소량다빈도 배송형으로 변화되었다.

14 내륙컨테이너기지(Inland Container Depot)에 관한 설명으로 옳지 않은 것은?

① 항만과 거의 유사한 장치, 보관, 집화, 분류 등의 기능을 수행한다.

② 주로 수출입물량이 많이 발생하고 도착되는 지역에 설치된다.

③ 내륙운송 연계시설과 컨테이너 야드(CY), 컨테이너화물조작장(CFS) 등을 갖추고 있다.

④ 내륙에 위치하고 있어 바다와 접해 있는 항만처럼 통관이나 혼재의 기능은 수행할 수 없다.

⑤ 화물을 모아 한꺼번에 운송함으로써 물류비용을 절감할 수 있다.

> **해설** ICD는 내륙에 설치된 수출입항만과 같은 기능을 담당하고 있다. 따라서 이곳에서 수출입절차가 모두 이루어진다.

15 우리나라의 각종 운송사업에 관한 설명으로 옳은 것은?

① 소형항공운송사업은 유상으로 화물을 운송할 수 없으나, 여객은 유상으로 운송할 수 있다.

② 철도사업자로는 「한국철도공사법」에 따라 설립된 한국철도공사만이 지정되어 있어서 철도사업은 한국철도공사의 독점사업이다.

③ 화물자동차 운송사업의 진입규제는 국토교통부장관의 허가를 받아야 하는 허가제이지 만, 화물자동차운송주선업과 화물자동차운송가맹사업은 등록제이다.

④ 해상여객운송사업자는 여객선을 이용하여 여객운송에 수반되는 화물을 운송할 수 있으 며, 그 운임·요금은 해양수산부장관에게 미리 신고해야 한다.

⑤ 국제물류주선업을 등록한 자(국제물류주선업자)는 그 등록기준에 관한 사항을 5년이 경 과 할 때마다 신고하여야 한다.

해설 항공운송사업은 기본적으로 타인의 수요에 의해 사람이나 화물을 유상으로 운송해주는 사업이다. 따 라서 소형항공운송사업도 동일한 사업을 할 수 있다. 철도운송사업은 조건을 갖춘 민간사업자도 사업 을 할 수 있으며, 운송주선업과 가맹사업자도 허가제로 운영되고 있다. 국제물류주선업자는 매 3년마 다 등록기준에 관한 사항을 신고하도록 되어 있다.

16 운송수단의 선택에 영향을 미치는 요인으로 옳지 않은 것은? ▶ 제17회

① 제품의 가치

② 제품의 안전성

③ 운송거리

④ 제품의 품질

⑤ 제품의 종류

해설 운송수단의 선택에 영향을 미치는 요인은 운송거리, 화물의 특성, 상하차지의 특성, 송·수하인의 요구 사항, 운임의 부담력(경제성) 등이다. 제품의 품질도 영향을 미칠 수 있다고 할 수 있으나 그 강도는 매우 미약하다.

Answer 12. ⑤ 13. ② 14. ④ 15. ④ 16. ④

17 화주 M사는 화주 A사로부터 아래와 같은 운송조건의 제안을 받고, 채트반공식을 이용하여 자사의 화물자동차 운송과 비교하였다. 그 결과에 대한 설명으로 옳지 않은 것은?

> • M사의 화물자동차 운송비 : 120원/ton · km
> • A사의 철도운송비 : 50원/ton · km
> • 톤당 철도운송비 추가비용(철도 발착비 + 배송비 + 화차하역비) : 17,500원

① 250km 이내에서는 M사의 화물자동차 운송이 유리하다.
② 250km 지점에서는 두 운송비가 동일하다.
③ 200km 지점에서 두 운송비가 동일해 지려면 톤당 철도운송 추가비용은 15,000원이다.
④ 화물자동차의 경제효용거리는 250km이다.
⑤ 300km에서는 A사의 철도운송이 경제적이다.

해설 채트반공식은 L = D/t − R로 계산한다. 따라서 17,5000 ÷ (120원 − 50원) = 250km이다. 200km에서 철도운송임과 도로운송임이 동일한 경쟁력을 갖기 위해서는 (120원 − 50원) × 200km가 되어야 하므로 14,000원의 추가비용이 발생하면 된다.

18 트럭운송이 철도운송보다 비용이 절감되는 운송구간은 몇 km까지인가? (단, 수송비는 Ton−Km 당 수송비이며, Chatban 공식에 따른다)

트럭운송	철도운송	
수송비 : 2,000원	수송비 : 1,900원 상하차비 : 4,000원	포장비 : 6,000원 소운송비 : 16,000원

① 180km   ② 200km
③ 220km   ④ 240km
⑤ 260km

해설 (포장비 6,000원 + 상하차비 4,000원 + 소운송비 16,000원) ÷ (2,000원 − 1,900원) = 260km이다.

19 10톤의 화물을 5km 운송하는데 소요되는 총 수송비는 자동차가 200,000원, 철도가 150,000원이다. 철도의 경우 1톤의 화물에 대한 발착비, 배송비, 화차하역비 및 포장비가 총 250,000원이 추가로 소요될 때 화물자동차가 철도와 비교하여 경쟁우위를 확보할 수 있는 **경제적 효용거리는?** [단, 채트반(Chatban) 공식을 이용할 것]

① 25km

② 50km

③ 250km

④ 355km

⑤ 500km

해설 먼저 자동차와 철도의 ton·km당 요율을 구한다. 자동차는 200,000원 ÷ (10톤 × 5km) = 4,000원, 철도는 150,000원 ÷ (10톤 × 5km) = 3,000원이다. 철도로 발송했을때 추가비용은 250,000이기 때문에 채트반공식 L = 철도운송 추가비용 ÷ (자동차 ton·km당 요금 – 철도 ton·km당 요금)에 맞춰 계산하면 한계거리는 250km가 된다.

20 한국산업표준 KS T 0001에 제시된 화물운송에 관한 용어의 정의로 옳지 않은 것은?

① 기계류: 포장하지 않고 분립체 상태로, 대량으로 수송되는 화물

② 일관수송: 물류 효율화의 목적으로 화물을 발송지에서 도착지까지 해체하지 않고 연계하여 수송하는 것

③ 산업차량: 일정한 작업장에서 각종 운반 하역 작업에 사용되는 차량

④ 출고: 창고에서 주문에 맞춰 화물을 꺼내는 것

⑤ 운반: 물품을 비교적 짧은 거리로 이동시키는 것

해설 기계류란 동력에 의하여 어떤 운동을 일으켜 그 결과로 유용한 일을 하는 도구들의 종류를 말한다. 포상하지 않은 분립체형으로서 대량으로 운송되는 화물을 산화물이라고 표현하며 주로 곡물, 무연탄, 골재, 벌크시멘트 등을 말한다.

21 다음은 한국산업표준(KS T 0001)에서 정의하는 다양한 물류용어에 대한 정의이다. ㉠~㉤에 해당하는 용어가 올바르게 나열되어 있는 것은?

> ㉠ 화물을 물류 거점에서 화물 수취인에게 보내는 것을 말한다.
> ㉡ 화물을 자동차, 선박, 항공기, 철도, 기타의 기관에 의해 어떤 지점에서 다른 지점으로 이동시키는 것을 말한다.
> ㉢ 수송 단위 물품을 재포장하지 않고 철도차량, 트럭, 선박, 항공기 등 다른 수송 기관을 조합하여 수송하는 것을 말한다.
> ㉣ 화물을 발송지에 있는 물류 거점에 모으는 것을 말한다.
> ㉤ 물류 효율화의 목적으로 화물을 발송지에서 도착지까지 해체하지 않고 연계하여 수송하는 것을 말한다. 대표적으로 팔레트와 컨테이너를 사용한다.

① ㉠: 수송, ㉡: 배송, ㉢: 복합일관수송, ㉣: 집하, ㉤: 일관수송
② ㉠: 수송, ㉡: 배송, ㉢: 일관수송, ㉣: 집하, ㉤: 복합일관수송
③ ㉠: 배송, ㉡: 수송, ㉢: 복합일관수송, ㉣: 분류, ㉤: 일관수송
④ ㉠: 배송, ㉡: 수송, ㉢: 일관수송, ㉣: 집하, ㉤: 복합일관수송
⑤ ㉠: 배송, ㉡: 수송, ㉢: 복합일관수송, ㉣: 집하, ㉤: 일관수송

해설 KS T 0001은 물류에 관한 용어의 정의를 규정하고 있는 표준이다. 실제 업무에서 사용되고 있는 의미와는 다소 차이가 있다. 표준에서는 수송을 운송의 의미로 규정하고 있으며 단순복합운송을 복합일관운송으로 정의하고 있다(복합일관운송이 되기 위해서는 당일계약, 단일책임, 단일운임, 복수의 운송수단의 조건이 충족되어야 함). 일관운송은 일관팔레트시스템, 일관컨테이너시스템의 의미이다.

22 기존의 도로(공로) 중심의 운송체계를 철도 및 연안운송 등으로 전환하는 것을 뜻하는 용어는?

① 3PL(3rd Party Logistics)
② ITS(Intelligent Transport System)
③ 통합물류서비스(Integrated Logistics Service)
④ 모달쉬프트(Modal Shift)
⑤ LCL(Less than Container Load)

해설 모달쉬프트는 다른 운송수단으로 운송을 전환시키는 것을 말한다. 그러나 일반적으로는 트럭운송을 대형운송수단인 철도나 연안해송으로 전환하는 것을 말하며 도로의 교통체증을 완화하고 에너지 절감 및 이산화탄소 배출을 감소시키는 방법으로서 국가적으로 추진하고 있다.

23 화물자동차의 운송형태에 관한 설명으로 적합하지 않은 것은?

① 집배운송은 주로 대형 트럭을 이용하여 장거리 운송하는 것이다.

② 간선운송은 대량의 화물을 취급하는 물류거점 간에 운송하는 것이다.

③ 자가운송은 화주가 직접 차량을 구입하고 그 차량을 이용하여 자신의 화물을 운송하는 것이다.

④ 지선운송은 물류거점과 소도시 또는 물류센터, 공장 등까지 운송하는 것이다.

⑤ 노선운송은 정해진 노선과 계획에 따라 운송하는 것이다.

> **해설** 집배운송이란 집하와 배송을 합친 말로서 소량으로 출하되거나 배송되는 화물을 중소형트럭을 이용하여 운송한다.

24 물류시설에 관한 설명으로 옳지 않은 것은?

① ICD란 수출입컨테이너를 취급하는 내륙컨테이너기지로서 통관, 보관, 하역 등 항만 터미널과 유사한 기능을 수행하는 물류거점이다.

② 물류창고란 화물의 저장, 관리, 집화, 배송 및 수급조정 등을 위한 보관시설 · 보관장소 또는 이와 관련된 하역 · 분류 · 포장 · 상표부착 등에 필요한 기능을 갖춘 시설이다.

③ 공동집배송센터란 창고, 화물터미널, 항만 등의 제반시설을 한 곳에 집중하여 물류활동의 합리화를 도모하는 복합시설이다.

④ 물류터미널이란 화물의 집화 · 하역 및 이와 관련된 분류 · 포장 · 보관 · 가공 · 조립 또는 통관 등에 필요한 기능을 갖춘 시설물이다.

⑤ 물류단지란 물류단지시설과 지원시설을 집단적으로 설치 · 육성하기 위하여 지정 · 개발하는 일단의 토지이다.

> **해설** 공동집배송센터는 다수의 송하인 또는 수하인의 화물을 모아 보관하거나 분류, 유통가공작업 등을 한 후 공동배송을 하기 위한 물류시설을 말한다.

25 다음 운송요소 중 Mode에 속하는 것은?

① 생산공장　　　　　② 트럭　　　　　③ 물류센터

④ 도매점　　　　　⑤ 소비자

> **해설** 운송은 Node와 Mode, Link로 구성되는데, Node는 운송화물이 발생하고 도착하는 장소를 의미하며 Mode는 운송수단을 의미한다.

| Answer | 21. ⑤　　22. ④　　23. ①　　24. ③　　25. ② |

26 화물운송의 특성이 다음과 같을 때 선택할 수 있는 운송수단과 거리가 가장 먼 것은?

> • 납기가 촉박하다.
> • 운송의 정확성을 유지해야 한다.
> • 주로 물류센터에서 거래처까지 배송한다.
> • 다양한 상품을 소량 다빈도로 운송한다.

① 택배   ② 중소형트럭
③ 항공운송   ④ 대형트럭에 의한 순회배송
⑤ 승객겸용화물자동차

해설 위의 예시는 소형, 소량의 화물을 신속하게 운송하는 배송업무에 적합한 운송수단을 찾는 문제이다. 항공운송도 소량, 신속성에는 적합하기 때문에 장거리 배송의 경우에는 활용할 수 있지만 거래처까지의 배송은 불가능하다.

27 다음은 운송수요의 탄력성과 관련된 설명이다. 바르지 않은 것은?

① 화물의 운임부담력이 낮으면 운임인상 시 다른 운송수단을 선택할 수 있다.
② 정기운송서비스의 경우에는 운임에 대한 운송의 공급탄력성이 매우 높다.
③ 운임수준은 상품의 수출입량에 영향을 준다.
④ 운송수요의 증가에도 불구하고 운송공급이 활발하지 못하면 운임은 상승한다.
⑤ 운송수단 선택의 폭이 넓으면 운임의 탄력성은 낮아진다.

해설 정기선, 정기편 항공기, 택배와 같은 운송서비스는 공공운송인으로서 운임 및 운송량에 관계없이 공표되고 인가된 노선 및 편수를 운행해야 한다.

28 다음은 화물자동차 운수사업의 종류이다. 바르지 않은 것은?

① 용달화물자동차운송사업
② 일반화물자동차운송사업
③ 개별화물자동차운송사업
④ 화물자동차운송주선업
⑤ 화물자동차운송가맹사업

해설 용달화물자동차운송사업은 2018년 화물자동차운수사업법의 개정으로 일반화물자동차운송사업과 개별화물자동차운송사업(개별용달)으로 흡수되었다.

29 다음은 물류비 측면에서의 운송수단 선택과 관련된 설명이다. 바르지 않은 것은?

① 운송속도가 빠르면 재고비는 감소한다.
② 일반적으로 운송속도가 느릴수록 운송비가 낮다.
③ 물류센터의 수가 많으면 운송비가 많이 소요된다.
④ 물류센터의 수가 많으면 재고비가 증가한다.
⑤ 운송수단의 선택과 물류센터 수의 결정은 운송비와 재고비의 합이 최적인 수준에서 결정한다.

해설 물류센터의 수가 많으면 근거리 배송이 이루어져 전체적인 운송비가 감소한다.

30 다음 중 철도운송이 경쟁력을 갖기 위해 공로운송과의 경제성 한계거리를 단축할 수 있는 방법으로 적절하지 않은 것은?

① 공장이나 물류센터 내에 철도 인입선을 설치한다.
② 컨테이너를 이용하여 운송한다.
③ 바이모달 시스템을 도입한다.
④ 상하역과정에서 파손 및 분실이 발생하지 않도록 한다.
⑤ 운송빈도를 높인다.

해설 운송빈도를 높이는 것은 공로운송을 철도운송으로 유도할 수 있는 방법이긴 하나 경제성 한계거리를 단축시키지는 않는다.

31 다음은 운송수단의 선택요인별 운송수단의 일반적 순위를 나타낸 것이다. 바르지 않은 것은?

번호	선택요인	순위
①	편리성	트럭 〉 철도 〉 항공 〉 해운 〉 파이프라인
②	신속성	항공 〉 트럭 〉 철도 〉 해운 〉 파이프라인
③	경제성	파이프라인 〉 해운 〉 철도 〉 트럭 〉 항공
④	신뢰성	파이프라인 〉 철도 〉 항공 〉 해운 〉 트럭
⑤	확실성	항공 〉 파이프라인 〉 철도 〉 트럭 〉 해운

해설 항공운송의 경우 신속성이 가장 우수하며, 정시성도 강한 편이나 파이프라인처럼 설계되고 기계적으로 작동시키는 대로 운송이 이루어지지는 않는다(항공의 상황 및 기상상태에 따라 다소 영향을 받음).

Answer   26. ③   27. ②   28. ①   29. ③   30. ⑤   31. ⑤

물류관리사

CERTIFIED PROFESSIONAL LOGISTICIAN

Chapter

02

공로운송

02 공로운송

| 학습목표 | 1. 운송을 직접 수행하는 차량에 대한 기본적인 지식을 습득하고 활용할 수 있다.
2. 운송화물의 특성에 맞게 적절한 운송수단을 선택할 수 있어야 하며, 운송효율을 향상시킬 수 있는 각종 기법(하드웨어적인 방법과 소프트웨어적인 방법)을 이해하고 활용할 수 있다.
3. 운송원가를 이해하고 원가를 계산할 수 있도록 하며, 각종 절감방안을 활용할 수 있다.

| 단원열기 | 공로(화물자동차)운송은 운송 부분 중 이용빈도나 비용적으로 가장 많은 부분을 차지하고 있는 운송수단이다. 따라서 화물자동차의 종류와 특징에 대한 문제와 효율성 계산방법, 원가계산방법, 효율성 향상방법 등이 자주 출제된다. 실무경험이 없는 수험생들은 이해가 어렵겠으나 충분히 이해할 수 있도록 노력해야 한다.

제1절 공로운송에 대한 이해

1 공로운송의 개념

(1) 화물자동차운송을 공로화물운송이라고도 한다.

(2) 공로화물운송은 공공도로(Public road)와 화물자동차를 이용하여 재화를 운송해주는 용역을 말한다.

(3) 화물자동차뿐만 아니라 우마차(牛馬車)나 이륜차, 리어카 등을 이용하여 운송하는 것도 공로화물운송에 포함될 수 있다.

(4) 공로운송은 Door to Door 운송을 할 수 있는 운송수단이다.

(5) 운송수단 중 가장 이용빈도가 높고 운송비의 비중도 높다(전체운송비의 약 75% 수준).

2 화물자동차운송의 특징

(1) 기동성과 신속한 전달

① 화물자동차운송의 가장 큰 특징 중의 하나이다.

② 문전까지 개설된 도로와 적은 비용으로 확보된 다양하고 많은 화물자동차에 의하여 필요한 시점에 필요한 장소까지 효율적으로 화물을 운송할 수 있다.

(2) 문전운송(Door to Door)의 실현

① 중간 환적과정 없이 목적지까지 직접 운송을 함으로써 안전하고 신속하게 운송을 할 수 있다.

② 문전운송을 할 수 있도록 화물의 특성과 도로여건, 작업장 여건에 따라 다양한 차량을 선택할 수 있다.

(3) 다양한 고객니즈에 대응

① 화물자동차는 도로여건, 운송화물의 크기 및 특성 등 수요특성에 맞는 다양한 형태로 제작된다.

② 화주나 운송회사는 자신의 화물의 특성에 적합한 차량을 선택하여 운송한다.

(4) 에너지 다소비형이며 운송의 효율성이 낮음

① 철도나 선박과 같은 대형운송수단에 비하여 상대적으로 운송능력이 작다.

② 따라서 에너지 효율성 및 인당 생산성 측면에서 효율성이 떨어진다.

(5) 근·중거리운송에 적합

신속한 상하차 및 Door to Door 운송에 따라 근·중거리운송에서는 선박이나 철도에 비해 신속성 뿐만 아니라 경제적으로도 유리한 운송이 가능하다.

(6) 타 운송수단의 운송을 완성시켜 줌

화물자동차운송은 철도, 선박 및 항공기에 의한 운송이 Door to Door 운송이 되지 못함으로써 발생하는 운송의 단절문제를 다양한 크기의 차량을 이용하여 완성시켜 주는 역할을 담당한다.

(7) 교통환경에 취약

일반적으로 통제되지 않는 통로(공공도로)를 이용함으로써 교통체증 등 운행환경에 취약하다.

3 화물자동차운송이 증가하는 이유

화물자동차운송은 비교적 운송비가 비싼 편이고 교통환경에 취약한 점이 있음에도 불구하고 철도운송이나 해상운송에 비하여 지속적으로 증가되고 있다.

① 도로망의 발달로 운송의 신속성과 운행의 안전성 향상

② 효율성이 높은 화물차량의 개발(차량의 대형화 및 다양한 전문차량 및 합리화차량 개발)

③ 소량 다빈도 운송수요의 증가

④ 철도운송과 비교한 경제성 분기점 확대

⑤ 투자의 용이성

⑥ Door to Door 운송에 의한 신속성 및 안전성 보장

⑦ 소량화물에 대해서도 신속한 운송 가능

▨ 4 화물자동차에 대한 이해

(1) 화물자동차의 정의

'화물자동차'란 화물을 운송하기 위하여 제작된 운송용 장비로서 공로(公路)를 운행할 수 있도록 원동기와 바퀴가 부착된 장비를 말한다.

① **자동차의 정의**(「자동차관리법」 제2조)

   ㉠ '자동차'라 함은 원동기에 의하여 육상에서 이동할 목적으로 제작한 용구 또는 이에 견인되어 육상을 이동할 목적으로 제작한 용구(이하 '피견인자동차'라 한다)를 말한다.

   ㉡ 트레일러 등과 같은 피견인 장비는 원동기가 없고 스스로 운행할 수 없으나 견인차량과 결합되어 하나의 차량으로서 사람이나 화물을 싣고 견인차량에 의해 도로를 운행하기 때문에 자동차로 정의된다.

② **화물자동차의 정의**(「화물자동차운수사업법」 제2조) : '화물자동차'라 함은 「자동차관리법」 제3조에 따른 화물자동차 및 특수자동차로서 국토교통부령으로 정하는 자동차를 말한다.

③ **화물자동차의 정의**(「자동차관리법」 제3조) : 화물을 운송하기에 적합한 화물적재공간을 갖추고, 화물적재공간의 총적재화물의 무게가 운전자를 제외한 승객이 승차공간에 모두 탑승했을 때의 승객의 무게보다 많은 자동차를 말한다.

(2) 화물자동차의 구조

① **화물자동차의 외형상의 구조** : 화물자동차는 외형상 일반적으로 다음과 같은 구조를 갖고 있다. 그림에서 보듯이 자동차를 운전할 수 있는 운전석과 화물을 적재할 수 있는 적재함 부분으로 구분된다. 운전실의 형태에 따라 다음과 같이 3가지 유형이 있다.

   ㉠ Cab over형 : 엔진이 운전석의 아랫부분에 설치된 형태의 차량

   ㉡ Bonnet형 : 엔진이 운전석 앞부분에 설치된 형태의 차량

   ㉢ Panel van형 : 운전실과 화물실이 일체형으로 되어 있는 차량

   ◉ 화물자동차의 외형상 구조

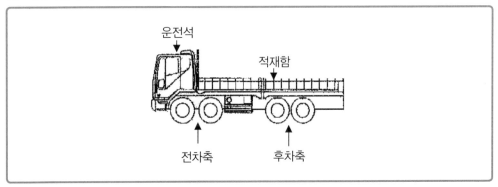

② **화물자동차의 구성** : 화물자동차(모든 자동차는 동일)는 크게 섀시(Chassis) 부분과 바디(Body) 부분으로 구분된다.

　㉠ 바디(Body)

　　ⓐ 차체라고도 하며 화물이나 사람을 적재 및 수용하는 부분으로서 프레임이나 현가장치 (浚架裝置)에 직접 연결되어 있다.

　　ⓑ 외관상으로 볼 때 차체를 감싸고 있는 부분으로서 일종의 구조물이라고 할 수 있다.

　㉡ 섀시(Chassis) : 자동차 중 Body 부분을 뺀 나머지 부분을 총칭하는 말이다. 따라서 섀시 에는 자동차를 움직이게 하는 중요한 모든 부분들로 구성되어 있으며 다음과 같이 6개의 중요한 파트로 나누어진다.

> **중요 6개 부문** : 프레임, 엔진, 동력전달장치, 현가장치, 조향장치, 브레이크장치

③ **화물자동차의 제원**(Specification) : 제원이란 자동차의 외양, 크기, 무게, 성능 등 자동차의 설 계나 제작의 기준이 되며 자동차의 형식승인을 받은 사양을 총칭하는 말이다. 제원은 크게 치 수제원(Dimensions), 질량(Masses) 및 하중(Weight)제원, 성능(Performance)제원으로 나누어 진다.

　㉠ 치수제원

　　ⓐ 자동차의 외관상의 크기를 말한다.

　　ⓑ 자동차가 정지된 상태에서 수평 및 수직으로 측정된다.

　　ⓒ 치수제원은 차량의 안전운행 및 화물의 적재능력을 결정하는 제원이다.

　　　◉ **화물자동차의 치수제원**

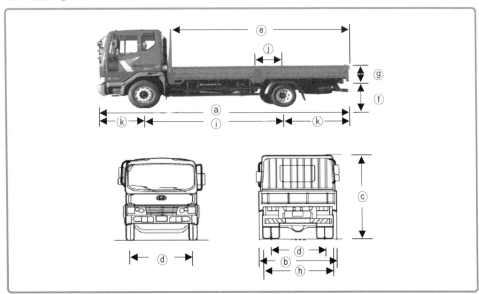

부호	명칭	내용
ⓐ	전장	차량의 맨 앞부분에서 맨 뒷부분까지의 거리
ⓑ	전폭	• 차량의 맨 좌측면부터 우측면까지의 거리 • 사이드미러는 제외
ⓒ	전고	타이어 접지면에서 차량의 맨 높은 부분까지의 수직 거리
ⓓ	윤거	• 차량의 좌우측타이어의 접지면 중앙부 간의 거리 • 윤거가 넓을수록 주행 및 코너링 안전성이 높음.
ⓔ	하대길이	• 화물을 적재하는 적재함의 거리 • 적재함의 길이가 길수록 부피화물 적재에 유리
ⓕ	상면 지상고	• 타이어 접지면으로부터 적재함 바닥면까지의 수직거리 • 지상고가 낮을수록 운행안전성이 높고 적재높이가 높아짐.
ⓖ	하대높이	• 적재함 바닥으로부터 적재문의 높이 • 윙바디 또는 탑차의 경우 적재량(부피)의 크기에 영향을 줌.
ⓗ	하대폭	• 적재함의 내측 좌우측면 간의 거리 • 적재함의 폭에 따라 적재량(부피)이 변할 수 있으며 팔레트의 적재수량에 영향을 줌.
ⓘ	축간거리	• 앞축의 중앙지점으로부터 후축(다음축)의 중앙지점까지의 거리 • 일반적으로 축간거리가 길수록 차체가 길어져 적재량이 증가하며, 동일규격의 차체일 때는 화물의 중량이 앞쪽으로 이동하여 축하중관리에 유리함.
ⓙ	옵셋거리 Off-set	• 후축의 중앙지점으로부터 적재함의 중심 부분까지의 거리 • 옵셋이 클수록 하중이 앞으로 이동하여 축중관리에 유리
ⓚ	오버행	• 차량의 앞축 또는 맨 뒷축의 중심으로부터 차체의 맨 앞부분 또는 뒷부분까지의 거리 • 차량이 회전할 때 확보해야 할 도로의 폭에 영향을 줌.

ⓛ 질량 및 하중제원 : 자동차 자체의 무게 및 적정하게 운송할 수 있는 화물과 사람의 무게, 인원수 등에 대한 자동차 능력을 말한다.

공차중량	• 자동차에 사람이나 화물을 싣지 않은 상태에서의 중량 • 연료, 냉각수, 윤활유 등을 만재하고 운행에 필요한 기본장비(예비타이어, 예비부품, 공구 등은 제외)를 갖춘 상태
최대 적재량	• 적재를 허용하는 화물의 최대 중량 • 하대나 하실의 뒷면에 반드시 표시 • 자동차의 설계 및 형식승인시 정해지는 최대 적재량

차량총중량	자동차 차체의 무게와 적재한 화물의 중량과 승차인원 등을 포함한 전체 중량을 말한다. ◈ 차체중량 1,000kg, 승차인원의 몸무게 140kg, 적재한 화물의 양이 1,500kg일 때 총중량은 2,640kg이 된다.
축하중	• 좌우측 한쌍의 바퀴에 부하되는 차체와 화물의 무게 • 도로, 교량 등의 구조와 강도를 고려하여 도로를 주행하는 일반자동차는 최대 축하중을 10톤으로 규제하고 있다.
승차정원	입석과 좌석을 구분하여 승차할 수 있는 최대 인원수로 운전자를 포함한다.

(3) 화물자동차의 구분과 특징

「자동차관리법」에 따른 자동차의 분류는 다음과 같다.

① 크기에 따른 구분

차 형	내 용
초소형	배기량 250cc이하, 길이 3.6m, 너비 1.6m, 높이 2m 이하인 것 (전기자동차의 경우에는 최고 정격출력 15KW 이하)
경 형	배기량 1,000cc 미만으로서 길이 3.6m, 너비 1.6m, 높이 2m 이하인 것
소 형	최대 적재량이 1톤 이하인 것으로서 총중량이 3.5톤 이하인 것
중 형	최대 적재량이 1톤 초과 5톤 미만이거나, 총중량이 3.5톤 초과 10톤 미만인 것
대 형	최대 적재량이 5톤 이상이거나, 총중량이 10톤 이상인 것

② 용도에 따른 구분

구 분	차 형	내 용
일반화물 자동차	일반형	보통의 화물운송용인 것
	덤프형	적재함을 원동기의 힘으로 기울여 적재물을 중력에 의하여 쉽게 미끄러뜨리는 구조의 화물운송용인 것
	밴 형	지붕구조의 덮개가 있는 화물운송용인 것
	특수용도형	특정한 용도를 위하여 특수한 구조로 하거나, 기구를 장치한 것으로서 위 어느 형에도 속하지 아니하는 화물운송용인 것
특수자동차	견인형	피견인차의 견인을 전용으로 하는 구조인 것
	구난형	고장·사고 등으로 운행이 곤란한 자동차를 구난·견인할 수 있는 구조인 것
	특수작업형	위 어느 형에도 속하지 아니하는 특수작업용인 것

(4) 일체형 화물자동차의 종류와 특징

일체형 화물자동차란 운전실과 화물실(적재함)이 하나의 프레임 위에 설치된 차량을 말한다.

① **일반화물자동차**(General Cargo Truck : 일반카고트럭)

ㄱ 가장 일반적인 형태의 화물자동차이다.

ㄴ 적재함의 윗면 부분은 항상 개방된 상태이며 측면 및 후방의 문도 개폐할 수 있다.

ㄷ 일반화물자동차(카고트럭)의 특징

> • 좌·우·후방 및 상방향에서 상하차작업을 할 수 있다(상하차 편리성).
> • 적재 후 화물의 안전을 위하여 결박(結縛)작업이 필요하다(결박 및 해체작업 시간소요).
> • 우침사고(雨侵事故)방지, 습기방지, 화물의 비산(飛散)과 낙하(落下)방지 등을 위하여 화물덮개를 씌워야 한다(작업시간 소요 및 수침사고 발생 우려 높음).
> • 적재함의 중량이 적기 때문에 적재량이 증가한다.
> • 측·후면의 보호대가 낮기 때문에 높이 쌓기에 부적절하다.
> • 자동차 구입 후 화물 특성에 따라 적재함을 개조하여 이용할 수 있다.

② **밴형 화물자동차**(Van Type Truck)

ㄱ 일반화물자동차의 화물적재실에 박스형의 덮개를 고정적으로 설치한 화물자동차를 말한다.

ㄴ 일반화물자동차의 단점을 보완할 수 있고, 화물적재함 내부의 구조를 변화시키거나 기계장치를 설치하여 합리화특장차로 변형이 가능하다.

ㄷ 운전실과 화물적재실이 동일 공간에 설치된 밴형 트럭을 패널밴(panel van)이라고 한다.

ㄹ 밴형 트럭의 특징

> • 화물을 높게 적재할 수 있다.
> • 화물의 결박 및 해체에 별도의 시간이 소요되지 않는다.
> • 화물의 안전성이 증대된다.
> • 적재함의 내부구조를 다양한 형태로 효율화할 수 있다(합리화차량편에서 상술).
> • 적재함의 무게가 증가하여 적재량이 감소한다.
> • 상하차작업방향의 제한을 받는다.
> • 자동차 제작가격이 일반화물자동차에 비해 높다.

③ **전문용도형 화물자동차**(Specialized Truck : 전용특장차)

ㄱ 화물자동차의 적재대를 특정 화물의 운송에 적합하도록 제작한 자동차를 말한다.

ㄴ 전문용도형 화물자동차의 특징

> • 화물에 대한 포장비를 절감할 수 있다.
> • 상하차작업이 신속하다.

- 화물운송의 안전도를 향상시킨다.
- 상하차 작업비가 절감된다.
- 악천후에도 상하차작업이 용이하다.
- 자동차 구입가격이 높아진다.
- 상하차를 위한 기계구입 또는 전용설비를 해야 한다.
- 귀로에 운송할 화물이 희귀하다.
- 물량감소하면 다른 종류의 화물운송이 곤란하다.
- 화물 인수장소에도 하역설비가 필요하다.
- 적재대의 무게 증가로 화물적재량이 감소된다.
- 소량화물운송에는 부적절하다.

● 전문용도형 차량의 종류와 특징

차 종	주요 용도 및 특징
액체수송차량 (Tank truck)	• 적재함이 탱크형으로 제작됨. • 유류, 화학물질 등 액체로 된 특수물질의 운송용
벌크트럭 (Bulk truck)	• 적재함이 탱크형으로 제작됨. • 분말 또는 소립자(小粒子)를 운송
냉동차량	냉동기 부착. 냉동·냉장화물의 운송용
레미콘 트럭	콘크리트몰탈운송 전용차량. 중기로 등록됨.
차량운송용 차량	승용차 등을 전문적으로 운송하기 위한 차량
동물운송용 차량	• 동물의 안전한 운송을 위하여 적재함을 특수하게 설계한 차량 • 마필, 활어, 병아리운송용 등 다양한 형태로 제작
모듈트럭 (Module truck)	• 중량물 전문 운송용 차량 • 여러 대의 차량을 연결하여 하나의 차량으로 사용 가능
무진동차량	• 현가장치에 충격을 흡수할 수 있는 특수장치를 한 차량 • 정밀제품(반도체 제작장비 등)을 안전하게 운송하기 위하여 이용

④ 합리화차량

　㉠ 합리화차량이란 적재함의 구조를 개선(량)하여 화물을 효율적으로 적재 및 운송할 수 있도록 한 차량을 말한다.

　㉡ 합리화의 방향은 상하차작업 합리화, 적재함 구조의 합리화, 적재함의 개폐방법 합리화로 구분할 수 있다.

　　ⓐ 상하차작업 합리화차량 : 적재함에 상하차작업을 효율적으로 할 수 있는 장치를 부착한 차량을 말한다.

● 상하차작업 합리화차량의 종류와 특징

차 종	주요 용도 및 특징
덤프트럭 (Dump truck)	• 화물을 하역할 때 적재함의 앞부분 또는 옆부분을 들어올려 중력으로 하역하는 차량 • 파손우려가 없는 산화물(散貨物)운송 전용으로 이용
리프트게이트차량 (Lift gate truck)	• 적재함의 후면에 화물리프트를 장착 • 중량의 화물을 리프트를 이용하여 용이하게 상하차함(1인 상하차 가능). • 중량물 배송트럭에 많이 활용
크레인장착차량 (Crane attached truck)	• 적재함의 앞 또는 뒷부분에 크레인을 장착 • 자신이 운송할(한) 화물을 직접 크레인을 이용하여 상하차(별도의 상하차장비 불필요) • 크레인은 주로 후크(Hook)형 또는 너클(Knuckle)형을 장착
리프트플로어차량 (Lift floor truck)	• 적재함 바닥에 전후로 이동하는 레일(rail)형 리프트가 설치됨(동력에 의하여 작동). • 상하차할 화물을 리프트가 전후로 이동하면서 운반함.
롤러컨베이어차량 (Roller conveyor truck)	• 적재함의 중앙에 무동력 롤러컨베이어가 설치됨. • 상하차할 화물을 컨베이어 위에 올려놓고 인력으로 밀어서 이동시킴(주로 박스화물).
롤러베드차량 (Roller bed truck)	• 적재함의 바닥 부분에 많은 롤러 또는 보울베어링을 설치함. • 적재함 위에 올려놓은 화물을 이동시킬 방향으로 인력으로 밀어냄. • 적재함의 어느 방향으로도 밀어내기가 용이함.
팔레트레일차량 (Pallet rail truck)	• 적재함의 바닥에 레일(Rail)을 설치할 수 있는 홈이 설치됨. • 홈에 바퀴가 달린 레일을 장착한 후 레일 위에 화물을 올려놓고 인력으로 앞이나 뒤로 화물(레일)을 이동시킴. • 이동작업이 끝나면 레일은 탈거하여 별도 보관함.
팔레트슬라이더차량 (Pallet slider truck)	• 적재함에 홈을 따라 전후로 이동할 수 있는 바퀴 달린 대차(Slider)가 설치되어 있음. • 화물을 대차 위에 올려놓고 인력으로 밀어서 앞뒤로 이동시킴. • 화물을 적재 후에는 대차가 움직이지 않도록 스토퍼(Stopper)를 작동시킴.

ⓑ 적재함구조합리화차량 : 화물을 보다 안전하고 효율적으로 적재하기 위하여 적재함의 구조를 개선한 차량을 말한다.

차 종	주요 용도 및 특징
행거적재함차량 (Hanger truck)	• 밴형적재함 내부에 의류용 행거를 설치할 수 있는 장치 설치 • 행거를 거는 봉(棒)은 탈착식 및 위치조정식으로 설치 • 일반화물 운송시에는 봉을 탈거한 후 이용
적재공간분리차량	• 밴형적재함을 구분하여 화물적재할 수 있도록 이동식칸막이 설치 • 성질이 다른 화물(냉동물과 일반화물)을 칸막이로 구분 후 적재ㆍ운송(주로 냉동차량에 적용) • 한 종류의 화물을 운송할 때는 칸막이 제거
화물압착차량	• 화물을 적재하면서 화물자체를 압착하여 부피 축소할 수 있는 장치 설치 • 별도의 압착작업을 하지 않더라도 많은 양의 부피화물 적재 가능 • 주로 쓰레기 및 파지 등의 운송차량에 활용
스테빌라이저차량 (Stabilizer truck)	• 적재된 화물을 적재함 내부에서 안전하게 고정시키는 역할을 하는 장치가 부착된 차량 • 단순하게 측면에서 화물을 탄력 있게 지지해주는 형과(주로 윙바디차량) 화물의 높이에 따라 적재함 높이를 조절하는 형이 있음.
워크쓰루밴차량 (Walk through van)	• 운전석 내부에서 직접 적재함으로 걸어 들어갈 수 있는 문을 설치한 차량(하차 후 적재함 문을 열고 화물을 찾는 시간 단축) • 택배와 같이 잦은 승하차가 발생하는 운송업무를 수행하기에 적합함. • 일반 밴형에 비하여 적재함의 높이가 높아짐.

ⓒ 적재함개폐 합리화차량

- 적재함의 문 개폐방법 및 문의 형태를 개선하여 적재방향성을 개선하고 개폐시간을 단축시킨 차량을 말한다.
- 일반 밴형차량의 상하역작업의 방향성 제한을 개선하기 위한 차량이다.

◉ 적재함개폐 합리화차량의 종류와 특징

차 종	주요 용도 및 특징
윙바디차량 (Wing body truck)	• 밴형적재함의 측면이 유압장치에 의하여 윗부분으로 개폐될 수 있도록 한 차량(새의 날개모양으로 올라감) • 측면에서의 상하차작업이 용이해져 지게차 등에 의한 신속한 상하차작업이 이루어 짐. • 윙이 무겁고 제작비가 고가이기 때문에 주로 중대형화물자동차에 많이 적용함. • 일반 밴형에 비해 적재함의 측면이 약함.

셔터도어 **(오버헤드도어)차량** (Shutter door truck)	• 적재함의 개폐를 용이하게 하기 위하여 경량화된 판넬 등을 이용하여 상하(上下)로 여닫는 오버헤드도어를 설치한 차량 • 신속한 작업을 요하는 배송차량에 주로 이용 • 셔터 부분이 약하기 때문에 주로 경량, 부피화물의 집배송에 이용(택배, 우편물집배 등)
컨버터블적재함트럭 (Convertible truck)	• 밴형적재함의 측면을 커튼형으로 개폐할 수 있도록 제작한 차량(세로로 설치되는 봉과 캔버스를 이용한 커튼으로 구성됨) • 윙바디차량과 같이 측면에서의 지게차 상하차작업이 용이 • 윙바디차량에 비하여 경량화되며 제작비가 저렴함. • 비교적 가벼운 부피화물운송에 적합함.
슬라이딩도어차량 (Sliding door truck)	• 적재함 측면을 전면(全面)이 개방될 수 있도록 여러 개의 슬라이딩도어로 구성한 차량(전 측면에서의 상하차 및 지게차 작업 가능) • 윙바디나 컨버터블을 적용하기에는 무게가 무거운 화물 적재에 적합 • 주로 음료 등을 배달하는 차량에 많이 적용

⑤ 시스템차량

㉠ 한번 적재한 화물을 상하차하지 않고 적재함 채로 다른 차량으로 옮겨 실어 연속적인 운송이 이루어질 수 있도록 고안된 차량을 말한다.

㉡ 시스템차량의 특징

> • 운송차량의 상하차대기시간이 없어지거나 단축된다.
> • 효율적인 복합운송이 용이해진다(피기백, 피쉬백 등).
> • 중소형화물운송에 대해서도 운송의 시스템화가 가능해진다.
> • 차량의 창고역할 수행이 가능해진다.
> • 적재함 무게의 증가로 운송량에 제한을 받는다(일반카고트럭에 비해).

㉢ 시스템차량의 종류와 특징

차 종	주요 용도 및 특징
스왑바디트럭 (Swap body truck)	• 차량의 적재함이 차체의 프레임과 분리되도록 제작됨. • 하나의 본체와 여러 개의 적재함으로 운영됨. • 차량 본체의 화물 상하차를 위한 대기시간이 축소됨. • 운송한 화물을 일정시간 동안 적재상태로 보관할 수 있음. • Piggy back system 적용이 용이함. • 근거리 반복운송이 이루어지는 경우에 유용함.

암롤차량 (Arm roll truck)	• 차량의 적재함을 차체와 분리되도록 제작함. • 차체에 적재함을 끌어올리거나 내리는 암(Arm)이 설치되어 있음. • 쓰레기, 고철, 기타 벌크화물을 운송하기 위하여 적재함만 상차장에 배치한 후 상차가 완료된 적재함부터 운송함으로써 상하차대기 시간을 단축할 수 있음. • 화물이 소량으로 출하될 때는 적재함에 만재(滿載)될 때까지 적재함만 출하장에 배치한 후 적재가 끝나면 운송함(창고역할).

(5) **분리형 차량**

① 차량을 이동시키는 원동기(엔진) 부분과 화물을 적재하는 적재함 부분이 분리되는 차량으로 화물을 운송할 때는 견인차와 피견인차가 결합되어 운행한다.

② **장단점**

장 점	• 대량운송에 의한 운송원가 절감 • 장척화물(長尺貨物)의 운송 용이 • 차체무게의 경량화 가능 • 차량의 전용화 용이(트레일러만 전용차화) • 차량의 회전율 향상 • 운송의 시스템화 촉진 • 운송회사의 운송영업력 강화 • 도중 고장시 대처 신속 및 화물이적 불필요 • 차량의 창고역할 수행 가능
단 점	• 차량가격이 높은 편임. • 운행도로의 제한 • 운송물량이 소규모일 때 비효율적임. • 복화(復貨)물량이 적음. • 작업장이 넓어야 함. • 다수의 트레일러 확보로 자금이 많이 소요됨.

③ **견인차량의 종류와 특징**

차 종	주요 용도 및 특징
트랙터 (Tractor)	• 전문적으로 피견인차량만 견인할 수 있도록 제작된 차량 • 차량의 능력은 적재능력이 아닌 견인능력으로 표시됨.
풀카고트럭 (Pull cargo)	• 견인차량도 직접 화물운송을 하면서 피견인차량을 견인할 수 있음. • 운송물량이 적을 때는 견인차량만 운송을 하고, 많을 때는 피견인차량에도 적재하고 운송함. • 견인차량과 피견인차량에 각각 다른 화주의 화물도 운송할 수 있음.

④ 피견인차량의 종류와 특징

차 종	주요 용도 및 특징	
훌트레일러 (Full trailer)	• 적재된 화물의 무게가 견인차량의 바퀴에 영향을 주지 않는 형식의 트레일러 • 견인차량과는 토잉바(Towing bar)에 의하여 연결됨. • 자체적으로 균형을 잡을 수 있도록 2개 이상의 축이 설치됨. • 일반화물을 대량으로 운송하는 데 이용의 목적이 있음.	
센터액슬 트레일러	• 바퀴가 트레일러의 중앙부위에 설치된 트레일러 • 하중의 일부(1/10)가 견인차량에 부하됨. • 회전반경이 작아 좁은 작업장에서의 상하차 작업이 용이함.	
세미 트레일러 (Semi trailer)	• 피견인차량에 적재된 화물무게가 견인차량에도 전달된 형식의 트레일러 • 견인차량과는 커플러(coupler, 오륜이라고도 함)에 의하여 연결됨(커플러를 통해 하중이 견인차량에 전달). • 피견인차량의 앞부분에는 바퀴(축)가 없으며 견인차량과 연결되지 않을 때는 Outrigger(Landing gear라고도 함)에 의하여 지지됨. • 주로 장척물, 중량물, 활대품, 기타 특수화물을 운송하기 위하여 이용됨. • 아래와 같이 다양한 형태의 트레일러가 제작·활용되고 있음.	
	평판트레일러 (Plate T/R)	• 피견인차량의 적재대가 평평한 마루형으로 제작된 형태 • 주로 다양한 장척물, 활대품, 중량물을 운송하기 위한 범용성 트레일러
	컨테이너 섀시	• 컨테이너를 전문적으로 운송하기 위한 트레일러 • 컨테이너 고정장치가 부착되어 있음. • 차체중량을 가볍게 하고 컨테이너의 안전운송을 위한 부분만 있음. • 컨테이너의 규격에 따라 차량의 규격이 결정됨.
	덤프트레일러	• 트레일러의 적재함을 덤프트럭과 동일하게 제작 • 주로 곡물 등을 운송하는 데 이용
	탱크트레일러	• 적재함을 탱크형으로 제작 • 유류, 화학물질, 가스 등 운송
	벌크트레일러	• 적재함을 분말 및 소립자 운송에 적합하도록 탱크형 또는 홉퍼형으로 제작 • 곡물, 시멘트, 분말 등 운송용
	로우베드 T/R	• 적재함의 높이를 최대한으로 낮추어 제작한 트레일러 • 중장비, 높이가 높은 기계류 등을 운송
	기타전용 T/R	위의 트레일러 외에도 다양한 형태로 특수화물 전용트레일러를 제작하여 사용하고 있음.

폴트레일러 (Pole trailer)	• 견인차량과 폴(Pole)에 의하여 연결되고 견인되는 트레일러(일명 Dolly) • 하나의 차량에 안전하게 적재되지 않은 장척물을 견인차량과 피견인차량이 결합하여 운송하는 형태의 차량(Dolly가 화물의 뒷부분을 받쳐주는 형태) • 전신주, 철탑, 원목 등을 안전하게 운송하는 용도로 이용
더블트레일러 (Double Trailer)	• 트레일러 2개를 연결하여 운송하는 방법 • 일반적으로 앞부분 트레일러는 Semi Trailer를, 뒷부분 트레일러는 Full Trailer를 연결함.

◉ 각종 화물차량의 모형

패널밴   일반카고트럭   밴형 화물트럭

탱크로리   벌크운송트럭   레미콘트럭

자동차운송트럭   모듈트럭   무진동트럭

냉동·냉장트럭   덤프트럭   세이프로더

리프트플로어트럭

리프트게이트트럭

크레인장착트럭

롤러컨베이어트럭

롤러베드트럭

팔레트레일트럭

팔레트슬라이더트럭

행거트럭

적재공간분리형트럭

화물압착트럭

스테빌라이저트럭

워크쓰루밴

윙바디트럭

셔터도어밴

컨버터블적재함트럭

02

슬라이딩도어밴   스왑바디트럭   암롤트럭

트랙터   풀카고 + 풀트레일러

평판트레일러   컨테이너 섀시

덤프트레일러   탱크로리트레일러   벌크트레일러

저상트레일러   견인차와 폴트레일러

센터액슬트레일러

█ 5 자율주행차

운전자가 핸들, 브레이크, 페달 등을 조작하지 않아도 스스로 주행하는 자동차로서 센서를 통해 주변 상황을 파악해 장애물을 피하고 목적지까지 최적의 주행 경로를 선택하여 자동으로 주행한다. 고속도로 주행 지원 시스템, 차선이탈 경보 시스템, 차선유지 지원 시스템, 후측방 경보 시스템, 차량 간의 거리를 일정하게 유지하도록 해주는 어드밴스트 스마트 크루즈 컨트롤, 자동 긴급 제동 시스템 등이 필수적이다.

SAE(Society of Automotive Engineers)의 기준에 따르면 자율주행차량의 발전 단계를 아래 표와 같이 6단계로 구분하고 있다.

자율주행 단계	단계 명칭	실행형태
Level 0	자동화 없음	운전자가 완전하게 제어하는 단계
Level 1	운전자 보조	• 방향·속도제어 등 특정기능 자동화 • 운전자는 차의 속도와 방향 통제
Level 2	부분 자율주행	• 고속도로와 같은 정해진 조건에서 차량, 차선 인식, 앞차와의 간격 유지 등 가능 • 운전자는 항상 주변 상황 주시
Level 3	조건 자율주행	• 일정구간 자율주행 가능 • 운전자는 주변상황을 주시해 돌발상황 대비 • 한계조건 도달시 운전자는 정해진 시간 내 대응해야 함.
Level 4	고도화된 자율주행	• 특정 도로조건에서 안전제어 가능 • 그 외 도로에서는 운전자가 주행에 개입
Level 5	완전 자율주행	• 운전자의 개입없이 목적지까지 주차 등 모든 기능이 완전 자동화 • 운전자 없어도 됨.

⬡ 현재 우리나라의 수준은 Level 3 정도라고 할 수 있다.

█ 6 화물자동차의 제작 및 운행에 대한 안전기준

> • 자동차가 공공도로를 이용하여 인명과 재산을 안전하게 운송하기 위해 필요한 자동차의 제작 및 운행에 관한 기준이 필요하다.
> • 제작에 관한 안전기준과 운행에 대한 안전기준으로 구분할 수 있다.

(1) 자동차 제작안전기준

자동차 및 자동차부품의 성능과 기준에 관한 규칙을 기준으로 한 화물자동차의 중요 안전기준은 다음과 같다.

자동차의 길이, 너비 및 높이에 관한 기준	길 이	13미터(연결자동차 16.7미터) 이내
	너 비	2.5미터 이내
	높 이	4미터 이내
	최저지상고	12센티미터 이상
중량에 관한 기준	총중량	40,000kg 이내
	축 중	10,000kg 이내
	윤 중	5,000kg 이내
	조향축의 하중 비율	20% 이상(경형 및 소형은 18% 이상)

(2) 안전운행을 위한 기준

① 「도로교통법」에서 규정하고 있는 자동차의 안전운행규정

② 본 기준을 초과할 경우 관할 경찰서장의 임시운행허가를 받아 운행가능

적재가능 중량	표기 적재중량의 11할 이내
적재가능 길이(총길이)	자동차 길이에 그 길이의 1/10을 더한 길이
적재가능 너비	후사경으로 후방을 확인할 수 있는 범위
적재가능 높이	4미터(지표면으로부터 화물의 최대높이) 단, 도로구조의 보전과 통행의 안전에 지장이 없다고 인정하여 고시한 도로노선의 경우에는 4미터 20센티미터, 소형 3륜자동차에 있어서는 지상으로부터 2미터 50센티미터
차로보다 넓은 자동차	경찰서장의 통행허가 필요차폭 양 끝에 적색헝겊 부착 운행(너비 30cm, 길이 50cm)
화물낙하방지	덮개를 덮거나 결박
운행기록계 설치	• 1톤 이하의 소형차량을 제외한 모든 사업용화물자동차 • 운행기록을 6개월간 보관

운행제한 위반차량 단속 기준 허용 오차

측정과정에서 발생할 수 있는 기기오차 및 환경오차를 감안하여 다음의 허용오차를 적용한다.

1. 축하중 및 총중량 제한: 10%
2. 장 · 폭 · 고 허용오차: 높이 10cm, 폭 10cm, 길이 20cm

▌7▐ 차량의 사양과 적재관리

동일한 톤급의 차량이라도 다양한 사양(규격)으로 제작이 되고 있고, 사양이 달라지면 적재 및 운송할 수 있는 화물의 양도 달라진다.

사양요소	운송에 미치는 영향
적재함의 크기 (폭과 길이)	• 적재함이 길면 부피화물을 더 많이 적재 • 적재함이 길면 차체 무게 증가로 적재중량 감소
적재함의 폭	적재함의 폭은 팔레트적재에 영향을 줌(표준팔레트의 폭은 1,100cm).
축간거리	• 축간거리가 길면 적재화물의 하중이 전륜으로 더 많이 이동 • 축간거리가 길면 적재함의 길이가 길어짐.
축의 수	• 축의 수가 많아지면 하중분산이 잘됨. • 축의 수가 많으면 중량화물 운송에 적합
적재대(하대)의 높이	• 하대의 높이가 낮으면 실질적인 화물의 적재높이 증가 • 하대의 높이가 낮으면 지하 및 다리하부 통과 용이
차체의 무게	차체의 무게가 증가하면 적재화물의 양이 감소

제 2 절   화물자동차의 운영관리

▌1▐ 화물자동차의 운영방법

화물자동차를 이용하는 방법은 자기차량을 구입하여 자가용차량으로 등록한 후 이용하는 방법과 사업용차량을 이용하여 화물운송사업을 하는 기업의 차량을 이용하는 방법이 있다.

(1) 자가용화물자동차의 운영

> • 자신의 화물을 직접 운송하기 위하여 자신의 명의로 구입, 등록한 차량을 말한다.
> • 기본적으로 타인의 화물을 대가를 받고 운송할 수 없다.
> • 국내 운행되고 있는 화물자동차의 약 87%는 자가용화물차량이다.
> • 자가용화물자동차는 주로 중·근거리, 중소형수배송업무를 담당한다.

① **자가용화물자동차의 운영에 따른 장단점**

장 점	• 필요한 시점에 언제든지 이용 가능 • 유통업체의 경우 오지까지 배송이 가능하여 높은 사회성 유지 • 출발지나 목적지와 직접연결이 가능하고 IT장비를 장착할 수 있어 추적정보시스템 가동 유리 • 화물취급의 안전성이 높음(특성에 따른 운송 가능). • 운전기사에 대한 교육으로 운송업무 외의 다양한 부대업무 수행 가능 • 차량구입 및 등록이 용이(T/E에 관계없이) • 높은 기동성과 시스템의 일관성 유지 • 사업용자동차에 비해 자동차보험료가 적게 소요(책임보험만 강제 가입)
단 점	• 고정자산에 대한 투자(자금의 고정화) • 자체운송능력을 초과하는 운송물량 발생시 외부의 차량을 이용해야 함. • 운송의 크기에 적절한 차량의 선택에 제한(대형차량을 이용한 중·소규모의 운송 물량 운송가능성 발생) • 귀로화물(복화) 확보가 곤란하여 비효율적 운행(장거리운송의 경우 비효율성이 큼) • 물량부족시 운휴사태 발생 • 운영효율의 저하(자사의 운전기사의 적극성 결여) • 운전원 관리, 차량성능관리, 비용관리 등 행정수요가 많음.

⑵ **사업용화물자동차**

> • 타인의 화물을 운송해주고 대가를 받는 차량이다.
> • 관할관청으로부터 등록면허를 부여받아 사업용으로 등록해야 한다.
> • 화물자동차운송사업자들은 다양한 운송차량을 보유하고 전문적인 운송서비스를 제공함과 동시에 전문적인 관리를 함으로써 효율성 높은 운영을 추구한다.

① **사업용화물자동차를 이용하는 데 따른 장단점**(사용자 측면)

장 점	• 돌발적인 운송수요증가에 탄력적으로 대응이 가능 • 필요한 시점에, 필요한 수량의, 필요한 규격 및 종류의 차량을 이용할 수 있음. • 운송임이 싸고 서비스 수준이 높은 업체와 계약하여 운송을 할 수 있음. • 귀로시 복화화물을 운송할 수 있기 때문에 운송비가 저렴해질 수 있음. • 차량 및 운전원을 관리할 필요가 없어짐.
단 점	• 운임의 안정화가 곤란(장기계약 추진) • 물류시스템의 표준화 및 일관시스템 구축이 곤란 • 화물의 파손 및 도난의 우려 증가 • 자차보다 기동성이 떨어짐. • 수하인에 대한 서비스 수준이 떨어짐. • 배송업무와 관련한 부대업무 처리가 곤란 • 화물추적시스템의 구축이 곤란

2 운영관리 지표의 설정과 활용

> • 운송의 효율성을 추구하기 위해서는 성과지표를 설정하고 정기적으로 성과를 평가하는 것이 필요하다(Feedback 관리).
> • 성과지표는 합리적이고 객관적으로 평가될 수 있도록 설계되어야 한다.
> • 정확한 평가가 되기 위해서는 데이터가 정확히 수집되어야 한다.

(1) 화물자동차 운영관리지표

① **생산성지표**: 생산성이란 1인 또는 차량 1대당 일정기간 동안 어느 정도의 생산실적을 달성했는가를 나타내는 지표이다. 운송서비스 생산성지표와 매출생산성지표로 구분할 수 있다.

  ㉠ 운송서비스 생산성지표

  ⓐ 기본적으로 운송에 있어서 생산량이란 "얼마의 화물을 몇 km 운송했느냐?"로 나타내며 이 단위를 ton · km로 표시한다.

  ⓑ 정확한 화물의 중량을 산출하기 어렵거나 또는 운송거리 관리가 어려운 경우에는 보조적인 지표를 사용할 수 있다.

종 류	내 용
ton · km	• ton · km는 매번의 운송거리에 그때에 적재한 화물의 양(ton으로 환산)을 곱하여 산출한 숫자를 말한다. 운송 ton · km = Σ(적재량 × 영차운송거리) • 운송원단위라고도 한다.
운송량	• 실제 적재하고 운송한 양을 말한다. • ton, cbm, 팔레트, 박스 등 다양한 단위로 계산할 수 있다. • 운송지역 및 거리가 동일한 구간을 운송하는 경우에 간편하게 적용한다.
운행km	• 일정기간(1일 또는 1개월 등) 동안 운행한 거리의 실적치를 말한다. • 매번 적재하는 양이 동일하고 복화운행이 곤란한 경우에 적용 가능하다.
영차km	• 일정기간 동안 화물을 적재하고 운행한 거리가 몇 km인가를 나타내는 실적치를 말한다. • 매번 운송하는 양이 일정한 경우, 적재중량을 정확히 산출하기 어려운 경우, 적재중량이 효율성에 미치는 영향이 적은 경우에 적용한다.

  ㉡ 매출생산성지표

  ⓐ 매출생산성은 운송결과에 따른 수익금으로서 운송기업에서 관리하는 지표이다.

  ⓑ 매출생산성은 운송하는 화물의 운송단가 고저, 운송거리의 장단(長短), 전체적인 운송량 등에 의하여 결정된다.

종 류	내 용
매출총액	• 일정기간 동안의 차량이 운송을 하고 실현한 수익금합계 • 주로 목표대 실적달성율을 관리하기 위해서 산출한다. • 차종별, 톤급별, 연식별, 개별차량별로 구분하여 산출 및 관리할 수 있다.
운송단위당 매출액	• 매출액을 운송한 양으로 나누어서 산출한다(매출총액 ÷ 운송량). • 평균 운송단가수준을 알 수 있다.
ton · km당 매출액	• 매출액을 총 운송 ton · km 실적으로 나누어 산출한다(매출총액 ÷ 운송 ton · km). • 실질적인 생산단위당 매출액을 알 수 있다.
영차거리당 매출액	• 매출액을 영차운행거리로 나누어 산출한다(매출총액 ÷ 영차운송거리). • 차량이 화물을 적재하고 1km 운행하는 데 얼마의 매출을 올리는가를 알 수 있다.
운행거리당 매출액	• 매출액을 총 운행거리로 나누어 산출한다(매출총액 ÷ 총 운송거리). • 운송을 하기 위해서는 필연적으로 공차운행이 발생하기 때문에 공차운행거리를 포함하여 매출액을 관리하는 것도 필요하다.

② **효율성지표**: 화물자동차의 효율성이란 화물자동차가 얼마나 효율적으로 운송업무를 수행하고 관리업무는 얼마나 효율적으로 이루어졌는가를 판단하는 지표이다.

㉠ 운영효율성지표: 운영효율성지표란 차량이 운송 및 운행한 실적을 평가하는 지표이다.

종 류	내 용
가동률	• 일정기간 동안 화물의 운송을 하거나 운송을 위해 운행한 날짜 또는 시간의 목표와 실적치의 비율을 말한다. • 운송할 화물이 없거나 고장이나 운전기사의 유고로 인하여 차량의 운행이 불가능한 날이 많을수록 가동률은 떨어진다. **가동률** = 실 운행일수 ÷ 목표 운행일수 = 또는 실 총 운행시간 ÷ 목표 운행시간
회전율	• 차량이 일정한 시간 내에 화물을 운송한 횟수를 말한다. • 대부분의 차량들은 차량의 특성에 따라서 운송패턴이 있기 때문에 회전율의 내용이 크게 변하지는 않는다. • 그러나 장거리운송과 단거리운송을 혼합하여 운송할 경우에는 회전율 성과는 많은 차이가 발생한다. **회전율** = 일정기간의 운송횟수의 합 = 또는 총 운송량 ÷ 평균적재량 = 또는 총 영차거리 ÷ 평균영차거리

영차율	• 총 운행거리 중 실제 화물을 적재하고 운행한 비율 • 영차율이 높아야 기본적으로 생산성이 좋아질 수 있다. **영차율** = 영차운행거리 ÷ 총 운행거리
복화율	• 편도운송을 한 후 귀로에 복화운송을 몇 회 수행했느냐를 나타내는 지표이다. • 장거리운송을 하는 차량들은 복화운송이 절대적으로 필요하다. **복화율** = 귀로시 영차운행횟수 ÷ 편도운송횟수(영업장 소재지 부근에서 　　　　출발한 운송)
적재율	• 차량에 화물을 몇 톤을 싣고 운행을 했느냐를 나타내는 지표 • 적재율이 높을수록 생산성이 높아지는 것이다. 적재율은 다음과 같이 2가지로 산출한다. 　1. 총 운행적재율 : 차량의 전체적인 적재운송능력대비 실질적인 운송량을 나타내는 지표 　　⦿ 공차운행시에도 적재운송을 해야 한다는 개념 　　**총 운행적재율** = 총 운송 ton · km ÷ 운송능력 ton · km 　　**총 운송능력** ton · km = 적재능력 × 총 운행거리 　2. 영차운행적재율 　　① 화물을 운송할 때 차량의 적재능력대비 실제 적재한 비율을 말한다. 　　② 배차의 효율성, 적재방법의 효율성 등을 관리하는 지표로 활용된다. 　　**영차운행적재율** = 총 운송량 ÷ 운송횟수 ÷ 차량적재능력 　　　　　　　　 = 또는 총 운행 ton · km ÷ (차량적재능력 × 영차운행거리)

ⓒ 비용효율성지표 : 비용효율성지표란 비용이 사용기준에 비하여 효율적으로 집행되었는지를 관리하기 위한 지표이다.

종 류	내 용
톤당(단위당) 운송비	• 일정기간 동안 차량운영과 관련하여 발생한 비용(직접원가)을 운송한 화물량으로 나누어 산출한다. • 1톤(또는 다른 관리단위)운송에 얼마 정도의 비용을 사용하고 있는가를 파악하기 위한 지표이다.
ton · km당 운송비	• 일정기간 동안 차량운영과 관련하여 발생한 비용을 총 운송 ton · km로 나누어 산출한다. • 운송서비스 1단위를 생산하는 데 어느 정도의 비용을 사용하고 있는가를 파악하기 위한 지표이다.

운행거리당 운송비	• 일정기간 동안의 차량운영과 관련한 비용을 총 운송거리로 나누어 산출한다. • 공차운행도 생산을 위한 필연적인 활동이라면 운행거리당 비용을 관리하는 것도 필요하다.
운행거리당 고정비	• 차량운영비용 중 고정비에 해당하는 비용을 운행거리로 나누어 산출한다. • 운행거리가 증가할수록 운행거리당 고정비는 낮아지고 효율성은 높아진다.
운행거리당 변동비 (연료비, 수리비, 타이어비 등)	• 일정기간 동안의 변동비를 운행거리로 나누어 산출한다. • 기본적으로 운행거리당 변동비는 기준에 근접하게 발생되어야 한다. • 운행거리당 변동비의 변화는 차량의 성능, 운전기사의 기량, 배차의 효율성 등에 의하여 나타난다. • 변동비는 연료비, 수리비, 타이어비, 통행료 등 주요한 비용 항목별로 구분하여 산출할 필요가 있다.

3 운송효율 향상방법

• 운송의 효율화는 운송시스템의 효율화와 효율적인 차량을 이용하는 두 가지 측면으로 검토해야 한다.
• 운송효율성 향상은 운송단위당 고정비가 감축되는 동시에 변동비 단위도 감축된다.
• 각종 효율화방안은 서로 상충될 수도 있다(우선순위는 운영전략적 판단).
• 운송효율화는 고객서비스와 상충관계(Trade-off)가 빈발한다.

(1) 대형화 수배송 방법

방 법	내 용
운송물량의 대형화	대형차량을 이용하여 운송할 수 있도록 묶음으로 운송해야 한다. • 출하단위를 일정량 이상으로 조절한다. • 출하처를 일정량 이상이 되도록 연결한다.
대형차량의 이용	대량으로 운송할 수 있는 대형차량을 확보한다. • 운송효율이 높은 대형차량을 구입한다. • 대형차량을 이용하여 운송할 수 있도록 계약한다. • 대형차량을 이용할 수 있는 작업환경을 조성한다(물류센터, 주차장, 진입로 등). • 밀크런 운송방법을 이용한다.
콘솔운송 시스템의 구축 (consolidation)	공동수배송시스템을 구축하여 대형운송을 추구한다. • 화물터미널을 확보하고 소량물량의 집하 및 배달시스템을 구축한다. • 용이한 상하차를 위하여 롤테이너, 리프트게이트 등을 활용할 수 있도록 한다. • 화물의 인계 · 인수와 추적을 위한 정보시스템을 구축한다.

(2) 회전율(수) 향상

회전율을 향상시키는 방법은 다음과 같이 다양한 측면에서 추진할 수 있다.

① 상하차시간 단축

방법	내용
상하차 기계화	• 지게차, 컨베이어, 크레인 등 상하차작업을 기계화한다. • 지게차 작업을 효율적으로 하기 위하여 도크레벨러 등을 설치한다. • 리프트게이트를 이용하여 하차작업을 효율적으로 할 수 있도록 한다.
운송장비의 전용화	탱크로리, 벌크탱크, 홉퍼, 덤프차량 등 화물의 신속한 상하차가 가능한 전용차량 활용
차량의 합리화	• 각종 합리화특장차량을 이용하여 상하차시간을 단축한다. • 복포 및 결박시간을 없애거나 줄이도록 한다.
상하차 작업 준비	• 운송할 차량이 도착하기 전 운송할 화물의 상하차 준비를 끝내둔다. • 수하처에 사전통보(도착시간예정 통보 및 하차준비사항 등)
충분한 상하차장	측면에서의 상하차작업이 가능하도록 도크의 길이를 길게 운영한다.

② 상하차대기시간의 단축

ㄱ 상차능력에 따라 시간대별로 상하차장으로 차량을 투입한다.

ㄴ 상하차용 갱을 늘린다(동시에 다수의 차량 상차 가능토록 개선).

ㄷ 사전에 차량의 도착예정시간을 통보하여 하역작업 준비를 하도록 한다.

ㄹ 롤테이너, 리프트게이트 등을 이용하여 운전원 스스로 상하차작업을 하도록 한다.

③ 효율적인 배차기법

방법	내용
장·단거리 혼합배차	오전에 근거리운송을 한 후 오후에 장거리운송을 하거나, 장거리운송 완료 후 오후에 근거리운송
사전 2배차제도	• 1차 운송 배차시 2차, 3차 운송에 대한 배차 실시 • 각 운송별 목표 종료시간 지점(불필요한 귀점 억제 및 목표의식)
현장배차제도	하차작업 종료시 현장에서 배차관리자와 통화 후 2차 배차 배정(운송종료시간 예상이 불가할 때)

④ 효율적인 운송시스템의 구축

운송시스템	내 용
멀티트레일러 시스템	• 하나의 트랙터에 다수의 트레일러를 배치 • 트레일러에 상하차하는 동안 트랙터는 다른 트레일러 운송
스왑바디 시스템	• 하나의 차체에 다수의 스왑바디 배치 • 스왑바디에 상하차하는 동안 차체는 다른 스왑바디 운송
중간환승 시스템	• 장거리운송에 있어서 양쪽에서 출발한 차량이 중간지점에서 차량을 교체하여 운행하는 방법 • 차량을 교체하여 출발했던 지역으로 되돌아옴.
릴레이운송 시스템	장거리운송시 중간에서 다른 운전기사로 교체하여 계속 운행하는 방법
디마운터블 시스템 (Demountable)	• 크로스닥킹으로 수배송처리를 할 때 입고되는 화물을 배송처별로 미리 분류하여 롤테이너, 팔레트 등에 적입한 상태로 입고시키고 이들 단위로 분류하여 상차하는 시스템 • 분류를 대단위로 하여 신속한 분류 및 상하차작업이 이루어짐.
Meetpoint 시스템	• 배송화물을 물류센터에서 인수하지 않고 배송지역의 일정 약속장소에서 인계받아 배송하는 방법 • 물류센터에서 배송지역까지는 대형트럭으로 운송 • 배송차량별로 화물을 구분하여 운송(롤테이너, 팔레트 이용)
1차량 2승무원 시스템	1대의 차량에 2명의 운전기사를 배치시킨다. • 2인 교대승무: 편도운송이 종료되면 대기하고 있던 다른 기사가 해당 차량을 운전하고 돌아옴. • 2인 동승운행: 1차량에 2명의 기사가 동승하여 교대로 운전하면서 장거리 운행

(3) 영차율 향상방안

방 안	내 용
환결운송시스템	장거리운송차량이 귀로에 복화화물이 없으면 다른 지역(방향)의 운송화물을 계속 연결하여 운송한 후 최종적으로 출발했던 지역으로 돌아오는 운송방법
지역별 영업소 운영 및 물량확보	장거리 운송사업을 전문적으로 하는 운송기업은 각 중요도시에 영업소를 운영하여 왕복운송물량을 확보하는 것이 필요함.
기업 간 운송제휴	장거리 자가운송을 하는 화주기업은 귀로에 유상운송을 할 수 없으므로 도착지에서 출발지로 자가운송을 하는 다른 화주기업과 물량을 교환하여 운송하는 방법
CVO의 활용	구차구화시스템의 회원으로 가입하여 복화물량의 확보
주선업체의 네트워크화	각 지역의 주선업체와 계약 또는 제휴로 복화물량 사전확보
운송가맹사업자의 활용	운송가맹사업자의 회원으로 가입하여 편도 또는 복화물량 확보
마거릿형 배송루트 운영	수배송루트를 타원형으로 설계하고 물류센터 인근에서 배송을 시작하여 최종적으로 물류센터 인근에서 끝나도록 하면 공차운행거리가 감소됨.
철도와 연계한 복합운송 추진	물류센터와 철도역 간에는 화물차량이, 장거리운송은 철도가 담당함으로써 장거리 공차운행이 감축됨.
차량의 범용화	일반카고트럭을 이용하면 특장차를 이용했을 때보다 다양한 화물 및 다양한 적재방법으로 운송할 수 있어 복화화물의 확보기회가 증가됨.

(4) 가동률 향상방안

방 안	내 용
1차량 2기사 승무제도	회전율 향상방안과 동일
예비운전기사 운영	예비기사를 확보하여 운전기사 유고시 대신 운전토록함으로써 차량이 운휴하는 일이 없도록 함.
차량성능 유지관리	차량이 항상 운행이 가능하도록 예방정비 실시 • 일상점검의 생활화 • 계획정비의 실시
안전관리시스템	• 운전기사에 대한 안전관리 강화 • 차량의 정비철저

운송물량확보	항상 차량이 운송할 수 있는 물량을 확보
전천후 상하역시설 및 장비 확보	• 상하차작업장 캐노피 설치(일반카고트럭용 상하차장) • 실내 입출하시설 운영 • 밴형화물자동차에 의한 운송 • 전용특장차의 활용

(5) 적재율 향상

방 안		내 용
차종의 선택	부피화물	• 밴형차량을 이용하여 운송(높이 쌓기 유리) • 장축형차량 이용(적재함 규격이 큼)
	중량화물	• 일반카고트럭 이용 • 단축 또는 중축차량 이용
	활대화물	• 트레일러 이용 • 적재함 완전개방형차량 이용
적재 방법의 개선	균등적재	• 일반적으로는 적재함의 앞에서 뒷부분까지 균등하게 적재 • 기계류 등 중량물일 때는 화물의 적재위치가 편중되지 않도록 조정
	적재함 앞쪽 적재	• 일반적으로 균등적재시 전축보다 후축에 하중이 많이 분포 • 화물을 앞쪽으로 당겨서 적재하면 전축으로 하중이 이동되어 적재량 증가
배차 방법의 개선	적정량 운송지시	• 운전기사는 가급적 적재정량만 운송하려는 습성이 있음. • 배차관리자는 적재요령에 따라 적재 가능한 운송량을 적재토록 배차지시
	혼적운송	운송량이 적정하지 못한 운송건에 대하여는 2~3개의 수하처를 묶어서 하나의 차량으로 운송하는 것을 추진
	주문조정	• 운송량이 적정한 수준으로 유지될 수 있도록 거래처의 주문주기 조정 • 최소주문량제 등 주문량의 조정

4 비용(변동비)절감방안

• 화물자동차 운영비용 중 특히 연료비, 수리비, 타이어비는 차량성능, 운전기량, 관리시스템에 따라 소비정도가 많이 달라진다.
• 비용을 절감하기 위해서는 다양한 관리시스템과 절감을 위한 기기들을 활용할 필요가 있다.

(1) 연료비 관리

방 안	내 용
연료소모기준의 책정과 관리	• 차종별, 톤급별, 연식별 소비기준 책정 • 공차운행시와 영차운행시의 소비기준 책정 • 소비기준량과 실 사용량의 비교분석관리
경제속도의 준수	• 일반적으로 60km ~ 80km/h가 연료소모가 가장 적은 운행속도임. • 차량에 따라 다소 차이 있음. • 운행기록계에 의한 관리 필요
불필요한 엔진공회전 방지	• 정차 중 엔진시동 정지 • 불필요한 엔진예열 금지
에어스포일러(Air spoiler)의 활용	• 차량의 고속운행시 공기저항을 감소시키는 장치 • 탑차 및 윙바디트럭, 컨테이너, 부피화물 운송차량 등에 필요
최단거리 운행코스 이용	편한 도로(고속도로)보다는 짧은 운행경로 선택 및 운행지시
자가주유소의 운영	• 주차장 내 주유소 설치 • 주유를 위한 운행방지 • 정유사로부터 직접구입에 따른 단가인하 및 양질의 유류 주입

■ 심화학습

연료소모기준 책정 및 관리의 필요성

1. **운전기사의 연료관리의식 고취**

   연료소모기준에 의한 소모량과 실 소모량을 비교하여 과소모한 운전기사에게는 운전기량을 향상시킬 것을 요구하거나 불필요한 엔진작동 등을 하지 않도록 요구함으로써 연료비 절감의식을 고취시킬 수 있다.

2. **연료비 지급의 적절성 확보**

   주행거리에 따라 연료비를 실비로 지급하거나 현물로 지급하는 경우 적절한 지급기준을 설정할 수 있다.

3. **차량의 성능관리**

   연료의 과다소모는 차량의 엔진의 상태를 나타낸다고 할 수 있다. 즉 연료과소모 차량은 엔진실린더 및 피스톤의 마모상태를 나타내거나 헤드가스켓의 파손, 연료분사장치의 이상 등이 발생하고 있다고 할 수 있다. 따라서 과소모가 발생하면 이러한 연료소모와 관련한 기관의 이상 유무를 점검하여 필요한 조치를 취할 수 있다(수리, 폐차 등).

4. **적절한 운송원가계산**

   운송견적을 제출하거나 예정원가 등을 책정할 때 운송거리 및 운송량에 따른 적절한 운송원가를 계산할 수 있다.

┌─ 보충학습 ○──┐

유가보조금제도

1. **내용**: 유류가격의 급등에 따른 운송임인상을 억제함과 동시에 운송기업 및 차주의 부담을 완화시키기 위해 정부에서 유류가격중 세금의 일부를 보조해 주는 제도

2. **시행시기**: 2008년부터

3. **지급대상**: 영업용 버스, 택배, 화물자동차, 연안화물선

4. **지급유종**: 경유, LPG

5. **지급방법**: 운송수단의 크기에 따라 일정한 한도 내의 사용량에 대해 지급(사용량당 지급단가 별도 정함)

6. **지급처**: 각 지방자치단체

└──┘

(2) 수리비 관리

방 안	내 용
예방정비의 실시	일일, 주간, 월간정비계획을 수립하고 실천
사내정비의 실시	• 차량의 보유 규모에 따라 사내 정비공장 운영 • 예방정비활동 용이 • 즉시적인 수리활동
정기교환품목의 교환관리	차량부품 중 정기교환품목을 제때 교환하도록 시스템화
무상A/S 기간의 활용	무상A/S기간 최대한 활용(비용 및 성능관리)
정비업체의 지정 운영	기술력이 우수한 정비업체 선정 • 차량별 성능관리를 위탁할 수 있다. • 장기거래이기 때문에 수리비단가를 낮게 할 수 있다. • 불량부품의 사용, 부당청구행위 등을 방지할 수 있다.
수리비 충당금제도	수리비에 대한 사내보험제도 • 원가발생을 일정하게 유지할 수 있다. • 비용질감을 위한 수리기피현상을 예방할 수 있다. • 적기에 수리를 함으로써 차량의 성능을 향상시킬 수 있다.

(3) 타이어비 관리

방안	내용
위치교환관리	3,000km~5,000km마다 위치교환 필요 • 후축의 타이어가 전축보다 하중을 많이 받아 더 많이 마모된다. • 복륜의 경우 내측 타이어보다 외측 타이어가 더 많이 마모된다. • 전륜은 캠버(Camber)각에 의하여 편마모가 발생한다.
수명주기와 교체시기관리	• 타이어의 목표주행거리를 설정하고 관리(타이어 종류별, 운행지역별, 운송물량 특성별) • 차량별, 타이어별 장착시기 및 교체시기를 기록하여 목표달성 여부 관리
적절한 규격의 타이어 장착	차종 및 운송화물의 특징에 따른 적정규격(직경, 폭, PLY 등)을 정하여 해당제품 장착
적정한 공기압의 유지	• 차종별, 운송물량의 특성별 적정공기압 관리 • 일상점검 및 운행 도중 공기압점검 일상화
엑슬리프팅차량	공차운행시에는 바퀴를 들어올려 마모가 되지 않도록 하는 장치를 부착한 차량

5 화물자동차 운송원가계산

화물자동차운송원가는 어느 운송구간에 정확하게 얼마가 소요되었는지 측정하기가 불가능하다.

- 각 개별운송마다 운행거리와 운행소요시간이 다르다.
- 일정기간 사용 후 수리 또는 보충이 이루어진다.
- 원가에 포함시켜야 할 소요시간과 그렇지 않은 시간이 있다.

따라서 운송원가계산은 사전에 운송특성에 맞는 합리적 기준을 설정하고, 그 기준에 따른 표준적 원가계산을 하는 것이 일반적이다.

(1) 고정비의 계산

고정비는 화물자동차의 운송거리 등과 관계없이 일정기간 동안 일정하게 발생하는 비용을 말한다.

- 고정비는 운송거리, 운송량, 영차거리 등이 증가할수록 단위당 비용은 감소하게 된다.
- 고정비 단가를 계산할 때는 고정비가 정상적으로 발생하는 시간을 몇 시간으로 할 것인지 원가배분원칙을 결정해야 한다. 예 8시간, 10시간, 24시간 등

① 고정비 대상항목

항 목	세부항목
감가상각비	차량, 하역기구 등
금융비용	차입금 이자, 리스료 등
세금과 공과	차량세, 보험료, 협회비, 환경개선부담금
광열수도료	주차장 등의 전기료, 세차용 수도료 등
인건비	운전기사 급여, 운전보조요원 급여
복리후생비	운전기사 및 운전보조원에 대한 각종 보험, 복리후생적 비용

② 고정비 원가계산 절차

> 고정비원가 = 일정기간 표준원가 또는 실 소요원가 ÷ 기준 운행시간 × 실 운행소요시간

㉠ 원가계산에 포함시킬 시간의 기준을 결정한다.

　　예 1일 가동시간 = 8시간, 10시간, 24시간 등

㉡ 해당 운송에 소요되는 운송시간을 계산한다.

㉢ 일정기간 동안(월간)에 소요될 원가항목별 총 표준원가 또는 실 소요원가를 산출한다.

　　예 월간 총 고정원가는 2,500,000원이다.

㉣ 총 표준원가 또는 실 소요원가를 일정기간 동안의 시간으로 나누어 시간당 고정원가를 산출한다.

　　예 월 25일 운행하며, 1일 운행기준시간은 8시간이다.

　　　⇨ 2,500,000원 ÷ 25일 ÷ 8시간 = 12,500원/시간

㉤ 시간당 표준원가 또는 실 소요원가에 소요시간을 곱하여 고정비원가를 계산한다.

　　예 운행소요시간은 5시간이다.

　　　⇨ 12,500원 × 5시간 = 62,500원

(2) 변동비의 계산

변동비는 운송거리, 영차거리, 운송량 및 적재량 등 증감에 따라 비용총액이 변동되는 원가를 말한다.

① 변동비는 운송서비스생산단위(ton · km, 운송거리, 영차거리 등)에 비례하여 발생한다.

② 변동비는 운전기사의 운전기량에 따라서 차이가 발생할 수 있다.

변동비 항목	계산방법
연료비	• 표준적 원가계산방법을 적용한다. • 영차거리 또는 운행 ton · km와 공차운행거리로 구분하여 계산한다. • 영차운행거리당 또는 운행 ton · km당, 공차운행거리당 연료소비기준을 설정한다. • 운행내용에 따라 소모기준과 연료구입단가를 곱하여 연료비를 산출한다. **표준연료비 원가** = {(운송 ton · km × 소모기준) + (공차운행거리 × 소모기준)} × 연료단가 = 또는 {(영차운행거리 × 소모기준) + (공차운행거리 × 소모기준)} × 연료단가 • 윤활유는 별도로 계산할 수도 있고 연료비에 일정률을 곱하여 산출하기도 한다.
수리비	**운송구간 수리비 원가** = 일정기간 동안 수리비예산 × 실 운행거리 ÷ 운행거리목표 • 표준적 원가계산방법을 적용한다. • 실 운행거리에 운행목표거리를 비교하여 계산한다.
타이어비	**운송구간 타이어비** = 타이어구입단가 ÷ 목표운행거리 × 실 운행거리 • 표준적 원가계산방법을 적용한다. • 실 운행거리에 타이어 목표운행거리를 비교하여 계산한다. • 타이어의 가격은 현재 구입가능가격으로 한다. • 튜브를 사용하는 경우에는 튜브구입비를 포함시킨다. • 펑크수리비는 수리비에 포함시킬 수도 있고 타이어비에 포함시킬 수도 있다.
도로통행료	도로통행료는 실제 운행구간의 고속도로 등의 실제 통행료를 산출하여 반영한다.
출장여비	운송구간의 운행에 소요되는 시간 동안의 식대, 숙박비 등을 산출하여 적용한다.
기 타	작업비, 능률상금, 시간외근무수당 등은 실제 발생가능금액을 산출하여 적용한다.

6 화물자동차 운송정보시스템

• 화물자동차운송의 효율화를 위한 정보시스템 및 정보기기의 활용이 일반화되고 있다.
• 운송정보시스템은 운송의 효율화와 고객에 대한 서비스품질을 향상시킬 수 있는 수단이다.
• 화물운송정보시스템은 국가적 차원에서 개발 및 지원하기도 하고 개별운송사업자들이 자체적으로 개발하여 활용하기도 한다.

(1) 정보시스템의 종류와 특징

화물자동차의 운송을 효율적으로 관리하기 위한 정보시스템은 각 기업들(화주 및 운송기업)이 자신들의 운송형태 및 특성에 맞게 개발하여 사용하기 때문에 그 종류를 정확하게 분류하여 설명하기는 어렵지만 업계에서 일반적으로 개발·운영되는 시스템을 소개하면 다음과 같다.

① **차량배차관리시스템**(TMS : Transportation Management System)
  ㉠ 화물차량을 이용한 운송업무와 관리업무를 효율적으로 수행할 수 있는 방법을 제공하는 시스템을 말한다.
  ㉡ 운송업체의 특성에 따라 개발의 범위 및 업무처리의 방식이 달라진다.
  ㉢ 필요한 차량의 대수 판단, 차량별 운송물량 배차, 운송의 순서, 비용계산, 운송실적관리 등이 주 내용이다.

> **▌심화학습**
>
> **배차관리시스템이 추구해야 할 점**
> 1. 가장 적절한 규모의 차량을 이용할 수 있도록 해야 한다.
> 2. 가장 적절한 대수의 차량을 투입할 수 있도록 해야 한다.
> 3. 차량의 상하차 대기시간을 최대한 감축시킬 수 있도록 해야 한다.
> 4. 화물운송에 차질이 발생하지 않도록 적정한 차량을 배차할 수 있도록 한다.
> 5. 차량의 운행사항 파악 및 운송실적과 분석자료가 보고될 수 있도록 개발한다.
> 6. 상품의 주문내용이 운송지시로 자동적으로 연계될 수 있도록 개발한다.
> 7. 화주기업과 EDI를 구축한다.

② **적재관리시스템**(VMS : Vanning Management System)
  ㉠ 운송화물을 차량에 효율적으로 적재할 수 있는 방법을 제공하는 정보시스템이다.
  ㉡ 배송순서, 물량수준 및 화물의 특징(크기, 형상 등)에 따라 차량의 소요, 적재순서, 적재위치 등을 지정해준다.
  ㉢ 적재순서에 따라 출고순서를 지정해준다.
  ㉣ 상하차작업의 신속, 적재효율성 향상, 화물의 안전성을 높여준다.

③ **구차구화**(求車求貨)**시스템**(CVO : Commercial Vehicle Operation system)
  ㉠ 운송에 필요한 차량이나 운송할 화물을 정보시스템을 이용하여 구하는 시스템을 말한다.
  ㉡ 화주기업이나 운송회사, 운송주선회사, 운전기사(개인차주)들이 회원으로 가입하여 운영된다.
  ㉢ 정부가 지원하여 개발·운영되고 있는 시스템과 운송가맹사업자 또는 운송주선업자들이 개발하여 운영하는 시스템이 있다.
  ㉣ 가입자들은 자신이 필요한 정보를 시스템에 등록하여 운송할 차량에 대한 정보나 화물정보를 구하게 된다.

> **■ 심화학습**
>
> **구차구화시스템이 추구해야 할 점**
>
> **1. 구화시스템**
>   ① 운송계약에 필요한 정확한 차량정보가 등록되어야 한다.
>   • 차량의 제원에 관한 정보(적재중량, 적재함 크기, 차량의 형태, 연식 등)
>   • 운송희망사항(운행지역, 화물의 종류, 운송임 등)
>   ② 공차상태 정보뿐만 아니라 공차예정 정보까지 등록할 수 있도록 해야 한다(현재 이용 가능 차량 및 시간대별 이용 가능 차량정보 파악).
>   ③ 차량의 현재 위치가 GPS를 통해 파악될 수 있도록 해야 한다.
>
> **2. 구차시스템**
>   ① 운송되는 화물에 대한 정보를 정확히 제공하도록 해야 한다.
>   • 화물의 특성에 관한 정보(품명, 부피, 중량, 길이, 팔레트 사용 여부 등)
>   • 필요한 차량의 크기 및 적재요구량 등에 관한 정보
>   • 화물의 적재 및 운송에 대한 특별 요구사항
>   ② 상하차 방법 및 소요시간, 대기시간 등에 대한 정보의 등록(운송원가에 많은 영향을 주는 요소)
>   ③ 운송임과 관련한 정확한 정보의 등록
>   • 운임의 지급이 어떤 단위로 이루어지는지 등록(톤당, cbm당, 대당 등)
>   • 운임지급조건을 정확히 등록(현금, 후불 등)
>   • 기타 운전기사의 역할, 화물인수도 방법, 증빙의 제출방법 등의 정보를 상세히 제공

④ **라우팅시스템**(Routing System)
   ㉠ 화물자동차의 운행경로와 배송처를 최적으로 설정해주는 정보시스템을 말한다.
   ㉡ 택배업체와 배송업체 등에서 운송화물의 양, 운행거리, 운행소요시간, 작업시간, 방문요구시간 등의 제약조건을 감안하여 가장 효율적인 운송경로를 찾아 준다.
   ㉢ 시뮬레이션기법을 이용하여 산출한다.

> **■ 심화학습**
>
> **1. 라우팅시스템이 추구해야 할 점**
>   ① 주문상황, 교통상황 등 시스템구축시 표준으로 정했던 DB가 수시로 변하므로 적정한 여유가 있는 시스템을 구축하거나 수시로 기본DB를 수정할 수 있도록 해야 한다.
>   ② 운행 중 발생하는 돌발상황을 가급적 흡수할 수 있는 시스템을 구축해야 한다.
>   ③ 당일의 라우팅스케줄을 배송처에서 알 수 있도록 차량추적시스템을 연계하는 것이 필요하다.
>   ④ 컴퓨터에서 시뮬레이션작업에 돌입하기 전 배송에 관련된 정보가 100% 입력될 수 있는 정보 입력시스템의 구축이 필요하다.
>
> **2. 배송시간 및 배송가능한 배송처의 수에 영향을 주는 요소들**
>   ① 운송되는 화물의 중량 및 부피
>   ② 배송처의 작업여건과 평균적인 작업소요시간
>   ③ 배달처 간 거리와 교통흐름

④ 배송처의 영업개시시간 및 영업종료시간, 배달희망시간
⑤ 배송 도중 집하요청의 발생 여부 및 이의 수용 여부
⑥ 배송에 관한 정보가 입력되지 않은 경우(택배의 경우)
⑦ 배송구역을 변동시킬 수 있는지 여부
⑧ 배송차량의 크기를 변동시킬 수 있는지 여부
⑨ 배송희망시간에 따른 배송시간을 조정할 수 있는지 여부

⑤ **화물추적시스템**(Tracing, Tracking)

   ㉠ 화물의 현재 위치나 상태, 화물이 이동한 경로를 파악할 수 있는 시스템이다.

   ㉡ 택배, 포워딩, 국제화물운송에 적극적으로 활용되고 있다.

   ㉢ 화물이나 차량, 컨테이너 등에 부착된 바코드나 RFID를 스캐닝함으로써 정보가 구축된다.

■ 심화학습

화물추적시스템이 추구해야 할 점

1. 가능한 실시간으로 추적정보가 제공될 수 있어야 한다.
2. 추적정보를 만드는 데 있어서 너무 많은 인건비가 소요되지 않도록 해야 한다(자동 Scanning 또는 Reading).
3. 화물의 관리에 책임소재가 따르는 부분에서는 반드시 누가, 언제, 어떤 형식의 취급을 했는지를 알 수 있도록 해야 한다.
4. 자신의 화물이 현재 어느 위치에, 어떤 형태로 있는지를 알 수 있게 해야 한다.

---

⑥ **화물정보망**

운송화물과 공차를 연결해 주는 화물운송 플렛폼사업이다. 화주기업과 화물자동차운송사업자, 주선사업자, 차주들이 회원으로 가입하여 운송화물을 확보하거나 운송할 차량을 확보하는 시스템이다.

   ㉠ 운송중개사업자가 아닌 정보제공사업자이다.

   ㉡ 주로 차주들로부터 일정한 정보이용료를 수수한다.

   ㉢ 일반적으로 스마트폰 App을 이용하여 운송화물에 대한 정보를 제공하거나 공차등록을 하게 된다.

   ㉣ 실질적인 운송거래는 차주(운전기사)와 화주간에 전화를 통하여 최종적으로 협상을 통하여 확정된다.

   ㉤ 운임은 차주가 화주로부터 직접 수수한다.

   ㉥ 우수화물정보망사업자로 인증을 받은 정보망을 통하여 차량을 확보하고 운송을 했을 때는 직접운송으로 인정을 받는다(운송업체의 직접운송 비율의무제 관련).

(2) 차량에 설치되는 정보시스템 장비

운송의 효율화를 위하여 다음과 같은 장비 및 시스템을 활용할 수 있다.

TRS	콘트롤타워와 전용으로 소통할 수 있는 전용 통신기기
Navigation	GIS와 GPS를 결합하여 운송 목적지에 대한 통로를 알려주는 장치
PDA	운송업무를 처리하기 위해 개발된 정보시스템이 설치된 장치로 바코드 스캐닝 및 업무처리 지시를 받고 결과를 보고한다.
스마트폰 App	물류업무 처리를 할 수 있도록 개발된 시스템을 스마트폰에 설치한 App
온도 기록 & 전송기	냉동차량의 온도를 측정하여 전송할 수 있는 통신장치

(3) 정보시스템에 의한 운송의 효율화 추진방향

① **가시성(Visibility)확보**: 고객만족과 운송의 효율성 향상을 위하여 실시간으로 차량의 현재위치, 이동경로, 도착예정시간을 알려줄 수 있는 시스템의 구축 및 활용이 일반화되고 있다.

② **모바일시스템**: 스마트폰이나 PDA, GPS장치 등을 이용하여 이동경로, 현재위치, 도착예정시간을 파악할 수 있을 뿐만 아니라 현재 수행하고 있는 업무의 내용, 업무처리결과, 업무처리지시 등을 실시간으로 처리할 수 있는 시스템이 활용되고 있다.

③ **RFID의 활용**: RFID칩을 화물이나 차량, 컨테이너, 팔레트 등에 부착하여 이들의 출입 및 이동상황을 신속하고 정확하게 파악할 수 있다.

제 3 절　택배시스템

1　택배의 의의

(1) 개 요

① 택배란 화물을 가정(또는 수요자가 원하는 장소)까지 배달해주는 물류서비스의 총칭이라고 할 수 있다.

② 우편소포나 철도소화물, 정기화물 등이 제공하던 소화물 배송서비스는 영업점까지 방문하여 맡기고 찾아오는 번거로움이 있었으나 택배는 송하인의 문전까지 방문하여 수거(집하)하고 문전까지 배달해주므로 기존 소화물서비스에 비하여 편리성과 신속성이 획기적으로 개선된 것이다.

③ 이러한 이점으로 인하여 2019년도 전국적으로 이용개수는 약 27.9억개에 이르고 있고(국민 1인당 평균 53.7개 이용) 매출액도 6.2조에 이를 정도로 큰 물류시장으로 성장하였다.

⑵ **화물운송사업으로서 택배의 정의**

소형·소량의 운송물을 고객의 주택, 사무실 또는 기타의 장소에서 수탁하여 수하인의 주택, 사무실 또는 기타의 장소까지 운송하여 인도하는 것을 말한다(택배표준약관).

⑶ **택배서비스의 성격과 특징**

① **택배서비스의 성격**

㉠ 일반 국민과 중소기업부터 대기업, 정부에 이르기까지 모든 사람과 조직이 이용하는 공공물류 서비스이다.

㉡ 일상생활과 판매 및 제조활동에 빈번하고 자유롭게 이용하는 생활물류 서비스이다.

㉢ 우편소포와 같은 공공적인 성격을 갖고 있다.

㉣ 개인화물운송 비중이 상당하기 때문에 소매물류라고 할 수 있다.

㉤ 택배서비스는 집하에서 배달까지 다양한 트럭 및 장비가 이용되지만 송하인과 수하인이 느끼는 서비스는 집배사원의 인적서비스이다.

② **이용자 측면에서의 택배서비스 특징**

㉠ 소형·소량화물을 위한 운송체계 : 일반적으로 1개의 중량이 30kg, 3변의 합이 160cm 이내의 소형화물을 취급할 수 있는 체계를 갖추고 운송서비스를 제공한다(일반택배업체 기준).

㉡ 문전에서 문전까지의 포괄적인 서비스 제공 : 택배업체 본사가 발행하는 운송장에 의하여 포괄적인 책임과 서비스를 제공한다.

㉢ 운송서비스의 혁신성 : 다음과 같은 점에 있어서 기존의 소화물취급서비스에 비하여 혁신적이다.

고도의 편리성	전화 통화, 인터넷 접수 등으로 가정까지 방문하여 집하하고 지정된 장소로 배달해준다.
운송서비스의 신속성	24시간 시스템을 운영함으로써 당일 집하한 화물은 야간에 분류, 운송한 후 익일 중 배달할 수 있도록 해준다. 오토바이를 이용하거나 일정한 지역 내에서 배달서비스를 해주는 업체들은 수시간 또는 당일 내 배달을 해주기도 한다.
안전 및 확실성	컴퓨터정보시스템에 의하여 화물취급의 전과정이 추적되고 포장이 불안전한 화물에 대해서는 포장서비스를 제공하고 롤테이너 등을 이용하여 안전한 취급을 함으로써 기존의 소화물서비스에 비하여 안전성이 향상되었다.
경제성 있는 운송서비스	기존의 소화물운송업자들에 비하여 경제성 있는 단가로 서비스를 하고 있으며 생산자로부터 소비자에게 상품을 직접 전달함으로써 판매자에게는 물류비 이외의 이익을 제공한다.

㉣ 공식적인 약관에 따른 보증제도 : 별도의 택배계약을 하지 않더라도 약관에 의하여 각종 손해에 대한 보증을 받을 수 있다. 택배운송장에는 약관의 중요내용이 기록되어 있으며 영업장이나 택배사원은 약관을 소지해야 하며 고객이 요구하면 보여주어야 한다.

③ 사업 자체로서의 특징

    ㉠ 장치산업 : 화물을 송하인의 문전에서 집하하여 송하인의 문전까지 배달하기 위해서는 많은 집배차량, 간선운송차량, 화물의 분류와 중계작업을 위한 터미널, 분류용 기기, 효율적인 집배업무를 하기 위한 집배송센터 등 많은 장비와 시설에 대한 투자가 필요한 장치산업이다.

    ㉡ 네트워크사업 : 화물의 집하와 배달을 효율적으로 하기 위해서는 사업구역 내에 적정한 수의 영업소(네트워크)를 설치하고 운영해야 한다. 특히 전국적인 택배서비스를 위해서는 전국적으로 최소한 130개 정도의 영업소나 50~60개 정도의 집배송센터가 설치되어야 한다.

    ㉢ 정보시스템사업 : 택배사업은 수많은 화물이 많은 조직을 통하여 여러 단계의 작업과 운송과정을 거쳐 이루어지기 때문에 이들 화물을 정확하고 차질없이 처리하기 위해서는 정교한 정보시스템이 필수적이며, 수많은 고객들과의 효율적인 정보전달을 위해서도 정보시스템은 없어서는 안 될 필수적인 시스템이다.

    ㉣ 노동집약적 사업 : 택배사업은 매출액에 비하여 많은 노동력이 소요되는 사업이다. 화물의 집하와 배달 및 운송에 많은 운전기사가 소요될 뿐만 아니라 화물을 분류하고 중계작업을 하는 데 많은 노무인력이 소요되며 각 영업소에 관리인원도 많이 소요된다. 사업의 규모별로 차이가 있으나 최소한 매출액의 80% 이상이 인건비로 지출된다.

(4) 택배관련 용어 정의

① **고객** : 사업자에게 택배를 위탁하는 자로서 운송장에 송하인으로 기재되는 자를 말한다.

② **수하인** : 고객이 운송장에 운송물의 수령자로 지정하여 기재하는 자를 말한다.

③ **운송장** : 택배사업자와 고객 간의 택배계약의 성립과 내용을 증명하기 위하여 사업자의 청구에 의하여 고객이 발행한 문서를 말한다. 송하인에게 교부되며 택배화물에도 부착된다.

④ **수탁** : 택배사업자가 택배를 위하여 고객으로부터 운송화물을 수령하는 것을 말한다.

⑤ **인도** : 택배사업자가 수하인에게 운송장에 기재된 운송화물을 넘겨주는 것을 말한다.

⑥ **손해배상 한도액** : 운송물의 멸실, 훼손 또는 연착시에 사업자가 손해를 배상할 수 있는 최고한도액을 말한다. 다만, '손해배상한도액'은 고객이 운송장에 운송물의 가액을 기재하지 아니한 경우에 한하여 적용되며, 사업자는 손해배상한도액을 미리 이 약관의 별표로 제시하고 운송장에 기재한다.

2 택배업의 종류

일반적으로 택배라고 하면 소형차량을 이용하여 화물을 문전집하 및 배달을 해주는 서비스로 이해할 수 있으나 앞에서 설명한 택배의 정의에 의하면 다음과 같은 다양한 소형화물배달서비스를 택배서비스라고 할 수 있다.

(1) 이용하는 운송수단에 의한 분류

도보택배	• 배달사원이 화물을 휴대하고 걸어 다니면서 배달하는 택배서비스 • 카드, 증서 등과 같은 초소형화물 배달 • 지하철이나 버스 등을 이용하여 직접 전달하는 형태
이륜차택배	• 오토바이, 자전거 등을 이용하여 배달하는 택배서비스 • 주로 도시 내 근거리 배달
화물자동차 택배	일반적인 택배서비스로서 소형화물자동차를 이용하여 집하 및 배달하는 형태
항공택배	• 간선운송을 항공기를 이용함으로써 당일배송 또는 수시간 내 배달해주는 택배서비스 • 공항과 송·수하인 간의 운송을 차량이나 오토바이가 담당한다.

(2) 집하 및 배송하는 지역에 따른 분류

국내택배	국내에서 집하하여 국내지역으로 배달하는 택배
국제택배	국가 간에 이동하는 화물을 문전배달해주는 서비스

(3) 취급화물에 따른 분류

일반택배	일반적이고 다양한 화물을 취급하는 택배업
상업서류 송달업	기업체의 본지점 및 거래처 간에 발생하는 서류물을 시간을 정하여 집하 및 배달해주는 택배사업
직배택배 (사송업)	정기간행물, DM화물 등을 배달해주는 택배사업
카드배송업	신용카드 등을 배달해주는 택배업체
기타 특수 화물배송	현금배송, 귀금속배송, 가구택배 등 다양한 특수화물 전문배송사업

■3 택배화물의 집하배달 방법

택배는 Door to Door 서비스가 기본이다. 그러나 B2B서비스를 제외하고는 현실적으로 송수하인의 문전을 방문해서 집하하거나 배달한다는 것이 어려운 경우가 더 많다(수하인 부재로 전체 개인화물의 70%는 문 앞 방치 또는 경비실 등에 대리인계한다고 함). 따라서 택배사는 다음과 같이 다양한 방법으로 집하 및 배달을 하고 있다.

(1) 택배화물 집하 방법

송하인의 문전에서 집하하는 것이 기본이다. 그러나 택배회사의 직원과 직접 대면 집하하는 것이 시간적, 장소적으로 어려운 경우가 많아 다양한 방법이 이용된다. 다만, 송하인과 약속이 전제되어야 한다.

① **문전 집하** : 송하인이 지정한 장소를 직접 방문하여 집하하는 방법이다.

② **영업점 집하** : 송하인이 택배사의 영업점을 직접 방문하여 맡기는 방법이다.

③ **취급점 집하** : 택배사가 개인화물 수탁을 대리할 취급점을 개설하고 집하하는 방법으로 송하인은 취급점을 방문하여 배송을 의뢰하며, 인터넷을 통하여 접수할 수 있고 취급점에서 운송장을 출력하여 부착한다. 국내의 대부분의 편의점들이 취급점을 개설, 운영하고 있다.

④ **무인접수대(함) 집하** : 송하인이 무인접수대에서 송수하인 정보를 입력하고 택배운임을 지급한 후 운송장을 출력, 부착하여 보관함에 투입하면 택배사가 집하하는 방법이다.

⑤ **기타 집하** : 택배기사와 약속을 통하여 경비실, 문 앞, 옆집 등에 맡겨진 화물을 집하하는 방법이다.

(2) 택배화물 배송 방법

배송방법 역시 기본은 수하인의 주소지를 방문하여 배달하고 인수확인을 받아야 한다. 그러나 현실적인 어려움으로 인하여 다음과 같은 다양한 방법이 이용되고 있으며, 역시 수하인의 동의가 있어야 한다.

① **대면 배송** : 택배기사가 방문 가능한 시간에 수하인이 지정된 장소에서 인수할 수 있을 때 인계하는 방법으로 인수확인을 받아야 한다.

② **문 앞 무인배송** : 수하인이 택배기사 방문시간에 부재중일 때 수하인이 동의하여 문 앞에 적재해 두는 방법이다. 대부분의 야간 및 새벽배송 택배는 모두 이 방법을 이용한다. 코로나19 사태로 대면배송의 위험성이 높아지면서 「택배표준약관」에도 무인배송이 가능하도록 명시되었다.

③ **무인 보관함 배송** : 택배화물을 보관할 수 있는 보관함에 택배화물을 투입하고 비밀번호를 수하인에게 알려주면 수하인이 보관함을 방문하여 인수하는 방법이다. 무인보관함은 아파트같은 집단주거시설에 주민들이 공동으로 설치하여 운영하는 아파트 무인보관함과 지하철 및 공공시설(여성안심택배)에 설치하여 운영하는 형태가 있다.

④ **편의점 배송** : 송수하인이 배송화물을 수하인 주소지 인근의 편의점에 맡겨 줄 것을 요청한 경우의 배송방법이다.

⑤ **드론배송** : 현재 시험단계에 있는 배송방법으로서 도시지역, 산간오지 등에 드론을 이용하여 택배화물을 배송하는 방법이다.

4 택배물류의 종류(형태)

택배물류의 종류, 즉 송하인과 수하인이 누구냐에 따라 다음과 같이 분류할 수 있다. 이러한 분류가 필요한 이유는 그 종류에 따라 시장과 화물의 특성, 택배임 수준, 제공해야 할 서비스 등이 완전히 달라지기 때문이다.

C2C택배 (Consumer to Consumer)	• 개인으로부터 집하하여 개인에게 배달하는 택배 • 개인의 집하요청시간을 맞추기 어렵다. • 취급점을 통한 집하 추진 • 집하단가가 높은 편이다. • 전체 택배화물 중 20~25% 점유 • 파손 등 화물사고의 위험성이 높다.
B2C택배 (Business to Consumer)	• 기업이 개인에게 보내는 택배 • CATV홈쇼핑, 인터넷쇼핑몰 등이 주거래처임. • 대량집하에 의한 낮은 택배단가 • 반품집하, 정보시스템 등이 주요한 경쟁수단
C2B택배 (Consumer to Business)	• 개인이 기업으로 보내는 택배 • A/S를 위한 화물, 구매취소 등의 반품이 주를 이룸. • 판매자의 폐기물 회수의무, 전자상거래 증가에 따라 지속적으로 증가할 것임.
B2B택배 (Business to Business)	• 기업에서 기업 또는 거래처로 배송하는 택배 • 화물의 부피가 비교적 큰 편임. • 오전배송 등 화물의 특성에 따라 배송서비스가 필요(배송시간, 인수확인, 반품 회수 등)

5 택배화물의 배달기일

택배사업자는 다음 기준에 의하여 화물을 수하인에게 인도해야 한다.

(1) **운송장에 인도예정일의 기재가 있는 경우**: 그 기재된 날

(2) **운송장에 인도예정일의 기재가 없는 경우**: 운송장에 기재된 운송물의 수탁일로부터 인도예정장소에 따라 다음 일수에 해당하는 날

① **일반 지역**: 2일(48시간)

② **산간, 오지지역**: 1일 추가

③ **도서지역**: 2일 추가

(3) **택배사업자는 수하인이 특정 시간을 지정한 경우**: 운송장에 기재된 인도예정일의 특정 시간까지 운송물을 인도해야 한다.

▌6 택배취급이 제한되거나 금지되는 화물

(1) 취급 제한 대상 화물

사업자는 다음의 경우에 운송물의 수탁을 거절할 수 있다.

① 고객이 운송장에 필요한 사항을 기재하지 아니한 경우

② 고객의 화물이 운송에 적합하게 포장되지 않은 경우

③ 고객이 포장된 화물의 내용 확인을 거절하거나 운송물의 종류와 수량이 운송장에 기재된 것과 다른 경우

④ 화물의 크기가 택배사가 약관에 정한 규격을 초과할 경우

⑤ 운송물 1포장의 가액이 택배사가 정한 금액을 초과하는 경우

⑥ 운송물의 인도예정일(시)에 따른 운송이 불가능한 경우

⑦ 운송물이 재생불가능한 계약서, 원고, 서류 등인 경우

⑧ 운송물이 살아있는 동물, 동물사체 등인 경우

⑨ 운송물이 화약류, 인화물질 등 위험한 물건인 경우

(2) 취급금지품목

취급금지품목이란 어떤 경우에도 수탁을 해서는 안 되는 품목을 말한다. 이는 분실, 도난, 화재 등의 위험이 크거나, 법적으로 택배에서 취급이 불가능한 화물을 말한다.

> **▌심화학습**
>
> **취급금지품목의 예**
> 1. **유가증권류** : 현금, 유가증권(수표, 어음, 상품권, 복권, 채권, 주권, 신용카드, 입장권 등 티켓 등)
> 2. **위험물** : 총포·도검류, 화약류, 유류 등 인화성물질, 유독성화학물질 등
> 3. **운송금지화물** : 밀수품, 마약류, 장물, 사체, 신서류 등
> 4. **기타 취급곤란화물** : 보석류, 고급모피의류, 생동물, 계약서 등 서류 등

(3) 취급화물의 가격(단가)

① 택배업체들은 내부규정 및 약관을 통하여 정상적으로 수탁되는 화물의 가격을 50만원으로 제한하고 있다.

② 300만원 미만의 화물에 대해서는 소정의 할증료를 지불하는 경우 수탁을 수락한다.

7 택배 운임의 청구와 유치권

(1) 운임의 청구

① 사업자는 운송물을 수탁할 때 고객에게 운임을 청구한다. 다만, 고객과의 합의에 따라 운송물을 인도할 때 수하인에게 청구할 수도 있다.

② 운송물이 포장당 50만원을 초과하거나 운송상 특별한 주의를 요하는 것일 때에는 사업자는 따로 할증요금을 청구할 수 있다.

③ 고객의 사유로 운송물을 돌려 보내거나, 도착지 주소지가 변경되는 경우, 사업자는 따로 추가요금을 청구할 수 있다.

④ 운임 및 할증요금은 미리 약관에 별표로 제시하고 운송장에 기재해야 한다.

(2) 유치권 행사

수하인이 운임을 지급하지 않는 때에는 사업자는 운송물을 유치할 수 있다.

◎ 유치권 : 타인의 물건이나 유가증권을 점유하고 있는 자가 그 물건에 관하여 생긴 채무의 변제를 받을 때까지 그 물건이나 유가증권을 유치할 수 있는 권리를 말한다.

8 택배운송장

(1) 운송장의 역할

① **계약서 역할** : 기업거래처의 경우에는 별도의 계약서를 작성하고 택배거래를 하지만, 개인의 경우에는 별도의 계약 없이 택배업체가 정한 약관을 기준으로 거래가 이루어지며 운송장에 기록된 내용이 곧 계약내용이 된다. 따라서 운송장에 기록되는 내용이 이용자에게 불리하지 않도록 확인해야 한다.

② **택배요금 영수증 역할** : 운송장에 기록된 요금의 종류(선불, 착불, 신용 등) 중 선불과 그에 해당하는 요금은 그 금액을 영수하였음을 확인하는 것이며, 이 운송장은 영수증으로 사용할 수 있다(택배사의 사업자등록번호와 영수증 인쇄).

③ **화물인수증 역할** : 택배회사가 화물을 송하인으로부터 이상 없이 인수하였음을 증명하는 서류로서의 역할을 한다.

④ **정보처리자료 역할** : 운송장에 기록된 송·수하인 및 화물에 관한 정보가 정보시스템에 입력되며, 인쇄된 운송장번호 바코드를 화물취급단계마다 스캐닝함으로써 추적정보를 생성시켜주는 역할을 하게 된다.

⑤ **화물취급지시서 역할** : 운송장에는 화물이 도착되어야 할 지역정보, 취급주의사항, 배달약속일자 등 화물을 어떻게 취급하고 배달해야 할지를 알 수 있게 하는 정보가 기록되어 있으며 각 단계의 관리자 및 화물취급자는 이 정보가 지시하는 바에 따라 화물을 안전하게 취급해야 한다.

⑥ **배달에 대한 증빙 역할**: 배달을 완료하고 수하인으로부터 화물수령확인을 받아두면 차후 발생할 배달 여부의 확인, 파손 등에 대한 책임소재 등을 확인해줄 수 있는 증빙으로서의 역할을 한다.

⑦ **요금청구서 역할**: 착불 또는 착지신용택배화물의 경우에는 운송장을 증빙으로 제시하여 수하인에게 요금을 청구하게 된다.

⑧ **수입금관리자료 역할**: 선불화물이나 착불화물의 경우 입금을 할 때 입금표와 수입금 및 운송장을 첨부하여 제출하게 된다.

⑨ **화물픽킹 및 패킹지시서 역할**: 운송장에 상품명을 기록함으로써 이를 이용하여 물류센터에서 픽킹 및 패킹을 하게 된다.

⑵ **운송장에 기재되어야 할 사항**

① 송하인(고객)의 주소, 이름(또는 상호) 및 전화번호

② 수하인의 주소, 이름(또는 상호) 및 전화번호

③ 운송물의 종류(품명), 수량 및 가액

    💡 고객이 운송장에 운송물의 가액을 기재하면 사업자가 손해배상을 할 경우 이 가액이 손해배상액 산정의 기준이 된다는 점을 명시해 놓아야 한다.

④ 운송물의 인도예정장소 및 인도예정일(특정 일시에 수하인이 사용할 운송물의 경우에는 그 사용목적, 특정 일시 및 인도예정일시를 기재함)

⑤ 운송상의 특별한 주의사항(훼손, 변질, 부패 등 운송물의 특성구분과 기타 필요한 사항을 기재함)

⑥ 운송장의 작성연월일

▮9 화물사고에 대한 책임과 소멸시효

⑴ **화물사고에 대한 책임**

① **책임의 시작**: 운송물의 멸실 · 훼손 또는 연착에 관한 사업자의 책임은 운송물을 송하인으로부터 인수한 때부터 시작된다.

② **공동운송 또는 타 운송수단 이용시의 책임**: 사업자가 다른 운송사업자와 협정을 체결하여 공동으로 운송하거나 다른 운송사업자의 운송수단을 이용하여 운송한 운송물이 멸실 · 훼손 또는 연착되는 때에는 이에 대한 책임은 사업자가 부담한다(일관책임).

③ **손해배상**: 사업자는 자기 또는 사용인, 기타 운송을 위하여 사용한 자가 운송물의 수탁, 인도, 보관 및 운송에 관하여 주의를 태만히 하지 않았음을 증명하지 못하는 한 고객에게 운송물의 멸실 · 훼손 또는 배달지연으로 인한 손해를 배상해야 한다. 배상의 기준은 다음과 같다.

ⓐ 운송장에 운송물의 가액을 기재한 경우의 배상액 기준

> **1. 전부 또는 일부 멸실된 때**
> 　운송장에 기재된 운송물의 가액을 기준으로 산정한 손해액의 지급
>
> **2. 훼손된 때**
> 　• 수선이 가능한 경우 : 수선해 줌.
> 　• 수선이 불가능한 경우 : 멸실의 경우를 기준으로 배상
>
> **3. 연착되고 일부 멸실 및 훼손되지 않은 때**
> 　• 일반적인 경우 : 인도예정일을 초과한 일수에 사업자가 운송장에 기재한 운임액의 50%를 곱한 금액(초과일수 × 운송장 기재 운임액 × 50%)의 지급. 다만, 운송장 기재 운임액의 200%를 한도로 한다.
> 　• 특정 일시에 사용할 운송물의 경우 : 운송장 기재 운임액의 200%를 지급

　❖ 배달지연(연착)과 일부 멸실 또는 훼손이 동시에 발생했을 때는 위의 2, 3을 동시에 적용한다.

ⓑ 운송장에 화물의 가액을 기재하지 않은 경우의 배상액 산정

> **1. 전부 멸실된 때**
> 　인도예정일의 인도예정장소에서의 운송물 가액을 기준으로 산정한 손해액의 지급
>
> **2. 일부 멸실된 때**
> 　인도일의 인도장소에서의 운송물 가액을 기준으로 산정한 손해액의 지급
>
> **3. 훼손된 때**
> 　• 수선이 가능한 경우 : 수선해 줌.
> 　• 수선이 불가능한 경우 : 전부 멸실의 경우에 준함.
>
> **4. 연착되고 일부 멸실 및 훼손되지 않은 때** : 연착에 따른 손해배상
>
> **5. 연착되고 일부 멸실 또는 훼손된 때** : 인도 예정일의 인도지 가격 기준으로 산정한 손해액을 배상하거나 수선 가능한 경우에는 수선해 줌.
>
> **6. 배상한도**
> 　화물의 가액을 운송장에 표시하지 않았거나 계약서에 명시하지 않은 경우에는 개당 50만원 한도에서 1, 2항의 기준으로 가격을 산정하며 고가할증을 적용하여 운송임을 적용했을 때는 할증률에 따른 가액의 범위 내에서 산정한다.

ⓒ 사업자 또는 그의 사용인의 고의 또는 중대한 과실로 인하여 발생한 때 : 사업자는 화물의 가액표시 여부에 관계없이 모든 손해를 배상해야 한다.

ⓓ 택배사업자의 면책 : 택배사업자는 천재지변 기타 불가항력적인 사유에 의하여 발생한 운송물의 멸실, 훼손 또는 배달지연(연착)에 대해서는 손해배상책임을 지지 아니한다.

(2) **책임의 특별소멸사유와 시효**

① 운송물의 일부 멸실 또는 훼손에 대한 사업자의 손해배상책임은 수하인이 운송물을 수령한 날로부터 14일 이내에 그 일부 멸실 또는 훼손의 사실을 사업자에게 통지하지 아니하면 소멸된다.

② 운송물의 일부 멸실, 훼손 또는 배달지연에 대한 사업자의 손해배상책임은 수하인이 운송물을 수령한 날로부터 1년이 경과하면 소멸된다. 다만, 운송물이 전부 멸실된 경우에는 그 인도예정일로부터 기산한다.

③ 위 ①과 ②는 사업자 또는 그 사용인이 운송물의 일부 멸실 또는 훼손의 사실을 알면서 이를 숨기고 운송물을 인도한 경우에는 적용되지 아니한다. 이 경우에는 사업자의 손해배상책임은 수하인이 운송물을 수령한 날로부터 5년간 존속한다.

⊣ 보충학습 ⊢

2020년 6월 5일 개정된 택배표준약관 주요내용

1. **사업자의 의무**
   ① 사업자는 택배를 이용하고자 하는 자에게 택배의 취급방법, 사고시 처리방법, 결제방법, 약관 등을 홈페이지 및 모바일 앱, 콜센터, 전화 등으로 알기 쉽게 제공하여야 한다.
   ② 사업자는 고객응대시스템(콜센터, 어플리케이션 등)을 설치·운영하여야 하며, 고객서비스 만족 수준을 제고시키기 위해 노력하여야 한다.
   ③ 사업자는 업무상 알게 된 고객(송화인, 수화인)의 개인정보를 개인정보보호법 등 관계법령에 따라 관리하여야 하며, 고객(송화인, 수화인)의 동의 없이 택배업무와 관계없는 제3자에게 제공할 수 없다.

2. **송화인의 의무**
   ① 고객(송화인)은 수화인의 주소, 전화번호, 성명, 운송물의 품명 및 표준가액 등을 운송장에 정확하게 작성하여야 한다.
   ② 송화인은 화약류, 인화물질, 밀수품, 군수품, 현금, 카드, 어음, 수표, 유가증권, 계약서, 원고, 서류, 동물, 동물사체 등의 운송물을 위탁하지 않아야 한다.

3. **수화인 부재시의 조치**
   사업자는 고객(수화인)의 부재로 인하여 운송물을 인도할 수 없는 경우에는 고객(송화인, 수화인)과 협의하여 반송하거나, 고객(송화인, 수화인)의 요청시 고객(송화인, 수화인)과 합의된 장소에 보관하게 할 수 있으며, 이 경우 고객(수화인)과 합의된 장소에 보관하는 때에는 고객(수화인)에게 인도가 완료된 것으로 한다.

4. **손해배상**
   사업자가 고객(송화인)으로부터 배상요청을 받은 경우 고객(송화인)이 영수증 등 손해입증서류를 제출한 날로부터 30일 이내에 사업자가 우선 배상한다. 단, 손해입증서류가 허위인 경우에는 적용되지 않는다.

---

10 택배업체가 제공할 수 있는 서비스

(1) 화물의 집하·배달 및 이에 관련한 정보서비스

① 택배업체가 기본적으로 제공하는 서비스로서 화물을 집하하고 배달하며 그에 따른 각종 물류정보를 제공한다.

② 거래처의 출하정보, 배달정보, 반품회수정보, 미배송 사유정보 등 택배업체에 따라 다양하다.

(2) 포장서비스

기업고객뿐만 아니라 개인들에 대해서도 화물에 적합한 포장을 한 후 배달서비스를 제공한다.

(3) 보관관리서비스

택배회사의 터미널에 병설되어 있거나 별도로 확보한 물류센터를 이용하여 보관관리서비스(보관, 재고관리, 유통가공 등)를 제공한다.

(4) 유통업체의 Back office 기능의 수행

택배업체들이 자신의 거래처의 화물배달뿐만 아니라 고객관리업무(주문, 반품주문, 불만처리 등)까지 담당할 수 있다.

(5) COD(Cash On Delivery)서비스

전자상거래업체가 판매한 상품을 배달하면서 직접 상품대금을 대신 수수하여 전달하거나 신용카드를 이용하여 결제업무를 대신해주는 서비스를 제공한다.

(6) 설치 및 정기교환서비스

홈쇼핑에서 판매하는 상품을 배달한 후 설치, 조립해 주거나 정기적으로 가정을 방문하여 부품이나 교환품을 교체해주는 서비스를 제공한다.

(7) 배달증명서비스

화물 인수자의 인수확인을 수득하여 송하인에게 제공함으로써 상품대금의 청구·청산을 도와주는 서비스를 제공한다.

(8) 소비자 만족도 조사

극히 이례적인 업무이기는 하지만 배달하는 사람이 배달상품에 대한 고객의 반응을 조사하여 판매자에게 보고하는 역할을 할 수 있다.

(9) 기타 운송서비스

택배회사에는 야간에 간선운송을 하는 대형트럭들이 많이 있다. 주간에는 이 차량을 이용하여 운송서비스를 하게 되고 일반운송차량에 비하여 저렴한 운송비로 활용할 수 있다.

▐11 이용자와 택배업체 간의 이용에 따른 의무사항

택배서비스 이용자와 제공자는 클레임이 발생하지 않도록 하기 위하여 다음과 같은 의무사항을 지켜야 한다.

(1) 이용자가 지켜야 할 사항

① **운송장 작성** : 운송장은 일종의 계약서이며 송하인의 배송에 대한 요구사항을 담고 있는 서류이다. 따라서 기본적으로는 운송장은 송하인이 작성해야 하며 송·수하인 및 화물에 관한 정보를 정확하게 기록해서 택배업체에 제출해야 한다.

┌─ **보충학습** ⊂
│ **운송장에 기재해야 할 정보**
│ 송·수하인의 주소·전화번호, 화물명, 화물의 가격, 위탁 수량, 배달요구일, 취급주의사항
└─

② **포장**(Packing) : 택배화물의 포장은 화물의 안전을 위해서 매우 중요한 사항이다. 따라서 이용자나 서비스 제공자는 안전한 화물의 취급과 배달을 위하여 포장상태에 유의해야 한다.
  ⑦ 사전포장 및 포장서비스 요구 : 택배업체의 택배사원이 집하하기 위하여 방문할 때 신속한 집하를 위하여 사전에 포장이 되어 있어야 한다. 만약 포장재료가 없거나 포장에 자신이 없을 때는 택배업체에 포장재료의 판매 및 포장서비스를 요구해야 한다.
  ⓛ 안전한 포장 : 송하인은 자신의 화물에 대하여 안전한 포장을 할 의무가 있다. 물론 택배업체는 화물을 안전하게 취급할 의무가 있지만 송하인도 택배업체의 취급과정을 이해하고 이에 적합한 안전한 포장을 해야 한다.

③ **수하**(인수)**태세** : 이용자는 예정된 날짜에 화물을 인수할 수 있도록 준비가 되어야 한다. 수하인이 직접 받을 수 없을 때는 대리인수할 수 있는 사람을 지정하여 화물을 인수하는 데 지장이 없도록 조치해 놓아야 한다.

④ **취급가능한 화물의 의뢰** : 택배업체에 화물의 배달을 의뢰할 때는 반드시 택배업체가 취급가능한 화물이어야 한다. 규격(중량 및 크기)이나 화물의 종류가 취급금지품목일 경우 이를 속이고 배달을 의뢰하면 수탁을 거절하거나 사고발생시 정상적인 배상을 거절할 수 있다.

(2) 서비스 제공자(택배업체)가 지켜야 할 사항

① **운송장 기록내용의 확인** : 우선 송하인이 운송장에 기록해야 할 내용이 정확하게 빠짐없이 기록이 되어 있는지를 확인한 후 그 운송장에 택배회사가 기록할 내용을 기록해야 한다. 부실한 기록이나 누락된 사항이 있으면 반드시 송하인에게 정정 또는 보완을 요구해야 한다.

② **운송장의 기록과 교부** : 개인의 경우 운송장 기록내용 중 다음사항은 반드시 택배업체의 집하
담당사원이 정확하게 기록하고 1부를 교부해야 한다.

　㉠ 운임의 종류와 금액 : 운송장에 기록되는 택배비의 형태(신용, 선불 또는 착불)를 확실하게
　　구분하여 표시하고 택배비 금액을 정확하게 기록하여 발행해야 한다.

　㉡ 배달예정일의 기록 : 배달예정일은 배달되는 지역에 따라 실제 배달가능한 날짜를 기록해
　　야 한다. 만약 도서지역 또는 악천후 등으로 배달이 지연될 수 있을 경우에는 이를 충분히
　　설명하고 배달가능한 날짜를 기록해야 한다.

　㉢ 화물인수확인 : 이상 없이 운송장이 작성되고 거래가 성사되면 택배사의 집하사원은 운송
　　장에 화물을 이상 없이 인수했음을 확인해주어야 한다.

③ **화물의 안전성 확인** : 택배업체의 집하사원은 집하시 화물의 포장상태를 확인하고 포장이 불
량할 때는 포장의 보완을 요구할 수 있다. 만약 포장이 불량함에도 수탁하였다면 파손 등의
사고발생시 대부분의 책임은 택배업체가 져야 한다.

④ **화물의 내용 확인** : 택배업체의 집하사원이 화물을 집하할 때 운송장상에 기록된 화물이 취급
가능품목인지 우선적으로 확인해야 하며 취급가능한 화물이라고 하더라도 기록내용과 실제
화물이 일치하는지를 확인할 필요가 있다.

⑤ **특이 취급사항 확인** : 택배업체는 집하한 화물의 운송장에 기록된 취급상의 주의사항을 반드
시 확인하여 그 내용에 따라 안전하게 취급할 의무가 있다. 따라서 화물의 성질에 따라 별도의
취급주의 스티커를 부착할 필요가 있다.

⑥ **운송장의 안전한 부착** : 개인택배화물의 경우에는 송하인이 작성한 화물운송장을 화물의 안전
한 위치에 정확하게 부착해야 하며, 운송 중 운송장이 이탈되지 않도록 필요한 조치를 취해야
한다.

⑦ **화물의 안전한 취급** : 택배업체는 수탁한 화물이 운송 중 파손, 변질, 분실 등 사고가 발생하지
않도록 안전하게 취급할 의무가 있다.

⑧ **예정배달기일 내 배송** : 택배업체는 수탁한 화물에 대하여 배달예정기일 내 배송해야 하며 만
약 배달예정일을 초과한 경우에는 이용자에게 사과 또는 지연배상금을 지불해야 한다.

⑨ **배달불가시 통보** : 수탁한 화물이 이용자의 사유로 인하여 배달이 불가할 때는 송하인에게 불
가사유를 통보하고 필요한 조치를 받아야 한다.

⑩ **배달불가화물의 반품처리** : 택배화물의 배달이 불가할 때는 반드시 해당 화물을 송하인에게
되돌려보내야 한다. 만약 반송이 불가하거나 송하인이 인수를 거절할 때는 상법 및 약관에 근
거하여 무주(無主)화물처리를 해야 한다(공시 및 공매처분).

12 택배운영시스템

택배는 전국적인 네트워크와 다단계의 취급절차를 거쳐 서비스가 이루어지는 일반운송과는 차별화된 운영시스템을 가지고 있다.

(I) 택배서비스를 위한 네트워크와 운송의 종류

네트워크는 화물을 집하하고 배달하며 각종 취급을 하는 조직을 말한다. 택배업체에 따라 다소 차이가 있기는 하지만 다음과 같은 구조를 갖는다.

◉ 택배네트워크 구성과 연결도

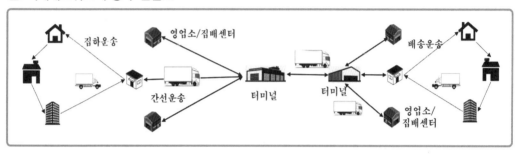

취급점	택배회사를 대신하여 개인들이 위탁하는 화물들을 접수해주는 일종의 화물접수창구이다. 이들은 슈퍼마켓, 편의점, 기념품가게, 부동산소개소 등을 운영하면서 택배회사의 화물취급규정에 의하여 화물을 수탁하고 일정한 수수료를 받는다.
영업소(점)	택배사의 조직 중 가장 일선에서 화물을 직접 집하하고 배달하는 기능을 담당한다. 이들은 화물을 취급하기 위한 시설과 차량 등을 구비하여 영업활동을 하고 있다. 이들 조직이 택배사의 물량확보와 서비스품질을 책임지고 있는 가장 중요한 부분이라고 할 수 있다.
집배(송) 센터	집배센터는 시설이 취약한 영업소들을 집단으로 수용하거나 영업소별 취급물량이 적어 노선운영 및 터미널 분류작업이 비경제적일 때 취급화물을 대단위화하기 위하여 중형으로 설치한 조직이다. 이는 화물을 집단으로 처리할 수 있는 조직이지, 영업활동이나 서비스활동이 이루어지는 조직은 아니다. 집배센터가 많을수록 운송 및 작업의 효율성, 택배사원관리의 효율성 등이 높아진다.
터미널	영업소 및 집배센터에 집하된 화물을 배달지역으로 분류하고 중계하기 위하여 대단위로 설치한 건물이다. 각 영업소 및 집배센터에서 집하된 화물은 배달지역별로 구분되지 않고 터미널로 입고되며, 터미널에서는 분류기를 설치하고 배달지역별로 분류한 후 대형차량을 이용하여 각 배달영업소 및 집배센터로 출발시키는 역할을 한다.

집배운송 (Pick up & Delivery)	집배운송이란 소형(대부분 1~2.5톤 차량)차량을 이용하여 송·수하인을 직접 방문하고 집하와 배달업무를 수행하는 운송을 말한다. 집배송의 집하와 배달은 일정한 이동경로를 따라 순차적으로 이루어진다. 이러한 이유 때문에 이용자가 원하는 시간에 맞춰 집하나 배달을 하기가 어려워진다.
셔틀운송 (Shuttle Transportation)	셔틀운송이란 원래 여러 개의 영업점을 순회하면서 화물을 운송하는 형태를 말한다. 택배에서도 1대의 차량으로 운송하기에는 물량이 적은 영업소 2~3개를 묶어서 순회배송하기 위하여 운영한다. 그러나 영업소의 물량이 증가하여 1대의 차량으로 운송한다고 하더라도 영업소와 터미널 또는 집배센터 간의 비교적 짧은 거리를 운송하는 구간은 셔틀운행이라고 칭하고 있다.
간선운송 (Haul Line)	터미널과 터미널, 집배센터, 영업소 등을 연결하는 운송으로서 대형차량을 이용하여 비교적 장거리운송을 하게 된다. 터미널의 분류작업 효율성 향상을 위하여 출발, 도착시간의 준수가 필요하다.

⑵ **간선운송시스템의 구분**

간선운송시스템이란 집하된 화물을 터미널로 모으고, 이를 배달지역별로 분류하여 배달점으로 도착시키는 시스템을 말하며, 터미널시스템 또는 연계운송시스템이라고도 한다. 일반적으로 운영되고 있는 시스템은 다음과 같이 3가지로 구분된다.

① Point to Point System(PTP 시스템): 어느 하나의 지역에서 집하한 화물을 그 지역의 터미널로 집결시킨 후 배달할 지역별로 구분하여 배달담당 터미널로 발송하는 중계 및 운송시스템을 말한다.

◉ Point to Point System 개념도

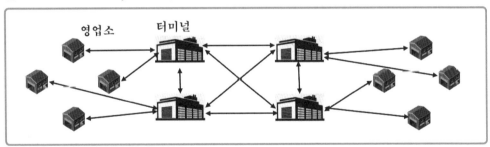

특 징	• 지역별로 큰 규모의 터미널이 설치되어야 한다. • 셔틀운송이 필요하게 된다. • 가장 먼 지역에서 배달될 화물의 출발시간에 맞춰 집하화물이 입고되어야 한다(집하 활동의 조기 종료). • 운송노선의 수가 많다(간선 및 Shuttle). • 분류작업이 발송작업과 도착작업으로 구분되어 이루어진다. • 네트워크의 구조는 주로 터미널과 영업소로 이루어진다. • 영업소(배송센터)의 확대가 비교적 자유로우나 비용의 증가로 이어질 수 있다.
장 점	• 보관시설의 확보가 용이 • 성수기 물량증가에 대한 대처능력 양호(물량의 분산처리) • 시간제 배송처리 유리(1일 2~3회 Shuttle 운송시스템 구축 용이) • 많은 집배차량들의 안전한 시설 이용(터미널 내에서 집배활동) • 인근지역 배달화물을 원거리까지 운송할 필요가 없다.
단 점	• 화물의 취급단계 증가(파손, 비용) • 투자소요 증가 • 집하영업시간 단축 • 운송물량의 불균형 발생(발송과 도착) • 터미널의 작업물량 불균형 문제(발송작업과 도착작업) • 셔틀운송에 따른 운송비 증가 • 분류작업 인건비 증가

② Hub & Spokes System(H & S 시스템) : 각 터미널 또는 집배센터에서 집하한 화물을 하나의 대형터미널에 집결시킨 후 배달할 지역별로 분류하여 이를 배달지 터미널(집배센터)로 연계시키는 운송시스템이다. 중앙의 터미널을 Hub terminal이라 하고 허브터미널과 배달지의 영업소 또는 집배센터를 연결하는 간선운송을 Spokes라고 한다(미국의 FEDEX 멤피스 허브터미널이 유명함).

◉ Hub & spokes 시스템의 개념도

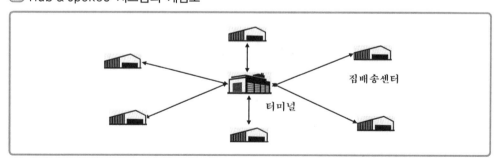

특 징	• 대형의 분류능력을 갖는 허브터미널이 필요하다. • 네트워크의 구조는 허브터미널, 집배송센터로 이루어진다. • 기본적으로는 셔틀운송이 없다. • 허브터미널에서의 중계작업은 입고와 동시에 분류 및 출고작업이 이루어진다. • 각 집배센터의 발송작업은 집하물량의 입고순서에 따라 순차적으로 이루어진다 　(도착도 순차적으로 이루어짐). • 운송노선이 단순하다(집배센터와 허브터미널 간의 간선운송). • 집배센터의 규모가 대형화 되어야 효율적인 운송과 분류작업이 가능하다.
장 점	• 터미널 설치비가 적게 소요 • 운송비가 적게 소요(셔틀운송비, 운송물량의 불균형 완화, 대형차 운송) • 집배센터를 활용한 위탁점 관리 용이(품질관리) • 집하영업시간의 증가 • 화물 파손율 감소 • 상하차 및 분류작업 인건비 감소
단 점	• 물량증가시 배달화물 도착시간 지연(성수기 물량처리능력 제한) • 대형 집배송센터의 확보문제(위치 및 규모) • 기존 허브터미널 능력초과시 이전 또는 확장문제 • 원거리지역 배달물량 도착지연 • 근거리 배달물량도 원거리 허브터미널까지 운송

③ **절충형시스템**: 절충형이란 특별히 정형적인 모형이 있는 것이 아니고 PTP나 H&S 시스템 중 하나를 채택하면서 이들의 문제점을 보완하기 위하여 운송방법(연계방법)을 변형시켜 비용을 감소시키고 신속한 운송이 되도록 하는 방법이다.

13 국제택배

(1) 국제택배의 정의

국제택배는 국가 간에 이동되는 소형, 소량의 화물 및 상업서류를 송하인의 문전에서 집하하여 수하인의 문전까지 배달해주는 서비스이다.

① 초기에는 무역관련 서류를 신속하게 전달하기 위한 수단으로서 서비스되기 시작하였다.

② 신속한 운송 및 전달을 위하여 항공기를 이용하고 국내에서는 소형트럭 및 다양한 운송수단을 이용하여 집하 및 배달을 하고 있다.

③ 서비스 초기에는 관세가 부과되지 않는 국제 무역서류 및 무역용 샘플이 주종을 이루었으나 점차 신속성과 편리성이 인식되면서 기업 간, 개인 간의 다양한 화물이 국제택배를 이용하여 운송되고 있으며, 인터넷쇼핑몰이 발달하면서 국제B2C화물의 이용도 급증하고 있는 추세이다.

④ 국제택배는 "국제상업서류송달업"이라는 명칭으로 「항공사업법」에서 규정하고 있다.

(2) 국제택배사업 자격요건

「항공사업법」 제52조 및 동법 시행규칙 제52조에 의하면 국제택배사업을 하기 위해서는 다음 조건을 갖추어 국토교통부장관에게 신고하도록 하고 있다.

> • 외국의 상업서류송달업체로서 50개 이상의 대리점망을 갖춘 업체와 대리점 계약을 체결한 사업자 또는
> • 2개 대륙 6개국 이상에 해외지사를 직접 설치한 사업자

형식 요건은 위와 같이 대리점 계약 또는 해외 사업장을 설치하면 되지만, 실질적으로 사업운영을 하기 위해서는 국내에 집하 및 배달을 위한 조직과 집배송장비를 보유해야 하며, 외국으로부터 반입되는 화물을 신속하게 통관하기 위해서 관세사를 고용하고 공항관할 세관장과 간이통관에 관한 "양해각서"를 체결하는 것이 필요하다.

(3) 국제택배화물의 통관

수입되는 국제택배화물은 신속한 통관을 위하여 목록통관, 간이통관, 일반통관으로 구분하여 처리하며, 발송지 국가의 공항에서 기적(機積)하여 출발시키면서 적하목록을 도착국의 영업소에 통보하면 이를 이용하여 공항세관에 사전에 목록을 제출하여 통관을 실시한다.

① **목록통관화물**: 운송 건당 물품의 가격이 미국으로 수입되는 화물의 경우 200$, 기타국가의 경우 150$(상품대 · 배송비 · 발송국 내 세금 포함) 미만의 개인화물 또는 기업의 견본품 등으로서 면세가 되는 화물을 말한다.

② **간이통관화물**: 운송 건당 150$(미국 200$) 초과 2,000$ 미만의 개인 또는 기업의 화물로서 간이세율표에 의하여 관세가 부과되는 화물을 말한다.

③ **일반통관화물**: 운송 건당 2,000$을 초과하는 화물로서 국제택배업체가 운송한 화물이라 하더라도 일반과세물품으로 간주하여 일반수입신고 절차를 거치도록 하는 화물을 말한다.

(4) 수입특송화물의 통관방법

수입특송화물은 특송업체를 통하여 통관작업이 수행된다.

① **목록통관**: 목록통관 특송물품을 수입통관 하려는 때에는 통관목록 작성요령에 의거 작성한 통관목록을 세관장에게 제출한다(EDI시스템 이용).

② **간이통관**: 간이신고특송물품을 수입통관 하려는 때에는 첨부서류없이 인터넷, EDI 등을 이용하여 전자서류로 수입신고하여야 한다. 다만, 검사대상으로 선별된 물품은 수입신고서에 송품장, 선하증권 또는 항공화물운송장 등을 첨부하여 세관장에게 제출하여야 한다.

③ **일반수입통관**: 「수입통관 사무처리에 관한 고시」에 따라 일반통관절차를 적용한다.

(5) 수입특송화물의 검사요청

특송업체는 X-Ray검색기 등 검색장비 운용과정, 물품취급 및 통관서류 작성 과정에서 다음과 같은 사항의 물품을 확인한 때에는 세관장에게 검사를 요청하여야 한다.

① 송하인이나 수하인의 주소가 호텔, 사서함과 같이 통상적인 주소로 보기 어려운 장소이거나 불분명하게 기재된 경우

② 입항일 기준 2건 이상의 동일수하인의 화물 합계액이 통관기준을 초과할 때

③ 동일 주소지 또는 전화번호로 여러 건의 물품이 분할하여 배송되는 경우

④ 은닉포장 등 특송물품에 이상 징후가 발견된 경우

⑤ 마약·총기류·국민건강위해물품 등 불법물품의 밀수에 관한 정보를 취득한 경우

⑥ 위 ②, ③의 물품이 제조업체에서 수입하는 견본품, 원자재·부자재 등에 해당되는 때에는 세관 검사요청을 생략할 수 있다.

(6) 자체시설 통관

세관장은 다음과 같은 자격조건을 갖춘 특송업체의 자체시설에서 특송물품을 통관하게 할 수 있다. 다만 관할 세관의 심사위원회의 심의를 통과해야 한다.

① 특송업체로 등록한 자로서 자본금 5억원 이상인 법인

② **창고의 확보**

  ㉠ 특송업체가 해당 창고의 운영인이거나 운영인과 출자 또는 임대차관계 등으로 해당 창고를 배타적·실질적으로 운영하면서 독자적 시설과 인력을 갖추고 특송물품을 취급할 것

  ㉡ 특송창고 표준모델 레이아웃(Lay-out)에 따른 창고시설 구비

③ **검색 및 검사설비**

  ㉠ 컬러판독 및 저장이 가능한 양방향 X-Ray 검색기

  ㉡ 판독영상과 신고(통관목록)내용이 화면에 동시에 구현되는 실시간 X-Ray 정밀판독 시스템

  ㉢ 검사생략 물품·검사대상 물품 및 통관 완료물품·미통관 물품을 자동으로 분류할 수 있는 기능을 갖춘 자동분류기

  ㉣ 세관직원 전용 검사장소

④ 특송업체가 운송하거나 운송을 주선하는 특송물품으로서 자기명의로 발행한 선하증권 또는 항공화물운송장에 따라 운송되는 화물을 통관할 수 있다.

02 실전예상문제

01 다음 중 도로운송에 관한 설명으로 옳은 것을 모두 고른 것은?

> ㉠ 운임이 저렴하고 안정성이 높다.
> ㉡ 서비스와 일관수송이 Door-to-Door가 가능하기 때문에 화물의 수취가 편리하다.
> ㉢ 필요시 즉시 배차가 용이하다.
> ㉣ 고중량 화물 운송에 적합하다.
> ㉤ 철도운송에 비해 상대적으로 기후에 영향을 적게 받는다.
> ㉥ 근거리 운송에 적합하다.

① ㉠, ㉡, ㉣   ② ㉡, ㉢, ㉣   ③ ㉡, ㉢, ㉥
④ ㉢, ㉣, ㉥   ⑤ ㉣, ㉤, ㉥

해설 도로운송은 철도나 선박에 비해 소형의 운송수단이기 때문에 이들에 비해 운임이 높은 편이며, 운송화물의 중량에도 많은 영향을 받는다. 또 악천후에는 상하역은 물론이고 운행에도 지장을 받을 수 있다.

02 화물자동차의 명칭과 화물적재와의 관계에 관한 설명으로 옳은 것은?

① 전폭 : 팔레트 적재 수, 컨테이너의 적재여부에 영향을 준다.
② 전·후 오버행 : 커브 시 안전도에 영향을 준다.
③ 하대높이 : 지하도 및 교량 통과 높이에 영향을 준다.
④ 제1축간 거리 : 축간거리가 길수록 적재함의 길이가 커지거나 화물의 중량이 뒷바퀴에 많이 전달된다.
⑤ 옵셋 : 옵셋값이 값이 클수록 화물의 중량이 뒷바퀴에 많이 전달된다.

해설 전폭은 차체의 가장 넓은 부분으로서 도로에서의 안전한 통행에 영향을 주며, 팔레트 적재 수나 컨테이너의 적재여부는 하대폭이 영향을 준다. 하대높이는 화물의 적재높이에 영향을 주며, 제1축간 거리가 길어지면 하중이 앞바퀴에 많이 부하된다. 옵셋이 크면 축간거리가 크게 된다.

03 우리나라 공로수배송의 효율화방안으로 옳지 않은 것은?

① 공로수배송의 효율성을 제고하기 위해서는 육·해·공 을 연계한 복합운송시스템을 구축하여야 한다.

② 종합물류정보시스템을 구축하여 공로수배송의 시스템화에 기할 수 있도록 지원하여야 한다.

③ 공로, 철도, 연안운송, 항공운송 등이 적절한 분담을 할 수 있도록 지원하여야 한다.

④ 영세한 화물자동차업체의 소형 전문화를 통해 범위의 경제를 실현할 수 있는 기반을 조성해야 한다.

⑤ 업무영역의 조정, 요금정책의 자율화 등 시장경제원리에 입각한 자율경영 기반구축을 지원하여야 한다.

해설 공로수배송이 효율화되기 위해서는 운송기업의 운영의 시너지가 발생하고 운영기술의 개발과 활용이 용이하도록 규모화가 필요하다.

04 화물자동차의 질량 및 하중 제원에 관한 용어가 아닌 것은?

① 공차중량(empty vehicle weight)

② 축하중(axle weight)

③ 축간거리

④ 차량총중량(gross vehicle weight)

⑤ 최대적재량(maximum payload)

해설 축간거리는 칫수제원의 하나이다. 질량 및 하중제원이란 무게와 관련된 제원(크기 또는 능력)을 말한다.

05 화물운송용 트레일러에 관한 설명으로 옳지 않은 것은?

① 운송물량이 소규모일수록 효율적이며, 복화물량이 많다.

② 견인차량 1대에 여러 대의 피견인 차량의 운영이 가능하여 트랙터의 효율적 이용이 가능하다.

③ 차체무게의 경량화 노력이 이루어지고 있다.

④ 컨테이너, 중량물, 장척물 등의 운송이 가능하다.

⑤ 화물운송용 트레일러에는 풀트레일러, 세미트레일러, 폴트레일러 등이 있다.

해설 트레일러는 화물자동차 중 가장 운송능력이 큰 운송장비이다. 따라서 운송물량이 대형화되어야 한다.

Answer 1. ③ 2. ② 3. ④ 4. ③ 5. ①

06 일반화물자동차의 화물 적재 공간에 박스형의 덮개를 고정적으로 설치한 차량은?

① 일반호퍼차
② 밴형화물자동차
③ 윙바디트럭
④ 덤프트럭
⑤ 컨테이너 섀시

> **해설** 적재대의 지붕을 고정식 장치로 덮은 화물차를 밴형이라고 하며, 일반적인 탑차, 윙바디트럭, 컨버터블 트럭 등이 이에 속한다.

07 전용특장차의 특성으로 옳지 않은 것은?

① 귀로시 화물의 확보가 용이하다.
② 차량의 가격이 높은 편이다.
③ 화물의 포장비를 절감할 수 있다.
④ 화물운송의 안전도를 향상시킨다.
⑤ 일반적으로 화물의 상하역을 기계를 이용하여 수행한다.

> **해설** 전용특장차는 특정 화물만을 전문적으로 운송하도록 적재함의 구조를 특수하게 만든 차량이다. 따라서 운송을 완료한 후 귀로에 다른 화물을 운송할 수 있는 기회는 매우 적다고 할 수 있다.

08 육상운송장비에 관한 설명으로 옳지 않은 것은?

① 컨테이너 섀시(container chassis)는 세미 트레일러를 컨테이너 운송 전용으로 사용하기 위해 제작한 것이다.
② 스케레탈(skeletal) 트레일러는 컨테이너 운송을 위해 제작된 트레일러로서 전후단에 컨테이너 고정장치가 부착되어 있으며 20피트용, 40피트용 등의 종류가 있다.
③ 풀(full) 트레일러는 적재하중이 견인차량에 전달되지 않는다.
④ 더블(double) 트레일러는 트랙터가 2개의 트레일러를 동시에 견인하여 화물을 운송할 수 있다.
⑤ 모터트럭(motor truck)은 동력부문과 화물적재부문이 분리되어 있는 일반 화물자동차이다.

> **해설** 모터트럭이란 동일한 Frame위에 원동기(엔진)와 하대(적재함)가 같이 설치된 차량을 말한다.

09 파이프나 H형강 등 장척물의 수송이 주 목적이며, 풀 트레일러를 연결하여 적재함과 턴테이블이 적재물을 고정시켜 수송하는 것은?

① 폴 트레일러 트럭(pole-trailer truck)

② 풀 트레일러 트럭(full-trailer truck)

③ 세미 트레일러 트럭(semi-trailer truck)

④ 모터 트럭(motor truck)

⑤ 더블 트레일러 트럭(double-trailer truck)

해설 파이프나 H형강과 같은 장대화물은 차체 밖으로 화물이 튀어나와 운송 중 화물이 휘어지거나 차체 앞부분이 들리는 문제가 발생할 수 있다. 이때 화물의 뒷부분에 하나의 트레일러를 받쳐줌으로써 화물과 운행의 안전을 기할 수 있는바 이때 사용되는 트레일러를 폴(Pole)트레일러라고 한다.

10 화물자동차의 운송 효율화 방안과 관련이 없는 것은?

① 운송물량의 대형화

② 상·하차 대기 시간의 연장

③ 운송장비의 전용화

④ 콘솔(consolidation) 운송시스템의 구축

⑤ 상·하차 작업의 기계화

해설 상·하차대기시간은 운송의 회전율에 영향을 주는 요인이다. 따라서 회전율(수)을 향상시키기 위해서는 상·하차소요시간뿐만 아니라 대기시간도 줄여야 한다.

11 화물자동차이 운송비용에 관한 실명으로 옳지 않은 것은?

① 거리가 증가할수록 ton·km 단위당 운송비용은 낮아진다.

② 변동비에는 차량수리비와 연료비가 포함된다.

③ 취급이 어렵거나 운송에 시간이 많이 소요되는 화물의 경우 운송비용이 높아진다.

④ 운송회수가 증가하면 고정비 부담이 낮아진다.

⑤ 1회 운송단위가 클수록 단위당 운송비용은 높아진다.

해설 1회 운송규모가 클수록 단위당 운송비용은 낮아진다. 이는 규모의 경제 원칙이 적용되기 때문이다.

Answer | 6. ② 7. ① 8. ⑤ 9. ① 10. ② 11. ⑤

12 D사의 15톤 트럭을 이용한 2014년도 화물자동차 운행실적이 아래와 같을 때 가동율(㉠), 실차율(㉡)이 각각 옳게 나열된 것은?

• 실제 가동일수 : 280일	• 목표 가동일수 : 350일
• 총 영차운송거리 : 45,000 km	• 총 운행거리 : 60,000 km

① ㉠ : 60%, ㉡ : 70%　　　　　　　② ㉠ : 80%, ㉡ : 75%

③ ㉠ : 75%, ㉡ : 60%　　　　　　　④ ㉠ : 133%, ㉡ : 167%

⑤ ㉠ : 167%, ㉡ : 133%

해설 가동율은 실 가동일수 280일 ÷ 목표가동일수 350일 = 80%가 되고, 영차율은 총 영차운송거리 45,000km ÷ 총 운행거리 60,000km = 75%이다.

13 2.5톤 트럭을 이용하여 화물자동차운송사업을 영위하는 어느 회사의 2010년도 화물자동차 운행실적이 다음과 같을 경우, ㉠ 적재율, ㉡ 실차율, ㉢ 가동율을 바르게 나타낸 것은?

• 목표 가동일수 : 350일	• 실제가동 영업일수 : 245일
• 누적 주행거리 : 50,000km	• 누적 영차(실차) 주행거리 : 42,000km
• 트럭의 기준 용적 : 10m³	• 트럭의 1회 운행당 평균 용적 : 8m³

① ㉠ : 60%, ㉡ : 80%, ㉢ : 84%　　　② ㉠ : 84%, ㉡ : 80%, ㉢ : 60%

③ ㉠ : 60%, ㉡ : 84%, ㉢ : 80%　　　④ ㉠ : 80%, ㉡ : 60%, ㉢ : 84%

⑤ ㉠ : 80%, ㉡ : 84%, ㉢ : 70%

해설 적재율은 1회당 평균 적재량 8m³ ÷ 트럭의 적재능력 10m³ = 80%이고, 실차율(영차율)은 총 영차(실차)운행 거리 42,000km ÷ 총 운행거리 50,000km = 84%, 가동율은 실 가동일수 245일 ÷ 목표 가동일수 350일 = 70%이다.

14 화물자동차의 영차율 향상을 위한 방법이 아닌 것은?

① 에어스포일러(Air Spoiler)의 활용

② 기업 간 운송제휴

③ 화물운송정보시스템의 활용

④ 화물자동차운송가맹사업자의 활용

⑤ 복화물량의 확보

해설 에어스포일러는 운행 중 연료소비를 줄이기 위해 운전석 보닛 위에 부착하는 공기저항감소장치이다.

15 서울에서 대전까지 편도운송을 하는 K사의 화물차량 운행상황은 아래와 같다. 만약, 적재효율을 기존의 1,000 상자에서 1,200 상자로 높여 운행 횟수를 줄이고자 한다면 K사가 얻을 수 있는 월 수송비절감액은? ▶ 제17회

- 월 운행일수: 25일
- 1대당 1일 운행횟수: 3회
- 차량 운행대수: 4대
- 1대당 1회 수송비: 100,000원

① 3,000,000원
② 4,000,000원
③ 5,000,000원
④ 6,000,000원
⑤ 7,500,000원

해설 현 상태에서 월간 총 운송량은 300,000상자이고 총 운송회수는 300회이며, 총 운송비는 30,000,000원이다. 그러나 적재량을 1,200상자로 증가시키면 총 운송회수는 250회로 감소하고 총 운송비는 25,000,000원이 된다. 따라서 5,000,000원이 절감된다.

16 화물자동차 운송사업을 운영하는데 발생하는 비용 중 변동비에 해당되지 않는 것은?
① 수리비
② 잡유비
③ 운전기사 급여
④ 도로통행료
⑤ 연료비

해설 변동비는 차량이 운행할 때만 발생하는 비용이다. 운전기사 급여는 운행여부에 관계없이 근로계약에 따라 발생하므로 고정비에 속한다.

17 소화물 일관운송의 특징에 해당하지 않는 것은?
① 소형·소량화물의 운송을 위한 서비스 제공
② 운송인의 일관된 책임운송서비스 제공
③ 특정 소수의 이용자들이 요청하는 화물 집화 서비스 제공
④ 복잡한 도시 내 집배송에 적합한 운송 서비스 제공
⑤ 문전에서 문전까지 일관된 운송 서비스 제공

해설 택배서비스는 불특정 다수를 대상으로 하는 소형·소량화물의 Door to Door 집배송서비스이다.

Answer 12. ② 13. ⑤ 14. ① 15. ③ 16. ③ 17. ③

18 택배표준약관에서 규정하고 있는 내용으로 옳지 않은 것은?

① 사업자는 운송장에 인도예정일의 기재가 없는 경우에는 운송물 수탁일로부터 일반 지역은 1일, 도서/산간 벽지는 2일의 일수에 해당하는 날에 운송물을 인도한다.

② 사업자는 고객과의 합의에 따라 수하인에게 운임을 청구할 수 있는데, 이 때 수하인이 운임을 지급하지 아니할 때에는 사업자는 운송물을 유치할 수 있다.

③ 사업자는 화물 운송 도중 운송물의 포장이 훼손된 때에는 재포장을 할 수 있으며, 이 때 지체없이 고객에게 그 사실을 통지해야 한다.

④ 손해배상 한도액은 운송물의 멸실, 훼손 또는 연착시에 사업자가 손해를 배상할 수 있는 최고 한도액을 말한다.

⑤ 사업자는 수하인 불명, 수하인의 수령 거절, 수령 불능의 경우에는 운송물을 공탁할 수 있다.

해설 택배화물의 배달은 송하인과 약속한 날짜까지 해주는 것이 원칙이다. 그러나 약속이 없을 때는 약관에 따라 일반적인 지역은 2일(48시간), 도서, 산간오지지역은 1~2일을 추가하여 배달해주면 된다.

19 다음 중 택배사업자의 운송물 수탁거절 사유로 옳은 것은? (단, 공정거래위원회 표준약관 제 10026호 택배표준약관에 따른다)　　　　　　　　▶ 제19회

① 운송물 1포장의 가액이 300만원 미만의 경우

② 고객이 운송에 필요한 사항을 기재한 경우

③ 포장이 불완전한 화물로서 포장의 보완을 거절할 경우

④ 운송물의 종류와 수량이 운송장에 기재된 것과 동일한 경우

⑤ 재생 가능한 일반 서류인 경우

해설 포장이 불완전한 화물은 포장의 보관을 요구하거나 유료포장서비스를 제안할 수 있으며, 이를 거절할 경우 수탁을 거절할 수 있다.

20 택배운송사업자의 손해배상책임에 관한 설명으로 옳지 않은 것은? ▸ 제19회

① 운송물의 멸실, 훼손 또는 연착에 관한 사업자의 책임은 운송물을 집하하기로 약속한 때부터 시작한다.

② 사업자의 손해배상한도액은 운송물의 멸실, 훼손 또는 연착 시에 사업자가 손해를 배상할 수 있는 최고 한도액을 말한다.

③ 사업자는 천재지변 기타 불가항력적인 사유에 의하여 발생한 운송물의 멸실, 훼손, 또는 연착에 대해서는 면책이 된다.

④ 사업자의 배상책임은 수화인이 운송물을 수령한 날로부터 14일 이내에 통지하지 아니하면 소멸한다.

⑤ 고객이 운송장에 운송물의 가액을 기재하지 않은 경우에 사업자의 손해배상한도액은 50만 원으로 한다.

해설 택배회사의 택배서비스의 책임은 송하인으로부터 화물을 집하한 순간부터 발생한다.

21 어느 하나의 지역에서 집화한 화물을 그 지역의 터미널로 집결시킨 후 배달할 지역별로 구분하여 배달담당 터미널로 발송하는 택배운송시스템은?

① 릴레이식 운송시스템

② Point to Point 시스템

③ 절충형 시스템

④ 절충형 혼합식 네트워크 방식

⑤ 프레이트 라이너(freight liner) 방식

해설 택배시스템은 크게는 허브 앤 스포크 시스템과 Point to Point 시스템으로 구분되는바 일정한 지역 내에서 집하한 화물을 그 지역을 담당하는 터미널로 집결한 후 배송지역 터미널별로 분류하여 발송하고, 새벽에는 해당 구역에서 배달할 화물을 다른 터미널에서 운송받아 각 배달영업소별로 분류하여 발송시키는 시스템을 Point to Point 시스템이라고 한다.

Answer 18. ① 19. ③ 20. ① 21. ②

22 택배 간선운송 중 허브 앤 스포크(Hub & Spoke) 시스템의 특징이 아닌 것은?

① 노선의 수가 적어 운송의 효율성이 높아진다.

② 집배센터에 배달물량이 집중되므로 충분한 상·하차 여건을 갖추지 않으면 배송지연이 발생할 수 있다.

③ 모든 노선이 허브를 중심으로 구축된다.

④ 셔틀노선의 증편이 용이하여 영업소의 확대에 유리하다.

⑤ 대형의 분류능력을 갖는 허브터미널이 필요하다.

해설 허브 앤 스포크시스템은 집하된 화물이 모두 허브터미널로 집중된다. 따라서 간선노선으로만 운영이 되는 것이 일반적이며(셔틀운송이 없다) 노선과 영업소를 증설하게 되면 터미널에서의 분류방면 수가 증가되어야 하기 때문에 고정된 터미널의 규모와 설비 문제로 현실적으로 어려움이 따른다. 따라서 영업소를 늘리기 보다는 집배송센터의 규모를 확대하여 그 집배송센터에 영업소를 입주시키는 방법으로 조직을 확대해 나간다.

23 택배운송에 관한 설명으로 옳지 않은 것은?

① 주로 다품종 소형·소량화물을 취급한다.

② 송화주의 문전에서부터 수화주의 문전까지 편의위주의 운송체계이다

③ 우리나라의 모든 택배업체들은 1개의 중량이 30kg 이하의 화물을 취급한다.

④ 정보시스템을 통하여 화물의 이동상황에 대한 추적이 가능하다.

⑤ 쿠리어 서비스(Courier service)는 상업서류송달서비스를 포함한다.

해설 택배기업들이 취급하는 화물의 중량은 택배사들의 시스템능력에 따라 결정하며, 택배약관에 취급중량 한도를 표시하고 있다.

24 택배운송장의 기능에 관한 설명으로 옳지 않은 것은?

① 계약서 기능 ② 택배요금의 영수증 기능

③ 화물인수증 기능 ④ 화물취급지시서의 기능

⑤ 유가증권 기능

해설 택배운송장은 항공운송장과 마찬가지로 유가증권 기능은 없다.

25 택배표준약관(공정거래위원회 표준약관 제10026호)상 용어의 정의로 옳은 것은?

① '택배사업자'라 함은 운송장에 송하인으로 기재되는 자를 말한다.

② '택배'라 함은 대량의 운송물을 수하인의 주택, 사무실 또는 기타의 장소까지 운송하는 것을 말한다.

③ '증명서'라 함은 사업자와 고객 간의 택배계약의 성립과 내용을 증명하기 위하여 사업자의 청구에 의하여 고객이 발행한 문서를 말한다.

④ '수하인'이라 함은 고객이 운송장에 운송물의 수령자로 지정하여 기재하는 자를 말한다.

⑤ '인수'라 함은 사업자가 수하인에게 운송장에 기재된 운송물을 넘겨주는 것을 말한다.

해설 화물을 보내는 사람을 송하인, 받는 사람을 수하인이라고 하며, 이는 운송장상에 기록된 사람을 말한다.

26 고객이 운송장에 운송물의 가액을 기재하지 않았을 경우 택배사업자의 손해배상한도액은 ( )만원이 적용된다. 또한 운송물 1포장의 가액이 ( )만원을 초과하는 화물에 대해서는 택배 사업자가 운송물의 수탁을 거절할 수 있다. 괄호 안에 들어갈 숫자가 옳게 연결된 것은? (단, 공정거래위원회 표준약관 제10026호 택배표준약관에 따른다)

① 80, 500   ② 70, 400   ③ 50, 300

④ 40, 200   ⑤ 30, 100

해설 택배표준약관에 따르면 택배회사가 취급하는 화물의 기본적인 가격은 50만원 이내이며, 이를 초과하는 경우 300만원까지 각 단계별로 일정한 할증요금을 받는다.

27 택배표준약관(공정거래위원회 표준약관 제10026호)상 고객이 운송장에 기재할 사항으로 옳지 않은 것은?

① 운송장의 작성 연월일

② 운송물의 인도예정장소 및 인도예정일

③ 운송물의 종류(품명), 수량 및 가액

④ 송하인(고객)의 주소, 이름(또는 상호) 및 전화번호

⑤ 운송물의 중량 및 용적 구분

해설 택배요금은 화물의 대·중·소 등의 크기에 따라 다른 요금을 받지만 운송장에 운송화물의 중량 및 부피를 기록하는 란은 없다. 또한 화물의 크기판단은 택배사가 해야 한다.

Answer   22. ④ 23. ③ 24. ⑤ 25. ④ 26. ③ 27. ⑤

28 다음 내용에서 설명하고 있는 것은?

> 화물 운송 때 수반되는 자료와 정보를 신속하게 수집하여 이를 효율적으로 관리하는 동시에,
> 수주기능에서 입력한 정보를 기초로 비용이 가장 적은 수송경로와 수송수단을 제공하는 시스템

① CVO(Commercial Vehicle Operation)

② TMS(Transportation Management System)

③ VMS(Vanning Management System)

④ ITS(Intelligent Transport System)

⑤ HMMS(Hazardous Material Management System)

해설 TMS는 OMS(주문관리시스템)와 연동하여 수배송물량에 따라 배차계획을 수립하며 효율적인 배송경로를 설정해 준다. 또한 운행 중 발생하는 운송관련데이터를 자동적으로 수집하거나 수집된 데이터를 이용하여 각종 필요한 경영 및 관리정보를 제공하는 역할을 한다.

29 운송정보시스템의 구성요소 중 하나인 라우팅(routing) 시스템을 성공적으로 구축 · 운영하기 위한 설명으로 옳지 않은 것은?

① 효율적인 경로가 설정되기 위해서는 효과적인 기준설정이 선행되어야 한다.

② 통계적 시뮬레이션 기법도 활용하는 것이 좋다.

③ 배송시간과 유효 배송처의 정보도 필요하다.

④ 라우팅 스케줄의 결과는 수정하여 적용할 수 있다.

⑤ 초기에 표준으로 구축된 데이터베이스는 수정해서는 안 된다.

해설 수배송상황은 계속 변동되고 있기 때문에 적절한 시점에 데이터베이스를 변경시켜야 하며, 변경이 용이하도록 시스템 설계가 되어야 한다.

30 정보기술의 발달에 따른 화물운송의 변화에 관한 설명으로 옳지 않은 것은?

① 물류정보 기술의 발달로 재고가 증가되고 있지만 배송물량은 감소하고 있다.

② 주문과 재고의 가시성이 확보되면서 차량배차에 대한 효율성이 증가하여 운송비를 절감할 수 있게 되었다.

③ 다품종 소량 화물이 늘어나면서 정보기술을 활용한 배송체계를 구축하는 사례가 늘어나고 있다.

④ 고객에게 제품도착 예정시간을 알려주고, 사후 배송서비스에 대한 고객만족도를 모니터링하는 경우가 늘어나고 있다.

⑤ 정보통신기기를 활용한 배송정보 조회, 배송완료 통지 등의 부가운송서비스 제공이 늘어나고 있다.

해설 정보기술의 발달로 재고수준은 감소하고 있으며, 배송도 소량다빈도배송으로 변화하고 있다.

31 화물자동차 적재관리시스템(Vanning Management System)과 관련된 내용이 아닌 것은?

① 적재계획은 운송화물의 중량과 부피 중 하나를 고려한다.

② 다양한 차량을 이용할 수 있을 때에는 가장 적절한 규모의 차량을 이용한다.

③ 축중 제한을 초과하지 않도록 전체적인 적재화물의 중량을 통제한다.

④ 주문관리시스템(Order Management System)과 연동되는 것이 효율적이다.

⑤ 편하중에 의한 축중 제한이 발생하지 않도록 적재위치를 고려한다.

> **해설** VMS는 차량에 다양한 화물을 혼적하여 운송할 때 배달순서와 화물의 중량, 부피를 모두 고려하여 적재순서를 정해주는 시스템이다.

32 다음은 화물정보망에 대한 설명이다. 바르지 않은 것은?

① 운송화주와 운송차량을 연결해 주는 Platform이다.

② 온라인을 통하여 운송거래가 이루어진다.

③ 화주는 공차정보를 확보할 수 있다.

④ 차주는 운송물량 정보를 확보할 수 있다.

⑤ 차주회원들은 정보이용료를 부담한다.

> **해설** 현재의 화물정보망은 단순히 운송화물정보와 공차정보를 정보망에 등록하고, 화물 또는 차량에 대한 선택의 의도가 있는 당사자가 지명을 한 후 실질적인 거래는 전화 등을 통한 협상과정을 통하여 이루어진다.

33 다음 중 별도의 허가 없이도 일반도로를 주행할 수 있는 차량은 어떤 것인가?

① 차체와 화물의 길이를 합한 총 길이가 14m인 차량(단, 차체길이는 13m)

② 축하중이 10.1톤인 차량

③ 화물을 적재한 상태에서 지상으로부터 화물의 가장 높은 부분의 높이가 4.1m인 차량

④ 차체의 폭이 2.6m인 차량

⑤ 트럭타와 트레일러를 합한 길이가 19m인 차량

> **해설** 도로운행시 차량은 차체길이의 10%를 초과한 길이만큼 뒤로 돌출되게 적재해도 운행상 문제되지 않는다.

Answer 28. ② 29. ⑤ 30. ① 31. ① 32. ② 33. ①

34 다음 중 운송단위당 연료비를 절감할 수 있는 방법이 아닌 것은?

① 경제속도의 준수
② 연료소모기준의 책정과 관리
③ 적재량을 최대적재량 이하로 감축
④ 엔진공회전 금지
⑤ 밴형 차량에 에어스포일러의 장착

해설 적재정량 이하로 적재하고 운행하면 오히려 에너지 효율성이 저하되어 연료비의 비중이 증가된다.

35 다음과 같은 운행의 경우 연료는 표준적으로 얼마가 소요되는가?

- 차량톤급 : 15톤
- 연료소모기준 : 공차운행시 0.3L/km, 영차운행시 0.37L/km
- 운행실적 : 총 운행거리 10,000km, 총 영차거리 6,000km

① 3,150L   ② 3,000L   ③ 2,550L
④ 2,750L   ⑤ 3,420L

해설 차량의 연료는 공차로 운행할 때와 영(실)차로 운행할 때가 서로 다르다. 따라서 표준 소비량을 계산하기 위해서는 영차운행거리×영차시의 소모기준, 공차운행거리×공차시 소모기준을 적용하여 산출한다. (6,000km × 0.37L) + (4,000km × 0.3L) = 3,420L

36 다음은 화물운송부문에서 활동되고 있는 정보시스템의 이용동향에 대한 설명이다. 바르지 않은 것은?

① Globalization과 SCM의 강화에 따라 Visibility System을 강화하고 있다.
② 스마트폰, DTG 등을 이용한 리얼타임 정보시스템이 일반화되고 있다.
③ 영업용차량들은 귀로화물 확보를 위하여 화물정보망을 적극적으로 이용하고 있다.
④ 효율적인 배차관리와 운행관리를 위하여 TMS를 적극 도입하고 있다.
⑤ 고객서비스 향상을 위하여 고정 Route방식의 집배송이 일반화되면서 Routing시스템은 퇴조되고 있다.

해설 고객서비스 향상을 위해서는 고정 Route방식을 사용하는 것이 맞다. 그러나 고정 Route방식은 매일같이 변하는 집배송량에 맞춰 효율적인 배송을 할 수 없다. 따라서 배송의 효율성을 높이기 위하여 Routing System을 이용한 변동 Route와 Visibility System을 결합하여 고객에게 화물의 정보를 편리하게 제공하는 방법을 추구한다.

37 다음 중 화물자동차운송이 증가하는 원인으로 바르지 않은 것은?

① 효율성이 높은 다양한 차량이 개발되고 있다.

② Door to Door 운송이 가능하다.

③ 도로망이 잘 구축되고 있다.

④ 투자가 용이하다.

⑤ 대량운송에 대한 수요가 증가하고 있다.

해설 운송은 공장 또는 수입항에서 물류센터까지 대형운송이 이루어진 후 판매점 또는 가정으로 소량 다빈도 배송형태로 운송이 되고 있다.

38 다음 중 회전반경을 줄이기 위해 바퀴의 위치를 변경시킨 트레일러는 무엇인가?

① 평판트레일러

② 홀트레일러

③ 센터액슬트레일러

④ 로우베드트레일러

⑤ 폴트레일러

해설 센터액슬트레일러는 Full Trailer와 비슷하나 앞뒤의 바퀴가 트레일러의 중안부 위에 설치되어 있고, 이 때문에 회전반경이 작아져 급커브 길 및 좁은 작업장에서 Full Trailer 형식의 차량을 이용하기가 용이하다.

39 다음 중 상하역합리화차량에 해당하는 차량은 무엇인가?

① 컨버터블 적재함트럭

② 슬라이딩 도어트럭

③ 스왑바디트럭

④ 파렛트레일트럭

⑤ 행거적재함트럭

해설 파렛트레일트럭은 적재함의 바닥에 레일이 설치되어 있고 이 레일에 바퀴가 부착된 대차를 설치하여 인력으로 파렛트를 이동시킬 수 있는 상하역합리화차량이다.

Answer 34. ③ 35. ⑤ 36. ⑤ 37. ⑤ 38. ③ 39. ④

40 다음 중 일반화물자동차의 특징에 대한 설명으로 바르지 않은 것은?

① 가장 일반적인 화물자동차 형태이다.

② 상하역 방향이 자유롭다.

③ 화물을 높이 쌓기에 부적절하다.

④ 우천시 침수피해 우려가 있다.

⑤ 화물의 안전성이 높아진다.

해설 일반화물차량(카고트럭)은 고정식 덮개가 없기 때문에 캔버스덮개를 씌우고 결박장치를 이용하여 낙하되지 않도록 결박해야 한다. 이 과정에서 수침사고가 발생하기도 하고 화물이 파손되기도 한다.

41 다음 중 트레일러(분리형차량)의 장점이 아닌 것은?

① 회전반경이 짧아진다.

② 차량의 회전율을 높일 수 있다.

③ 차량의 운행 중 고장시 효과적으로 대처할 수 있다.

④ 창고역할도 가능하다.

⑤ 장척물 운송이 용이하다.

해설 트레일러는 일반적으로 차량의 길이가 길어져 회전반경이 길어진다.

42 다음 차량 중 운송화물의 중량이 무겁고 높이가 높은 장비 등을 운송하는데 적합한 차량은 무엇인가?

① 일반화물자동차

② 로우베드트레일러

③ 평판트레일러

④ 컨테이너 섀시

⑤ 스왑바디트럭

해설 로우베드(Low bed)트레일러는 바퀴가 작고 적재함 바닥을 요철(凹凸)형태로 제작하여 적재함의 바닥 높이를 낮게 제작하였다. 따라서 무겁고 높이가 높은 화물(장비류)을 운송하는데 주로 사용한다.

43 다음 설명하는 내용에 맞는 자율주행차량의 단계는?

> • 일정구간을 자율적으로 운행할 수 있다.
> • 운전자는 주변상황을 주시해 돌발상황에 대비해야 한다.
> • 한계조건에 도달시 운전자는 정해진 시간 내에 대응해야 한다.

① Level 1　　　　　② Level 6　　　　　③ Level 5
④ Level 3　　　　　⑤ Level 4

해설 자율주행차의 발전단계는 SAE에서 총 6단계로 구분하고 있으며 자동화가 없는 단계를 Level 1단계, 운전자없이 자동차 스스로 목적지까지 운행할 수 있는 차량의 단계를 Level 5로 정의하고 있다.

44 다음은 택배관련 용어에 대한 설명이다. 바르지 않은 것은?

① 운송장이란 택배운송업무를 처리하기 위해 택배사업자가 발행하는 서류이다.
② 고객이란 택배사업자에게 택배를 의뢰하는 송하인으로 기록되는 자를 말한다.
③ 수하인이란 운송장에 운송물의 수령자로 지정하여 기재된 자를 말한다.
④ 수탁이란 택배사업자가 고객으로부터 운송물을 인수하는 것을 말한다.
⑤ 인도란 택배사업자가 수하인에게 운송장에 기재된 화물을 넘겨주는 것을 말한다.

해설 운송장은 송하인이 작성하여 택배사업자에게 제출하는 서류이고, 운송관련 정보가 기록되어 있다.

45 다음은 국제택배에 대한 설명이다. 바르지 않은 것은?

① 미국에서 수입한 화물인 경우 운송 건당 200불 미만의 화물은 목록통관을 할 수 있다.
② 국제택배사업을 영위하기 위해서는 반드시 외국의 상업서류송달업체로서 50개 이상의 대리점 망을 갖춘 업체와 대리점 계약을 체결해야 한다.
③ 간이통관화물은 간이세율을 적용하여 통관한다.
④ 미국의 각각 다른 판매자로부터 수입하는 200불 이하의 화물로 동일인에게 배송되는 화물인 경우 합계가 200불이 초과되면 간이통관 또는 일반통관을 해야 한다.
⑤ 목록통관을 하기 위해서는 인터넷이나 EDI시스템을 이용하여 전자서류로 수입신고를 해야 한다.

해설 국제택배사업을 하기 위해서는 외국의 상업서류송달업체로서 50개 이상의 대리점망을 갖춘 업체와 대리점 계약을 체결하거나 2대륙 6개국에 자체 해외지사를 설치하였음을 증명하는 것이 필요하다.

Answer	40. ⑤　41. ①　42. ②　43. ④　44. ①　45. ②

46 다음은 유가보조금제도에 대한 설명이다. 바르지 않은 것은?

① 정부가(지자체) 운송차량에게 주유량에 따라 환급해주는 제도이다.

② 영업용 화물차량 등에 지급한다.

③ 차량의 톤급별로 지급 한도가 정해져 있다.

④ 디젤과 LPG를 연료로 사용하는 차량 등에 대해서도 지급한다.

⑤ 유류가격이 하락하면 지급이 중단된다.

해설 유가보조금제도는 급속한 유가인상으로 운송회사 및 차주들의 원가부담이 증가하고 그에 따라 운임인상 압력이 발생함으로써 화주들에게도 물류비 증가의 부담을 주게 됨에 따라 정부에서 유류관련 세금의 일부를 사용실적에 따라 환급하는 제도이다. 경유와 LPG를 사용하는 영업용 화물자동차, 영업용 여객자동차, 연안해송선박 등에 적용되고 있으며, 유가가 하락하더라도 정부의 정책에 따라 지급되고 있다.

47 다음은 A제조업체의 12톤 차량 1대의 1주일 간의 운행실적이다. 영차율과 적재율은 얼마인가?

요 일	영차운행거리(km)	공차운행거리(km)	적재량
월요일	150	130	10
화요일	100	110	9
수요일	120	160	10
목요일	130	170	15
금요일	190	210	8
계	690	780	52

번 호	①	②	③	④	⑤
영차율	46.9%	48.1%	48.1%	53.1%	92.5%
적재율	85.4%	85.4%	86.7%	86.7%	85.5%

해설 영차율은 (총 영차운행거리 ÷ 총 운행거리)로 산출하며, 적재율은 [∑(일별 영차운행거리 × 적재량) ÷ 차량의 톤급]으로 산출한다.

48 A회사는 현재 납품업체에서 공장까지 직납시스템으로 운영하고 있다. 아래의 그림과 같이 납품업체 인근지역에 공동집하장을 설치하고 공동운송시스템을 운영하려고 할 때, 비용절감 효과에 관한 설명으로 옳은 것은?

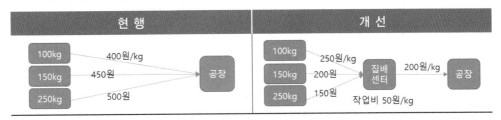

① 총 40,000원을 절감할 수 있다.
② 비용은 절감되지 않는다.
③ 총 15,000원을 절감할 수 있다.
④ 총 20,000원을 절감할 수 있다.
⑤ 총 250,000원을 절감할 수 있다.

> **해설** 현행 운송비는 Σ(각 납품처 운송량 × 단위당 운송비)로 산출되며 총 232,500원이 소요된다, 개선된 운송방법에 의하면 총 물류비는 (Σ 각 납품처 운송량 × 배송센터까지의 운임) + (총 운송량 × 집배송센터 작업비) + (총 운송량 × 공장까지 운송비)로 산출되며, 총 물류비는 217,500원이다. 따라서 15,000원이 절감된다.

49 다음 택배에 대한 설명 중 바르지 않은 것은?

① 택배화물이 택배사업자의 잘못으로 훼손 또는 파손되었을 때 송하인과 합의한 날까지 배상을 한다.
② 택배회사는 콜센터를 설치, 운영해야 한다.
③ 택배사는 수하인 부재시 합의에 의해 경비실, 문 앞 등에 배달할 수 있다.
④ 택배사는 기본 운임, 품목별 할증 운임 정보 등을 의무적으로 설명해야 한다.
⑤ 송하인은 화약류, 인화물질, 현금 등을 위탁해서는 안 된다.

> **해설** 2020년 6월 5일부로 택배표준약관이 변경되었으며, 사고발생시 택배사의 내부 책임소재 규명 때문에 배상이 지연되는 것을 방지하기 위하여 배상액을 입증할 수 있는 자료가 제출된 후 30일 내에 반드시 배상하도록 하였다.

Answer   46. ⑤   47. ①   48. ③   49. ①

물류관리사

CERTIFIED PROFESSIONAL LOGISTICIAN

철도운송

03 철도운송

| **학습목표** | 1. 철도운송을 효율화하기 위한 하드웨어적인 측면을 설명할 수 있다.
2. 철도운송을 이용하는 화물의 하역방법을 이해하고 이용할 수 있다.
3. 우리나라의 철도운송의 문제점과 개선방향을 설명할 수 있다.

| **단원열기** | 우리나라 철도운송은 전체 운송물량의 약 5%를 점유하고 있기는 하지만 컨테이너운송과 무연탄, 시멘트, 곡물, 골재 등 산화물의 대부분을 운송하는 주요 운송수단이며 녹색물류의 실천수단으로서 매우 중요한 역할을 한다. 또한 남북철도의 연결시 러시아, 중국, 유럽으로 수출되는 화물을 운송하기 위한 효율적인 운송수단으로 향후 출제비중이 높아질 전망이다.

제1절　철도운송의 이해

1 철도의 의의

(1) 철도의 정의

> • 철도는 육상에 건설된 궤도를 통로로 하여 운행하는 기관차 및 열차를 이용하여 여객 또는 화물을 운송하는 것을 말한다.
> • 「철도산업발전기본법」에서는 "철도라 함은 여객 또는 화물을 운송하는 데 필요한 철도시설과 철도차량 및 이와 관련된 운영·지원체계가 유기적으로 구성된 운송체계를 말한다."라고 규정하고 있다.

(2) 철도의 특징

① 운행이 통제(관리)되는 육상의 궤도를 따라 운행된다.

② 중요지역에 여객 및 화물을 싣고 내리는 역이 설치된다.

③ 지역 간 연결을 위한 철도망이 설계되고 설치된다.

④ 효율적 운송을 위하여 전국의 철도망이 하나의 시스템으로 통제된다.

⑤ 화물운송은 대운송과 소운송으로 이루어진다.

⑥ 여러 대의 차량을 연결하여 대량으로 운송을 한다.

⑦ 운송네트워크를 구축하기 위해서는 거대한 자본이 투입되어야 한다(진입장벽의 형성과 독과점적 운영).

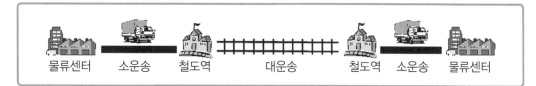

| 물류센터 | 소운송 | 철도역 | 대운송 | 철도역 | 소운송 | 물류센터 |

(3) **철도관련 용어**

① **철도운영** : 철도와 관련된 다음의 활동을 말한다.

　ㄱ 철도 여객 및 화물 운송

　ㄴ 철도차량의 정비 및 열차의 운행관리

　ㄷ 철도시설·철도차량 및 철도부지 등을 활용한 부대사업개발 및 서비스

② **철도차량** : 선로를 운행할 목적으로 제작된 동력차·객차·화차 및 특수차

③ **선로** : 철도차량을 운행하기 위한 궤도와 이를 받치는 노반 또는 공작물로 구성된 시설

④ **철도산업** : 철도운송·철도시설·철도차량 관련 산업과 철도기술개발 관련 산업, 그 밖에 철도의 개발·이용·관리와 관련된 산업

(4) **철도운송서비스 선택의 결정 요인**

철도운송은 공로운송과 경쟁관계에 있다. 대량운송수단이면서 경제성, 정시정, 안전성 등의 장점에도 불구하고 국내에서는 계속 운송시장점유율이 낮아지고 있다.

일반적으로 육상운송에서 철도와 공로운송 중 하나를 선택하는데 영향을 주는 요인들로 다음과 같은 것들이 있다.

운송비용	경쟁운송 수단과 비교한 운송비용(상대적인 비용)
운송시간	경쟁운송수단 대비 신속한 운송 가능 여부
유연성	운송요구시간, 운송량 변화에 대응할 수 있는 탄력성
정시성	요구시간 내 도착할 수 있는 정확성
서비스 적합성	운송화물의 특성에 따른 적정한 운송수단 제공 및 보호시스템 제공 여부
접근성	출발지 및 목적지와의 선로 및 역 등 시설의 접근성
안전성	화물의 분실, 파손 가능성 및 배상에 대한 신뢰도
운송정보 제공	화물의 추적 정보, 상태 정보 등의 제공 여부

2 철도의 종류

철도는 다음과 같이 다양한 방법으로 그 종류를 구분할 수 있다.

구 분		종 류	내 용
기술상의 분류	동력기준	증기철도	증기기관차로 운영되는 철도
		전기철도	전기기관차로 운영되는 철도
		내연기관철도	디젤기관차로 운영하는 철도
	궤도의 폭	표준궤철도	궤간의 폭이 1.435m(= 1,435mm)인 철도(미국 및 서유럽, 우리나라)
		광궤철도	궤간이 1.435m보다 큰 철도(인도, 아르헨티나, 칠레, 스페인, 포르투갈, 러시아, 몽고 등)
		협궤철도	궤간이 1.435m보다 좁은 철도(필리핀, 인도네시아, 호주, 남아프리카, 인도, 태국, 말레이시아, 콜롬비아 등)
		병용철도	• 궤간이 다른 철도차량이 운행할 수 있는 철도 • 레일을 3개 설치
	궤도 수	단선철도	• 단선궤도를 이용하여 운행 • 교행을 위한 대기선 필요
		복선철도	교행이 가능하도록 2개의 궤도 설치
		다선철도	• 3개 이상의 궤도 설치 • 1개는 정비를 위한 선으로 활용
	구동 및 지지방식	점착철도	철로와 열차바퀴의 마찰에 의해 운행
		강색철도	강철 와이어로프로 견인하여 운행
		가공철도	케이블카와 같이 공중에서 운행하는 철도
		치차철도	철로와 차량의 바퀴가 톱니 형태로 된 철도
		단궤철도	모노레일(철로가 1개)
법적인 분류	소유자	국유철도	국가가 소유한 철도
		지방철도	지방자치단체가 소유한 철도
		전용(사유)철도	일반사기업이 설치한 철도(자신의 화물을 운송하기 위한 전용선)
	운영주체	국영철도	국가 및 국가기관이 운영하고 있는 철도
		공영철도	공공법인이 운영하는 철도(철도공사 등)
		사영철도	일반사기업이 소유 및 운영하는 철도(공항철도)

경제적인분류	운송상의중요도	간선철도	한 국가의 운송의 중심축을 이루는 운송구간에 설치된 철도 노선 (경부, 호남선 등)
		주요선철도	간선철도 역할은 하지 못하나 중요 도시 간을 연결하는 철도
		지선철도	간선철도로부터 분지되어 설치된 철도
	운송대상	일반철도	여객과 화물을 모두 운송할 수 있는 철도
		여객전용철도	여객운송만을 위하여 건설 및 운영되고 있는 철도(지하철)
		화물전용철도	화물운송을 전용으로 하기 위하여 건설된 철도(임항철도, 광산철도 등)
		특수물자운송철도	특수한 공장 또는 지역에서 생산 및 소요되는 화물을 운송하기 위하여 건설·운영되는 철도

3 철도운송의 인프라

철도운송이 이루어지기 위해서는 다음과 같은 인프라가 확보되어야 한다.

인프라 종류	내 용
철로와 부대시설	• 차량운행 통로인 철로 • 운행을 통제하기 위한 각종 시설
화 차	• 화물을 적재하는 차량 • 철도운영회사 소유화차 • 화주사유화차
기관차	화물차량을 견인하는 차량
화물상하역시설	• 작업선로 • 화물의 적재공간 • 하역작업공간 • 일시보관을 위한 상옥시설(헛간, 사일로, 탱크 등)
컨테이너 야드 및 부대시설	• 컨테이너 보관용 야드 • 컨테이너 상하역 작업장 • 컨테이너 상하역 장비

4 철도 화차의 종류

화차의 종류	용도 및 특징
유개(有蓋)화차	• 화물을 안전하게 적재할 수 있도록 지붕과 벽을 설치한 밴형구조로 되어 있는 화차 • 악천후, 도난 등으로부터 보호해야 할 일반화물의 운송
무개화차	• 화물을 지지할 수 있는 벽체구조는 있으나 지붕구조가 없는 화차 • 주로 자갈, 무연탄, 고철, 광석 등을 운송할 때 이용 • 일반적인 무개화차는 화차의 측면 하부에 화물을 중력으로 쏟아 내리는 문이 설치되어 있다. • 화물을 중력으로 쏟아 내리는 장치가 없는 단순한 박스형 무게차를 곤돌라화차라고도 한다(Gondola).
평판화차	• 화차의 프레임(Frame) 위에 화물을 적재할 수 있는 상판(床板)만을 부착한 차량 • 장대화물, 중량물, 건설자재, 컨테이너와 같이 우천에 관계없는 일반화물운송용
유조차	유류 및 액체화학제품 등을 운송하기 위한 탱크차량
벌크화차	시멘트, 밀가루 등 분말을 운송하기 위한 차량
컨테이너화차	• 컨테이너를 전용으로 운송하기 위한 평판화차 • 미국에서는 컨테이너를 2단으로 적재하기 위한 더블스텍카를 활용
기타 특장화차	자동차운송전용차, 코일운송전용차 등 다양한 형태

◉ 각종 화차의 모형

유개화차　　　　　무개화차　　　　　평판화차

유조차　　　　　벌크화차　　　　　컨테이너화차

코일운송차량　　　　자동차운송차량　　　　더블스텍카

📕 **심화학습**

바이모달(Bi-modal)

철도차량을 이용하여 문전에서 문전까지 일관운송이 가능하도록 하는 방식으로 철로에서는 철재 차륜을 이용하여 선로 위를 달리고 목적지 역에 도착하면 고무바퀴를 이용하여 도로 위를 달릴 수 있도록 설계된 차량을 말한다.

출발 및 도착역에서의 화물 및 컨테이너를 별도로 하역할 필요가 없이 신속하게 운송이 연결되어 운송의 신속성 및 경제성을 확보할 수 있다.

5 철도화물운송의 특징

⑴ **대량운송 가능**

하나의 기관차에 다수의 화물열차를 연결하여 운송하기 때문에 일시에 대량운송이 가능하다.

⑵ **운송비가 공로운송**(화물자동차운송)**에 비해 저렴**

① 일시 대량운송이 가능하기 때문에 동일한 운송거리 내에서의 운송비는 화물자동차에 비해 훨씬 저렴하다.

② 전체적인 물류비의 저렴성 여부는 화물의 환적비용, 소운송비용 등을 종합적으로 검토해야 한다.

⑶ **저공해, 고안전성**

① 화물자동차에 비하여 매연 및 이산화탄소 발생량이 적다.

② 정해진 운행다이어그램에 의하여 운행하며 각 운행구간마다 운행제어를 함으로써 매우 안전한 운행이 가능하다.

⑷ **정시성이 비교적 높음**

정해진 통로를 스케줄대로 운행하기 때문에 비교적 운행시간을 준수하여 운행하게 된다.

⑸ **운행경로가 제한적임**

철로(Railway)라는 특수한 통로를 이용하기 때문에 철로가 없는 지역에 대한 운행이 불가하거나 인근지역에서 소운송이 필요로 하나 원거리지역은 경제성 저하로 철도운송이 어려운 지역이 많다.

⑹ **소운송이 필요함**

일반적인 경우 물류센터와 역 간의 소운송과정이 필요하다(트럭운송 + 상하역작업).

⑺ **화차사용에 융통성이 제한적임**

① 화물자동차처럼 필요할 때 즉시 이용할 수 없다.

② 차량의 규격이 제한적이다.

③ 이용장소가 제한적이다(화물취급가능역 제한).

▌6 컨테이너의 철도운송

⑴ **컨테이너운송을 위한 인프라**

① 컨테이너운송이 원활하게 이루어지기 위해서는 일반화물운송과는 달리 다음과 같은 인프라가 필요하다.

② 보세장치장, CFS창고, 세관 등은 필수적인 것은 아니지만 이들이 갖추어져 있음으로 인해 컨테이너운송이 신속하고 효율적으로 이루어질 수 있다.

컨테이너 야드 (Container Yard)	작업장이 일반화물역의 작업장과 달리 포장된 평탄한 컨테이너 야드가 조성되어야 함.
컨테이너 핸들러 (Container Handler)	무거운 컨테이너를 신속하게 화차에 적재하거나 하차하기 위한 컨테이너 전용 크레인, 대형지게차 등이 필수적으로 구비되어야 함.
보세장치장	수입된 화물을 통관하기 전 도착역에 설치된 물류센터에 보관하기 위하여 보세장치장이 필요함.
CFS창고	소량의 수출입물량을 컨테이너화 하고 Devanning하기 위한 CFS가 필요함.
세 관	수출입화물의 신속한 통관을 위해서는 역 구내에 세관이 설치되는 것이 필요함.

(2) 컨테이너운송에 이용되는 철도화차

Open top car	콘도라와 같이 생긴 화차로서 보기(bogie : 바퀴의 축)가 없으며 ISO표준규격 컨테이너를 적재하기 편리한 구조로 되어 있는 화차
Flat car (평판화차)	• 장대화물이나 중량물을 운송하기 위한 화차 • 컨테이너 전용 화차가 부족할 때는 평판화차에 컨테이너를 적재하여 운송함(안전을 위한 결박 필요).
Container car	전문적으로 컨테이너운송을 위하여 컨테이너규격에 맞게 화차의 규격을 제작하고 불필요한 부분은 제거하여 중량을 최소화한 화차
Double stack car	• 컨테이너를 2단으로 적재할 수 있도록 적재대 부분이 요(凹)자형으로 낮게 설치되어 있음. • 2단으로 적재할 수 있기 때문에 열차의 길이를 장대화하지 않고도 대량운송이 가능함.

🔖 국내에서도 Double stack car 운행이 시도되고 있다. 2016년 6월 철도공사와 철도기술연구원, 민간물류기업들이 MOU를 체결하고 DST를 이용한 컨테이너운송 개발작업에 돌입했다.

(3) 컨테이너 하역방식

① **TOFC(Trailer On Flat Car) 방식** : 화차 위에 컨테이너를 적재한 트레일러를 적재한 채로 운송한 후 목적지에 도착하여 트레일러를 견인장비로 견인, 하차한 후 트랙터와 연결하여 운송하는 방식을 말한다. 이 방식은 다음과 같이 두 가지 형태로 이루어진다.

  ㉠ Piggy back 방식

   ⓐ Piggy back 방식이란 화차 위에 화물을 적재한 트럭 등을 적재한 상태로 운송하는 형태를 말한다.

   ⓑ 컨테이너운송에서는 컨테이너를 적재한 트레일러(섀시)를 화차에 직접 적재하고 운행하는 것을 말한다.

   ⓒ 컨테이너를 트레일러에서 하차 후 다시 화차에 적재하는 번거로움과 비용문제, 오시시여에서의 컨테이너 섀시 확보, 운영문제 등을 해결하기 위하여 미국 등에서 제공되고 있는 방식이다.

   ⓓ 트레일러를 화차에 적재하거나 하차할 때는 피기팩커(Piggy packer)라는 장비를 이용하여 화차의 측면에서 상하차한다.

   ⦿ **피기백 방식으로 적재한 상태 및 적재하는 모습**

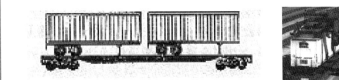

ⓛ Kangaroo 방식

ⓐ 캥거루 방식이란 피기백 방식과 유사하나 트레일러 바퀴가 화차에 접지되는 부분을 경사진 요철(凹凸) 형태로 만들어 적재높이가 낮아지도록 하여 운송을 하는 형태이다.

ⓑ 화차의 맨 뒷부분과 야드를 경사로(Rampway)로 연결하여 트레일러를 견인할 수 있는 특수장비를 이용하여 컨테이너를 적재하거나 하차한다.

> • 화차는 컨테이너운송 전용으로 제작한다.
> • 신속하게 상하차할 수 있다.
> • 화차 적재높이가 낮아져 안정되게 운송할 수 있다.

◉ 캥거루 방식의 적재모습

② COFC(Container On Flat Car) 방식

화차에 컨테이너만을 적재하는 방식을 말한다. 철도 컨테이너 야드(Depot)에서 크레인이나 컨테이너핸들러를 이용하여 적재하며, 일반평판화차나 컨테이너전용화차를 이용하여 운송한다.

㉠ 가로세로이동 방식 : 지게차 및 전용 핸들러를 이용하여 컨테이너를 적재하는 방식

㉡ 매달아 싣는 방식 : 크레인을 이용하여 컨테이너를 와이어에 매달아 상하역하는 방식

㉢ 플렉시밴 방식 : 화차에 턴테이블(Turn table)이 장착되어 있어 직각으로 상차된 컨테이너를 90° 회전시켜 장착하거나 하역하는 방식

7 철도차량 운행방법

(1) 직행운송(Direct Freight)

① 역과 역 간을 Non-stop으로 직행운송하는 철도운송시스템을 말한다.

② 운송량이 많이 발생하는 주요 생산지와 소비지 도시지역 간을 운행한다.

③ 운송시간이 단축된다.

> 예 무연탄, 시멘트, 사료, 유류 등을 생산지에서 대도시 소비지역까지 직행으로 운행

(2) 컨테이너운송(Container Freight)

① 컨테이너 수출입항만과 주요 도시지역 간을 직행운행처럼 운송하는 형태이다.

② 컨테이너만을 적재하고 직행운송한다.

(3) **프레이트라이너**(Freight Liner : 쾌속운송)

철도의 일정구간을 정기적으로 고속운행하는 열차를 편성하여 운송서비스를 하는 철도화물운송 방법 또는 이러한 방법으로 운송서비스를 제공하는 회사를 말한다.

① 운행의 편성은 고정편성제도를 시행하고 있다.

② 주로 컨테이너운송에 많이 이용된다.

③ 화물취급역을 대형화(거점화)함으로써 일반화물운송도 프레이트라이너 형태로 운송할 수 있다.

④ 화주의 요구에 의하여 Door to Door 운송서비스까지도 제공한다.

(4) **야드집결운송**

철도운송에서의 Hub & Spokes 타입의 운송시스템이다.

① 운행구간에서의 대량운송과 신속운송을 추구하는 운송시스템이다.

② 거점역은 다른 철도노선과 지선으로 연결된다.

③ 철도운송이 지선운송과 간선운송으로 이루어진다.

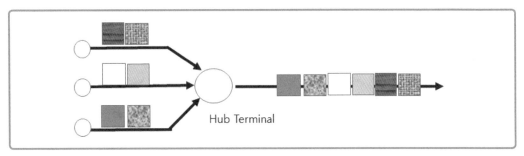

(5) **노선운행**(Single – Wagon Train)

철도차량 운행구간의 모든 화물이 존재하는 역을 경유하여 화물을 인계·인수하면서 운송하는 방식이다.

① 운송시간이 많이 소요된다.

② 운송물량이 적은 지역의 화물을 운송하기 위한 운행방법이다.

③ 각 지역에서 발생하는 다양한 소량의 화물을 운송하게 된다.

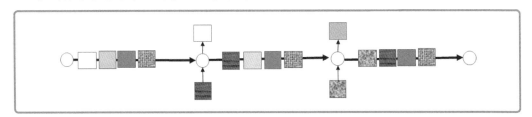

(6) **순환**(Shuttle Train)**운행**

노선을 환상(環狀)으로 구성하고 철도차량이 순환하면서 노선상에서 발생하는 운송물량을 인수하고 인계하면서 운송하는 형태이다.

① 철도차량은 동일한 방향으로만 운행한다.

② 사전에 화차의 수와 구성이 고정되어 있어 터미널에서의 화차조성비용이 절감된다.

③ 블록트레인에 비해 화차취급비용이 15~20% 절감된다.

④ 양 터미널 간의 운송량이 충분해야 한다.

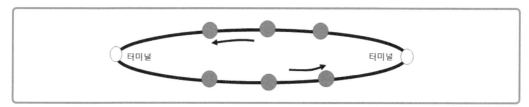

(7) **Y셔틀트레인**(Y-Shuttle Train)

① 셔틀트레인과 유사한 형태로 운행을 한다.

② 중간터미널 중 한곳을 경유하여 노선 이외의 지역의 화물을 인계하거나 인수하여 운행한다.

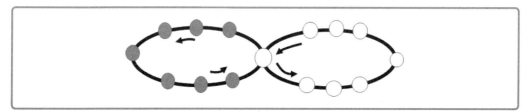

(8) **Coupling & Sharing Train**

중단거리운송이나 소규모터미널에서 운행할 수 있는 모듈트레인 형태이다.

① 사전에 열차구성을 하여 운행을 한다.

② 중간역에서의 기차를 분리 운행함으로써 화차취급을 신속하게 한다.

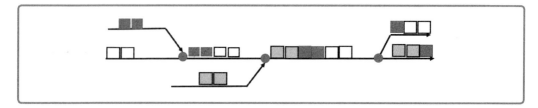

┌─ **보충학습** ─┐

열차조성

열차조성이란 도착한 화물역에서 인계할 화차를 분리하고 인수할 화차를 인계할 순서대로 정리하여 연결하는 작업을 말한다.

8 화물의 안전운송을 위한 조치

철도차량 운행시 철로의 충격 및 정차, 연결작업 등에 의한 충격으로 적재된 화물이 손상될 우려가 있다. 따라서 적재된 화물에 대한 안전장치가 필요하다.

(1) 화물의 고정방법

Shoring	각목, 기둥 등을 지주로 이용하여 화물을 고정하는 방법
Chocking	화물 사이, 화물과 바닥 및 벽면 사이에 쐐기형 고임목을 삽입하는 방법
Lashing	로프, 밴드, 와이어 등을 이용하여 화물을 고정하는 방법

(2) 혼재를 피해야 할 화물

강취(악취)화물	기호품, 흡취성 식료품 등과의 혼재 금지
분말화물(시멘트, 비료, 무연탄 등)	일반화물과 혼재 금지
위험물	위험물 상호간 혼재 금지

(3) 팔레트화물의 적입방법

① 스틸밴드나 테이프 등을 이용하여 고정시킨다.

② 팔레트와 팔레트 사이에 유격이 발생치 않도록 적재한다.

③ 차량의 내부치수와 팔레트 치수를 일치시킬 필요가 있다.

9 철도운송의 효율화시스템

(1) 블록트레인(Block Train)시스템

① 운송업자가 자기화차와 자기터미널을 가지고 일정한 터미널에서 목적지 터미널 또는 수하인의 문전까지 타인의 선로(국영 또는 타 철도사업자 선로)를 임대하여 철도 또는 철도와 공로를 연계한 복합운송서비스를 제공하는 새로운 철도물류시스템을 말한다.

② 일반적으로 철도운송업자, 해운사, 터미널사업자, 트럭운송업자, 포워딩업자 등이 콘소시움을 구성하여 운영한다.

③ 철도는 안정적으로 물량을 확보할 수 있고 화주는 저렴하게 운송을 할 수 있다.

④ 운송의 효율성 향상을 위해 운송업자와 이용자가 공동으로 노력함으로써 문제점이 효율적으로 해결될 수 있다.

> **■ 심화학습**
>
> **블록트레인시스템의 특징**
> 1. Door to Door 운송
> 2. 트럭과 철도를 연계한 복합운송
> 3. 전용화물터미널 확보 및 운영
> 4. 철도 레일 사용료 지불
> 5. 통관 등 수출입화물을 운송하기 위한 부대서비스 제공
> 6. 정기 또는 부정기편으로 운영

(2) 벌크운송시스템

벌크운송시스템은 화물을 포장하지 않은 상태에서 전용차의 용기에 적재하여 운송하고 목적지에 도착하여 별도의 용기에 화물을 저장하는 형태의 운송시스템을 말한다.

① 벌크운송의 목적

㉠ 포장비 절감 : 화물을 별도의 용기에 포장하지 않고 특수용기 형태로 만들어진 화차를 이용하여 운송함으로써 포장비를 절감할 수 있다.

㉡ 상하역비 절감 : 기계장치에 의한 상하역을 함으로써 신속하고 안전하게 상하역을 할 수 있으며, 하역비도 절감할 수 있다.

㉢ 안전한 운송 : 벌크운송차량은 운송하는 화물의 안전성을 감안하여 각종 필요한 안전장치를 갖추고 있기 때문에 운송 중의 사고위험성이 낮다.

㉣ 대량운송에 의한 운송비 절감 : 소비지에서 소량으로 판매되는 상품을 철도를 이용하여 대량으로 운송한 후 저장조에 보관한 상태에서 판매가 이루어지는 대로 소량으로 포장 또는 벌크상태로 판매함으로써 운송비를 절감할 수 있다.

② 벌크운송이 이루어지기 위한 조건

㉠ 전용화차 : 화물을 안전하게 운송할 수 있도록 유조차, 벌크차, 홉퍼차, 무연탄차 등과 같은 전용화차가 필요하다.

㉡ 자동적재장치 : 신속한 상하차를 위하여 기계상하차, 자동화 상하차설비 등이 필요하다.

㉢ 전용선 확보 : 전용차량을 이용하여 운송하는 화물은 대량으로 운송되기 때문에 인근역에서 생산공장까지 연결되는 전용선의 설치가 필요하다.

㉣ 화물보관용 저장고 설치 : 화물을 자동으로 하차하여 대량으로 보관할 수 있도록 시멘트싸일로와 같은 대단위의 저장시설을 설치하는 것이 필요하다.

③ 벌크운송시스템의 예

㉠ 유류운송시스템 : 각 정유회사가 유류를 생산하여 각 지역에 설치된 저유소까지 유류를 운송하기 위하여 이용하는 시스템으로, 유조차를 이용하여 운송한다.

㉡ 시멘트운송시스템 : 시멘트제조회사가 산지에서 생산한 시멘트를 각지의 역두에 설치된 싸일로까지 운송하는 시스템으로, 벌크탱크차량을 이용하여 운송을 한다.

ⓒ 양곡운송시스템 : 대두, 밀과 같은 화물을 부두에서 상차하여 주로 각지의 사료공장까지 운송하는 시스템으로서 적재된 화물을 홉퍼를 이용하여 쏟아내리는 형식으로 하역을 한다.

ⓔ 무연탄운송시스템 : 무연탄은 일반적으로 무개화차를 이용하여 운송한다. 적재할 때는 컨베이어벨트나 로우더 등을 이용하며, 하차할 때는 화차의 측면을 개방하여 쏟아 내리는 형식으로 한다. 무연탄을 쏟아 내리기 위해서는 화차가 고상홈으로 올라가고 무연탄은 하방으로 자연스럽게 쏟아진다.

제 2 절   우리나라 철도운송

1 철도운송사업자

(1) 1899년 9월 18일 우리나라에 철도가 개통된 이후 계속적으로 철도의 건설과 운영은 국가가 담당해 왔다.

(2) 그러나 경영의 효율화와 운송서비스 향상을 위하여 2005년부터 철도의 운영이 한국철도공사체제로 전환되면서 민영화되었다고 할 수 있다.

(3) 철도노선 등 기본 인프라는 계속 국가소유로 되어 있으며 철도공사는 철도노선에 대한 사용료를 지불하면서 철도를 운영하고 있다.

◉ 국내 화물운송용 철도현황(2018년 korail 통계연보)

총 철도연장	화물운송용연장	역 수	화 차
4,138.8km	3,060	700	10,500량

◉ 국내 화차현황

유개화차	무개화차	유조차	평판화차	소화물차	차장차	기 타	계
914	2,823	3,478	3,210	16	35	24	10,500

◇ 일반화물을 적재하기 위한 유개화차의 비율이 8.7% 정도이다.
◇ 화물운송용 차량이 지속적으로 감소하고 있다(운송물량의 감소).

◉ 국내 화물운송 실적현황(2018년 기준)   (단위 : 천톤)

양 회	비 료	무연탄	광 석	유 류	철 재	컨테이너	잡화 등	계
12,396	25	2,029	1,656	191	2,356	9,874	2,388	30,915
40.1%	0.1%	6.6%	5.4%	0.6%	7.6%	31.9%	7.7%	100%

◇ 철도운송은 절대량이 지속적으로 감소하고 있다.

█ 2 철도운송 화물의 종류

철도공사가 화물을 운송하는 방법은 다음과 같은 4가지이다.

(1) 화차취급

① 화차취급이란 화물운송의 수탁을 화차단위로 받아 운송하는 방법으로서 일종의 화차대절방법이다.

② 화차를 요청하는 방법은 화주가 운송하고자 하는 화물의 중량과 화물특성에 적합하게 차량을 선택하여 철도공사에 요청하게 된다.

③ 장거리운송에 적합하며 운송비가 저렴하다.

(2) 컨테이너취급

① 컨테이너 단위로 운송을 의뢰하는 형태이다(20피트, 40피트, 45피트 등).

② 컨테이너 전용화차 또는 평판화차를 이용하여 운송한다.

③ 영컨테이너와 공컨테이너의 운임이 다르다.

④ 선사나 트럭운송회사 또는 대형화주들은 사유화차를 이용하여 운송하기도 한다.

(3) 혼재차취급

① 다수의 화주의 화물을 하나의 철도차량에 혼재하여 운송하는 형태이다.

② 소운송업자가 화물을 모아 자신의 명의로 철도운영회사에 운송을 의뢰한다.

③ 소운송업자는 화주와 소화물운송계약을 체결하고 철도운송회사와는 화차단위로 계약을 체결한다.

④ 소운송업자는 집하한 화물을 도착지별로 구분하여 도착지별로 하나의 차량에 혼재하여 발송한다.

(4) 소화물취급

① 화주로부터 비교적 소형의 화물에 대하여 화물단위별로 수탁받아 운송하는 형태이다.

② 과거 소운송업체가 철도운영회사의 위탁을 받아 화물수탁 및 인도업무를 대행하였으나 현재는 서비스가 폐지된 상태이다.

  ◈ 공식적으로 2006년 5월 1일부터 한국철도공사의 철도소화물취급이 중단되었으나 코레일네트웍스라는 철도공사 자회사가 KTX열차를 이용하여 KTX특송이라는 소화물 배송서비스를 제공하고 있다.

3 철도운송 이용 절차

국내 철도(한국철도공사)를 이용하여 화물을 운송하려고 할 때는 다음과 같은 절차에 의한다.

순 서	화주 역할	철도공사 역할
1	운송신청 • 화물운송장 제출 • 운송내역 신고	• 화물운송장 적합성 검토 • 차량 공급능력 검토 • 배차계획 수립 • 수용조건 수락 검토 • 회차 회송
2	화물적재(화주책임) • 화차 도착 후 5시간 이내 상차완료 • 5시간 경과시 화차 유치료 부담	• 화물운송장 신고내역과 현품의 확인 • 포장·적재방법의 적정성 확인
3	운임 지불 • 거리·중량·조건에 따른 운임 지불 • 화물운송 통지서 교부	운송기간 • 발송기간 : 화물수취 후 24시간 내 • 수송기간 : 200km마다 24시간 • 인도기간 : 도착역에 도착시간부터 24시간
4	화물의 하차(화주책임) • 화차 작업선 도착 후 5시간 내 하차 • 하차 당일 반출 • 5시간 내 미하차 및 당일 미반출시 화물 유치료 부담	인 도 • 화물 인도명세서에 수령인 날인

4 트럭운송의 철도전환을 위한 정책

(1) 전환교통보조금제

드럭운송을 철도나 연안해송으로 전환하기 위하여 전환운송실적을 기준으로 하여 보조금을 주는 제도이다(정부의 예산으로 지급함).

① 협약기관(철도공사와 연안해운조합)과 협약사업자(운송사업자, 화주, 공동사업자) 간에 트럭운 송을 철도나 연안해송으로 전환하기 위한 협약을 체결한다.

② 기존의 철도를 이용하여 운송한 기준물량(협약 전 3년 평균)과 실적물량의 차이물량(증가된 차 이)에 대하여 협약에 의한 보조금을 지급한다.

③ 지급단가는 전환운송에 따라 증가되는 운송비의 범위 내에서 이루어진다.

(2) 녹색철도 마일리지

철도수송물량을 CO_2배출량으로 환산한 후 마일리지화하여 다음연도 철도운임요금에서 차감해주는 제도이다.

> • 1 마일리지 = 연간 수송실적(ton · km) × 35.9(g · CO_2 / ton · km) / 1,000(g)
> • 1 마일리지당 기본 3원 지급, 증수송실적분에 대하여는 5원~12원 추가지급

(3) 사유화차제도

① 사유화차의 특징

> ㉠ 사유화차란 트럭운송사업자, 화주, 해운회사 등이 제작한 철도화차를 말한다.
> ㉡ 사유화차는 제작하여 등록시킨 기업의 화물을 전용으로 운송하게 되며, 운송업무는 철도공사가 담당하고 철도공사는 운임을 저감시켜 준다.
> ㉢ 사유화차를 제작하여 철도공사에 등록하면 사유화차를 이용하여 운송할 수 있다.

② 사유화차의 이점

㉠ 화주기업 등은 자신의 전용화차로 철도운송을 할 수 있다.
㉡ 철도공사는 화차제작에 필요한 자금투입을 감축할 수 있다.
㉢ 화주기업 등은 필요한 시점에 저렴하게 철도운송을 할 수 있다.

③ 주 이용대상 화차 : 컨테이너화차, 유조차, 벌크화차, 철재운송전용차, 자동차운송전용차 등

(4) 국내 블록트레인 운영

철도공사가 안정적으로 물량을 확보하기 위하여 운영하고 있는 블록트레인은 다음과 같다.

> 운행구간 및 횟수 : 오봉 ~ 부산진 간 1일 5왕복, 약목 ~ 부산진 간 1일 2왕복

5 남북철도의 연결과 활용

(1) 북한철도 현황

① 총 연장 : 5,214km
② 궤간 구성 : 표준궤(1,435mm) 87%, 협궤(762mm) 10%, 광궤(1,524mm) · 혼합궤 3%
③ 전기철도 노선 : 4,132km(전체의 약 80% 수준)

⑵ **북한철도의 특징**

　① **국가의 주요 운송수단**: 운송분담비율은 화물 90%, 여객 62%

　② **주로 단선철도**: 복선화비율은 3% 정도

　③ **주로 전기철도**: 전체의 79%가 전기철도

　④ **운행속도 느림**: 일반적으로 20~60km/h

　⑤ **시설의 노후**

⑶ **남북한 철도연결 가능철도**

　① **경의선**: 도라산역 ↔ 개성역(철도 연결되어 있음)

　② **금강산선**: 철원 ↔ 기성

　③ **경원선**: 신탄리 ↔ 평강

　④ **동해북부선**: 강릉(저진역) ↔ 온정리

⑷ **TCR 및 TSR과의 연결**

　① **대 중국**: TCR과의 연결

　　신의주 ↔ 단둥, 만포 ↔ 집안, 남양 ↔ 도문

　② **대 러시아**: TSR과의 연결

　　두만강 ↔ 핫산

⑸ **남북철도 연결시의 장점**

> ① 남북한 간 교역물자의 저렴하고 원활한 운송
> ② 대 중국 교역물자의 저렴하고 신속한 운송
> ③ TCR 및 TSR의 연결에 의한 대 유럽 교역물자의 저렴하고 신속한 운송
> ④ 국내 철도산업의 발전

　● **철도개통에 따른 물류비절감 기대효과**(인천~남포)

구 분	수송일수(왕복)	운임(TEU당)
해상운송(A)	7~10일	$720
철도운송(B)	1~2일	$132
차이(A − B)	6~8일	$588

　⬡ **자료**: 한국교통연구원

6 우리나라 철도운송의 문제점

현재 우리나라의 철도운송이 갖고 있는 주요 문제점은 다음과 같다.

(1) 복잡한 운송절차

철도는 특성상 자동차운송이 갖는 문전에서 문전까지(Door to Door)의 운송이 불가능하다. 이러한 일관운송서비스의 결여는 운송이 이루어지기까지 적재와 하역시 많은 단계를 필요로 함으로써 시간과 부대비용의 발생을 초래하여 화주로부터 이용을 기피하게 하는 원인이 되고 있다.

(2) 장비의 현대화와 표준화의 미흡

우리나라의 철도는 운행노선이 도로운송에 비하여 미흡할 뿐만 아니라 하역과 운송에 필요한 장비의 기계화와 운송용기의 개발이 부진하다.

(3) 경직된 운임요율체계

우리나라의 철도운임은 획일적인 거리별 임률을 적용하고 있고 영업환경에 능동적으로 대처할 수 있는 탄력적인 운임적용시스템이 미흡하다. 따라서 장거리화물의 유치에 어려움을 주고 있다.

(4) 운송용량의 한계

우리나라의 철도는 제한된 용량에 여객열차의 계속적인 증설요구로 화물운송열차의 운행에 제약을 받을 뿐만 아니라 주요 간선에서 주간운행이 어려워 운송시간이 지연됨으로써 급송화물의 유치를 어렵게 하고 있다.

(5) 집화증대를 위한 마케팅체제의 미흡

화물유치를 위하여 '코레일로지스'라는 자회사를 만들어 운영하고 있지만 대규모화주 중심으로 영업이 이루어지고 있고, 공로운송의 Door to Door운송의 편리성을 극복할 수 있는 각종 인센티브제공 프로그램도 부족하여 중소규모의 화주에 대한 화물유치는 매우 미흡한 실정이다.

7 철도운송의 경쟁력 확보 방안

우리나라의 내륙운송은 운송거리가 짧고 물량 이동축을 중심으로 고속도로가 대체로 잘 발달되어 있어 철도운송이 경쟁력을 갖기 어려운 운송구조가 되어 있다. 그러나 대체적으로 300km 이상의 중장거리운송을 해야 하는 경우에는 철도운송이 기본적으로 안고 있는 취약점을 효율적으로 개선한다면 경제적인 면이나 신속성, 안전성, 정시성 등에서 경쟁력을 확보하여 도로의 운송부담을 줄이면서 전체적인 물류비를 줄일 수 있는 중요한 물류의 동맥역할을 할 수 있다. 물론 아래와 같은 방안들이 단독으로 시행되어서는 효과를 거두기가 힘들고 여러 개의 방안들을 종합적으로 검토하여 복합적으로 실시하는 것이 필요하다.

(1) 하역의 효율화

철도운송의 가장 큰 취약점은 화물자동차운송에 비하여 하역작업이 최대 4회까지 증가하고 이로 인하여 전체적인 물류비가 증가한다는 것이다. 따라서 철도역에서 상하차비를 대폭적으로 줄일 수 있는 하역의 효율화를 추진해야 한다. 이렇게 하기 위해서는 다음과 같은 몇가지 구체적인 방안을 추진해야 한다.

① **화물취급역의 현대화**: 화물을 취급하는 역의 작업장을 전천후 작업장으로 개선하고 작업장 환경도 포장작업장으로 개선하여 일반화물도 안전하게 취급할 수 있도록 해야 한다.

② **상하차작업의 기계화**(지게차, 컨베이어벨트 등): 인력에 의존하는 상하차작업을 지게차, 컨베이어벨트 등 화물의 특성에 맞는 하역장비를 이용하여 효율적이고 경제적으로 상하차작업이 이루어질 수 있도록 해야 한다.

③ **화물의 ULS화**: 화물이 낱개로 취급되지 않고 팔레트, 컨테이너, 기타 다양한 용기를 이용한 단위화물로 전환시켜 운송될 수 있는 시스템(Unit Load System; ULS)을 구축해야 한다.

(2) 소운송거리 단축

철도역과 송·수하인의 문전이 가까울수록 소운송료가 적게 소요되고 철도운송이 경쟁력을 갖게 된다. 따라서 공업단지를 중심으로 지선 또는 전용선을 확대 설치하여 화물역 인근에서 집하 및 배송이 이루어질 수 있도록 하는 것이 필요하다.

(3) 소량화물운송체계 구축

기본적으로 철도운송은 대량운송체계인 데 반해 화물의 운송은 소량 다빈도체계로 바뀌고 있다. 따라서 철도가 일반 내수물량을 확보하여 운송하기 위해서는 소량의 화물도 운송할 수 있는 체계를 구축해야 한다. 이러한 방법으로서 컨테이너화차나 평판화차에 10피트, 15피트, 30피트 등 일반화물자동차의 적재함규격과 동일한 다양한 내륙운송용 컨테이너를 이용한 운송체계를 구축할 필요가 있다.

(4) 거점역화와 열차운행의 정기화

철도운송물량이 컨테이너, 시멘트 등 일부 한정된 화물로 범위가 줄어들면서 자연스럽게 화물을 취급하는 역도 감소하여 거점화되었다고 할 수 있다. 그러나 실질적으로는 거점역으로서 갖추어야 할 조건들(하역장의 현대화 및 대형화, 기계화 등)은 미흡하다고 할 수 있다. 따라서 화물취급역이 실질적인 거점역 역할을 할 수 있도록 관할구역을 광역화하고 역 시설을 현대화함과 아울러 이 광역거점역을 중심으로 거점역 간을 정기적으로 운행을 하는 화물열차를 운행함으로써 화주들이 언제든지 철도를 이용할 수 있는 편리성을 강화해야 한다.

(5) 철도역의 물류기지화

철도가 경쟁력을 확실하게 갖기 위해서는 소운송을 아예 없애는 운송체계를 갖추는 것이 필요하다. 이러한 방법은 화물이 철도역에서 출발하고 철도역이 종착점이 되는 운송체계를 구축하는 것을 의미하며 이렇게 되기 위해서는 철도역에 대규모 물류기지를 조성하여 양단간의 운송은 철도가 담당하고, 운송된 화물은 물류기지에 보관한 후 이 물류기지를 중심으로 소량 다빈도 배송이 이루어지도록 하는 것이 필요하다. 물론 현재 조성된 부곡, 양산, 장성 등의 복화화물터미널이 이러한 유형이 될 수 있으나 철도작업능력이 부족할 뿐만 아니라 철도가 배송센터 측면까지 진입하지 못함으로써 실질적인 운송비를 대폭적으로 경감시키는 기능을 제대로 하지 못하고 있는 문제점이 있다.

(6) 연계운송의 유연성 확보

철도가 경쟁력을 갖기 위한 방법은 철도와 화물자동차운송이 유연하게 연계운송을 할 수 있는 체계를 갖추는 것이다. 즉, 수출입컨테이너처럼 일반화물들도 역에서 유연하게 화물자동차운송으로 연계운송될 수 있는 시스템을 구축하여 하역비를 절감하고 신속하게 연계운송이 될 수 있도록 하는 것이다. 이렇게 하기 위해서는 운송용기를 탈착식 바디나 스왑바디, 일반화물자동차용컨테이너 등으로 제작하고 화물자동차와 화차도 이 용기의 운송에 적합하도록 개선하는 것이 필요하다.

(7) Freight Liner 업체의 육성

프레이트라이너(업체)는 정기고속열차를 운행하는 운송업체이다. 이러한 정기열차를 운행하는 업체는 자신의 책임으로 운행하는 열차의 수익성을 확보하기 위해서 선진의 운송기법들을 동원하여 적극적으로 운송물량을 확보할 것이기 때문에 철도공사와 같은 거대하고 보수적인 집단의 운영에 비하여 효율적인 물량확보가 가능할 것이다. 따라서 여객운송의 고속철도로의 이전이 완료되는 시점에서 철도는 프레이트라이너업체를 적극적으로 지원하면서 육성할 필요가 있다.

03 실전예상문제

01 철도운송에 관한 설명으로 옳지 않은 것은?

① 우리나라 컨테이너 철도운송 방식은 TOFC 방식 중 Piggy back 방식이다.

② 도로체증을 피할 수 있고, 눈, 비, 바람 등 날씨에 의한 영향을 상대적으로 적게 받음으로 인해 장기적이고 안정적인 수송계획 수립이 가능하다.

③ 화차 및 운송장비 구입비 등과 같은 고정비용은 높지만 윤활유비, 연료비 등과 같은 변동 비용은 고정비용에 비해서 상대적으로 낮은 편이다.

④ 2단적재 컨테이너 무개화차(double-stack container flat car)는 단수의 평판 컨테이너 화 차(flat car)에 2개의 컨테이너를 동시에 적재하여 수송할 수 있도록 설계되어 결과적으 로 각 열차의 수송용량을 두 배로 증가시킬 수 있게 된다.

⑤ 근거리 운송시 상대적으로 높은 운임과 문전에서 문전(door-to-door) 서비스 제공의 어 려움이 철도운송의 주요단점으로 제시되고 있다.

> **해설** 우리나라에서는 TOFC방식을 채택하지 않고 있으며, COFC방식 중 가로세로이동 방식이나 매달아싣 기 방식이 주로 사용되고 있다.

02 철도운송의 특성을 표시한 내용으로 옳지 않은 것을 모두 고른 것은?

> ㉠ 계획 운송이 가능하다.
> ㉡ 화물의 중량에 크게 영향을 받는다.
> ㉢ 장거리 대량운송이 기능하다.
> ㉣ 배차의 탄력성이 높다.
> ㉤ 문전운송 서비스에 적합하지 않다.

① ㉠, ㉡   ② ㉠, ㉢   ③ ㉡, ㉣

④ ㉢, ㉤   ⑤ ㉣, ㉤

> **해설** 철도운송은 대량의 운송수단이며 장대화물의 수송력도 뛰어나다. 그러나 필요한 차량을 배차받기 위 해서는 화차를 수배하고 원하는 역까지 이동시켜야 하기 때문에 배차탄력성은 떨어진다. 한국철도공 사의 경우 배차신청을 48시간 전에 하도록 하고 있다.

> Answer   1. ①   2. ②

03 우리나라 철도운송의 특징에 관한 설명으로 옳은 것은?

① 철도화물 운송 시 필요한 화차는 형태에 따라 유개화차, 무개화차 등이 있다.

② 2009년 기준, 국내 철도화물 운송실적은 화물자동차 운송실적보다 많다.

③ 우리나라 철도노선의 궤간 폭은 1,524mm인 광궤를 이용하고 있다.

④ 철도운송의 분담율을 높이기 위해 Block Train과 Double Stack Train을 운행하고 있다.

⑤ 철도운송은 대량화물운송 및 문전운송 측면에서 다른 운송수단보다 유리하다.

> **해설** 우리나라의 철도운송분담율은 5%내외이며, 1,435mm의 표준궤를 이용하고 있다. 또한 Block Train System을 채택하고 있으나 DST는 아직 채택하지 못하고 있으며, 문전운송 측면에서 화물자동차에 비하여 경쟁력이 약하다.

04 표준궤를 사용하는 우리나라 철도 궤간 폭으로 옳은 것은?

① 1,335mm
② 1,435mm
③ 1,535mm
④ 1,635mm
⑤ 1,735mm

> **해설** 철도의 궤도분류는 1,435mm를 기준으로 넓은 것을 광궤, 좁은 것을 협궤라고 한다.

05 현재 우리나라에서 운영 중인 철도화물 운송방법에 관한 것으로 옳지 않은 것은?

① 소화물 취급
② 화차취급
③ 컨테이너 취급
④ 혼재차 취급
⑤ KTX이용 특송서비스

> **해설** 우리나라의 철도가 공사화된 이후 소화물취급은 폐지되었다.

06 우리나라 컨테이너 철도운송에 관한 설명으로 옳지 않은 것은?

① COFC(Container On Flat Car) 방식이 사용되고 있다.
② DST(Double Stack Train)는 활용되지 않고 있다.
③ 공로운송에 비해 친환경 물류정책에 부합하는 운송수단이다.
④ 철도 컨테이너운송에 있어서 하역은 RO-RO(Roll On-Roll Off) 방식으로 이루어지고 있다.
⑤ 의왕 ICD는 내륙컨테이너기지 및 내륙통관기지로서의 역할을 수행하고 있다.

해설 국내의 컨테이너 철도운송은 주로 COFC방식으로 이루어지고 있다.

07 철도운송과 관련된 용어로 옳지 않은 것은?

① Point to Point System
② Piggy Back System
③ TOFC(Trailer On Flat Car)
④ Block Train
⑤ Freight Liner

해설 Point to Point방식은 주로 택배운송시스템에서 이용하는 방식이다.

08 철도운송 방식에 관한 설명으로 옳지 않은 것은?

① 플렉시밴 방식은 COFC의 유형이다.
② COFC가 TOFC보다 보편화되어 있다.
③ 피기백 방식은 COFC의 유형이다.
④ TOFC와 COFC는 트레일러 운송 여부에 따라 구분된다.
⑤ 일반적으로 TOFC에 비해 COFC가 적재효율이 높다.

해설 Piggy Back System은 컨테이너를 적재한 트레일러를 철도차량에 직접 적재하고 운행하는 복합운송 방식이다. 이렇게 트레일러를 직접 철도차량에 적재하는 방식을 TOFC(Trailer on flat car)방식이라고 한다.

Answer 3. ① 4. ② 5. ① 6. ④ 7. ① 8. ③

09 다음 철도역 중 현재 북한 철도와 연결되어 있는 역은 어디인가?

① 도라산역   ② 철원역   ③ 저진역

④ 강릉역   ⑤ 신탄리역

> **해설** 도라산역은 경의선 남측 관문역으로서 이미 연결되어 있고 개성공단에 소요되는 원부자재와 생산 제품을 운송한바 있다.

10 다음 철도차량 중 벌크시멘트를 운송하기에 적합한 차량은?

① 유기화차   ② 무개화차   ③ 평판화차

④ 탱크화차   ⑤ 벌크화차

> **해설** 벌크화차는 벌크시멘트와 같이 포장되지 않은 분말, 분립체 화물을 운송할 수 있도록 지붕에는 적재구멍이, 하부에는 중력 또는 공기압을 이용하여 하차할 수 있는 설비가 되어있다.

11 다음 중 사유화차에 대한 설명으로 적절하지 않은 것은?

① 화주기업이나 일반운송기업이 제작한 화차이다.

② 일반적으로 화주기업의 화물운송에 적합하도록 전용화차로 제작된다.

③ 화주기업은 사유화차를 이용하여 직접 운송업무를 수행한다.

④ 사유화차로 운송을 하면 운송임을 저감받는다.

⑤ 화주기업은 안정적으로 화차를 확보할 수 있다.

> **해설** 사유화차는 화주기업이나 운송기업이 제작한 화차로서 차주는 운임을 저감받고 운송업무는 철도회사가 담당하는 차량을 말한다.

12 다음 중 우리나라 철도운송을 활성화하기 위한 방법으로 적절하지 못한 것은?

① 철도화물역의 현대화와 하역의 효율화

② 운송거리의 장거리화

③ 화물의 Unit load system화

④ 화물취급역의 대규모 거점역화

⑤ 철도운송의 정기선화(Freight Liner화)

해설 국내 철도운송의 거리는 지리적 여건상 인위적으로 확대할 수 없다. 통일이 되거나 북한의 철도개방에 의해 중국 또는 러시아로 철도운송이 확대될 때는 철도이용이 활성화될 것으로 예상할 수 있다.

03

13 철도를 이용하여 화물을 운송하려고 한다. 다음 설명 중 바르지 못한 것은?

① 철도운송을 위해서는 사전에 운송신청을 하여 화차를 확보해야 한다.

② 철도역에서의 상하차작업은 송・수하인의 책임과 비용으로 수행해야 한다.

③ 화물을 적재한 후 철도공사의 관리자가 운송신청 내역과 실제 적재된 화물을 확인하는 절차를 거쳐야 한다.

④ 철도공사의 운송소요시간에 대한 책임은 일반화물의 경우 매 400km마다 24시간이다.

⑤ 화차가 작업선에 도착하면 5시간 이내에 화역을 완료하고 당일 중 반출해야 화차 및 화물 유치료가 부과되지 않는다.

해설 철도공사의 운송소요시간의 책임은 일반화물은 200km마다, 컨테이너는 400km마다 24시간이 주어진다.

14 철도화물을 운송할 경우 화차취급 운송에 관한 설명으로 옳지 않은 것은?

① 화물을 대절한 화차단위로 운송한다.

② 운임은 화차를 기준으로 정하여 부과한다.

③ 실 운송거리를 기준하여 운임이 부과된다.

④ 발·착역에서의 양·하역작업은 화주책임이다.

⑤ 특대화물, 위험물 등의 경우에는 할증제도가 있다.

(해설) 철도가 정한 영업거리에 따라 계산하되 최저운임제를 적용하여 산출한다. 최저운임은 사용하는 화차의 톤급의 100km를 운송했을 때 산출되는 운임이다.

15 국내의 철도운송을 이용하기 위해서 화주가 해야 할 일에 해당하는 것은?

① 배차계획을 수립한다.

② 화차에 화물을 적재한다.

③ 차량공급능력을 검토한다.

④ 포장 및 적재방법의 적정성을 확인한다.

⑤ 화차를 운행한다.

(해설) 철도운송시 역에서의 화물의 상하차작업 책임은 화주에게 있다.

16 다음은 Block Train에 대한 설명이다. 바르지 않은 것은?

① 자기 터미널을 확보하고 화물을 집하하고 배송한다.

② 공로와 철도운송을 연계한 복합운송서비스를 제공한다.

③ 철도운송사업자, 해운사, 트럭운송업자, 운송주선사업자 등이 콘소시움을 구성하여 운영한다.

④ 철도는 안정적으로 물량을 확보할 수 있는 이점이 있다.

⑤ 블록트레인사업자는 정기적으로 철도차량을 운영한다.

(해설) 블록트레인은 운송물량의 확보 상황에 따라 정기적 또는 부정기적으로 열차를 편성하여 운영한다.

17 다음과 같은 장점이 있는 철도운송시스템을 무엇이라고 하는가?

> • 포장비를 절감할 수 있다.
> • 상하역비를 절감할 수 있다.
> • 대량운송에 의한 운송비를 절감할 수 있다.
> • 화물의 특성에 적합한 장치를 설치하여 화물의 안전성을 높일 수 있다.

① 블록트레인시스템

② Bulk운송시스템

③ Freight Liner 시스템

④ 야드집결운송시스템

⑤ 사유화차제도

해설 벌크운송시스템은 분말 및 액체 화물 등을 포장하지 않은 상태로 적재할 수 있는 구조로 제작되어 있으며, 상하차용 기계를 부착하여 자동으로 상하차 할 수 있도록 되어 있다.

18 철도운송 방법에 관한 설명으로 옳은 것은?

① Single wagon train : 한 개의 중간터미널을 거치는 것을 제외하고는 셔틀트레인과 같은 형태의 서비스 방식

② 셔틀 트레인 : 철도역이나 터미널에서 화차조성비용을 절감하기 위해 화차의 수 및 형태가 고정되어 있는 서비스 방식

③ Y-셔틀 트레인 : 복수의 중간역 또는 터미널을 거치면서 운행하는 열차서비스 방식

④ 블록 트레인 : 중·단거리 수송이나 소규모 터미널에서 이용 가능한 소형 열차서비스 방식

⑤ 캥거루 방식 : 트레일러가 화물열차에 대해 직각으로 후진하여 무개화차에 있는 컨테이너를 바로 적재하는 방식

해설 셔틀트레이이란 운행노선을 휜싱(고리형태)으로 구성하고 한쪽방향으로 계속 운행하면서 화차의 수와 화차형태를 고정시켜 순차적으로 화물의 인수와 인계를 하는 방법이다. 이렇게 운송을 하면 화차조성 비용이 감소될 수 있다.

물류관리사

CERTIFIED PROFESSIONAL LOGISTICIAN

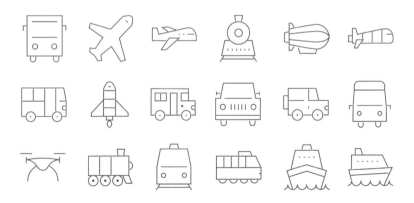

Chapter

04

해상운송

04 해상운송

| 학습목표 | 1. 선박의 제원에 대하여 이해하고 설명할 수 있다.
2. 해상운송시스템에 대하여 이해하고 활용할 수 있다.
3. 해상운송계약과 해상운송방법에 대한 지식을 이해하고 활용할 수 있다.

| 단원열기 | 해상운송은 선박을 이용한 대량운송수단으로서 국가 간 교역물자 운송의 대부분을 담당하고 있다. 이러한 해상운송은 국제조약 및 규범에 따라 운영이 되어야 하기 때문에 매우 정밀한 관리가 필요하며 시험에서도 지속적으로 비중이 확대되었으나 국제물류와의 중복으로 인하여 향후에는 다소 축소될 전망이다. 선박의 제원, 수출입운송의 절차, 선박운송 방법, 보안문제, 해상위험의 종류와 보험 등이 중요한 부분이라고 할 수 있다.

제1절 해상운송의 이해

1 해상운송의 개요

해상운송이라 함은 선박에 의해 사람 및 재화를 장소적으로 이동시키고 대가를 받는 상행위를 의미한다. 선박은 주로 해상의 통로를 이용하지만 운하나 강, 하천, 호수 등을 이용하기도 한다. 해상운송은 연안항로를 이용하여 내국화물을 운송하기도 하지만 주로 국제교역화물의 운송을 담당하며 대량운송에 의하여 저렴한 운송서비스를 제공한다.

(1) 해상운송의 종류

해상운송은 어느 지역을 운항하느냐에 따라 다음과 같이 구분할 수 있다.

종 류	운항지역
원양운송	자국과 외국항구 및 외국항구 간을 운항하는 선박운송
연안운송	• 자국 내의 항구만을 운항하는 선박운송 • 연안운송은 해당 국가의 연안운송선박으로 등록된 선박만이 운송이 가능함.
내수면운송	호수, 강, 운하 등을 이용한 선박운송

┌ **보충학습** ┐

해상운송의 3요소

해상운송에는 해로, 선박, 선원의 3요소가 필요하다.

(2) 해상운송의 방식

선박에 의한 운송을 어떻게 하느냐에 따라 다음과 같이 구분할 수 있다.

구 분		운항방식
정기선 운송	일반화물선운송	운항노선을 설정하고 다양한 종류 및 규격의 일반화물을 정기적으로 운송하는 방법
	컨테이너선운송	컨테이너만을 대상으로 하여 운항노선을 정기적으로 운송하는 형태
부정기선 운송	일반 부정기선운송	• 운송수요가 있을 때만 운송하는 형태 • 다양한 종류의 화물을 운송할 수 있는 구조의 선박 • 용선시장에서 단기 또는 장기계약으로 용선하여 운송
	전용선운송	• 일반적으로 특정 화물만을 전용으로 운송할 수 있는 구조의 선박을 이용한 운송 • 특정 화주에 장기계약으로 용선되어 운항

2 해상운송의 특성과 역할

(1) 해상운송의 특성

해상운송은 다른 운송수단과 비교할 때 다음과 같은 특징이 있다.

① **해상운송은 대량수송이다**: 바다의 특성상 대형선박일수록 안전하다.

② **해상운송은 주로 대양을 횡단하는 원거리운송이다**: 국제교역화물이라도 근거리의 경우에는 주로 철도를 이용한다.

③ **해상운송은 운송비가 저렴하다**: 대형운송수단이기 때문에 운송원가가 낮다.

④ **해상운송은 운송로가 자유롭다**: 바닷길은 대체로 자유롭게 통행할 수 있다.

⑤ **해상운송은 국제성을 지니고 있다**: 다양한 국가의 화물을 운송하며 외국항구를 운항하므로 국제적인 규칙과 기준을 준수해야 한다.

⑥ **해상운송은 속도가 느리다**: 바닷길의 특성상 운송수단 중 가장 운행속도가 느리다.

(2) 해상운송의 역할

해상운송은 단순히 화물을 운송하는 운송사업자로서의 역할뿐만 아니라 국가의 경제 및 국방 등에 막대한 영향을 미치고 있어 많은 국가들이 해운사업육성에 힘을 쏟고 있다.

자원의 효율적인 배분	경제적인 대량운송수단을 이용하여 지하자원 등 대규모 자원을 필요한 국가에서 원활하게 확보할 수 있도록 한다.
국민소득 증대에 기여	해상운송은 선원 및 해운종사자, 하역종사자 등 많은 고용창출을 함으로써 국민의 소득 증대에 기여한다.
국제수지의 개선	해운산업의 발전은 해상운임의 외국으로의 유출을 방지할 뿐만 아니라 외국의 수출입화물을 운송함으로써 외화 획득을 하여 국제수지를 개선시킨다.
관련 산업의 육성	해상운송업의 발전은 조선업의 발전을 유발시키고 조선업은 철강, 기기산업의 발전에 영향을 준다. 또한 하역, 해상보험, 기타 물류산업발전에 많은 영향을 준다.
국방력의 강화	해운산업의 발전은 유사시 군수물자의 원활한 조달을 가능케 하여 국방력을 강화시킨다.
국제경쟁력의 강화	자국의 해운산업의 발전은 자국상품에 대한 운송비 경쟁력을 향상시킬 뿐만 아니라 필요한 때 필요한 선복을 원활하게 확보할 수 있어 수출상품을 적기에 운송할 수 있도록 한다.

▌ 심화학습

톤세제도

톤세제도(해운기업에 대한 법인세 과세표준 계산 특례)란 해운기업의 소득을 해운소득과 비해운소득으로 구분, 해운소득에 대해서는 실제 영업이익이 아닌 선박순톤수와 운항일수를 기준으로 산출한 선박표준이익을 토대로 법인세를 납부하는 제도이다.

1. **목적**: 납세부담을 완화하여 해운산업의 경쟁력을 강화
2. **적용대상기업**: 외항해운기업(톤세적용 희망기업) 중 적격기업요건을 충족한 해운사
3. **적용기간**: 연속한 5사업연도

▌3 해상운송의 환경변화

해상운송은 국제 교역물자의 주 운송수단으로서 국제무역의 운송에 대해 요구하는 바에 따라 발전하고 있다고 할 수 있다. 근래의 국제무역은 보다 저렴한 비용으로 신속한 운송을 요구하고 있으며 글로벌화에 맞춰 다양한 물류서비스와 정보시스템에 의한 가시성에 관한 정보제공을 요구하는 등 다양한 변화를 요구하고 있다.

(1) 조선기술의 발전

경제적인 운송이 가능하도록 초대형선을 건조할 수 있는 선박설계기술과 초대형 엔진의 개발, 환경오염방지형 선체의 개발 등 선적능력과 운항속도, 안전항해를 위한 기술들이 급속히 발전하고 있다.

(2) 선박의 대형화와 고속화

일반적으로 상선은 고속화보다는 대형화에 초점을 맞춰 개발되는 추세이다. 선박의 대형화는 운송비를 낮추는 데 기여할 수 있기 때문이며 현재 컨베이너선은 18,000teu급 선박이 운항에 투입되고 있다. 한편 속도면에서는 중소형선박을 중심으로 50노트까지 속도를 낼 수 있는 선박이 개발되었고 위그선 등은 항공기처럼 빠르게 운항할 수 있으나 아직 실용화되지는 않고 있다.

(3) 부정기선의 전용화

과거에는 부정기선은 범용적으로 이용될 수 있는 구조를 갖추는 것이 일반적이었으나 하역시간의 단축과 보다 안전한 운송을 위하여 전용선 위주로 건조되고 있는 추세이다(유조선, 석탄운반선, LNG선, 양곡운반선 등).

(4) 항만터미널의 대형화와 하역기기의 발달

선박의 대형화 추세에 맞춰 항만도 대형선이 정박할 수 있도록 대형화되고 있으며(수심 16m 이상) 신속한 하역작업을 위해 전용부두가 건설되고 다양한 하역기구(갠트리크레인, 언로드 및 쉽로드 등)가 설치되어 운영되고 있다. 한편 초대형선들은 모든 항만에 기항하는 것이 비경제적이기 때문에 대형항만을 허브터미널로 설정하고 허브항에만 기항을 한다. 그리고 다른 인근 항은 피더서비스를 제공하여 이원적으로 운영하는 추세이다.

(5) 정보시스템의 활용

해상운송분야에서도 화물취급의 효율화와 고객에 대한 화물추적정보 및 출발, 도착예정정보 등을 알려주기 위하여 다양한 종류의 정보시스템이 개발되어 활용되고 있다. 특히 컨테이너의 적재 및 입출하정보, 추적정보 등은 RFID 시스템을 적용하는 첨단적인 시스템이 운영되고 있다.

(6) 정기선사의 대형화와 얼라이언스

정기선사들이 운항의 빈도를 높이고 경제성을 확보하기 위해서는 개설된 항로에 보다 많은 선박을 투입해야 하는바, 이에는 많은 자금이 소요된다. 따라서 독자적인 운영을 위해서 M&A를 통한 대형화를 추구하거나(Maersk) 선사 간 제휴(Alliance)를 통하여 운항빈도를 높여나간다(2M, 오션얼라이언스, The얼라이언스)

4 선박의 개념 및 종류

(1) 선박의 개념

① **일반적 의미**: 일반적으로 선박이란 사람이나 화물을 싣고 해상(海上)을 통하여 공간적·장소적 이동을 수행하는 운송수단을 말한다.

⊙ **선박의 3요소**

> ㉠ 부양성: 물위에서 뜰 수 있어야 한다.
> ㉡ 적재성: 화물이나 여객을 실을 수 있어야 한다.
> ㉢ 운반성: 적재한 화물이나 여객을 이동시킬 수 있어야 한다.

② **상법상의 선박**: 상법상 선박이란 상행위, 기타 영리를 목적으로 항해에 사용하는 선박이라고 규정(제740조)하고 있으나 상행위나 영리를 목적으로 하지 않는 국가나 공공기관 소유의 선박도 포함되어야 할 것이다.

③ **무역에서의 선박**: 일반적으로 무역에서 선박이란 상선 중에서도 영리를 목적으로 하고, 화물을 수송하는 협의의 개념으로 파악해야 한다.

┌ **보충학습** ┐

화물선의 정의

화물선이란 화물운송을 주목적으로 건조된 선박을 말하며, 여객운송과 화물운송을 동시에 수행할 경우에는 여객정원이 12명 이하인 선박일 때 화물선으로 분류한다.

(2) 선박의 종류(사용동력 기준)

① **기선**: 기관(機關)을 사용하여 추진하는 선박

② **범선**: 돛을 사용하여 추진하는 선박

③ **부선**: 자력항행능력(自力航行能力)이 없어 다른 선박에 의하여 끌리거나 밀려서 항행되는 선박

┌ **보충학습** ┐

소형선박(선박법)

1. 총톤수 20톤 미만인 기선 및 범선
2. 총톤수 100톤 미만인 부선

(3) 선박의 종류(운송화물 기준)

선박을 분류하는 데는 여러 가지 방법이 있으나 운송하는 화물 및 선박의 구조 등에 따라 다음과 같이 분류할 수 있다.

① **일반화물선**(General Cargo Ship) : 다양한 일반잡화를 운송하기에 적합하도록 제작된 선박을 말한다.

   ㉠ 원활한 선적을 위해 다중갑판(Multiple deck)으로 되어 있다.

   ㉡ 박스화된 화물(일반적으로 목재포장)을 선창별로 구분하여 적재한다.

   ㉢ 하역에 소요되는 시간 때문에 대형화하지 못하고, 통상 10,000~15,000총톤(G/T ; Gross Ton) 정도에 머무르고 있다.

   ㉣ 컨테이너 전용선 및 대형살물선이 일반화되기 전에는 가장 보편적인 화물선이었다.

② **컨테이너선**(Container Ship) : 컨테이너를 전문적으로 운송할 수 있도록 건조된 선박을 말한다.

   ㉠ 원유, 광석, 곡물 등 대량운송화물을 제외한 대부분의 교역화물은 주로 컨테이너선으로 운송되고 있다.

   ㉡ 하역시간이 단축되고 일반적으로 일관복합운송체계로 운송이 이루어진다.

   ㉢ 한번에 1.6만teu(20피트 컨테이너 1만개) 이상 운송할 수 있는 초대형컨테이너선도 개발·운항 중이다.

③ **탱커**(Tankers) : 원유, 정제유, 화공품, 액화가스 등 액상화물을 선창 내에 직접 적입하여 운송하는 선박으로서 주로 다음과 같은 전용선이 이용되고 있다.

   ㉠ 원유운반선(Crude Oil Tanker)

   ㉡ 정제유운반선

   ㉢ 화공품운반선

   ㉣ 가스운반선

   ㉤ 아스팔트운반선

④ **건살물선**(Dry Bulk Carrier) : 석탄과 같은 화물을 벌크상태로 운송할 수 있는 대형화물선으로 주로 광석, 곡물, 고철, 원목 등을 운송하는 데 이용된다.

   ㉠ 하역 및 운송효율을 높이기 위해 단일갑판(Single deck)의 살물선이 많이 이용된다.

   ㉡ 과거에는 선체에 하역기기가 설치되기도 하였으나 최근에는 선박의 전용화 및 대형화, 부두에 설치된 하역기기의 현대화로 부두에 설치된 쉽로더(Ship Loader), 언로더(Un Loader), 갠트리크레인 등을 이용하여 하역한다.

⑤ **겸용선**(Combination Carrier) : 탱커나 살물선이 공통적으로 안고 있는 문제점은 대부분의 경우 편도운송이며, 동일한 왕복화물을 구할 수 없다는 점이다. 따라서 이러한 원가부담을 줄이기 위하여 개발된 선박이 겸용선이다.

⑥ **로로선**(Roll On/Roll Off) : 데릭, 크레인 등의 적양기 (lifting gear)의 도움 없이, 자력으로 램프(ramp, link span)를 이용해 화물을 적하 또는 양하할 수 있도록 만든 선박이다.

   ㉠ 지게차, 차량 등을 이용하여 하역한다.

   ㉡ 하역시간이 짧아 본선의 회전율(turn round)을 향상시킨다.

   ㉢ 화물의 손상을 최소화하며 일관운송(through transit)에 편리하다.

⑦ **냉동선**(Refrigerated Carrier) : 육류나 어류 등의 냉동화물을 운송하기 위해 전 선창(全 船艙)을 냉장고화하여 냉동물운반에 전용되는 특수선이다.

⑧ **중량물운반선**(Heavy Cargo Carrier) : 변압기, 기관차, 선박엔진, 발전기, 기계설비, 갠트리크레인 등 초중량물(통상 분리불능의 50톤 이상의 화물) 또는 거대화물을 운송할 수 있는 특수한 선체구조 및 설비를 갖춘 선박이다.

⑨ **바지선**(Barge) : 일반적으로 화물을 적재할 수 있는 데크(Deck, 갑판)만 설치되어 있고 추진장치가 없이 별도의 예인선에 의하여 이동하는 선박이다.

   ㉠ 하역시 선원이나 선박 본체가 대기할 필요가 없다.

   ㉡ 대형선박이 접안하기 어려운 항만에 쉽게 접근할 수 있다.

   ㉢ 중량물이나 활대품을 용이하게 적재 및 운송할 수 있다.

⑩ **바지 운반선**(Barge Carrying Ship) : 바지선을 직접 적재하고 운송하거나 예인하는 선박이다.

   ㉠ LASH(Lighter Abroad Ship)선 : 많은 바지선을 동시에 운송할 수 있도록 설계된 전문 바지운반선이다.

      ⓐ 선박 자체에 대형 갠트리크레인이 설치되어 바지선을 직접 하역한다.

      ⓑ 바지선을 바다에 내려놓기 때문에 넓은 하역장이 필요하지 않다.

      ⓒ 수심이 충분한 지역까지는 LASH선이 운항하고 낮은 곳은 바지를 이용함으로써 오지지역 및 시설이 열악한 항구에도 대량운송이 가능하다.

   ㉡ Seabee Ship : 래쉬와 같은 대형 바지운반선이다. 본선에 엘리베이터가 설치되어 있어 이를 이용하여 바지선을 하역한다.

⑪ Ferry : 여객과 화물을 동시에 운송할 수 있도록 설계된 선박이다. 차량을 적재할 수 있는 카페리와 철도차량을 적재할 수 있는 열차페리가 있다.

◉ 선박의 종류

			정기선	컨테이너선, 일반정기선
화물선	건화물선	일반 화물선	정기선	컨테이너선, 일반정기선
			부정기선	일반부정기선, 포장적재화물선
		전용선	광석전용, 석탄전용, 자동차전용, 곡물전용, 청과물전용선 등	
		겸용선	광석유류겸용선, 광석·불포장물겸용선, 자동차불포장물겸용선	
		특수선	냉장선, 중량물운반선, 래쉬선, 바지선 등	
	유조선	유송선	원유운송선, 석유제품운반선	
		특수액체 운반선	화학약품운반선, LPG탱커, LNG탱커, 당밀운반선	
	여객선		여객선, 화객선, 카페리선, 유람선	

5 선박의 국적

(1) 국적(國籍)

선박이 국가의 보호를 받고 정상적인 운항을 하기 위해서는 어느 한 국가에 등록을 해야 하는데 이때 등록된 국가가 선박의 국적, 즉 선적(船籍)이 된다. 따라서 선박은 등록된 국가의 선박 및 운항과 관련한 법을 준수해야 하며 선박에는 선적국의 국기를 게양한다.

우리나라 국적(한국국적) 선박으로 인정하는 국내법 규정은 다음과 같다(「선박법」 제2조).

◉ 한국국적 취득조건

① 국유 또는 공유의 선박
② 대한민국 국민이 소유하는 선박
③ 대한민국 법률에 따라 설립된 상사법인이 소유한 선박
④ 대한민국에 주된 사무소를 둔 위 제③항 이외의 법인으로서 그 대표자(공동 대표인 경우 그 전원)가 대한민국 국민인 경우에 그 법인이 소유하는 선박

(2) 편의치적제도(Flag of Convenience)

편의치적(便宜置籍, Flags of convenience)은 선주(船主)가 속한 국가의 엄격한 요구조건과 의무부과를 피하기 위하여 파나마, 온두라스 및 라이베리아 등의 국적을 취득하는 것을 의미한다. 이 같은 편의치적제도의 이점은 다음과 같다.

⬤ **편의치적제도의 이점**

① 운항상의 융통성 확보
② 선원공급원(船員供給源) 선택상의 자유재량권
③ 세제상의 이점
④ 금융상의 이점
⑤ 운항 및 안전기준의 이행 회피 등

(3) 제2치적제도(Second Registry)

1980년대 이후 해운경쟁이 격화되면서 각국의 선대가 대량으로 편의치적을 하자 자국 선박의 해외등록을 방지하기 위하여 자국의 자치령 또는 속령, 자국 내의 특정 지역 등을 지정하여 이곳에 등록을 하면 선원고용의 융통성, 세제혜택 등을 부여하는 제도이다.

우리나라의 경우에는 제주도에 등록을 할 경우 지방세의 감면, 외국선원의 고용 등을 허용하고 있다.

⬤ **제2치적의 주요 내용**

• 기존의 등록지와 다른 곳(지정된 곳)에 등록하고 그곳에 명목상 본사를 둔다.
• 자국기를 게양하면서 외국선원의 고용을 허용하고 각종 세금을 경감해 준다.
• 선박안전과 선박관리 등에 관한 사항은 자국선과 동일하게 적용한다.

6 선박의 제원과 흘수(吃水)

선박은 선체(Hull)와 기관(Engine), 기기(Machinery)로 구성되어 있으며 이들의 크기와 능력에 따라 적재 및 운항능력이 결정된다.

(1) 선박의 제원

● 일반화물선의 선체 각부의 명칭

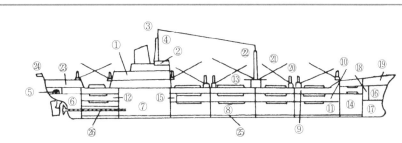

① 갑판실(deck house)
③ 신호용마스트(signal mast)
⑤ 조타기(steering gear)
⑦ 기관실(engine room)
⑨ 상부중갑판(upper tween deck)
⑪ 하창(lower hold)
⑬ 해치(hatch)
⑮ 견물고(silk room)
⑰ 선수수조(fore peak tank)
⑲ 선수루(fore castle)
㉑ 데릭(derrick)
㉓ 선미루(Poop)
㉕ 이중저(Double bottom)

② 조타실 겸 해도실(wheel house and chart room)
④ 레이더 안테나(radar scanner)
⑥ 선미수조(aft peak tank)
⑧ 선창(cargo hold)
⑩ 하부중갑판(lower tween deck)
⑫ 냉장화물창(refrigerating cargo chamber)
⑭ 심수조(deep tank)
⑯ 갑판용품고(bosun's store)
⑱ 착쇄실(chain locker)
⑳ 데릭 포스트(derrick post)
㉒ 전부마스트(fore mast)
㉔ 국기 (National Flag)
㉖ 추진축(propeller shaft)

① 길 이

　ㄱ 전장(全長, Length Over All : LOA) : 선체에 고정되어 있는 모든 돌출물을 포함한 배의 맨 앞부분에서부터 맨끝까지의 수평거리로 접안(接岸, berthing) 및 입거(入渠, docking) 등 선박건조시 사용된다.

　ㄴ 수선간장(垂線間長, Length Between Perpendicular : LBP) : 만재흘수선상의 선수수선(船首垂線)으로부터 타주(舵柱)의 선미수선(船尾垂線)까지의 수평거리이다. 일반적으로 선박의 길이는 수선간장을 사용한다.

　ㄷ 등록장(登錄長, registered length) : 상갑판 가로들보의 선수재전면으로부터 타주후면까지의 수평거리를 말하며, 선박원부에 등록 및 선체운동 분석시 이용된다.

② **선 폭**(breath)

　　㉠ 전폭(全幅, extreme breath) : 선체의 가장 넓은 부분에서 측정한 외판의 외면에서 반대편 외판까지의 수평거리로 입거시 이용된다.

　　㉡ 형폭(型幅, moulded breath) : 선체의 가장 넓은 부분에서 측정한 frame의 외면에서 외면까지의 수평거리로 「선박법」상 배의 폭에 이용된다.

③ **선심**(船深, vertical dimensions) : 선체 중앙에 있어 상갑판 가로들보(빔) 상단에서 용골의 상단까지의 수직거리로 「선박법」상 배의 깊이에 이용된다.

④ **건현**(Free board) : 선체 중앙부 현측에서, 갑판 윗면으로부터 만재흘수선마크 윗단 부분까지의 수직거리를 말한다. 즉, 선박의 선심에서 흘수 부분을 뺀 길이를 말하며, 건현이 크면 예비 부력이 커져서 선박의 안정성이 커진다.

(2) 선체의 형상과 명칭

① **현호**(sheer) : 선수에서 선미에 이르는 갑판의 만곡을 말한다. 선수와 선미에서 높게 하여 예비부력과 능파성을 향상시키고 선체의 미관을 좋게 한다. 선수에서 선체길이의 약 1/50이고, 선미는 약 1/100이다.

② **캠버**(camber) : 갑판의 배수와 선체의 횡강력의 증강을 위해 양현의 현측보다 선체의 중심선 부근을 높도록 원호를 그리고 있는 것인데, 높이의 차를 캠버라고 하며, 크기는 선폭의 1/50의 정도이다.

③ **텀블 홈 및 플래어**(tumble home and flare) : 텀블 홈은 상갑판 부근의 선측 상부가 안쪽으로 굽은 정도이며, 플래어는 이와 반대이다.

④ **빌지**(bilge) : 선저와 선측을 연결하는 만곡부를 말한다.

⑤ **쉬어**(shear) : 길이방향 갑판선이 선수부와 선미부로 가면서 위로 휘어지면서 곡이 지는 것을 말한다.

⑥ **레이크**(rake) : 선박의 선수부 윤곽선, 연돌, 마스트 등이 수직선으로부터 벗어난 것을 말한다.

(3) 선박의 속력

선박의 속력이란 일정한 거리를 항행하는 데 소요되는 필요시간과의 관계를 나타내는 것으로서 그 단위는 일반적으로 노트(knot)로 표시한다. 노트란 1시간에 1해리를 항해하는 속력을 말하는데, 해상에 있어서의 1해리는 1,852m(약 6,073피트)이다.

(4) 흘수(吃水, Load draft)

흘수란 선박이 화물을 적재했을 경우 선박 정 중앙부의 수면이 닿는 위치에서 배의 가장 밑바닥 부분까지의 수직거리를 말하며, 수심이 낮은 운하 및 하천의 운항과 원양선의 적하량을 설정하는 기준이 된다. 흘수의 표시방법은 다음과 같다.

◉ 흘수의 표시방법

흘수의 종류	내 용
전흘수(keel draft)	수면에서 선저의 최저부까지의 수직거리
형흘수(moulded draft)	수면에서 용골의 상단까지의 수직거리
만재흘수(load draft)	만재흘수선에서 용골의 상단까지의 수직거리
선수흘수(fore draft)	선수수선에서의 흘수
선미흘수(aft draft)	선미수선에서의 흘수

◉ 만재흘수선의 표시

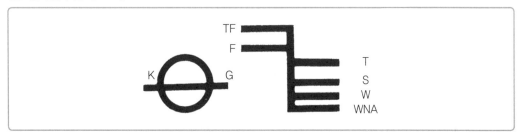

약 어	영문 내용	내 용
S	Summer load line	하기만재흘수선
W	Winter load line	동기만재흘수선
T	Tropical load line	열대만재흘수선
F	Fresh water line	담수만재흘수선
TF	Tropical fresh water load line	열대담수만재흘수선
WNA	Winter North Atlantic load line	동기 북대서양만재흘수선
KG	Korean Government	대한민국 정부

이러한 흘수 중 만재흘수선은 항해의 안전상 허용된 최대 흘수로서 만재흘수선 규정에 따라 시기, 해역에 따라 적재중량에 차이가 있으며 선박이 적재를 하여 침하되는 최대의 흘수인 만재흘수를 제한하여 선측에 아라비아 숫자로 표시하고 있다.

┤보충학습├

흘수선 표시
우리나라의 「선박안전법」에서는 ① 원양구역 또는 근해구역을 항해하는 선박, ② 연해구역을 항해하는 길이 12m 이상의 선박, 여객선 및 위험물운송선박은 반드시 만재흘수선 표시를 하도록 규정하고 있다.

7 선박의 톤수

선박의 크기는 선박의 자체중량 또는 화물적재 및 운송능력을 나타낸다.

> • 선박의 톤(ton)이란 선박의 크기나 수송능력을 측정하는 척도로 사용된다.
> • 상선의 톤수 측정은 선박에 부과되는 각종 세금의 징수목적에서 그 필요성이 연유되었다.

● 톤수의 용도 · 크기

톤수의 용도	톤수의 종류	1톤의 크기
배의 중량	배수톤	2,200 lbs(1,0126.05kg)
배의 용적	총톤수 · 순톤수	2.832m^3(cbm = 35.3147 ft^3)
적재화물의 중량	재화중량톤	MT, LT, ST
적재화물의 용적	재화용적톤	1.133m^3, 40 ft^3

(1) 용적표시 톤수

선박이 화물을 적재할 수 있는 공간이 얼마인가를 나타내는, 용적에 의한 적재능력을 나타낸다. 용적톤수는 총톤수와 순톤수로 구분된다.

① **총톤수**(Gross Tonnage : G/T) : 선박의 밀폐된 전 내부공간, 즉 총용적량(總容積量)으로서 측정갑판하의 모든 공간과 상갑판의 밀폐된 장소의 합을 말한다.

    ㉠ 전체 공간 중 안전, 위생, 항해에 필요한 공간(조타실, 조리실, 변소, 출입구 등)은 제외

    ㉡ 총톤수는 측정된 공간을 100ft^{3}로 나누어 산출한다.

    ㉢ 총톤수는 선박의 수익능력을 나타내며, 관세 · 등록세 · 소득세 · 계선료 · 도선료 및 각종 검사료 등의 세금과 수수료의 기준이 되고 있다.

    ㉣ 일반적으로 상선의 크기를 말할 때는 총톤수로 표시하며, 각국의 보유 선복량을 비교할 때 이용된다.

② **순톤수**(Net Tonnage : N/T) : 순톤수는 직접 상행위에 사용되는 장소, 즉 화물이나 여객에 제공되는 용적크기이다.

    ㉠ 순톤수는 총톤수에서 선원실, 기관실, 해도실, 선용품창고 등 선박의 운항에 필요한 장소의 용적을 제외한 용적톤수이다.

    ㉡ 항세 · 톤세 · 운하통과료 · 등대사용료 · 항만시설사용료 등의 부과기준이 된다.

    ㉢ 순톤수의 산출시에도 100ft^{3}을 1톤으로 환산한다.

③ **재화용적톤수**(Measurement Tonnage : M/T) : 선박의 각 홀드(선창)의 용적과 특수화물의 창고 등 운송영업에 제공될 수 있는 공간의 크기를 나타내며 산출된 용적을 40ft^3(1.133m^3)을 1톤으로 환산한다.

(2) 중량표시 톤수

선박이 적재할 수 있는 중량단위로 표시한 선박의 크기를 말한다.

> - 배수(排水)톤수(Displacement tonnage), 재화중량톤수(Dead weight tonnage), 운하톤수 등이 있다.
> - 중량톤의 단위는 Metric ton(2,204.6파운드 = 1,000kg), Long ton(2,240파운드 = 1,016.05kg), Short ton(2,000파운드 = 907.18kg)등이 사용되고 있다.

① **배수톤수**(Displacement Tonnage) : 이것은 선박의 전 중량(全重量)을 말하는 것으로 배의 무게는 선체의 수면하의 부분인 배수용적에 상당하는 물의 중량과 같으며, 이 물의 중량을 배수량 또는 배수톤수라고 한다. 주로 군함의 크기를 나타낼 때 사용된다.

② **재화중량톤수**(Dead Weight Tonnage : DWT) : 선박이 적재할 수 있는 화물의 최대 중량을 가리키는 단위로 영업상 가장 중요시되는 톤수이다.
   ㉠ 재화중량톤은 만재배수량과 경화(輕貨)배수량의 차이로써 산출된다.
   ㉡ 선박의 매매나 용선료 등의 기준이 된다.

③ **운하톤수**(Canal Tonnage) : 세계 2대 운하인 수에즈운하와 파나마운하에서는 그들 특유의 적량측도법에 따라서 적량을 측정하여 운하통과료의 기준으로 삼고 있다. 이 톤수를 각각 수에즈운하톤수, 파나마운하톤수라고 한다.

(3) 살화물선의 크기표시

살화물선의 경우에는 선박의 크기등급을 구분하고 운항가능지역 등을 표시하기 위하여 다음과 같은 크기표시방법을 사용하고 있다. 적재능력과 전장, 선폭, 흘수의 크기 등을 기준하여 정해진다.

핸디사이즈 (Handy Size)	DWT 15,000톤~45,000톤급 살화물선으로서 항로에 구애 없이 운항할 수 있는 선박을 말한다.
파나막스 사이즈 (Panamax Size)	파나마운하를 통과할 수 있는 크기의 선박으로서 DWT 60,000~75,000톤급, 선폭이 32.2m, 최대 흘수 12.4m 이내의 제원을 갖는 선박을 말한다. 이 규격을 초과하는 선박은 파나마운하를 이용하지 못하고 남미의 케이프혼으로 우회운항해야 한다.
케이프사이즈 (Cape Size)	남미의 최남단 케이프혼과 아프리카 케이프타운으로 우회운항해야 할 초대형선박이다. DWT 100,000~170,000톤, 흘수 18.1m 이하의 선박을 말한다.
그레이트레이크 타입 (Great Lake Type)	미국과 캐나다에 걸쳐있는 5대호를 운항할 수 있는 선박의 규격으로서 전장 231.6m, 선폭 23.16m, 흘수 7.93m 이하의 선박을 말한다.
VLBC (Very Large Bulk Carrier)	DWT 180,000~250,000톤급의 초대형화물선이다. 최근에는 300,000톤 이상의 화물선도 건조되고 있다.

8 선급제도

선급제도란 선박이 정상적으로 운항할 수 있는 안전한 상태인지 여부의 감항성(Seaworthiness)을 인증하는 제도이다. 선박이 안전하게 항해할 수 있는지 여부는 보험회사, 화주, 해운사 등에게 있어서 매우 중요한 사항이기 때문에 국제적으로 인정되는 신뢰성 있는 기준과 인증기관이 필요하게 되었으며 이러한 선박의 감항성을 인정해주는 제도가 선급제도이다. 선급제도는 보험자들이 선박의 보험인수 여부 및 보험료를 결정하기 위해 1760년에 'Green Book'이라는 선박등록부를 만들면서 시작되었다.

(1) 선급협회

선급협회는 선급검사를 전문적으로 시행하는 기관으로서 선박의 안전운항과 관계있는 기관(선주, 보험사, 정부기관, 화주 등)에 협회가 정한 기준에 따른 선급부여와 필요한 정보를 제공하는 업무를 수행하는 기관이다. 선급협회의 주 업무는 다음과 같다.

선급협회의 주 업무

- 선박의 각종 검사업무 수행
- 신조 선박의 건조감독 및 건조현황을 조사하여 선급증서 발행
- 검사한 선박의 선명록 발행
- 검사기준이 될 선박의 구조와 설비에 관한 기준 제공
- 선박의 설계도면 승인 등

전 세계 45개 선급협회가 있으며 이 중 공신력이 큰 11개 선급협회가 상호협력 및 선급제도 발전을 위하여 1968년 국제선급협회(International Association of Classification Societies : IACS)를 창설하였으며 한국선급협회(KR)도 1988년 6월부터 정회원이 되었다.

심화학습

선박의 감항성(堪航性)

선박은 고가의 운송서비스 생산수단이며, 해상의 위험에 항상 노출되어 있게 되므로 만일의 사고로 인한 손실을 보상하기 위하여 아주 오래전부터 보험에 가입하는 것이 관례화되어 왔다. 보험계약을 체결할 때 보험업자는 사고로 인한 보험금 지불을 가능한 줄이기 위해 적어도 정상적인 항해가 가능한 선박만을 계약하려 한다. 이때 정상적인 항해가 가능한 선박의 상태를 감항성(seaworthiness)이라고 한다.

(2) 선박의 검사

선박의 안전운항을 위하여 「선박안전법」이 정하는 선박은 규정에 따라 선박의 검사를 받아야 한다.

① **시행주체에 따른 검사종류**

　㉠ 정부검사: 국가 공권력에 의하여 인명과 재산보호를 목적으로 하는 선박의 감항성 확보 여부 검사이다.

　㉡ 선급검사: 선박의 감항상태를 평가하는 검사이다.

　㉢ 상태검사: 선박소유자가 자체적으로 실시하는 검사이다. 주로 선박매매를 목적으로 실시한다.

② **「선박안전법」상의 검사종류**

　㉠ 건조검사

　　ⓐ 선박의 건조를 착수한 때부터 완성시까지 전 과정에 걸쳐 설계, 재료, 구조 및 제작에 대해 상세하게 실시하는 검사이다.

　　ⓑ 모든 여객선, 길이 24m 이상의 선박은 제조검사를 받아야 한다.

　㉡ 정기검사

　　ⓐ 선박검사증상의 검사유효기간이 만료되었을 때 실시한다.

　　ⓑ 「선박안전법」 제2조의 규정에 대한 시설, 만재흘수선, 무선설비 등 선박 전반에 대한 정밀검사이다.

　㉢ 중간검사: 정기검사와 정기검사 중간에 선박의 크기와 용도에 따라 제1종과 제2종으로 나누어 실시한다.

　㉣ 임시검사: 선박의 개조·수리시 또는 선박검사증에 기록된 내용을 변경하고자 할 때 실시한다.

　㉤ 임시항행검사: 선박검사증서를 받기 전 선박을 임시로 항해에 사용하고자 할 때 실시한다.

　㉥ 국제협약검사: 국제항해에 취항하는 선박에 대하여 국제적으로 발효된 협약에 따른 해양수산부장관의 검사이다.

제 2 절 해상운송 방법과 계약

1 정기선(Liner)운송

정기선운송이란 정해진 항로를 주기적으로 반복운항하면서 개품화물을 정해진 요율표에 따라 계약하고 운송하는 형태의 해상운송을 말한다.

(1) 정기선운송의 기능

정기선운송은 정해진 항로를 주기적으로 운항하면서 일정한 선복량을 유지하기 때문에 다음과 같은 기능을 갖는다.

> ① 운송서비스의 안정화를 유지한다.
> ② 운임의 안정화를 유지한다.
> ③ 국제 교역물자의 안정적 운송에 기여한다.
> ④ 국가 간 국제분업을 촉진시키고 경제발전에 기여한다.
> ◈ 정기선 서비스는 물량면에서는 국제 교역물자의 약 20%를 점유하지만 화물가액으로는 80%를 점유한다.

(2) 정기선운송의 특징

정기선운송은 부정기선운송과 비교할 때 다음과 같은 특징이 있다.

① 특정 항로를 지정된 선박이 정기적으로 운송물량의 유무에 관계없이 운항한다.

② 운송대상화물은 주로 컨테이너, 팔레트화물 및 상자 등에 포장된 화물로서 완제품 또는 반제품이며 비교적 화물가액이 높은 화물이다.

③ 운임은 사전 선사가 공표한 운임표에 의하며 통일된 운송계약서를 이용한다.

④ 상하역비는 선주가 부담한다(운임에 포함되어 있음).

⑤ 선사는 불특정 다수의 화주를 상대로 하는 공공운송인으로서의 서비스를 제공한다.

⑥ 정기선 운항은 선박, 컨테이너, 컨테이너 터미널, 물류센터, 정보시스템 등 시설 및 운영시스템 구축에 많은 자본이 투하되어야 하는 반면 시장의 불확실성이 크고, 글로벌네트워크의 구축에 따른 운영비가 많이 소요된다.

● 정기선과 부정기선운송의 특징비교

구 분	정기선운송	부정기선운송
운항형태	규칙성, 반복성	불규칙성
운송인 성격	공중운송인(Common Carrier)	• 계약운송인(Contract Carrier) • 전용운송인(Private Carrier)
화물의 성격	이종화물	동종화물
화물의 가치	고가화물	저가화물
운송계약	선하증권(B/L)	용선계약서(Charter Party : CP)
운 임	공표된 운임률 적용	시장의 수요와 공급수준에 따라 결정
서비스	화주의 요구에 따라 조정	선주와 용선자 간의 협의로 결정
선 박	고가, 구조 복잡	저가, 단순구조
조 직	대형, 글로벌조직 필요	소형조직
화물의 집하	영업부 또는 대리점	중개인
여객운송	제한적 취급(페리선)	취급하지 않음.

(3) **정기선화물의 운송절차**

정기선화물의 운송절차는 컨테이너화물과 일반화물로 구분하여 다음과 같이 이루어진다.

① **일반화물**(일반화물선 운송)**의 선적 및 인수절차**: 일반화물이란 컨테이너에 적재되지 않고 개별포장으로 운송되는 화물로서 일반적으로 컨테이너에 적입하기가 곤란하거나 화물의 규모가 소량인 경우에 이용한다.

● 선적절차

> ㉠ 선사(또는 선사의 대리점)에 선복신청(Shipping request) 및 운송계약체결(출발항, 선편, 출항일, 운송임 등 결정)
> ㉡ 화물의 포장: 장거리 항해에 적합하도록 견고하게 목재포장을 실시한다.
> ㉢ 화물에 대한 용적중량증명서 발행(검량회사): 선사가 지정한 검량회사
> ㉣ 수출신고(Export declaration) 및 수출허가(Expert permit) 취득: KT-net을 통하여 EDI로 신고
> ㉤ 해상보험 가입: 국제운송에는 보험가입이 필수적
> ㉥ 화물의 운송(물류센터, 포장센터 ⇨ 항만): 화주의 책임하에 부두까지 운송
> ㉦ 화물의 선적(항만하역회사 ⇦ 화주가 계약 또는 선사가 계약)
> ㉧ 본선수취증(Mate's Receipt : M/R) 수득(1등항해사가 발행)
> ㉨ 선하증권(Bill of Lading : B/L) 수득(선사가 M/R과 교환으로 발행)

⊙ 인수절차

> ㉠ B/L의 인수 : 은행에 상품대금을 지불하고 인수
> ㉡ 화물인도지시서 수득 : 선사(또는 대리점)에 B/L 또는 화물선취보증장(Latter of Guarantee, LOG)을 제출하고 화물인도지시서(Delivery order) 수득
> ㉢ 본선 또는 부두에서 화물인수(D/O 제출)
> ㉣ 보세장치장에 장치
> ㉤ 세관 통관(납세 및 수입허가서 수득)
> ㉥ 화물의 운송

② **컨테이너화물의 선적 및 인수절차** : 컨테이너를 이용하여 운송되는 화물은 크게 FCL(Full Container Load)과 LCL(Less than Container Load)화물로 구분된다.

║ 보충학습 ◁

FCL과 LCL

1. **FCL** : Full Container Load의 약자로서 운송되는 화물의 양이 하나의 컨테이너에 적절하게 적입되어 적재효율성이 저하되지 않은 상태로 의뢰되는 화물을 말한다.
2. **LCL** : Less than Container Load의 약자로서 하나의 컨테이너를 이용하여 운송하기에는 운송의뢰되는 화물의 양이 적어 적재효율성이 저하되는 화물이다. 컨테이너를 이용하기 위해서는 다수의 운송의뢰자의 화물을 집결시켜야 하는 화물이다(CFS에서 컨테이너화함).

㉠ FCL화물의 운송절차 : FCL화물은 컨테이너운송회사(선사)가 송하인의 문전에서 화물을 인수하여 수하인의 문전 또는 지시하는 장소까지 일관책임으로 운송한다.

⊙ FCL화물의 선적절차

> ⓐ 컨테이너 운송계약 체결 : 컨테이너선사 또는 대리점과 또는 포워딩업체와 컨테이너운송 계약체결
> ⓑ 선복신청(화주 ⇨ 선사) : 수출계약에 따라 선적희망일자를 계약한 업체에 통보
> ⓒ 컨테이너 배치(Depot ⇨ 화주문전) : 화주의 선복요청에 따라 선사 또는 포워딩업체는 계약한 컨테이너운송회사에 공컨테이너(Empty container)를 화주문전에 배치할 것을 지시하고 이에 따라 운송회사가 컨테이너를 배치
> ⓓ 화물의 적입(Stuffing) : Empty container에 화물을 적입 후 봉인실시
> ⓔ 수출허가 수득(세관) : 화주는 관할 세관에 수출신고를 함.
> ⓕ 해상보험 가입 : 화주가 보험회사에 수출되는 상품의 가액(L/C상의 계약금액)을 기준으로 하여 보험가입을 함.
> ⓖ 컨테이너의 운송 : 화주의 문전에서 CY(Container Yard)로 Stuffing(적입)이 완료되면 컨테이너 운송회사에 연락하여 컨테이너를 CY 또는 부두로 운송시킴.

ⓗ 부두수취증(Dock Receipt, D/R)의 수득 : 선사가 화물의 인수를 증명하는 서류로서 컨테이너가 CY(또는 CFS)에 인도되면 선사가 발행한다(일반화물의 경우 Mate's Receipt 에 해당).

ⓘ B/L의 수득 : D/R과 교환하여 발행한다. 선적(On board)되었음이 기록되어야 은행 Negotiation 이 가능하다.

ⓙ 선적 : 컨테이너의 선적은 선사의 책임으로 수행한다.

● FCL화물의 인수절차

ⓐ Arrival notice 및 Freight bill의 접수 : 해당 컨테이너선이 도착하면 선사로부터 컨테이너의 도착사실을 통보받는다.

ⓑ 원본 B/L의 입수 : 은행 등으로부터 해당 컨테이너에 대한 원본 B/L을 인수한다(상품대금 지급).

ⓒ B/L의 제시와 D/O(Delivery order)의 수득 : 선사에 원본 B/L을 제출하고 D/O를 발급받는다.

ⓓ 화물의 인수 : D/O를 CY Operator에게 제출하고 컨테이너를 인수하거나 문전수송 일관계약했을 경우에는 수하인의 문전에서 인수한다.

ⓔ 화물의 통관 : 컨테이너를 부두의 CY에서 직접 통관한 후 수하인의 문전까지 운송하거나 화물을 별도의 보세장치장까지 운송 후 통관한다.

ⓕ 운송 : 통관완료 후 수하인의 물류센터나 공장까지 운송한다.

ㄴ LCL화물의 운송절차 : LCL화물을 컨테이너에 적입하여 운송하기 위해서는 CFS(Container Freight Station)를 통과해야 하며 인수시에도 CFS에서 인수한다.

● FCL화물의 운송절차와 다른 점

ⓐ 송하인의 책임으로 선사 또는 포워딩회사(선사의 대리점)가 운영하는 CFS까지 운송한다.

ⓑ 운송료는 CFS에서 포장 및 컨테이너에 적입한 실 용적을 계산하여 책정된다.

ⓒ 포워딩회사는 같은 행선지의 다수의 화물을 합적(Consolidation)하여 하나의 컨테이너에 적입해야 하기 때문에 원하는 출항일자에 앞서 충분한 시간을 두고 CFS에 반입해야 한다.

ⓓ 운송 후 화물 인수시에도 CFS에서 이루어지며 CFS에서 통관 후 수하인의 책임으로 문전까지 운송한다.

⑷ **정기선운송에 관한 주요 서류**

정기선을 이용하여 화물운송시에 이용되는 주요 서류 및 기능은 다음과 같다.

Shipping Request(S/R)	• 화주가 선사에 제출하는 운송의뢰서로서 운송화물의 명세가 기재 • S/R을 기초로 선적지시서, 선적계획, 검수보고서, 본선수취증, 선하증권 등이 발행(선적서류의 출발점)
Booking Note	선박회사가 해상운송계약에 의한 운송을 인수하고 예약이 이루어졌을 때 화물명세, 소요컨테이너 수, 운송조건 등을 기입하는 서류
Equipment Receipt(E/R)	컨테이너 및 컨테이너 섀시 등에 대한 터미널에서의 기기 인수·인계 증빙서
Shipping Order(S/O)	• S/R을 받은 선사가 화주에게 발행하는 선적승낙서 • 동시에 일등항해사에게 선적을 지시하는 서류
Dock Receipt(D/R)	• 컨테이너화물에 대하여 선사가 화물을 인수했다는 증빙서(컨테이너 터미널에서 인수) • 화주가 운송화물의 내역을 기록하여 제출하면 선사 또는 실제 화물내용과 서류의 내용을 확인하여 이상유무를 기록하고 발급
Mate's Receipt(M/R)	• 본선에 화물이 이상 없이 인도되었음을 증빙하는 서류(일반화물에 대하여 본선에 대한 선적증명) • 일등항해사가 S/R과 대조하여 확인하고 발급
Cargo Manifest(M/F)	• 선적완료 후 선사가 작성하는 적하목록 • 목적지 항별로 작성하여 목적항 대리점에 통보
Delivery Order(D/O)	• 양륙지에서 수하인에게 화물을 인도할 것을 지시하는 서류 • 선하증권 또는 화물선취보증장(L/G)을 받고 발급
Boat Note(B/N)	• 선사로부터 화물을 인수하였음을 증명하는 화물인수증 • D/O를 기초로 실제 인수화물과 대조하여 발급
Arrival Notice(A/N)	• 선사가 화주에게 선박 도착예정일을 통보하는 통지서 • 수입업자 또는 전속통관사 등에 통보

2 부정기선(Tramper)운송

부정기선운송은 일반적으로 살화물(Bulk Cargo)운송의 의미로 사용된다. 부정기선운송은 용선계약에 의해 화주나 선사가 선박을 용선하여 일정기간 또는 일정구간에서 대량으로 운송을 하는 형태이다.

- 비교적 운임부담력이 낮은 원재료 등의 대량운송에 이용된다(철광석, 고철, 무연탄, 곡물 등).
- 부정기선 시장에서 수요와 공급의 원리에 따라 용선임이 결정된다.
- 선박이 부족한 정기선사가 용선을 하여 정기항로에 투입하는 경우도 있다.
- 부정기선 계약대상 선박은 전용선과 범용선(일반부정기선)으로 구분할 수 있다.

(1) 부정기선 시장의 특징

부정기선 시장의 특징은 다음과 같다.

① 대량으로 운송되는 벌크화물에 대한 운송시장이다.

② 운임의 수준은 계절적 화물의 동태, 경기변동 등 수요여건 및 공급수준에 따라 결정된다.

③ 운송수요는 시간적, 지역적으로 불규칙 및 불안정하다.

④ 시장과 운항지역은 전 세계이다.

⑤ 해운동맹 등 단체행동을 위한 조직의 형성이 어렵다.

⑥ 선박의 공급은 물동량이나 운임수준에 비탄력적이어서 수요와 공급의 균형을 맞추기 어렵고, 따라서 운임의 변동폭이 크다.

⑦ 선박 중개인의 역할이 크다.

⑧ 용선계약서를 사용하여 계약한다.

(2) 중개인

중개인은 선주와 용선자(화주)의 중간위치에서 용신계약을 중개하는 역할을 한다. 용선계약이 가능한 선빅의 리스트와 선적할 화물 정보를 매칭시켜 용선계약을 중개하며, 때로는 정기용선이나 선박매매를 중개하기도 한다.

① 현재 런던의 발틱해운거래소(The Baltic Exchange)에는 약 2,500여 중개인이 활동하고 있다.

② 중개인의 종류에는 다음과 같은 유형이 있다.

선주중개인	선주를 대신하여 화물을 갖고 있는 화주를 찾아 중개활동을 하는 자
용선중개인	화주를 대신하여 선박을 보유하고 있는 선주를 찾아 중개활동을 하는 자
탱커중개인	원유 및 석유제품 등 탱커를 전문적으로 중개하는 자
케이블중개인	용선자와 선부들에게 화물량과 선박의 일정에 관한 정보를 통지해주고 계약을 추진하는 중개업자

3 해상화물운송계약의 방법

해상화물운송계약(Contract of carriage of goods by sea)은 화주와 선주 또는 운송인과의 선박을 이용한 운송에 관한 약속을 하고 그 대가를 지급하기로 약정을 하는 것을 말한다. 해상운송계약은 개품운송계약(Carriage in a general ship)과 용선계약(傭船契約, Charter party)으로 나누어진다.

> **보충학습**
>
> **해상운송계약의 법적 성질**
> 해상운송계약은 낙성계약, 쌍무계약, 유상계약, 불요식계약이라는 법적 성질을 갖고 있다.

(1) 개품운송계약(정기선운송)

개품운송계약이란 화주와 선사 간에 개별화물별로 운송계약을 체결하는 형태를 말한다.

① 운송인인 선박회사가 다수의 송하인으로부터 개개의 화물을 운송하는 것을 인수하는 계약이다(컨테이너 단위 또는 포장단위).

② 통상 선박회사가 불특정 다수의 송하인으로부터 화물운송을 위탁받아 이들 화물을 혼재하여 운송하는 형태이고 정기선(liner)이 일반적으로 이용되고 있다.

③ 개품운송계약은 선박회사와 송하인(화주) 사이에 체결되는 운송계약이지만 특별한 규정은 없고(약관에 따른 계약) 용선계약과는 다르게 특별한 운송계약을 체결하지 않으며 선박회사에서 발행하는 선하증권(B/L)이 운송계약체결의 증거서류가 된다.

④ 운임은 Tariff(운임요율표)를 기준으로 하여 수수한다.

(2) 용선계약

용선계약은 화물운송을 위하여 선주(船主)로부터 그 선복(船腹)의 일부 또는 전부를 용선하는 경우의 계약이다.

> ① 용선계약을 한 후 선박이 용선주에게 인도된 후부터 인계될 때까지의 운항책임은 용선주에게 있다.
> ② 용선이 일부 선복인 경우의 계약을 일부용선계약(Partial charter)이라고 하고, 선복 전부인 경우의 용선을 전부용선계약(Whole charter)이라고 한다.
> ③ 전부용선에는 어느 일정한 계약기간을 정하고 계약하는 기간(정기)용선(Time charter)과 특정 항구로부터 특정 항구까지의 항해를 정해 계약하는 항해용선계약(Voyage charter)이 있다.

선 복
선복이란 선박이 화물을 적재할 수 있는 공간 또는 적재능력을 말한다.

◉ 부정기선 용선형태

용선형태	내 용
항해용선 (Voyage charter)	한 항구에서 다른 항구까지 한 번의 항해를 위해 체결하는 계약
정기(기간)용선 (Time charter)	모든 장비를 갖추고 선원이 승선해 있는 선박을 일정기간 동안 고용하는 계약
선복용선 (Lump sum charter)	항해용선계약의 변형으로 운항선박의 선복 전부 또는 일부를 한 선적으로 간주하여 운임액을 결정하는 용선계약
일대용선 (Daily charter)	항해용선계약의 변형으로 하루 단위로 용선하는 용선계약
나용선 (Bare boat charter)	선박만을 용선하여 인적 및 물적요소 전체를 용선자가 부담하고 운항의 전부에 걸친 관리를 하는 계약

① 개품운송과 용선운송계약의 비교

개품운송과 용선운송계약의 차이점은 다음과 같다.

구 분	개품운송계약(정기선운송)	용선운송계약
운송형태	다수의 화주로부터 개별화물의 위탁 운송	특정의 상대방과 계약에 의해 선박을 대여하는 형태
운송선박	정기선	부정기선
화주특성	불특정 다수	특정 계약화주
화물특성	컨테이너, 잡화(비교적 소규모)	대량 살화물
계약서	선하증권(B/L)	용선계약서(Charter Party : CP)
운임조건	Berth Term(Liner Term)	FI, FO, FIO
운임률	공시요율(Tariff Rate)	수요공급에 따른 시세(Open Rate)

◉ 용선계약별 특성 비교

구 분	항해용선계약	정기용선계약	나용선계약
선장 고용책임	선주가 임명 및 지휘통제	좌동	임차인이 임명
책임한계	선주책임으로 운송	좌동	임차인의 책임으로 사용 및 운송
운임결정 기준	화물수량 또는 계약선 복량 기준	운항기간을 기준하여 결정	사용기간을 기준으로 결정
기항담보	용선자는 기항담보책임 없음.	좌동	지정된 항으로 기항시켜야 함.

선주의 비용부담	선원급료, 식대 및 음료수, 선박 운영 및 유지비, 보험료, 상각비, 연료비, 항비, 하역비, 예선 및 도선료 등(운항, 하역관련 제 비용)	선원급료, 식대 및 음료수, 윤활유, 유지보수비, 보험료, 상각비 등	감가상각비
용선자 비용부담	용선임과 비용부담 없음.	연료, 항비, 하역비, 예선 및 도선료	감가상각비 제외한 모든 비용

② **용선계약 체결 절차** : 일반적으로 용선계약은 중개인을 통하여 이루어지며 다음과 같은 절차에 의하여 이루어진다.

　㉠ 선복확인조회(Inquiry for Ship's Space)

　　ⓐ 화주가 용선중개인에게 화물의 종류, 수량, 선적시기, 운항구간, 운임률 등의 조건을 정하여 선박중개를 의뢰한다.

　　ⓑ 이를 토대로 중개인은 조건과 일치하는 선박이 있는지를 조회한다.

　㉡ 선복을 위한 확정청약(Firm Offer for Ship Space) : 조회를 받은 선사가 요청조건이 합당하면 화주에게 용선계약을 신청하게 되며, 이때 작성하는 신청서를 Firm Offer라고 한다.

　㉢ 확정청약에 대한 반대청약

　　ⓐ 선사가 제시한 조건에 대하여 화주가 조건의 일부를 수정하거나 추가제의를 할 경우 희망조건을 제시하는 것을 Counter Offer라고 한다.

　　ⓑ 청약과 반대청약이 수차례 반복되어 최종적으로 계약조건을 일치시켜 나간다.

　㉣ 선복확약서(Fixture Note) : 용선계약조건이 최종적으로 일치되면 화주와 선주, 중개인이 선복확약서를 작성하여 서명날인하고 1부씩 보관한다.

　㉤ 용선계약서 작성(Charter Party) : 화주와 선주 간 최종적으로 선복확약서에 따라 정식 용선계약서를 작성한다.

③ **용선계약서 서식** : 항해용선계약은 불요식계약이기는 하지만 법적효력이 검증된 양식을 사용하는 것이 안전하기 때문에 표준서식으로 정립된 계약서 양식이 많이 사용되고 있으며, 각 운송화물에 따라 각각 표준서식이 다르다.

일반용 표준서식	• 발틱국제해사위원회가 제정한 Gencon • 미국의 전시해운관리국이 제정한 Warshipvoy
석탄운송용 표준서식	• 발틱백해동맹이 제정하고 영국석탄수출연합 및 스칸디나비아 석탄수입협회가 승인한 Balcon • 영국해운거래소의 공식서식인 Coastcon Medcom • 북미에서 유럽, 일본 등에 석탄을 운송할 때 사용하는 Americanized Welsh Coal Charter

목재운송용
표준서식
	• 영국령 북미 대서양연안에서 영국으로 향하는 목재운송선에 이용되는 Benacon
	• 발틱 및 노르웨이에서 선적되어 영국본토 또는 아일랜드로 향하는 목재운송에
	  사용되는 Baltwood
	• 미국 태평양연안항로의 목재운송용서식인 Gen-lumform Intercoastal Lumber
	  Party

곡물운송용
표준서식
	• 북미 및 캐나다 대서양연안으로부터 세계 각지로 운송되는 곡물운송에 사용되
	  는 Baltimore Berth Charter Party - Steamer(Form C)
	• 호주, 영국 및 유럽 등으로부터의 곡물용선에 사용되는 Australian Grain
	  Charter

④ **정기용선계약** : 정기용선계약은 선박의 전부 또는 일부를 일정기간 동안 용선하는 계약이다.

> • 정기용선은 계약서에 정한 항해구역이면 어디든지 배선할 수 있다.
> • 계약상 제한된 적재화물 외에는 어떤 화물이든 운송할 수 있다.
> • 용선료는 운송량이나 운항거리에 관계없이 매월 약정된 금액을 지급한다.
> • 용선계약 서식은 Baltic Form(국제 해운동맹 제정)과 Produce Form(뉴욕물품거래소 제
>   정)이 이용된다.

㉠ 정기용선계약의 특징 : 정기용선은 다음과 같은 경우에 활용된다.
  ⓐ 포워더나 부정기운송업자들이 자신이 확보한 화물을 운송하기 위하여 선복확보 차원에
     서 활용한다.
  ⓑ 대량으로 운송화물을 생산하거나 수입하는 대형화주(철강, 정유, 석탄 등)들은 정기용선
     계약을 하여 자사의 화물을 안정적으로 운송한다.
  ⓒ 정기선사가 특정 항로의 선복부족을 해결하거나 갑작스런 물량증가로 선복이 부족시
     정기용선을 하여 투입할 수 있다.
㉡ 정기용선계약의 약관(주요 내용) : 정기용선계약 약관의 주요 내용은 다음과 같다.

구 분	내 용
Let and Hire Clause	일정기간 동안 선박을 임대한다.
Disposal Clause	선박을 용선자가 자유로이 사용토록 한다.
Employment Clause	선박소유자가 고용한 선장과 선원은 용선자의 지휘와 명령에 복종하 게 한다.
Misconduct Clause	용선자가 선원의 행위에 불만이 있을 때는 선박소유자에게 선원의 교체를 요구할 수 있다.

ⓒ 정기용선계약의 주요 내용 : 정기용선계약을 할 경우에 계약서에 포함될 주요 내용은 다음과 같다.

- 용선기간(Let and Hire Clause)
- 항행구역
- 선주의 책임과 면책
- 용선료 지급중단 조건
- 항행에 관한 제한사항
- 본선의 인도와 반선조건
- 경비의 부담조건
- 용선료
- 적하 제한 화물의 종류
- 재용선 조건

(3) 선박의 정박기간(Lay days)의 조건

정박기간이란 선박이 항구에 하역 등을 위해 머무르는 기간을 말하며, 선박은 이 정박기간을 단축하여 운항기간을 줄여야 비용을 줄이고 수익을 키울 수 있는 것이다. 따라서 부정기선계약 특히 항해운송계약을 체결할 때는 용선계약서에 하역조건을 기재하게 되며 약정한 기간 내에 끝내지 못하면 체선료(Demurrage)를 부담하고, 빨리 끝내게 되면 조출료(Dispatch money)를 받게 된다.

① **관습적 조속하역조건**(Customary Quick Despatch : CQD) : 해당 항만의 관습적 하역방법 및 하역능력에 따라 가능한 신속하게 하역을 종료하는 조건이다.

ⓐ 불가항력적인 경우에는 하역시간에 공제된다.

ⓑ 일요일, 공휴일, 야간작업 등을 약정된 하역시간에 포함시킬지 여부는 특약에 없는 한 그 항구의 관습에 따른다.

ⓒ 일반적으로 체선료와 조출료가 발생하지 않는다.

② **연속작업일조건**(Running Laydays) : 하역의 시작시점으로부터 끝날 때까지의 모든 날짜를 하역기간에 포함시키는 방법이다.

ⓐ 우천, 파업 등 불가항력적인 경우도 인정하지 않는다.

ⓑ 일반적으로 "1일에 몇 톤 하역" 등과 같이 책임하역량이 정해진다.

ⓒ 용선자나 하역업자에게는 가장 혹독한 작업조건이다.

③ **호천작업일조건**(Weather Working Day : WWD) : 기상조건이 하역가능한 날짜만 정박기간에 산입하는 하역조건으로서 가장 많이 선택되고 있는 조건이다.

ⓐ 하역가능일의 판단기준은 화물에 따라 다르다.

ⓑ 하루의 책임하역량은 정해진다.

ⓒ 일요일과 공휴일의 작업일수 산입 여부에 따라 다음과 같은 조건이 있다.

    ⓐ WWD-SHEX(Sunday, Holidays Excepted)

        • 하역의무기간 산입에 일요일과 공휴일을 제외시키는 조건이다.

        • 일요일, 공휴일에 하역을 했더라도 하역일수로 산입하지 않는다.

ⓑ WWD-SHEXUU : 일요일, 공휴일에 대하여 작업을 하지 않았을 때만 산입하지 않고
작업을 하게 되면 산입을 하는 방법이다.

ⓒ WWD-SHEXUU - "but only time actually used to count" : 일요일, 공휴일에 작업
을 했을 경우에만 산입을 하지만 일요일, 공휴일에는 실제 작업한 시간만을 계산하여
작업시간에 산입한다는 조건이다.

4 해운동맹(Shipping Conference, Alliance)

(1) 해운동맹의 개념

해운동맹(shipping conference)이란 특정의 정기항로에 취항하고 있는 선박회사가 상호 과당경쟁
을 피할 목적으로 운송에 있어서의 운임 및 영업조건 등을 협정하는 일종의 해운에 관한 국제
카르텔(cartel)이다. 해운동맹은 보통 정기선항로에 존재하고, 또 정기선항로에는 대부분 동맹이
조직되어 있으므로 해운동맹을 정기선동맹(liner conference)이라고 하며, 또한 운임이 중요한 협
의사항이 되기 때문에 운임동맹(freight conference)이라고도 한다.

해운동맹은 가맹을 희망하는 선박회사는 무조건 가입시키는 미국식 개방형동맹(open conference)
과 일정한 조건과 회원의 이익을 해친다고 생각되는 경우에는 가입을 인정하지 않는 영국식 폐쇄
형동맹(closed conference)이 있으나 현재 운영중인 동맹은 폐쇄형동맹이다.

(2) 해운동맹의 대내적 경쟁제한수단

동맹 내 회원들 간의 경쟁을 제한하기 위하여 주로 다음과 같은 방법들을 사용한다.

① **운임협정**(rate agreement) : 동맹에서 운임률표(tariff)를 제정하고 그 회원들에게 이를 엄수할
것을 요구하는 것으로 운임경쟁을 지양하는 것이 목적이다. 해운업의 가장 중요한 경쟁이 바
로 이 운임경쟁이기 때문이다.

② **배선협정**(sailing agreement) : 배선협정은 동일 운송구간을 운행하는 동맹선사 간에 적정한
배선수를 설정·유지함으로써 과당경쟁을 방지하여 동맹 내 질서를 유지하기 위한 것으로서
수량적 카르텔에 해당하며 항해협정이라고도 한다. 이는 단순한 운임협정보다 더욱 강화된 경
쟁억제수단으로서 특정항로 상의 배선 선복량을 동맹선사별로 할당하고 발착일시와 항해빈도
수의 일정화, 발항지 및 기항지, 적취화물의 종류, 수량에 대한 제한, 배선국 수의 운항스케줄
을 정한다.

③ **공동계산**(pooling agreement) : 각 동맹선사의 특수항로에서 일정 기간 내에 취득한 운임액 가운데 소정의 항해경비 및 하역비용 등을 공제한 나머지 순운임수입을 공동기금으로 모아두 었다가 일정한 기간이 경과한 후에 그 동맹선사의 경력 및 실적 등을 근거로 하여 미리 정해진 비율(pool point)에 따라서 수익운임을 배분한다.

④ **공동운항**(joint service) : 동맹선사 간의 경쟁배제를 위해서 특정항로에 한하여 일시적으로 경 영을 공동으로 하는 것이다. 이 경우 동맹선사는 각자의 독립성을 유지하면서 특정항로의 선 박 및 시설 등을 특정 동맹선사에게 수탁하는 방법과 그 공동경영의 일부를 분담하는 방법이 있다. 그리고 수익운임은 동맹선사에 미리 정해진 비율에 의거해 매 결산기 마다 배분한다.

⑤ **중립감시기구**(neutral body : N/B) : 동맹회원사 간의 건전한 상거래질서 유지를 위해 회원사 의 부당행위를 감독하고 관리하여 위반 시에는 벌칙금(penalty)을 부과한다. 동맹은 중립감시 기구 활동의 공정성을 기하기 위해 구주운임동맹(FEFC)의 경우는 외부의 전문용역회사에 의 뢰하고 있다.

⑶ 해운동맹의 계약화주 구속수단

비 가맹선사에 대항하고 계약화주들의 이동을 제약하기 위한 방법으로 주로 다음과 같은 방법을 사용하고 있다.

① **이중운임제**(Dual Rate System) : 화주가 해운동맹 동맹선사의 선박과 경쟁관계에 있는 선사 의 선박에는 선적하지 않겠다는 계약을 하는 경우에 일반운임률(base rate)보다 저율의 운임률 을 적용하는 것으로 일종의 계약운임제(contract rate system)이다. 그러나 계약화주가 비동맹 선에 선적하는 경우에는 위약금 또는 기타 제재가 가해진다.

② **운임연환급제**(Deferred Rebate System) : 일정기간 동맹선에 선적한 화주에 대하여 운임의 일부를 되돌려 주는 제도이다. 이 제도의 혜택을 받기 위해서는 동맹선에 일정기간 선적하여 야 하는데 이러한 기간을 계산기간(account period)이라 한다. 그리고 운임의 일정률(일반적으 로 9.5%)을 환급하는 것은 그 후 일정기간이 지나야 하는데 이 기간을 유보기간(deferred period)이라 하며 그 기간 중에도 계속 동맹선사에 선적할 것을 조건으로 하고 있다.

③ **경쟁대항선**(Fighting Ship) : 동맹원의 소속선박 중에서 특정선을 선정하여 맹외선의 기항지 를 동일한 일시에 운항하면서 저운임으로 경쟁하여 맹외선으로 하여금 동맹항로에서의 운항 을 중단하게 하는 노골적인 경쟁자 취항 항해방법이다. 미국에서는 법적으로 금지하고 있다.

④ **성실보상제**(Fidelity Rebate System) : 동맹선사와 별도의 계약조건 없이 일정기간(일반적으로 4개월) 맹외선을 이용하지 않고 동맹선사만을 이용하여 운송하였을 때 선적증명서를 제시하면 운임의 일정율을 할인해 주는 방식으로 맹외선을 이용하더라도 이중운임제처럼 위약금이 부 가되지 않는다.

(4) 해운동맹의 장단점

구 분	내 용
장 점	① 선박의 운항이 빈번, 정확, 규칙적이어서 무역거래 편리 ② 안정적 자본투자에 의한 서비스 개선 촉진 ③ 운임의 안정화에 의한 생산 및 판매계획 수립 용이 ④ 운임부담력에 근거하여 모든 화주에게 공평하게 적용 ⑤ 합리적 배선에 의한 불필요한 낭비 방지 및 원가 절감 ⑥ 동맹가입을 통한 소규모 선사들 생존 가능
단 점	① 독점성에 의한 과대이윤 추구 및 서비스 저하, 클레임 회피, 보복적·차별적 대우 우려(기항지 축소, 자의적 맹외항 할증률 적용 등) ② 운임률이 원가보다는 동맹의 정책에 좌우되어 불합리하게 책정(화주 불리) ③ 운임환불제, 계약운임제도 등에 의해 선사의 일방적 운송통제 ④ 기존 회원사들의 신규회원사에 대한 차별적 대우 우려(배선율, 화물적취율 제한)

(5) 해운동맹 현황(2020년 4월 기준)

동맹 명칭	가맹선사	제휴기간	선복량
2M	머스크. MSC	2025년 1월	7,930천TEU
오션얼라이언스	C MA-CGM, 코스코, 에버그린, OOCL	2027년 4월	7,739천TEU
디얼라이언스	하파로이드, ONE, 양밍, 현대상선	2030년 4월	5,094천TEU

5 위험물의 운송(IMDG Code)

IMDG Code(International Maritime Dangerous Goods Code)는 IMO(국제 해사기구)에서 1965년 제정한 위험물질의 국제운송관련 규칙이며, 이 규칙에서 정하는 위험물질을 국제간 운송을 위해서는 이 규정이 정하는 바에 따라 포장, 하역 및 운송을 해야 한다.

(1) 위험물의 정의

일반적으로 위험물(Dangerous Goods)이란 운송 시 건강, 안전, 재산 및 환경에 부당한 위해를 끼칠 수 있는 모든 물질 및 제품을 말한다.

또한, 위험물에는 이전에 위험물을 담았던 세척되지 않은 빈 포장용기(소형용기, 중형산적용기, 대형용기, 산적 컨테이너, 이동식 탱크 또는 탱크차량)도 포함된다.

⑵ **위험물의 등급**

위험물은 다음 표와 같이 분류한다.

구 분		해당 위험물
제1급(Class 1)		화약류(Explosives)
제2급(Class 2)	2.1급	• 가스류(Gases) • 인화성 가스(flammable gases)
	2.2급	비인화성, 비독성 가스(non-flammable, non-toxic gases)
	2.3급	독성가스(toxic gases)
제3급(Class 3)		인화성 액체(Flammable liquids)
제4급(Class 4)	4.1급	• 가연성 고체(flammable solids) • 자체반응성 물질(selfreactive substances) • 둔감화된 화약류(desensitized explosives)
	4.2급	자연 발화성 물질(substances liable to spontaneous combustion)
	4.3급	물과 접촉시 인화성 가스를 방출하는 물질 (substances which, in contact with water, emit flammable gases)
제5급(Class 5)	5.1급	산화성 물질(Oxidizing substances)
	5.2급	유기과산화물(Organic peroxides)
제6급(Class 6)	6.1급	독물(Toxic substances)
	6.2급	전염성물질(infectious substances)
제7급(Class 7)		방사성 물질(Radioactive materials)
제8급(Class 8)		부식성 물질(Corrosives substances)
제9급(Class 9)		기타의 위험물질 및 제품 (Miscellaneous dangerous substances and articles)

(3) 위험물의 포장 등급

포장의 목적상 제1급, 제2급, 제4.1급의 자체반응성물질, 제5.2급, 제6.2급 및 제7급을 제외한 모든 위험물은 각 물질이 갖는 위험정도에 따라 3가지 등급으로 지정되며, 물질 또는 제품에 대한 포장 등급(packing group ; PG)은 그 물질 및 제품에 대한 개별 규정에 명시되어 있다.

등 급	내 용
포장등급 Ⅰ(PG Ⅰ)	높은 위험성을 갖는 것(대위험도)
포장등급 Ⅱ(PG Ⅱ)	보통 정도의 위험성을 갖는 것(중위험도)
포장등급 Ⅲ(PG Ⅲ)	낮은 위험성을 갖는 것(소위험도)

① 포장재 및 포장방법은 위험물질별 규정된 것을 사용해야 한다.

② 포장 최대 단위는 위험물질별 포장방법에 따라 달라진다.

(4) 정식운송품명(PSN) 및 유엔번호(UN No.)의 표시

① **정식운송품명 및 유엔번호**: 위험물의 표면에는 별도의 규정이 없는 한, 위험물이 충전된 모든 포장화물에는 해당 위험물의 정식운송품명과 이에 상응하는 유엔번호를 "UN"이라는 문자 뒤에 표시하여야 한다.

> **예** CORROSIVE LIQUID, ACIDIC, ORGANIC, N.O.S. (caprylyl chloride), UN 3265

② **유엔번호의 문자 높이**: 포장화물에 표시하는 유엔번호의 크기는 "UN" 문자를 포함하여 높이가 12mm 이상이어야 한다. 다만, 용량이 30리터 이하 또는 30kg 이하인 포장용기와 수용량이 60리터 이하인 실린더에는 6mm 이상의 높이여야 하며, 용량이 5리터 이하이거나 5kg 이하인 포장용기에는 적절한 크기이어야 한다.

③ **표찰(Label)의 부착**: IMDG Code에 별도의 규정이 없는 한, 위험물이 충전된 모든 포장화물에는 그 화물의 위험성이 확실히 나타나도록 표찰을 내구성 있게 부착하여야 한다. 위험물이 2가지 이상의 위험성을 지니고 있는 경우에 이를 구분하기 위한 목적으로 부표찰도 함께 부착하여야 한다.

(5) 적 재

위험물을 보관 또는 운송할 때는 위험물 종류별 격리규정에 따라 적재되어야 한다.

일반적인 격리 기준은 다음 표와 같다. 다만, 특정 위험물별 별도의 격리요구 조건이 있을 때는 이 요구에 따라야 한다.

① 위험물 종류별 격리표

다음의 격리표는 위험물 간의 격리방법을 나타낸다.

등급	1.1 1.2 1.5	1.3 1.6	1.4	2.1	2.2	2.3	3	4.1	4.2	4.3	5.1	5.2	6.1	6.2	7	8	9
화약류　1.1, 1.2, 1.5	★	★	★	4	2	2	4	4	4	4	4	4	2	4	2	4	×
화약류　1.3, 1.6	★	★	★	4	2	2	4	3	3	4	4	4	2	4	2	2	×
화약류　1.4	★	★	★	2	1	1	2	2	2	2	2	2	×	4	2	2	×
인화성 가스　2.1	4	4	2	×	×	×	2	1	2	×	2	2	×	4	2	1	×
비독성, 비인화성 가스　2.2	2	2	1	×	×	×	1	×	1	×	1	×	1	2	1	×	×
독성 가스　2.3	2	2	1	×	×	×	2	×	2	×	×	2	×	2	1	×	×
인화성 액체　3	4	4	2	2	1	2	×	×	2	1	2	2	×	3	2	×	×
가연성 고체(자체반응성 물질 및 감감화된 고체 화약류)　4.1	4	3	2	1	×	×	×	×	1	×	1	2	2	3	2	1	×
자연발화성 물질　4.2	4	3	2	2	1	2	2	1	×	1	2	2	1	3	2	1	×
물과 접촉시 인화성 가스를 방출하는 물질　4.3	4	4	2	×	×	×	1	×	1	×	2	2	×	2	2	1	×
산화성 물질　5.1	4	4	2	2	×	2	2	1	2	2	×	2	1	3	1	2	×
유기과산화물　5.2	4	4	2	2	1	2	2	2	2	2	2	×	1	3	2	2	×
독 물　6.1	2	2	×	×	×	×	×	×	1	×	1	1	×	1	×	×	×
전염성 물질　6.2	4	4	4	4	2	2	3	3	3	2	3	3	1	×	3	3	×
방사성 물질　7	2	2	2	2	1	1	2	2	2	2	2	1	2	×	3	2	×
부식성 물질　8	4	2	2	1	×	×	×	1	1	1	2	2	×	3	2	×	×
기타의 위험물 및 제품　9	×	×	×	×	×	×	×	×	×	×	×	×	×	×	×	×	×

1 ⇨ "분리적재(away from)"

2 ⇨ "격리적재(separated from)"

3 ⇨ "1구획실 또는 1화물창 분리적재(separated from a complete compartment or hold from)"

4 ⇨ "1구획실 또는 1화물창 격리적재(separated longitudinally by an intervening complete compartment or hold from)"

X ⇨ 격리가 필요한 경우에는 위험물 목록에 명시되어 있음.

★ ⇨ 제1급 위험물 간의 격리방법으로 별도 규정됨.

② 격리방법

　　㉠ 분리적재(away from) : 사고시 혼적 불가한 물질들이 위험하게 상호반응을 일으킬 수 없도록 실질적으로 격리하는 것이다. 단, 수직 투영면의 최소 수평거리가 3m 이상 격리된 경우에는 동일한 구획실 또는 화물창 또는 갑판 상부에 적재하여 운송할 수 있다.

　　㉡ 격리적재(Separated from) : 갑판하부 적재 시에는 별도의 구획실 또는 화물창에 적재하는 것이다. 차단갑판이 방화·방수구조로 되어 있다면 수직 격리(즉, 별도의 구획실) 적재는 이 격리와 동등한 것으로 간주한다. 갑판상부 적재 시에는 적어도 6m의 수평거리를 두고 격리하는 것을 말한다.

ⓒ 1구획실 또는 1화물창 분리적재(separated from a complete compartment or hold from) : 수직 또는 수평 격리를 의미한다. 차단갑판이 방화·방수구조가 아닌 경우에는 오직 선수 미 격리(즉, 완전한 1구획실 또는 1화물창으로 차단시키는 방법)만이 인정된다. 갑판상부 적 재시에는 적어도 12m의 수평거리를 두고 격리하는 것을 말한다. 만약 하나의 포장화물은 갑판 상부에 적재하고 다른 하나는 상부구획실에 적재하는 경우에도 동일한 거리가 적용 된다.

ⓔ 1구획실 또는 1화물창 격리적재(separated longitudinally by an intervening complete compartment or hold from) : 수직 격리만으로는 이 요건을 만족할 수 없다. 갑판하부의 포장화물과 갑판상부의 포장화물 사이는 선수미 방향으로 적어도 24m 이상이어야 하며, 그 사이에는 완전한 1구획실이 있어야 한다. 갑판상부 적재시에는 선수미 방향으로 적어도 24m의 거리를 두고 격리하는 것을 말한다.

③ 운 송

ⓐ 위험물의 운송시 운송서류에는 기본적인 위험성 정보를 기록해야 한다.

ⓑ 기본적인 위험성 정보는 다음 내용과 순서에 의해 기록되어야 한다.

순 서	정 보	표시방법
1	유엔번호(UN No.)	"UN"이라는 문자 뒤에 표시
2	정식운송품명(PSN)	해당하는 경우 전문명칭을 괄호 안에 기재
3	주 위험성 급/등급 (Primary Hazard Class/Div.)	제1급인 경우에는 혼적그룹 문구도 추가 기재
4	부 위험성 급/등급 (Subsidiary Hazard Class/Div.)	배정된 경우에 한하며, 괄호 안에 기재
5	포장등급(Packing Group)	배정된 경우에 한함

6 해상운송 관련기구

해상운송은 국제성이 강하기 때문에 해상운송과 관련한 다양한 국제기구가 활동하고 있다.

(1) **국제해사기구**(International Maritime Organization : IMO)

① 선박의 항로, 교통규칙, 항만시설 등을 국제적으로 통일하기 위하여 설치된 UN 전문기구이다.

② 1958년 UN 해사위원회에서 정부 간 해사협의기구라는 명칭으로 설립하였고, 1982년 현재의 명칭으로 변경되었다.

③ 국제항해에 종사하는 해운에 영향을 미치는 모든 기술사항에 관한 정부간 협력을 촉진한다.

④ 해상안전, 항해의 효율성, 해양오염방지 및 통제를 위한 실질적인 기술을 채택한다.

⑤ 다양한 해운관련 국제기구와의 협력을 추진한다.

(2) **국제연합무역개발회의**(UN Conference on Trade and Development : UNTAD)

1964년 12월 제19차 국제연합총회에서 결의 제1995호에 의해 발족된 UN 전문기구이다.

① 국제무역과 경제발전을 촉진하는 것을 목적으로 한다.

② 개도국의 발전에 역점을 두며 개도국그룹과 선진국그룹으로 나누어 활동한다.

③ 정기선동맹의 행동규범에 관한 협약, UN 해상화물운송조약, UN 국제복합운송조약 등을 채택한다.

(3) **국제해운회의소**(International Chamber of Shipping : ICS)

국제민간선주들의 권익보호와 상호협조를 목적으로 각국의 선주협회들이 1921년 설립한 민간기구이다.

① 상선에 대한 기술적, 법적 운영상의 문제점을 해결한다.

② 화물선, 유조선, 여객선, 컨테이너 등과 관련된 단체와 협력한다.

③ 세계 140개국 선주협회가 회원으로 가입하였다.

(4) **국제해운연맹**(International Shipping Federation : ISF)

선원노조의 세계적인 단체인 국제운수노동자연맹의 활동에 대처하기 위하여 선주들이 결성한 연맹이다. 선원의 모집, 훈련, 복지제도, 고용조건, 사고방지, 사회보장 등 선원관련 제도를 연구하고 선주의 이익을 도모한다.

(5) **국제운수노동자연맹**(International Transport Worker's Federation : ITF)

편의치적선에 승선하는 선원의 보호와 선원의 임금과 노동조건 등에 관한 국제협약을 체결하고 공정한 실행 여부에 관한 검사활동 및 국제협약 준수사항을 점검하는 역할을 수행한다. 편의치적선에 승선하는 선원에 대한 최저근로조건을 명시하고 그 기준에 합당하게 선원을 승선시키는 선박에 대해서만 청색증명서(Blue Certificate)를 발급하고 이를 소지하지 않은 선박에 대해서는 하역을 거절하였다.

(6) **국제해사법위원회**(Committee Maritime International : CMI)

① 해상법, 해상관행과 관습 및 해사실무의 통일을 추진할 목적으로 1897년 벨기에 엔트워프에서 창설되었다.

② 민간 해사관계자의 국내 해법회(海法會)를 회원으로 하여 구성된 민간단체이다.

③ 현재 26개국이 정회원으로 가입되어 있다.

④ 국제 해사사법의 조사, 입법기관 역할을 한다.

⑤ 선박충돌조약, 선주책임제한조약, 복합운송조약 등 12가지 해운조약안 제정에 기여한다.

⑺ **국제운송주선인연맹**(International Federation of Freight forwarder Associations : FIATA)

① 국가별 대리점협회와 개별 대리점으로 구성된 기구로서 1926년 비엔나에서 창설되었다.

② 국제적인 대리점업무의 확정에 따른 제반 문제를 다루기 위해 창설되었다.

③ 대리점업의 이익에 대한 국제적인 보호를 추구한다.

⑻ **국제선급협회**(International Association of Classification Society : IACS)

각국의 선급협회 중 일정한 자격을 갖춘 선급협회가 회원이 되어 운영되는 민간기구이다.

① 선급협회의 공통목적을 달성하기 위해 상호협력한다.

② 관련 국제기구와의 협의를 목표로 1968년도에 창설되었다.

⑼ **UN 무역법위원회**(UN Commission on International Trade Law : UNCITRAL)

국제무역법에 있어서 법질서를 세계적으로 확립하고, 통일하는 것을 목적으로 1966년 UN 직속기관으로 발족되었다. 1978년 Hague Rules을 개정하고, Hamburg Rules을 제정하였다.

⑽ **한국해운조합**

해운업자의 경제적·사회적 지위를 향상시켜 해운업의 발전을 도모함으로써 국민경제의 균형 있는 발전에 이바지하도록 하기 위하여 「해운조합법」에 의해 한국해운협동조합을 결성하도록 하고 있다. 한국해운조합의 주요 사업내용은 다음과 같다.

1. 조합원의 사업을 위한 공동이용시설의 설치 및 이용사업
2. 조합원의 사업을 위한 자재의 가격·구입가능물량 등에 관한 조사, 공동구입 주선 및 공동구입한 자재의 배정
3. 조합원에 대한 사업자금의 대여와 금융기관으로부터의 융자 주선
4. 조합원의 사업수행 중 발생하는 재해에 대비한 공제사업
5. 조합원의 사업에 관한 경영지도·조사·연구·교육 및 정보제공
6. 조합원의 사업에 대한 정보처리 및 컴퓨터운용과 관련한 서비스사업
7. 국가 또는 지방자치단체가 보조하거나 위탁하는 사업
8. 조합원의 경제적 이익을 도모하기 위한 단체적 교섭 및 계약의 체결
9. 조합원의 항로(航路) 조절과 조합원의 사업에 관한 분쟁 조정
10. 조합원 및 조합원이 고용하고 있는 사람에 대한 교육 및 훈련
11. 조합원 및 조합원이 고용하고 있는 사람에 대한 복리후생사업
12. 해양사고 구제사업
13. 여객선의 운항이 필요한 항로로서 정부가 보조금을 지급하는 낙도(落島) 보조항로의 운항
14. 선박 안전관리체제에 관한 사업
15. 정책물자수송을 위한 조합원에의 배선(配船)
16. 「보험업법」에 따른 보험회사, 「선주상호보험조합법」에 따른 선주상호보험조합, 공제사업자 등으로부터 재공제(再共濟) 및 공제업무의 수탁관리

17. 남북교류의 해상수송과 관련한 지원업무
18. 위 외에 조합의 목적 달성에 필요한 사업과 조합원의 이익을 대변하는 사업
19. 위 업무와 관련된 부수사업

▨7 해상운송화물의 보안제도

2002년 미국의 9·11 테러사건 이후로 테러방지 및 대량살상무기의 불법무역 방지를 위하여 국제교역화물의 검색이 강화될 필요성이 커졌다. 따라서 미국을 중심으로 미국으로 수입되는 화물에 대한 보안시스템 프로그램이 제정되어 시행되고 있으며, 현재에는 아래와 같이 다양한 프로그램이 운영되고 있다.

⑴ **컨테이너안전협정**(Container Security Initiative : CSI)

미국 관세청(CBP)은 9·11 이후 대량살상무기 등이 자국으로 밀반입되는 것을 차단하고 자국 영토를 보호하기 위해 반테러 프로그램을 개발하기 시작하였으며, 그 일환으로 2002년 1월 CSI (Container Security Initiative) 프로그램을 도입하였다.

① 미국으로 반입되는 컨테이너는 테러리스트의 무기를 위해 이용되었는지 여부를 판정하기 위해서 사전에 점검(screen)된다.

② 지정된 항만(전세계 58개항)에는 미국의 세관원이 파견, 상주하고 있다.

③ 미국으로 향하는 화물은 선적 24시간 전까지 미국세관에 적하목록의 제출을 의무화하고 있다.

④ 잠재적인 위험화물은 물리적으로 검사(physical inspection)하거나 선적보류의 대상이 된다.

⑤ CSI의 규정을 준수하는 화물은 미국 항구에서 세관절차의 간소화 및 신속 통관 등의 무역원활을 위한 혜택을 받고 있다.

⑵ **대테러방지 민관협력프로그램**(Customs Trade Partnership Against Terrorism : C-TPAT)

2002년 미국CBP(세관·국경안정청)가 도입한 반테러 민관파트너제도이다.

① C-TPAT 가입대상은 미국의 수입자, 운송회사, 관세사 등을 포함하는 서플라이체인의 모든 당사자들이다.

② 현재 1만개 이상의 업체가 등록되어 있다.

③ C-TPAT를 통해 인증된 파트너에 대해서는 C-TPAT 인증시(Tier 1), 둘째, 검증(Validation) 통과시(Tier 2), 셋째, 최선의 보안관행(best practice) 충족시(Tier 3) 등 3단계로 구분하여 다양한 혜택이 주어진다.

④ 국내기업이 미국의 C-TPAT인증기업과 거래하지 않을 경우에는 통관에 어려움이 따른다.

┌─ **보충학습** ─┐

CBP가 제시한 Supply Chain Security의 주요 내용

1. 화물관련 정보의 제출, 위험분석 및 자기평가
2. 제조업체, 공급자, 납품업체 등 비즈니스 파트너의 보안활동 수행사항 확인
3. 컨테이너, 트레일러, 화물적재용기 등에 대한 보안검사
4. 운송 중인 화물의 추적관리 등 화물운송 보안
5. 이적 출입통제, 인사 및 절차보안
6. 정보기술 보안 및 비상조치 등

(3) **24 - hour advance vessel manifest rule**

미국으로 수출하는 모든 운송인(Carriers and NVOCCs)은 컨테이너가 선박에 선적되기 24시간 전에 미국행 화물컨테이너에 적입된 화물내역(적하목록)을 미국 관세청의 자동적하목록시스템(Automated Manifest System)에 신고해야 하는 규정이다.

① CSI 제도를 보완하는 조치로서, 고위험 컨테이너화물을 효율적으로 검색하기 위한 후속조치이다.

② 2003년도에 도입되었다.

(4) **Megaports Initiative**(MI)

MI는 해상항구를 통해 선적되는 화물에 폭발물이나 핵무기와 같은 위험한 물체가 포함되어 있는지를 검사(screen)하기 위한 프로그램으로, 미국으로 화물이 반입되기 전에 외국 항구에서 화물을 검사하는 조치를 이행한다.

① 세계 주요 해상항구에서 방사능탐지장비(Radiation Detect Equipment : RDE)를 설치하여 핵물질을 탐지한다.

② 미국 국토안보부(Department of Homeland Security)의 SFI, CSI, C-TPAT 등과 긴밀한 협력관계를 유지하고 있다.

③ 2003년에 도입되었다.

(5) **물류보안경영시스템**(ISO 28000)

ISO 28000시스템은 다양한 국가의 물류보안제도를 수용, 준수하는 보안경영시스템을 구축하여 국제적으로 보안상태가 유지되는 기업임을 인증받는 제도로서 생산자, 운송업자, 보관업자 등 모든 공급망상의 기업들이 대상이다.

① 공급체인상에서 발생할 수 있는 테러, 해적행위, 사기 등에 대한 잠재적 보안이슈에 중점을 두고 발표되었다.

② 2006년도에 최초로 인증기업이 탄생하였다.

(6) 공인경제운영인제도(Authorized Economic Operator : AEO)

초창기 물류보안제도가 보안검색활동으로 인한 리드타임 지연문제를 발생시켰다. 따라서 이를 보완하기 위하여 세계관세기구(World Customs Organization : WCO)가 무역안전과 원활한 무역활동을 보장하기 위한 국제규격의 무역안전규정을 제정하였으며 이 규정에 따라 인증을 받은 기업은 수출입화물의 보안시스템에서 혜택을 주는 제도이다.

① 모든 공급체인상의 업체들이 인증대상이다.

② AEO시스템을 채택하는 국가의 세관에서 주관하여 심사를 하고 인증을 부여한다.

③ 국가 간 협정에 의해 상호인증협약을 맺은 경우 국내에서와 동일한 통관혜택을 부여한다.

④ 인증을 받은 업체는 신속통관의 혜택을 받는다.

(7) 위험물 컨테이너점검제도(Container Inspection Program : CIP)

CIP는 컨테이너에 적입되어 해상으로 운송되는 위험화물에 의한 사고를 예방하기 위하여 수입되는 위험물 컨테이너에 대한 국제해상위험물규칙(IMDG Code)의 준수 여부를 점검하는 제도이다.

① 2002년도부터 국내 주요 항만에 적용되고 있다.

② 위험화물의 선적서류 일치 여부, 컨테이너의 안전승인판 및 외관의 상태확인, 위험물 표지판의 부착, 수납상태 등을 점검한다.

(8) 국제선박 및 항만시설 보안규약(International Ship and Port Facility Security : ISPS)

각국의 정부와 항만관리당국, 선사들이 갖추어야 할 보안관련 조건들을 명시하고 있는 국제해상보안규약으로서 국제무역에 사용되는 선박과 항만시설의 보안에 대한 위협을 감지하고 사고를 예방하는 방법에 대한 가이드라인을 제시하고 있다.

① 국제항해에 종사하는 500톤급 이상의 화물선과 국제여객선, 국제항만시설에 적용된다.

② 각국 정부는 항만시설의 보안수준을 '보통 − nomal', '경계 − heightened', '비상 − exceptional' 단계로 설정하여 관리해야 한다.

③ 이 규약을 따르지 않는 항만에서 출발한 국제선박은 다른 규약 가입국가의 정부로부터 엄격한 보안검사와 규제를 당한다.

(9) Green Lane 해상화물보안법(Green Lane Maritime Cargo Security Act /Secure Freight Initiative)

2005년에 도입된 GLMCSA는 C−TPAT 참여자가 화물의 Screening 및 검사와 관련한 특정 기준을 충족한 경우 추가적인 세관 혜택을 제공하는 것이다.

① 기존의 C−TPAT가 서류심사만으로 혜택을 준다는 비판을 보완한 법안이다.

② 어떤 컨테이너가 테러위험화물을 적재하고 있는지 쉽게 파악하고 송하인 스스로 공급망의 모든 단계에 걸쳐 보안에 대한 책임을 질 수 있도록 절차를 마련하였다.

⑽ **SAFE Port Act**

미국 국토안보부가 현재까지 시행되고 있는 제도만으로는 WMD(대량살상무기)를 효과적으로 차단하는데 한계가 있다고 판단하여 Security and Accountability for Every Port Act 2006(이하 SAFE Port Act, 2006년 10월부터 발효)을 제정하였는데, 본 법률은 해상 항구 및 화물을 보호하기 위한 기존의 미국 법률을 재조립하여 완성시킨 법률이라는 측면에서 큰 의의가 있다.

① 미국 수입 컨테이너화물에 대한 100% 사전 검색을 입법화시켰다.

② 기존에 시행하고 있었던 CSI, C-TPAT 등을 입법화하고 100% 화물검색을 위해 외국항만을 선정하도록 규정하고 있다.

⑾ **9/11 Act 2007**

Implementing Recommendations of the 9/11 Commission Act of 2007(9/11 Act, 2007년 8월 발효)은 미국 내 각 분야의 테러대비 태세 강화에 중점을 두고 있는 법률이지만 화물 컨테이너에 대한 100% Scanning에 대해 규정하고 있기 때문에 매우 중요한 법률이라고 할 수 있다. 즉, 외국항만에서 선적 후 직접 또는 경유과정을 거쳐 미국으로 반입되는 모든 컨테이너는 선박에 적재되기 전에 NIIE 및 RDE(방사능 탐지장비)에 의해 Scan되어야 하며, 이를 충족하지 못한 경우 미국으로의 반입을 금지하고 있다.

제 3 절 해상위험과 해상보험

1 해상위험의 종류

해상위험이란 선박이 해상을 항해하면서 발생할 수 있는 위험을 말하며 위험의 원인과 담보 여부에 따라 다음과 같이 분류된다.

⑴ **위험의 특성에 따른 분류**

선박과 관련한 위험의 원인이 어디에 있는지를 기준하여 다음과 같이 구분한다.

① **해상고유의 위험**: 해상고유의 위험(perils of the sea)은 해난, 즉 바다의 자연적 위험으로 인한 우연한 사고 또는 재난을 말하고, 풍파의 통상적인 작용은 포함되지 않는다.

해상고유의 위험은 해상에서 발생하여야 하고, 우연히 발생한 것이어야 하며, 바다의 작용을 원인으로 하거나 바다의 특유한 사건이어야 한다. 이러한 해상고유의 위험으로 인한 사고의 전형적인 예로는 소위 SSCG, 즉 침몰(sinking), 좌초(stranding), 충돌(collision), 교사(grounding)를 비롯하여 악천후(heavy weather) 등이 있다.

② **해상위험** : 해상위험(perils on the seas : maritime perils)의 전형적인 예로는 자연적 또는 인위적 행위에 의한 화재(fire or burning)뿐만 아니라 투하(jettison), 선원의 악행(barratry of master or mariners), 해적 · 절도 · 강도(pirates, rovers & thieves) 등 인위적 위험도 포함한다.

③ **전쟁위험** : 해상보험에 있어서의 전쟁위험(war perils)의 개념은 국제법상의 전쟁뿐만 아니라 국가로서 승인되어 있지 않은 주체(해적 등)에 속하는 군함 등에 의한 포획(capture)이나 나포(seizure) 등 전쟁에 준한 상황으로 인한 인위적 위험을 말한다. 그 전형적인 예로는 전쟁(war), 변란(warlike operation), 강유(arrests), 억지(restraints), 억류(detainments), 해상탈취(taking at sea) 등이 있다.

(2) 위험 담보 여부에 따른 분류

보험회사(보험자)가 해상에서 발생하는 손해에 대하여 보험으로 인수할 수 있는지 여부에 따라 다음과 같이 구분할 수 있다.

① **담보위험** : 담보위험(perils covered risks)은 보험자가 그 위험에 의하여 발생한 손해를 보상할 것을 약속한 위험으로서 보험자가 보상책임을 부담하기 위해서는 손해가 담보위험에 의하여 발생된 것이어야 한다. 실제로는 특정의 위험을 면책사유로 정하고 그 위험에 기인하여 발생한 손해는 보상하지 않는다는 제한을 약관상에 첨부하는 것이 일반적이다.

② **면책위험** : 면책위험(excepted or excluded perils)은 그 위험에 의하여 발생된 손해에 대하여 보험자가 보상책임을 면하는 특정한 위험이다. 면책위험은 일단 담보위험으로서 보험자가 부담한 위험의 효과를 일부 또는 전부를 저지하려는 목적으로 특정되기 때문에 그 위험을 면책위험으로 특정하였다면 보험자의 보상책임이 있는 손해에 대하여 보상책임을 면하게 하는 것이다.

③ **비담보위험** : 비담보위험(perils not covered)은 담보위험 및 면책위험 이외의 모든 위험을 말하며, 이는 처음부터 보험의 대상에서 제외되는 중성위험(neutral perils)에 속한다.

▌ 2 해상손해의 종류

해상손해는 피해의 종류에 따라 물적손해, 비용손해, 배상책임손해로 구분할 수 있고, 물적손해는 그 정도와 상황에 따라 전손과 분손, 단독해손과 공동해손, 비용손해로 분류된다. 한편 보험자는 모든 종류의 해상손해를 무조건 보상하는 것이 아니라 그 종류에 따라 달리한다.

(1) 물적손해

① **전 손**

전손(Total Loss)이란 피보험이익이 전부 멸실된 경우를 말하며, 전손은 다시 현실전손과 추정전손으로 구분한다.

㉠ 현실전손(Actual Total Loss : ATL) : 현실전손은 보험목적물이 현실적으로 전멸된 경우를 말하는데, 영국 해상보험법(MIA)에 의하면 구체적으로 다음과 같은 손해를 현실전손으로 한다.

> ⓐ 보험목적물이 완전히 파손되어 상품가치가 완전히 멸실되었을 경우
> ⓑ 보험목적물이 존재하고는 있지만 부보된 물건이 본래의 성질보다 심각한 정도로 상실되었을 경우
> ⓒ 피보험자가 보험목적물을 탈취당해 다시 찾을 수 없는 경우
> ⓓ 선박이 상당한 기간 행방불명된 경우

㉡ 추정전손(Constructive Total Loss : CLT) : 보험증권에 명시된 특약의 경우를 제외하고는 보험목적물이 현실전손을 피하기 어려울 정도로 손해가 심각하여 종래 그 목적물이 갖는 용도로 사용할 수 없게 되었을 때와 그 수선 및 수리비가 수선 후 그 목적물이 갖는 시가보다 클 때에는 추정전손으로 간주한다.
영국 해상보험법(MIA)에 따라 구체적으로 살펴보면 다음과 같은 손해를 추정전손으로 인정한다.

> ⓐ 선박 또는 화물의 점유를 박탈당한 경우에 피보험자가 그것을 회복할 가망이 없을 때 또는 그것을 회복하는 비용이 회복한 후의 가액을 초과하는 경우
> ⓑ 선박의 수리비가 수리 후의 선박가액을 초과하는 경우
> ⓒ 화물의 수선비와 목적지까지의 운반비가 도착 후의 화물가액을 초과하는 경우 등이다.

해상손해가 추정전손으로 인정되는 경우 피보험자는 그 피보험물에 대하여 갖는 일체의 권리를 보험자에게 이전하고 현실전손과 마찬가지로 보험금액 전액을 청구할 수 있는데, 이것을 위부(abandonment)라고 한다.

② **분 손**
분손(partial loss)은 피보험이익의 일부가 멸실 또는 손상됨으로써 발생한 손해를 말한다. 이러한 분손에는 단독해손과 공동해손이 있다.

㉠ 단독해손(Particular Average : PA) : 단독해손이란 피보험이익의 일부에 발생하는 손해로서 공동해손에 속하지 않는 분손을 말하며, 피보험자가 단독으로 입은 손해이다. 한편, 공동해손행위에 의하여 전부 희생적으로 처분되어도 손해를 면한 이익관계자에 의하여 일부가 분담반환되므로 그 화주에 있어서는 결국 분손이 된다.

㉡ 공동해손(General Average : GA) : 공동해손이란 선박, 화물 및 운임이 공동의 위험에 처한 경우에 그 위험을 피하려고 선장의 의사에 의하여 선박 또는 화물의 일부가 희생적으로 처분됨으로써 일어나는 손해 및 비용이며, 이에 의하여 손해를 면하게 된 이익관계자의 전부가 공동으로 공평하게 분담하게 된다.

(2) 비용손해

① 보험의 목적물을 손해로부터 방지·경감하기 위하여 피보험자가 지출하는 비용을 비용손해라고 한다. 비용손해는 분손의 일종으로 보험자가 전보하는바 비용손해와 물적손해의 합계가 보험금액을 초과하는 경우에는 초과분의 비용손해는 전보하지 않는다. 단, 손해방지비용은 초과분도 보상한다.

② 비용손해에는 손해방지비용(sue and labour charges), 구조비(salvage charges), 특별비용(special charges), 공동해손분담금(general average contribution), 충돌손해배상금(선박의 경우), 손해조사비용(loss survey charges) 등이 있다. 비용손해는 비록 원칙적으로 보험자가 부담하지 않는 보험 외적인 간접손해이지만 예외적으로 보험자가 이를 부담한다.

(3) 배상책임손해 : 선박의 충돌, 해상오염 등과 같은 사고로 인하여 선박이 손해를 배상해 주어야 하는 경우의 손해를 말한다.

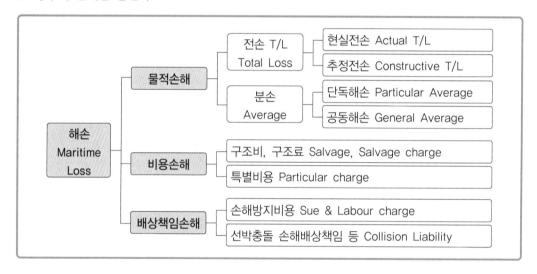

▌3 해상보험

(1) 해상보험의 개념

① 해상보험(Marine Insurance)이란 해상사업에 관한 사고로 인하여 생길 손해를 보상할 것을 목적으로 하는 손해보험의 일종으로 영국 해상보험법(MIA, 1906)에서는 '보험자가 피보험자에 대하여 그 계약에 의해 합의된 방법과 범위 내에서 해상손해, 즉 해상사업에 수반하여 발생하는 손해를 보상할 것을 약속하는 계약이다.'라고 정의한다.

② 해상보험은 기본적으로 해상위험에 관한 보험이지만 해상운송에 부수하는 내수(內水) 또는 육상운송이 있는 경우에는 그 운송 중의 위험으로 인한 손해에 대해서도 피보험자를 보호하기 위하여 그 보상범위를 확장하기도 한다.

(2) 해상보험의 종류

해상보험 가입의 목적물의 종류에 따라 다음과 같이 구분한다.

① **적하보험**(Cargo Insurance) : 화물을 보험목적물로 하는 보험으로서 운송 중 화물이 멸실 또는 훼손되거나 화물을 보존하기 위하여 경비를 지출함으로써 화물의 소유자가 입은 손해를 보험조건에 따라 보상하여 주는 보험이다. 해상적하보험증권은 선하증권, 상업송장과 함께 환어음에 첨부되어 국제무역거래계약의 이행수단으로 이용된다.

② **선박보험**(Hull Insurance) : 선박을 보험목적물로 하는 보험으로서 선박의 관리 및 운항 중에 멸실이나 훼손 또는 선박을 보존하기 위하여 지출된 경비 및 선박으로부터 발생한 책임손해가 있는 경우 이러한 손해를 보험조건에 따라 보상하여 주는 보험이다.

③ **운임보험**(Freight Insurance) : 운임을 대상으로 하는 보험으로서 선하증권이나 운송계약서에 화물을 목적지에서 화주에게 인도하지 못한 경우 운송인 등이 운임을 청구할 수 없도록 약정하고 있는 경우에 그로 인하여 운송인 등이 입은 손해를 보상하여 주는 보험이다.

④ **희망이익보험** : 수입한 화물이 사고 등으로 인하여 도착하지 못함으로써 화물을 인수하지 못했을 때 이로 인하여 기대하였던 이익을 얻지 못하게 된 부분을 보상받기 위하여 가입하는 보험으로 일반적으로 화물가액의 10%를 희망이익으로 보험에 가입하게 된다.

⑤ **배상책임보험**(Protection & Indemnity Insurance, P&I보험) : 선주책임상호보험이라고도 한다. 선주가 선박을 소유하고 운항하는 과정에서 발생하는 제3자에 대한 손해배상을 담보해 주는 배상책임보험이다. 선주들이 자신의 위험을 담보하기 위한 공제조합과 같은 성격의 보험이다.

(3) 해상보험의 담보조건

보험가입시 어떤 형태로 발생된 손해에 대하여 배상을 해 줄 것인가에 대한 조건을 말하는 것으로서 이를 담보조건이라고 하며, 담보조건에 따라 보험료도 달라진다. 각 종류별 담보조건은 런던보험업자협회에서 정한 협회적하약관(ICC : Institute Cargo Clause)의 조건을 적용한다. 이 담보조건은 1982년까지 적용되어 오던 구 약관과 이후 제정된 신 약관이 있으며, 우리나라에서는 1983년 3월 1일부터 구 약관과 신 약관을 병용하고 있다. 신·구약관은 그 내용은 유사하나 신 약관이 담보범위를 명확히 하고 있다는 차이가 있다.

① 구 협회약관

조 건	내 용
전손담보조건 (Total Loss Only : T.L.O)	전손이 발생했을 때만 보상을 해주는 조건의 해상보험을 말한다. 실제로는 자주 사용하지 않는 조건이다.
분손부담보조건 (Free From Particular Average : F.P.A)	전손 및 공동해손 그리고 단독해손 중 폭풍우를 제외한 선박의 좌초, 침몰, 소실(화재)에 기인한 분손에 대해서만 보상을 해주는 담보조건을 말한다.
분손담보조건 (With Average : W.A)	전손, 공동해손은 물론이고 단독해손 가운데 폭풍우에 의한 피해까지 보상해주는 조건의 해상보험을 말한다. 실무적으로 WA 3%(With Average 3%)와 WAIOP(With Average Irrespective of Percentage)의 두 조건으로 보험을 인수하는데 WA 3% 조건은 악천후 등으로 야기된 손해가 3% 이상이어야 전액 보상하여 주는 조건이고, WAIOP는 그러한 손해가 발생되었을 때 공제 없이 보상하여 주는 조건이다.
전위험담보조건 (All Risk : A/R)	전위험담보조건이므로 면책위험 및 보험요율서상에서 제외되는 위험 이외의 일체의 손해를 보상하여 주는 조건이며 면책위험은 아래 표와 같다.

● 면책위험

- 피보험자의 고의 또는 악의적 비행
- 화물고유의 성질이나 하자로 기인된 손해(통상의 손해 또는 자연 소모 및 포장의 불완전에 기인된 손해)
- 항해의 지연에 근인한 손해 또는 비용
- 전쟁 및 동맹파업 폭동 소요 등의 위험으로 인한 손해

② 신 협회약관

조 건	내 용
ICC A (Institute Cargo Clauses A)	종래의 보험조건 중 전위험담보조건(A/R)과 유사한 보험조건이다. 피보험 목적물에 발생한 멸실·손상 또는 비용 일체를 담보한다. 단, 다음의 면책위험은 제외한다. • 일반면책위험 : 피보험자의 고의적인 불법행위, 통상적인 누손, 중량감소, 용적의 부족 및 자연적 소모, 포장불충분에 의한 손실, 보험목적물의 고유의 성질에 의한 손해, 지연에 따른 손해, 선주 및 용선자의 파산·지급불능, 원자력·핵융합 등의 반응 및 사용 • 불감항 및 부적합면책위험 : 선박의 운항불가에 의한 손해 및 안전운송에 부적당한 물품이나 합법적이지 못한 화물에 대한 손해 • 전쟁면책위험 : 단, 협회전쟁약관의 특약을 첨부한 경우에는 담보가능 • 동맹파업면책위험 : 단, 협회전쟁약관 특약을 첨부하였다면 담보가능

ICC B (Institute Cargo Clauses B)	구 협회약관 중 분손담보조건(W.A)과 유사하다. 다만 보험자가 부담할 담보위험을 구체적으로 열거하였으며, W.A에서 적용하던 면책비율은 적용받지 못한다.
ICC C (Institute Cargo Clauses C)	구 협회약관 중 분손부담보조건(F.P.A)과 유사하다. 다만 F.P.A조건이 적재된 화물의 좌초, 침몰, 대화재에 의한 경우를 제외하고는 단독손해를 담보하지 않는데 반해 ICC C에서는 약관에 열거된 위험에 대해서는 전손, 공동해손, 단독해손 모두에 대해 면책없이 담보한다.

제 4 절 연안해송과 카페리운송

1 연안해송

연안해송이란 국내의 항구 간을 운항하는 화물운송을 말한다. 도서지역이 많은 우리나라는 소형선박을 이용한 연안운송이 활발하게 이루어지고 있으나 재래선박과 낙후된 항만의 하역설비로 인하여 매우 비효율적으로 운영되고 있는 것이 사실이다.

그러나 연안해송은 육상운송에 비하여 속도는 느리지만 대형운송에 따른 경제성이 충분하여 유류, 석탄, 시멘트, 철자재, 대형기계류 등 일부화물에 대해서는 많이 활용되고 있다. 또한 최근에는 부산과 수도권 간의 컨테이너운송도 활발하게 추진되고 있으며, 경인운하의 개통으로 더욱 활성화되기를 기대하고 있다.

(1) 연안해송의 필요성

연안해송은 비단 경제적인 측면뿐만 아니라 다음과 같은 측면에서도 활성화를 추진할 필요가 있다.

① **운송비의 절감**: 컨테이너의 경우 공로운송에 비하여 35~45%가 저렴하다.

② **공로의 혼잡도 완화**: 경부축의 도로 혼잡도가 완화된다.

③ **철도운송의 한계 극복**: 경부선의 경우 이미 철도의 운송능력이 한계에 도달하였다.

④ **에너지 절약**: 우리나라는 에너지를 수입에 의존하고 있으며 수입된 에너지의 많은 부분이 운송에 사용되고 있다. 따라서 연안해송의 활성화는 에너지 절약에 크게 기여한다.

⑤ **남북 물자교류 활성화 대비**: 남북통일시 국내운송도 장거리화하여 남북 간의 연안해송의 경쟁력이 더욱 커질 것이다.

⑥ **도서지역에 대한 원활한 물자운송**: 도서지역이 많은 우리나라는 도서지역에 대한 신속하고 저렴한 물자 운송을 위하여 효율적인 연안해송이 절대적으로 필요하다.

(2) **연안해송의 장점**

① **물류비 절감형 운송수단** : 트럭 및 철도에 비해 운송비가 현저히 절감된다.

② **대량 화물의 국내수송에 가장 적합한 운송수단** : 시멘트, 철자재, 유류제품, 골재 등 대규모로 운송이 필요한 화물에 대해 가장 경제적으로 운송할 수 있는 운송수단이다.

③ **도서지역 생필품의 안정적 공급** : 도서지역 생필품의 안정적이고, 경제적인 공급을 위한 운송 수단이다.

④ **국가안보와의 관계** : 전쟁 발생시 전쟁물자를 원활히 운송할 수 있도록 하는, 안보에 절대적으로 중요한 역할을 한다.

⑤ **중요 원자재의 안정적 운송수단** : 무연탄, 시멘트, 철자재 등 대량으로 운송되는 원자재를 안정적으로 운송할 수 있는 운송수단이다.

◉ 운송수단별 운임비교(컨테이너)

구 분	연안해송	공로운송	철도운송
40' con't	상행 273,000(64.0) 하행 245,000(67.8)	426,000(100)	393,000(92.3)
20' con't	상행 234,000(67.8) 하행 196,000(56.8)	345,000(100)	269,000(70.8)
수송시간	27~28시간	8시간	10시간

◈ 구간은 수도권 ↔ 부산항, (　　) 안은 지수 자료 - 한국철도공사

(3) **연안해송의 문제점**

연안해송은 트럭운송이나 철도운송에 비하여 일반적으로 다음과 같은 문제점(약점)이 있다.

① **운송시간이 긺** : 일반적으로 국내 연안선들은 시속 10노트 정도로 운항하며 부산 ↔ 인천 간 약 25~30시간의 운항소요시간과 양 항만에서의 하역시간 등을 감안하여 2일이 소요된다.

② **운송단계의 복잡성** : 철도운송과 같이 물류센터에서 항만까지, 항만에서 물류센터까지의 소운송이 필요하다.

③ **화물의 환적에 따른 화물의 안전성 문제** : 양 항만에서의 하차, 선적, 양하, 상차의 작업과정으로 화물의 파손·분실문제가 발생한다.

④ **운항횟수의 부족** : '화물운송량의 부족 ⇨ 운항횟수 부족 ⇨ 이용의 기피현상'으로 이어진다.

⑤ **소량운송화물은 시간·비용면에서 불리** : 해상운송은 대량운송수단으로서 많은 양의 화물을 운송함으로 인하여 상하역시간이 많이 소요된다. 따라서 소량의 화물을 운송의뢰하는 경우에도 해당 선박의 선적이 완료되어야 출항이 가능하여 시간과 비용이 많이 소요된다. 특히 카페리선의 경우 박스당 운송요금은 5천원~1만원 수준이다.

⑥ **기상에 따른 운항불가 사유 빈발** : 연안해송에 이용되는 선박은 중소형선박으로 기상여건에 따라 운항을 하지 못하는 일수가 많다.

(4) 연안운송사업 관련 문제점

우리나라 연안운송사업의 운영상의 문제점은 다음과 같다. 근본적으로 운송거리가 짧아 육상운송에 비해 경쟁력이 떨어지고 있는 상황에서 다음과 같은 운영상의 문제점은 연안운송으로의 전환을 더욱 어렵게 하고 있다.

① **선박의 운항경제성 저하** : 다음과 같은 이유로 국내 연안해운업계의 경제성이 매우 낮은 것이 현실이다.

　　㉠ 규모의 영세성 : 국내 연안운송업체의 평균 선박보유는 2.2척, 척당 평균선형은 734톤, 전체 업체의 73%가 자본금 3억원 이내의 중소기업이다.

　　㉡ 중고선 도입제한 : 운송원가를 낮추기 위해 중고선을 도입하여 연안운송을 하는 것이 바람직하지만 해상안전사고를 예방하기 위하여 건조 15년 이상된 중고선의 도입은 금지되어 있다.

　　㉢ 선박확보자금 지원 부족 : 선박건조 및 중고선 도입을 위한 자금의 저리지원이 필요하나 재원이 절대적으로 부족하여 이자부담이 높은 수준이다.

　　㉣ 연안선에 대한 세제혜택 전무 : 연안해운에 대한 세제혜택이 전혀 이루어지지 않고 있다.

② **연안선원의 원활한 공급 애로** : 연안해운사의 경영악화로 선원의 처우가 나쁘고, 열악한 근무조건으로 안전운항을 저해하며, 항만의 선원 복지시설 및 편의시설이 부족하여 선원들의 사기가 극도로 낮은 상태로서 선원의 공급이 원활하지 않다.

③ **화주에 대한 해상운송전환에 따른 인센티브 부여 미흡** : 수입 컨테이너화물의 경우 절차가 복잡하고 서류준비에 많은 시일이 소요되기 때문에 화주들은 연안운송을 기피하고 있다.

④ **항만운영의 경직성, 비효율성** : 항만 입출항신고, 항만공사 시행허가 등에 장기간이 소요되고 절차가 번잡하고 도선 및 예선운영이 비효율적이다.

⑤ **시설 부족 및 기능 미비** : 연안해송 전용부두 시설이 부족하여 연안해송 물량처리가 곤란하다.

(5) 연안운송의 활성화 방안

연안해송이 활성화되기 위해서는 다음과 같은 정책들이 추진되어야 한다.

① **연안화물선 전용부두 건설** : 연안해송화물을 효율적이고 신속하게 하역할 수 있는 자동화설비가 갖추어진 전용부두의 건설이 필요하다.

② **유류, 시멘트, 철재 컨테이너 등의 전용선 투입** : 유류, 시멘트, 철재, 컨테이너 등 대량으로 운송되는 화물을 전문적으로 대량운송할 수 있는 대형, 전용선의 투입이 필요하다.

③ **영세한 규모의 연안해운업체의 구조 조정** : 영세한 연안해운업체들의 자율적 인수·합병 등을 통하여 대형화하고 효율적인 운영이 될 수 있도록 유도해야 한다.

④ **적정선박량 공표제 도입** : 선복의 과잉을 방지하기 위하여 선종별 적정선박량을 공표함으로써 시장의 진입에 대한 판단을 업계가 자율적으로 할 수 있도록 해야 한다.

⑤ **신규진입선박에 대한 선령제한**: 신규등록선박의 선령을 제한함으로써 중고선의 무분별한 진입에 의한 시장질서의 문란을 방지해야 한다.

⑥ **연안운송선의 등록기준 강화**: 선박 1척 이상이면 누구나 사업참여가 가능한 현재의 등록기준을 강화하여 업계를 대형화하고 운송능력도 상향조정하는 것이 필요하다.

⑦ **선박금융지원 강화**: 신규 선박건조자금의 저리지원으로 자금확보를 용이하게 하고 저리에 의한 운송원가를 낮출 수 있도록 적극적인 지원제도가 필요하다.

⑧ **연안해운에 대한 조세지원 정비**: 운송의 사회적 비용을 감안하여 연안해운과 같은 온실가스 배출 및 사회적 비용이 낮은 운송수단에 대해 사회적 비용의 저감 부분을 세금 또는 각종 지원금, 보조금 등으로 지원하는 제도가 필요하다.

2 페리(Ferry)운송시스템

(1) 페리운송의 의의

페리운송시스템이란 육지와 도서지역 간 또는 육지와 바다를 낀 육지 간을 운항하는 여객용선박에 승용차량 및 화물차량이나 철도차량을 동시에 선적하여 이동시켜주는 운송시스템을 말한다. 초기에는 승객의 차량을 운송시켜주는 것이 주목적이었으나 점차 화물운송의 중요성과 페리운송의 장점이 인식되면서 페리선에 화물차량 및 철도차량을 선적하여 직접 운송하는 방법이 급속도로 증가하고 있다.

출발지 → 페리부두 → → 페리부두 → 출발지

(2) 페리운송의 운영방법

페리를 이용하여 화물자동차를 직접 운송하는 방법은 다음과 같이 4가지 방법이 이용되고 있다.

① **유인(有人)도선방법**(제1방법): 유인도선방법이란 화물자동차를 운전하는 기사가 직접 그 선박에 탑승하여 부두에 선박이 도착하면 직접 차량을 운전하여 운송하는 방식이다.

　㉠ 주로 단거리운송에 많이 이용된다.

　㉡ 양 항만에서 대량으로 차량을 출발 및 도착시킬 수 있는 운송사가 아니면 일반적으로 운전기사가 동승하여 도선한다.

② **무인도선방법**(제2방법): 차량만 선적한 후 목적지에 도착하면 다른 운전기사가 운행을 하는 방식이다.

　㉠ 주로 원거리지역을 운항하거나 다른 나라로 운항하는 경우에 이용하는 방법이다.

　㉡ 해당국에서의 입국절차에 따른 시간 지체 및 각종 교통법규 등에 익숙하지 않을 때, 또는 운전기사의 인건비 절감 등을 위하여 이용될 수 있다.

ⓒ 근거리운송에서는 운영대수가 많을 때 효율적으로 활용할 수 있다.

③ **무인트레일러방법**(제3방법): 무인도선방법과 유사하나 일반화물자동차를 도선시키는 방법이 아니라 화물을 적재한 트레일러만을 도선시키는 방법이다.

　㉠ 트레일러만을 도선시키기 때문에 견인차(트랙터)와 운전기사가 운항시간 동안 불필요하게 운휴하는 시간이 삭감된다.

　㉡ 트랙터가 도착지에서 운행함으로써 발생할 수 있는 각종 문제(운행허가, 타 운전기사의 운전에 따른 고장발생 등)를 방지할 수도 있다.

④ **Train−ship 피기백방법**(제4방법): 활발하게 이용되고 있는 방법은 아니나 철도운영회사가 철도운송을 활성화하기 위하여 양단의 페리부두에 인접하여 대규모의 철도역을 설치하고 피기백시스템에 의하여 운송된 트레일러나 화물자동차를 페리부두에서 카페리로 환적하고, 도착지에서도 차량을 하역 후 다시 철도를 이용하여 최종 목적지까지 운송하는 방식이다. 대량으로 화물의 이동이 발생하는 지역 간에는 운전기사의 인건비 및 견인차량의 고정비를 절감할 수 있어 매우 효율적인 운송방법이라고 할 수 있다.

(3) 카페리운송의 이점

기본적으로 카페리운송은 화물의 운송을 일반 해상운송방식에 의하여 처리해야 할 구간을 상하역작업을 하지 않고 차량과 화물을 하나의 화물로 간주하여 운송하는 개념임과 동시에 화물의 상하역작업을 Lift−on, Lift−out 방식이 아닌 Roll−on, Roll−off 방식으로 처리함으로써 운송에 많은 이점을 주고 있다.

① **상하역비 절감**: 카페리운송에서는 차량이 화물을 적재한 채 직접 배에 승선과 하선을 하기 때문에 화물 자체의 상하역작업이 필요 없게 된다. 따라서 별도의 상하역비가 발생하지 않는다.

② **신속한 운송**: 카페리운송에서는 차량이 직접 승선과 하선을 하기 때문에 하역시간이 많이 단축되고 따라서 운송시간이 단축된다.

③ **화물의 안전성 향상**: 부두에서 별도의 화물 상하역작업이 없기 때문에 화물의 파손 및 분실가능성이 감소된다.

④ **운행거리 단축**: 도서지역이 아닌 협만(峽灣; 좁은 바다로 구분된 육지)지역을 운항하는 카페리선의 경우에는 차량으로 원거리로 돌아 운행하는 비효율성을 제거하고 직선거리로 운항을 함으로써 전체적인 운행거리와 시간을 단축하게 된다.

⑤ **차량의 고정비 절감**: 무인트레일러방식에서는 견인차를 승선시키지 않고 타 화물운송에 투입함으로써 견인차량의 고정비를 절감할 수 있게 된다.

⑥ **차량 운전기사 인건비 절감**: 모든 무인도선방법에서는 운전기사가 승선하지 않기 때문에 선박의 운항시간 동안 운전기사는 다른 운송업무를 수행할 수 있게 되어 결국 인건비를 절감할 수 있게 된다.

⑷ **페리운송의 종류**

① **차량페리** : 페리선 중 주로 승객과 일반화물, 일반승용차 및 화물차량을 적재하고 운항하는 페리를 말한다.

② **열차페리** : 페리선 중 철도화차를 적재하고 운항할 수 있는 특수 설비를 갖춘 페리선을 말한다. 선박 안에 화차가 진입할 수 있는 레일이 설치되어 있으며 부두와 선박을 유연하게 연결시킬 수 있는 특수한 설비들이 요구된다. 대량으로 화물이 이동되는 지역 간에 이용되며 우리나라도 인천 및 평택항과 중국 간에 열차페리가 검토되고 있다.

　　◈ **열차페리의 장점**
　　　1. 수출입화물의 운송 소요시간 단축
　　　2. 물류처리 단계의 삭감(상하역)
　　　3. 화물의 안전성(파손, 도난 등) 향상
　　　4. 화물 포장비 절감
　　　5. 일관운송시스템 실현

⑸ **페리운영현황**

① **국내 카페리** : 국내에서 화물자동차를 운송할 수 있는 페리는 주로 제주지역과 주요 항만을 연결하는 노선이 운영되고 있다. 많은 항만지역에서 카페리라는 명칭으로 선박운송사업을 하고 있으나 주로 승객과 승용차를 운송하는 형태이고 화물자동차의 운송은 인천항, 목포항, 완도항, 부산항과 제주 및 서귀포항을 연결하는 노선만이 개설되어 운항되고 있다.

② **해외 카페리** : 해외 카페리는 이미 부산과 주요 일본항만 그리고 인천, 평택항 등과 중국의 동안지역에 운항되고 있다.

▋▋ 3 모달 쉬프트(Modal Shift)

⑴ **모달 쉬프트의 의의**

모달 쉬프트란 현재 운송하고 있는 운송수단을 보다 효율적이고 경제적인 수단으로 전환시키는 것을 말한다. 즉, 화물자동차운송에서 철도나 해송으로, 철도운송에서 해송으로 전환하여 운송하는 것을 말한다.

⑵ **모달 쉬프트를 추진하는 이유**

철도나 해상운송을 함으로써 다음과 같은 이점이 있다.

① **대량운송수단에 의한 저렴한 운송** : 대량운송수단에 의한 에너지의 절감과 저렴한 국가물류비를 실현시킨다.

② **도로교통체증의 완화** : 도로교통의 체증을 완화하여 사회적 비용을 경감시킨다.

③ **환경오염 방지 및 온실가스 배출 억제** : 운송단위당 에너지 사용을 억제함과 동시에 매연, 먼지, 아황산가스 등의 환경오염물질의 배출을 억제하고 온난화의 주범인 이산화탄소 배출을 억제시킨다.

(3) 원활한 모달 쉬프트를 위한 조건

① **운송수단의 속도 개선**: 물류의 속도가 중요해지고 있는 것에 맞춰 보다 신속한 상하역 및 운송이 이루어져야 한다.

② **철도 및 항만의 하역시설 현대화**: 하역비의 감소 및 신속한 하역을 위하여 철도역 및 항만의 하역설비의 현대화가 이루어져야 한다.

③ **철도 및 항만에 효율적인 화물집배시설**(콘솔작업용) **설치**: 중·소량의 화물도 원활하고, 저렴하게 철도 및 선박을 이용할 수 있도록 효율적인 집배시설이 필요하다.

④ **Unit Load System의 정착**: 신속하고 저렴한 하역작업과 화물의 안전성 증대를 위하여 팔레트 및 컨테이너를 이용한 운송이 정착되어야 한다.

⑤ **운송빈도의 증대**: 원하는 시간에 발송할 수 있도록 철도 및 선박의 운행빈도가 증대되어야 한다.

04

실전예상문제

01 선박의 안정을 유지하기 위하여 적재하는 중량물을 말하며 이전에는 모래, 자갈 등을 사용했으나 지금은 일반적으로 해수를 사용하는 것을 뜻하는 용어는?

① Ballast　　　　　　② Anchor　　　　　　③ Davit

④ Bilge Keel　　　　　⑤ Derrick Boom

> **해설** Ballast는 배의 균형을 잡기 위해 적재하는 모래, 자갈, 해수 등을 말한다. 현재는 주로 해수를 사용하며, 이 해수를 담은 장소를 Ballast Tank라고 한다. Anchor는 바다에서 배를 고정시키는 닻, Davit은 닻을 올리고 내리는 기둥, Bilge Kneel은 배가 좌우로 흔들리지 않도록 배의 양쪽에 붙인 날개모양의 부착물, Derrick Boom은 화물을 양하할 때 사용하는 기중기의 기둥을 말한다.

02 선박의 구조에 관한 설명으로 옳지 않은 것은?

① 발라스트(ballast)는 공선항해시 감항성을 유지 하기 위해 선박에 싣는 해수 등의 짐을 말한다.

② 전장(LOA)이란 선체에 고정적으로 붙어 있는 모든 돌출물을 포함한 뱃머리 끝에서부터 배 꼬리 끝까지의 수평거리를 말한다.

③ 데릭(derrick)은 선박에 설치된 기중기를 말한다.

④ 건현(free board)이란 선박이 운항 중에 물에 잠기는 부분을 말하며, 흘수선(draft)과 연결하면 선박의 깊이를 나타낸다.

⑤ 선체(hull)란 선박의 주요 부분 및 상부에 있는 구조물을 총칭하며, 인체의 등뼈인 용골과 갈비뼈인 늑골, 선창내부를 수직으로 분리해 주는 격벽 등으로 이루어진다.

> **해설** 건현(Free Board)은 선박의 선박 상갑판에서 수직으로 흘수(수명과 닿은 부분)까지의 길이를 말한다.

03 선박의 측면 또는 선미에 설치된 램프를 이용하여 트레일러에 의해 컨테이너를 싣고 내리는 하역방식은?

① Lo-Lo(Lift on/Lift off)방식　　　② Fo-Fo(Float on/Float off)방식

③ Ro-Ro(Roll on/Roll off)방식　　　④ Semi-Container방식

⑤ Full-Container방식

> **해설** RORO방식이란 지게차, 차량 등을 이용하여 직접 화물을 적재하는 방식이며, 선미 또는 선측의 Rampway를 이용한다. 주로 카페리선이나 자동차운반선(Car carrier) 등에 적용된다.

04 선박톤수에 관한 설명으로 옳지 않은 것은?

① 순톤수(Net Tonnage) : 여객 및 화물의 적재 등 직접적인 상행위에 사용되는 용적이며, 총톤수에서 선박의 운항에 직접적으로 필요한 공간의 용적을 뺀 톤수이다.

② 총톤수(Gross Tonnage) : 실제 화물을 실을 수 있는 톤수를 의미하는 것으로서, 순재화 중량 또는 운송능력이라고도 한다.

③ 재화중량톤수(Dead Weight Tonnage) : 공선상태로부터 만선이 될 때까지 실을 수 있는 화물, 여객, 연료, 식료, 음료수 등의 합계중량으로 상업상의 능력을 나타낸다.

④ 배수톤수(Displacement Tonnage) : 선체의 수면아래에 있는 부분의 용적과 대등한 물의 중량을 나타내는 배수량을 말한다.

⑤ 재화용적톤수(Measurement Tonnage) : 선박의 공간 중 실제 운송영업에 활용될 수 있는 공간의 크기에 의해 측정된 선박의 크기이다.

해설 총톤수는 선박의 전체 막힌 공간의 크기에서 운항을 위한 기관실, 안전과 위생을 위한 해도실 및 조타실, 조리실, 변소, 출입구 등을 제외한 크기를 말한다.

05 다음 용어에 관한 설명으로 옳지 않은 것은? ▶ 제17회

① 형폭(breath moulded)은 선체의 제일 넓은 부분에서 측정하여 외판의 한쪽 외면에서 반대편 외면까지의 수평거리로서 도킹시에 이용되는 폭이다.

② 던니지(dunnage)는 나무조각, 고무주머니 등으로 화물 사이에 끼워 화물 손상을 방지하기 위한 재료이다.

③ 흘수(draft)는 선박이 수중에 잠기는 깊이를 말한다.

④ 전장(length over all)은 선체에 고정적으로 붙어있는 모든 돌출물을 포함한 선수재의 맨 앞에서부터 선박의 맨 끝까지의 길이를 말한다.

⑤ 건현(freeboard)은 배의 중앙부 현측에서 갑판 윗면으로부터 만재흘수선 마크 윗단까지의 수직 거리이다.

해설 선박의 폭(너비)을 나타내는 방법은 전폭(Extreme Breath)와 형폭(Moulded Breath)이 있다. 전폭은 배의 가장 넓은 부분의 외판에서 외판까지의 너비이며, 형폭은 프레임(Frame)의 외측에서 외측까지의 너비를 나타낸다.

Answer 1. ① 2. ④ 3. ③ 4. ② 5. ①

06 선주가 속한 국가의 엄격한 요구조건과 의무부과를 피하기 위하여 자국이 아닌 파나마, 온두라스 등과 같은 국가의 선박 국적을 취하는 제도는?

① 톤세제도   ② 제2치적제도   ③ 편의치적제도

④ 선급제도   ⑤ 공인경제운영인제도

> **해설** 편의치적제도는 선박운항의 규제, 선원승선규제, 세금납부 등을 회피하고, 선박건조자금을 원활히 확보하기 위한 방법으로 이용된다.

07 선박의 편의치적에 대한 이점이 아닌 것은?

① 선박의 운항상의 제한 회피   ② 선원공급에 대한 제한 회피

③ 조세회피   ④ 금융상의 이점

⑤ 선박의 등록허가 제한 회피

> **해설** 어느 국가이든 일반적으로 선급검사를 통과한 선박이면 등록하는데 문제가 없다.

08 선박이 안전하게 항해할 수 있는 상태를 무엇이라고 하는가?

① 운항안전성   ② 선급제도

③ 감항성   ④ 운항보장성

⑤ 운항인증

> **해설** 감항성이란 선박이 안전하게 운항할 수 있는 상태로서 선박의 선체 및 각종 기기가 항해 및 하역 등에 문제가 발생하지 않을 정도로 갖추어져 있는 상태를 말한다.

09 다음은 만재흘수에 대한 설명이다. 바르지 않은 것은?

① 선박이 화물을 만재했을 경우 선박 정중앙부의 수면이 닿는 위치에서 배의 가장 밑바닥 부분까지의 수직거리를 말한다.

② 흘수선은 운항하는 지역에 따라 달라진다.

③ 선박은 안전항해를 위하여 만재흘수선까지만 화물을 적재해야 한다.

④ 「선박안전법」상 한국국적의 모든 선박은 흘수선을 표시해야 한다.

⑤ 흘수선의 표시방법은 국제해사기구(IMO)가 정한다.

> **해설** 「선박안전법」상 한국국적의 모든 원양 및 근해 운항선박과 선박의 길이가 12m 이상인 연안해운 선박, 여객선 및 위험물운송선박은 반드시 흘수선을 표시하도록 하고 있다.

10 다음 해상운송계약에 대한 설명 중 바르지 않은 것은?

① 크게는 개품운송계약과 용선계약으로 구분된다.

② 컨테이너운송은 주로 용선계약에 의하여 운송된다.

③ 개품운송계약은 일반적으로 공표된 운임(Tariff rate)을 적용한다.

④ 개품운송계약에는 하역비가 포함되어 있다.

⑤ 용선계약에 의한 운송은 주로 부정기선형태로 운항한다.

해설 컨테이너운송은 대부분 정기선사의 운항스케줄에 따른 개품운송계약으로 이루어지며 운임은 공표된 운임표(Tariff)를 기준으로 결정된다.

11 정기선 운송과 부정기선 운송의 특성을 비교한 것으로 옳지 않은 것을 모두 고른 것은?

구 분	정기선 운송	부정기선 운송
㉠ 형 태	불특정 화주의 화물운송	용선계약에 의한 화물운송
㉡ 운송계약	선하증권(B/L)	용선계약서(C/P)
㉢ 운임조건	FIO, FI, FO Term	Berth Term
㉣ 운임결정	수요공급에 의한 시장운임	공표운임(Tariff)
㉤ 운송인	계약운송인	공중운송인

① ㉠, ㉡, ㉢   ② ㉠, ㉢, ㉣   ③ ㉡, ㉢, ㉣

④ ㉡, ㉣, ㉤   ⑤ ㉢, ㉣, ㉤

해설 정기선의 운임은 Liner Term 또는 Berth Term이라고 하며, 운임에 하역비가 포함되어 있으나 부정기선은 선주와 계약에 따라 하역비 부담조건이 달라진다. 정기선 운임은 공표된 운임을 기준하여 상호협의에 따라 적용되며, 부정기선은 세계운송시장의 수요와 공급에 따라 결정된다. 따라서 정기선운송사는 공중운송인(Common Carrier)이라고 하며 부정기선사는 계약운송인(Contract Carrier)이라고 한다.

12 철광석, 석탄, 밀 등 컨베이어벨트로 선박의 선창 안으로 적재할 경우 화물이 선창 가운데에만 쌓이게 된다. 이 때 화물을 인력으로 골라주는 선창 내 화물고르기 작업을 가리키는 용어로 옳은 것은?

① Loading   ② Devanning   ③ Stuffing

④ Trimming   ⑤ Stowage

해설 항만에는 선박의 운항과 하역작업을 도와주는 많은 업종이 있다. 적재화물을 골라주는 Trimming업, 정박시 밧줄을 잡아주는 줄잡이업(Lining), 검량업, 검수업, 물품공급업, 세탁업 등이다.

Answer   6. ③   7. ⑤   8. ③   9. ④   10. ②   11. ⑤   12. ④

13 정기선 운송에 관한 서류와 설명이 옳게 연결된 것은?

> ㉠ 컨테이너 및 섀시 등에 대한 터미널에서의 기기 인수·인도 증명서
> ㉡ 선적완료 후 선사가 작성하는 적하목록으로 목적지 항별로 작성하여 대리점에 통보
> ㉢ 화주가 선사에 제출하는 운송의뢰서로서 운송화물의 명세가 기재되며 이것을 기초로 선적지시서, 선적계획, 선하증권 등을 발행
> ㉣ 본선과 송하인 간에 화물의 수도가 이뤄진 사실을 증명하며, 본선에서의 화물 점유를 나타내는 우선적 증거

① ㉠：Shipping Request, ㉡：Dock Receipt
② ㉠：Shipping Request, ㉢：Arrival Notice
③ ㉡：Dock Receipt, ㉢：Arrival Notice
④ ㉡：Dock Receipt, ㉣：Mate's Receipt
⑤ ㉢：Shipping Request, ㉣：Mate's Receipt

> **해설** ㉠은 기기수도증(E/R), ㉡은 적하목록(Cargo Manifest), ㉢은 선적요청서(Shipping Request), ㉣은 본선수취증(Mate's Receipt)을 말한다.

14 다음은 수출 FCL화물의 해상운송업무에 수반되는 문서의 일부분이다. 작성되는 순서대로 옳게 나열한 것은?

> ㉠ 화물인수예약서(B/N：Booking Note)
> ㉡ 기기수령증(E/R：Equipment Receipt)
> ㉢ 부두수취증(D/R：Dock Receipt)
> ㉣ 선하증권(B/L：Bill of Lading)

① ㉠ - ㉡ - ㉢ - ㉣
② ㉠ - ㉢ - ㉡ - ㉣
③ ㉢ - ㉠ - ㉣ - ㉡
④ ㉣ - ㉠ - ㉡ - ㉢
⑤ ㉣ - ㉠ - ㉢ - ㉡

> **해설** 송하인이 Shipping Request를 작성하면 선사는 선석의 여유를 확인하여 예약확인서(Booking Note)를 발급해 준다. 이후 적재된 컨테이너가 컨테이너터미널에 도착하여 게이트를 통과하면 기기인수도가 이루어지고(E/R) 이후 부두수취증이 발급된다. 이후 부두수취증과 선하증권을 교환하게 된다.

15 정기선운송에 필요한 서류에 관한 설명으로 옳지 않은 것은?

① 수화인수취증(B/N) : 선사 또는 대리점이 수화인으로부터 선하증권을 받아 대조 후, 본선이나 터미널에 화물인도를 지시하는 서류

② 기기수도증(E/R) : 육상운송회사가 선박회사로부터 기기류를 넘겨받는 것을 증명하는 서류

③ 본선적부도(S/P) : 본선 내의 컨테이너 적재위치를 나타내는 도표

④ 부두수취증(D/R) : 선사가 화주로부터 화물을 수취한 때에 화물의 상태를 증명하는 서류

⑤ 선적지시서(S/O) : 선사 또는 그 대리점이 화주에게 교부하는 선적승낙서

> **해설** 수하인수취증(Boat Note-B/N)은 수하인이 선사로부터 화물을 인수하였음을 확인해주는 서류이다. 수하인은 B/L을 제출하고 화물인도지시서(Delivery Order)를 발급받아 화물관리인에게 제출하여 화물을 인수한 후 D/O와 대조하여 이상이 없을 때 B/N을 발행한다.

16 컨테이너 화물에 관한 설명으로 옳지 않은 것은?

① LCL은 하나의 컨테이너에 만재되어 운송되는 화물을 의미한다.

② 컨테이너 하역시스템으로는 스트래들 캐리어 방식, 트랜스테이너 방식 등이 있다.

③ Feeder Charge는 지정된 항구에 도착한 후 Feeder선을 이용하여 최종목적지 인근 항만까지 운송해 주었을 때 부과되는 운임을 말한다.

④ CFS 또는 CY로부터 화물 또는 컨테이너를 무료장치기간(Free Time) 내에 반출하지 않으면 보관료(Storage Charge)를 징수한다.

⑤ 20ft 컨테이너 1개를 1TEU라 하며, TEU를 컨테이너 물동량 산출 단위로 이용한다.

> **해설** LCL(Less Than Container Load)화물은 하나의 컨테이너에 여러 명의 송하인의 화물을 혼재하여 운송하는 화물을 말한다.

17 컨테이너 한 개를 채울 수 없는 소량화물(LCL 화물)을 인수, 인도하고 보관하거나 컨테이너에 적입(Stuffing) 또는 적출(Unstuffing, Devanning) 작업을 하는 장소는?

① 컨테이너 야드(Container Yard) ② Container Transit Station
③ CFS(Container Freight Station) ④ 에이프론(Apron)
⑤ 보세창고

> **해설** LCL화물을 컨테이너화하는 장소를 CFS(Container Freight Station)라고 한다.

18 해상위험(Maritime Perils)의 종류를 해상고유의 위험(Perils of the Seas)과 해상위험(Perils on the Seas) 등으로 분류할 때 해상위험(Perils on the Seas)에 해당되지 않는 것은?

① 화재   ② 충돌
③ 투하   ④ 해적
⑤ 선원의 악행

> **해설** 해상고유위험은 바다라는 자연 및 자연현상에 의하여 발생하는 침몰(sinking), 좌초(stranding), 충돌(collision), 교사(grounding), 악천후(heavy weather) 등이 있다.

19 본선의 접안 시 줄잡이 역무를 제공하는 항만 운송관련사업은?

① Launching   ② Lining
③ Tallying   ④ Ship Cleaning
⑤ Bunkering

> **해설** 줄잡이용역업(Lining)은 선박이 부두에 정박할 때 부두와 선박을 안전하게 접안 및 고정이 되도록 붙들어 매는 밧줄을 잡아주거나 출항할 때 풀어주는 용역사업을 말한다.

20 다음은 정기용선 조건으로 선박을 용선하여 화물을 운송할 때 용선주가 부담하는 비용이 아닌 것은?

① 선원의 인건비   ② 도선료
③ 접안료   ④ 하역비
⑤ 연료비

> **해설** 정기용선의 경우에는 일정한 기간 동안 용선주가 용선한 선박을 자유롭게 운항을 하게 되므로 운항에 따라 변동되는 비용은 용선주가 별도로 부담하게 된다.

21 용선계약시 항구에서의 정박기간은 하역조건에 따라 달라진다. 다음 중 하역조건과 정박일수 계산에 대한 설명이 바르지 않은 것은?

① WWD조건이란 기상조건이 하역가능한 상태일 때의 날짜만을 정박일수에 포함하는 조건을 말한다.

② CQD조건이란 해당 항만의 관습적인 하역방법 및 하역능력에 따라 하역을 하는 조건으로서 일요일, 공휴일, 야간작업을 했을 경우에도 작업일수계산에 포함되지 않는다.

③ Running Layday 조건이란 정박시점부터 끝날 때까지의 모든 날짜를 하역가능일로 계산하는 조건이다.

④ WWD-SHEX조건이란 WWD조건 중 일요일 및 공휴일을 작업가능일에서 제외시키는 조건이다.

⑤ WWD-SHEXUU란 WWD조건 중 일요일 및 공휴일에 실제 작업을 하지 않았을 때만 작업 가능일에서 제외시키는 조건이다.

해설 CQD조건은 관습적인 하역방법 및 하역능력에 따르되 일요일, 공휴일, 야간작업 등을 작업기간에 포함할지 여부는 용선계약의 내용에 따른다.

22 다음은 해상운송화물의 보안에 관련한 법규 및 제도이다. 바르지 않은 것은?

① CSI는 미국에 반입되는 컨테이너를 검사하기 위해 미국의 각 항만에서 컨테이너를 검색하는 제도이다.

② C-TPAT는 반테러 민관파트너쉽으로서 미국의 수입자, 운송회사, 관세사 등을 포함하는 서플라이체인의 모든 당사자들이 가입되어 있다.

③ CIP는 위험물 컨테이너에 대한 국제해상위험물규칙(IMDG Code)의 준수 여부를 점검하는 제도이다.

④ MI(Megaport Initiative)는 미국으로 반입되는 화물 중 폭발물이나 핵무기와 같은 위험한 물체가 포함되어 있는지를 Screen하기 위한 프로그램으로, 외국 항구에서 화물을 검사하는 시스템이다.

⑤ AEO는 세계관세기구가 무역안전과 원활한 무역활동을 보장하기 위하여 제정한 무역안전 규정이다.

해설 CSI는 위험물질의 미국 내 반입을 차단하기 위하여 미국으로 반입되는 컨테이너를 출발항에서 검색하기 위한 시스템으로 전 세계 주요 58개 항만에 미국의 세관원이 파견되어 검색활동을 한다.

23 운송관련 국제기구에 관한 설명으로 옳지 않은 것은?

① 국제해운연맹(ISF) : 선주들의 권익보호와 선주들에 대한 자문을 목적으로 각국의 선주
협회들이 1919년 결성한 국제민간기구이다.

② 국제해법회(CMI) : UN경제사회이사회 산하의 경제위원회 중 하나이며, 아시아횡단 철
도망, 아시아횡단 고속도로망 등을 주요추진사업으로 하고 있다.

③ 국제선급협회연합회(IACS) : 각국 선급협회의 공통목적을 달성하고자 상호 협력하고 여
타 국제단체와의 협의를 위해 1968년에 결성되었다.

④ 국제해사기구(IMO) : 국제적 해사안전 및 해상오염 방지대책의 수립, 정부간 해운관련
차별조치의 철폐 등을 설립 목적으로 한다.

⑤ 국제해운회의소(ICS) : 각국의 선주협회들이 선주들의 권익옹호 및 상호협조를 목적으
로 1921년 런던에서 설립된 국제민간기구이다.

> **해설** CMI는 민간 해사관계자의 국내 해법회(海法會)를 회원으로 하여 구성된 민간단체로서 국제 해사사법
> 의 조사, 입법기관 역할을 한다.

24 카페리의 특징에 관한 설명으로 옳지 않은 것은?

① 생동물, 과일, 생선 등을 산지로부터 신속하게 직송하여 화물을 유통시킨다.

② 육상의 도로혼잡을 감소시킨다.

③ 상·하역비를 절감할 수 있다.

④ 컨테이너선에 비해 운임수준이 다소 낮아 매우 경제적인 운송수단이다.

⑤ 불특정 다수를 대상으로 사람과 화물을 동시에 운송할 수 있다.

> **해설** 사람뿐만 아니라 카페리는 배에 화물을 적재한 차량을 적재하고 운송할 수 있는 화객선의 일종이다.
> 차량이 직접 선박 안으로 진입하고 직접 나올 수 있기 때문에 신속한 상하역과 별도의 상하역비가 소
> 요되지 않는 장점이 있으나 운송비는 컨테이너선에 비하여 높은 편이다.

25 다음 중 해상보험의 담보조건 중 화주의 보험료부담이 가장 많은 것은?

① 전손담보조건

② 분손부담보조건

③ 분손부담 3% 조건

④ 분손담보 IOP 조건

⑤ 전위험담보조건

> **해설** 전위험담보조건은 보험요율표상에 명시된 전쟁 및 동맹파업 등에 의한 손해, 화물고유의 성질에 의한
> 사고, 피보험자의 고의나 악의적 비행에 의한 사고 등을 제외한 전 위험에 대하여 보상하므로 담보범위
> 가 넓고 보험료 수준이 높다.

26 다음은 선박에 대한 설명이다. 바르지 않은 것은?

① 화물선은 화물을 전문적으로 운송하기 위하여 건조된 선박을 말한다.

② 선박은 부양성, 적재성, 운반성이 확보되어야 한다.

③ 여객과 동시에 화물을 적재할 때는 여객 승선인원이 12명 이하이어야 화물선이라고 할 수 있다.

④ 기선의 경우 적재능력이 40톤 이하인 선박을 소형선박이라고 한다.

⑤ 상법상 선박이란 상행위 및 기타 영리행위를 목적으로 항해에 사용되는 선박을 말한다.

해설 소형선박이란 총톤수 20톤 이하의 기선 및 범선과 총톤수 100톤 미만의 부선을 말한다.

27 다음은 해상운송의 역할에 대한 설명이다. 바르지 않은 것은?

① 지하자원 등 대규모 자원을 필요한 국가에서 원활하게 확보할 수 있도록 한다.

② 조선업의 발전을 유발시키고 하역, 해상보험, 기타 물류산업발전에 많은 영향을 준다.

③ 군수물자의 원활한 조달을 가능케 하여 국방력을 강화시킨다.

④ 해상운임의 외국으로의 유출을 방지하고 운임수입을 통한 국제수지 개선을 가능케한다.

⑤ 소량의 고가화물을 신속하게 운송해 줌으로써 재고수준을 줄여준다.

해설 소량의 고가화물을 신속하게 운송해주는 운송수단은 항공기이다.

28 다음의 설명과 같은 선박을 무엇이라고 하는가?

> • 하역시 선원이나 선박 본체가 대기할 필요가 없다.
> • 대형선박이 접안하기 어려운 항만에 쉽게 접근할 수 있다.
> • 중량물이나 활대품을 용이하게 적재 및 운송할 수 있다.

① 바지 운반선

② 건화물선

③ 산화물선

④ 바지선

⑤ 예선

해설 바지선은 원동기가 설치되지 않는 선박으로 예선이 견인하거나 밀어서 운항한다. 주로 구조물이나 산화물을 운반하는데 사용된다.

29 다음은 FCL 컨테이너 운송절차이다. 순서가 바르게 연결된 것은?

① 선복신청 ⇨ 화물의 적입 ⇨ 컨테이너의 운송 ⇨ 부두수취증 수득 ⇨ B/L의 수득 ⇨ 선적

② 선복신청 ⇨ 컨테이너 배치 ⇨ 수출신고/허가 ⇨ 선적 ⇨ 부두수취증 수득 ⇨ B/L의 수득

③ 컨테이너 배치 ⇨ 화물의 적입 ⇨ B/L 수득 ⇨ 해상보험 가입 ⇨ 선적

④ 화물의 적입 ⇨ 수출허가 수득 ⇨ 컨테이너 운송 ⇨ 부두수취증 수득 ⇨ 선적 ⇨ B/L의 수득

⑤ 수출신고 ⇨ 컨테이너 배치 ⇨ 컨테이너 운송 ⇨ 부두수취증 수득 ⇨ B/L의 수득

> **해설** 일반적인 컨테이너 운송의 순서는 선복신청 ⇨ 컨테이너의 화주문전 배치 ⇨ 화물 적재 ⇨ 수출허가 또는 신고 진행 ⇨ 컨테이너 터미널까지 운송 ⇨ 부두수취증 수령 ⇨ B/L수령 ⇨ 선적 순으로 이루어진다.

30 다음은 정기용선계약서에 포함되어야 할 내용이다. 필요하지 않은 사항은?

① 용선료　　　　　　　　　　　　② 선주의 책임과 면책
③ 용선기간(Let and Hire Clause)　④ 운송해야 할 화물의 종류
⑤ 본선의 인도와 반선조건

> **해설** 정기용선은 용선주가 일정기간 동안 책임 운영하는 형태의 용선계약이다. 따라서 운송할 화물은 특정하지 않고 다만 안전운항을 위해 운송해서는 안 될 화물이 있을 경우 이를 명시하도록 한다.

31 다음 중 해상고유위험에 속하는 위험은 무엇인가?

① 억류　　　　　　　② 투하　　　　　　　③ 절도
④ 침몰　　　　　　　⑤ 화재

> **해설** 해상고유위험이란 바다의 자연적 위험으로 인한 우연한 사고 또는 재난을 말하며, 풍랑에 의한 침몰, 좌초, 충돌, 교사 등의 위험이 있다.

32 해상보험에서 보험사의 면책에 해당되지 않은 사항은 무엇인가?

① 피보험자의 고의 또는 악의적 비행
② 태풍에 의한 선박의 침몰
③ 화물고유의 성질이나 하자로 기인된 손해
④ 항해의 지연에 의해 발생한 손해 또는 비용
⑤ 전쟁 및 동맹파업 폭동 소요 등의 위험으로 인한 손해

> **해설** 태풍에 의한 선박의 침몰은 해상고유위험에 의한 손해로서 보험사의 면책이 되지 않는 손해이다.

33 다음 중 해운동맹의 장점에 해당되지 않는 것은?

① 선박의 운항이 빈번해지고, 규칙적이어서 무역거래가 편리해진다.

② 안정적 자본투자에 의한 서비스 개선을 추구할 수 있다.

③ 운임의 안정화에 의한 생산 및 판매계획 수립이 용이해진다.

④ 운임률이 경쟁에 의해 결정되기 때문에 공정한 거래가 이루어진다.

⑤ 합리적 배선에 의한 불필요한 낭비 방지 및 원가 절감이 가능하다.

해설 해운동맹은 동맹선사 간의 경쟁을 방지하고 운항의 효율성을 높이기 위해 정기선사 간 결성하는 카르텔의 일종이다. 따라서 운임은 동맹이 내부적으로 결정한 운임수준에서 결정된다.

34 해상운송시 위험화물의 운송에 관한 설명으로 옳지 않은 것은?

① IMDG 코드에서 위험물이라는 용어에는 이전의 위험화물을 담았던 세정되지 아니한 빈 포장용기는 포함되지 않는다.

② 위험물 선적 서류에 요구되는 위험물 명세정보에는 UN 번호, 품명, 급 및 등급, 포장 등급이 포함된다.

③ IMDG 코드에는 위험물을 여러 등급으로 구분하고 있는데 1급(class 1)은 가스종류이다.

④ 위험물은 종류와 수량에 따라 적정한 거리를 이격시켜 적재해야 한다.

⑤ IMDG 코드에 별도의 명문 규정이 없는 한 위험물이 충전된 모든 포장화물에는 그 화물의 위험성을 나타내는 표찰을 부착하여야 한다.

해설 위험물이라 함은 IMDG Code에서 정한 위험물질 뿐만 아니라 이 세정되지 않은 위험물질을 담거나 포장에 사용된 용기 등도 포함된다.

35 우리나라 연안해운의 활성화 방안에 관한 설명으로 옳지 않은 것은?

① 선사와 화주 간 지속적인 관계 개선 및 서비스 향상을 통한 진정한 의미의 상기용선 계약 체결이 필요하다.

② 연안 선사를 위한 실효성 있는 선박금융기법 개발을 통해 연안 선사의 경영합리화 추진이 필요하다.

③ 연안 해운은 육상운송수단에 비해 친환경적인 운송수단으로 세제상의 지원이 필요하다.

④ 현행 연안운송사업의 등록기준은 선박 3척 이상으로 규정되어 있어 등록 기준의 완화가 필요하다.

⑤ 선복량 과잉을 방지하고 적정 선박량의 유지를 위한 방안이 필요하다.

해설 선박등록기준의 완화는 연안해운선사의 난립을 초래하면서도 규모의 경제가 이루어지지 않아 채산성을 맞추기 어려운 상황이 되어 오히려 연안해운업의 발전을 저해하게 된다.

Answer 29. ① 30. ④ 31. ④ 32. ② 33. ④ 34. ① 35. ④

물류관리사
CERTIFIED PROFESSIONAL LOGISTICIAN

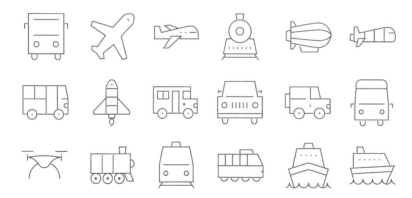

Chapter

05

항공운송

05 항공운송

| 학습목표 | 1. 항공기운송의 특징을 이해하고 화물운송에 항공을 적절하게 이용할 수 있는 지식을 습득하도록
한다.
2. 항공기의 구조와 탑재용기의 특성을 이해하도록 한다.
3. 항공운송의 절차와 항공화물운송장에 대하여 이해하도록 한다.

| 단원열기 | 항공운송은 가장 신속하고 안전한 운송수단이다. 작금의 물류서비스에 요구하는 신속성과 안전성을
잘 확보해주는 운송수단으로서 국제교역물자 운송에 그 이용이 급증하고 있으며 중요성도 높아졌
다. 항공운송 및 이용하는 화물의 특징, 화물적재방식 및 용기, 항공운송장과 B/L의 비교, 항공운송
관련 화물사고, 운임관련 부분이 자주 출제 된다.

제1절 항공운송의 이해

1 항공운송의 의의

항공운송(Air Transportation)이란 항공기의 항복(Plane's Space)에 승객, 우편 및 화물을 탑재하고
국내외 공항(Airport)에서 공로(Air Route)로 다른 공항까지 운송하는 운송시스템을 의미한다. 항
공운송은 해상운송이나 육상운송에 비해 최근에 도입된 운송시스템으로서 경제적 특성에 따라
가장 체계화된 유통시스템과 정보체계를 이용하여 물적 유통체제가 완벽하게 되어 있는 운송부문
이다.

(1) 항공화물운송의 특징

육상운송 및 해상운송에 비하여 다음과 같은 특징이 있다.

① **신속 · 정시성** : 항공운송은 해상운송에 비해 운송기간이 짧으며, 발착시간, 정시운항(On time
operation), 운항횟수(Frequency)에 의한 정시성을 서비스의 최우선으로 하고 있다.

② **안전성** : 항공운송은 운항시간이 짧고 운항의 정숙성이 높아 안전성이 높다. 따라서 일반포장
에 의해서도 수출입이 가능하다.

③ **경제성** : 운임면에서 항공운임이 해상운임에 비해 높다. 그러나 포장비, 보험료, 관리비손실
등 간접비와 배달시간, 정시성, 신뢰성 등 보이지 않는 비용을 감안한 종합비용면에서 볼 때
해상운송과 경쟁력이 있는 품목이 증가하고 있다.

④ **야행성**(夜行性) : 항공화물은 오후까지 운송할 화물을 모아서 야간에 항공기를 이용하여 아침까지 목적지에 도착시키는 운행방법이 관행화되어 있다. 이는 항공을 이용하는 화물은 소량의 긴급을 요하는 화물이 대부분이기 때문에 다수의 화물을 주간에 집화하여 야간에 운항하고, 다시 주간에 배달하게 된다.

⑤ **비계절성**(非季節性) : 주로 고가, 긴급, 소량의 화물이 이용되기 때문에 계절성 상품보다는 고정적이고 반복적으로 출하되는 화물들이 이용된다.

⑥ **편도성**(片道性) : 육상이나 해상운송에 비하여 편도운항이 대부분이며 귀로에 물량이 없다고 해도 할인판매를 하거나 물량이 확보될 때까지 항공기를 대기시킬 수는 없기 때문에 주어진 영업환경에 순응할 수밖에 없다. 따라서 생산과 소비특성에 따라 화물의 흐름이 편중되는 특성이 있다. 그러나 최근에는 이러한 문제를 확보하기 위하여 항공사들은 화물터미널을 설치하고 적극적으로 물량유치를 하고 있다.

(2) 항공운송사업의 특징

① **공공성이 강한 사업** : 장거리 여행자들의 발 역할을 하며, 소량, 고가수출입화물의 운송에 필수적인 수단으로서 노선의 인가를 받아 서비스를 제공하는 공공서비스이다.

② **거대 장치 산업** : 항공기 확보, 영업네트워크 구축, 조업장비 등 고정자산에 대한 투자가 많이 소요된다.

③ **낮은 생산탄력성** : 이미 확보한 운항노선에 따른 항공기 및 좌석 수, 화물적재공간 등은 승객수 및 화물의 양에 관계없이 운항을 하게 된다.

④ **파생적 수요** : 화물의 생산 및 판매와 여행 수요에 따라 운항의 수요가 증감하는 파생적인 서비스이다.

⑤ **차별화가 곤란한 사업** : 여객의 경우 좌석의 등급이 구분되어 있으나 화물의 경우 화물의 종류에 따른 적재칸이 구분되어 있을 뿐 운행속도의 차별화, 수요자의 요청에 의한 화물의 특별취급서비스 제공 등 차별화가 어렵다.

(3) 항공운송이 증가하는 원인

해상운송에 비해 운송임이 매우 높은 항공운송이 급속하게 증가하고 있는 이유는 다음과 같다.

① 고가품에 속하는 상품점유율의 증가

② 국제사회의 정보화추세에 따른 세계경제의 긴밀화 및 유행에 민감한 상품의 신속한 유통

③ 국제적 분업화의 가속화

④ 항공운송에 적합한 고부가가치 품목의 증가

⑤ 항공기의 대형화에 의한 운임의 인하

⑥ 화물전용기의 정기적 취항

⑦ 화물전용터미널의 건설 등

(4) 항공화물운송의 메리트

① 화주가 항공운송을 이용하는 이유

㉠ lower transit time : 신속한 운송에 의하여 상품 전달시간을 단축함으로써 기회비용(손실)을 최소화하기 위하여 이용한다(공장, 선박 등의 부품 조달, 납기가 촉박한 상품, 계절유행상품, 가격 변동이 심한 상품 등).

㉡ lower cost of holding goods in inventory : 상품이 재고로 묶여있음으로써 발생할 수 있는 손실(분실, 훼손, 진부화, 폐기, 변질, 가치상실 등)위험이 감소하는 이익(생선, 식료품, 생화, 생동물, 신문, 잡지, 서류 등의 지적자산 등) 때문이다.

㉢ improvement in the condition of carriage : 안전한 수송에 의하여 파손, 분실, 훼손의 위험이 감소하는 이익 때문이다.

② 화주가 얻을 수 있는 경영상 이익

> ㉠ 서비스 향상에 의한 매출 증대 : 해외고객에 대해서도 국내고객과 동일한 시간대에 판매
> ㉡ 생산설비의 가동률 향상 : 신속한 부품(고장)의 조달에 의한 가동중단사태 예방
> ㉢ 예측하지 못한 수요의 증가에 대처 : 해외고객에 대한 신속한 수요대처
> ㉣ 수송 중의 재고에 대한 자본비용 회피와 납기지연에 따른 해약사태 예방
> ㉤ 재고비용 및 보관비용의 절감

■ 2 항공기

(1) 항공기의 종류

① **여객기** : 항공기의 상부(Main Deck) 공간을 객실(Cabin)로 이용하며 하부공간인 Belly를 화물실로 이용하는 비행기이다.

② **화객혼용기** : 여객기의 객실을 격벽으로 막아 유니트화된 화물을 탑재할 수 있도록 설계된 비행기이다.

③ **화객전용기** : 화물실과 여객실을 상호 전용(轉用)할 수 있도록 Main Deck를 견고하게 설계하여 단시간 내에 전환이 가능하도록 만든 비행기(낮에는 여객용, 밤에는 화물용으로 이용가능)이다.

④ **화물전용기** : 항공기의 전 객실에 화물만 실을 수 있도록 설계된 비행기이다.

(2) 화물기의 화물탑재실

① 항공기(화물탑재실)의 구조

    ㉠ Deck : 항공기의 바닥이 2개 이상인 경우에는 deck에 의해 항공기 내부공간이 Upper Deck, Main Deck, Lower Deck로 구분된다. 특히 승객이 탑승하는 main deck를 cabin이라 한다.

    ㉡ Hold : 천장과 바닥 및 격벽으로 구성되어 여객과 화물을 운송할 수 있는 내부공간으로서 여러 개의 격실로 구성된다.

    ㉢ Compartment : Hold 내에 Station별로 지정된 공간을 말한다.

    ㉣ Section : 격실 중 단위적재용기(Unit Load Device : ULD)를 탑재할 수 없는 공간의 세부적 구분을 말한다.

    ㉤ Bay : 격실 중 단위탑재용기를 탑재할 수 있는 공간의 세부적 구분을 말한다.

◉ 화물전용기의 화물실 구조

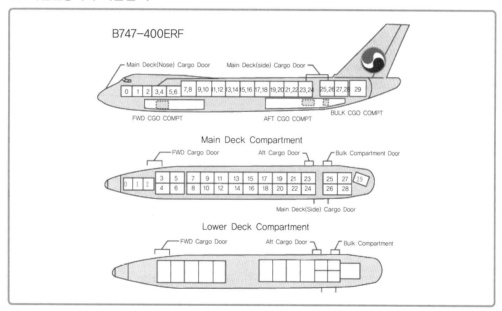

② 화물실의 종류

    ㉠ A, B급 : 온도 조절 및 환기가 되는 이상적인 화물실

    ㉡ C급 : 온도 조절은 안되나 환기 가능

    ㉢ D, E급 : 완전 밀폐된 장소로서 온도 조절, 환기 불가능

(3) 항공기의 중량

항공기에 관련된 중량은 항공기의 이·착륙과 안전한 운항을 위해 매우 중요한 사항이다.

중량 구분	내 용
자중(Empty Weight)	기체구조·엔진·고정장치·연료·윤활유 등 내부장비 무게의 합
기본운항중량 (Basic Operate Weight)	자중 + 구명조끼 등 긴급장비, 각종 규정집, 운항일지 등 표준 운항장비의 중량
운항중량 (Standard Operate Weight)	기본운항중량 + 승무원 중량과 부가장비를 더한 무게
유상탑재중량(Pay Load)	실제로 탑재한 여객·화물·우편물의 중량
허용중량 (Allowed Cabin Load)	해당 항공기에 적재 가능한 중량(출발 공항의 활주로 길이·표고·바람·경로·목적비행장 상황 등을 고려한 결정)
이륙중량(Take-Off Weight)	기본중량 + 유상탑재량 + 탑재연료
최대이륙 중량 (Maximum Take-Off Weight)	항공기가 이륙시 발생할 수 있는 모든 상황에서 이륙 가능한 최대 중량
착륙중량(Landing Weight)	이륙중량에서 운항 중 소비한 연료량을 뺀 중량

3 항공기 탑재용기

초기 항공화물의 운송은 인력에 의한 bulk 탑재가 이루어졌으나, 화물의 보호, 신속한 작업 및 안전한 취급, 특수화물의 안전운송, 항공사 간 연계운송, 지상하역작업의 기계화를 통한 합리화, 조업시간 단축에 따른 항공기 가동률을 높이기 위하여 팔레트나 컨테이너 등에 의한 단위적재용기(ULD : Unit Load Device)가 사용되고 있다. 항공기에 탑재되는 ULD의 규격은 IATA에서 정하고 있다.

(1) 팔레트

팔레트는 1인치 이하의 알루미늄 합금으로 만들어진 평판으로, 팔레트 위의 화물을 특정 항공기의 내부 모양과 일치하도록 적재작업한 후 망(Net)이나 띠(Strap)로 묶을 수 있도록 고안된 장비이다. 대부분의 팔레트는 국제항공운수협회가 제정한 표준규격에 의거 제작되고 있으며, 표준규격은 "88 × 108"와 "88 × 125"이다.

(2) 컨테이너

별도의 보조장비 없이 항공기 내의 화물실에 적재 및 고정이 가능하도록 제작된 용기로서 재질은 탑재된 화물의 하중을 견딜 수 있는 강도로 제작되어야 하며, 항공기 기체에 손상을 주지 않아야 한다.

(3) 이글루

유리섬유(fiber glass) 또는 알루미늄 등의 재질로 비행기의 동체 모양에 따라 만들어진 항공화물을 넣는 특수한 덮개로서 팔레트와 함께 사용되어 공간을 최대한 활용하도록 윗면의 모서리 부분이 둥근 형태로 고안되었다.

(4) 특수 ULD

특수화물의 운송에 적합하도록 고안된 ULD이다. 자동차운송용 Car Transporter, 말운송용 Horse Stall, 의류운송용 GOH(Garment on Hanger) 등이 있다.

◉ 항공기용 단위적재용기의 형태

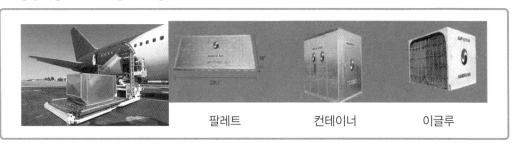

팔레트　　　　　컨테이너　　　　　이글루

4 항공화물의 탑재방식

항공기에 화물을 적재하는 방식은 일반적으로 다음 3가지 방법으로 이루어진다.

(1) 살화물적재방식

화물들을 팔레트나 컨테이너를 이용하지 않고 낱개로 적재하는 방식이다. 화물의 파손우려가 있으나 화물실 공간을 효율적으로 이용할 수 있다는 장점이 있다.

(2) 팔레트적재방식

화물을 팔레트에 적재한 후 그물이나 이글루로 고정시켜 적재하는 방식이다. 팔레트를 리프트로우더를 이용하여 탑재한 후 탑재실 바닥에 설치된 구름대를 이용하여 이동시킨다.

(3) 컨테이너적재방식

화물을 컨테이너에 적입하여 항공기에 적재하는 방식이다. 리프트로우더를 이용하여 탑재한 후 앞뒤로의 이동은 바닥에 설치된 전동식 롤러를 이용한다.

5 항공화물 지상조업 장비

항공기에 화물을 적재하거나 운송된 화물을 하역하기 위한 장비로서 다음과 같은 것들이 소요된다.

Transporter	화물이 적재된 ULD를 항공기와 터미널 간에 이동시키는 장비
Tractor	Dolly를 연결하여 견인하는 장비
Dolly	항공기와 터미널 간 ULD를 운반하는 장치로서 원동기가 없는 장치
Forklift Truck	터미널 및 공항 내에서 화물을 적재하는 데 사용하는 장비
Self-Propelled Conveyor	소형의 화물이나 수하물을 항공기에 탑재하거나 하역할 때 사용하는 컨베이어
High Loader	대형항공기에 ULD를 탑재할 때 사용하는 장비
Work Station	화물을 팔레트에 적재하거나 해체할 때 사용하는 설비
Tie-Down Equipment	운항 중 또는 이·착륙시 화물의 파손 및 위치이탈 방지를 위한 결박 장치

Transporter

Tractor

Dolly

Self-Propelled Conveyor

High Loader

Work Station

Forklift Truck

Tie-Down Equipment

제 2 절 　 항공운송의 이용

1 항공화물의 수출입 절차

(1) 항공화물 운송예약

① 항공화물에 대한 운송예약은 출발 6개월 전부터 할 수 있다. 일반적으로 항공화물대리점을 통하여 예약을 하고 있으며 항공사의 예약담당자는 해당 항공편에 탑재 가능 여부를 통보한다.

② 화주는 항공화물대리점에 필요한 서류(운송장과 수출입 신고서류 등)를 접수시키면 운송일정을 통보받을 수 있다.

③ 항공사는 예약을 통하여 판매가능한 공간에 대해서는 즉시 판매함과 동시에 Yield Management를 이용하여 수입극대화와 고객서비스를 제고한다.

> **보충학습**
>
> **Yield Management**
> 항공사 및 호텔 등과 같이 영업공간의 판매를 통하여 수익을 창출하는 기업들이 수익을 극대화하기 위하여 사전예약 일정별 할인율을 결정하는 경영기법으로, 과거 데이터를 이용하여 일정별 할인율을 조정함으로써 예약률과 예약단가 수준을 최대화하여 수익극대화를 추구한다.

(2) 항공화물 영업활동(항공화물 취급기관)

① **직접판매** : 항공사가 직접 화물영업부를 조직하여 판매활동을 한다. 이러한 직접판매는 다음과 같이 3가지 유형으로 영업활동이 이루어진다. 그러나 항공사는 대형거래처가 아니면 직접판매를 하지 않고 대리점판매를 위주로 영업활동을 한다. 아래의 판매방법은 대리점의 경우도 동일하다.

　㉠ Shipper sales : 수출업자(송하인)를 대상으로 영업활동을 하는 경우를 말한다. 주로 수출업자가 항공료를 부담하거나 수출업자에게 항공사 선택권이 있는 경우에 해당한다.

　㉡ Consignee sales : 수입업자(수하인)를 대상으로 영업활동을 하는 경우를 말한다. 수입업자가 Buying power를 가지고 있는 경우 수입업자가 지정하는 항공사를 이용하여 운송할 수 있다(이를 Nomination이라고 한다).

　㉢ Both end promotion : 수입업자와 수출업자 양측을 대상으로 한 영업활동으로서 가장 효과적인 방법이다.

② **간접판매**

　㉠ 대리점 판매(Agency selling) : 항공사와 대리점계약을 체결한 판매점에서 항공사를 대신하여 판매 및 집하활동을 하고 그 대가로서 항공사로부터 수수료를 받는 방법이다.
　　🔾 항공사의 운임표를 사용하며, 항공사의 항공운송장(Master AWB)을 발행한다.

ⓛ 혼재업자 판매(Consolidator) : 혼재업자란 독자적인 운송약관과 운임요금표를 정하여 운영하고 있으며 혼재업자의 명의로 화주와 운송계약을 한 후 항공사를 선택하여 운송하는 방법이다.

　　ⓐ 자체 화물운송장(Airway bill)을 발행한다.
　　ⓑ 화주와의 계약요금과 항공사의 계약요금의 차를 수입으로 한다.
　　ⓒ 화주와는 Kg당 요금을 받고 항공사와는 컨테이너 또는 팔레트당 요금을 지급하거나 항공사의 유휴스페이스 등을 활용하여 저렴하게 운송한다.
　　ⓓ 항공사의 입장에서는 혼재업자가 송하인이 된다.
　　　　◈ 해상운송에서의 Freight Forwarder와 동일한 역할

ⓒ 총판매대리점 판매 : 항공사가 일정한 구역을 정하여 독점적 영업권을 부여하고, 총판대리점은 다시 해당 지역 내에 자신의 대리점을 운영하면서 영업활동을 하는 방법이다.

ⓔ Interline 판매 : 항공사가 자신이 운항하지 않고 있는 노선이나 목적지로 운송해야 할 화물에 대해서도 해당 지역을 운항하는 항공사를 위하여 판매를 하고 수수료를 받는 방법이다. 이러한 Interline 판매는 IATA Multilateral Interline Traffic Agreement에 가입한 항공사들 간에만 가능하다.

(3) 항공수출화물의 흐름(처리절차)

① **항공화물운송계약의 체결** : 항공기를 이용하여 수출화물을 운송하고자 하는 화주는 항공사의 화물대리점 또는 포워더(혼재업자)와 운송계약을 체결한다.

② **화물의 픽업** : 화주로부터 항공화물대리점 또는 포워더(혼재업자)가 운송의뢰된 화물을 집하한다. 주로 주간에 픽업하여 야간에 발송한다.

③ **운송** : 항공화물대리점 및 포워더가 자신의 집하장에 수집한 화물을 보세운송차량을 이용하여 공항 내 세관구역으로 운송한다.

④ **세관반입 및 통관** : 보세운송차량에 의하여 세관구역으로 운송된 화물은 수출신고서와 운송장(Invoice)을 첨부하여 보세구역에 반입시키고 절차에 따라 세관의 통관절차를 밟는다.

⑤ **항공사 인계** : 통관절차를 마친 화물은 항공회사의 수출창고로 입고시킨다.
화물은 다음 3가지 타입으로 입고된다.

> ㉠ 대리점으로부터의 입고
> ㉡ 포워더로부터의 입고
> ㉢ 타 항공사로부터의 입고

⑥ **화물 및 운송장의 확인**: 입고된 화물에 대한 검사를 실시한다.

    ㉠ 화물검사: 화물의 수량, 포장상태, 특별취급화물 등을 운송장과 현품을 대조하여 이상 유무를 확인한다.

    ㉡ 서류검사: 운송장에 기록한 내용의 정확성 여부와 필요서류의 첨부 여부를 확인한다(안전포장증명서, 동식물검역증명서 등).

⑦ **출발편 준비**: Load Master에게 예약 및 입고된 화물의 내용을 통보하여 항공기 화물칸에 적재계획을 수립하도록 한다.

⑧ **탑재 준비**: 항공기에 화물이 탑재될 수 있도록 필요한 용기에 화물을 적입한다(컨테이너, 이글루, 팔레트 등).

⑨ **반출**: 반출계를 세관에 제출하고 ULD에 적입된 화물을 항공기 계류장으로 이동시킨다.

⑩ **탑재**: 해당 항공기에 화물을 탑재한다.

⑷ 항공수입화물의 흐름

① **하역을 위한 준비**: 화물의 안전한 하역과 운송을 위하여 하역기기 및 특별 운송보조용품 등을 준비한다(드라이아이스, 산소 등).

② **하역 및 이송**: 화물실에 탑재된 화물을 하역하여 지정된 장소로 이동시킨다.

> ㉠ 우편물 ⇨ 우체국
> ㉡ 수하물 ⇨ 세관여객검사장
> ㉢ 기타 화물 ⇨ 화물정리장

③ **화물의 확인 및 분류**: 하역한 화물과 적하목록을 대조하여 부족 여부, 파손유무를 확인한다.

④ **세관반입**: 통관을 위하여 보세창고에 입고시킨다.

⑤ **도착안내 및 운임계산**: 수하인에게 화물도착 사실과 착불운임 등을 계산하여 통보한다.

⑥ **운송서류의 인도**: 수하인으로부터 운임을 수수한 후 운송장 등 화물을 인수할 수 있는 서류를 인도한다.

⑦ **통관**: 항공사로부터 인수한 서류를 이용하여 세관에서 통관을 실시한다.

⑧ **운송**: 통관된 화물을 수하인의 물류센터로 운송한다.

2 전세 운송(Charter)

화주가 항공기의 전부 또는 일부의 선복을 전용으로 확보하여 자사의 화물을 운송하는 형태를 말한다. 정기편 운항을 Charter(Blocked off Charter)할 수도 있고, 임시편으로 Charter(Independent Charter)할 수도 있다.

(1) 차터 면허 조건

① 자국기를 우선적으로 사용해야 한다.

② 외국항공기를 사용할 경우에는 No Objection Fee(일종의 로열티)를 지불하는 조건으로 허가한다.

(2) 계약시 결정해야 할 조건

① 항공기 기종, 유상탑재 최대 중량과 부피, 운항일시, 이·착륙 예정 공항

② Charter료, 기타요금, 전세인의 취소료

③ 화물의 하역에 대한 지체금 조건

④ 편도운항조건 - 항공기를 빈 채로 운항하는 구간

3 항공운송 품목의 특성

항공화물로써 운송되고 있는 품목은 일반적으로 다음과 같이 분류할 수 있다.

(1) 급송을 요구하는 품목

① 긴급 수요가 발생한 것

② 물품의 성질상 단기간의 운송을 필요로 하는 것

③ 판매시기를 놓치면 상품의 가치가 없어지는 것

④ 여객의 별송품 등 급송을 요하는 것

(2) 중량에 비해 고액이고 중요한 품목으로 운임 부담력이 있는 것

귀금속, 미술품, 시계, 전자제품, 광학제품, 약품, 각종 부품, IC관련 기기, 컴퓨터, 통신기기 등 비교적 화물의 가격이 높아 높은 운임이 크게 부담되지 않는 화물은 항공운송을 이용한다.

(3) 항공운송수단이 다른 운송수단보다 싸거나 동일한 정도의 것

항공운송의 발달과 합리화 및 육상운송의 쇠퇴, 품목, 중량에 따라 동일구간에서도 항공운송을 택하는 쪽이 다른 운송수단을 택하는 것보다 오히려 직접 경비가 싸거나 또는 동일한 정도의 경우가 있는데 이러한 경우의 화물은 당연히 항공운송이 된다.

⑷ 마케팅 전략차원에 의한 것

현지 판매업자에 의한 과잉재고로부터 오는 가격하락의 방지 또는 경쟁상품보다 신속하게 공급하여 고객에 대한 서비스 체제를 강화하고 자사제품의 시장경쟁력을 높일 목적으로 항공운송을 이용한다.

⑸ 안전성과 확실성이 요구되는 것

보석, 미술골동품 등은 손상, 도난 등으로부터의 안전성·확실성을 필요로 하며 수송시간에 크게 좌우된다. 더욱이 용적 또는 중량단가도 매우 높은 탓으로 운임 부담력의 면에서 보더라도 접합성이 있다.

■ 4 특수화물의 종류와 취급요령

특수화물이란 화물의 접수, 보관, 탑재시 특별한 절차와 방법에 따라 취급해야 하는 화물을 말하며 화물별 취급요령은 다음과 같다.

화물 종류	취급방법
중량·대형화물 (Heavy/Out − Size Cargo : HEA)	• 중량화물은 포장단위 기준 1개의 중량이 150kg을 초과하는 화물 • 부피화물은 ULD size를 초과하는 화물
부패성화물 (Perishables : PER)	• 운송 중 가치가 손상될 수 있는 화물 • 우유, 버터 등 냉장식품, 화훼류, 냉장약품 등 • 보냉컨테이너를 이용해야 함.
귀중화물 (Valuable Cargo : VAL)	• 세관신고가격이 kg당 미화 1,000$를 초과하는 보석, 화폐, 유가증권 등 • AWB당 50만 달러를 초과하거나 항공기당 신고가격 총액이 800만 달러를 초과하는 화물 • 세관의 사전승인이 필요함.
생동물 (Live Animals : AVI)	• 살아 있는 생동물로서 도착시까지 생존해야 하는 화물 • 전 운송구간이 즉시 운송이 가능한 상태여야 함(예약확인). • 생동물에 대한 검역서, IATA규정에 의한 포장이 필요함. • 통과지점의 특별조치, 수하인의 즉시인수 조치 등이 필요함. • 운송장에는 "Nature and Quantity of goods"란에 생동물의 명칭 기재
위험물 (Dangerous Goods : DGR)	• 화물 자체의 속성으로 인해 화물의 상태변화에 따라 인명, 항공기, 기타 화물을 손상시킬 수 있는 화물 • 위험물은 일반화물과 별도로 특별취급해야 함.

█ 5 수입화물 사고의 종류와 처리요령

항공사의 책임기간 중 발생하는 상품가치의 손상 및 불편 등에 따른 화주에 대한 손해를 야기한 경우와 화물을 정상적으로 인계할 수 없는 상태를 화물사고라고 한다.

(1) 화물사고의 유형

사고유형		내 용
화물손상(Damage)		운송 도중 상품의 가치가 저하되는 상태의 변화(파손, 부패 등)
지 연	Short shipped(SSPD)	적하목록에 등록되어 있으나 항공기에 탑재되지 않은 경우
	Off load(OFLD)	출발지나 경유지에서 선복부족으로 의도적 또는 실수로 하역한 경우
	Over carried(OVCD)	하역지점을 지나쳐서 하역을 한 경우
	Short landed(STLD)	적하목록에 있는 화물이 도착하지 않은 경우
	Cross Labeled	• 실수로 라벨이 바뀌어서 부착된 경우 • 운송장번호, 목적지 등을 잘못 기재한 경우
분실(Missing)		• 화물의 행방을 알 수 없는 경우 • 탑재, 하역, 보관, 인계·인수과정에서 분실
Non-delivery		• 화물도착 후 14일 내 화주가 화물을 찾아가지 않은 경우 • 수하인의 주소 오류, 수하인이 화물인수에 필요한 비용이 없는 경우 • 수하인이 화물에 대해 무관심한 경우
Payment change		항공임이 선불(Prepaid)에서 착불(Charges collect)로, 착불에서 선불로 변경된 경우(송·수하인 상호 동의 필요)
Miss-application & Miss-calculation		화물의 운송에 관련한 각종 취급규정을 잘못 적용했거나 중량, 부피, 요금 등을 잘못 적용한 경우

(2) 운송인에 대한 손해배상청구

① 클레임의 청구기간 : 클레임의 제기나 통고는 규정된 기간 내에 서면으로 해야 한다.

사고의 종류	기 간
화물의 파손 및 손상의 경우	화물인수 후 14일 이내
화물의 도착지연	도착통지 수령 후 인수, 처분가능일 이후 21일 이내
분 실	항공운송장 발행일로부터 120일 이내

② 클레임에 필요한 서류

> ㉠ 항공운송장 원본 및 운송인 발행 항공운송장
> ㉡ 상업송장(Invoice) 및 포장명세
> ㉢ 파손, 지연 등에 따른 손실계산서와 클레임이 청구된 총 계산서
> ㉣ 지연으로 인한 손해비용명세서
> ㉤ 검정증명서

③ **인도불능 화물의 처리** : 수하인에게 인도가 불가능한 화물은 다음 절차에 따라 처리한다. 인도불능 화물이란 수하인이 수취를 거절하거나 도착 후 14일 이내에 수하인에게 인도가 불가능한 화물을 말한다.

㉠ 1차 출발지에 수하인의 정보에 대하여 재확인한다.

㉡ 정확한 주소로 도착사실을 재송부한다.

㉢ 7일 간격으로 3차에 걸쳐 도착통지를 한다.

㉣ 인도불능통지(Notice of Non-Delivery)를 송하인에게 보낸다.

㉤ 출발지점 운송장 발행 항공사 또는 집하대리점으로 송부한다.

(3) 항공운송 사고에 대한 바르샤바 조약 규정

① 운송인은 탁송수화물 또는 화물의 파괴, 멸실 또는 손상된 경우의 손해에 대하여서는 그 손해의 원인이 된 사고가 항공운송 중에 발생하였을 경우에는 이에 책임을 진다.

② 전항에 있어서 항공운송 중이란 수화물 또는 화물이 공항 또는 항공기 내에서 또는 공항 이외에 착륙한 경우에는 장소의 여하를 불문하고 운송인의 관리하에 있는 기간을 말한다.

③ 항공운송의 기간에는 공항 이외에서 행하는 육상운송, 해상운송 또는 하천운송의 기간을 포함하지 아니한다. 다만, 이러한 운송이 항공운송계약의 이행에 있어서 적재, 인도 또는 환적을 위하여 행하여진 경우에는 손해는 반증이 없는 한 모든 항공운송 중의 사고로부터 발생하는 것으로 추정된다.

④ 탁송수화물 및 화물의 운송에 있어서는, 운송인의 책임은 1킬로그램당 250 프랑의 금액을 한도로 한다. 다만 송하인이 수화물을 운송인에게 교부함에 있어서 인도시의 가액을 특별히 신고하고 또 필요로 하는 종가요금을 지급한 경우에는 그러하지 아니하다. 이 경우에는 운송인은 신고된 가액이 인도시 송하인에 있어서의 실제의 가치를 초과하는 것을 증명하지 아니하는 한, 신고된 가액을 한도로 하는 금액을 지급하여야 한다.

⑤ 여객이 보관하는 물건에 관하여서는, 운송인의 책임은 승객 1인에 대하여 5,000 프랑의 금액을 한도로 한다.

⑥ 전항에 기재된 금액은 순분(금의 함량) 1,000분의 900의 금의 65.5 밀리그램으로 이루어지는 프랑스 프랑에 의하는 것으로 한다. 그 금액은 각국의 통화의 단수가 없는 금액으로 환산할 수 있다.

(4) 항공운송 사고에 대한 몬트리올협약 규정

① 책임한도액

수화물의 경우 승객당 1,000 SDR, 화물의 경우 KG당 17 SDR. 단, 도착지 가액을 신고하고 종가요금을 지불하고, 신고된 가액이 도착지 가치를 넘지 않는 경우에는 신고된 가액을 한도로 한다(협약 제22조, 제23조).

② 면책사유

수하물이든 화물이든 손해가 물건 자체의 고유의 하자로 야기된 경우 운송인은 면책된다. 화물의 경우에는 손해가 포장불량, 전쟁, 공공당국의 행위로 야기된 경우에도 운송인은 면책(협약 제17조, 제18조)된다. 지연의 경우에는 동일한 면책사유가 적용된다(협약 제19조 단서).

▌6 항공화물운송장(Airway Bill : AWB)

(1) 항공화물운송장의 개념

항공화물운송장은 항공사가 화물을 항공으로 운송하는 경우 송하인과 항공사 간에 운송계약의 체결을 증명하고, 송하인으로부터 운송할 화물을 인수했다는 증거서류이다.

① 항공화물운송장은 육상운송에서의 '운송장' 및 '화물상환증', 해상운송에서의 '선하증권'에 해당하는 기본적인 운송서류이다.

② 항공화물운송장은 송하인이 작성하여 항공사(대리점) 또는 항공주선업체에 제출한다.
   ㉠ Master Airway Bill : 항공사가 화주나 항공주선업체에게 발행하는 운송장
   ㉡ House Airway Bill : 항공주선업체가 화주에게 발행하는 운송장

(2) 항공화물운송장의 기능과 성격

항공화물운송장은 운송계약에 관한 증거서류이자 운송화물을 인수했음을 증명하는 서류이다. 이 외에도 다음과 같은 다양한 기능을 가지고 있다.

① **운송계약서** : 송하인과 항공운송인 간에 화물운송계약이 성립되었음을 입증하는 운송계약서이다. 그러나 전체 운송장이 계약서는 아니며 제1원본(발행항공사용)과 제3원본(송하인용)이 운송계약서에 해당한다.

② **화물수취증** : 항공운송인이 송하인으로부터 화물을 수취하였음을 증명하는 수령증의 성격을 가지고 있다. 제3원본이 이에 해당된다.

③ **요금계산서 및 통지서** : AWB에 기재된 내용으로 운임이 계산되며(운송장에 운임이 기록됨), 목적지에 보내져 수하인이 화물의 내용과 운임, 요금을 대조하고 확인하는데 사용되는 통지서의 성격을 갖는다.

④ **보험계약증서**: 송하인이 AWB상에 보험금액 및 보험료를 기재하고 화물보험을 부보하였을 때는 보험계약서가 된다.

⑤ **수출입신고서 및 수입통관자료**: AWB의 부본(Copy)에 기록된 내용을 기준하여 도착지 세관에서 통관을 하게 된다.

⑥ **화물운송지시서**: AWB상에 운송·취급 및 인도와 관련한 지시사항을 기재할 수 있으며 항공사는 이 지시사항에 따라 취급할 필요가 있다.

⑦ **사무정리용 서류**: AWB의 각종 카피본을 이용하여 운임의 정산, 회계자료, 기타 사무정리용도로 활용한다.

⑧ **수하인에 대한 화물인도증서**: 수하인에게 화물을 인도하고 AWB의 카피본에 인수날인을 받음으로써 화물인도증서의 역할을 한다.

(3) 항공화물운송장의 법적 성질

① **유통성 문제**: AWB는 선하증권(B/L)과 유사한 역할을 하나 유가증권은 아니다. 즉, 유통성을 갖고 있지는 않다. AWB상에는 'Non Negotiable'이라고 표시되어 있다. 항공화물은 신속하게 운송되어 수하인에게 전달되기 때문에 군이 유통이 될 필요가 없기 때문이다.

② **지시증권 및 처분권**: 송하인이 운송인에게 운송계약의 이행에 필요한 세부사항에 대해 운송장을 통하여 지시를 한다는 뜻으로서 지시증권의 의미를 갖는다. 또한 송하인은 ㉠ 출발지 공항 또는 도착지 공항에서 화물을 회수하거나 ㉡ 운송 도중 공항에서 화물을 유치하거나 ㉢ 운송장에 기재된 수하인 이외의 자에게 화물을 인도하거나 ㉣ 출발지 공항으로 반송을 요구하는 등의 화물처분권을 가지며, 수하인은 도착지에서 항공화물운송장과 교부하여 화물의 인도청구권을 갖는다.

③ **증거증권**: AWB는 화물의 운송을 위탁하였음을 나타내는 증거증권 내지는 화물수령증에 불과하다.

④ **면책증권**: 항공사가 정당한 AWB 소지자에게 화물을 인도하면 그 책임을 면하는 면책증권이다.

⑤ **요식증권**: AWB는 엄격한 의미의 요식증권은 아니다. 반드시 AWB의 작성에 의해서만 운송계약이 성립되는 것이 아니며 기재내용이 불충분하더라도 그에 따른 불이익이 있을 뿐 운송계약이 무효화되는 것도 아니다.

⑷ 항공화물운송장과 선하증권의 차이점

항공화물운송장과 선하증권의 차이점은 다음과 같다.

항공화물운송장(AWB)	선하증권(B/L)
단순한 화물수취증	유가증권
비유통성	유통성
기명식	지시식(무기명식)
수취식(창고에 화물을 수취하고 발행)	선적식(본선 선적 후 B/L 발행)
송하인이 작성	운송인이 작성

⑸ 항공화물운송장의 양식

① 항공화물운송장은 3장의 원본과 6장 이상의 부본으로 구성되어 있다.

ⓐ 제1원본: 운송인용(송하인이 서명)

ⓑ 제2원본: 수하인용(송하인과 운송인이 서명 후 화물과 함께 송부)

ⓒ 제3원본: 송하인용(화물인수 후 운송인이 서명)

② 바르샤바협약의 규정에 따라 작성하며 일반적으로 IATA가 정한 표준양식을 사용한다.

7 국제항공기구와 조약

⑴ 국제 항공관련 기구

기구	역할
국제항공운송협회 (International Air Transport Association : IATA)	• 국제민간항공의 안전과 경제적 발전을 도모하고 항공사 간의 협력을 증진할 목적으로 1945년 설립(민간단체) • 항공운임, 운항, 정비, 정산업무 등에 관한 연구 • 민간항공사 간의 협력방안 추구 • 국제 민간항공기구 및 기타 국제기구와 협력
국제민간항공기구 (International Civil Aviation Organization : ICAO)	• 국제 민간항공의 안전성 확보와 항공질서 감시를 위한 정부 간 기관으로 유엔의 전문기관(1947년 발족) • 항공기의 설계나 운항기술의 장려 • 항공로, 공항, 항공보안시설의 발전 장려 • 항공기의 비행안전 증진
국제주선인협회연맹 (International Federation of Freight Forwarder Association : FIATA)	• 국가별 대리점협회와 개별대리점으로 된 국제 민간기구로서 1926년 발족 • 국제복합운송업계의 결속 • 국가 간 국제교역의 촉진활동

(2) 국제항공운송조약

① **공법관계조약** : 국가 간 합의로서 국제관습법이며 관계당사국 간의 국제법

조 약	내 용
1919년 파리조약	국가의 영공주권에 대한 규정
1944년 시카고조약	• 국제민간항공조약 • 국제민간항공에 관한 기본적인 공법관계 규정
1952년 로마조약	외국항공기가 지상의 제3자에게 입힌 손해에 관한 규정
1964년 도쿄조약	항공기 내에서의 범죄 등에 관한 조약

② **사법관계조약**

조 약	내 용
Warsaw Convention & Hague Protocol	• 항공운송이 국제교통수단으로서 적용되어야 할 국제법규와 여객이나 운송인에게 보장해야 할 최소한의 책임한도 규정 • 우리나라는 헤이그 프로토콜에 가입
Montreal Agreement	• 미국을 출발, 경유, 도착하는 항공사 간의 협정 • 항공운송의 책임한도를 $75,000(소송비 포함)로 정함. • 항공운송인의 책임을 절대주의원칙으로 정함.
Guadalajara 조약	항공기의 임대차 Charter와 관련한 조약
Guatemala 의정서	승객의 사상에 대한 절대책임, 책임한도액의 절대성, 한도액의 정기적 자동수정 등 바르샤바체계를 개정함.
Montreal 제1.2.3.4 추가의정서	바르샤바조약, 헤이그의정서, 과테말라의정서 등에서 표시한 통화단위를 IMF의 SDR(특별인출권)로 표시토록 정함.

8 항공운송화물의 상용화주제도

「상용화주제도」란 화주 또는 화물을 취급하는 대리점이 정부에서 정한 보안시설, X-ray 검색장비, 전문인력 등 일정 자격을 갖추었을 경우 공항 이외의 지역에서도 화물기에 실리는 화물을 자체 보안검색 또는 검사를 할 수 있도록 하는 제도로서 상용화주가 보안검색을 완료한 화물에 대해서는 공항 화물터미널에서의 보안검색을 생략하게 된다. 한편 상용화주 외의 화물은 항공운송업자가 보안검색 작업을 해야 한다.

(1) 기대효과

화주의 물류센터 및 대리점의 화물 취급시설에서 보안관련 조치를 사전에 완료함으로써 항공화물의 보안검색 활동의 효율성을 향상시키고 물류 흐름을 증진시킨다.

(2) 제도의 내용

구 분	내 용
적용범위	• 지방항공청장이 지정한 상용화주와 상용화주 화물을 운송하는 항공운송 사업자 • 차량 및 운전자에 적용
보안통제 책임	• 공항 이외 지역(항공운송업자 접수 전) : 상용화주 • 접수 후 : 항공운송업자
상용화주 인정 및 신청	상용화주의 지정기준을 갖춘 화주 또는 항공화물을 포장하여 보관 및 운송하는 자
운송절차 및 서류	• 자체적으로 보안검색 실시 • 「항공보안법」이 정하고 있는 운전자 및 차량을 이용한 운송 • 항공화물보안신고서를 작성하여 화물 인계시 제출
보안검색	• 상용화주가 인계하는 화물은 보안검색 면제 • 그 외의 화물은 운송항공사에서 보안검색 실시

(3) 상용화주 지정 기준

① 화물 검색장비
  ㉠ 여객기에 탑재하는 화물의 보안검색을 위한 엑스선 검색장비
  ㉡ 화물기에 탑재하는 화물의 보안검색을 검색장비로 하는 경우에는 엑스선 검색장비, 폭발물 탐지장비 또는 폭발물 흔적탐지장비

② 항공보안검색요원 : 2명 이상 확보

③ 항공화물의 보안을 위한 시설(모두 갖추어야 함)
  ㉠ 화물을 포장 또는 보관할 수 있는 시설로서 일반구역과 분리되어 항공화물에 대한 보안통제가 이루어질 수 있는 시설
  ㉡ 보안검색이 완료된 항공화물이 완료되지 않은 항공화물과 섞이지 않도록 분리할 수 있는 시설

④ 상용화주 지정 신청일 이전 6개월 이내의 기간 중 총 24회 이상 항공화물을 운송 의뢰한 실적이 있을 것

⑤ 그 밖에 국토교통부장관이 정하여 고시하는 항공화물 보안기준에 적합할 것

05 실전예상문제

01 항공운송으로 운송되는 화물에 관한 설명으로 옳은 것을 모두 고른 것은?

> ㉠ 긴급화물이나 계절적 유행상품의 운송에 적합하다.
> ㉡ 주로 대형, 장척(Lengthy)화물의 운송에 적합하다.
> ㉢ 생화, 동물, 영업 사무서류 운송에 적합하다.
> ㉣ 반도체나 휴대폰과 같은 부가가치가 높은 품목의 운송에 적합하다.
> ㉤ 일반적으로 계절성 화물들이 많이 이용한다.

① ㉠, ㉡, ㉢   ② ㉠, ㉡, ㉣   ③ ㉠, ㉢, ㉣
④ ㉡, ㉣, ㉤   ⑤ ㉢, ㉣, ㉤

해설 항공운송은 신속한 운송수단인 대신 매우 운송비가 높다. 따라서 주로 긴급한 운송이 필요한 화물, 부피가 적고 고가인 화물, 패션제품 등 유행을 타는 상품, 운송 중 상품의 손상우려가 큰 상품 등이 주로 이용된다. 농산물 등 일반적인 계절성 상품은 가격대비 운송비가 높아 이용하기가 쉽지 않다.

02 항공운송에 관한 설명으로 옳은 것을 모두 고른 것은?

> ㉠ 화물사고발생시 몬트리올협약상 화물 1kg 배상한도는 17 SDR이다.
> ㉡ ICAO는 항공화물운송장의 표준양식을 제정하고 있다.
> ㉢ 바르샤바협약은 국제간 항공운송으로서 운송계약상 발송지 및 복적지가 모두 체약국에 있는 경우 적용된다.
> ㉣ 화주가 항공운송인(실제운송인)과 항공운송계약을 체결한 경우 운송계약 체결의 증거로서 항공운송인은 화주에게 Master Airway Bill을 발행한다.
> ㉤ 항공화물운송장은 복수로 발행되며, 제1원본은 송하인용이다.

① ㉠, ㉡, ㉢   ② ㉠, ㉢, ㉣   ③ ㉠, ㉢, ㉤
④ ㉡, ㉣, ㉤   ⑤ ㉢, ㉣, ㉤

해설 항공운송에 관한 제반 규정은 IATA(국제민간항공협회)에서 규정하고 있으며, 운송장의 제1원본은 운송인용으로서 송하인이 서명하도록 되어 있다.

Answer   1. ③   2. ②

03 다음 중 항공운송의 특징이 아닌 것은?

① 운임의 절대적 경제성 　② 비계절성 　　　　③ 편도성

④ 야행성 　　　　　　⑤ 화물의 안전성

> **해설** 항공운송은 타 운송수단에 비해 절대적인 면에서는 운송비가 높으나 재고비, 포장비, 마케팅적 이점 등을 감안한 상대적인 비교평가에서는 경제성이 높다고 할 수 있다.

04 항공운송의 전세운송(charter)에 관한 설명으로 옳지 않은 것은?

① 전세운송은 IATA 운임(tariff)에 상관없이 화물, 기종 등에 따라 다양하게 결정된다.

② 전세운송은 항공사에 대해서도 항공기 가동률을 높이는데 큰 역할을 한다.

③ 전세운송을 위해서는 필요한 조치가 많다는 점과 상대국의 규정을 감안하여 시간적 여유를 두고 항공사와 협의해야 한다.

④ 항공사는 전세운송을 할 때 중간 기착지에 대해서도 해당 국가의 허가를 얻어야 한다.

⑤ 전세자가 사용하고 남은 공간은 전세자의 동의에 상관없이 누구도 사용할 수 없다.

> **해설** 대량으로 화물을 운송할 경우에는 화물전세기를 임차하여 운송할 수 있다. 화물전세기는 1회운송하는 데 항공기 전체를 빌리는 것이기 때문에 사전에 항공사와 협의하면 다른 화주의 화물을 함께 운송할 수 있다.

05 ULD(Unit Load Device)에 관한 설명으로 옳지 않은 것은?

① 신속한 항공기 탑재 및 하역작업으로 항공기의 가동률을 제고한다.

② 항공기의 적재 위치별로 내부공간이 달라도 동일한 항공기 내에서는 하나의 형태를 갖는다.

③ 항공화물운송에 사용되는 컨테이너, 팔레트, 이글루 등 항공화물 탑재용구의 총칭이다.

④ 외면표기(markings)는 IATA의 규정에 의해 ULD Type Code, Maximum Gross Weight, The Actual Tare Weight를 반드시 표기하도록 하고 있다.

⑤ 항공기 간의 호환여부에 따라 Aircraft ULD와 Non-Aircraft ULD로 구분한다.

> **해설** 항공기의 ULD는 IATA의 표준규격이 있기는 하나 적재효율성을 위하여 항공기의 구조상 적재하는 위치에 따라 규격과 형상이 다르다.

06 항공운송에서 탑재용기(ULD)를 사용하는 목적이 아닌 것은?

① 복합일관운송의 실현
② 화물의 파손방지 등 안전한 운송
③ 신속한 적양하작업
④ 항공기의 적재효율성 향상
⑤ 화물의 특성에 맞는 적재공간의 효율적인 확보

해설 항공기용 팔레트나 컨테이너는 항공기의 규격에 맞게 제작되고 소형으로 제작되며 형태가 다양하기 때문에 복합일관운송이 곤란하다.

07 항공운송에 가장 적합한 화물은?

① 대량 화물
② 저가 화물
③ 원자재 혹은 반제품
④ 신속 배송을 요구하는 고가의 화물
⑤ 부피에 비해 무거운 화물

해설 항공운송은 신속, 정확, 안전한 운송수단인 반면 고가의 운송수단이다. 따라서 운임부담력이 높은 고가의 화물과 신속성이 요구되는 화물의 운송에 적합하다.

08 항공화물운송장(AWB)과 선하증권(B/L)을 비교 설명한 것으로 옳지 않은 것은?

① 항공화물운송장은 화물수령증이고 선하증권은 권리증권의 성격을 가진다.
② 항공화물운송장은 송하인이 작성하는 것이 원칙이고 선하증권은 통상 운송인이 작성한다.
③ 항공화물운송장의 발행시기는 화물인도시점이고 선하증권은 선적 후에 발행한다.
④ 항공화물운송장과 선하증권은 각각 원본 2장을 발행하는 것을 원칙으로 한다.
⑤ 항공화물운송장은 수하인을 기명식으로 기재하여 발행되고 선하증권은 통상 지시식으로 발행된다.

해설 선하증권은 유통가능한 유가증권이기 때문에 1장의 원본이 발행된다. 그러나 항공운송장은 항공화물 수령증으로서 단순한 운송화물의 의뢰, 수탁, 인도를 증명하는 서류이기 때문에 송하인용, 운송인용, 수하인용의 3장의 원본과 각종 업무처리를 위한 6부 이상의 부본이 발행되며 작성자도 항공운송장은 송하인이, 선하증권은 운송인이 된다.

Answer 3. ① 4. ⑤ 5. ② 6. ① 7. ④ 8. ④

09 다음은 항공화물의 운송절차 중 일부이다. 수출 운송절차의 순서로 옳은 것은?

㉠ 운송장 접수	㉡ 화물반입 및 접수
㉢ 장치 통관	㉣ 적재
㉤ 탑재	

① ㉠ ⇨ ㉡ ⇨ ㉢ ⇨ ㉣ ⇨ ㉤　　　② ㉠ ⇨ ㉡ ⇨ ㉢ ⇨ ㉤ ⇨ ㉣
③ ㉠ ⇨ ㉡ ⇨ ㉣ ⇨ ㉢ ⇨ ㉤　　　④ ㉡ ⇨ ㉠ ⇨ ㉢ ⇨ ㉣ ⇨ ㉤
⑤ ㉡ ⇨ ㉠ ⇨ ㉣ ⇨ ㉢ ⇨ ㉤

> **해설** 일반적으로 항공화물은 소량으로 운송되기 때문에 항공운송대리점 또는 국제운송주선업체들이 화주
> 와 계약을 맺고 화물을 픽업하거나 송하인이 영업장 카운터에 운송을 의뢰하면서 운송이 시작된다.
> 송하인은 운송장을 작성하여 운송을 신청하고, 운송장과 화물을 대조하여 이상이 없으면 접수와 수탁
> 이 이루어진다. 수탁된 화물들은 도착지별로 구분 후 공항으로 이동되어 수출신고 및 통관을 하게 되
> 고, 항공사에 인계되어 ULD에 적재된 후 항공기에 탑재된다.

10 다음 중 항공화물 사고에 대하여 바르게 설명한 것은?

① 화물의 손상사고란 화물이 파손, 오손, 부패, 수량부족 등의 사고를 말한다.
② Over Carried 사고란 적하목록 미기재, 라벨 탈락, 잘못된 적재, 경유지에서의 Unloading, 목적지 오기재 등의 사고를 말한다.
③ Short land 사고란 도착해야 할 화물이 도착되지 않은 사고를 말한다.
④ Non-Delivery 사고란 화물이 분실되어 수하인에게 인계할 수 없는 사고를 말한다.
⑤ Miss-application & Miss-calculation 사고란 운임률이나 할인, 할증률을 잘못 계산한 사고를 말한다.

> **해설** 화물손상사고는 화물의 파손 및 부패, Over Carried는 목적지를 지나친 경우, Non-Delivery는 화주
> 가 화물을 찾아가지 않거나 각종 사유로 화물을 인계할 수 없는 경우, Miss-Application은 취급규정
> 을 잘못 적용한 경우를 말한다.

11 항공운송과 관련된 바르샤바조약과 헤이그의정서에서 규정하고 있는 이의신청기간에 대한 내용이다. (　　)에 알맞은 것은?

구 분	바르샤바조약	헤이그의정서
화물 훼손(Damage)이 있는 경우	7일 이내	(㉡)일 이내
화물 연착(Delay)이 있는 경우	(㉠)일 이내	21일 이내

① ㉠: 7, ㉡: 14　　　② ㉠: 14, ㉡: 14　　　③ ㉠: 7, ㉡: 21
④ ㉠: 14, ㉡: 21　　　⑤ ㉠: 7, ㉡: 28

> **해설** 헤이그의정서는 바르샤바조약을 보다 현실화하기 위해 1955년 보완한 것으로, 여객에 대한 보상한도
> 를 배로 높였고, 사고시 이의신청기간을 연장한 것이 주요 내용이다.

12 특수화물의 기준 및 취급에 대한 설명이다. 바르지 않은 것은?

① 화물의 단위중량이 150kg을 초과하는 화물은 중량화물로서 중량화물취급기준에 따라 처리해야 한다.

② 냉장식품과 화훼류 등은 냉장컨테이너를 이용하여 적재해야 한다.

③ 화물의 가격이 kg당 미화 10,000$을 초과하는 보석 등은 세관에 신고해야 한다.

④ 생동물은 검역서가 첨부되어야 하며 IATA가 규정하는 포장방법에 의해 포장이 되어야 한다.

⑤ 화물의 자연적인 상태변화로 인명, 항공기, 기타 화물에 손상을 줄 수 있는 위험물은 일반 화물과 별도로 특별취급해야 한다.

해설 세관에 신고해야 할 보석 등의 기준은 kg당 미화 1,000$ 이상이다.

13 항공화물을 확보하기 위한 영업활동 방법 중 자사의 항공기로 운송하기 위한 판매가 아닌 것은?

① Shippers 판매   ② 대리점 판매

③ 혼재업자 판매   ④ 총판대리점 판매

⑤ Interline 판매

해설 Interline 판매는 자사의 항공기가 취항하지 않는 지역에 대한 영업활동으로 확보한 화물을 제휴항공사를 이용하여 운송한다.

14 다음은 항공운송장과 선하증권에 대한 비교표이다. 바르지 않은 것은?

번 호	항공운송장	선하증권
①	단순 화물 수취증이다.	유가증권이다.
②	유통되지 않는다.	유통성이 있다.
③	소지인에게 인도할 것을 지시한다.	지명인 또는 소지인에게 인도할 것을 지시한다.
④	송하인이 작성한다.	운송인이 작성한다.
⑤	대리점 또는 포워더의 창구에서 작성	본선 또는 부두에서 화물을 인수 후 발행

해설 항공운송장은 기명식으로서 운송장에 기록된 수하인에게 화물을 인도해야 한다.

Answer   9. ①   10. ③   11. ②   12. ③   13. ⑤   14. ③

15 다음 중 항공화물운송장(AWB)의 기능으로 적절하지 않은 것은?

① 운송계약서 역할을 한다.

② 항공사 또는 포워더가 화물을 인수하였음을 나타내는 인수증 역할을 한다.

③ 수출입신고 및 통관을 위한 서류이다.

④ 보험계약서 역할을 한다.

⑤ 항공운송임에 대한 영수증 역할을 한다.

해설 항공운송장은 다양한 역할을 하고 있으나 운송임에 대한 영수증(세금계산서)은 별도로 발행된다.

16 다음과 같은 기능을 담당하고 있는 국제 항공운송관련 기구는 무엇인가?

> 국제민간항공의 안전과 경제적 발전을 도모하고 항공사 간의 협력을 증진할 목적으로 1945년에 설립된 민간단체로서 항공운임, 운항, 정비, 정산업무 등에 관한 연구, 민간항공사 간의 협력방안 추구, 국제 민간항공기구 및 기타 국제기구와 협력업무 등을 담당한다.

① ICAO   ② IATA   ③ FIATA
④ IMO   ⑤ UNTAD

해설 IATA는 민간항공사들이 회원으로 가입하는 민간단체이며, ICAO는 UN의 전문기관으로서 정부간 기관이며, 항공기의 설계운항기술, 비행안전 등을 장려하는 기구이다.

17 항공기의 중량에 관한 설명으로 옳지 않은 것은?

① 자체중량(empty weight)은 기체구조, 엔진, 고정 장비 및 내부 장비 등의 중량이다.

② 운항중량(operating weight)은 승무원, 엔진의 윤활유, 여객 서비스용품, 식음료 등의 중량이다.

③ 유상중량(payload)은 항공기에 탑재한 유상 여객, 화물, 우편물 등의 중량이다.

④ 착륙중량(landing weight)은 이륙중량에서 비행 중에 소비된 식음료 중량을 뺀 중량이다.

⑤ 이륙중량(take-off weight)은 항공기가 이륙할 때 총중량으로 최대이륙중량을 초과할 수 없다.

해설 항공기의 중량은 안전한 이·착륙 및 운항을 위해 매우 중요한 사항이다. 이중 운항중량(Operate Weight)은 사용가능한 연료와 유상하중을 제외하고 항공기 자체의 무게와 충분한 운항을 위해 필수적인 특정한 표준부속품, 승무원, 장비 및 보급품 등을 포함한 중량을 말한다.

18 항공화물 운송에 필요한 지상조업장비의 하나로 낱개의 화물을 항공기에 적재하거나 하역할 때 사용하는 장비는 무엇인가?

① 하이 로더(high loader)

② 포크리프트 트럭(forklift truck)

③ 트랜스포터(transporter)

④ 달리(dolly)

⑤ 셀프 프로펠드 컨베이어(self propelled conveyor)

해설 셀프 프로펠드 컨베이어는 차체에 컨베이어가 장착되어 있고, 차체의 동력을 이용하여 컨베이어를 작동시킨다. 따라서 셀프 프로펠드 컨베이어는 전기가 공급되지 않는 주기장에서 항공기에 낱개화물을 적재하거나 내릴 때 이용된다.

19 다음 중 상용화주제에 대한 설명으로 바르지 않은 것은?

① 상용화주 이외의 화주나 대리점 등이 항공운송을 의뢰하는 화물은 운송항공사가 보안검색을 실시하여야 한다.

② 상용화주로 지정받기 위해서는 화물에 대한 보안검색 설비를 갖추어야 한다.

③ 상용화주는 화물을 직접 생산 및 수출하는 기업이어야 한다.

④ 상용화주로 지정받기 위해서는 신청일 이전 6개월 동안 총 24회 이상 항공운송 실적이 있어야 한다.

⑤ 상용화주제에 의해 수출항공화물의 공항 내 처리시간이 단축된다.

해설 화물을 직접 생산·수출하는 기업뿐만 아니라 항공화물을 포장하여 보관 및 운송하는 물류사업자(국제물류주선업자) 등도 시설 등의 기준을 갖추고 지방항공청장의 지정을 받으면 상용화주로서 역할이 가능하다.

20 다음 중 항공 전세운송에 대한 설명으로 바르지 않은 것은?

① 계약시에 이용할 항공기의 종류와 화물의 중량 및 부피를 결정해야 한다.

② 자국기를 우선적으로 사용해야 한다.

③ 이용하는 공항이 사전에 결정되어야 한다.

④ 화물 적재 전에 차터료가 지불되어야 한다.

⑤ 전세운송은 항공기 전체를 전세 내어 운송해야 한다.

해설 전세운송은 항공기 1편 전체를 전세 내어 운송할 수도 있고, 항공기의 선복 일부를 전세 낼 수도 있다.

Answer   15. ⑤   16. ②   17. ②   18. ⑤   19. ③   20. ⑤

물류관리사

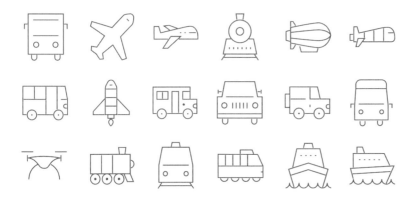

복합운송

복합운송

| 학습목표 | 1. 복합운송의 개념과 조건, 유형 등에 대하여 설명할 수 있다.
2. 복합운송인의 책임에 관한 내용을 설명할 수 있다.
3. 복합운송인의 역할과 혼재운송방법에 대하여 설명할 수 있다.

| 단원열기 | 복합운송은 2가지 이상의 다른 운송수단을 이용하여 보다 효율적으로 하나의 운송을 완성하는 운송방법이다. 대부분의 국제교역물자를 운송하는 경우에는 장거리운송으로서 2가지 이상의 운송수단이 결합되어 운송이 이루어지는 바 글로벌 경제체제하에서는 이러한 복합운송이 더 활발하게 이루어지고 있다. 대부분의 내용이 국제물류와 겹치기 때문에 화물운송론 부분에서는 가장 기본적인 사항에 충실하면 충분할 것이다.

1 복합운송의 개념

복합운송(Combined Transport)이란 복합운송인(Multimodal Transport Operator : MTO)이 화물을 자기 책임하에 인수하여 어느 국가의 한 지점에서 다른 국가에 위치해 있는 지정 인도지점까지 복합운송계약에 의거하여 해상, 내륙수로(inland waterway), 항공, 철도나 도로운송 등 여러 운송방식 중에서 2종류 이상의 운송수단을 사용하여 운송하는 것을 의미한다.

- 복합운송을 하는 이유는 보다 효율적인 운송을 위하여 추진한다.
- 2가지 이상의 운송수단이란 관할하는 법을 달리하는 2가지 이상의 운송수단을 말한다.

◉ 복합운송에 관련되는 사업자

구 분	종 류
운송업자 (carriers)	• 선주 · 항공사 · 육상(트럭)운송업자 • 내륙수로운송업자 · 철도운송업자
비운송업자 (non—carriers)	• 컨테이너 터미널 • CFS 또는 혼재창고 · 창고업자 • 컨테이너 임대회사 • 포장, 통관, 수출입수속, 외환거래 및 관련 수속 회사
기 타	은행 · 항만 · 보험회사 · 세관 · 외환관리기관

2 국제복합운송의 요건

국제복합운송이 되기 위해서는 단순히 국가 간 교역화물을 2가지 이상의 운송수단을 이용하여 운송하는 형태가 아닌, 보다 효율적인 운송이 되기 위하여 다음과 같은 요건을 갖추고 수행되어야 한다.

(1) 국제 간 운송과 단일계약

운송의 출발지와 도착지가 각기 다른 국가여야 하며, 운송업자와 하나의 운송계약과 책임하에 전 구간의 운송이 이루어져야 한다.

(2) 하나의 책임주체

여러 단계의 운송과 다양한 운송수단을 이용하더라도 전 운송구간에서의 운송 및 관련된 물류활동에 대한 책임은 계약운송업체인 1개의 기업이 지게 된다.

(3) 단일운임

전체 운송구간에 다양한 운송수단 및 운송인이 개입하고 다양한 작업단계가 이루어지더라도 운임은 운송구간별, 작업단계별로 구분되지 않고 하나의 운임으로 적용한다.

(4) 운송수단의 다양성

복합운송은 2가지 이상의 다양한 운송수단을 결합하여 하나의 운송을 완성하는 운송방법이다. 이때 2가지 이상의 운송수단이란 해당 운송수단을 이용한 운송사업을 관리하는 법규가 다른 경우를 말한다.

(5) 복합운송증권의 발행

복합운송의 인정 여부와는 별개의 문제이지만 복합운송계약의 성립요건으로서 복합운송증권이 발행되어야 한다.

3 복합운송의 효과

복합운송은 수출입화물에 대하여 혁신적인 운송기술을 도입한 합리적인 협동운송체제로서 적합한 운송경로를 제공하고 신속한 화물정보를 전달하여 총비용이 절감될 수 있게 함으로써 그 활용도가 날로 높아지고 있다.

(1) 화주 입장에서의 효과

① **화물의 안전성**: 복합운송은 컨테이너라는 밀폐되어 있으면서 화물이 손상당할 경우에 대비하여 매우 견고하게 제작된 특수용기에 의해 운송되므로 하역과정, 운송과정 및 보관과정에서 높은 안전성을 가지고 있다.

② **경제성** : 컨테이너화에 의한 복합운송은 컨테이너에 의한 화물의 단위화를 통하여 육·해·공 일관운송을 가능하게 함으로써 운송비, 하역비, 보관비, 포장비 등의 절감과 정보처리가 용이 하다. 또한 안전성에서 오는 보험료의 절감 및 신속한 운송에 따르는 자금의 빠른 회전에서 현저한 비용절감을 가져온다.

⊙ 컨테이너운송의 비용절감효과

절감항목	비용절감효과(%)	절감항목	비용절감효과(%)
운송비	10~20	노무비	40~70
포장비	25~70	보험료	45~75
하역비	10~40	–	–

③ **신속성** : 컨테이너 전용선은 속도면에서 재래선보다 30~40% 정도 빠르기 때문에 운송기간에 서 일반선에 비하여 40~50%까지 단축이 가능하다. 하역과정의 기계화, 자동화로 재래식 운송 방식에 비해 하역시간이 단축되고 선적시 필수적으로 따르는 복잡한 사무절차의 간소화와 선 적절차의 단축 등에서 여러가지 이익이 따른다.

④ **편리성** : 복합운송인과 Door to Door 운송계약을 체결하면 출발지에서 최종 도착지까지 모든 단계의 운송 및 화물하역작업 등을 복합운송인이 책임있게 수행한다. 따라서 화주는 발송 이 후에 이루어지는 다양한 물류활동에서 자유로워 질 수 있다.

(2) 운송인 입장에서의 효과

컨테이너운송에 의해 선박의 가동률 증대와 재래선보다 선적, 하역에 따르는 기계화의 영향으로 운항시간은 물론 항만에서의 정박시간이 단축되기 때문에 규모의 경제를 실현할 수 있게 됨에 따라 화물단위당 비용이 절감되고 기계화, 자동화에 따른 대폭적인 인건비 절감 및 대량화물의 신속한 취급으로 이익이 상승된다.

4 복합운송의 특성

(1) 운송책임의 단일성

복합운송은 복합운송인이 전 운송구간에 걸쳐 화주에 대하여 단일책임(through liability)을 부담 한다. 복합운송은 하나의 계약으로 다수의 구간운송행위가 결합되어 있으나 복합운송인은 자기명 의와 계산으로 송화인을 상대로 복합운송계약을 체결한 계약 당사자이다.

(2) 복합운송증권의 발행

복합운송인이 화주에 대하여 전 운송구간을 나타내는 유가증권으로서의 복합운송서류(combined transport B/L)를 발행하게 된다. 이러한 복합운송서류는 화주로 하여금 금융기관에서 금융의 편 의(negotiation)를 제공받을 수 있는 역할을 한다.

(3) 단일운임의 설정

복합운송인은 복합운송의 서비스 대가로서 전 운송구간에 대하여 단일화된 운임(through rate)을 부과한다. 전 운송구간에 대한 책임이 복합운송인에게 집중되어 있으므로 이에 대한 반대급부도 하나로 통합되는 것이다.

(4) 운송방식의 다양성

복합운송은 반드시 2가지 이상 서로 다른 운송방식에 의하여 이행되어야 한다. 이때 운송방식은 운송인의 다수가 중심이 되는 것이 아니라 운송수단의 종류가 문제가 되며, 이러한 운송방식은 각각 다른 법적 규제를 받는 것이라야 한다.

(5) 위험부담의 분기점

복합운송에 있어서 위험부담의 분기점은 해상운송에 있어서 선박의 난간(ship's rail)이라는 개념과는 달리 송화인이 물품을 내륙운송인에게 인도하는 시점이 된다.

(6) 컨테이너운송의 보편화

복합운송이 경제적으로 신속하고 안전하게 이루어지기 위해서는 운송되는 화물을 Unit Load화하여 표준화와 기계화를 통한 취급이 되어야 한다. 선박의 대형화와 하역장비의 대형·고속화는 컨테이너운송을 더욱 경제적으로 이루어지게 하여 국제운송에서의 보편적 수단이 되게 하였다.

5 복합운송의 종류

(1) 복합운송계약에 따른 분류

복합운송은 화주와의 계약관계에 따라 다음과 같은 형태가 있다.

① **하청운송**: 하청운송이란 최초의 운송인이 육·해·공의 다수의 운송구간에 관하여 운송계약을 체결하고, 후속의 운송인이 그 하청운송인으로서 그 운송계약의 이행에 관여하는 경우로, 최초 운송계약자가 운송의 전부 또는 일부를 다른 운송인에게 하청 또는 도급을 준 경우이다. 이때 하청운송인들은 원 운송인의 이행보조자에 불과하므로 각 하청운송인은 자신이 인수한 운송구간에 대해서만 최초 운송인에 대하여 중간운송서류를 발행하게 된다.

② **공동(동일)운송**: 각 운송구간에 참여하는 운송인들이 공동으로 운송계약을 체결하고 모든 운송구간에 대하여 연대하여 책임을 지는 운송방식이다. 선하증권도 참여한 운송사 모두가 서명한 공동일관복합선하증권으로 발행된다.

③ **순차(연계)운송**: 다수의 운송인이 통운송장과 함께 운송을 인수하는 형태로, 두 번째 이후의 운송인이 순차적으로 최초의 운송인과 송하인의 사이의 운송계약에 개입하고, 어느 운송인이나 전체 운송을 인수하는 것으로 인정하는 운송방식이다.

⑵ 운송주체에 따른 분류

자기가 운송수단을 직접 보유하고 있는지 여부에 따라 다음과 같이 분류한다.

> **│ 보충학습 ◑**
>
> **복합운송인**
>
> 복합운송인이라 함은 자기 또는 자신을 대리한 대리인을 통하여 복합운송계약을 체결하고 송화인이나 복합운송업무에 관여하는 운송인의 대리인 또는 그러한 사람에 갈음하여서가 아니라 주체로서 행위를 하고 계약이행에 관한 책임을 지는 사람을 말한다.

① **운송주선인형 복합운송인**: 선박, 트럭, 항공기 등 운송수단을 자신이 직접 보유하지 않고 다만 계약운송인(contracting operator)으로서 운송책임을 지는 형태이다. 이러한 유형의 복합운송인으로는 해상운송주선인(ocean freight forwarder), 항공운송주선인(air freight forwarder), 통관인(custom's clear), 컨테이너임대인 등이 있으며 이 중에서 가장 대표적인 복합운송인의 유형은 해상운송주선인이다.

② **운송인형 복합운송인**: 자신이 직접 운송수단을 보유하면서 복합운송인의 역할을 수행하는 형태로서 실제운송인(actual carrier)형 복합운송인을 말한다. 이 범주에 속하는 것으로는 선박회사, 항공회사, 철도회사, 트럭회사 등이 있으며, 복합운송구간 중 해상구간이 차지하는 비중을 고려할 때 선박회사가 가장 대표적인 운송인형 복합운송인이라 할 수 있다.

③ **무선박운송인**: 광고, 권유 기타의 방법에 의하여 운임률을 설정 및 고시하고, 「해운법」에 규정된 주간(州間) 또는 외국항로 사이에서 해상운송을 이용하여 화물운송업무를 제공하며, 화물의 안전수송에 대한 의무를 다하고 법률에 따라 책임을 지는 자로, 이용선박의 소유 또는 지배 여부를 불문하고 하수운송인인 해상운송인과 자기명의로 당해 화물에 대한 운송계약을 체결하는 자를 말한다.

⑶ 운송수단의 결합방법에 따른 종류

운송수단의 결합형태에 따라 다음과 같이 분류한다.

Piggy back System	화물차량을 철도차량에 적재하고 운행하는 시스템을 말한다. 즉, 화물자동차로 운송한 화물을 철도역에서 화물자동차나 화물자동차의 적재함 또는 컨테이너 채로 철도에 인계하여 운송한 후 도착역에서 적재함 또는 컨테이너 채로 인수하여 화물자동차로 곧바로 운송하는 시스템이다.
Birdy back System	항공운송과 공로운송을 연계하여 화물을 적재한 차량을 항공기에 적재하고 일관시스템으로 운송하는 방법을 말한다.
Fishy back System	선박에 차량이나 철도화차를 적재하고 운송하는 방법이다.
Train—ship System	선박과 철도운송을 결합하여 일관시스템으로 운송하는 방법으로서 화물만을 연계하는 방법이다.

Sky-rail System	항공운송과 철도를 연계하여 일관시스템으로 운송하는 방법이다. 그러나 항공으로 운송되는 화물은 소량, 고가화물 위주이기 때문에 실질적으로 항공과 철도가 연계되기는 쉽지 않다
Sky-ship System	항공운송과 선박운송을 연계하여 일관시스템으로 운송하는 방법이다. 해공복합운송이 이 방법의 하나이다.

6 복합운송인의 책임종류와 체계

(1) 책임의 종류

운송인이 과실유무에 따라 책임을 어떻게 지느냐에 따른 종류이다.

과실책임 (Liability for negligence)	과실책임은 선량한 관리자로서 운송인의 주의의무를 태만히 함으로써 야기된 사고 등에 대하여 책임을 져야 하는 원칙이며, 운송인에게 책임이 있음을 화주가 입증하는 것을 원칙으로 하고 있다. 이에 대하여 운송인은 자신이 책임을 다 하였음을 입증해야 한다.
무과실책임 (Liability without negligence)	운송인의 과실유무를 떠나 운송인 및 사용인이 배상책임을 지는 원칙이다. 다만 절대책임과는 달리 화물의 성질상 자연적으로 발생할 수 있는 손실, 통상적인 손실, 포장불비 등에 따른 손해에 대해서는 면책을 인정한다.
결과책임 (절대책임)	결과책임(Strict liability, Absolute liability)은 손해의 결과에 대해서 절대적으로 책임을 지는, 다시 말하면 면책의 항변이 인정되지 않는 것을 말한다. 주로 여객의 사상에 대해서 적용한다(몬트리올 협정).

(2) 복합운송인의 책임체계

운송 중 화물사고에 대해 누가 책임을 지느냐에 따른 분류이다.

① **Tie-Up System**: "Tie-Up(pure network) System of Liability"라고 불리는 이 책임체계는 화주가 각 운송구간의 운송인과 개별적으로 운송계약을 체결한 경우 각 운송인은 각 운송구간에 적용되는 책임원칙에 따라 운송책임을 부담하는 책임체계이다. 사고운송구간에 적용되는 배상법규가 없을 때는 계약약관에 따라 배상한다.

② **단일책임체계**(Uniform System Of Liability): 단일책임체계는 손해발생의 구간 또는 불명손해 등의 여부를 불문하고 전 구간을 통해 동일한 기준에 따라 복합운송인이 책임을 지는 시스템이다.
   ㉠ 다양한 구간의 운송이 이루어지더라도 각 운송구간의 법규와 관계없이 단일의 기준을 적용한다.
   ㉡ 엄격책임을 지는 배상시스템으로서 불가항력인 경우를 제외하고 모든 손해를 복합운송인이 진다.
   ㉢ 복합운송인과 화주 간에 불가항력이라는 것에 대한 의견충돌 발생시 타협점을 찾기 어렵다.

③ **이종책임체계**(Network System Of Liability) : 운송 중 사고 발생시 기본적으로 복합운송인이 책임지되 책임의 내용은 사고발생구간이 명확할 경우와 그렇지 못할 경우로 구분하여 책임이 달라지는 책임체계를 말한다. 즉, 사고원인이 명확한 경우에는 CMR, CIM, Warsaw Convention, Hague Rules 및 해당 구간의 국내법 등에 따른 책임방법 및 내용으로 책임을 지며, 사고구간이 명확하지 않을 경우에는 운송구간이 가장 긴 운송수단에 적용되는 조약 및 법에 따라 책임을 지는 방법이다.

▌심화학습▐

운송구간별 적용할 책임규정

1. **도로운송구간에서의 책임** : 도로화물운송조약(CMR) ⇨ 1956년
2. **철도운송구간에서의 책임** : 철도화물운송조약(CIM) ⇨ 1970년
3. **해상운송구간에서의 책임** : 헤이그규칙(Hague Rules) ⇨ 1924년
4. **항공운송구간에서의 책임** : 바르샤바 컨벤션(Warsaw Convention) ⇨ 1929년

---

④ **절충책임체계**(Flexible System) : 절충책임체계 또는 수정단일책임체계는 이종책임체계와 단일책임체계의 절충안으로 유엔 국제복합운송조약이 채택하고 있다. 동 조약은 원칙적으로 단일책임체계를 택하고 있으며, 예외적으로 손해발생구간이 판명되고 다른 국제조약 등의 강행성을 가진 법규가 유엔 국제복합운송조약보다 더 높은 책임한도액을 정하고 있는 경우에는 높은 한도액을 적용하고 있다.

▊7▊ 프레이트 포워더(Freight Forwarder) : 복합운송주선인

(1) 프레이트 포워더의 개념

운송을 위탁한 고객의 대리인으로서 송하인의 화물을 인수하여 수하인에게 인도할 때까지의 집하, 입출고, 선적, 운송, 보험, 보관, 배달 등 일체의 업무를 주선해 줄 뿐만 아니라 복합운송체제하에서 스스로 운송계약의 주체자가 되어 복합운송인으로서 복합운송증권을 발행하여 전 구간의 운송책임을 부담하는 자를 말한다.

▌보충학습◀

NVOCC(Non Vessel Operation Common Carrier)

NVOCC도 일종의 프레이트 포워더이다. 이들은 운송수단인 선박을 소유하고 있지는 않지만 선사와 운송계약을 체결하여 선복을 확보하고 이를 바탕으로 화주들에 대한 영업활동을 하여 운송화물을 모아 자신의 이름으로 운송을 하게 된다. 따라서 운송주선인의 지위보다는 운송인으로서의 지위가 더 강하며, 자신의 이름으로 선하증권을 발행한다. 대표적인 NVOCC에는 쉥커, 퀸앤나겔, 판알피나 등이 있다.

---

(2) 프레이트 포워더의 기능(업무)

프레이트 포워더는 운송의 주선업무는 물론 스스로 컨테이너 등의 운송설비를 갖추거나 계약으로 확보하고 집하, 분배, 혼재업무 및 운송업무를 행하는 운송의 주체자로서의 기능을 지니고 있다.

① **운송계약의 체결 및 선복의 예약**: 프레이트 포워더는 통상 특정 화주의 대리인으로서 자기의 명의로 선사나 항공사와 운송계약을 체결한다.

② **전문적인 조언자**: 화주의 요청에 따라 해상, 항공, 철도, 도로운송의 소요비용과 시간, 신뢰성, 경제성을 고려하여 가장 적절한 운송로를 채택하게 해주고 또한 그 운송수단, 운송로에 바탕을 두고 화물의 포장형태 및 목적국의 각종 운송규칙을 알려주며, 운송서류를 용이하게 작성하도록 하는 등 일체의 조언을 해준다.

③ **관계서류의 작성**: 선하증권, 항공운송장 또는 이와 유사한 서류, 통관서류, 원산지증명서, 보험증권, 선적지시서 등 수출 또는 국제운송에 필요한 서류를 화주를 대신하여 포워더가 직접 작성하든가 또는 화주가 작성하는 경우 효율적인 조언을 한다.

④ **통관수속**: 주요 항만이나 공항에 사무소를 두고 세관원 및 관세사들과 긴밀한 접촉을 유지하면서, 화주를 대신하여 관세사를 통하여 통관수속을 한다.

⑤ **운임 및 기타비용의 입체**: 포워더와 화주 간에 통상의 거래관계가 확립되어 있는 경우 포워더는 고객을 대신하여 모든 비용을 입체(立替) 지불한다.

⑥ **포장 및 창고보관**: 포워더는 운송수단 또는 목적지에 적합한 포장을 할 수 있는 독자적인 포장회사를 가지는 수도 있으며, 화물의 포장방법에 관해서 운송수단이나 목적지에 가장 적절하고 효과적인 것을 화주에게 조언한다.

⑦ **보험의 수배**: 포워더는 화물보험에 관계되는 가장 유리한 보험형태, 보험금액, 보험조건 등에 정통하고 있어 화주를 대신하여 보험수배를 할 수 있으며, 운송화물의 사고발생이 화주를 효율적으로 보좌한다.

⑧ **화물의 집하, 분배, 혼재서비스**: 전통적인 대행기관이 아닌 운송 주체자로서의 포워더의 업무로는 화물의 집하·분배·혼재서비스 등을 들 수 있는데, 이는 운송주체자로서의 업무로 포워더 본연의 중요한 기능이라 할 수 있다.

⑨ **관리업자, 분배업자**: 포워더는 수하인을 위한 화물의 관리업자 및 분배업자로서의 기능도 가지고 있다.

⑩ **시장조사**: 해외의 거래망을 통하여 외국의 바이어를 소개하기도 하고, 또 국내시장에 관한 정보를 수집하는 등 여러 가지로 수출입업자를 지원하고 있다.

(3) 포워더의 주요 업무 유형

포워더가 운송화물을 확보하고 수익을 창출하기 위하여 운송의 효율화를 추구하는 방법이다.

① **혼재운송** : 혼재운송이란 소량의 LCL화물을 집하하여 컨테이너단위화물로 만들어 운송하는 것을 말하며, 혼재운송은 프레이트 포워더의 가장 중요한 서비스 형태이다. 혼재운송은 어떤 형태로 혼재업무를 수행하는가에 따라 다음과 같이 구분할 수 있다.

수하인 혼재운송 (Buyer's Consolidation)	한 사람의 수하주를 위하여 다수의 송하인으로부터 화물을 픽업하여 컨테이너에 혼재한 후 컨테이너를 수하주에게 운송해주는 형태
송하인 혼재운송 (Shipper's Consolidation)	단일 송하주의 화물을 목적지(항만 또는 내륙터미널)까지 운송 후 각각의 수하인에게 운송해주는 형태
운송주선인 혼재운송 (Forwarder's Consolidation)	다수의 송하인으로부터 픽업한 LCL화물을 각 목적지(항만 또는 내륙터미널)별로 분류한 후 하나의 컨테이너에 혼재하여 발송하며, 도착지에서 각 수하인별로 분배하는 형태
Co-Loading	운송이 적은 지역에 대하여 화물의 신속한 운송을 위하여 포워더들 간에 콘솔운송하는 방법

■ 심화학습

혼재운송의 장점

1. **수출자 이점**
   ① 운송업자에게 지불하는 운임(개별 운송시 운임)보다 저렴한 운임 적용
   ② 하나의 포워더만 상대함으로써 다수의 해운사와 상대하는 효과(효율적인 업무 진행)
   ③ 포워더는 해운사가 제공하지 않는 문전집배송서비스 제공

2. **운송업자 이점**
   ① 소량화물을 효율적으로 컨테이너화하여 운송할 수 있다(시간절약 및 취급절차의 간소화).
   ② 선복의 활용도 극대화(소형화물을 컨테이너에 적재)
   ③ LCL화물의 취급을 위한 시설, 장비에 대한 부담 경감
   ④ 소형화주에 대한 운임징수 부담 회피

3. **포워더 이점**
   송하인으로부터 징수하는 운임총액과 운송업자에게 지급하는 운임의 차액을 수입으로 취함.

---

② **프로젝트화물운송** : 특정한 프로젝트 등 공사계획에 따라 발생하는 운송물량을 공사시점부터 완료시까지 포괄적으로 책임지고 운송하는 것을 말한다. 즉, 공사에 필요한 설비, 원부자재, 소모품 등 모든 일체의 물자를 책임운송하는 형태이다.

③ **행잉가먼트 서비스**(Hanging Garment Service) : 의류를 시장(점포)에서 즉시 판매할 수 있도록 옷걸이 등을 이용하여 원형대로 운송해주는 서비스를 말한다.

④ **전시화물취급서비스**(Exhibition Cargo Handling Service) : 해외전시를 목적으로 수출입되는 상품 및 관련 설비 및 자재들을 출발지에서부터 포장, 운송, 설치하고 전시가 종료된 후에는 다시 포장하여 출발지역으로 반환하는 모든 과정의 물류서비스를 제공하는 형태의 업무를 말한다.

⑤ **하우스포워딩서비스**(House Forwarding Service) : 대형화주의 경우 한 포워더가 해당 업체의 모든 수출입에 관한 업무를 전담하여 처리해주는 형태를 말한다.

⑥ **해공복합운송서비스** : 해상운송의 저렴성과 항공운송의 신속성을 결합하여 운송하는 방식이다. 수요지가 다양한 경우 컨테이너를 이용하여 해상으로 운송한 후 도착항 인근의 공항에서 수요지까지 소량으로 항공편을 통해 신속하게 운송해주는 서비스이다. 한편 항공으로 운송할 화물을 보다 신속하고 경제적으로 운송하기 위하여 해상운송을 한 후 항공운송으로 연결하기도 한다 (중국 청도지역의 화물을 페리를 이용하여 인천공항까지 운송한 후 항공으로 운송하는 경우).

⑦ **특수화물취급서비스** : 해외이주화물에 대한 포괄적 서비스(포장에서 운송까지), 군 보급품, 개인용품 등에 대한 서비스이다.

8 복합운송증권

(1) 의 의

① 복합운송증권(Combined or Multimodal Transport Document)이란 자동차, 선박, 항공기 등 종류가 다른 2가지 이상의 운송수단에 의해 이루어지는 복합운송계약을 증명하기 위하여 복합운송인이 발행하는 운송서류를 말한다.

② 복합운송증권은 내륙의 화물인계지점에서 최종 목적지에서 화물을 인계할 때까지의 운송책임에 관한 서류이다.

③ 복합운송을 이행할 것을 약속하는 유가증권이며 유통증권이다.

④ 전 운송구간에 대하여 단일책임을 진다는 내용의 운송서류이다.

┌─ **보충학습** ○─
복합운송증권의 정의
1. **ICC**(국제상업회의소) : 물품의 수령지로부터 다른 국가의 인도지점까지 최소한 2개 이상의 운송수단에 의해 물품운송의 이행 및 이행의 확보에 대한 계약을 증명하는 증권
2. **UN 국제화물복합운송조약** : 물품의 수령지로부터 지정한 인도지점까지 2개 이상의 서로 다른 운송수단에 의해 복합운송을 이행할 것을 계약하는 유가증권으로서 복합운송인이 전 운송구간에 걸쳐 단일운송책임하에 물품의 멸실 및 손상에 대한 손해배상을 부담한다는 내용으로 발행하는 운송서류

(2) 복합운송증권과 선하증권의 차이점

복합운송증권과 선하증권의 차이점은 다음과 같다.

구 분	복합운송증권	선하증권
책임구간	운송구간에 상관없음.	해상운송구간에 한함.
종 류	• 'Shipper Load and count'의 조항이 첨부됨. • 운송인이 컨테이너 내용물을 확인하지 못함을 나타냄.	운송물품의 외관상태가 양호하다는 것을 나타내는 무사고선하증권이 발행되어야 함.
발행자	운송인 또는 운송주선인	운송인(선사)
특 징	수취식 선하증권(운송인이 화물을 수취한 상태에서 발행)	선적식 선하증권(화물이 본선에 선적된 후 발행)

(3) 복합운송증권과 통선하증권(Through B/L)의 차이점

통선하증권이란 복합운송계약이 아닌 운송계약조건에서 운송에 참여하는 전 운송인이 공동으로 B/L을 발행하거나 최초의 운송인이 전 과정에 대한 B/L을 발행하는 경우를 말한다.

구 분	통선하증권(TBL)	복합운송증권(MTO)
운송계약형태	최종목적지까지 전반운송증명으로만 가능	복합운송계약
운송수단의 조합	동종운송수단의 조합 또는 이종운송수단과의 조합	이종운송수단과의 조합
운송인의 책임형태	각 운송인의 분할책임	전 구간 단일책임
1차 운송인과 2차 운송인의 관계	2차 운송인에 대한 1차 운송인의 지위는 화주에 대한 단순 운송대리인에 불과	• 1차 운송인: 원청운송인 • 2차 운송인: 하청운송인
증권의 발행인	운송인, 선장 및 이들의 대리인	운송인, 복합운송인, 선장 및 이들의 대리인
증권의 형식	B/L형식	B/L 이외 형식도 사용
적재표시	Shipped B/L(적재증명)	Taking in Charge로서 물품수탁증명
UCP500	제23조	제26조
준거법	Hague/Hague - Visby/Hamburg Rules	UNCTAD/ICC Rules for Multinational Transport Documents

⑷ 복합운송증권의 법적 성질

복합운송이 육·해·공을 연결하는 운송형태이지만 해상운송구간의 비중이 크기 때문에 복합운송증권은 일반적으로 해상운송증권의 형태를 취하고 있고, 해상운송인이 복합운송인으로서 전 운송구간에 대한 책임을 진다. 대부분의 복합운송증권은 선하증권이라는 명칭을 사용한다.

① **유가증권** : 복합운송증권은 선화증권과 같은 유가증권의 특성을 갖는다. 증권상 권리자는 배서에 의하여 타인에게 증권을 양도할 수 있고 기명된 양수인은 증권의 제시 및 상환으로 화물을 인수할 수 있다. 운송인은 증권에 표시된 권리자에게 증권과 교환으로 화물을 인도하면 책임을 면한다.

② **권리증권** : 복합운송증권은 유가증권 중 인도증권으로서, 증권의 인도가 곧 화물의 인도와 동일한 효력을 가진다.

③ **지시증권** : 증권에 권리자로 지정 특정인 또는 그가 지정하는 자에게 해당 화물의 소유권한을 인정하는 증권을 의미한다. 복합운송증권도 배서에 의해 계속적으로 양도가 가능하며, 지시문 없이 특정인을 지정한 경우에도 배서금지조항만 없으면 배서에 의해 양도할 수 있다.

④ **기명증권** : 운송인은 증권에 기록된 특정인에게만 화물을 인도해야 하는 기명식 증권이다. 기명식 증권에 대한 권리를 행사하기 위해서는 증권을 제시해야 한다.

⑤ **유통증권** : 복합선하증권은 증권의 배서와 양도에 의해 타인에게 권리를 이전시킬 수 있는 유통증권이다.

▋9 해륙복합운송

일반적으로 복합운송은 내륙운송과 해상 또는 항공운송을 이용하는데 이때는 Door to Door(문전)운송서비스를 제공하는 형태이다. 즉, 화주의 문전운송을 위해 내륙운송을 이용하되 주 운송구간은 해상운송이나 항공운송을 이용하게 된다. 그러나 보다 경제적이고 신속한 운송을 위하여 내륙을 Bridge로 이용하여 주 운송경로를 2가지 이상의(일반적으로 해상운송과 철도운송) 운송수단으로 복합운송을 하는 경우를 해륙복합운송이라고 한다.

⑴ 해륙복합운송의 이점

① 장거리해상운송로를 이용할 때보다 운송거리를 단축할 수 있어 운송시간의 단축과 재고를 감축할 수 있다.

② 운송비를 절감할 수 있다.

③ 철도나 화물터미널 등 기존의 시설의 활용도를 높일 수 있다.

⑵ **주 해륙복합운송 경로**

① **미대륙횡단철도**(American Land-Bridge : ALB) : 극동의 주요 항만에서 유럽지역으로 운송되는 화물을 미국의 서안 주요 항만까지 운송 후 내륙철도를 이용하여 미대륙을 횡단운송한 후 미 동안의 항구에서 다시 해상운송으로 유럽까지 운송하는 시스템이다.

> ㉠ 대륙횡단철도는 2단적 컨테이너로 운송하여 운송비를 낮춘다.
> ㉡ 수에즈운하가 봉쇄되거나 유럽지역 운송화물과 미국지역 운송화물을 같은 선박에 운송할 경우 이용할 수 있는 방법이다.
> ㉢ 수에즈운하통과 유럽향 화물의 경우에는 운송시간은 비슷하게 소요되나 2번의 환적으로 화물의 안전성이 저하된다.
> ㉣ 미국 내 컨테이너운송회사가 복항화물유치를 위하여 개발한 경로이다.

② **캐나다랜드브릿지**(Canadian Land-Bridge : CLB) : ALB와 유사한 형태로 극동지역에서 시애틀까지 해상운송을 하고 그곳에서 캐나다의 내륙철도를 이용하여 몬트리올까지 운송 후 대서양을 횡단하여 유럽까지 운송하는 경로이다. 1979년 일본의 포워더가 시도하였다.

③ **미니랜드브릿지**(Mini Land-Bridge : MLB) : 극동항에서 미국 동안 또는 걸프지역의 도시로 운송할 화물을 파나마운하를 이용하지 않고 서안의 항구에서 내륙철도를 이용하여 동안지역의 도시까지 운송하는 시스템이다.

> ㉠ 파나마운하를 경유하는 것보다 시간을 단축할 수 있다(All Water Service에 비해 2~4일 단축).
> ㉡ 파나마운하를 경유하지 않기 때문에 초대형컨테이너운송이 가능하다.
> ㉢ 도착지가 미국 동남부 항만으로 마이크로랜드브릿지(Micro Land-bridge)와 다르다.

④ **마이크로랜드브릿지**(Micro Land-Bridge) : 인테리어 포인트 인터모달(Interior Point Inter-modal : IPI)이라고도 하며, 극동에서 미국서안 항만까지 해상운송한 후 록키산맥 동부의 내륙거점까지 철도운송을 하고 철도거점에서 화주문전까지 도로를(트럭) 이용하는 복합운송방식이다. 목적지가 미국의 내륙지역이라는 점과 1개의 항만을 이용한다는 점에서 미니랜드브릿지와 다르다.

보충학습

IPI, Reverse IPI, OCP

1. IPI의 특징
   ① 미국내륙지역 특히 록키산맥의 동부지역이 복합운송의 출발지이자 도착지이다.
   ② 내륙운송은 철도와 화물자동차에 의하여 이루어진다.
   ③ 파나마운하를 경유하지 않는다.

2. Reverse IPI

　IPI서비스에 대항하기 위하여 전 구간 해상서비스를 제공하는 선사가 파나마운하를 경유하여 운송한 후 걸프만의 항만에서 내륙지역까지 철도와 트럭으로 복합운송을 하는 방식이다. 시간상으로는 IPI에 비해 떨어지나 경제적으로는 유리하다.

3. OCP(Overland Common Point)

　미대륙에서 공동운임을 부과하는 지역을 말한다. IPI시스템을 이용시 록키산맥에서 멀리 떨어진 지역은 Reverse IPI에 비하여 경제성이 떨어진다. 이러한 지역에 대한 화물을 유치하기 위하여 운임을 특별 할인해 주는 제도로서 이 지역을 OCP Area라고 한다(North Dakoda, South Dakoda, Nebraska, Colorado 등).

⑤ **시베리아대륙횡단철도**(Trans Siberian Railway : TSR) : 극동지역의 항만에서 유럽 및 러시아 지역으로 수출되는 화물을 시베리아철도로 운송하는 복합운송방법이다.

　㉠ 러시아 극동항만인 보스토치니항으로 해상운송을 한다.

　㉡ 보스토치니에서 목적지까지 철도운송을 한다.

심화학습

TSR의 특징

1. 철도운송이 주 운송수단이다.
2. 해상운송시보다 약 7,000km가 단축된다.
3. 동절기 기온이 낮아 온도민감상품은 이용에 제한이 따른다.
4. 다양한 국가의 경유에 따른 문제, 화물의 안전보장문제, 공컨테이너의 회수 등의 관리문제가 많다.
5. 러시아의 운송임 인상으로 물량증가가 되지 않고 있다.

⑥ **중국대륙횡단철도**(Trans China Railway : TCR) : 중국의 연운항에서 시작하여 러시아 아라산쿠역에서 러시아철도와 연결하여 로테르담까지 운송하는 복합운송경로이다. 1992년도에 개통되었으며 TSR에 비해 2,000km 이상, 해상운송보다는 9,000km 이상 단축되고 운송기간은 10일 이상 단축된다.

심화학습

TCR의 이점

1. 시베리아철도보다 위도가 낮아 동절기 액체화물이나 온도민감화물운송에서 TSR보다 유리하다.
2. TSR보다 운송거리가 짧아 운송시간이 단축된다.
3. TSR보다 운송비를 절감할 수 있다.

⑦ **아시아횡단철도**(Trans Asian Railway : TAR) : TAR은 ESCAP이 추진하는 한반도, 중국, 러시아를 경유하여 로테르담항까지 연결하는 21세기 철도망 연결사업으로서 28개국을 통과하는 총연장 81,000km에 이르며, 아시아지역이 북부, 남부, 아세안, 남북노선 등 4개 노선으로 구성된다. 2006년 11월 유엔 아태경제사회 이사회 교통장관회의를 계기로 그 틀을 갖추었으나 현재는 계획단계이고, 각국이 조인을 하게 되면 노선과 기술표준을 정하고 통관간소화 방안의 마련, 운행에 대한 협정을 체결한 후 본격적인 운행순서로 추진될 것이다.

- 북부노선 : 한반도 - 러시아 - 중국 - 몽골 - 카자흐스탄노선
- 남부노선 : 중국남부 - 미얀마 - 인도 - 터키노선
- 아세안노선 : 아세안국가 및 인도차이나지역 국가 연결노선
- 남북노선 : 북유럽 - 러시아 - 중앙아시아 - 페르시아만을 연결하는 노선

부산에서 TAR을 이용하여 로테르담항까지 컨테이너를 운송시 운송시간은 4~5일 빠르고 운송임은 20% 이상 저렴하다.

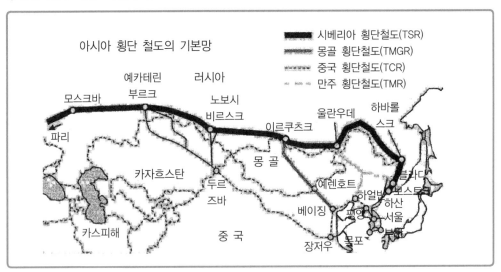

⬤ 아시아 주요 철도운송구간 비교

구 분	구 간	거 리	복 선	전철화	궤 간	비 고
TSR	블라디보스토크 - 하바로스크 - 치타 - 울란우데 - 이르크츠크 - 옴스크 - 예키데린브르크 - 모스크바	9,880km (11,061km)	9,880km	9,880km	광궤	운임체계 : MTT

TCR	연운항 - 정주 - 란조우 - 우르므치 - 아라산쿠 - 드루즈바 - 자루릴에 백 - TSR	8,613km (10,514km)	7,127km	5,001km	• 중국 : 표준궤 • 카자흐스 탄 : 광궤	운임체계 : ETT
TMR 만주 횡단 철도	도문 - 만주리 - 자바 이칼스크 - 카람스카야 - TSR	7,721km (9,346km)	7,367km	6,067km	중국: 표준궤	
TMGR 몽골 횡단 철도	천진 - 북경 - 에른호 트 - 자민우트 - 울란 바토르 - 나우스키 - 울란우데	7,759km (8,990km)	6,296km	5,777km	몽골 : 광궤	몽골 전 구간 단선
궤간 극복방법	• 환적 : 화물을 옮겨 실음. • 대차교환 : 차체를 올려서 차축만 교환 • 가변대차 : 화차의 바퀴간격을 궤간에 맞춰 자동조절					

⊗ ( ) 안의 거리는 부산항을 기점으로 한 운송거리임.

(3) 신 파나마운하 준공과 영향

신 파나마운하가 2016년 6월 26일 준공되었다. 이로써 그동안 선폭과 수심제한으로 인하여 통과하지 못하던 7만5천톤급 이상의 대형선들의 통항이 가능해지면서 해상운송에 많은 변화가 생길 것으로 예상된다.

① 운하 통과가능 선박제원
  ㉠ 일반화물선 : 길이(427m), 폭(55m), 깊이(18.3m)
  ㉡ 컨테이너전용선 : 컨테이너선(14,000teu), 벌크선(20만DWT)

② 해상운송에 미칠 영향(예측)
  ㉠ ALB 및 CLB의 효용성 감소
  ㉡ 미니랜드브릿지 및 IPI의 효율성 감소
  ㉢ 미국 동부지역에서 생산되는 LNG, 셰일가스 등의 수입 용이
  ㉣ 베네수엘라 등 남미 오일의 운송 용이

▌10 해공복합운송

(1) 해공복합운송의 개념

해상운송이 갖는 저렴성과 항공운송이 갖는 신속성 및 안전성을 결합한 복합운송 방식이다. 일반적으로 출발시에는 해상운송으로 운송되어 중계지까지 도착한 후 최종 목적지까지는 항공으로 운송된다.

① 항공운송보다는 급하지 않고 해상운송보다는 시급한 화물의 운송에 이용된다.

② 해상운송으로 각 목적지까지 운송하기에는 화물의 양이 적고 전 과정을 항공운송으로 처리하기에는 운임이 너무 비싼 경우에 이용한다.

③ 소량으로 운송되면서 최종 목적지가 다양할 경우에 이용된다.

● 해공복합운송의 유형

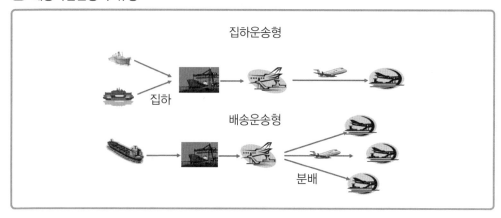

(2) 해공복합운송의 적격화물

해공복합운송을 이용하는 화물은 비교적 고가의 화물로서 재고비 부담이 많으면서도 제품의 라이프사이클이 짧은 화물이 주로 이용된다. 주 대상화물은 컴퓨터, 전기·전자제품, 기계부품, 섬유제품, OA기기, 과학기기, 의료기기 등이다.

(3) 해공복합운송업자의 종류

해공복합운송서비스를 개발, 제공하는 형태에 따라 다음과 같이 구분할 수 있다.

유 형	사업형태
Carrier형	• 항공사가 자사 항공기가 취항하는 노선을 기초로 경로를 설정하고 해상운송선사들과 계약을 체결하여 서비스를 제공하는 형태 • 중계지에서 최종 목적지까지는 자사의 항공기를 이용하여 운송 • 항공사는 자사의 항공운임에 해상운임을 더하여 전 구간 일관운송을 실시
Forwarder형	• 운송수단을 보유하지 않은 복합운송인이 선사와 항공사와 운송계약을 체결하고 일관운송서비스를 제공 • 포워더는 다양한 선사와 항공사에 대한 Space를 확보하고 있어 화주의 수요에 적합한 중계지와 운송수단을 선정할 수 있는 장점이 있음. • 확실한 화물의 취급, 정확한 운송소요일수, 운송에 대한 정보 등을 화주에게 제공할 수 있음.
Space Broker형	• 선사와 항공사의 일정한 스페이스를 연간계약으로 확보하고 해공복합운송서비스를 제공 • Space Broker형의 서비스 형태는 포워더형과 유사하나 실화주에 대하여 판매를 하는 것이 아니라 주로 포워더들에게 판매를 하는 점이 다름.

실전예상문제

01 국제복합운송에 관한 설명으로 옳은 것은?

① 대륙철도 노선으로는 TSR, TCR, TMR, TMGR 등이 있고, TCR은 중국 상해에서부터 출발한다.

② TAR노선에는 한국의 부산을 잇는 동북아노선이 아직 포함되어 있지 않다.

③ 블록트레인인 주로 컨테이너 운송에 이용된다.

④ 위험부담의 분기점은 송화인이 물품을 복합운송인에게 인도하는 시점이다.

⑤ 우리나라의 복합운송수단으로서 가장 많이 사용되고 있는 것이 Rail-Water연계운송이다.

해설 TCR은 중국 연운항을 출발하여 유럽까지 연결되는 노선이고 TAR는 한국, 북한, 중국, 인도차이나반도, 싱가폴까지 연결되는 노선을 말한다. 블록트레인은 컨테이너뿐만 아니라 다양한 화물을 일정한 구역간에 효율적으로 운송하기 위해 이용된다. 우리나라의 복합운송은 Truck – Water방식이 더 많은 편이다.

02 다음은 국제복합운송의 특성에 대한 설명이다. 바르지 않은 것은?

① 화주와 계약한 운송인이 계약한 전 과정의 운송에 대하여 일괄책임을 진다.

② 다양한 운송수단과 하역단계를 거치더라도 하나의 운임을 적용한다.

③ 다양한 운송수단을 이용하기 때문에 복합운송증권이 발행된다.

④ 화물에 대한 위험은 항만 컨테이너 터미널에서 시작하여 도착항의 터미널에서 끝난다.

⑤ 일반적으로 컨테이너를 이용하여 운송한다.

해설 복합운송은 주로 컨테이너를 이용한 운송이 이루어지기 때문에 화물을 컨테이너에 적입하여 내륙운송인에게 인계하는 시점부터 책임이 시작된다.

03 복합운송인에 관한 설명으로 옳지 않은 것은?

① 복합운송인은 복합운송증권을 발행할 수 있으나, 운송주선인은 발행할 수 없다.

② 복합운송인은 실제 운송인일 수도 있고 계약운송인일 수도 있다.

③ 수출업자에게 바람직한 운송경로의 선택과 소요비용을 계산하여 제시한다.

④ 소량의 화물을 집하하여 컨테이너 단위화물로 만드는 혼재작업도 수행한다.

⑤ 수출업자로부터 징수하는 운임과 운송업자에게 지불하는 차액을 이익으로 취득한다.

해설 국제운송에 있어서 운송주선인은 국제운송주선인이고, 국제운송주선인은 복합운송인이 된다. 따라서 운송주선인도 복합운송증권을 발행할 수 있다.

Answer 1. ④ 2. ④ 3. ①

04 복합운송의 요건에 관한 설명으로 옳지 않은 것은?

① 단일운송계약 : 송화인은 각 구간운송인과 하청운송계약을 체결한다.

② 단일운임 : 전 운송구간에 대해 단일운임이 적용된다.

③ 단일책임 : 전 운송구간에 걸쳐 화주에게 단일책임을 진다.

④ 복합운송증권의 발행 : 화물을 인수한 경우 복합운송증권을 발행한다.

⑤ 운송수단의 다양성 : 서로 다른 2가지 이상의 운송수단에 의해 운송된다.

해설 단일운송계약이란 송하인과 복합운송인이 전체 운송구간에 대하여 계약을 체결하는 것을 말한다. 따라서 복합운송인은 각 운송구간별 운송사업자와 하청계약을 하는 형식을 취한다.

05 Freight Forwarder에 관한 설명으로 옳지 않은 것을 모두 고른 것은?

> ㉠ 수입절차는 선적서류 입수 ⇨ 도착 통지 ⇨ 배정적화목록 작성 ⇨ 수입통관 ⇨ 화물 양하 · 입고 · 운송 ⇨ 화물 인출의 순이다.
>
> ㉡ 수출국에서 선박이 출항하면 수출국 포워더는 수입국 포워더에게 일련의 서류를 선적 통지와 함께 송부하는데, 여기에는 House B/L과 Master B/L이 포함된다.
>
> ㉢ 수입통관은 수입지 포워더 자신의 명의 또는 화주의 명의로 수입신고할 수 있다.
>
> ㉣ 통관업무 대행 혹은 보험수배 업무 등과는 무관하다.
>
> ㉤ 수입한 화물이 도착하여 양하된 후에 포워더는 화물인도지시서(D/O)를 작성하여 선사에게 제출해야 한다.

① ㉠, ㉡   ② ㉠, ㉤   ③ ㉡, ㉢

④ ㉢, ㉣   ⑤ ㉣, ㉤

해설 수입통관은 포워더가 대행하더라도 실질적으로는 수입업자의 명의로 하게 되며, 보험수배업무도 수행하고 있다.

06 국제 복합운송(Multimodal Transport)의 요건으로 옳지 않은 것은?

① 단일책임 원칙   ② 단일운송 수단

③ 단일운임 적용   ④ 단일계약 체결

⑤ 단일증권 발행

해설 복합운송으로 인정되기 위해서는 2가지 이상의 다른 운송수단을 결합하여 운송해야 한다.

07 복합운송의 책임 중 다음과 같은 책임의 종류를 무엇이라고 하는가?

> 사고 등이 운송인이나 사용인의 선량한 관리자로서의 의무를 다했음에도 발생한 경우에는
> 운송인이 책임을 지지 않는다는 책임원칙이며 화주가 운송인의 과실을 입증해야 한다.

① 무과실책임   ② 과실책임

③ 절충책임   ④ 결과책임

⑤ 단일책임

해설 과실책임은 운송인이 선량한 관리자로서 주의의무를 다하지 못했을 때는 책임을 져야 하는 원칙이고
(운송인의 책임임을 화주가 증명), 무과실책임은 운송인의 과실유무에 관계없이 책임을 지는 원칙이다.
단 불가항력적인 사고, 포장불비, 화물의 성질상의 하자, 통상적인 손해에 대해서는 면책이 된다. 결과
책임은 원인에 관계없이 운송인이 책임을 지는 시스템이다.

08 다음 복합운송의 방법에 대한 설명 중 바르지 않은 사항은?

① Piggy back system은 화물차량을 철도차량에 적재하여 운송하는 시스템을 말한다.

② Birdy back system이란 항공기에 화물차량을 적재하는 운송시스템을 말한다.

③ Fishy back system이란 철도운송과 선박운송을 연계하는 운송시스템을 말한다.

④ Sky rail system은 항공운송과 철도운송을 연계하는 시스템을 말하나 현실적으로는 실
현이 매우 어렵다.

⑤ Train ship system은 철도운송과 선박운송을 연계하는 운송으로서 열차페리가 대표적이다.

해설 복합운송방법 중 Piggy back, Birdy back, Fishy back 등은 차량을 직접 다른 운송수단에 적재하여
운송하는 방법을 말한다.

09 NVOCC에 관한 설명으로 옳은 것을 모두 고른 것은?

> ㉠ 운송수단을 보유한 선박 운송인이다.
> ㉡ NVOCC에 대해서는 화주의 입장이 된다.
> ㉢ 화주에 대해서는 운송인의 기능을 수행한다.

① ㉠   ② ㉡   ③ ㉠, ㉡

④ ㉠, ㉢   ⑤ ㉡, ㉢

해설 NVOCC는 선박을 보유하지 않으면서도 운송인의 역할을 하는 복합운송주선인을 말한다. 따라서 선박
을 보유한 운송인에게는 화주가 되고, 송하인에게는 운송인의 역할을 하게 된다.

Answer   4. ①   5. ④   6. ②   7. ②   8. ③   9. ⑤

10 포워더가 송하인으로부터 의뢰받은 LCL화물이 FCL화물로 단위화하기에 부족하거나 1개의 컨테이너를 초과하는 경우 동일방향으로 운송할 화물을 확보한 다른 포워더에게 공동혼재 (Joint Consolidation)를 의뢰하여 FCL로 만들어 운송하는 형태를 무엇이라고 하는가?

① Forwarder's Consolidation   ② Co-Loading

③ Buyer's Consolidation   ④ Shipper's Consolidation

⑤ Seller's Consolidation

> **해설** 포워더는 LCL화물을 신속하게 운송하기 위하여 상호협력체계를 구축하고 운송물량이 적은 지역의 화물을 상호교환하여 FCL화 한다.

11 랜드브릿지(Land Bridge)에 관한 설명으로 옳지 않은 것은?

① 대륙과 대륙을 연결하는 데 있어서 항공운송이 교량(Bridge) 역할을 하는 운송시스템이다.

② 운송시간의 단축 또는 운송비의 절감이 주요 목표이다.

③ SLB는 TSR을 이용하는 운송시스템이다.

④ ALB는 수에즈 운하가 봉쇄될 경우, 이용할 수 있는 운송시스템 중의 하나이다.

⑤ TCR은 중국 연운항을 기점으로 하는 대륙횡단철도이다.

> **해설** Land Bridge란 주 운송구간을 All Water(선박으로만 운송)로 운송할 수 있음에도 거리와 시간을 단축하기 위하여 육지를 다리처럼 이용하여 운송하는 방법을 말한다. 따라서 육로에서는 주로 철도를 이용하여 운송한다.

12 다음에서 설명하는 국제복합운송경로는 무엇인가?

> 극동의 주요 항만에서 북미 서안의 주요 항만까지 해상운송하며, 북미 서안에서 철도를 이용하여 미 대륙을 횡단하고, 북미 동부 또는 남부항에서 다시 대서양을 해상 운송으로 횡단하여 유럽지역 항만 또는 유럽 내륙까지 일관수송하는 운송경로이다.

① CLB(Canadian Land Bridge)   ② ALB(American Land Bridge)

③ MLB(Mini Land Bridge)   ④ SLB(Siberian Land Bridge)

⑤ IPI(Interior Point Intermodal)

> **해설** CLB는 ALB와 유사한 경로를 거치지만 철도운송구간이 캐나다이고, MLB는 미국 동부지역으로 운송되는 화물을, IPI는 미국 로키산맥 동쪽의 내륙지역으로 운송되는 화물을 운송하는 방법이다. SLB는 Siberian철도를 이용하는 방법으로서 TSR, TCR, TMR, TMGR 등이 있다.

13 다음 중 파나마운하의 확장개통에 따른 영향을 전혀 받지 않을 것으로 예상되는 Land bridge
는 어디인가?

① ALB   ② CLB   ③ MLB
④ IPI   ⑤ TSR

해설 파나마운하가 확장개통되면서 14,000teu 컨테이너선도 파나마 운하를 통과할 수 있게 되었다. 따라서
그동안 선박의 크기 때문에 미국 서안에서 하역 후 철도를 이용하여 미국 동부 및 중부지역까지 운송
되던 MLB, IPI화물과 유럽으로 운송되는 화물이 직접 파나마운하를 이용할 것으로 예상된다.

14 다음은 TSR의 특징에 대한 설명이다. 바르지 않은 것은?

① 철도가 주 운송수단이 된다.
② 해상운송보다 운송거리는 약 7,000km 단축되지만 환적작업 등으로 운송시간은 더 많이
소요된다.
③ 동절기에는 한파로 인하여 온도민감화물은 이용이 제한된다.
④ 다양한 국가를 경유함에 따라 화물의 안전성 문제 등이 발생한다.
⑤ 공컨테이너의 회수가 문제가 되고 있다.

해설 TSR을 이용시 운송거리뿐만 아니라 운송소요시간도 약 5일 정도 단축된다.

15 다음은 해공복합운송에 대한 설명이다. 바르지 않은 것은?

① 해상운송의 저렴성과 항공운송의 신속성을 결합한 복합운송방법이다.
② 이용하는 화물은 비교적 고가의 하물로서 재고비 부담이 많으면서도 제품의 라이프사이
클이 짧은 화물이 주로 이용된다.
③ 해공복합운송업자의 종류에는 Carrier형, Forwarder형, Space Broker형이 있다.
④ 소량으로 운송되면서 최정목적지가 다양할 때 적합한 운송방법이다.
⑤ Carrier형이란 컨테이너운송선사가 화주와 계약을 한 후 항공사와 계약을 하여 최종목적
지까지 도착시킨다.

해설 해공복합운송은 항만으로부터 목적지까지의 운송이 다수이고 신속하고 정확하게 운송되어야 하기 때
문에 주로 항공사가 화주와 계약을 하고 선사를 이용하여 해상운송을 실시한다.

Answer   10. ②   11. ①   12. ②   13. ⑤   14. ②   15. ⑤

16 다음 중 컨테이너에 의한 복합운송의 효과에 대한 설명으로 바르지 않은 것은?

① 화물의 안전성이 높아진다.

② 운송비가 절감된다.

③ 하역비가 절감된다.

④ 운송기간이 단축된다.

⑤ 통관이 편리해진다.

해설 통관은 관세법과 관세청이 정한 통관방법에 따르며 수출입되는 화물의 종류에 따라 처리된다. 따라서 어떤 방법으로 운송하느냐에 따라 통관이 달라지지는 않는다.

17 서울에서 독일 프랑크푸르트까지 컨테이너로 이종책임체계에 의한 복합운송계약을 하고 운송을 하였으나 도착시 확인해보니 일부의 화물이 파손되었고 어느 구간에서 발생했는지 원인규명이 불가능하였다. 복합운송인은 어떤 규정에 따라 배상해야 하는가?

① CIM
② CMR
③ Hague Rules
④ Warsaw Convention
⑤ Hamburg Rules

해설 이종책임체계에 의한 운송계약은 복합운송인이 단일책임을 지는 것이 기본이지만 손해발생구간이 명확한 경우에는 해당 운송구간에 적용되는 조약 또는 국내법에 의해 책임과 배상이 결정되고, 불명확한 경우에는 운송구간이 가장 긴 구간을 규제하는 조약을 기준하여 책임내용이 결정되며, 문제의 경우 Hague Rules가 적용된다. 다만, 1992년 11월 이후 Hamburg Rules와 내용면에서 대립하고 있다.

18 다음 중 마이크로 랜드브릿지(IPI)에 대한 설명으로 바르지 않은 것은?

① 파나마운하를 통과하지 않고 로키산맥 동부지역까지 Door to Door 운송을 할 수 있다.

② 내륙운송은 철도와 트럭을 이용하여 운송한다.

③ Reverse IPI는 로키산맥 동부지역에 대하여 파나마운하를 경유하여 운송하는 방법이다.

④ IPI가 Reverse IPI에 비하여 경제적으로 유리하다.

⑤ 로키산맥에서 멀리 떨어져 운임경쟁력이 떨어지는 지역에는 OCP운임을 적용하기도 한다.

해설 아시아지역에서 로키산맥 동부지역으로 운송시 IPI와 Reverse IPI가 경쟁한다. IPI는 시간상 경쟁력이 있고, Reverse IPI는 운임상 경쟁력이 있다.

Answer 16. ⑤ 17. ③ 18. ④

물류관리사

CERTIFIED PROFESSIONAL LOGISTICIAN

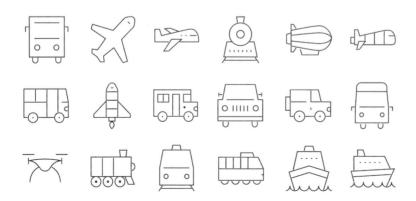

Unit Load System을
활용한 운송

Unit Load System을 활용한 운송

| 학습목표 | 1. ULS의 장단점과 팔레트 및 컨테이너에 대한 기본적인 사항을 설명하고 활용할 수 있다.
2. 팔레트를 운송에 효율적으로 활용할 수 있게 해주는 팔레트풀과 컨테이너운송에 필요한 인프라에 대해 설명하고 활용할 수 있다.

| 단원열기 | Unit Load System이란 다수의 화물을 하나의 화물처럼 취급하기 위하여 용기를 이용하는 시스템을 말하며 팔레트와 컨테이너가 주로 이용된다. 신속하고 안전한 작업이 가능해 짐으로써 운송의 속도도 향상된다. 물류관리론의 ULS부분과 중복되나 컨테이너의 종류와 팔레트풀시스템에 대한 문제가 자주 화물운송론에서 출제된다.

제 1 절 Unit Load System에 대한 이해

1 유닛로드시스템(Unit Load System : ULS)

(1) 유닛로드시스템의 의의

유닛로드시스템(Unit Load System : ULS)이란 하역의 혁신을 통하여 운송 및 보관의 합리화를 도모하는 체제로서 화물을 일정한 표준의 규격 또는 중량 및 용적으로 단위화하여 기계적인 힘에 의해 하역을 하고 일관적으로 운송하고 보관하는 물류시스템을 말한다.

① ULS는 물류합리화의 기본적인 요건으로, 하역의 기계화 및 합리화, 화물파손 방지, 신속한 환적, 차량회전율 향상, 이종 운송수단 간의 협동일관운송(Intermodal transportation)을 가능케하는 기본적인 물류의 시스템화 수단이다.

② ULS의 수단은 팔레트와 컨테이너에 의하여 이루어지며 Door to Door 운송을 가능케하는 운송체제로서 북미에서 해상운송과 육상운송을 연계하는 협동일관운송에 처음 도입되었다.

(2) ULS의 특성

① ULS는 기본적으로 단위규모의 적정화, 작업의 원활화, 협동운송체제의 확립이라는 세 가지의 기본요건이 필요하다. 그러나 ULS는 액체, 분립체, 비포장화물은 이미 정해진 모양이 없기 때문에 Unit load화 하기가 비교적 용이하지만 이미 포장이 되어 있는 상품들을 Unit load화 하기 위해서는 다음과 같은 어려움이 따른다.

㉠ 화물의 중량, 용량, 부피, 포장의 종류, 화물의 형태가 다양하여 통일성이 없다.

㉡ 제품의 종류가 다양하고 단품으로 취급하는 경우가 많다.

㉢ 발송지가 다양하다.

② 그러나 이러한 어려움에도 불구하고 장애요인을 해결하기 위한 용기의 합리화, 취급방법의 개발, 상품의 표준화의 꾸준한 추진으로 인하여 ULS를 도입하려는 기업이 급속도로 증가하고 있다. ULS의 장단점은 다음과 같다.

ULS의 장점	ULS의 단점
• 하역시 파손, 오손, 분실 등을 방지하여 물류서비스 품질을 향상시킬 수 있다. • 운송수단의 운영효율이 향상된다. • 하역의 기계화로 작업생산성이 높아진다. • 포장이 간단하여 포장비가 절감된다. • 적재를 높게 할 수 있어 적재공간의 효율을 제고할 수 있다. • 시스템화가 가능하다. • 검수작업이 용이하다.	• 컨테이너와 팔레트의 확보에 자금이 소요된다. • 용기관리에 시간과 비용이 추가된다. • 하역기기 등 고정시설에 대한 투자가 필요하다. • 포크리프트가 작업할 수 있는 별도의 넓은 작업공간이 필요하다. • 적재효율이 저하된다. • 용기의 회수에 비용이 소요된다.

(3) ULS가 이루어지기 위한 조건

ULS가 성공적으로 이루어지기 위해서는 다음과 같은 조건들이 필수적으로 충족되어야 한다.

① **표준화** : ULS가 효율적으로 구축되기 위해서는 표준화가 필수적이며, 표준화는 다음과 같이 용기(팔레트와 컨테이너)와 이것을 운송하는 운반장비, 하역장비 등의 표준화가 필요하다.

ㄱ 용기의 표준화 : 팔레트와 컨테이너 규격의 표준화가 되어야 한다.

ㄴ 운반 및 하역장비의 표준화 : 팔레트 및 컨테이너를 운송하는 화물차량의 규격이 팔레트와 컨테이너를 효율적으로 적재할 수 있도록 상호 합치되는 규격으로 제작되어야 한다.

ㄷ 표준화의 확대(단계) : 표준화는 다음과 같이 단계적으로 추진되어야 효율적으로 정착될 수 있다.

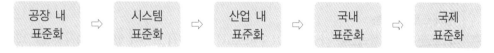

공장 내 표준화 ⇨ 시스템 표준화 ⇨ 산업 내 표준화 ⇨ 국내 표준화 ⇨ 국제 표준화

② **기계화** : 팔레트와 컨테이너를 이용하여 일관운송시스템이 이루어지기 위해서는 이들을 하역할 수 있는 기계장치가 필수적으로 확보되어야 한다.

③ **시스템화** : ULS가 효율적으로 이루어지기 위해서는 운송, 보관, 하역, 포장, 정보 등이 체계적으로 확립된 절차와 방법으로 처리되어야 한다.

(4) 일관팔레트시스템

일관팔레트화란 출고시 팔레트에 적재된 화물이 목적지의 창고에 입고될 때까지 이 상태가 유지되게 하는 시스템을 말한다. 이러한 일관팔레트시스템은 하역의 기계화에 의한 하역비 절감, 하역시간의 단축 등 효율성이 높기 때문에 적극적으로 추진되어야 하나 팔레트의 규격의 다양화는 일관팔레트화를 저해하는 요인으로 작용하고 있다.

우리나라에서 일관팔레트화를 추진하는 데는 다음과 같은 문제점이 있다.

① 빈 팔레트의 회수, 보관, 정리 등 관리가 복잡하다.

② 운송수단의 적재함 규격이 상이하여 팔레트 규격이 통일되어 있지 않다.

③ 제품의 다양화에 적합한 팔레트의 다종화가 필요하다.

④ 하역작업의 기계화가 되지 않은 업체가 많다.

> **▌심화학습**
>
> **화물자동차의 팔레트 운송이 효율적으로 되기 위한 조건**
>
> 화물자동차의 적재함의 폭과 길이는 팔레트 적재 수에 직접적으로 영향을 준다. 따라서 팔레트 운송을 하기 위해서는 적절한 규격의 적재함 사양으로 제작된 차량을 이용해야 한다.
>
> **예** H자동차에서 생산되는 3.5톤 장축고상 카고트럭의 적재함 규격은 폭 2,060mm, 길이 4,850mm이다. T11형 팔레트로 운송할 경우 적재함 폭의 제한으로 인해 4개만 적재할 수 있다. 그러나 3.5톤 슈퍼캡 장축고상의 경우 적재함 폭이 2,280mm, 길이가 5,000mm로서 8개를 적재할 수 있다.

2 팔레트풀시스템(Pallet Pool System : PPS)

(1) 팔레트풀시스템의 개념

팔레트풀시스템이란 팔레트의 규격, 재질 등을 표준화하여 서로 다른 기업들이 팔레트를 서로 교환 사용하여 효율적인 팔레트의 사용과 물류비 절감을 할 수 있도록 팔레트보관소(Pool)와 관리시스템을 구축하고 운영하는 것을 말한다.

> **▌심화학습**
>
> **팔레트풀의 기능**
>
> 1. 표준규격의 팔레트를 다량으로 보유함으로써 이용자의 요청이 있으면 즉시적으로 대여해준다 (표준팔레트 외에도 다양한 팔레트 보유).
> 2. 팔레트풀에서는 팔레트가 필요한 기업의 필요장소에 팔레트를 공급한다.
> 3. 사용이 끝난 팔레트는 인근 집배네트워크에서 회수한다.
> 4. 수출입화물에 사용되는 팔레트도 국가 간 상호 교환사용할 수 있도록 다른 나라의 팔레트풀과도 협조체제를 구축하고 있다.

(2) 팔레트풀의 목적

① **일관팔레트시스템의 실현** : 팔레트의 표준화를 확대발전시킴으로써 기업 내, 산업 내, 국가 내 물류시스템에서의 일관운송시스템을 달성하여 운송 및 보관의 효율화와 물류비를 효율적으로 절감할 수 있다.

② **팔레트의 이용률 극대화** : 다양한 기업들이 하나의 팔레트를 공동으로 이용하는 형태가 되므로 전체적인 이용기간이 증가되어 팔레트의 이용률이 극대화될 수 있다.

③ **팔레트 회수비용의 최소화** : 운송완료 후 사용했던 팔레트를 도착지 근처에 있는 팔레트풀 수집소에서 이를 회수해 감으로써 회수비용이 대폭 절감된다(인근지역 회수, 회수의 공동화).

④ **저렴한 비용으로 팔레트 이용** : 개별기업들은 필요한 시기에 필요한 수량의 팔레트만을 임대하여 사용할 수 있기 때문에 이용하는 기간 동안만을 비교한다면 자가팔레트보다 비쌀 수 있지만 일정한 기간 동안의 비용을 비교한다면 팔레트풀을 이용하는 것이 경제적이다.

(3) 팔레트풀시스템의 종류

팔레트의 유통과정의 범위 및 이동되는 공간적 측면에서 정리하면 다음과 같이 3가지 형태로 구분할 수 있다.

① **기업단위 팔레트풀시스템** : 서로 다른 지역에 위치한 기업 간(예 수도권과 부산권)에 팔레트를 복편(復便) 운송에 사용하기 위한 협정을 체결하고, 상대방 기업에서 자사(自社)의 물류센터 또는 공장, 거래처지역으로 발송시킨 팔레트를 회수하고, 이를 이용하여 상대방 기업 소재지로 발송하는 화물을 운송하는 데 이용함으로써 팔레트 회수 비용의 절감, 이용효율성 향상 및 회수의 신속성 등을 추구하는 운영 형태이다.

◉ **기업단위 팔레트풀의 개념**

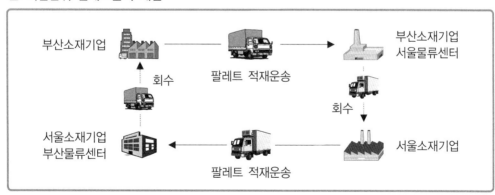

② **업계단위 팔레트풀시스템** : 동종업체 간 팔레트의 효율적인 운영을 위하여 협정을 체결하거나 팔레트 공동 운영회사를 만들어, 팔레트의 공급, 회수에 관한 업무를 담당토록 하는 형태의 협력체계이다.

⦿ **업계단위 팔레트풀의 개념**

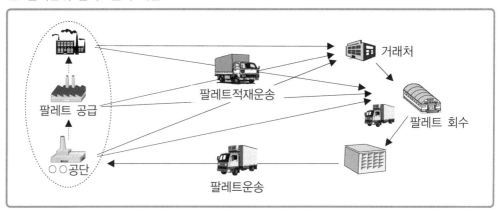

③ **오픈 팔레트풀시스템** : 팔레트풀시스템 중 가장 이상적인 형태로서 팔레트를 대여하는 제3자가 불특정 다수의 팔레트를 이용하는 사업자와 계약을 체결하고 팔레트를 공동으로 이용할 수 있도록 시스템을 구축하고 대여영업을 하는 형태로서 팔레트풀의 효과를 최대화할 수 있는 시스템이다.

⦿ **오픈 팔레트풀의 개념**

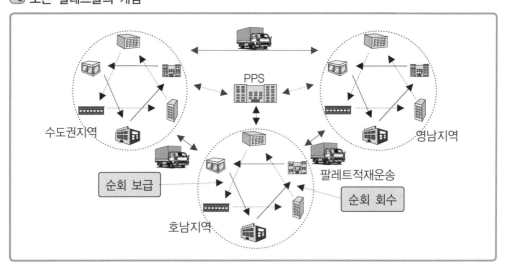

(4) 팔레트 대여료 계산방법

팔레트 대여료의 계산방법은 기본적으로 다음과 같이 두 가지를 기본으로 하여 계산된다.

① **사용일수 기준 계산**: 팔레트를 사용한 기간(날짜)을 기준으로 하여 팔레트 1매당 1일 사용료를 정하고 실제 사용일수를 기준으로 대여료를 적용한다. 주로 물류센터 등에서 보관 및 하역용으로 사용할 경우에 적용하는 방법이다.

② **공급회수 기준 계산**: 팔레트풀회사와 팔레트 이용기업이 평균적인 팔레트 회수기간(팔레트공급시점에서부터 거래처에 운송 후, 거래처에서 Depalletizing하여 팔레트풀회사에 빈 팔레트를 돌려주는데 소요되는 총 일수)을 설정하고, 이에 따라 1회 공급당 대여료를 책정하는 방법이다.

(5) 팔레트풀시스템의 운영 방식(공급과 회수)

팔레트풀시스템에 있어서, 사용된 팔레트를 어떻게 공급하고 회수하느냐에 따라서 다음과 같이 4가지 방법이 이용되고 있다.

① **교환 방식**: 운송회사와 화주기업이 일관팔레트운송을 할 수 있도록 하기 위하여 화물의 인계·인수시 동종·동일 수량의 팔레트를 주고받는 방식을 교환 방식이라고 한다.
　㉠ 국영철도가 화주기업이 사용하는 팔레트를 장기간 임대하는 형식으로 운영할 수 있다.
　㉡ 화주기업이 운송회사를 다양하게 이용할 경우에는 팔레트관리에 문제가 발생한다.
　㉢ 화물운송을 의뢰할 때마다 팔레트를 교환해야 하기 때문에 화물운송 후 귀로운송에 다른 화물을 왕복 운송하는 데 지장을 받게 된다.

　◉ **교환방식의 개념도**

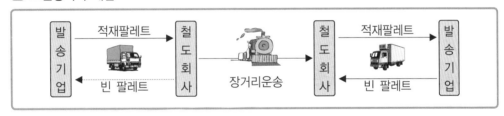

② **리스·렌탈 방식**: 팔레트풀회사가 표준팔레트를 대량으로 보유하고 팔레트 수급불균형의 애로를 갖고 있는 기업을 상대로 필요한 시기에 필요한 수량을 임대하고 필요없게 된 시점에 회수하는 방식을 말한다(오픈 팔레트풀시스템 그림 참조). 현재 국내에서 운영되고 있는 팔레트풀시스템은 이러한 리스·렌탈 방식을 취하고 있다.
　㉠ 가장 이상적인 방법으로서 전체적인 팔레트 운영수량을 최소화할 있다.
　㉡ 회수와 공급관리가 정밀하게 이루어져야 한다.
　㉢ 운송물량의 불균형에 따라 지역 간 빈 팔레트의 수급불균형이 발생할 수 있어 지역 간 팔레트 수급조정이 필요하다.

③ **교환 · 리스 병용 방식**: 리스 · 렌탈방식의 문제점(관리상의 문제 및 지역간 운송량 불균형 문제)을 해결하기 위하여 팔레트를 이용하는 관계자(송하인, 운송업자, 수하인 등)가 동일한 수량의 팔레트를 팔레트풀사업자에게서 대여받아 화물을 인계 · 인수할 때 동일한 수량의 팔레트를 교환하는 방식이다.

◉ **교환 · 리스 병용 방식**

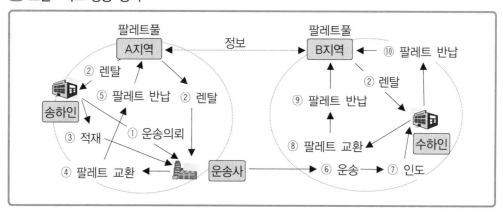

④ **대차결제 방식**: 대차결제 방식이란 교환방식의 단점을 보완하기 위하여 스웨덴의 팔레트풀회사에서 개발한 방법으로서 국영철도에서 화물을 인수하는 즉시 팔레트를 교환하지 않고 일정기간 동안(화물도착 3일 내) 모아서 반환 및 교환하는 방식을 말한다.

제 2 절 컨테이너운송

1 컨테이너

(1) 컨테이너의 정의

컨테이너는 화물의 단위화(Unitization)를 목적으로 하는 운송도구로서 육 · 해 · 공을 통한 화물운송에 있어 경제성, 신속성, 안전성의 이점을 갖고 운송, 보관, 하역, 포장 등의 물류 전 과정을 합리적으로 일관 처리할 수 있는 혁신적인 운송용구이다. 이러한 컨테이너는 초기에는 철도 및 해상운송에서 하역의 효율화와 운송의 일관화를 위하여 개발되고 이용되기 시작하였지만 점차 그 효용성이 입증되고 적용할 수 있는 범위가 넓어지게 됨에 따라 다양한 종류의 컨테이너가 개발되고 사용되고 있으며, 따라서 그 정의도 다양하다.

① **컨테이너의 정의**(ISO) : 국제표준회기구에 의한 정의에 의하면 컨테이너는 다음과 같은 조건을 충족해야 한다.

> ㉠ 내구성을 지니고 반복사용에 적합한 충분한 강도의 유지
> ㉡ 운송 도중 내용물의 이적(移積) 없이도 하나 또는 그 이상의 운송수단에 의해 화물의 운송이 용이하도록 설계될 것
> ㉢ 운송 형태의 전환시 신속한 취급이 가능한 장치의 구비
> ㉣ 화물의 적·출입이 용이하도록 설계
> ㉤ 내용적이 1입방미터(35.3ft³) 이상일 것

② **관세청의 정의** : "컨테이너란 화물의 단위화를 목적으로 한 운송용기로서 이질적인 기관에 대한 적합성에 중점을 가지고, 용도에 적응하는 강도를 구비하고 있어 반복 사용할 수 있는 용기를 말한다."

> ㉠ 이질적인 기관 : 화물자동차, 선박, 철도 등 타 운송기관을 말함.
> ㉡ 용도에 적응하는 강도 : 운송용으로 반복해서 이용하는 데 지장이 없을 강도의 유지

③ **용어의 의미에 충실한 정의** : 컨테이너(Container)는 그것의 안에 유형의 재화를 담을 수 있는 용기를 말하는 것으로 유형의 재화를 넣어 운송, 보관 및 포장에 활용할 수 있는 용기로서 경제성을 확보하기 위하여 반복 사용할 수 있도록 내구성을 가진 용기를 말한다.

현실적으로 물류분야에서 활용되고 있는 컨테이너는 플라스틱 소형컨테이너에서부터 팔레트형 메쉬컨테이너, 이삿짐용 컨테이너, 수출입용 컨테이너 등 다양하다.

◉ **한국컨테이너풀주식회사에서 대여하고 있는 컨테이너의 종류**

(2) 컨테이너운송의 경제적 효과

컨테이너를 이용하여 운송을 하였을 때 다음과 같은 경제적 효과를 거둘 수 있다.

① 문전에서 문전까지 일관운송으로 적하시간과 비용을 감소시킨다.
② 화물의 운송 도중 적입 및 적출작업이 생략되므로 화물의 손상과 도난이 감소된다.
③ 화물의 단위화로 포장 및 장비사용의 효율화를 제고할 수 있다.
④ 높은 노동생산성의 실현과 창고 및 재고관리비를 절감할 수 있다.
⑤ 특수컨테이너를 이용하는 경우 특수화물의 효율적인 취급이 가능해진다(액체, 분말 등).
⑥ 내륙터미널시설을 이용하여 해상운송을 용이하게 처리할 수 있다.
⑦ 서류의 간소화가 가능하다.

(3) 컨테이너의 종류

① 재질에 따른 분류

● 컨테이너의 몸체 제작재료 기준

종 류	내 용
플라스틱컨테이너	몸체가 플라스틱으로 되어 있는 컨테이너
강화플라스틱 컨테이너	몸체가 합판에 강화플라스틱을 접합시킨 재료로 되어 있는 컨테이너 • 두께가 얇고 • 부식이 적으며 • 열전도율이 낮으며 • 결로현상이 없고 • 소재가 다루기 쉽다는 장점이 있는 반면 판넬의 재료비가 비싸다.
철제컨테이너	• 몸체가 철재로 되어 있는 컨테이너로서 일반적인 수출입용 컨테이너는 철제컨테이너이다. • 무거운 것이 단점이기는 하지만 제조단가가 저렴하고 파손시 수리가 용이함.
알루미늄컨테이너	• 몸체가 알루미늄으로 제작된 컨테이너 • 가볍고 외관이 아름다우며 내구성이 강한 장점이 있으나 제작단가가 비싸고 파손시 수리가 용이하지 않음.

② 용도에 따른 분류

종 류		내 용
납품용 컨테이너		• 소형제품 또는 부품 등을 제작하여 포장하지 않고 컨테이너에 담아서 납품하기 위하여 사용 • 플라스틱컨테이너, 메쉬컨테이너 등
국내운송용 컨테이너		• 국내화물의 운송에 사용되는 컨테이너로서 ISO 규정이나 컨테이너조약에서 정하고 있는 규격, 표시 등에 대한 제한을 받지 않고 사용할 수 있는 컨테이너 • 이삿짐운송, 농수산물운송, 기타 다양한 용도로 사용
수출입용 컨테이너	건화물컨테이너 (Dry cont')	온도조절이나 특수한 보호장치가 없는 일반잡화의 운송에 이용하는 컨테이너로서 가장 일반적으로 활용되는 컨테이너
	냉동컨테이너 (Reefer cont')	• 육류, 어류, 과일, 야채 등과 같이 상온에서 운송할 경우 부패·변질되는 화물을 운송하는 데 사용 • 컨테이너에 냉동기를 부착, 벽체와 출입문에 보온장치가 설치되어 있는 컨테이너
	오픈탑컨테이너 (Open top cont')	• 컨테이너의 상부(천장 부분)가 캔버스(canvas) 등으로 덮여있고 개폐식으로 되어 있는 컨테이너 • 활대화물 운송용(상방향에서 적재)
	플랫랙컨테이너 (Flat rack cont')	• 컨테이너의 지붕과 벽체를 제거하고 바닥과 기둥, 버팀대만으로 구성된 컨테이너 • 활대화물 운송용(측면방향 적재)
	동물용 컨테이너 (Pen cont')	• 소, 말 등 동식물을 운송하기 위하여 제작된 컨테이너 • 통풍이 가능하며 사료 등을 줄 수 있는 주입구가 설치됨.
	탱크컨테이너 (Tank cont')	• 유류, 술, 화학물질 등과 같은 액체화물을 운송하기 위하여 제작된 컨테이너 • 기둥으로 된 구조물 안에 탱크를 제작하여 설치
	플랫폼컨테이너 (Platform cont')	• 중량물이나 부피가 큰 화물을 운송하기 위하여 제작된 바닥면만 있는 컨테이너 • 와이어나 지게차를 이용하여 상하역
	솔리드버크 컨테이너(Solid buck cont')	• 소맥분, 가축사료, 양곡 등과 같은 분말 및 산화물을 운송하기 위하여 제작된 컨테이너 • 컨테이너 상부에서 화물을 적입할 수 있는 구멍과 후면부에는 화물을 쏟아낼 수 있는 배출구가 설치
	행거컨테이너 (Hanger cont')	의류 등을 컨테이너의 천장에 매달아 운송할 수 있도록 제작된 컨테이너
	자동차용 컨테이너 (Auto cont')	• 소량으로 수출입되는 자동차를 운송하기 위하여 제작된 컨테이너 • 2단 적입구조 또는 중량의 감소를 위하여 바닥, 벽, 천장 부분 등을 과감하게 제거

07

◉ 다양한 컨테이너 모형

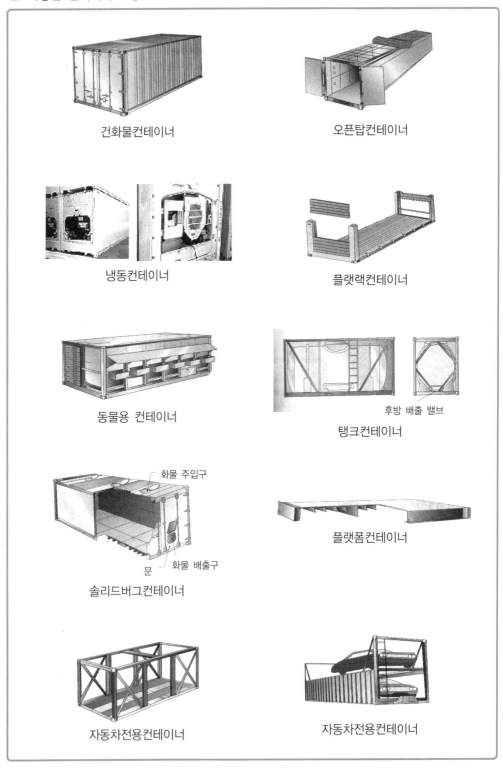

건화물컨테이너

오픈탑컨테이너

냉동컨테이너

플랫랙컨테이너

동물용 컨테이너

후방 배출 밸브

탱크컨테이너

화물 주입구

문　화물 배출구

솔리드버그컨테이너

플랫폼컨테이너

자동차전용컨테이너

자동차전용컨테이너

⑷ **수출입용 컨테이너의 규격**

수출입으로 이용되는 컨테이너는 ISO 규정에 의하여 다음과 같은 규격이 있다.

◉ **ISO규정에 따른 컨테이너의 종류와 외부 규격**

호 칭	길 이		폭		높 이		중량
	mm	ft	mm	ft	mm	ft	(kg)
1AA 1A 1AX	12,192	40	2,438	8	2,591 2,438 <2,438	8.5 8 <8	30,480
1BB 1B 1BX	9,125	29	2,438	8	2,591 2,438 <2,438	8.5 8 <8	25,400
1CC 1C	6,058	19	2,438	8	2,438 <2,438	8 <8	20,320
1D 1DX	2,991	9	2,438	8	2,438 <2,438	8 <9	10,160

❖ B규격이나 D규격은 수출입용으로는 일반적으로 이용되지 않고 있는 규격이나 10피트컨테이너(D규격)는 일본 국철(JR)이 일본국내에서 이용하고 있으며 이 컨테이너가 국내에 수입되어 통용되기도 한다.

◉ **일반적으로 이용되는 컨테이너의 내측 규격**

명 칭	길이(mm)	폭(mm)	높이(mm)	용적(m³)	화물적재 가능량(톤)
20ft	5,898	2,348	2,376	33.20	21.74
40ft	12,031	2,348	2,376	67.11	26.74
40ft(하이큐빅)	12,031	2,348	2,695	76.11	26.54
45ft	13,555	2,348	2,695	85.77	25.60

┌─ 보충학습 ◁─
│ 1. **40피트 하이큐빅컨테이너** : 부피화물을 운송하기 위한 컨테이너. 냉동화물용 컨테이너로도 많이 활용되고 있다.
│ 2. **45피트 컨테이너** : 장대화물 운송에 적합한 컨테이너(45피트 슈퍼섀시를 이용하여 운송)

(5) 컨테이너화물의 종류

운송화물의 컨테이너운송 적합성을 기준하여 아래와 같이 분류한다. 그러나 한계화물이나 부적합화물도 운송하기 위한 다양한 컨테이너들이 개발·사용되고 있다.

최적합화물	대체로 화물의 가격이 고가이며 해상운임이 비교적 높은 건화물로서 공산품 중에서 주류, 의약품, 직물, 가전제품, 시계, 카메라 등 부피가 별로 크지 않은 화물들이다.
적합화물	최적합화물보다 가격이나 해상운임률이 낮은 화물들로서 전선, 함석판, 포대커피, 포대소맥 등이 이에 속하며, 일반화물선을 이용할 때보다 경제적으로 이익이 발생할 수 있는 화물을 말한다.
한계화물	물리적으로는 컨테이너에 적입하는 데 문제가 없으나 상품의 가격이 낮고 도난의 위험이 없어 일반화물선을 이용하는 것이 보다 효율적인 화물을 말한다. 목재, 목초, 펄프, 고지, 면화, 잉코트 등이 이에 해당하는데, 이러한 화물들은 컨테이너의 회수시 빈 컨테이너 상태로 회수하는 것보다는, 운임이 저렴해도 적재컨테이너로 회수하는 것이 경제적이라고 판단되는 경우에 운송할 수 있는 화물이다.
부적합화물	물리적으로 컨테이너에 적입이 불가능한 대량의 산화물(Bulk cargo), 대형구조물, 장척물, 원유나 LNG 등과 같은 화물을 말한다. 운임경쟁력도 없고 컨테이너 적입도 불가능한 화물이다.

(6) 컨테이너화물의 운송방법

① FCL(Full Container Load) 화물운송

　㉠ 화물의 최초 상차지에서부터 하나의 컨테이너를 완전히 이용하여 운송되는 화물

　㉡ 상차지 문전에서 컨테이너에 적입되고 도착지 문전에서 하차된다(Door to Door).

　㉢ 운송속도가 빠르다.

② LCL(Less then Container Load) 화물운송

　㉠ 화물의 양이 한 개의 컨테이너를 이용하기에는 적은 화물

　㉡ 수출화물은 CFS(Container Freight Station)에서 동일착지로 운송되는 화물과 하나의 컨테이너에 합적되어 운송된다.

　㉢ 수출입 형태에 따라 다음과 같은 형태의 운송이 이루어진다.

CFS to CFS	다양한 송하인과 수하인의 화물을 하나의 컨테이너에 적입
Door to CFS	하나의 송하인이 다수의 수입업체(최종목적지)의 화물을 하나의 컨테이너에 적입하여 운송 후 착지 CFS에서 통관 후 운송
CFS to Door	하나의 수입업자가 다수의 수출업자로부터 화물을 수입할 때 발지의 CFS에서 하나의 컨테이너에 적입한 후 도착지에서 화주 문전까지 운송하는 방법

⑺ 컨테이너 취급(하역)을 위한 장비

컨테이너는 기본적으로 중량화물이기 때문에 이를 취급하는 장비도 중량물을 인양 및 이동시킬 수 있는 능력을 가진 장비가 필요하다.

장비명	용 도
갠트리크레인 (Gantry Crane)	• 컨테이너의 선박에 대한 양하 및 선적을 담당하는 크레인 • 부두의 에이프런에 설치되어 좌우로 이동하며 하역을 담당한다.
트랜스테이너 (Transtainer)	야드에서 컨테이너를 다단(多段)으로 적재하거나 차량에 컨테이너를 적재 또는 하역하는 대형운반장비이다. 보통 컨테이너를 4~5단까지 적재가 가능하며 CY나 마샬링 야드에서 컨테이너를 하역하고 정리하는 작업을 담당한다.
스트래들케리어 (Straddle Carrier)	트랜스테이너와 비슷한 역할을 하나 트랜스테이너보다 규격과 취급능력이 작다. 갠트리크레인으로 하역한 컨테이너를 인양하여 CY까지 운송 및 적재하거나 트레일러로 운송한 컨테이너를 하역하는 역할을 담당한다. 보통 컨테이너를 2~3단까지 적재할 수 있다.
컨테이너핸들러 (리치스태커)	트레일러에 컨테이너를 적재하거나 하역하는 장비로서 대형지게차에 스프레더(Spreader)를 장착한 장비

갠트리크레인

스트래들케리어

트랜스테이너

리치스태커

⑻ 컨테이너 운송용 차량

컨테이너를 운송할 수 있는 차량은 다음과 같으며, 각 차량의 종류별로 용도가 다르기 때문에 운송상황에 따라 적절한 차종을 선택해야 한다.

장비명		용 도
트랙터(Tractor)		• 트레일러를 견인하는 차량 • 일반적으로 2축 또는 3축의 구조
섀시	정 의	컨테이너를 전용으로 운송하기 위한 안전장치를 갖추고 차체를 경량화시킨 트레일러
	40feet	40피트 컨테이너 한 개 또는 20피트 컨테이너 2개를 적재할 수 있는 섀시
	20feet	• 20피트 컨테이너를 전용으로 운송할 수 있는 섀시 • 주로 중량화물을 적재한 20피트 컨테이너 운송
	40feet 콤비네이션	• 40피트와 45피트 컨테이너를 운송할 수 있는 섀시 • 45피트 컨테이너 운송시에는 섀시의 뒷부분을 확장함.
	야드용 섀시	• 부두 CY 내 또는 부두와 ODCY 간을 운송하는 셔틀운송 전용 섀시 • 신속한 상차를 위하여 컨테이너 적재 가이드 장치 부착
평트레일러 (Plate trailer)		• 일반화물 운송과 컨테이너운송에 모두 활용 가능한 트레일러 • 평판 적재대의 설치로 중량이 무거움.
풀카고 및 훌트레일러 (Pull cargo, Full trailer)		• 컨테이너를 적재할 수 있도록 적재함 폭이 2,400mm로 제작된 카고트럭 및 트레일러 • 주로 공컨테이너의 운송에 활용
일반카고트럭 (General cargo truck)		컨테이너운송에 적합하지 않으나 필요시 측문을 개방하고 운송을 한다 (허가를 받지 않으면 불법).

◉ 다양한 컨테이너 운송장비

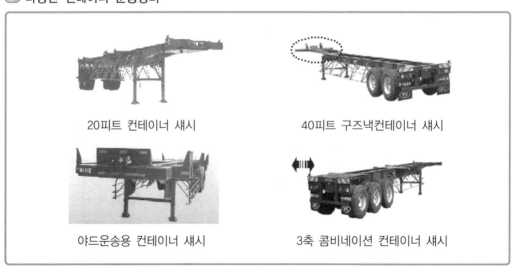

20피트 컨테이너 섀시

40피트 구즈낵컨테이너 섀시

야드운송용 컨테이너 섀시

3축 콤비네이션 컨테이너 섀시

2 컨테이너 터미널

(1) 컨테이너 터미널의 개요

① 컨테이너 터미널은 컨테이너운송에 필요한 컨테이너부두 및 내륙지역에서 대단위 부지를 확보하고 컨테이너 및 컨테이너화물을 인수·인도하는 장소를 말한다. 이는 컨테이너를 이용한 복합운송을 효율적으로 하기 위하여 컨테이너를 다른 운송수단으로 환적하거나 보관하고 수리하며, 운송에 필요한 각종 지원을 하는 시설 및 기능들이 집합되어 있다.

② 컨테이너 터미널은 화물의 종착점이 아니고 연결점으로서 운송의 부가가치를 증대시키는 역할을 한다.

(2) 컨테이너 터미널의 종류

제1장 제3절 물류터미널 참조

(3) 항만컨테이너 터미널의 시설

항만에 설치되는 컨테이너 터미널은 수입되는 컨테이너화물을 신속하게 하역하여 내륙지역으로 운송하고, 수출되는 컨테이너는 일시적으로 보관 후 선박이 접안하면 신속하게 적재할 수 있도록 적절한 공간과 효율적인 상하역 장비와 시설을 갖추어야 한다.

◉ 일반적인 항만컨테이너 터미널의 배치도

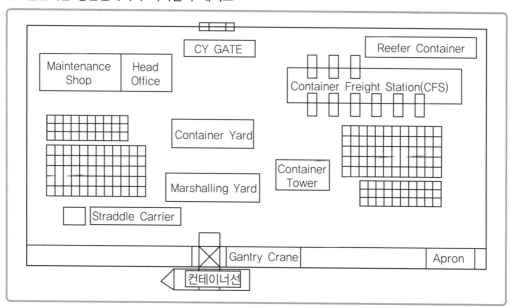

Berth (안벽)	컨테이너선이 접안하여 컨테이너를 선적하고 하역하기 위한 구조물로서 바다와 직접 맞닿는 부분을 말한다. 안벽은 컨테이너선의 길이 이상으로 길어야 하며, 선박의 크기에 따라 충분한 수심이 확보되어야 한다.
Apron (에이프런)	Apron은 안벽으로부터 수평으로 길게 설치되는 공간을 말한다. Apron에는 하역을 위한 갠트리크레인이 설치되며, 갠트리크레인은 Rail을 따라 좌우로 이동하며 하역작업을 한다. 일반적으로 Apron은 30~50m 폭으로 설치된다.
Marshalling Yard (컨테이너 대기장)	선적할 컨테이너를 미리 계획된 선박 내의 적부계획에 따라 순서대로 쌓아놓거나 하역한 컨테이너를 일시적으로 내려놓는 장소를 말한다. 에이프런에 접하여 설치되는 공간이며, 컨테이너가 이곳에서 순서대로 적재되어 있어야 선적이 신속하게 이루어진다.
Container Yard (컨테이너 장치장)	마샬링 야드의 배후에 위치해 있는 넓은 공간으로서 컨테이너를 보관, 인수 및 인도하는 장소로서 당장 운송되지 않는 컨테이너들을 이송하여 보관한다. 항만인근에 설치되는 Off dock CY에 반하여 On dock CY라고 한다. 일부 장소에는 냉동컨테이너 보관을 위한 시설이 설치된다.
Container Freight Station(CFS)	컨테이너 터미널에는 LCL 화물을 처리할 수 있는 CFS가 설치된다. 이곳에서 LCL화물을 컨테이너화하고 콘솔로 도착한 화물을 해체하여 수하인에게 인도한다.
기타 시설	위의 시설 외에도 항만컨테이너 터미널에는 세관, 컨테이너수리공장, 차량정비공장, 주유소 등이 설치되어 수출입업무와 운송지원업무를 담당한다.

3 컨테이너 취급방식

컨테이너부두에서 CY와 갠트리크레인 간에 컨테이너를 운반하고 보관하는 형식으로서 다음과 같이 4가지 방법이 이용되고 있다.

(1) 섀시 방식(Chassis System)

선박으로부터 갠트리크레인을 이용하여 하역한 컨테이너를 컨테이너섀시(트레일러)에 직접 상차한 후 CY로 이동시킨 후 분리하지 않고 보관했다가 화주문전으로 직접 운송하는 방식이다. 컨테이너 하역단계를 생략하기 때문에 작업시간이 신속하고 비용도 절감되며 트랜스테이너나 스트래들케리어와 같은 장비가 필요없게 되는 장점이 있다. 그러나 넓은 CY와 많은 섀시가 필요하게 된다.

(2) 스트래들케리어 방식(Straddle Carrier System)

갠트리크레인으로 하역한 컨테이너를 스트래들케리어를 이용하여 에이프런에서 CY까지 운반하며, CY에서는 컨테이너만 2~3단으로 보관하게 된다. 섀시 방식보다는 토지이용률이 높으나 장비확보 및 보수비용과 컨테이너 파손율이 높은 단점이 있다.

(3) 트랜스테이너 방식(Transtainer System)

스트래들케리어 방식과 유사하나 횡열과 수직으로의 적재수량이 많기 때문에 트랜스테이너 자체의 이동이 적고(운영비가 적게 소요) 넓은 면적에 높게 적재함으로써 토지이용률을 극대화할 수 있다. 그러나 다단으로 적재된 컨테이너 중 반출할 컨테이너를 찾아내는 시간이 많이 소요되어 작업이 지연될 수 있으며, 스트래들케리어 방식과 마찬가지로 장비확보 및 보수비용과 컨테이너 파손율이 높은 단점이 있다.

(4) 혼합방식(Mixed System)

스트래들케리어 방식과 트랜스테이너 방식을 결합한 방식으로서 수입컨테이너를 이동시킬 때는 스트래들케리어를 이용하고 수출컨테이너를 야드에서 선측까지 운반할 때는 트랜스테이너를 이용하는 방법이다.

4 컨테이너운송관련 국제협약

(1) CCC협약

CCC(Customs Convention on Container)협약은 1956년 유럽경제위원회의 채택으로 생겨난 것으로 컨테이너가 국경을 통과할 때의 관세 및 통관방법 등을 정하기 위하여 만들어졌다.

- 일시적으로 수입된 컨테이너를 적재수출하는 조건으로 면세한다.
- 국제보세운송에 있어서 출발국 정부 세관의 봉인을 존중한다.
- 우리나라도 1973년 조건부 승인 후 1981년 10월 정식으로 가입하였다.

(2) TIR협약(Trailer Interchange Receipt Convention)

TIR협약은 컨테이너 속에 내장된 화물이 도로운송차량을 이용하여 특정 국가를 통과하여 목적지까지 수송될 때 적용할 관세상의 특례사항을 규정한 협약이다. 이는 컨테이너에 적입되고 봉인되어 도로운송차량에 의하여 운송되는 화물에 대해서는 일정한 조건하에서 수입관세나 수출관세를 면제하거나 세관검사를 면제하자는 협약이다.

(3) ITI협약(국제통과화물에 대한 국제협약)

관세협력위원회가 1971년 육·해·공을 포함하는 국제운송에 관련된 통관조약인 "Custom Convention on the International Transit of Goods"를 채택하였다. TIR이 도로운송에만 적용되는데 반해 이 협약은 육·해·공 모든 운송수단에 적용된다.

(4) 컨테이너 안전협약(CSC)

이 협약은 UN이 IMO(국제해사기구)와 협동으로 1972년에 채택한 "안전한 컨테이너를 위한 국제협약(International Convention for Safe Container)"이다. 이 협약의 목적은 컨테이너의 취급, 화물의 적취 및 운송에 있어서 컨테이너의 구조상 안전요건을 국제적으로 공통화하는 것을 목적으로 하고 있다.

실전예상문제

01 유닛로드시스템에 관한 설명으로 옳은 것을 모두 고른 것은?

> ㉠ 기업의 특정기능을 외부의 전문사업자로 하여금 수행하게 하는 시스템이다.
> ㉡ 하역 및 운반의 단위적재를 통하여 운송의 합리화를 추구하는 시스템이다.
> ㉢ 화물을 일정한 표준의 중량과 용적으로 단위화시키는 시스템이다.
> ㉣ 화물의 현재 위치나 상태 및 화물이 이동한 경로를 파악할 수 있는 시스템이다.

① ㉠, ㉡   ② ㉠, ㉢   ③ ㉡, ㉢
④ ㉡, ㉣   ⑤ ㉢, ㉣

해설 ULS는 낱개의 화물 여러 개를 묶어서 하나의 화물처럼 취급할 수 있도록 하는 물류합리화 개념이다. 하나의 화물처럼 묶기 위해서는 팔레트나 컨테이너와 같은 용기를 사용하고, 한 묶음에 들어가는 개수를 정확하고 신속하게 파악하기 위해서는 수량이나 중량을 표준화시켜야 한다.

02 국제 해상 컨테이너 화물운송에 관한 설명으로 옳지 않은 것은?

① 우리나라에서는 10feet 컨테이너가 가장 많이 사용된다.
② 표준화된 컨테이너를 사용함으로써 안전하게 운송할 수 있어 보험료를 절감할 수 있다.
③ 컨테이너 전용부두와 갠트리 크레인 등 전용장비를 활용하여 신속한 하역작업을 할 수 있어 작업 시간의 단축이 가능하다.
④ 왕복항 간 물동량의 불균형으로 컨테이너선의 경우 벌크선과는 달리 공컨테이너 회수문제가 발생한다.
⑤ 고정식 기계하역시설이 갖추어지지 않은 항만에도 이동식 장비로 하역작업이 가능하다.

해설 국제교역에서 가장 많이 이용되고 있는 컨테이너는 40피트와 20피트 컨테이너이다. 10피트 컨테이너도 ISO가 정한 표준규격이지만 실제로 많이 사용되지는 않는다.

03 다음 중 컨테이너에 의한 운송의 경제적 효과에 대한 설명으로 적절하지 않은 것은?

① 문전에서 문전까지 일관운송으로 적하시간과 비용을 감소시킨다.

② 화물운송과정에서의 중간 적입 및 적출작업이 생략되므로 화물의 손상과 도난이 감소된다.

③ 화물의 단위화로 포장 및 장비사용의 효율화를 제고할 수 있다.

④ 운송량에 맞춰 다양한 컨테이너를 활용함으로써 운송비를 절감할 수 있다.

⑤ 특수컨테이너를 이용하는 경우 특수화물의 취급이 가능해진다.

해설 기본적으로 컨테이너는 표준화된 용기이다. 따라서 화물의 량에 맞게 다양한 컨테이너를 제작하여 활용하는 것은 제한이 따른다.

04 다음은 컨테이너의 규격에 대한 설명이다. 바르지 않은 것은?

① 20피트 컨테이너의 내측 폭은 2,348mm이다.

② 40피트 컨테이너의 내측 높이는 2,376mm이다.

③ 40피트 컨테이너의 내측 길이는 20피트 컨테이너 내측길이의 2배이다.

④ 하이큐빅컨테이너는 컨테이너의 높이가 5피트 높다.

⑤ 일반적으로 이용되고 있는 컨테이너 중 허용하중이 가장 많은 컨테이너는 40피트이다.

해설 40피트 컨테이너는 20피트에 비해 외측길이는 2배이나 내측길이는 구조물의 두께로 인해 2배 이상이다.

05 컨테이너 종류와 운반대상 화물이 옳게 짝지어진 것은?

① 탱크 컨테이너(Tank Container) : 목재, 기계류, 승용차

② 히티드 컨테이너(Heated Container) : 화학제품, 유류

③ 행거 컨테이너(Hanger Container) : 장치화물, 중량물, 기계류

④ 솔리드 벌크 컨테이너(Solid Bulk Container) : 소맥분, 가축사료

⑤ 오픈 탑 컨테이너(Open Top Container) : 과일, 채소, 냉동화물

해설 탱크컨테이너는 액체화물, 히티드컨테이너는 얼어서는 안되는 화물이나 일정한 온도유지가 필요한 화물, 행거컨테이너는 의류, 오픈탑컨테이너는 중량화물로서 크레인 등을 이용하여 적재해야 하는 화물을 운송하는데 적합한 컨테이너이다.

Answer 1. ③ 2. ① 3. ④ 4. ③ 5. ④

06 다음 중 중량화물이나 장척화물 운송에 적합 하도록 천장이나 측면이 개방된 컨테이너를 모두 고른 것은?

㉠ Reefer Container	㉡ Open Top Container
㉢ Flat Rack Container	㉣ Pen Container

① ㉠, ㉡   ② ㉠, ㉢   ③ ㉡, ㉢

④ ㉡, ㉣   ⑤ ㉢, ㉣

해설 천장이나 측면이 개발된 컨테이너는 오픈탑, 플랫폼, 플랫랙컨테이너이다.

07 다음 컨테이너의 종류 중 건초나 의류 등과 같은 부피화물을 운송하기에 가장 적절한 컨테이너는?

① 20피트 건화물컨테이너

② 40피트 건화물컨테이너

③ 45피트 건화물컨테이너

④ 20피트 오픈탑컨테이너

⑤ 40피트 하이큐빅컨테이너

해설 하이큐빅컨테이너는 컨테이너의 높이가 일반컨테이너에 비해 5피트 높은 컨테이너로서 부피화물 운송용이다.

08 컨테이너 화물의 운송형태에 관한 설명으로 옳지 않은 것은?

① CY/CY 운송은 수출자의 공장에서 컨테이너를 만재한 상태에서 수입자의 창고까지 운송하는 형태를 말하며, Door-to-Door 운송이라고도 한다.

② CFS/CFS 운송은 주로 다수의 수출자와 다수의 수입자 간에 이용된다.

③ CY/CFS 운송은 하나의 수출자가 둘 이상의 수입자의 화물을 한 컨테이너에 적입한 경우에 이용된다.

④ CFS/CY 운송은 수입업자가 여러 송하인으로부터 물품을 수입할 때 주로 이용된다.

⑤ CFS/CFS 운송은 Pier-to-Door 운송 또는 Seller's Consolidation이라고도 한다.

해설 CFS/CFS 운송은 송하인도 다수이고 수하인도 다수인 경우의 LCL컨테이너운송으로서 주선인혼재운송의 경우이다. 따라서 수하인의 문전까지의 운송이 아닌 도착지 CFS까지 운송해준다.

09 ICD에서의 1일 컨테이너 처리 물량이 20피트형 400개, 40피트형 300개, 10피트형 200개일 때 월 25일간 작업할 경우 연간 컨테이너 처리 물량은 몇 TEU인가? ▸ 제17회

① 220,000 TEU ② 270,000 TEU ③ 330,000 TEU
④ 440,000 TEU ⑤ 550,000 TEU

해설 T.E.U란 컨테이너의 수를 세는 단위로서 twenty Feet Equivalent Unit의 약자로서 20피트 컨테이너를 1 T.E.U로 환산한다. 따라서 ICD의 처리량은 1일 20피트형은 400T.E.U, 40피트형은 600T.E.U, 10피트형은 100T.E.U의 컨테이너를 처리하므로 총 1,100T.E.U를 처리한다. 따라서 연간처리량은 330,000 T.E.U이다(1,100 × 25 × 12).

10 다음의 팔레트 규격 중, 한국산업표준(KS T2033)에서 정하고 있는 "아시아 일관수송용 평 팔레트"의 크기에 해당되는 것을 모두 고른 것은?

㉠ 1,067mm × 1,067mm	㉡ 1,100mm × 1,100mm
㉢ 1,140mm × 1,140mm	㉣ 1,200mm × 800mm
㉤ 1,200mm × 1,000mm	㉥ 1,219mm × 1,016mm

① ㉠, ㉡, ㉢ ② ㉡, ㉤ ③ ㉣, ㉤
④ ㉡, ㉣, ㉤ ⑤ ㉣, ㉤, ㉥

해설 국내의 표준팔레트는 T11형인 1,100mm × 1,100mm와 T12형인 1,200mm × 1,000mm 두 종류가 지정되어 있다.

11 팔레트 풀 시스템(PPS : Pallet Pool System)에 관한 설명으로 옳지 않은 것은?

① 팔레드 공농 사용을 통해 물류의 효율성을 높일 수 있다.
② 운송용 팔레트는 화물의 최종목적지에서 팔레트를 회수해 간다.
③ 포장비 절감이나 작업능률 향상의 경제적 효과가 있다.
④ 계절적인 변동이 심한 제품의 경우 PPS 도입 효과가 크다.
⑤ 팔레트풀 시스템의 운영방식 중 개별 기업이 팔레트를 보유하지 않고 특정회사의 팔레트를 임대하여 사용하는 방식은 교환방식이다.

해설 교환방식의 경우에는 사용기업이 자체팔레트를 보유하고 있으면서 PPS의 팔레트로 운송이 되면 자신의 팔레트를 내어주는 형식이며, 국내에서는 리스·렌탈방식을 사용하고 있다.

Answer 6. ③ 7. ③ 8. ⑤ 9. ③ 10. ② 11. ⑤

12 다음이 설명하는 팔레트 풀 시스템의 운영방식은?

> • 이용자가 교환을 위한 동질 · 동수의 팔레트를 준비할 필요가 없음
> • 팔레트의 품질유지가 쉽고 팔레트 매수의 최소화 운영 가능
> • 팔레트를 인도하고 반환할 때 다소 복잡한 사무처리 필요

① 리스 · 렌탈 방식   ② 교환 방식   ③ 대차결제 방식
④ 기업단위 방식   ⑤ 업계단위 방식

> **해설** 리스 · 렌탈 방식은 사용자가 필요한 기간만큼 사용한 후에 돌려주고, 사용한 기간에 따라 렌탈료를 지급하는 방식으로서 인계 · 인수 수량만 확실하게 관리하면 된다.

13 항만 내 컨테이너 터미널 시설과 관계없는 것은?

① 안벽(Berth)   ② 에이프론(Apron)
③ 마샬링 야드(Marshalling Yard)   ④ 컨테이너 야드(Container Yard)
⑤ ODCY(Off Dock Container Yard)

> **해설** ODCY는 Off-Dock CY의 약자로서 부두 밖에 설치된 컨테이너 야드를 말한다.

14 컨테이너선에 컨테이너를 싣고 내리는 전용하역장비를 무엇이라고 하는가?

① 트랜스테이너   ② 스트레들케리어
③ 갠트리크레인   ④ 리치스테커
⑤ 크레인

> **해설** 갠트리크레인은 Apron에 설치된 하역장비로서 스프레터를 설치하여 선박에 컨테이너를 싣거나 내리는 역할을 한다.

15 다음 중 컨테이너 관련 조약에 해당되지 않는 것은?

① CCC(Customs Convention on Containers)
② CIP(Container Inspection Program)
③ ITI(Customs Convention on the International Transit of Goods)
④ CSI(Container Security Initiative)
⑤ CSC(International Convention for a Safe Containers)

> **해설** ITI는 관세협력위원회가 1971년 육 · 해 · 공을 포함하는 국제운송에 관련된 통과화물에 관해 체결한 조약이다.

16 ULS가 이루어지기 위한 조건으로 적합하지 않은 것은?

① 팔레트와 컨테이너를 하역할 수 있는 기계장치가 확보되어야 한다.

② 운반 및 하역장비의 표준화가 이루어져야 한다.

③ 팔레트와 컨테이너 규격의 표준화가 되어야 한다.

④ ULS 채택 이전보다 물류비가 감소되어야 한다.

⑤ 운송, 보관, 하역, 포장, 정보 등이 체계적으로 확립된 절차와 방법으로 처리되어야 한다.

해설 Unit Load System이 실현되면 자연스럽게 물류비는 감소한다. 따라서 물류비 감소는 결과이지 전제조건은 아닌 것이다. 또한 ULS의 초기에는 취급물량이 적어 물류비가 감소하지 않을 수도 있다.

17 다음은 ULS의 장단점에 대한 설명이다. 바르지 않은 것은?

① 운송수단의 운영효율이 향상된다.

② 용기관리에 시간과 비용이 추가된다.

③ 팔레트풀을 이용하면 팔레트 회수비용이 발생하지 않는다.

④ 검수작업이 용이하다.

⑤ 하역의 기계화로 작업생산성이 높아진다.

해설 운송용 팔레트의 경우 팔레트풀을 이용하면 팔레트화물의 도착지에서 팔레트를 회수하기 때문에 회수비용이 적게 소요된다. 그러나 회수비용이 발생하지 않는 것은 아니다.

18 다음 화물 중 컨테이너 운송에 있어 최적합화물에 속하는 것은?

① 포대커피   ② 전자제품   ③ 면화

④ 고지   ⑤ 석유류

해설 컨테이너 화물은 최적합화물, 적합화물, 한계화물, 부적합화물로 구분된다. 최적합화물이란 고가이면서 비교적 부피가 적은 화물로서 전자제품, 의약품, 주류, 직물 등이 이에 속한다.

Answer   12. ①   13. ⑤   14. ③   15. ③   16. ④   17. ③   18. ②

19 다음 트레일러 중 컨테이너 터미널 에이프런과 컨테이너 야드에서 신속하게 컨테이너를 운송하기 위해 사용되는 트레일러는 무엇인가?

① 컨테이너 섀시
② 평트레일러
③ 로우배드트레일러
④ 야드 섀시
⑤ 풀트레일러

> **해설** 야드 섀시는 안전운송을 위한 트레일러와 컨테이너를 연결하는 Locking장치가 없이 컨테이너의 무게에 의해 미끌려서 섀시의 정 위치에 안착될 수 있도록 슬라이딩 장치가 설치된 야드운송 전용 섀시이다.

20 컨테이너 터미널 내에서의 하역방식 중 다음과 같은 방식을 무엇이라고 하는가?

> • 넓은 야드가 필요하다.
> • 컨테이너를 컨테이너 섀시에 적재한 상태로 보관한다.
> • 별도의 하역장비가 필요없다.

① 스트래들케리어 방식
② 트랜스테이너 방식
③ 혼합방식
④ 갠트리크레인 방식
⑤ 섀시방식

> **해설** 국내 운송을 하거나 선적을 위해 컨테이너 터미널에 컨테이너를 보관하는 방식으로서 섀시방식은 섀시에 컨테이너를 적재한 채로 보관하는 방법이다. 터미널에서의 반출, 반입, 선적을 위해 컨테이너를 섀시에 다시 적재하거나 하차할 필요가 없어 시간과 하역징비 핸들링에 소요되는 비용이 절감된다. 다만, 고당적재가 안되기 때문에 많은 부지가 소요된다.

Answer 19. ④   20. ⑤

물류관리사

CERTIFIED PROFESSIONAL LOGISTICIAN

수배송시스템 설계

08 수배송시스템 설계

| 학습목표 |
1. 수배송시스템을 설계하기 위한 기본적인 원칙들을 설명할 수 있다.
2. 수배송을 효율적으로 수행하기 위한 방법들을 이해하고 활용할 수 있다.
3. 경영과학(OR)기법을 이용한 수배송의사결정기법을 이해하고 활용할 수 있다.

| 단원열기 |
수배송시스템이란 수송이나 배송을 효율적으로 수행하기 위하여 실시하는 운송절차와 방법을 말한다.
수배송시스템은 화물운송론에서 출제빈도가 가장 높은 부분이며 직접 계산을 해야 답을 구할 수 있
는 문제들이 다수 출제된다. 따라서 수배송시스템 설계를 위한 원칙 및 기준들을 잘 이해하고 각종
기법들의 이해와 계산방법을 터득해야 한다.

제1절 수배송시스템의 이해

1 수배송시스템의 개요

수송은 공장에서 물류센터, 공장에서 대형고객, 광역물류센터에서 지역물류센터 등 일반적으로
장거리, 대량운송이 이루어지는 형태를 말한다(국내운송과 국제운송에서 공히 발생). 반면 배송은
지역물류센터에서 수하인 또는 판매점까지의 운송으로서 구매자가 소량으로 주문하는 것을 배달
하는 형태로, 주로 중소형차량을 이용하여 JIT형태로 배달을 하며, 효율적인 배송을 위하여 순회
배송을 하는 것이 일반적이다(일반적으로 국내운송에서 발생).
따라서 수배송시스템이라고 하면 이렇게 수송(국제·국내)과 배송을 총괄하여 이르는 명칭이라고
할 수 있으나 일반적으로는 화물자동차에 의한 운송의 효율화를 추구하는 개념으로 사용된다.

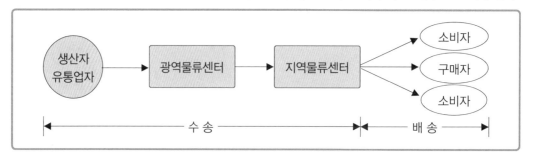

2 화물자동차운송시스템의 의의

(1) 화물자동차운송시스템이란 화물이 일정한 장소에서 화물자동차에 상차하기 시작하여 최종 목적지에 도착하기까지의 일련의 화물이동프로세스와 방법이라고 할 수 있다.

(2) 이러한 화물자동차운송시스템은 용달화물이나 콜밴운송처럼 시장에서 가정집까지 짧은 거리와 단일 운송수단을 이용하여 이동하는 경우도 있지만, 택배나 정기화물, 순회집배송 등과 같이 복잡한 과정을 거쳐 운송이 이루어지기도 한다.

(3) 소량 다빈도 배송과 JIT수배송이 요구되고 있는 물류현실에 있어서 적시성·정확성·안전성·경제성 등은 그 어느 때보다 정교하고 효율적인 시스템을 요구하고 있다.

3 화물자동차운송시스템의 중요성

운송은 물류의 기능 중에서도 가장 본원적인 기능을 담당하는 중요한 기능이다. 특히 화물자동차운송은 자체적으로도 운송의 완결을 담당할 수 있지만, 많은 경우 철도나 선박, 항공기 등과 연결하여 복합운송시스템을 구축하여 문전운송을 완결시켜주는 역할을 한다. 이러한 화물자동차운송시스템이 효율적으로 구축되고 운영되어야 하는 이유를 보면 다음과 같다.

(1) 운송비는 물류비 중 가장 비중이 높은 비용이다

우리나라의 운송비는 2011년 기준 전체 물류비 중 58.4%나 점유하고 있으며(대한상의 조사발표), 이 중 화물자동차 운송은 운송량 기준 74.2%를 점유하고 있다. 이렇듯 화물자동차의 운송비는 전체 물류비 중에서 차지하는 비중이 높기 때문에 효율화의 효과도 클 뿐만 아니라 효율적이지 못했을 때의 불필요한 비용의 지출도 그만큼 크다고 할 수 있다.

(2) 화물의 Delivery는 판매에 있어서 중요한 경쟁수단이다

구매자에 대한 상품의 전달은 신속·정확·안전·친절하게 이루어져야 고객만족이 이루어지며, 매출증대로 이어질 수 있다. 이를 수배송이 담당하는 것이다.

(3) 회수물류의 중요성이 증대되고 있다

전자상거래의 증가에 따른 반품, 파손품의 회수뿐만 아니라 「제조물책임법」의 시행에 따라 더욱 엄격해진 상품의 품질에 대한 책임은 반품의 증가를 초래하고 있다. 이러한 반품은 비단 운송비의 증가를 초래할 뿐만 아니라 반품 미회수시 고객의 불만이 가중되어 고객을 영원히 잃게 하는 문제로까지 확대된다. 따라서 반품 요청에 대해서는 신속하고 적절하게 이루어질 수 있도록 관리되어야 한다.

(4) 관리자의 감독 밖에서 이루어진다

화물자동차의 운송은 일단 배차관리자의 운송지시를 받고 물류센터에서 화물을 적재 후 출발하면 목적지에 도착하여 도착지 관리자의 지시를 받을 때까지 또는 다시 출발지 물류센터로 돌아올 때까지 운전자의 판단에 따른 운행을 하게 된다. 따라서 이 과정에서는 다양한 비효율적인 문제가 발생할 수 있다.

(5) 외부환경의 영향을 많이 받는다

화물자동차운송은 도로교통상황(정체, 폭설, 폭우, 통행제한 등), 출발 및 도착지의 하역여건, 하역 운영시간, 물류센터의 구조, 진입로 여건 등 화물자동차 외적인 환경에 많은 영향을 받는다.

(6) 다른 모든 물류에 영향을 미친다

화물자동차운송시스템의 효율성은 재고수준, 하역, 포장 등 타 물류부문에 많은 영향을 주게 된다.

▌4 화물자동차운송시스템 설계

(1) 운송시스템 설계를 위한 기본요건

화물자동차운송시스템이 효율적이고 고객지향적으로 운영되기 위해서는 화물운송과 연계되는 모든 시스템들과 유효적절하게 연결되어 막힘이나 엇갈림이 없이 운영될 수 있어야 한다. 그러기 위하여 운송시스템은 최소한 다음과 같은 6가지 요건이 확립되어 있어야 한다.

① 지정된 시간 내에 배송목적지에 배송할 수 있는 화물의 확보

기본적으로 수배송이 구매자가 원하는 시간 내에 목적지에 도착되기 위해서는 구매자가 원하는 만큼의 화물을 공급자가 확보하고 있어야 하며, 확보하고 있다는 전제하에서 모든 운송시스템은 계획되고 운영될 수 있는 것이다.

② 운송, 배송 및 배차계획 등을 조직적으로 실시

화물운송이 시스템적으로 계획되고 운영되기 위해서는 수배송을 위한 배차계획 및 차량, 운전원 등을 체계적으로 관리하고 통제할 수 있는 조직이 구축되고 이 조직에 의하여 운영되어야 가능하다.

③ 적절한 유통재고량 유지를 위한 다이어그램배송 등의 운송계획화

화물운송이 시스템적으로 운영되기 위해서는 적정한 재고량 확보가 필요하며, 이를 위해서는 재고관리프로그램의 운영이 필요하다. 또한 전체적인 재고의 회전율, 보충 lead time, 주문 cycle 등 재고의 수준 및 운송에 영향을 주는 재고 순환주기 등의 계획화가 필요하다.

④ 운송계획을 효율적으로 실시하기 위한 판매·생산의 조정

운송이 효율적으로 이루어지기 위해서는 생산과 판매가 조정될 수 있어야 한다. 물론 용이한 일이 아니며, 기본적으로 운송은 생산과 판매를 지원하는 업무이기 때문에 오히려 생산과 판매를 위해서 수배송이 조정되어야 맞다. 그러나 수배송의 합리화(비용절감 및 고객만족서비스 제공)를 위해서 가능하다면 생산과 판매도 조정할 수 있어야 한다.

⑤ **수주에서 출하까지 작업의 표준화 및 효율화**

상품의 수주 및 출하시간과 출하단위, 상품별 보관장소, 출하처의 배정 등이 표준화되고 효율화되어야 그 시스템에 맞추어 운송시스템도 효율적으로 이루어질 수 있는 것이다.

⑥ **최저 주문 단위제 등 주문의 평준화**

화물운송이 시스템화되고 효율적으로 운영되기 위해서는 특히 배송되는 화물의 양이 평준화되어야 한다. 만약 주문량의 기복이 심하거나 미 주문일이 빈발한다면 수배송루트가 고정되지 못하고 매일 변경되어야 하며 적정의 배송량을 유지하기 어려워진다.

(2) 운송시스템 설계를 위한 고려사항

운송시스템이 고객지향적이면서 효율적으로 운영될 수 있도록 설계되고 운영되기 위해서는 4가지 측면을 고려한 후 설계해야 한다.

서비스 측면	최근의 물류관리 key‐word는 고객만족적 서비스이다. 구매자에게 상품을 신속·정확·안전·그리고 친절하게 전달하는 것이 상품의 품질만큼이나 중요하다는 뜻이다. 따라서 수배송시스템은 고객만족적 서비스를 제공할 수 있도록 설계되고 운영되어야 한다.
경제적 측면	고객지향적인 운송시스템이 비용을 증가시키는 역할을 하기 때문에 이 증가된 비용을 만회하기 위해서는 낭비요인을 과감하게 제거하면서 운송효율을 최대화할 수 있는 시스템을 만들어야 한다.
안전운송 측면	화물이 발송지를 출발하여 도착지의 물류센터 또는 수하인의 손에 배달될 때까지 안전하게 운송되어야 운송의 목적을 달성할 수 있는 것이다. 따라서 안전운송문제가 충분히 검토되어야 한다. 운송의 안전을 위해서는 운전기사의 안전운전, 하역 및 적재의 안전 등이 검토되어야 한다.
사회적 측면	차량은 기업의 이동하는 간판이라고 한다. 따라서 차량은 일반 시민들로부터 좋은 이미지를 얻을 수 있도록 노력해야 하며 운송시스템에서도 이를 충분히 고려해야 한다. 예를 들면 매연, 소음, 사고발생, 과속, 난폭운전, 하역작업의 위험성 등은 잠재고객들에게 직접적으로 피해를 주는 행위이며 차량의 청결, 운전기사의 청결한 복장, 예절 등은 그 기업에 대한 이미지를 좌우하게 된다. 따라서 운송시스템은 사회적 측면도 충분히 고려되어야 한다.

(3) 운송시스템의 설계 포인트

운송시스템의 설계란 어떤 하드웨어를 이용하여 어떤 방법(소프트웨어)으로 운송을 할 것인가를 계획하는 것을 말하며, 효율적인 시스템 설계가 되기 위해서는 다음에 열거하는 사항들을 하나씩 검토하여 효율적인 대안을 선택해야 한다.

① **운송네트워크의 정비** : 운송네트워크는 물류네트워크를 말한다. 물류네트워크의 수와 위치, 규모는 운송비와 재고비, 관리비, 구매자에 대한 delivery lead time의 결정문제로서 매우 중요한 사항이다.

       ㉠ 물류네트워크의 수 증가 : 재고비 및 재고관리비 증가, 수송비 증가, 배송비 감소, 리드 타임단축

       ㉡ 물류네트워크의 수 감소 : 재고비 및 재고관리비 감소, 수송비 감소, 배송비 증가, 리드 타임지연

② **최적 운송수단의 선택** : 운송이 효율적으로 운영되기 위해서는 운송될 화물의 운송에 적합한 운송수단과 운송방법이 선택되어야 한다.

       ㉠ 경제적 측면 : 운송수단의 종류 선택 ⇨ 운송수단의 크기 선택 ⇨ 운송수단의 특수성 선택 ⇨ 운송서비스 종류(운송상품) 선택

       ㉡ 품질적 측면 : 신속성, 안전성, 고객서비스 측면의 검토

③ **운송효율의 향상방법** : 운송수단과 운송방법이 결정되면 그 결정된 운송수단과 운송방법을 이용하여 효율적으로 운송할 수 있는 방법이 강구되어야 한다. 즉 가능하면 일시에 많은 양을 운송하며, 하역시간을 단축하고 대기시간을 삭제하며 가동효율을 높일 수 있는 배차방법을 이용하는 등 효율성 향상을 위한 방법들을 검토해야 한다.

④ **공동운송의 실시** : 일반적으로 수배송업무를 화주기업 단독으로 수행할 때 아무리 효율적인 시스템을 구축하여도 효율화에는 한계가 있다. 이를 극복하여 이상적인 효율성 극대화를 추구하는 운송방법이 공동수배송시스템이다. 공동수배송시스템은 소량 다빈도 수배송을 해야 하는 화주기업들에게 있어서 다빈도 중량(重量)운송을 가능케 하여 물류비를 낮추면서 고객만족도도 높일 수 있는 방법이다.

⑤ **수배송의 합리화 수단 고려** : 수배송을 시스템으로 구축하고 합리화하기 위하여 다양한 시스템의 도구들을 이용해야 한다.

       ㉠ 계획화 : 운송업무가 임기응변에 의해 처리되지 않고 사전에 충분히 검토된 계획에 의하여 처리될 수 있도록 계획화해야 한다.

       ㉡ 체계화(시스템화) : 수배송이 정기적이고 규칙적으로 이루어져 관리의 효율성은 물론이고 운송이 체계적으로 이루어질 수 있도록 해야 한다.

       ㉢ 표준화 : 운송, 적재, 하역의 방법 및 적재의 규격 등이 표준화되도록 해야 한다.

       ㉣ 공동화 : 인력, 장비, 설비, 물류센터 등 모든 가용자원들이 공동화 및 pool화 되어 저렴하고 효율적으로 이용될 수 있도록 검토해야 한다.

⑥ **수배송 합리화를 위한 협력체계 구축** : 독자적인 물류처리의 한계를 극복하고 보다 적극적으로 합리화를 추구하기 위해서 동종, 이종업체 간 또는 공급채널에서의 공동화, 협력화할 수 있는 아이디어를 발굴하고 효율성 향상의 가능성이 있다면 적극적으로 추진해야 한다.

⑦ **제1차 운송과 제2차 운송의 연결** : 소량 다빈도 수배송은 운송비의 증가를 초래하고 있다. 따라서 이러한 문제를 해결하기 위하여 일정한 장소까지는 대형차량으로 운송을 하고 그 이후에는 대량으로 운송된 화물을 재분류하여 소형차량을 이용하여 운송하는 것이 효율적이다.

⑷ **운송시스템을 설계하기 위한 사전 조사**

효율적인 운송시스템을 설계하기 위해서는 운송하고자 하는 화물의 특성, 상하차장의 여건, 고객의 요구사항, 이용하는 도로의 특성, 기타 운송에 영향을 주는 요소들을 충분히 검토해야 한다.

① **운송할 화물의 종류** : 일반화물, 냉동·냉장화물, 식품류, 액체화물, 유독성화물, 귀중품, 정밀제품, 화물의 포장상태 등 운송될 화물의 특성에 따라 적절한 운송수단이 선택되어야 한다.

② **운송화물의 크기** : 운송될 화물의 단위당 크기(부피, 중량)와 형상에 따라 이용되는 차량과 상하차방법 등이 그에 적절하게 선택되어야 한다.

③ **운송 빈도 및 운송 Lot 사이즈** : 수하처에 대한 운송이 얼마나 자주 발생하는지, 정기적인지, 부정기적인지, 배달되는 화물의 1회 주문량은 어느 정도인지는 계획배송의 가능 여부, 차량의 크기결정에 영향을 미치게 된다.

④ **운송경로와 거리** : 먼저 발송지에서 도착지에 이르는 많은 경로(통로) 중 어떤 것을 선택할 것인지, 그리고 그 거리는 얼마인지를 파악해야 한다. 경로에 따라 이용할 수 있는 차량의 종류와 크기가 결정되며, 운행시간과 비용도 달라진다.

⑤ **발착지의 상하차장 여건** : 발지와 착지의 작업장 여건은 수배송시스템을 계획하는데 있어서 가장 중요한 요소일 수 있다. 상차지의 화물 출하시간(몇 시부터 몇 시까지 상차 가능), 하차지에서의 인수가능 시간(몇 시부터 몇 시까지 인수 가능), 상하차지 물류센터의 도크형태, 상하차장비의 종류, 진입로 여건, 주차장 여건 등은 운송시스템에 절대적으로 영향을 준다.

⑥ **운송지역의 교통여건** : 운송지역의 교통여건은 차량의 운행속도 및 운송효율에 영향을 미친다. 특히 일부 도심 지역은 중대형차량의 통행을 시간대별로 금지하고 있으며 지역별로 교통체증이 시간대별로 상습적으로 발생하는 경우도 있다. 따라서 운송계획은 이러한 교통여건에 따라 적절한 방법을 사용하여야 한다.

⑦ **운전원 근로조건과 차량운영비용** : 운송을 하는데 있어서 운전원의 근로조건과 그에 따른 급여조건은 운행시간에 막대한 영향을 미치게 된다. 또한 수배송계획을 수립하기 위해서는 기본적으로 차종별, 차량별 운송원가 발생 기준을 정확하게 파악해야 차종 및 경로의 선택을 판단할 수 있는 것이다.

⑧ **운송비 부담능력** : 운송되는 화물의 운송비 부담능력도 수배송계획을 수립하는데 있어서 중요한 요소가 된다. 판매이익이 적은데 운송비가 높게 발생할 수 있는 운송방법(소형 차량에 의한 JIT배송)을 고집하는 것은 안 된다.

⑸ **운송경로의 선택**

운송경로의 선택이란 출발지에서 목적지까지 운행하는 데 있어서는 다양한 도로가 있고, 이 도로들을 이용하는 데 있어서 운행시간과 운행에 소요되는 변동비용(연료비, 수리비, 타이어비 등)에 차이가 발생하며, 일부의 도로들은 육교, 철교, 지하차도 등으로 인하여 통행이 불가능하거나 제한을 받을 수 있다. 따라서 배송경로는 다음과 같은 3가지 기준에서 검토하여 선택되어야 한다.

① **비용기준** : 비용기준은 운송목적물이 다소 늦게 도착되더라도 문제가 되지 않는 경우 가장 비용이 적게 발생하는 도로를 이용하는 방법이다. 이는 다양한 선택가능한 경로의 거리와 운행조건을 파악하여 원가계산을 한 후 가장 비용이 적은 경로를 선택한다.

② **시간기준** : 운송할 목적물이 목적지에 도착할 시간이 정해진 경우에는 그 시간을 맞출 수 있는 경로를 선택해야 한다. 그 경로가 다소 거리상으로 멀고 도로통행료 등의 비용이 발생하더라도 구매자와 판매자 간의 약속이기 때문에 이는 지킬 수 있는 빠른 경로를 선택해야 한다.

③ **통행적합성 기준** : 화물자동차가 화물을 적재하고 운행하는데 지장이 없는 경로를 선택하는 방법이다. 물론 모든 운행에는 통행적합성이 확보되어야 하지만, 비용기준이나 시간기준에서는 분할운송을 고려하는 반면, 통행적합성 기준에서는 계획한 운송 lot의 크기와 차량의 크기를 그대로 적용하여 판단한다.

(6) 운송시스템전략 10원칙

운송시스템을 구축하는데 있어서 기본적으로 적용해야 할 원칙을 말한다. 운송시스템의 비용절감 목적을 추구하기 위한 원칙이다.

① **운송 · 재고 트레이드오프(Trade off)의 원칙** : 물류센터 재고의 수준을 낮추고 다빈도 배송을 할 때 수배송 단가는 높아지고 전체적인 운송비도 많이 지출된다. 그러나 재고수준을 높이고 대량운송을 하게 되면 운송단가와 전체적인 운송비는 낮아지게 된다. 즉, 수배송비와 재고관리비(창고비, 관리비, 재고에 대한 이자비용 등)는 Trade off 관계에 있는 것이다. 따라서 기본적으로 운송의 형태는 재고관리비와의 Trade off 관계를 파악하여 총비용을 최소화할 수 있도록 설계해야 한다는 것이다.

② **자가차량과 영업용차량 믹스의 원칙** : 운송물량의 기복이 있거나, 장 · 단거리 물량이 혼합되어 있을 때 자체차량이 운휴하지 않을 수준 또는 공차로 회귀해도 외부차량을 이용했을때의 운송비와 내부 비용이 차이가 없는 지역의 물량을 운송할 수 있는 최소한의 차량을 자가용으로 이용하고 그 외 차량은 영업용차량을 이용하는 것이 효율적이라는 원칙이다.

③ **단일 원거리 운송의 원칙** : 이 원칙은 앞에서 설명한 '거리경제의 원칙'과 동일한 원칙이다. 운송되는 화물은 중간에 환적이 없이 동일한 운송수단에 의하여 목적지까지 운송을 함으로써 중간의 환적에 따른 하역비용 및 하역에 의한 운송시간의 지연에 따른 비용지출 증가가 억제될 수 있도록 해야 한다.

④ **수배송 일원화의 원칙** : 수송(Haul Line)과 배송(Delivery)을 연결시켜 물류센터 내에 재고를 제로(0)로 하는 원칙을 말한다. 일반적으로 크로스도킹(Cross docking)이라고 말하는데 이렇게 함으로써 재고비를 줄이면서 일정한 구간을 대형차량으로 운송하여 경제성을 확보하고 배송의 효율성을 높일 수 있도록 해야 한다는 원칙이다.

⑤ **회전수 향상의 원칙** : 차량의 효율성을 높이기 위한 방법으로서 동일한 거리를 1회전하는 것보다는 2회전하는 것이 당연히 경제성이 높다. 따라서 관리자는 차량의 회전수를 높이기 위한 운송시스템을 구축해야 한다.

⑥ **상하차 신속의 원칙** : 차량의 회전수를 증가시키기 위해서는 차량에 상하차되는 화물을 신속하게 취급함으로써 상하차를 위해 차량이 대기하거나 상하차시간이 장시간 소요되게 해서는 안 된다는 원칙이다. 이를 위해서는 상하차작업의 계획화와 기계화가 필요하다.

⑦ **배송특성 대응의 원칙** : 효율적인 배송이 되기 위하여 배송되는 지역의 특성(교통혼잡도, 교통통제, 배송처 접근성, 배송화물의 양 등)에 따라 적절한 차량을 배차해야 하는 것이다.

⑧ **리드타임 충족의 원칙** : 기본적으로 운송서비스는 수요자 또는 구매자가 희망하는 화물인수시간을 충족시킬 수 있도록 운송을 실시해야 한다.

⑨ **운송단가 분기점의 원칙** : 운송물량의 수준에 따라 내부 운송원가가 달라진다. 즉 물량이 증가할수록 대형차의 사용, 운송빈도의 증가 등으로 운송원가가 낮아진다. 따라서 자신의 물량수준에 따른 내부 운송원가와 외부의 영업용차량의 운송비를 비교하여 내부원가가 영업용차량의 운송비보다 낮아지는 시점에서는 자가차량을 이용하는 것이 효율적이라는 원칙이다.

🔵 **경쟁분기점 도표**

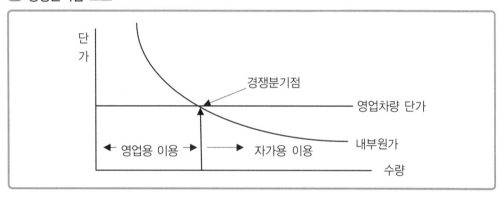

⑩ **횡지(橫持) 관리의 원칙** : 횡지란 운송회사 또는 화물자동차를 직접 운영하는 기업이 자신이 직접 운송하지 않고 다른 운송회사 또는 협력회사를 활용하는 것을 말하는 일본 운송업계에서 사용하는 용어이다. 오지(奧地)지역의 수배송의 경우에는 상품 판매량이 적거나 운송량이 적기 때문에 운송비가 높은 것이 일반적이며 자기차량을 이용하는 것보다는 타사의 다른 운송수단을 이용하는 것이 경제적일 수 있다. 이럴 경우 상품의 판매이익이나 운송이익보다 화물을 다른 운송회사의 트럭터미널에 이동시켜 타사 차량으로 운송시키는 비용이 적다면(이 비용을 횡지비용이라고 함) 타사의 운송수단을 이용해야 한다는 원칙이다.

█ 5 █ 배송시스템 설계

(1) 배송시스템의 의의

배송이란 재화를 최종소비자 또는 소매점 등에 소량으로 배달해주는 형태의 운송을 말한다. 따라서 배송은 수송기능을 통하여 대량으로 운송된 화물을 물류센터 등을 통하여 소량으로 분류한 후 중소형의 차량을 이용하여 운송한다. 이러한 배송은 소량 다품종 생산과 JIT배송 및 무재고 추구, 전자상거래가 심화될수록 그 중요성이 커지고 있다.

(2) 배송시스템의 중요성(설계의 어려움)

운송의 마지막 단계로서 중요한 역할을 수행하는 배송시스템은 특히 다음과 같은 이유로 인하여 효율적으로 설계된 시스템에 의해서 운영되어야 한다. 만약 배송시스템이 비효율적이면 이는 비용적인 측면뿐만 아니라 고객서비스 측면에서도 문제를 초래하여 결국 기업의 매출에도 막대한 영향을 끼치게 되는 것이다.

① **배송은 기본적으로 운송원가가 높다**

배송은 일반적으로 운송단위가 작고 중소형의 차량을 이용하여 운송을 하는 것이기 때문에 운송단위당 원가가 많이 소요된다.

② **인적서비스가 중요한 품질요소이다**

배송시스템에서는 단순한 운송서비스뿐만 아니라 재화의 검품, 인계, 입고서비스, 진열서비스, 반품의 회수, 주문의 접수, 상품대금의 수수, 친절한 응대 등 운전기사를 통하여 수행되는 다양한 업무가 동시에 제공된다. 따라서 인적관리도 중요한 관리요소가 된다.

③ **JIT배송이 필요하다**

최근의 공급체인은 POS시스템을 이용하여 리얼타임의 주문이 이루어지고 있으며 공급자도 push 방법보다는 pull 방식으로 공급이 이루어지기 때문에 필요한 시점에 정확한 배송이 이루어지지 않으면 결품의 발생으로 판매기회를 상실하는 등 문제가 발생한다.

④ **다수의 배송처는 시스템화를 어렵게 한다**

근본적으로 배송업무가 다수의 배송처에 대한 재화의 공급행위이며, 이들 배송처의 배송상황은 모두 다르며 이들 모든 배송처의 여건을 고려하여 효율적인 배송시스템을 설계한다는 것은 매우 어렵다. 따라서 배송시스템의 설계시에는 배송에 영향을 주는 요소들을 파악하여 표준화하고 체계화하는 것이 필요하다.

⑤ **운행에 따른 원가보다 작업 및 부수적인 업무처리 원가가 더 크다**

배송업무는 실질적으로 운행에 소요되는 시간보다는 검품, 상차, 화물의 인계 및 입고 등 화물의 취급과 관련된 시간이 더 많고 이 부분의 원가가 더 크다. 따라서 작업과정과 화물의 인계·인수과정 등을 시스템화하고 표준화시키는 것이 절대적으로 필요하다.

⑥ **교통환경에 영향을 많이 받는다**

배송업무는 주로 도시 내에서 이루어진다. 따라서 도시 내 예측할 수 없는 교통상황의 변화는 배송업무를 어렵게 만든다. 그러므로 배송경로와 스케줄은 이러한 변화하는 교통상황들을 충분히 검토하여 시스템에 반영해야 한다.

(3) 배송시스템 효율화 포인트(촛점)

효율화 포인트란 배송의 어떤 부분에 초점을 맞추어 효율화를 할 것인지, 즉 효율화 기법을 말한다. 배송은 구매고객과 직접적으로 접촉하는 운송으로서 비용이 가장 많이 발생하는 운송이기 때문에 더욱 섬세한 설계가 필요하다고 할 수 있다.

① **배송의 효율화 방향** : 배송을 효율적으로 운영하기 위한 방법은 다음과 같이 두 가지 방면으로 추진될 수 있다.

㉠ **하드웨어 대책** : 배송차량 및 화물 적재대의 개선과 개량, 하역장소의 정비와 확장, 하역작업의 기계화와 자동화 및 상하차를 위한 기기의 사용 등으로서 수배송차량의 상하차 대기시간을 단축시키고 가급적 동시에 많은 양을 운송할 수 있는 방법들이다.

㉡ **소프트웨어 대책** : 배송의 계획화, 배송화물의 Lot화, 배송과 출하선(수하처)의 집약화, 배송의 공동화 및 직접배송을 통한 배송거리의 단축화 그리고 이러한 소프트웨어를 효율적으로 작동시킬 수 있는 정보시스템의 이용 등으로서, 효율적인 운행방법을 강구하여 운송거리를 단축하거나 더 많은 운송이 가능하도록 하는 운영적인 측면을 말한다.

② **배송효율화의 포인트** : 배송은 일반수송보다는 운송의 Lead time이 짧고 정확한 배달시간의 준수가 요구되며 도심지역의 운행, 좁은 이면도로 통행, 효율적인 수하태세 미비 등으로 인하여 비효율적인 운행이 이루어질 위험이 크다. 따라서 섬세하고 효율적인 배송시스템을 체계적으로 수립하고 운영해야 할 필요가 있다. 이러한 배송시스템을 설계하는데 있어서 중점적으로 추구해야 할 효율화 포인트를 살펴보면 다음과 같다.

㉠ **기존 차량보다 운송능력이 큰 차량에 의한 배송이 가능한가?**

배송차량은 운행특성상 일반적으로 1~2.5톤 등 중소형차량을 이용하지만 도심 및 이면 도로, 지하층 등의 통행이 가능하고 배달처에 대한 Lead time에 영향을 주지 않는다면 가능한 큰 차량을 이용하여 많은 거래처의 화물을 배송해주는 것이 경제적으로 유리하다.

㉡ **상하차시간을 단축할 수 없는가?**

배송에서 운영시간의 가장 많은 부분을 차지하는 것이 상하차시간으로서 이를 줄이는 것이 방문처의 수와 운송량을 증대시킬 수 있는 가장 중요한 요소이다. 이를 위해서는 사전 상하차준비, 유닛로드시스템 도입, 상하차의 기계화 등 다양한 부분을 개선해 나가야 한다.

㉢ **상하차를 기계작업으로 할 수 없는가?**

상하차를 신속하게 하기 위하여 인력으로 상하차하지 않고 지게차, 크레인, 리프트게이트 등을 이용하여 운전자의 힘을 덜 들이고 신속하게 작업을 할 수 있는 방법을 찾아야 한다.

ⓔ 상품의 인계 · 인수를 신속하고 정확하게 할 수는 없는가?

화물의 착부족사태를 방지하고 운전자의 책임을 확실히 하기 위하여 출고시 운전자에게 운송할 화물을 정학하게 인계하면서도 신속하게 할 수 있는 방법, 그리고 수하처에 도착해서 수하인에게 마찬가지로 신속하고 정확하게 인계할 수 있는 방법을 찾아야 불필요하게 인수 · 인계시간으로 인한 운행시간 감소가 발생하지 않는다.

ⓜ 운행거리를 최단거리로 할 수는 없는가?

자동차의 운행거리는 운행소요시간뿐만 아니라 연료비, 도로통행료, 타이어비 등의 비용발생에 영향을 주게 되는 반면 운송통로는 다양하다. 따라서 목적지에 시간 내 도착할 수 있고 이용하고자 하는 차량의 통행에 문제가 되지 않는다면 최단거리 운행노선을 지정하여 운행하도록 하는 것이 필요하다.

ⓗ 운행시간을 최단시간으로 할 수는 없는가?

도시지역의 배송에 있어서 제일 문제가 되는 부분이 운행시간(운행속도)이다. 도로의 교통체증, 다양한 교통통제, 도로공사 등 자동차의 운행속도에 영향을 주는 요소들이 수시로 발생하여 예정된 시간에 배송을 할 수 없게 하거나 전체적인 배송량을 적게 하는 요인으로 작용하고 있다. 따라서 도시지역의 배송에 있어서 운행통로의 선택문제는 운행거리보다는 운행시간을 기준으로 하여 선택해야 한다.

ⓢ 운전원의 운행시간을 최대화할 수 없는가?

운전기사의 실질적인 운행시간은 차량의 효율성을 좌우한다. 따라서 운전기사의 운행시간이 최대화할 수 있도록 효율적인 배차방법을 활용해야 한다.

ⓞ 구매자가 원하는 배송시간의 표준화 및 유동화 추진

개별 구매자의 배송요청시간은 배송의 효율화에 많은 걸림돌이 된다. 즉 바로 인접지역인데도 배송요청시간이 달라 바로 배송하지 못하고 다른 지역으로 이동 후 시간에 맞춰 다시 돌아와서 배송해야 하는 문제가 발생한다. 이러한 문제를 해소하기 위해 구매자별로 배송시간을 표준화하거나 기준시간에서 일정한 시간만큼 유동성을 부여하여 운행할 수 있도록 하는 조치가 필요하다.

⑷ 배송계획 수립시 설정해야 할 기준

배송계획을 수립함에 있어 효율적인 배송계획이 될 수 있도록 하고, 실제로 배송기사가 계획대로 배송업무를 수행할 수 있도록 하기 위해서는 다음과 같은 기준을 설정해야 한다. 또한 이러한 기준을 제정하기 위해서는 사전에 충분한 조사를 거쳐 합리적인 기준이 마련될 수 있도록 해야 한다.

시간기준	업무시작시간, 검수시간, 출발시간, 주행시간, 인계시간, 마감시간 등에 대한 기준
적재량기준	차량별 최대 · 최저 · 평균 적재량 기준, 표준적인 주문단위에 대한 기준
루트기준	배송구역, 최대 · 최소 운행거리 등에 대한 기준
작업기준	검수 상하차, 인계 등의 방법 및 시간 등에 대한 기준
차량기준	이용하는 차량의 크기, 투입차량의 수 등에 대한 기준

(5) 배송루트의 설정방법

배송루트의 설정은 효율적인 배송을 위하여 매우 중요한 일이다. 이는 비단 배송의 효율화를 위해서 뿐만 아니라 구매자의 만족도 향상을 위해서도 그렇다.

① **배송루트의 정형화를 어렵게 하는 요인들**: 앞에서 설명한 배송루트의 설정을 어렵게 하는 요인들에 대해서 보다 구체적으로 살펴보면 다음과 같다.

ㄱ 교통흐름의 차이와 변화: 도시지역에서의 배송에 있어서는 운송경로상의 각 구간별로 교통의 흐름속도가 다르고 또한 시간대별로도 변한다.

ㄴ 수하처의 배송요청시간 차이: 구매자의 파워가 크고 판매자가 배송요청시간을 조정하기 어려울 때는 배송경로가 지그재그로 이루어져 비효율적인 배송이 될 수밖에 없다.

ㄷ 교통의 통제상황 발생: 도로를 이용하는데 있어서의 상황은 교통흐름의 속도 외에도 많은 변수가 있다. 도로공사나 행사로 인한 통행제한, 속도개선을 위한 좌우회전 및 유턴의 제한, 시간에 따른 대형차량의 통행 제한 등은 도시지역 배송에 많은 영향을 준다.

ㄹ 주문일정의 부정형: 주문이 정기화되지 못하면 매일 배송경로가 달라져 효율적인 배송이 되지 못한다.

ㅁ 배송처의 작업장 여건: 배송처의 위치, 주차공간, 진입로 등은 화물의 인계·인수시간에 많은 영향을 준다.

ㅂ 불특정 다수에 대한 배송: 택배와 같이 배송처가 정해져 있지 않고 매일 변경이 되는 경우에는 배송경로가 매일 달라질 수 있으며 효율적인 배송경로 설정이 어려워진다.

ㅅ 주문량의 변화: 주문량의 변화가 심할 경우에는 효율적인 배송경로 계획을 설정하기 어려워지며 갑작스런 대단위 주문이 발생하면 정해진 배송경로상의 타 배송처 화물을 적재하지 못하거나 대단위 주문물량을 별도로 처리하는 등의 문제가 발생한다.

ㅇ 운전자 휴식 및 적극성: 배송의 효율은 무엇보다 운전기사의 적극적이고 효율적인 운전과 배송처에서의 업무처리방법에 달려 있다. 그러나 배송경로를 정보시스템을 이용하거나 표준적 데이터를 이용하여 정형화하게 되면 유능한 운전기사의 능률향상은 기대하기 어렵게 되고 비효율적인 운전기사는 계획된 배송을 다하지 못하여 결국 경로 및 배송처 수를 조정해야 하는 문제가 발생할 수 있다.

② **배송루트의 크기 결정**: 배송루트의 크기란 하나의 운송지시로 운전원이 배송하게 될 배송처의 수와 전체적인 운행거리 또는 시간을 말한다. 배송루트의 크기결정은 3가지로 나누어 고려할 수 있다.

ㄱ 배송종료시간 기준: 배송종료시간 기준이란 수하인이 원하는 시간 내에 배송할 수 있는 최대 배송처와 운행거리를 기준으로 하여 배송계획을 수립하는 것을 말한다.

ㄴ 귀점시간 기준: 귀점시간 기준이란 운전기사가 배송업무를 마치고 물류센터나 차고지에 도착하는 시간을 기준으로 배송루트 크기를 결정하는 방법이다.

ㄷ 운송가능량 기준: 배송시간의 제한이 없거나 1회 배송 후 2회 배송이 가능한 경우에 지정된 차량에 적재할 수 있는 최대한의 양을 적재하고 배송토록 하는 방법이다.

08

③ **배송다이어그램**(Delivery Diagram)**의 작성** : 배송다이어그램이란 배송차량이 출발지에서 목적지까지 운송을 하면서 발생하게 되는 운행과 정지에 관한 사항을 시간대별로 계획하여 표로 나타낸 것을 말한다(한마디로 운행 스케줄이다).

㉠ 다이어그램을 작성하기 위한 준비 : 다이어그램을 작성하기 위해서는 다음과 같은 사항들이 사전에 검토되고 표준화 및 단순화되어 운영의 기준 및 표준시간으로서 책정되고 활용되어야 한다.

ⓐ 출하업무의 개시시간 : 물류센터에서의 출하를 위한 작업개시 시간 및 운전기사가 출근해야 할 시간

ⓑ 작업지시시간 : 당일 운전원이 수행할 업무의 지시를 시달하고 주의사항, 복장, 용모, 차량 청결상태 등을 확인하는 데 소요되는 시간

ⓒ 화물의 검수소요시간 : 운송지시된 화물을 인수하여 품명, 수량, 포장상태 등 화물의 이상 유무를 확인하는 데 필요한 시간

ⓓ 상차소요시간 : 운송할 화물을 검수하여 차량에 상차하는 데 소요되는 시간

ⓔ 운행속도 : 차량이 운송경로를 따라 운행하는데 있어서 각 운송구역별로 적용해야 할 그 지역의 평균 운행속도를 말한다. 이 운행속도는 일반적으로 시내 중심지역과 시외곽지역, 일반국도, 고속도로가 차이가 많기 때문에 적절한 운행속도를 산출하여 적용해야 한다.

ⓕ 이동거리 : 이동거리는 물류센터를 출발해서 각각의 목적지에 도착할 때까지의 이동거리를 말하며 다양한 이동경로가 있을 때는 '운송경로선택 기준'에 의하여 선택한 경로의 거리를 적용한다.

ⓖ 운행소요시간 : 운행속도와 이동거리가 결정되면 이동거리를 운행속도로 나누어 산출한다.

ⓗ 화물의 인계를 위한 시간 : 목적지에 도착했을 때 수하인을 확인하고 화물을 하차하여 정해진 방법에 따라 화물을 수하인에 인계하는 데 소요되는 시간을 말한다.

ⓘ 휴식 및 식사시간 : 자동차의 안전을 위해서는 일정한 거리를 운행한 후에는 휴식을 취해야 한다. 또한 식사시간은 중식, 석식, 조식에 해당하는 시간을 지정하고 그 시간에 운행 및 운송업무 중일 때는 식사에 소요되는 시간을 책정하여 다이어그램에 반영해야 한다.

ⓙ 야간운행의 종료 및 개시시간 : 장거리운행을 할 경우에는 야간운행을 하게 되는데 이 때 몇 시까지 운행을 하고 취침을 할 것인가를 결정하여 다이어그램상 그 시각 이후에는 운행을 중단하는 것으로 편성해야 하며, 역시 아침 운행개시시간도 시정에 지정하여 취침 후 그 지정된 시간이 되면 기상하여 운행을 개시하는 것으로 편성해야 한다.

ⓚ 교육시간 : 운행개시 전 또는 업무종료 후 별도의 교육시간을 운영할 때는 교육에 필요한 시간을 책정하고 다이어그램에 편성한다.

ⓛ 다이어그램의 작성 : 배송다이어그램은 업무의 진행순서를 정하고 그 업무수행을 위하여 발생하는 시간을 Time table상에 화살표나 막대선으로 표시하여 작성한다. 이때 업무의 처리순서를 정확히 해야 하며 구간별 운행소요시간은 해당 지역의 운행속도를 기준하여 산출·적용한다. 또한 배송처의 특수한 여건으로 인하여 화물의 인계시간이 특별히 많이 소요되는 경우에는 다이어그램상에서 조정할 수 있다.

ⓒ 다이어그램의 활용 : 다이어그램은 앞에서 설명했듯이 배송차량 소요판단, 화물배송시간에 대한 정보의 제공, 운전원에 대한 행동 및 운행의 기준을 제공할 뿐만 아니라 운행비용을 산정하는 데도 도움이 된다.

> **보충학습**
>
> **다이어그램 운영의 이점**
> 1. 투입될 차량의 소요대수를 파악할 수 있다.
> 2. 배송기사에게 배송업무에 대한 목표를 제시한다.
> 3. 거래처에 차량의 도착예정시간을 알려줄 수 있다.
> 4. 배송시스템의 버틀렉을 발견할 수 있다.

● **배송다이어그램 예**

구분	거리	7	8	9	10	11	12	13	14	15	16	17	18
출근		➡											
교육		➡											
상차			➡										
운행	20km			➡									
A점					➡								
운행	1km				▪								
B점						➡							
운행	3km					▪							
C점						➡							
…													
중식							➡						
…													
귀점	15km												➡

⑹ **배송경로 및 일정계획 원칙**

배차관리자나 정보시스템을 이용한 배송루트를 도출하는 프로그래머들은 다음과 같은 8가지의 원칙을 적용하여 차량의 운행경로와 일정 계획을 효과적으로 수립해야 한다.

① 가장 근접해 있는 지역의 물량을 함께 싣는다 : 차량의 운행경로는 두 지점 간의 운행거리를 최소화하기 위하여 서로 가장 가까이 위치한 지점군(Clusters of stops)들로 형성되어야 한다. 이것은 운행시간을 최소화시켜 주는 방법이다.

● 근접한 배송처 연결 Route

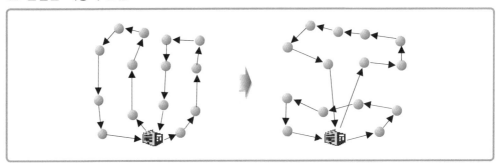

② 배송날짜가 다른 경우에는 배송지역을 요일별로 엄격하게 구분한다 : 배송일을 판매자가 정할
수 있을 때는 구역별로 배송일자를 엄격하게 구분하여 일정별로 배송지역 및 배송경로를 설정
하여 운영해야 한다. 이렇게 해야 구역에 대한 중복운행을 피하고 차량의 이동거리를 최소화
할 뿐만 아니라 차량의 소요도 최소화할 수 있다.

● 요일별 배송경로 클러스트

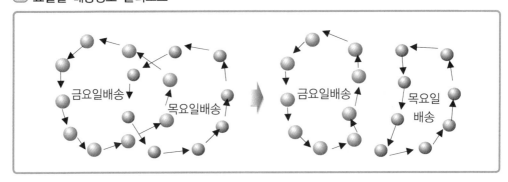

③ 운행경로는 물류센터에서 가장 먼 지역부터 만들어간다 : 효율적인 운행경로는 물류센터에서
가장 멀리 떨어진 지역부터 배송 Cluster를 만들고, 점차 물류센터 부근으로 이동하면서 연속
적으로 만들어간다. 이렇게 하면 각 운송차량별 배송처가 집중화되어 배송지역 내에서의 운행
거리가 최소화될 수 있다. 이러한 방법은 넓은 지역의 많은 배송처에 대하여 배송업무를 수행
할 때 필요하다.

● 운행경로 수립순서

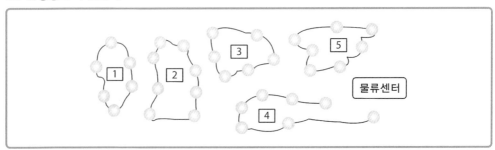

④ 차량경로상의 운행순서는 눈물방울 형태로 만들어 간다 : 만약 방문시간대에 제약이 있어 어쩔 수 없는 경우에는 할 수 없겠지만 배송의 순서는 경로가 서로 교차하지 않도록 설정되어야 하며, 이렇게 교차하지 않고 정해진 경로는 일반적으로 눈물방울 형태로 나타난다.

◉ 잘못된 배송경로

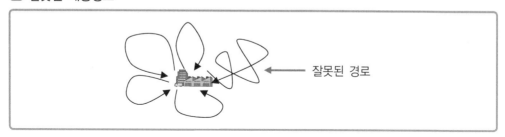

잘못된 경로

⑤ 가장 효율적인 경로는 이용할 수 있는 가장 큰 차량을 사용하여 만든다 : 시간이 허용하는 한, 하나의 경로상의 모든 배송처의 배송물량을 배송할 수 있는 큰 차량을 이용하여 배송을 실시하면 전체적인 운행거리를 줄일 수 있고 배송비용도 감소한다. 따라서 다양한 크기의 차량을 이용할 수 있고 배송처의 배송요구시간에 부응할 수만 있다면 큰 차량을 이용한다.

⑥ 픽업은 배송과 함께 이루어져야 한다 : 픽업과 배송을 모두 수행해야 하는 차량들은 동일경로상에서 픽업과 배송을 순차적으로 하는 것이 효율적이다. 물론 고객의 요구시간이 도저히 맞지 않으면 어쩔 수 없지만 가능하면 경유시간에 맞춰 픽업이 가능하도록 조정하는 노력이 필요하다.

⑦ 루트배송에서 제외된 수요지는 별도의 차량을 이용한다 : 일정한 배송권역을 벗어나 소재하고 있거나 통과시간과 맞지 않는 시간에 픽업 또는 배송을 요청하는 고객에 대한 운송업무는 긴 운행시간과 높은 비용을 발생시키며 클러스터 안에 있는 수요자들의 불만을 야기시킬 수도 있다. 따라서 이렇게 일정 경로에서 벗어나는 배송처나 집하처에 대해서는 별도의 차량이나 다른 운송수단을 이용하여 처리하는 것이 더 효율적일 수 있다.

⑧ 너무 짧은 방문간격은 피해야 한다 : 이번 배송과 다음의 배송처의 요구시간 차이가 너무 짧으면 두 요구시간을 모두 충족할 수 없을 뿐만 아니라 계속적으로 시간계획이 틀려나가기 때문에 전체적인 문제가 발생할 수 있다. 따라서 이렇게 너무 간격이 좁은 배송처의 배송요구시간은 이를 조정하는 것이 필요하다.

⑺ **배송방법**

일반적으로 배송의 방법은 다음과 같이 구분할 수 있다.

다이어그램 배송	배송차량이 출발지에서 목적지까지 운송을 하면서 발생하게 되는 운행과 정지에 관한 사항을 시간대별로 계획하여 표로 나타낸 것을 배송다이어그램이라 하며, 그런 계획에 의해 배송하는 것을 다이어그램 배송이라고 한다. • 배송의 효율성이 향상된다. • 차량의 도착시간이 확정되어 가시성이 확보된다. • 배송처를 고정시킬 수도 있으며(고정다이어그램) 정보시스템에 의하여 변동다이어그램 배송을 할 수도 있다.
밀크런배송	매일 지정된 경로와 장소를 지정된 시간에 방문하여 집하 또는 배달을 하는 형태이다. • 배송구역, 배송처 등이 고정된다. • 집배송서비스품질이 향상된다. • 집하 및 배달수량이 고정되어야 한다. • 배송보다는 집하에 더 많이 활용된다.
Route 배송	일정한 배송경로를 정하여 반복적으로 배송하되 경로상의 모든 거래처에 대하여 배송한다. • 배송처의 수 변화에 관계없이 경로상의 모든 배송처의 화물을 배송한다. • 배송물량의 변화가 크지 않을 때 이용할 수 있다. 예 택배
변동 다이어그램 배송	배송처 및 배송물량의 변화가 심할 때 매일 방문하는 배송처, 방문순서, 방문시간 등이 변동되는 방법으로서 매일 최적의 경로를 설정하여 배송한다. • 정보시스템을 이용하여 경로를 설정해야 한다. • 배송관련 기준설정이 중요하다. • 고객만족 배송을 위해서는 배송예정정보를 알려줄 수 있는 시스템이 구축되어야 한다.
적합배송	사전 설정된 경로에 배송할 물량을 기준으로 적합한 크기의 차량을 배차하는 방법이다. 배송물량, 작업시간, 운행시간 등의 제약조건하에서 경로의 크기가 변동될 수 있다. • 다양한 크기의 차종을 보유하고 운영할 때 이용할 수 있다. • 정보시스템에 의한 Routing작업이 필요하며 Visibility System이 필요하다.
단일배송	하나의 배송처에 1대의 차량을 배차하는 방법이다. • 주문자가 신속한 배송을 요구할 때 이용한다. • 주문량이 보유하고 있는 1대의 차량을 이용할 만큼 대량주문이 이루어질 때 이용한다.

6 공동수배송시스템

(1) 공동수배송시스템의 개념

① 공동수배송이란 하나의 차량에 다양한 화주(송화주 또는 수화주)의 화물을 혼적하여 운송함으로써 운송의 대형화와 순회배송을 가능케 하는 운송의 기법이다.

② 소량 다빈도 수배송과 JIT수배송의 필요성 증대, 고객지향적 수배송서비스가 더욱 요구되고 있는 물류현실에서 공동수배송의 필요성은 더욱 증대되고 있다.

③ 실질적으로 많은 생필품 판매기업들이 공동수배송시스템을 이용하고 있다.

◉ 공동수배송의 기본개념

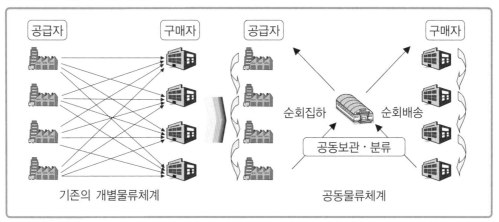

(2) 공동수배송의 이점

① 적재율 향상에 의한 운송의 대형화로 경제성 향상

② 취급물량 대형화로 물류센터 내의 물류취급을 위한 기기의 자동화 등 현대화 가능

③ 효율적인 정보시스템 구축 가능

④ 전 네트워크 간의 효율적인 EDI 구축으로 수발주업무, 물류회계, 상품의 추적정보 등 제공 가능

⑤ 동일지역 및 동일수하처에 대한 중복방문 제거로 수하처의 상품인수업무 효율화

⑥ 교통체증의 감소와 환경오염 경감

⑦ 오지지역까지 적기에 경제적인 배송실시

⑧ 운영주체에 따라 자가용화물차를 이용한 운송이 가능해짐.

⑨ 효율적인 물류센터관리 정보시스템(WMS)을 활용함으로써 물류센터의 화물처리 품질이 향상됨(정확성, 안전성, 작업의 효율성).

⑩ 다양한 거래처(납품 및 수하처)에 대한 공동수배송을 실시함으로써 상품의 계절적 수요 변동에 따른 차량수요 기복을 완화시킬 수 있음.

⑪ 물류센터의 운영효율을 향상시킬 수 있음.

⑫ 물류관리를 위한 제반 경비(인건비 등)에 대한 규모의 경제를 이룰 수 있음.

(3) 공동수배송 추진의 장애요인

① **기업의 영업기밀 유지** : 경쟁기업 간 자사의 판매량, 인기판매품목 등의 정보가 상대기업으로 들어갈 수 있다는 우려가 있다.

② **자사의 고객서비스 우선** : 공동수배송은 특정 화주의 고객을 최우선적으로 서비스해줄 수 없는 표준적, 효율성 위주의 시스템이다.

③ **배송서비스를 기업의 경쟁력으로 삼으려는 전략** : 일부의 기업들은 배송서비스를 핵심적인 경쟁요소로 삼으려 한다.

　　◈ S전자의 제품배송, W사의 정수기 필터

④ **상품특성에 따른 특수서비스의 제공 필요** : 상품에 따라서는 제품의 설치, 정기방문과 A/S, 취급설명, 구제품의 회수 등 단순 수배송 외에도 다양한 서비스를 요구하는 경우가 많다.

⑤ **긴급대처능력 결여** : 유통업에서는 긴급주문 및 공급이 빈번하게 발생하는바 공동수배송은 이러한 긴급수요에 대한 대처능력이 다소 떨어진다.

⑥ **상품에 대한 안전성문제** : 화물의 안전운송을 위하여 화물의 특성에 따라 안전하게 취급하고 검수, 검품도 철저하게 해야 하나 공동수배송의 경우에는 운전기사들이 제3자적인 입장에 있기 때문에 이러한 안전성 문제에서 다소 뒤질 수밖에 없다.

(4) 공동수배송의 발전단계

우선 공동화가 용이한 방법부터 시작하여 점차 물리적 융합에서 화학적 융합에 의한 시너지효과 극대화 차원으로 발전하는 양상이다.

① 1단계 ⇨ **공동운송의 단계**(콘솔단계)

　　㉠ 하나의 차량에 다양한 의뢰자의 운송화물을 순회집하하여 대형운송을 하는 단계

　　㉡ 화물을 따로 환적(집하, 하차, 분류, 상차)하는 번거로움이 필요 없다.

② 2단계 ⇨ **크로스닥킹 단계**

　　㉠ 화물취급장을 마련하고 다양한 납품자들로부터 화물배송을 의뢰받아 수하처별로 분류한 후 신속하게 합적순회배송하는 방법이다.

　　㉡ 주로 소매업체 또는 할인점 등에 상품을 납품할 때 주로 이용한다.

┌─ 보충학습 ◁───

크로스닥킹(Cross Docking)

1. 집하하여 입고시킨 화물을 즉시 배달처별로 분류하여 상차 및 출고하는 작업형태

2. 주로 택배업체, 공동수배송업체들이 사용하는 화물처리방법

3. 분류를 위한 화물취급장(Dock)이 필요함.

└──

③ 3단계 ⇨ **공동재고보관단계**

　　㉠ 물류센터에 상품을 공동으로 보관하고 납품처 또는 수하처의 주문에 따라 출하하는 형태

　　㉡ 일부는 크로스닥킹, 일부는 보관 후 출하형태를 갖는다.

　　㉢ 주로 수량으로 출하되는 상품을 대상으로 보관한다.

⑸ **공동수배송의 전제조건**

① 일정지역 내에 유사영업과 배송을 실시하는 복수기업이 존재해야 한다.

② 대상기업 간에 배송조건의 유사성이 있어야 한다.

③ 공동수배송에 대한 이해가 일치해야 한다.

④ 공동수배송을 위한 간사회사가 존재해야 한다.

⑹ **공동수배송운영주체의 종류**

운영주체	운영방법 및 특징
운송 사업자	• 운송사업자가 자신의 물류센터와 수배송장비를 이용하여 다양한 형태의 공동수배송 실시 • 상품판매자와 운송업자가 개별적으로 계약하여 사업추진 • 주로 일배품의 배송, 의류, 의약품, 화장품 등의 공동배송분야에서 실시되고 있음.
운송 주선업자	• 정보시스템을 이용하여 송하주와 차주(운송업자)를 연결하는 방법으로 공동수배송 실시 • 주로 장거리운송차량의 콘솔(합적)운송에 많이 활용 • 도매시장 또는 공단지역에서 다수 화주의 화물을 배달지역별로 묶어서 배송토록 주선 • 일부 택배업체들은 주선면허를 이용하여 택배사업을 하고 있음.
물류센터 운영업자	• 물류센터운영업체가 화주와 계약하여 공동수배송 실시 • 수배송은 운송업자의 차량을 이용 • 운영업자는 물류센터에서의 보관, 픽킹 및 팩킹, 콘솔작업 등의 기술을 이용하여 부가 　가치를 창출함.
상품 구매자	• 상품구매자가 구매하는 상품(부품)의 종류 및 수량이 많을 때 시행 • 대형차량을 이용하여 순회집하를 하거나 • 일정지역별로 상품을 집결시켜 소량운송을 대형화시킴.
상품공급 (판매)자	• 대형판매업자 단독 또는 상품판매업자 간에 공동으로 판매상품의 공동수배송 추진 • 운영주체가 제조업체들로부터 상품을 공급받아 구매자에게 직접 판매를 하는 유통업 　체형으로 발전하기도 함. • 유통업체가 공동수배송을 추진할 때는 자가용화물차를 이용할 수 있음.
운영조합	• 상품 구매자 또는 판매자 등 이해관계자들이 조합을 결성하여 운영 • 이익창출보다는 비용의 최소화를 추구 • 물류센터, 수배송장비 등은 아웃소싱으로 처리
공공기관	• 지자체 또는 한국산업관리공단 등과 같은 공공기관이 공동수배송 추진 • 국가물류비 또는 산업 내 물류비 등을 최소화하기 위하여 추진

08

⑺ **공동수배송 시스템의 유형**

① **공동수배송의 유형** : 공동수배송의 형태는 화물의 이동 특성(수량, 납기, 비용 등)에 따라 다양하게 설계되어 운영되고 있다.

수배송유형	특 징
개별입고, 개별배송	• 대형차량을 이용하여 대량으로 입고 • 분류 후 중대형차량을 이용하여 배송(1개의 대형배송처) • 주로 대형할인매장 등에 적용
개별입고, 공동배송	• 대형차량을 이용, 대량으로 입고 • 분류 후 중대형차량을 이용하여 순회배송
공동집하, 개별배송	• 소형의 납품처에 대하여 순회집하 • 분류작업 후 중대형차량을 이용하여 대형배송처에 배송
공동집하, 공동배송	• 소형의 납품처에 대하여 순회집하 • 분류작업 후 중소형차량을 이용하여 수개의 배달처에 순회배송
공동수주, 공동배송	• 일반적으로 공동구매를 위하여 운송인이 조합을 구성하여 운영한다. • 픽업은 공동집하할 수도 있으며 개별납품할 수도 있다. • 물류센터에서 Cross Docking으로 처리할 수도 있고, 보관 후 주문량에 따라 배송할 수도 있다. • 배송은 공동배송을 한다.
노선집배송형	• 집배송차량이 노선을 정하여 순회 • 노선상의 집하처와 배달처를 방문하여 집배송

♡ 공동화의 단계가 많을수록 공동수배송의 효과가 큼.

② **공동수배송 물류센터의 기능** : 공동물류센터에서는 다음과 같은 기능을 수행할 수 있다.

주요기능	세부내역	비 고
분 류	입고되거나 보관된 화물을 배달처별로 분류 및 출하 준비 (인력 또는 분류기 이용)	기본 활동
보 관	입고된 화물의 일시적 보관, 보관출하서비스 형태, 반품입고된 화물의 보관 등	배송형의 일반적 기능
유통가공	보관되어 있는 화물의 픽킹, 포장, 합포장, 조립작업(Setting, Assembling), 라벨 및 스티커 부착작업 등	TPL형
A/S	고객불만족 처리 및 반품관리, 수리업무	〃
통 관	수입화물의 통관	〃
주 선	기본적인 수배송업무 외의 화물주선업무(택배, 포워딩 등)	〃

7 JIT수배송시스템

> • 수배송에서 JIT(Just in time)란 필요한 화물을 적기(시간)에 도착시키는 개념이다.
> • JIT수배송시스템은 재고수준을 감축하는 동시에 수배송서비스품질을 향상시키는 데 활용되고 있다.

(1) JIT수배송의 목적

① **재고수준의 감축** : 소량의 상품을 자주, 원하는 시간에 공급함으로써 재고를 많이 보유할 필요성이 적어진다.

② **고객이 원하는 시간에 상품의 인도** : 구매자가 원하는 시간에 상품을 인도함으로써 구매만족도를 향상시킨다.

③ **운송효율 향상**

　㉠ 구매자가 희망하는 시간에 수배송이 이루어지게 함으로써 수배송의 계획화가 가능하다.

　㉡ JIT수배송이 이루어지기 위해서 운행 중 또는 상하차 중의 비효율적인 요소를 제거하게 됨으로써 운송의 효율성이 향상된다.

(2) JIT수배송의 문제점

① **공급자의 재고수준 증가 우려** : 구매자가 원하는 시간에 재화를 공급하기 위해서는 공급자는 상당한 수준의 재고를 보유해야 한다(구매자의 재고를 판매자가 부담).

② **교통체증 및 환경오염 유발** : 적은 수량의 상품를 자주 공급함으로써 도시 내의 교통량을 증가시켜 교통체증을 유발시킬 뿐만 아니라 매연 및 소음에 의한 환경을 오염시키는 역할을 한다.

③ **수배송비의 증가** : 근본적으로 JIT수배송은 작은 차량을 이용하여 수배송을 함으로써 수배송비를 증가시키는 역할을 한다.

④ **수배송관리의 어려움** : 정해진 시간 내에 수배송하기 위해서는 보다 정교하고 시스템적인 관리가 필요하다.

(3) JIT수배송 실시요령

① **운송물량의 예측과 차량준비** : 정확한 물량예측으로 차량소요를 판단하고 준비해야 한다.

② **정확한 수배송다이어그램에 의한 운행** : 화물의 출고에서부터 운행, 도착, 하역작업까지 일련의 활동계획을 다이어그램화하여 적용한다.

③ **운전기사에 대한 수배송요령 교육** : 운전기사에 대하여 JIT시스템의 내용과 행동요령을 교육하고 준수하도록 시스템화(운전기사의 KPI 마련 및 적용)한다.

④ **비상사태에 대한 조치방안 강구** : 운행 중 JIT를 지키지 못할 경우에 대비한 다양한 비상대책을 마련해야 한다(차량부족, 교통체증, 사고발생 등).

(4) JIT수배송을 지원하는 시스템

JIT시스템이 원활하게 운영될 수 있도록 지원하는 시스템이다.

① **라우팅(Routing)시스템** : 순회배송을 하는 경우에는 상하차시간과 운행거리, 방문처 정보에 따라 최적의 경로 설정 및 제공

② **내비게이션(Navigation)의 활용** : 정해진 시간에 도착할 수 있도록 교통의 흐름과 수하처의 위치 및 최단경로를 알려주는 내비게이션의 활용을 적극 검토(특히 도심지역)

③ **PDA를 이용한 수배송업무처리**

    ㉠ PDA를 이용하여 수배송결과를 실시간으로 제공한다.

    ㉡ 구매자가 자신의 화물이 언제쯤 도착할 수 있을지를 파악할 수 있도록 한다.

    ㉢ 관리자는 운행정보를 효율적으로 파악하여 관리의 효율화를 기한다.

④ **물류센터의 통합** : 재고부족사태에 의한 JIT수배송의 차질을 방지하기 위해서는 물류센터를 통합운영하는 것이 필요하다.

■ 8 콜드체인 운송시스템

(1) 콜드체인의 의의

Cold Chain System(또는 Cool Chain System이라고도 함)이란 냉동 또는 냉장화물을 출하단계에서 부터 마지막 소비자에게까지 운송하는 과정에서 냉동 및 냉장이 유지되도록 운송장비 및 시설을 갖추어 안전하게 운송하는 시스템을 말한다.

① **콜드체인의 역할**

    ㉠ 잔류열의 제거 : 운송장비의 적재함 내부 공기 중에 있는 잔류열 및 내부자재 및 단열재 등에 있는 잔류열을 제거한다.

    ㉡ 외부 복사열의 차단 : 외부의 열이 적재함 내부 및 적재물에 전달되는 것을 차단한다.

    ㉢ 침투열 방지 : 적재함의 파손된 틈이나 문틈을 통하여 들어오는 열을 차단한다.

    ㉣ 적정한 온도를 초과하는 상품의 열 제거 : 신선화물, 특히 과일 및 야채의 경우에는 운송 중 호흡을 하게 되고, 이 호흡과정에서 열이 발생하게 된다(호흡 가스도 동시에 발생한다). 따라서 냉각시스템은 호흡열에 의해 상품 자체의 변질이 발생하지 않도록 적정온도를 초과하는 열을 제거한다.

② **콜드체인 온도 구분**: 콜드체인의 온도는 다음과 같이 구분된다. HACCP(위해요소중점관리기준)과 대한 약전에서 규정하는 기준이 다소 다르나 일반적으로 물류업계에서는 HACCP기준을 따른다.

온도 구분	HACCP	대한 약전
상 온	15 ~ 25℃	15 ~ 25℃
실 온	1 ~ 35℃	1 ~ 30℃
냉 장	0 ~ 10℃	1 ~ 15℃(냉소)
냉 동	− 18℃ 이하	−10 ~ −25℃
Cold		2 ~ 8℃
표준온도		20℃
미 온		30 ~ 40℃

(2) **콜드체인의 장점**

① 화물의 품질유지

② 상품판매 및 물류마케팅에 유리

③ 냉동 · 냉장화물 운송 및 하역의 효율성 향상(전문성 확보)

④ 상품 및 물류서비스의 부가가치 향상

(3) **콜드체인을 위한 인프라**

① **냉동 · 냉장탑차**: 전용 냉동 · 냉장탑차 뿐만 아니라 냉동 · 냉장겸용탑차, 3온대(냉동 · 냉장 · 일반화물)차량도 필요하다.

② **냉동 · 냉장 롤테이너**: 일반탑차를 이용하여 냉동 · 냉장화물을 운송하기 위해서 냉동 · 냉장 롤테이너를 이용할 수 있다

③ **냉동 · 냉장창고**: 냉동 · 냉장화물을 보관 · 가공하거나 미배달화물을 일시적으로 보관하기 위한 보관시설이다.

④ **저온분류장**: 배달할 냉동 · 냉장화물을 분류, 검수, 상차하기 위한 공간으로서 일반작업장과 구분하여 냉방장치를 한다.

⑤ **냉동 · 냉장박스**

> • 일반차량을 이용하여 소량의 냉동 · 냉장화물을 배달하기 위하여 적재함에 싣고 다니는 일종의 아이스박스
> • 일반 아이스박스형과 박스 내부에 가스(Gas)를 주입하여 냉기를 유지시키는 방법이 있다.

제 2 절 경영과학기법을 이용한 수배송의사결정

1 수송(운송)수요 모형

수송(운송)수요모형은 화물 또는 여객 운송수요와 공급량을 예측하고 현재의 Node(터미널 등) 및 Link(도로, 철도 등)의 능력에 따라 어떻게 운송량이 부담될 것인가, 어떻게 운송량을 배정할 것인가, 능력이 부족하다면 어떤 Node와 Link를 증설할 것인가 등의 교통수요정책을 결정하기 위해 활용하는 수요예측 및 할당 모형으로서 여러 단계의 예측 및 분석과 수요 영향요인에 따라 다양한 기법을 적용한다.

(1) 작업 절차

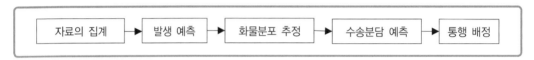

(2) 각 절차별 내용과 활용 기법

① **자료의 집계** : 수송수요를 예측하기 위한 기본적인 자료를 수집하는 방법으로서 다음과 같이 집계모형과 비집계모형 중 유효한 것을 선택한다.

집계모형	• 일정한 구역단위에서 발생한 합산된 물량자료를 사용하는 모형(총량지표의 활용) • 예측 대상에 따라 적정한 모형 활용	
	화물발생량 예측	회귀모형
	화물의 배분 결정	중력모형, 선형계획법
	운송수단 배정	회수모형, 선형로짓모형
	노선 설정	네트워크 균형모형
비집계모형	• 분석 대상 개별로 구성되는 자료를 사용하는 모형 예 화주들의 운송수단 선택 방법	
	운송수단의 선택	로짓모형, 프로핏모형

② **발생 및 도착량 예측** : 확보된 자료(Data)와 물량변화에 영향을 주는 변수관계를 이용하여 장래의 발생량 및 도착량을 추정하는 단계로서 다음과 같은 기법을 사용한다.

회귀분석법	화물의 발생량 및 도착량에 영향을 주는 해당 지역의 사회·경제적 변수와의 상관관계를 회귀분석법을 이용하여 회귀식을 도출하고, 이 회귀식을 이용하여 장래의 발생 및 도착량을 예측하는 방법
원단위법	지역단위, 인구단위 등에 따른 화물의 발생단위(원단위)를 산출하고, 이를 통하여 장래의 발생량 또는 도착량을 예측하는 방법 예 국민 1인당 연간 택배 수요가 50개일 때 지역주민의 증감에 따른 택배수요 예측
카테고리 분석법	조사 및 분석 대상을 몇 개의 그룹으로 분류한 후, 각 그룹별 원단위를 추출하여 화물의 발생량 및 도착량 예측 예 청년층과 노·장년층의 택배수요 원단위를 추출하여 인구분포 변화에 따른 장래 택배 발생량 예측
성장률법	시장이 큰 변화가 없이 안정적인 상태에서 단기간의 화물량을 추정할 경우, 평균 성장률 또는 가중 평균 성장률을 사용하여 매출액을 추정하는 방법

③ **화물분포 추정** : 화물의 발생 및 도착량 예측 자료를 이용하여 물동량 O/D(Origin/Destination)를 추정하는 과정으로서 다음과 같은 방법이 사용된다.

중력모형	양국(지역) 간의 교역 규모(운송량)는 경제 규모에 비례하고 거리(시간과 비용)에 반비례한다는 실증 분석 모형
성장인자모형	현재의 물동량의 이동 행태가 장래에도 변하지 않는다는 가정을 두고, 장래의 지역 간 이동량이 현재의 총 이동량 또는 그룹별 이동 유입·유출량에 비례한다는 원리를 이용한 이동량 분포 추정법 • 평균인자법 : 성장인자의 산술평균값을 적용한 물동량 추정 • 평형인자법 : 평균인자법의 단점 보완
엔트로피 극대화모형	지역 간 물동량의 공간적 분산정도를 엔트로피로 정의하고, 주어진 제약조건을 만족시키며 엔트로피(균형상태)를 극대화하는 화물 배분모형

④ **수송분담 예측** : 예측된 물동량을 바탕으로 각 운송수단별(공로, 철도, 항공 등)로 분담을 예측하는 과정으로서 다음과 같은 방법이 이용된다.

통행교차모형	• 조사된 물동량 O/D에 의해 교통량을 수단과 교통망에 시간, 비용 등을 고려하여 효율적으로 배분하는 모형 • 전환곡선법, 로짓모형, 프로빗모형 등이 있음
통행단모형	통행분포과정을 수행하기 전 구역별 통행발생량 및 도착량을 수단별로 배분하는 모형

⑤ **통행 배정** : 예측된 화물이동량을 구축되어 있는 교통망(교통 노선)에 배정하여 각각의 교통망의 이동량을 추정하는 과정이다. 물동량 자료를 통행량자료로 전환하여 예측한다.

📋 이동량 100톤 ⇨ 25톤 트럭 4대

교통시설의 용량에 대한 제약 유무에 따라 용량비제약모형과 용량제약모형으로 구분된다.

용량비제약모형	교통시설의 용량을 고려하지 않고 기존의 각 최단경로에 통행량을 배정하는 방식
용량제약모형	운송구간의 통행용량의 제약으로 인해 통행비용의 상승을 고려하지 못하는 용량비제약모형의 하나인 전량배정방법을 보완하기 위한 방법 • 반복배정법 : 운송구간의 운송비용을 이용하여 구간별 통행량을 조정하여 최적화하는 방법 • 분할배정법 : 통행량을 일정비율로 분할하여 순차적, 반복적으로 배정하고 총 통행량을 산출하는 방법 • 수형망단위 분할배정법 : 나뭇가지 형태의 운송경로(간선과 지선)에서 최단 수송경로를 찾아 통행량을 배정하고 반복적으로 운송 비용을 산출하여 최적 경로별 배정량을 찾는 방법 • 교통망 평행배정법 : 운송을 이용하는 자들이 비용을 최소화하기 위해 지속적으로 최소비용경로를 찾는 방법으로서 더 이상 낮은 비용(또는 시간)이 존재하지 않는 수준까지 수리적으로 탐색하는 방법

▌2 수송문제 해결을 위한 해법

수송모형에 의한 수송문제를 해결하기 위해서는 보통 다음과 같은 절차를 따라야 한다.

1. **문제분석 및 수송표 작성** : 각 공급지의 공급량과 각 수요지의 수요량 및 단위당 수송비를 조사하여 수송표를 작성한다.
2. **최초의 실행가능 해를 도출** : 공급제약과 수요제약을 충족시키는 최초의 실행 가능 해를 도출한다. 최초의 실행 가능 해를 도출하는 방법으로는 북서코너법(North-West Corner Method), 최소비용법(Least-Cost Method), 보겔의 추정법(Vogel's Approximation Method) 등이 있다.
3. **최적해 결정** : 반복적 계산을 통해서 실행 가능 해로부터 최적해를 구한다.
4. **최적해의 평가 및 적용** : 마지막으로 수송비용, 일정, 수송능력 등을 고려해서 구해진 최적해의 실행 여부 및 적용방안을 검토한다.

(1) **북서코너법**(North–West Corner Method)

북서코너법은 수송비용은 고려하지 않고 수송표의 북서코너, 즉 왼쪽 위에서 차례로 오른쪽 아래 방향으로 공급량과 수요량을 각각 만족할 때까지 수송표의 각 셀에 수송량을 기입하여 가는 방법이다. 보통 각 행은 공급지를 나타내며 각 열은 수요지를 나타낸다. 각 공급지의 제일 오른쪽 열에는 가능한 총 공급량이 표시되어 있고 각 수요지의 제일 하단에는 총 수요가 표시되어 있다. 그리고 각 셀(Cell)에는 공급지에서 각 수요지로 가는 단위당 수송비가 표시되어 있다.

예제 북서코너법 적용

아래의 초기수송표와 같은 운송조건이 주어졌을 때 이를 북서코너법을 이용하여 각 구간별 운송량을 할당하는 과정은 다음과 같다.

◉ 초기 수송표

수요지 \ 공급지	서 울	대 전	부 산	광 주	공급량
청 주	18	2	36	22	100
대 구	24	16	20	38	120
수 원	4	24	30	40	60
수요량	120	80	40	40	280

💡 각 셀에 기입된 숫자는 단위수송비용을 의미한다.

풀이 ① 북서코너법에 의하여 왼쪽 제일 위쪽에 있는 공급지 청주에서 최대공급량 100을 수요지 서울로 할당한다(청주의 공급할당량 완료).
② 서울의 수요량 120 중 청주에서 100을 받았으므로 나머지 20을 그 다음 공급지 대구로부터 받는다(서울의 수요량 완료).
③ 공급지 대구의 남은 공급량 100 중 80을 수요지 대전의 수요량에 80을 할당한다(대전의 수요량 완료).
④ 공급지 대구의 남은 공급량 20을 수요지 부산에 할당한다(대구의 공급할당량 완료).
⑤ 부산의 총 수요량 40 중 남은 수요량 20을 수원으로부터 공급받는다(부산의 수요량 완료).
⑥ 수원의 남은 공급량 40을 수요지 광주의 수요량 40에 할당한다. 이로써 모든 공급지에서 모든 수요지로 100% 할당이 이루어졌다(수원의 공급할당량 완료, 광주의 수요량 완료).
⑦ 위의 과정을 통해 아래 도표와 같은 최종 수송표를 얻게 되며, 총 수송비는 각 구간별 할당량에 각 구간별 단위수송비용을 곱한 값의 합인 6,160만원이 된다. 물론 이 값은 비용을 무시한 할당이었기 때문에 최적해라고는 말할 수 없다.

> **총 수송비**
> = (100톤×18) + (20톤×24) + (80톤×16) + (20톤×20) + (20톤×30) + (40톤×40)
> = 6,160만원

최종 수송표

(단위 : 만원, 개)

수요지 공급지	서 울		대 전		부 산		광 주		공급량
청 주	100	18		2		36		22	100
대 구	20	24	80	16	20	20		38	120
수 원		4		24	20	30	40	40	60
수요량	120		80		40		40		280

화살표의 방향은 할당 순서를 의미한다.

(2) **최소비용법**(Least-Cost Method)

최소비용법은 수송표상에서 수송비용이 가장 낮은 셀(운송구간)에 우선적으로 할당하되 그 행의 공급능력과 그 열의 수요량(또는 필요량)을 비교하여 가능한 최대량을 할당하는 방법이다. 가장 낮은 비용의 셀의 할당이 끝나면 순차적으로 다음으로 낮은 비용의 셀에 할당을 해나가며 같은 수송비용이 2개 이상 있을 때에는 임의로 한 칸을 선택하여 할당한다.

예제 **최소비용법 적용**

북서코너법에서 사용한 초기 수송표를 이용하여 최소비용법을 적용하여 총 수송비를 계산하면 다음과 같다.

풀이 ① 초기 수송표에서 가장 비용이 낮은 셀은 공급지 청주에서 수요지 대전으로 수송했을 때의 2만원이다. 따라서 우선적으로 청주에서 대전으로 할당하는데 대전의 수요량이 80톤이므로 총 100톤 중 80톤만 할당한다(대전의 수요량 완료).

② 다음으로 수송비가 낮은 셀은 공급지 수원에서 수요지 서울로 수송했을 때의 4만원이다. 따라서 수원의 공급량 60톤 전량을 수요지 서울로 할당한다. 서울의 수요량은 120톤이므로 수용 가능하다(수원의 공급할당량 완료).

③ 다음으로 수송비가 낮은 셀은 공급지 청주에서 수요지 서울로 운송했을 때의 18만원이다. 따라서 청주의 남은 공급량 20톤 전량을 수요지 서울로 할당한다. 원래 대구에서 대전으로 수송했을 때의 수송비가 16만원으로 더 낮으나 이미 대전의 수요량은 충족되었으므로 더 이상 수용능력이 없다(청주의 공급할당량 완료).

④ 다음으로 수송비가 낮은 셀은 공급지 대구에서 수요지 부산으로 수송했을 때의 20만원이다. 부산의 수요량은 40톤이므로 40톤만을 할당한다(부산의 수요량 완료).

⑤ 다음으로 수송비가 낮은 셀은 공급지 대구에서 수요지 서울로 수송했을 때의 24만원이다. 서울은 이미 수원과 청주로부터 80톤을 공급받았으므로 나머지 40톤만을 대구로부터 할당받는다(서울의 수요량 완료).

⑥ 공급지 대구의 남은 공급가능량 40톤을 수요지 광주에 할당한다(대구의 공급할당량 완료, 광주의 수요량 완료).

⑦ 위의 과정을 통해 아래 표와 같은 최종 수송표를 얻게 되며, 총 수송비는 각 구간별 할당량에 각 구간별 단위 수송비용을 곱한 값의 합인 4,040만원이 된다. 동일한 공급량과 수요량에도 불구하고 북서코너법에 비하여 2,120만원의 수송비용이 감소하였다.

> **총 수송비**
> = (80톤 × 2) + (60톤 × 4) + (20톤 × 18) + (40톤 × 20) + (40톤 × 24) + (40톤 × 38)
> = 4,040만원

🔘 최종 수송표(최소비용법)

(단위 : 만원, 개)

공급지＼수요지	서 울		대 전		부 산		광 주		공급량
청 주	20	18 (3)	80	2 (1)		36		22	100
대 구	40	24 (5)		16	40	20 (4)	40	38 (6)	120
수 원	60	4 (2)		24		30		40	60
수요량	120		80		40		40		280

⬡ ( ) 안의 숫자는 할당 순서를 의미한다.

(3) 보겔의 추정법(Vogel's Approximation Method : VAM)

보겔의 추정법은 기회비용의 개념을 활용하여 총 수송비용이 최소가 되도록 공급량을 할당하는 기법이다. 전체 운송구간에서 가장 운송비가 낮은 구간과 다음으로 낮은 구간의 차이(기회비용 : 잘못 배정했을 때 부담할 수 있는 리스크의 크기)가 큰 구간부터 최대한의 양을 할당하여 잘못 배정함으로써 부담할 수 있는 위험을 최소화하는 방법이다.

① 초기의 기회비용을 계산한다.

② 가장 기회비용이 큰 구간에 최대량을 할당한다.

③ 한 구간의 배정이 끝나면 다시 기회비용을 계산한다.

④ 배정이 끝난 구간이나 공급처 및 수요처의 비용은 이용하지 않는다.

예제 보겔의 추정법 적용

앞선 북서코너법의 예제 및 최소비용법의 예제문제를 이제 보겔의 추정법을 이용하여 풀어보도록 하자.

풀이 ① 아래 도표에서 각 행과 열별로 가장 낮은 수준의 단위수송비용과 그 다음으로 낮은 수준의 단위수송비용을 찾아 그 차이를 계산하였을 때 기회비용이 가장 큰 것은 수원에서의 수송이다(24 − 4 = 20). 따라서 그중 단위수송비용이 최소인 수원 − 서울 셀에 수원의 최대 공급가능량인 60톤을 모두 할당한다. 이때 서울의 수요량은 120톤이므로 전량을 할당하는데 전혀 문제가 없으며 수원에서의 할당은 완료되었다.
이제 아래 도표를 보면 서울의 수요량도 120톤에서 60톤으로 축소되었으며 남은 수요량과 공급량도 280톤에서 220톤으로 축소되었음을 알 수 있다.

◉ 첫 번째 수송표
(단위 : 만원, 개)

수요지 / 공급지	서 울	대 전	부 산	광 주	공급량	기회비용
청 주	18	2	36	22	100	18 − 2 = 16
대 구	24	16	20	38	120	20 − 16 = 4
수 원	60 / 4	24	30	40	60 − 60 = 0	24 − 4 = 20
수요량	120 − 60 = 60	80	40	40	220	
기회비용	18 − 4 = 14	16 − 2 = 14	30 − 20 = 10	38 − 22 = 16		

② 앞단의 결과에 따라 각 공급지와 수요지의 공급가능량과 수요량 및 각 행과 열의 기회비용을 수정하며 공급량 또는 수요량이 0인 행과 열은 표에서 제외한다. 즉, 위의 도표에서 수원에서의 공급은 완료되었기 때문에 기회비용을 다시 계산하지 않는다.

이제 두 번째 표에서 각 행과 열에서의 기회비용을 다시 계산하면 수요지 부산, 광주의 열과 공급지인 청주의 행의 기회비용이 각각 16으로 동일함을 알 수 있다. 기회비용이 똑같을 경우 임의로 선택하나 여기서는 단위수송비용이 가장 낮은 청주 − 대전 셀을 임의로 선택하여 대전의 최대 수요량인 80톤을 할당한다. 이렇게 하면 대전의 수요는 충족되었으며 그 열은 할당이 완료되었고 남은 수요량과 공급량도 140톤으로 감소하였다.

◉ 두 번째 수송표
(단위 : 만원, 개)

수요지 / 공급지	서 울	대 전	부 산	광 주	공급량	기회비용
청 주	18	80 / 2	36	22	100 − 80 = 20	18 − 2 = 16
대 구	24	16	20	38	120	20 − 16 = 4
수 원	60 / 4	24	30	40	60 − 60 = 0	−
수요량	120 − 60 = 60	80 − 80 = 0	40	40	140	
기회비용	24 − 18 = 6	16 − 2 = 14	36 − 20 = 16	38 − 22 = 16		

③ 세 번째 표에서 다시 남은 행과 열의 기회비용을 계산하면 수요지 부산과 광주의 열에서 기회비용이 16으로 똑같다. 따라서 임의로 수송단가가 낮은 대구 − 부산의 셀을 선택하고 부산의 최대 수요량인 40톤을 할당한다. 이렇게 되면 수요지 대전, 부산의 열과 공급지 수원의 행은 할당이 완료되고 남은 수요량과 공급량도 100톤으로 감소하게 된다.

세 번째 수송표
(단위: 만원, 개)

공급지 \ 수요지	서울	대전	부산	광주	공급량	기회비용
청주	18	80 / 2	36	22	100 − 80 = 20	22 − 18 = 4
대구	24	16	40 / 20	38	120 − 40 = 80	20 − 16 = 4
수원	60 / 4	24	30	40	60 − 60 = 0	—
수요량	120 − 60 = 60	80 − 80 = 0	40 − 40 = 0	40	100	
기회비용	24 − 18 = 6	—	36 − 20 = 16	38 − 22 = 16		

④ 네 번째 표에서 다시 남은 행과 열의 기회비용을 계산하면 수요지 광주의 열에서 기회비용이 16으로 최대가 된다. 따라서 청주 − 광주의 셀에 남은 20톤을 할당한다. 이렇게 되면 공급지 청주의 행은 할당이 완료되고 남은 수요량과 공급량은 80톤으로 감소하게 된다.

네 번째 수송표
(단위: 만원, 개)

공급지 \ 수요지	서울	대전	부산	광주	공급량	기회비용
청주	18	80 / 2	36	20 / 22	100 − 100 = 0	22 − 18 = 4
대구	24	16	40 / 20	38	120 − 40 = 80	38 − 24 = 14
수원	60 / 4	24	30	40	60 − 60 = 0	—
수요량	120 − 60 = 60	80 − 80 = 0	40 − 40 = 0	40 − 20 = 20	80	
기회비용	24 − 18 = 6	—	—	38 − 22 = 16		

⑤ 다섯 번째 표에서 공급지 대구에서의 남은 공급량 80톤을 수요지 서울에 60톤, 수요지 광주에 20톤을 할당할 수 있다. 따라서 대구 − 서울의 셀에 60톤, 대구 − 광주의 셀에 20톤을 할당한다. 이렇게 되면 모든 할당은 완료되고 총 수요량과 공급량도 0이 된다.

제8장 수배송시스템 설계 **341**

● 다섯 번째 수송표 (단위 : 만원, 개)

수요지 / 공급지	서 울		대 전		부 산		광 주		공급량	기회비용
청 주		18	80	2		36	20	22	100 − 100 = 0	−
대 구	60	24		16	40	20	20	38	120 − 120 = 0	38 − 24 = 14
수 원	60	4		24		30		40	60 − 60 = 0	−
수요량	120 − 60 = 60		80 − 80 = 0		40 − 40 = 0		40 − 40 = 0		0	
기회비용	−		−		−		−			

⑥ 위의 과정을 통해 아래 도표와 같은 최종 수송표를 얻게 되며, 총 수송비는 각 구간별 할당량에 각 구간별 단위수송비용을 곱한 값의 합인 3,840만원이 된다. 이렇게 하여 최저비용법에 비하여 200만원이 감소되는 결과를 얻게 되었다.

> **총 수송비**
> = (80톤 × 2) + (20톤 × 22) + (60톤 × 24) + (40톤 × 20) + (20톤 × 38) + (60톤 × 4)
> = 3,840만원

● 최종 수송표(보겔의 추정법) (단위 : 만원, 개)

수요지 / 공급지	서 울		대 전		부 산		광 주		공급량
청 주		18	80	2		36	20	22	100
대 구	60	24		16	40	20	20	38	120
수 원	60	4		24		30		40	60
수요량	120		80		40		40		280

(4) 해의 최적 검사와 수정

일단 최초의 기본 가능 해가 도출되면 이 해가 최적인지 아닌지를 검사해야 한다. 만일 최적해가 아니면 더 좋은 기본 가능 해를 찾고 최적의 해를 찾아내야 한다. 이러한 최적의 해를 찾아내는 방법으로 디딤돌법과 수정배분법이 있다.

① **디딤돌법** : 디딤돌법이란 현재의 기본 가능 해에서 할당량이 없는 빈칸 하나하나에 대해 할당량이 있는 칸에서 한 단위를 옮겨 할당할 때 수송비가 감소될 수 있는지를 파악하고 감소 된다면 할당을 변경하여 새로운 해를 찾아내는 방법이다. 이 방법은 각 공장과 물류센터의 공급 및 수용능력이 제약되어 있기 때문에 빈칸에 한 단위의 할당을 하게 되면 기존에 할당했던 할당량들이 연쇄적으로 변하게 되어 있고, 할당이 변함으로써 전체적인 수송비도 변하게 되며, 이 결과는 기본 가능 해에 비하여 (+) 또는 (−)의 결과로 나타난다. 이러한 빈칸에 할당하는 작업을 전체의 빈칸에 대하여 수행하고, 그 결과 가장 큰 기회비용(절감)이 계산되는 빈칸에 가능한 최대량을 할당함으로써 새로운 기본 가능 해를 구하는 것이다. 이런 방법은 빈칸에 한 단위의 할당을 할 때마다 기존 할당칸을 디딤돌로 하여 할당 수량이 변하기 때문에 디딤돌법이라고 한다.

② **수정배분법**(Modified Distribution Method : MODI) : 디딤돌법이 할당하지 않은 모든 빈칸에 대하여 할당을 함으로써 가장 기회비용이 큰 빈칸을 찾아내고 여기에 가능한 최대량을 할당하는 방법인데 반해 수정배분법은 쌍대변수를 사용하여 기회비용을 계산하는 방법이다. 이 방법은 수송량이 할당된 칸의 수송단가 C_{ij}는 쌍대변수 $(U_i + V_j)$로 이루어지고, 빈칸에 한 단위의 할당이 이루어지면 그 효과(E_{ij})는 $E_{ij} = C_{ij} - (U_i + V_j)$로 나타낼 수 있으며, 이 계산식은 빈칸의 수만큼 수립할 수 있고, 각 수립된 식에서 쌍대변수 중 하나를 "0"으로 놓고 수송비 변화효과(E_{ij})를 계산하면 각 빈칸에 한 단위의 할당을 했을 때의 절감 또는 증가되는 수송비 단위를 산출할 수 있고 이 중 절감이 가장 크게 산출되는(− 값으로 계산되는) 칸에 가능한 최대량을 할당하는 방법이다.

3 수배송네트워크 모형

수배송네트워크(Network) 모형이란 두 개 이상의 운송로(Link)와 이 운송경로상에 있는 다양한 연결점 또는 운송처(Node)들이 있고 각 운송구간별로 단위당 운송비 또는 단위 운송량 등이 제시된 운송문제에 있어서 각 운송망(Network)으로의 운송을 효율적으로 계획하기 위한 방법을 말하며 그 종류에는 최단경로법(Shortest Route Problem), 최대 운송량법(Maximal Flow Problem), 네트워크 최소화법(Network Minimization Problem) 등이 있다.

◉ 네트워크 모형의 기호와 의미

○	네트워크를 나타낸다(출발지, 경유지, 도착지).
—	• 통로(경로)를 나타낸다(도로, 철도, 파이프라인, 항공로, 해로 등). • 화살표가 없는 통로에서는 어느 방향으로든 이동이 가능하다.
→	이동하는 방향을 나타낸다. 반대방향으로는 이동할 수 없다.

(I) **최단경로법**(shortest Route Problem)

최단경로법은 각 운송구간별로 운송거리 또는 단위당 운송비용 등이 제시된 운송네트워크가 있을 때 출발지에서 도착지까지 도달하기 위한 최단의 경로를 찾거나 최소의 비용이 소요되는 경로를 찾기 위하여 사용하는 기법이다.

예제 **최단경로법**

아래 그림에서 출발지 S로부터 도착지 F까지 최단거리로 도착할 수 있는 경로를 알아보자. A~F는 통로의 결절점을 나타내고 결절점 사이의 숫자는 거리를 나타낸다(선의 길이는 실제 거리비율과는 다르게 표시되어 있으나 문제의 단순화를 위한 것이다).

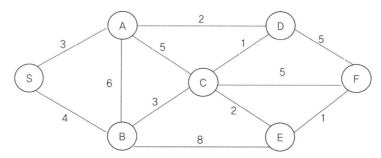

풀이 ① 출발점 S로부터 가장 가까운 점 A, B 가운데 최단거리의 것에 라벨(Label)을 붙인다.
S ➩ A : (S, 3), S ➩ B : (S, 4)
② 다음에 출발점 S로부터 A를 경유하여 B, C, D 점까지의 거리를 산출하여 각각의 위치에 (A, 9), (A, 8), (A, 5)를 표시한다. 한편 B를 경유하여 A, C, E에 이르는 거리도 계산하여 (B, 10), (B, 7), (B, 12)로 표시한다. 이 6개의 거리 중 가장 최소인 것을 골라낸다.
S ➩ A ➩ D : 5가 된다.
③ 다음에는 D점에서 갈 수 있는 경로 C, F를 선택하고 S로부터의 거리의 합계를 계산하면 (D, 6), (D, 10)이 된다. 만약 여기에서 S ➩ A ➩ D ➩ C로 가서 최종 목적지 F까지 간 최단경로가 S ➩ A ➩ D ➩ F로 간 10보다 큰 경우에는 S ➩ A ➩ D ➩ F가 최단경로가 된다.
④ C점에서 갈 수 있는 E, F 점에서 S로부터의 거리의 합계를 구하면 (C, 8), (C, 11)이 된다. 여기서도 만약 S ➩ A ➩ D ➩ C ➩ E를 통해 최종 목적지 F까지 간 최단경로가 S ➩ A ➩ D ➩ F로 간 10보다 큰 경우에는 S ➩ A ➩ D ➩ F가 최단경로가 되어 S ➩ A ➩ D ➩ F가 10으로 최단경로가 된다.
⑤ 다시 E점에서 갈 수 있는 F점에서 S부터 거리의 합계를 구하면 (E, 9)가 된다.
∴ 이로서 S에서 F까지의 최단경로는 S ➩ A ➩ D ➩ C ➩ E ➩ F로 거리가 9가 되기 때문에 최단거리가 된다.

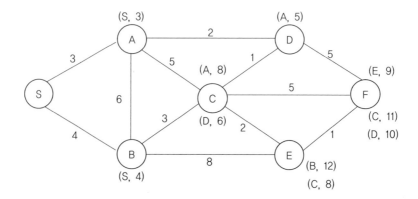

(2) **최대 수송량 계획**(Maximal Flow Problem)

각 운송구간의 운송특성에 의하여 해당 구간의 운송량이 일정한 양으로 제한될 경우 출발점에서 목적지까지의 경로에서는 운송능력이 가장 적은 통로의 운송량이 전체 운송구간의 운송량을 제한하게 된다. 즉 여러 구간의 운송능력이 크더라도 한 구간에서 막힘(Traffic Jam)이 발생하면 결국 전체 경로의 운송흐름은 막힘이 발생한 구간의 속도(양)밖에는 안 된다는 것이다. 따라서 전체 네트워크에서 목적지에 운송할 수 있는 최대한의 능력은 결국 출발지로부터 목적지로 갈 수 있는 경로의 수와 각 경로의 운송가능량으로 산출되는 것이다. 이러한 운송문제는 주로 파이프 운송과 같은 경우에 발생하게 된다.

예제 **최대 수송량 계획**

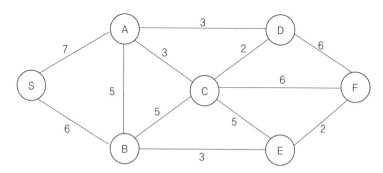

위의 네트워크에서 최대 수송가능량을 계산해 보자. 각 구간의 숫자는 구간에 운송할 수 있는 한계량이다.

풀이 ① 출발점으로부터 목적지 F로 갈 수 있는 임의의 운송로를 정하여 최대 운송량을 구한 후 이 운송량을 해당 통로의 각 운송량에서 제하고 남은 운송가능량을 표시한다. 우선 가능한 운송경로 S ⇨ A ⇨ D ⇨ F를 결정하고 최대 운송량을 구한다. 이 경로에서의 최대 운송량은 3이 되고 각 경로의 운송가능량에서 3를 빼면 남은 운송가능량은 S ⇨ A : 4, D ⇨ F : 3이 된다.

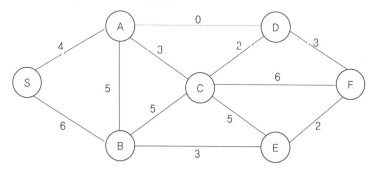

② 같은 방법으로 S ⇨ A ⇨ C ⇨ D ⇨ F 경로의 최대 운송량을 구하면 2가 되고 각 경로의 운송가능량에서 2를 빼면 남은 운송가능량은 S ⇨ A : 2, A ⇨ C : 1, C ⇨ D : 0, D ⇨ F : 1이 된다.

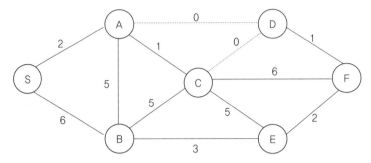

③ 다음의 경로에서 S ⇨ A ⇨ C ⇨ F 경로의 최대 운송량을 구하면 1이 되고 각 경로의 운송가능량에서 1을 빼면 남은 운송가능량은 S ⇨ A : 1, A ⇨ C : 0, C ⇨ F : 5가 된다.

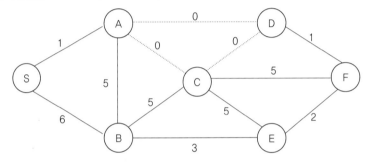

④ 다음의 경로에서 S ⇨ A ⇨ B ⇨ C ⇨ F의 최대 운송량은 1이고 각 경로의 운송가능량에서 1을 빼면 남은 운송가능량은 S ⇨ A : 0, A ⇨ B : 4, B ⇨ C : 4, C ⇨ F : 4가 된다.

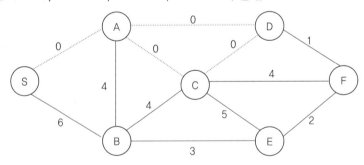

⑤ 다음의 경로에서 S ⇨ B ⇨ C ⇨ F의 최대 운송량은 4이고 운송가능량에서 4를 빼면 남은 운송가능량은 S ⇨ B : 2, B ⇨ C : 0, C ⇨ D : 0이 된다.

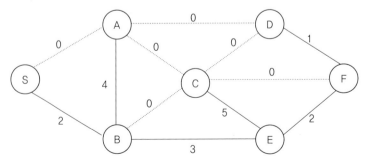

⑥ 다음의 경로에서 S ⇨ B ⇨ E ⇨ F의 최대 운송량은 2이고 운송가능량에서 2를 빼면 남은 운송가능량은 S ⇨ B : 0, B ⇨ E : 1, E ⇨ F : 0이 된다.

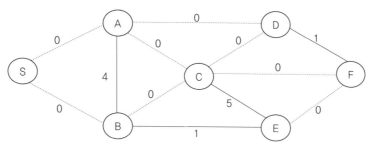

⑦ 아직 운송량이 남아있는 경로가 있지만 출발점 S로부터 더 이상 운송량을 확대할 수 있는 방법은 없게 되고, 이 네트워크에서 최대 운송가능량은 다음과 같다.

S ⇨ A ⇨ D ⇨ F의 운송량	: 3
S ⇨ A ⇨ C ⇨ D ⇨ F의 운송량	: 2
S ⇨ A ⇨ C ⇨ F의 운송량	: 1
S ⇨ A ⇨ B ⇨ C ⇨ F의 운송량	: 1
S ⇨ B ⇨ C ⇨ F의 운송량	: 4
S ⇨ B ⇨ E ⇨ F의 운송량	: 2
합 계	: 13

(3) 최소비용 수송계획(Minimum Cost Flow Problem)

최소비용 수송계획법은 각 운송네트워크의 구간별 최대 운송가능량과 단위당 운송비용 및 운송방향이 정해진 운송망이 있을 때, 출발지에서 도착지까지 임의의 두 교점 간 운송시에 최소 운송비용으로 가능한 최대한의 운송량을 파악하는 방법이다. 이 방법은 운송효율의 극대화를 위하여 운송비용의 최소화와 운송량의 최대화를 동시에 달성할 목적으로 운송계획을 수립할 경우에 유용하게 사용될 수 있다. 따라서 최소비용 수송계획은 최대 수송량 계획법을 기본으로 하여 운송네트워크에서의 최대 운송량계획을 수립하고 그 조건에서 최소의 운송비를 구하는 방법이기 때문에 결국은 최대 수송량 계획법을 이용하여 그 해를 구하게 된다.

예제 **최소비용 수송계획**

다음의 예에서 각 운송 경로상의 숫자는 운송량을 나타내고 ( ) 안의 숫자는 그 구간의 단위당 운송비를 나타낸다.

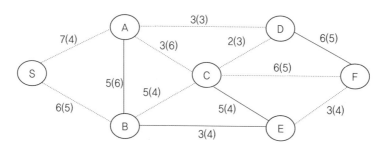

풀이 ① 수송비용이 최소가 되는 경로는 S ⇨ A ⇨ D ⇨ F로 비용은 12가 되고, 이 경로를 이용하면 수송량은 30이 된다.

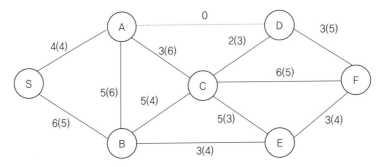

② S ⇨ B ⇨ E ⇨ F의 수송비용은 130이고, 이 경로의 수송량은 30이 된다.

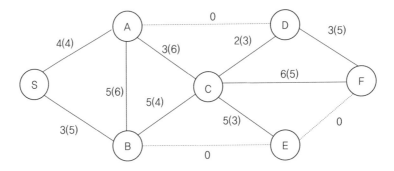

③ S ⇨ B ⇨ C ⇨ F의 수송비용은 140이고, 이 경로의 수송량은 30이 된다.

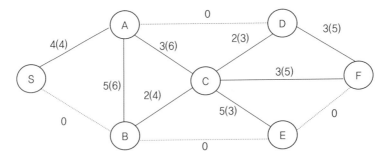

④ S ⇨ A ⇨ C ⇨ F의 수송비용은 150이고, 수송량은 30이다.

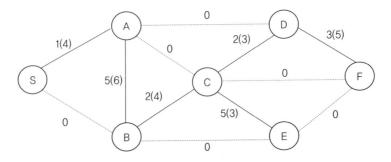

⑤ S ⇨ A ⇨ B ⇨ C ⇨ D ⇨ F의 수송비용은 220이고, 수송량은 10이다.

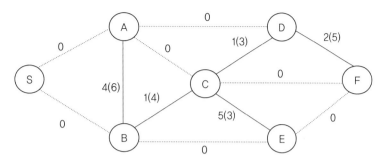

⑥ 아직 수송할 수 있는 수송로는 있지만 출발지 S에서 목적지 F까지 연결된 수송로가 없기 때문에 더 이상 수송할 수 없다.

∴ 결론적으로 최대 수송량은 130이고, 이때의 총비용은 184가 된다.

수송경로	수송량	단위당 수송비용	수송비용
S ⇨ A ⇨ D ⇨ F	3	12	36
S ⇨ B ⇨ E ⇨ F	3	13	39
S ⇨ B ⇨ C ⇨ F	3	14	42
S ⇨ A ⇨ C ⇨ F	3	15	45
S ⇨ A ⇨ B ⇨ C ⇨ D ⇨ F	1	22	22
합 계	13		184

(4) Minimal Spanning Tree법(최소걸침나무법)

물류의사결정을 함에 있어서 다수의 배송네트워크 또는 연결해야 할 포인트가 존재하고 이들 네트워크들은 어떤 다른 하나의 네트워크와 연결되어 물품을 공급받거나 통로를 만들어야 하는 경우, 어떻게 연결하면 가장 단거리로 연결하거나 단시간에 공급할 수 있는가를 결정해야 한다. 이러한 경우에 이용하는 의사결정기법이 Minimal Spanning Tree기법이며, 주로 파이프라인, 통신선의 설치 등에 활용될 수 있다.

예제

다음과 같은 연결해야 할 네트워크가 있고, 그 네트워크 간의 거리는 각 선(arc)에 표시된 숫자이다. 이럴 경우 어떻게 연결하는 것이 가장 가까운 거리로 연결할 수 있는가? 단, 네트워크(Node) 간에 이동하는 방향은 상관없다.

풀이 ① 모든 연결구간의 거리를 순서대로 나열한다.
② 가장 가까운 구간부터 연결해 나간다.
③ 연결된 형태가 Cycle을 이루지 않도록 한다. Cycle이 이루어지는 구간에서는 가장 먼 거리를 제거한다.
(ⓒ − ⓓ − ⓕ)
④ 모든 네트워크가 어느 하나의 다른 네트워크와 빠짐없이 연결되도록 한다.
⑤ 연결이 끝나면 연결된 Arc의 거리를 합산하여 총 거리를 구한다.
∴ 정답 ⓓ − ⓕ, ⓓ − ⓗ, ⓑ − ⓒ, ⓐ − ⓑ, ⓒ − ⓓ, ⓔ − ⓗ = 14

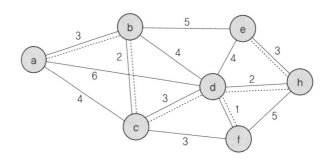

■ 4 변동다이어그램 시스템

지금까지는 운송의 합리화를 계획하는 데 있어서 운송여건이 일정기간 동안 변하지 않는 안정적인 운송상황하에서의 정형화된 운송합리화 방법을 모색하였다. 그러나 현실적으로는 운송조건은 계속적으로 변화하고 이러한 변동적인 여건 속에서 효율적인 운송관리를 하기 위하여 그때마다 복잡한 기법을 이용한다는 것은 매우 어려운 일이다. 또한 앞의 운송모델들에서는 차량이나 운송수단의 크기나 종류 및 수량은 전혀 고려하지 않고 최적의 운송량이나 운송비만을 고려하였다. 운송현실에서는 운송여건이 매일같이 변하며 가용차량의 종류도 매우 제한된다. 특히 수백, 수천의 운송네트워크에 수배송을 해야 하는 기업들의 경우에는 매일같이 변화하는 수배송 요구에 따른 합리적인 운송계획을 앞에서의 방법들을 이용하여 수립한다는 것은 거의 불가능한 일이다. 따라서 근래에는 많은 기업들이 컴퓨터를 이용한 수배송계획을 수립하여 활용하고 있으며 스위프(Sweep)법, TSP(Traveling Salesman Problem)기법, VSP(Vehicle Scheduling Program) 등이 대표적인 시스템이다.

(1) 스위프(Sweep)법

배송차량의 적재범위 내에서 배송루트가 교차하지 않고 가능한 눈물방울 형태의 배송루트가 설정될 수 있도록 배송거리와 물류센터로부터의 배송위치 각도를 이용하여 최적의 배송루트를 만들어 가는 방법이다.

배송센터 P를 기준점으로 하여 각 배송처를 1, 2, …, n으로 좌표 위에 표시한다. 이때 각 배송처의 위치를 x축과 y축을 표시함에 있어 r1은 P와 i 지점과의 직선거리를 나타내고, θi은 가로축과의 각도를 나타낸다. θi가 작은 것부터 번호를 붙여 배송차량의 적재량의 제한범위까지 루트를 짠다(경우에 따라서는 총 운송거리, 운송시간 등을 기준하여 루트를 짜기도 한다). 가장 적합한 배송루트를 선정한 후 다른 배송루트와 교환하여 더 효율적인 배송루트를 발견할 수 있을지를 검토하여 루트를 개선해 나간다.

● 스위프(Sweep)법

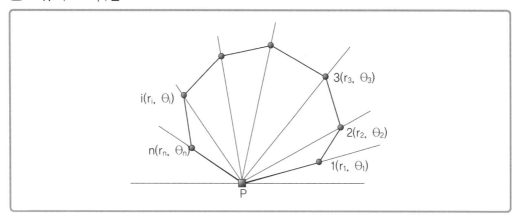

(2) **외판원문제**(Traveling Salesman Problem : TSP)**기법**

TSP기법은 차량이 배송구역의 배송을 위하여 배송센터를 출발하여 돌아오기까지 소요되는 거리 또는 시간을 최소화하기 위한 기법이다. 이 기법은 방문해야 하는 모든 네트워크를 최단거리 또는 최단시간에 빠짐없이 방문하고 돌아오는 순서를 찾는 방법으로 모든 네트워크에서 다른 모든 네트워크로 이동할 수 있기 때문에 경우의 수가 (n − 1)!로 산출되어 방문처 수가 많을 경우 사람이 직접 계산한다는 것이 사실상 불가능해진다. 따라서 TSP기법은 컴퓨터와 각종 알고리즘(Algorithm) 기법을 적용하여 산출해낸다.

◈ 한 사람(차량)이 전체 방문처를 돌아오는 방법을 찾는 기법이다.

(3) **Saving기법을 활용한 배차**

① **Saving의 개념**

각각의 배송처를 개별적으로 왕복운행하여 운송하는 것보다는 순회배송함으로써 운송거리나 시간을 단축하는 것을 말한다.

② **Saving 값의 계산**

개별·왕복운송했을 경우의 운송거리(시간)에서 순회운송했을 때의 운송거리(시간)를 감하여 계산한다.

$$Saving = 2(a + b) - (a + b + c)$$

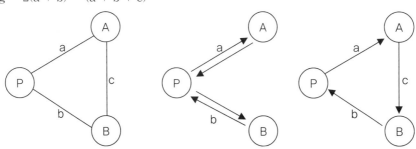

- 왕복운송거리 > 순회운송거리 = Saving이 있다.
- 왕복운송거리 = 순회운송거리 = Saving이 없다.
- 왕복운송거리 < 순회운송거리 = Saving이 없다.

예제 **Saving을 이용한 배차**(VSP법 － Vehicle Scheduling Program)

1. 순 서

① 각 네트워크간 거리(또는 시간)를 파악한다.

② 각 네트워크에 운송될 물량을 파악한다.

③ 이용가능한 차량의 크기와 수량을 파악한다.

④ 출발지(물류센터)와 각 네트워크 2개를 연결하여 Saving을 구한다(모든 네트워크를 대상으로 계산).

⑤ Saving이 큰 순서로 연결구간을 배열한다.

⑥ Saving값이 큰 순서로 연결배송을 하도록 배차한다.

⑦ 연결배송한 물량이 이용가능차량의 적재능력 내에 있는지를 확인한다(적재능력 내에 있을 때만 연결이 가능).

⑧ 인접구간의 Saving값이 다음으로 클 때는 처음 연결한 구간의 적재량과 추가되는 구간의 운송량을 합하여 가장 큰 차량의 적재능력 범위 내에 있는지를 확인한다(능력범위를 초과하면 연결 불가).

⑨ 위의 ⑦, ⑧의 작업을 Saving값의 크기 순서에 따라 계속한다(모든 네트워크에 더 이상 연결배송이 불가능할 때 까지).

2. 배차 예

다음과 같은 물류센터와 운송량, 운송거리 및 운송차량의 조건이 주어졌을 때 Saving법을 이용하여 배차를 하게 되면 운행거리는 얼마가 단축되고 차량은 몇 톤차량 몇 대가 필요한가? (단, 이용가능 차량은 4톤과 5톤차량이고 대수에는 제한이 없다)

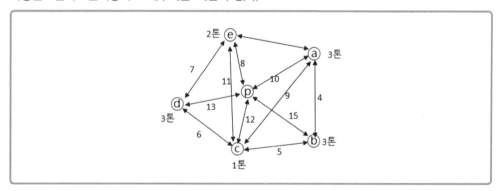

풀이 1. 연결구간별 Saving값과 순서

- P ⇨ B ⇨ C ⇨ P : 22km ---- 1
- P ⇨ A ⇨ B ⇨ P : 21km ---- 2
- P ⇨ C ⇨ D ⇨ P : 19km ---- 3
- P ⇨ D ⇨ E ⇨ P : 14km ---- 4
- P ⇨ A ⇨ C ⇨ P : 13km ---- 5
- P ⇨ C ⇨ E ⇨ P : 9km ---- 6

2. 구간별 운송량과 차량

- P ⇨ B ⇨ C ⇨ P 구간의 운송량은 4톤(B : 3톤 + C : 1톤)
- P ⇨ A ⇨ B ⇨ P 구간의 운송량은 8톤(최대용량 5톤을 초과하므로 연결불가)
- P ⇨ C ⇨ D ⇨ P 구간의 운송량은 4톤(그러나 이미 P ⇨ B ⇨ C ⇨ P 구간에서 연결배차를 하였고 D의 운송량을 합하면 7톤이 되므로 연결불가)
- P ⇨ D ⇨ E ⇨ P 구간의 운송물량은 5톤(D : 3톤 + E : 2톤)
- P ⇨ A ⇨ P 구간은 3톤(네트워크 ⓐ는 차량크기 제한으로 다른 네트워크와 연결 운송이 불가하여 단독으로 운송함)
- 다른 구간과의 연결은 차량의 적재능력을 초과하기 때문에 추가 연결이 불가하고, 이로써 배차는 완료된다.

3. 차량의 톤급과 대수

운송량이 3~5톤이므로 모두 4톤차량 2대, 5톤차량 1대를 배차하는 것이 효율적이다.

4. Saving

$2(10 + 15 + 12 + 13 + 8) - (2 \times 10) - (15 + 5 + 12) - (13 + 7 + 8) = 36km$

5. 배송노선

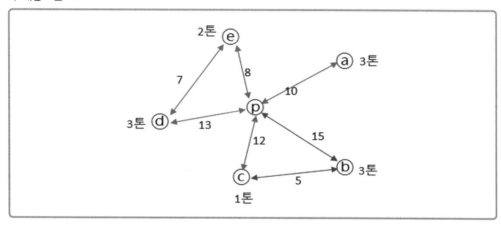

08 실전예상문제

01 배송시스템을 설계함에 있어서 배송루트의 정형화를 어렵게 하는 요인으로 가장 거리가 먼 것은?

① 정기적인 주문
② 주문량의 변화
③ 수요처별 배송요청 시간의 변동성
④ 불특정 다수에 대한 배송
⑤ 교통 흐름의 변화

해설 정기적인 주문은 배송경로 및 배송시간 설계를 용이하게 해주는 요소이다. 배송시스템의 설계를 어렵게 하는 요인들은 불확실성과 변동성들이다.

02 다음의 빈칸에 들어갈 수배송시스템의 설계 순서로 옳은 것은?

화물의 특성 파악 ⇨ 수배송시스템의 질적 목표 설정 ⇨ (　　) ⇨ (　　) ⇨ (　　) ⇨ (　　) ⇨ (　　) ⇨ 귀로운행 계획

㉠ 차종 판단　　　　　　　　　　㉡ 배차운영계획
㉢ 출하부문의 특성 파악　　　　　㉣ 수요처별 특성 파악
㉤ 수요처별 운행여건 파악

① ㉠, ㉡, ㉢, ㉣, ㉤
② ㉡, ㉢, ㉣, ㉤, ㉠
③ ㉢, ㉣, ㉤, ㉠, ㉡
④ ㉣, ㉤, ㉠, ㉡, ㉢
⑤ ㉤, ㉠, ㉡, ㉢, ㉣

해설 수배송시스템을 설계하기 위해서는 우선 수배송의 목표를 설정해야 하며, 출발지에서부터 최종 도착지까지 운송에 영향을 미치는 요소들을 파악해야 한다. 따라서 출하부분의 특성 ⇨ 수요처별 특성 ⇨ 수요처별 운행여건 ⇨ 투입가능한 또는 가장 효율적인 차종을 선택한 후 최종적인 배차계획을 수립한다.

03 물류네트워크 설계에 관한 설명으로 옳지 않은 것은?

① 물류시설의 수, 크기, 위치 등의 결정을 포함한다.

② 고객 서비스 수준을 가장 먼저 설정해야 한다.

③ 다양한 대안 중 정해진 서비스 수준을 충족하면서 재고유지비용, 설비비용, 수송비용 등 총 비용이 최소인 대안을 선정한다.

④ 물류시설의 입지와 운송은 분리하여 계획을 수립한다.

⑤ 수요규모 등 시장환경이 크게 변하는 경우 물류 네트워크를 재설계함으로써 비용을 절감할 수 있다.

> **해설** 물류네트워크 설계란 물류센터, 터미널 등의 위치와 수, 규모 등을 설계하는 일이다. 물류네트워크 설계의 초점은 물류서비스 측면과 물류비 측면에서의 적정성이다. 그런데 이 두 부분은 운송에 의해서 결정된다고 할 수 있다. 즉 운송이 신속하게 전달을 해주어야 서비스가 향상될 수 있으며, 운송비가 절감되어야 전체적인 물류비가 절감될 수 있기 때문이다.

04 효율적인 수배송계획을 입안할 때의 고려사항에 관한 설명으로 옳지 않은 것은?

① 물류채널의 명확화는 물류채널을 이해하고 그 순서도를 명확히 작성하는 것이다.

② 화물특성의 명확화는 화물에 대한 품명, 외장, 단위당 중량, 용적, 포장형태 등을 명확히 하는 것이다.

③ 수배송단위의 명확화는 수배송 지역별이나 제품별로 1일당 수배송단위가 어떻게 되는지를 명확히 하는 것이다.

④ 수배송량의 명확화는 제품별, 수배송지역별로 국제화물 수배송루트를 명확히 하는 것이다.

⑤ 출하량 피크시점의 명확화는 1일간 출하량이나 취급량의 시간적 움직임을 명확히 하는 것이다.

> **해설** 수배송량의 명확화는 각 물류네트워크별로 수송 또는 배송되는 량을 명확히 하는 일이다. 운송수량이 명확해야 그에 적절한 차량을 이용하여 적정한 주기로 운송해 줄 수 있기 때문이다.

Answer 1. ① 2. ③ 3. ④ 4. ④

05 운송시스템의 합리화에 관한 설명으로 옳지 않은 것은?

① 합리화된 운송시스템은 재고관리비와 운송비의 Trade-off 측면을 주로 고려하여 설계한다.

② 화물 트럭의 회전율을 높일 수 있도록 상하차 소요시간을 감소시킨다.

③ 수송과 배송을 연계하여 물류센터의 재고를 줄인다.

④ 거리 구분에 관계없이 자가차량을 중심으로 운영한다.

⑤ 물류 특성에 맞게 배송차량을 선택하여 효율성을 높인다.

해설 일반적으로 근거리지역은 자가차량을, 원거리지역은 영업용차량을 이용하는 것이 바람직하다. 근거리의 경우에는 복화운송이 불필요하기 때문에 자가용이나 영업용이나 운송원가가 동일하지만 원거리지역은 자가용은 귀로에 공차로 돌아와야 하기 때문에 사업용에 비하여 운송원가가 많이 소요되기 때문이다.

06 배송경로 및 일정계획을 효과적으로 수립하기 위하여 고려해야 하는 사항으로 옳지 않은 것은?

① 배송날짜가 다른 경우에는 경유지를 구분한다.

② 배송구역이 넓을 때의 운행경로는 배송센터에서 가장 가까운 지역부터 만들어 간다.

③ 픽업과 배송은 동시에 이루어지게 한다.

④ 효율적인 경로는 이용할 수 있는 가장 큰 차량을 우선적으로 이용한다.

⑤ 차량경로는 눈물방울형태로 만들어 간다.

해설 배송지역이 넓을 때는 배송센터로부터 먼 지역부터 만들어 간다. 반면 좁은 지역을 배송할 경우에는 물류센터에서 가장 가까운 지역에서 출발하여 가장 가까운 지역에서 끝날 수 있도록 만들어 간다.

07 다음과 같은 공동수배송 시스템의 운영방식은?

> 물류센터에서의 배송뿐만 아니라 화물의 보관 및 집하업무까지 공동화하는 방식으로서 주문처리를 제외한 거의 모든 물류업무에 관해 협력하는 형태

① 집배공동형   ② 배송공동형

③ 납품대행형   ④ 공동수주 · 공동배송형

⑤ 노선공동집하형

해설 배송공동형은 배송만 공동으로 하는 형태, 납품대행형은 밴더들이 납품하는 상품을 센터에서 인수하여 검수 후 공동배송으로 배송하는 형태, 공동수주 · 공동배송형은 회원들로부터 주문을 받아 납품업체에 공동발주하고 공동집하 · 공동보관 · 공동배송하는 형태, 노선공동집하형은 납품화물을 순회하면서 집하하여 운송하는 형태이다.

08 공동수배송의 도입효과로 옳지 않은 것은?

① 운송의 대형화를 통해 적재율의 향상이 가능하다.

② 참여하는 화주의 운임부담을 경감할 수 있다.

③ 교통혼잡 완화와 차량 감소의 효과가 있다.

④ 물류센터나 창고 내 정보시스템의 효율적 사용이 가능하다.

⑤ 동일 지역에서의 중복 교차배송은 감소하나, 공차율은 증가한다.

해설 공동배송을 하게되면 중복 교차배송의 감소뿐만 아니라 배송밀도의 향상으로 운행거리가 짧아지고 공차율도 감소하게 된다.

09 공동수배송에 관한 설명으로 옳지 않은 것은?

① 공동수배송에 참여하는 기업들은 집하, 분류, 배송 측면에서의 시너지 효과를 기대할 수 없다.

② 공동수배송은 사람, 자금, 시간 등 경영자원을 효율적으로 활용할 수 있게 한다.

③ 공동수배송은 동종업계와의 공동수배송, 지역 내 인근 회사와의 공동수배송 등 다양한 방식을 활용하고 있다.

④ 기업 간의 이해 불일치, 정보공유 기피 등이 공동수배송 활성화의 장애 요인이다.

⑤ 공동수배송의 유형은 배송공동형, 집하배송공동형, 공동납품 대행형 등으로 다양하다.

해설 공동수배송의 기본적인 경제성 창출의 메카니즘은 화물취급의 대형화와 배송밀도의 향상에 의한 다양한 시너지 창출이다. 따라서 참여하는 모든 기업들은 공동화의 모든 단계에서 대형화와 밀도향상에 따른 효과를 얻을 수 있게 된다.

10 공동 수배송의 유형에 관한 설명으로 옳지 않은 것은?

① 배송공동형 : 배송은 공동화하고 화물 거점시설까지의 운송은 개별 화주가 행하는 것

② 집하·배송공동형 : 집화와 배송을 공동화하는 것

③ 노선집하 공동형 : 노선의 집화망을 공동화하여 화주가 지정한 노선업자에게 화물을 넘기는 것

④ 공동납품 대행형 : 화주의 주도로 공동화하는 것으로 가공, 포장, 납품 등의 작업을 대행하는 것

⑤ 공동수주·공동배송형 : 화주가 협동조합을 설립하여 공동수주 및 공동배송을 하는 것

해설 공동수주·공동배송형은 운송업자가 협동조합을 설립하여 조합원들로부터 주문받은 상품을 공동으로 발주한 후 주문량에 따라 배송을 해주는 방법이다.

Answer   5. ④   6. ②   7. ①   8. ⑤   9. ①   10. ⑤

11 각각의 화주가 물품을 개별 수송하는 방식에서 화주 또는 트럭사업자가 공동으로 물품을 통합 적재하는 수송방식으로 전환했을 때의 효과가 아닌 것은?

① 취급 물량의 대형화로 규모의 경제를 이룰 수 있다.

② 수배송 업무의 효율화를 기할 수 있다.

③ 물류비를 절감할 수 있다.

④ 차량과 시설 등에 대한 투자액을 절감할 수 있다.

⑤ 납품 빈도의 감소로 교차배송이 증가한다.

해설 회주의 개별납품방식을 통합하여 공동으로 배송하게 되면 배송이 대형화되고 배송밀도가 높아져 배송의 효율이 높아질 뿐만 아니라 물류센터에서의 효율성도 높아진다. 한편 수하인의 측면에서 보면 배송의 빈도수가 낮아져 업무의 효율성이 높아지며 교차배송이 감소한다.

12 방문하는 장소와 시간을 정하여 매일같이 순회하는 운송시스템은?

① 복화운송

② Route 배송

③ 밀크런(milk run)

④ 복합일관운송

⑤ 변동 다이어그램 배송

해설 밀크런이란 다이어그램배송의 한 방법으로서 배송경로를 고정시킴과 동시에 매일 방문하는 장소와 시간까지 고정시키는 방법이다. 이 방식이 유지되기 위해서는 픽업 또는 배달하는 물량이 일정하게 유지되어야 하며, 작업시간 및 작업방법 등이 표준화되어야 한다.

13 비교적 광범위한 지역에 소량화물을 요구하는 다수의 고객을 대상으로 배송할 때에 유리한 방법으로 판매지역에 대하여 배송 담당자가 배송 트럭에 화물을 상·하차하고 화물을 수집함과 동시에 현금수수도 병행하는 방식은?

① 다이어그램(diagram) 배송 방식

② 루트(route) 배송 방식

③ 단일 배송 방식

④ 콘솔(consolidation) 배송 방식

⑤ 변동 다이어그램 배송 방식

해설 광범위한 지역의 다수의 송·수하인을 대상으로 소량의 화물을 집배송한다는 것은 방문처의 위치와 수가 매일 변동된다는 것이고 이런 변동상황하에서는 컴퓨터를 이용한 변동다이어그램을 이용한 Routing이 가장 효율적이다.

14 수배송시스템을 합리화하기 위한 하드웨어적 대책으로 옳은 것을 모두 고른 것은?

> ㉠ 차량 적재함의 개선
> ㉡ 상하차 자동화기기 도입
> ㉢ 화물의 단위(Lot)화
> ㉣ 배송경로의 계획화(다이어그램 수송 등)

① ㉠, ㉡   ② ㉠, ㉢   ③ ㉡, ㉢
④ ㉡, ㉣   ⑤ ㉢, ㉣

해설 수배송시스템을 합리화하기 위해서는 하드웨어적인 방법과 소프트웨어적인 방법을 고려한다. 하드웨어적인 방법이란 기계, 장비 등을 이용하는 방법을 말한다.

15 A 기업은 자사 컨테이너 트럭과 외주를 이용하여 B 지점에서 C 지점까지 월 평균 1,500TEU의 물량을 수송하는 서비스를 제공하고 있다. 아래의 운송조건에서 40feet용 트럭의 1일 평균 필요 외주 대수는?

> • 1일 차량가동횟수 : 1일 2회
> • 보유차량 대수 : 40feet 컨테이너 트럭 10대
> • 차량 월 평균 가동일 수 : 25일

① 5대   ② 7대   ③ 9대
④ 10대   ⑤ 12대

해설 1,500teu는 40피트 컨테이너 750개이다. 25일 운송하므로 1일 평균 30개를 운송한다. 자체차량이 10대이고 1일 2회전을 하므로 자체차량이 운송할 수 있는 수량은 총 20개이고 부족한 10개는 외주를 주어야 한다.

08

Answer   11. ⑤   12. ③   13. ⑤   14. ①   15. ④

16 네트워크 문제와 관련된 설명으로 옳지 않은 것은?

① 네트워크는 공간적, 지리적 위치나 시간적 상태를 나타내는 노드(node)와 이를 연결하는 링크(link) 또는 아크(arc)에 의해 표현된다.

② 최단경로 문제는 비용, 거리, 시간의 관점에서 최단경로를 찾는 문제로서 외판원의 경로 선택 문제 등이 이에 해당한다.

③ 최소걸침나무 문제는 네트워크상의 모든 마디를 가장 적은 비용 또는 짧은 시간으로 연결하는 방법을 찾는 문제이다.

④ 최대흐름 문제는 네트워크상의 한 지점에서 다른 지점으로 보낼 수 있는 최대 유량을 찾는 문제이다.

⑤ 네트워크 문제를 해결하는 대표적인 기법은 선형계획법이다.

> **해설** 선형계획법은 사용할 수 있는 자원이 제한되어 있고 다수의 선택대안이 있을 때 제한된 자원을 가장 효율적으로 배분하는 방법이다. 반면 네트워크 문제는 가장 효율적인 운송경로를 찾는 방법이다.

17 아래와 같은 공급량과 수요지의 수요량이 각각 (100, 140, 80)과 (120, 100, 100)인 수송 계획이 있다. 보겔의 추정법을 적용하여 총 수송비용이 최소가 되도록 공급량을 할당한다면 총수송비는 얼마인가? (단, 공급지에서 수요지까지의 수송비는 수송표 각 셀의 좌측상단에 제시되어 있다) (단위 : 천원)

수요지 \ 공급지	1	2	3	공급량
A	9	5	15	100
B	12	12	10	140
C	15	10	12	80
수요량	120	100	100	320

① 3,000원 ② 3,100원 ③ 3,200원
④ 3,300원 ⑤ 3,400원

> **해설** 보겔의 추정법은 기회비용을 이용하여 기회비용이 가장 큰 구간의 운송비가 적은 곳에 우선적으로 운송량을 배정하는 방법이다(상세한 계산방법과 절차는 본문참조). 위 수송표에 의하여 배정을 순서대로 하면 A.2(100×5), B.1(120×12), B.3(20×10), C.3(80×12)로서 총 운송임은 3,100원이 된다.

18 다음과 같은 수배송네트워크가 주어져 있을 때 출발지 S에서 목적지 F까지 최대수송량을 목적으로 할 때 용량이 남는 구간은? (단 각 경로에 표시된 숫자는 경로별 수송량을 의미하며 모든 수송로를 단독으로 사용한다)

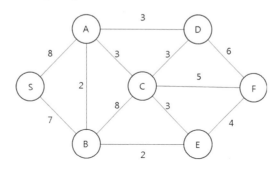

① A ⇨ B   ② B ⇨ C   ③ C ⇨ F
④ B ⇨ E   ⑤ E ⇨ F

해설 본 문제는 최대수송량을 구하는 문제이다. 먼저 S에서 출발하여 F까지 도달할 수 있는 임의의 경로 S ⇨ A ⇨ D ⇨ F를 선택하면 최대수송량은 3이고 A ⇨ D구간은 Cut된다. 다음 운송량이 남아있는 구간 S ⇨ A ⇨ C ⇨ D ⇨ F를 선택하면 최대수송량은 3이되고 A ⇨ C ⇨ D ⇨ F는 Cut된다. 다시 운송량이 남아있는 구간 S ⇨ A ⇨ B ⇨ C ⇨ F를 선택하면 최대수송량은 2이고 S ⇨ A ⇨ B구간은 Cut된다. 다시 운송량이 남아있는 구간 S ⇨ B ⇨ C ⇨ F를 선택하면 최대수송량은 3이고 C ⇨ F구간이 Cut된다. 다시 운송량이 남아있는 구간 S ⇨ B ⇨ C ⇨ E ⇨ F를 선택하면 최대운송량은 3이고 B ⇨ C구간과 C ⇨ E구간이 Cut된다. 다시 운송량이 남아있는 S ⇨ B ⇨ E ⇨ F를 선택하면 최대운송량은 1이되고 S ⇨ B구관과 E ⇨ F구간이 Cut되고 결국 B ⇨ E구간에 1만 남게 된다.

19 M사는 아래와 같은 운송조건에서 A(북서코너법)와 B(최소비용법)를 이용하여 총 운송비를 계산하였다. 그 결과에 관한 설명으로 옳은 것은? (단, 공급지에서 수요지까지의 수송비는 수송표 각 셀의 중앙에 제시되어 있다) (단위 : 만원, 톤)

수요지 \ 공급지	D1	D2	D3	D4	D5	공급량
S1	10	26	14	8	24	(200)
S2	2	12	16	34	30	(160)
S3	28	6	20	26	14	(70)
S4	4	20	32	18	22	(130)
수요량	(90)	(170)	(150)	(40)	(110)	(560)

① B보다 A의 총 운송비가 더 저렴하다.

② A에 의한 총 운송비는 7,200만원이다.

③ B에 의한 총 운송비는 6,900만원이다.

④ A와 B의 운송비는 동일하다.

⑤ A와 B의 총 운송비의 차액은 2,480만원이다.

해설 본 문제는 북서코너법과 최소비용법에 의한 운송비를 모두 계산해 보아야 한다. 우선 북서코너법에 의하면 운송비는 (90×10), (110×26), (60×12), (100×16), (50×20), (20×26), (20×18), (110×22)로서 총 10,380이 된다. 최소비용법에 의하면 (90×2), (70×6), (40×8), (70×12), (150×14), (30×20), (100×22), (10×24)로서 총비용은 6,900이 된다. B가 A보다 저렴하며, A와 B의 총 운송비 차액은 3,480이다.

20 B 항공사는 서울 − 상해 직항 노선에 50명의 초과 예약 승객이 발생하였다. 이들 승객 모두가 다른 도시를 경유해서라도 상해에 오늘 도착하기를 원한다. 다음 그림이 경유 항공편의 여유 좌석 수를 표시한 항공로일 때, 다른 도시를 경유하여 상해로 갈 수 있는 최대 승객 수는 몇 명인가?

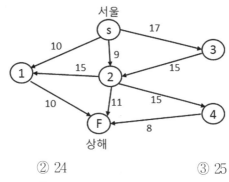

① 23   ② 24   ③ 25
④ 27   ⑤ 29

해설 최대 수송량계획법에 의하여 답을 구한다. S ⇨ 1 ⇨ F구간에서 10, S ⇨ 2 ⇨ F구간에 9, S ⇨ 3 ⇨ 2 ⇨ F구간에 2, S ⇨ 3 ⇨ 2 ⇨ 4 ⇨ F구간에 8명을 배정할 수 있다. 총 추가운송가능인원은 29명이다.

21 차고 및 A, B, C 간의 거리는 다음 표와 같다. 차고에서 출발하여 A, B, C 3개의 수요지를 각각 1대의 차량이 방문하는 경우에 비해, 1대의 차량으로 3개의 수요지를 모두 방문하고 차고지로 되돌아오는 경우, 수송 거리가 최대 몇 km 감소되는가?

구 분	A	B	C
차고	10	13	12
A	−	5	10
B	−	−	7

① 30   ② 32   ③ 34
④ 36   ⑤ 38

해설 본 문제는 Saving값을 구하는 문제이다. 위의 표를 네트워크모형으로 변환하면 다음 그림과 같이 된다. 따라서 개별적으로 운송을 하면 총 거리는 2 × (10 + 13 + 12) = 70km이다. 반면 연결운송을 하면 10 + 5 + 7 + 12 = 34km로서 36km가 감소한다(70km − 34km).

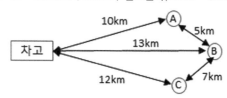

Answer   19. ③   20. ⑤   21. ④

22 다음 From/To chart에는 7개 지점 간의 거리가 표시되어 있다. A지점에서 G지점까지의 최단 경로 거리는 얼마인가? (단, 단위는 km이며, '−'는 두 지점간의 이동이 불가능하다는 것을 나타낸다)

From＼To	A	B	C	D	E	F	G
A	−	15	10	8	−	−	−
B	−	−	−	−	2	−	−
C	−	−	−	−	7	6	−
D	−	−	−	−	8	3	−
E	−	−	−	−	−	−	1
F	−	−	−	−	1	−	3
G	−	−	−	−	−	−	−

① 12km　　　　　　② 13km　　　　　　③ 14km
④ 15km　　　　　　⑤ 16km

해설 본 문제는 최단경로법에 의한 최소운송거리를 구하는 문제이다. 본 문제는 다음과 같이 네트워크모형으로 변환하면 어떤 형태의 운송경로인지 확실하게 알 수 있다. 최단경로법에 의하여 A에서부터 가장 짧은 거리의 네트워크를 연결해 나가면 경로는 A ⇨ D ⇨ F ⇨ E ⇨ G가 되고 거리는 13km가 된다.

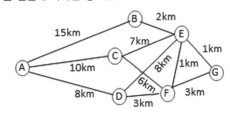

23 신도시 A지역에 지역도로를 신설하려고 한다. 6곳의 거점 중 어디에서나 나머지 5곳을 직접 또는 다른 곳을 경유하여 갈 수 있어야 한다. 건설비용이 다음과 같을 때 도로를 건설하는데 소요되는 최소 총비용은? (단위 : 억원)

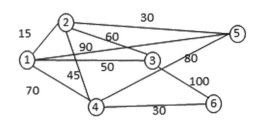

① 150　　　　　　② 160　　　　　　③ 170
④ 180　　　　　　⑤ 190

해설 본 문제는 Minimal Spanning Tree법을 이용하여 답을 구한다. Minimal Spanning Tree법은 프림알고리즘과 크루스칼알고리즘 중 편한 방법을 채택한다. 프림알고리즘은 임의의 네트워크에서 가장 가까운(낮은 비용) 곳을 연결해 나가는 방법이고 크루스칼알고리즘은 전체 구간 중 가장 짧은(저렴한) 구간부터 순차적으로 연결해 나가는 방법이다. 단, 두 방법 모두 Cycle이 이루어지지 않도록 한다. 크루스칼알고리즘에 의해 해를 구하면 1 ⇨ 2, 2 ⇨ 5, 4 ⇨ 6, 2 ⇨ 4, 1 ⇨ 3구간이 연결되고 총 비용은 170억원이 된다.

24 출발지(O)로부터 목적지(D)까지의 사이에 다음 그림과 같은 운송망이 주어졌을 경우, 그 최단경로와 관련된 설명으로 옳지 않은 것은? (단, 각 구간별 숫자는 거리(km)를 나타냄)

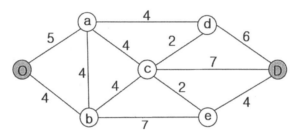

① O에서 D까지 최단거리는 14km이다.
② O에서 c까지 최단거리는 8km이다.
③ O에서 e를 경유하여 D까지의 최단거리는 15km이다.
④ O에서 d를 경유하여 D까지의 최단거리는 15km이다.
⑤ O에서 b를 경유하여 D까지의 최단거리는 14km이다.

해설 최단경로법에 의하여 가장 가까운 운송거리를 찾는 방법은 출발지에서부터 가장 가까이 있는 다음 도착지를 연결해 나가는 방법이다. "O"에서 가장 가까운 거리는 "b"로 가는 방법이다. "b"에서는 "a"와 "c"가 있다. "a"에서는 다음 지점이 4이고 "c"에서는 2이다. 따라서 "c"로 가야 한다. "c"에서는 "d"와 "e"와 "D"로 갈수 있는데 이 중 "e"로 가는 것이 다음 거리를 고려할 때 가깝다. "e"에서는 가장 가까운 지점은 "D"이다. 따라서 O ⇨ b ⇨ c ⇨ e ⇨ D를 연결하면 가장 가까운 총거리는 14km이다.

25 다음 행렬의 셀 내의 숫자는 해당 두 지점 간의 최대 운송용량(톤)을 나타낸다(圆 A-C간은 운송로가 존재하고 최대 2톤의 운송이 가능하며, 숫자가 없는 셀은 운송로가 존재하지 않음을 의미함). 이 경우 출발지 S에서 목적지 F로 운송할 수 있는 최대운송량은?

	S	A	B	C	D	E	F
S		4	5	–	–	–	–
A			3	2	3	–	–
B				3	–	2	–
C					1	1	2
D						–	2
E							4
F							

① 5   ② 6   ③ 7
④ 8   ⑤ 9

해설 위 행열은 아래 그림과 같이 네트워크모형으로 구간별 최대운송량을 나타낸 것이다. 따라서 아래 그림과 같은 조건하에서 최대 운송량을 구하면 된다. 최대운송량계획법은 출발점으로부터 목적지 F까지 연결되는 경로의 최대운송량을 배정한 후 더 이상 운송이 불가능한 상태를 만들어 가면서 최종적으로 목적지 F와 연결된 경로에서 운송량 배정이 불가능한 상태가 되면 배정을 중단하고 전체 배정량을 합산하여 운송량을 산출한다. 아래 표를 기준하여 경로와 운송량을 계산하면 S ⇨ A ⇨ C ⇨ F = 2, S ⇨ A ⇨ D ⇨ F = 2, S ⇨ B ⇨ E ⇨ F = 2, S ⇨ B ⇨ C ⇨ E ⇨ F = 1, 합 7이된다.

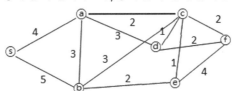

26 세이빙(Saving)법에 관한 설명으로 옳지 않은 것은?

① 차량의 통행시간, 적재능력 등이 제한되는 복잡한 상황에서 차량의 노선 배정 및 일정계획 문제의 해결방안을 구하는 한 방법이다.
② 배차되는 각 트럭의 용량은 총수요보다 크고 특정 고객의 수요보다는 작아야 한다.
③ 배송센터에서 두 수요지까지의 거리를 각각 a, b라 하고 두 수요지 간의 거리를 c라 할 때 saving은 a + b − c가 된다.
④ 세이빙이 큰 순위로 차량 운행 경로를 편성한다.
⑤ 경로 편성 시 차량의 적재 용량 등의 제약을 고려해야 한다.

해설 Saving을 이용하여 배차를 할 경우 각 트럭의 크기는 사용가능한 차량의 크기와 네트워크별 운송량의 크기에 따라 결정된다. 다만 한 대의 차량이 한 곳 이상의 물량을 운송해야 하므로 특정고객의 수요보다는 커야 한다.

27 수배송시스템을 합리적으로 설계하기 위한 요건과 분석기법에 관한 설명으로 옳지 않은 것은?

① 모든 방문처를 경유해야 하는 차량수를 최소로 하면서 동시에 차량의 총 수송거리를 최소화하는 기법을 VSP(Vehicle Schedule Program)라 한다.

② 루트배송법은 다수의 소비자에게 소량으로 배송하기에 적합한 시스템으로 비교적 광범위한 지역을 대상으로 한다.

③ 수배송시스템 설계 시 배송범위, 운송계획 등을 고려하여야 효율성을 높일 수 있다.

④ SWEEP법, TSP(Travelling Salesman Program)법 등이 포함되는 변동다이어그램은 운송수단, 배송량 등을 고려하여 경제적인 수배송 경로를 설정하는 방식이다.

⑤ 고정다이어그램은 과거 통계치에 의존하여 배송스케쥴을 설정하고, 적시배달을 중시하는 배송시스템으로 배송범위가 협소하고 빈도가 많은 경우에 유리하다.

해설 VSP는 차량의 배송일정계획을 수립하는 기법을 말하며, 수송차량의 수와 수송거리를 최소화하기 위한 기법은 VRP(Vehicle Routing Program)이라고 한다.

28 화물자동차운송시스템을 설계하기 위하여 기본적으로 갖추어져야 할 요건이 아닌 것은?

① 지정된 시간 내에 목적지에 수배송할 수 있는 화물이 확보되어야 한다.

② 운송 및 배송을 계획적으로 실시할 수 있는 조직이 구축되어야 한다.

③ 운송계획은 항상 생산과 판매를 지원할 수 있도록 융통성 있게 운영되어야 한다.

④ 수주에서 출하까지 작업의 표준화 및 효율화가 추진되어야 한다.

⑤ 시스템이 효율적으로 운영되기 위해서는 최저주문제 등 주문의 평준화가 가능해야 한다.

해설 운송이 생산과 판매의 파생수요이며 이들을 지원하는 기능을 수행하지만 생산과 판매부문에서 요구하는 대로 융통성 있게 운영되면 시스템의 효율화는 어렵게 된다.

29 A사는 물류효율화를 위하여 전국에 산재해 있는 지역물류센터를 통합하여 하나의 물류센터를 운영하려고 한다. 이때 나타나는 효과를 바르게 묶은 것은?

㉠ 재고비의 감소	㉡ 수송비의 감소
㉢ 재고관리비의 감소	㉣ 고정자산에 대한 투자비 감소
㉤ 배송비의 감소	㉥ 고객만족도의 증가

① ㉠, ㉢, ㉣
② ㉠, ㉡, ㉢, ㉣
③ ㉠, ㉢, ㉣, ㉤
④ ㉠, ㉢, ㉣, ㉤, ㉥
⑤ ㉠, ㉡, ㉢, ㉣, ㉤

해설 물류센터를 통합하면 우선 재고가 감소하고 이에 따른 재고비 및 관리비가 감소된다. 또한 물류센터까지의 운송이 대형화되어 수송비가 절감된다. 반면, 배송거리가 멀어져 배송비가 증가하며 고객만족도가 낮아질 수 있다.

30 다음은 운송시스템을 효율적으로 설계하기 위해 추구해야 할 방법에 대한 설명이다. 바르지 않은 것은?
① 운송네트워크 수를 줄인다.
② 최적의 운송수단을 선택한다.
③ 수송과 배송을 연결하여 운송을 한다.
④ 공동운송을 실시할 수 있도록 한다.
⑤ 다양한 운송 합리화수단을 검토하여 적용한다.

해설 운송네트워크를 정비하는 것은 필요하다. 그러나 운송네트워크의 정비가 반드시 네트워크의 수를 줄이는 것만을 의미하지는 않는다.

31 다음은 콜드체인에 대한 설명이다. 바르지 않은 것은?
① 신선화물의 유통온도를 유지시켜 박테리아 발생을 억제시키는 역할을 한다.
② 콜드체인 운송을 하기 위해서는 반드시 냉동·냉장차량을 이용하여 운송해야 한다.
③ HACCP에서 규정하는 냉장온도란 0℃ 이상 10℃ 이하의 온도를 말한다.
④ 냉동온도란 영하 24℃ 이하의 온도를 말한다.
⑤ 냉동·냉장차량은 적재화물의 잔류열을 제거할 수 있다.

해설 냉동온도는 일반적으로 −18℃ 이하의 온도를 말한다.

32 다음의 운송시스템 전략 10원칙 중 자가용차량을 운송에 적용할 원칙은 무엇인가?

① 자가차량과 영업용차량 믹스의 원칙

② 운송·재고 트레이드 오프(Trade off)의 원칙

③ 수배송 일원화의 원칙

④ 리드타임 충족의 원칙

⑤ 배송특성 대응의 원칙

해설 자가차량과 영업용차량 믹스의 원칙은 자가용차량을 운영하고 있는 화주기업의 경우 최저수준의 물량을 운송할 때는 자가용차량을 이용하고 물량증가에 따른 차량부족분은 영업용차량을 이용하는 것이 효율적이라는 원칙이다.

33 다음 중 배송을 효율적으로 수행하기 위한 추진사항으로 바르지 않은 것은?

① 가능하면 큰 차량을 이용하여 배송하도록 한다.

② 화물의 인계인수는 신속하게 이루어질 수 있도록 한다.

③ 최단거리로 운행할 수 있도록 경로를 설정한다.

④ 상하차작업을 기계화하여 신속한 상하차가 되도록 한다.

⑤ 구매자가 희망하는 배송요구시간에 맞춰서 배송할 수 있도록 배차한다.

해설 배송이 효율적으로 되기 위해서는 구매자(배송처)에 대한 도착시간을 융통성있게 조정할 수 있도록 하는 것이 필요하다.

34 배송계획 수립시 사전에 설정해야 할 기준에 대한 것으로 바르지 않은 것은?

① 차량기준 : 배송업무를 수행할 차종, 톤급, 사양 등에 관한 기준

② 시간기준 : 각 작업단계별 소요시간, 운행속도 등에 관한 기준

③ 작업기준 : 배송을 위한 작업활동을 어떻게 수행할 것인지에 대한 기준

④ 범위기준 : 취급화물의 종류에 관한 기준

⑤ 적재량기준 : 투입되는 차량에 적재되는 화물의 량에 관한 기준(최대, 평균, 최소 등)

해설 범위기준은 배송업무가 이루어지는 지역적 범위를 말한다.

Answer 29. ② 30. ① 31. ④ 32. ① 33. ⑤ 34. ④

35 다음 수송문제의 모형에서 공급지 1~3의 공급량은 각각 300, 500, 200이고, 수요지 1~4의 수요량은 각각 200, 400, 100, 300이다. 공급지에서 수요지 간의 1단위 수송비용이 그림과 같을 때 제약 조건식으로 옳지 않은 것은? (단, X_{ij}에서 X는 물량, i는 공급지, j는 수요지 를 나타낸다)

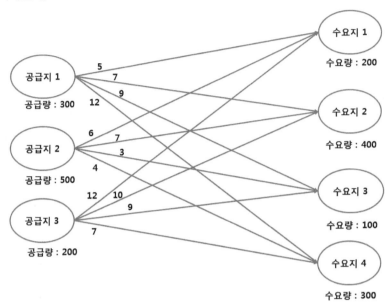

① $X_{11} + X_{21} + X_{31} = 200$ ② $X_{14} + X_{24} + X_{34} = 400$

③ $X_{11} + X_{12} + X_{13} + X_{14} = 300$ ④ $X_{21} + X_{22} + X_{23} + X_{24} = 500$

⑤ $X_{31} + X_{32} + X_{33} + X_{34} = 200$

해설 이 문제는 공급지의 공급가능량 범위 내에서 어느 수요지에 얼마를 보낼 것인지, 수요지에서는 수요량 의 범위 내에서 어느 공급지에서 얼마를 받을 것인지를 판단하기 위한 제약식의 일부이다. 총 생산량과 총 수요량은 1,000으로 균형을 이루고 있다(균형조건 제약식). 또한 각 공급지에서 어느 수요지로 얼 마씩 운송할 것인가를 판단하기 위해서는 각 공급지에서 각 수요지로 보내는 량에 각 링크에 표시된 숫자(운임)를 곱해서 총 운송비용이 최저가 되는 배정을 하는 작업이 필요하다(비용 Minimize 제약식). 공급량을 전량 운송해야 하고, 수요지에서는 수용가능량 전부를 받아야 하기 때문에 등식으로 표시하 고 있으며, 공급지가 동일하면(부호가 동일) 해당 공급지에서 각 수요지로 할당하는 등식이고, 수요지 가 동일하면 각 공급지에서 해당 수요지로 공급되는 량을 나타내는 등식이다.

이 문제에서 ②번은 수요지 4로 각 공급처에서 보내는 량을 나타내는 것이고 수요지 4의 수용 가능량 은 총 300이다.

36 수송수요모형에 관한 설명으로 옳은 것은?

① 화물발생 모형 중에는 원단위법, 성장률법, 성장인자법이 있다.

② 화물분포 모형 중에는 중력모형과 로짓모형이 있다.

③ 수단분담 모형 중에는 통행단모형과 엔트로피극대화모형이 있다.

④ 통행배정 모형 중에는 반복배정법과 분할배정법이 있다.

⑤ 교통망 평형배정법은 용량비제약모형이다.

해설 화물발생 모형에는 회귀분석법, 원단위법, 카테고리분석법, 성장인자법 등이 사용되고, 화물분포 모형에는 중력모형, 성장인자모형, 엔트리극대화모형 등이 사용된다. 수단분담 모형에는 통행교차모형, 통행단모형 등이 이용되고, 통행배정 모형에는 용량비제약모형과 통행단모형이 이용되며, 통행단모형에는 반복배정법, 분할배정법, 수형망단위분할배정, 교통망평행배정법 등이 있다.

37 화물을 배송지역의 특성에 따라 적정한 크기나 종류의 차량으로 배차를 해야 한다는 수배송시스템전략을 무엇이라고 하는가?

① 수배송단일화의 원칙

② 상하차신속의 원칙

③ 배송특성대응의 원칙

④ 단일 원거리운송의 원칙

⑤ 수송단가 분기점의 원칙

해설 수배송시스템전략을 추진하는 데 있어서 지향해야 할 원칙으로서 "배송특성대응의 원칙"이란 배송지역의 도로상황, 작업여건, 배송량, 배송화물의 특성에 따라 적절한 크기 및 종류의 차량을 배차해야 한다는 원칙이다.

Answer   35. ②   36. ④   37. ③

물류관리사

CERTIFIED PROFESSIONAL LOGISTICIAN

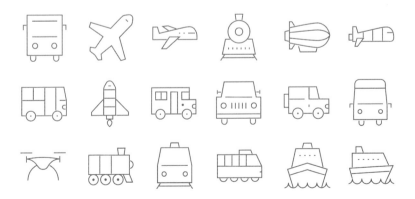

화물운송임

09 화물운송임

| 학습목표 | 1. 운송임을 계산하기 위한 운송원가의 특성과 운임의 크기에 영향을 미치는 요소들에 대하여 이해하도록 한다.
2. 운임계산에 적용하는 운송단위의 적용방법들을 이해한다.
3. 각 운송수단별 적용되고 있는 운임의 계산방법에 대하여 이해하도록 한다.

| 단원열기 | 영업용 운송장비를 이용하여 운송하고 지급하는 대가를 운송임이라고 한다. 이러한 운송임은 운송수단을 이용하는 방법과 운송하는 화물의 특성에 따라 다양한 형태로 발생하게 되며, 운임지급방법은 운송효율을 높이는 방법으로 활용하기도 한다. 운송임의 계산, 지급방법 및 부대운임 등은 운송수단마다 다르고 기업의 이익과 연결되는 부분이기 때문에 자주 출제된다.

제1절 화물운송임의 일반

1 운송임의 의의

운송임이란 운송수단을 이용하여 화물을 이동시켜 주고 운송업자가 받는 대가를 말한다.

- 운송서비스를 이용하는 입장에서 보면 비용(운송비)이며, 운송업자 측에서 보면 수입이다.
- 운송임의 수준은 국가의 상품경쟁력과 제조 및 유통업체의 경쟁력을 좌우할 수 있다.
- 양자는 항상 덜 주고 더 받기 위하여 노력한다.

보충학습

운임과 요금의 차이

1. 운임 : 화물의 장소적 이동에 대한 대가
2. 요금 : 운송의 특성에 따른 특수한 설비 및 서비스를 이용한 데 따른 대가

2 화물운송임에 대한 정부의 정책 및 운임의 형성

기본적으로 화물운송임에 대한 정부의 정책방향은 수요와 공급에 의한 시장 자유경쟁에 따른 공정한 가격의 형성이다. 그러나 국가경제 및 경쟁력에 영향을 미치는 일부 운송부분에 대해서는 규제를 하기도 한다.

분야	결정방식
공로운송	• 자유경쟁에 의한 가격결정 • 컨테이너 및 시멘트 운송은 안전운임제로 하한선 규제
컨테이너운송	국토교통부에 신고·수리(컨테이너운송업자협의회) 또는 운송가맹사업자
철도운송	국토교통부에 신고·수리
해상운송	• 정기선 : 해운회사에서 정한 요금표에 의해 결정(안정적) • 부정기선 : 용선시장에서의 공급과 수요에 따라 결정(등락이 심함)
항공운송	IATA에서 만장일치로 결정, 각국 정부에서 승인

■3 운송원가의 특징과 구성

운송임은 운송원가를 기초로 하여 계산되고, 결정이 된다. 따라서 운송수단별 운송원가를 이해하는 것이 필요하다.

(1) 운송원가의 특징

① **소멸성** : 운송서비스라는 상품은 판매를 위해 사전에 생산해 놓을 수 없다. 따라서 운송을 하지 않는 동안에 발생하는 고정원가는 생산에 기여하지 못하고 소멸된다.

② **재료비가 없음** : 운송원가에는 운송서비스를 직접적으로 구성하는 재료가 투입되지 않는다.

③ **인위적 원가배분** : 필연적으로 발생하는 운행대기시간 및 운송 전후에 발생하는 공적(空積)운행에 소요되는 원가를 인위적으로 특정 운송에 배분하는 작업이 필요하다.

(2) 운송원가의 구성

① **고정비**
　㉠ 운송량 및 운송거리, 운송서비스의 생산 여부에 관계없이 일정하게 발생하는 비용
　㉡ 감가상각비, 운송장비 구입자금에 대한 이자, 승무원 인건비 및 복리후생비, 운송수단에 대한 보험료, 세금, 운송업무 수행조직의 운영경비 등

② **변동비**
　㉠ 실제 운송서비스를 생산함으로써 발생하고 운송거리 및 운송량 등에 따라 비용의 크기가 변동되는 비용
　㉡ 연료비, 윤활비, 수리비, 부품대, 상하역작업비, 통행료, 접안료, 공항사용료, 사고보상비 등

(3) 운송 비용을 감소시키는 방법

고정비를 감소시키는 방법	변동비를 감소시키는 방법
• 영차율(선적률) 향상 • 회전율 향상 • 적재율 향상 • 가동률 향상 • 투자비가 적게 소요되는 운송장비의 선택 • 인건비 등이 적게 소요되는 장비 및 인력 선택	• 운송거리의 단축 • 변동비가 적게 소요되는 운송장비의 선택 • 운송장비 운전(항) 기술(량)의 향상 • 운행(항) 효율성이 높은 연료 등의 사용 • 운송장비의 정비상태 정상적 유지

(4) 운송원가에 영향을 주는 요소

① **거리(Distance)** : 운송거리는 운송임의 크기 결정에 가장 기본적으로 영향을 미친다. 즉, 운송거리가 증가할수록 운송원가는 증가한다. 그러나 운송원가는 "거리경제의 원칙"에 의하여 장거리일수록 운송단위당 원가는 감소하고 근거리일수록 증가한다.

② **운송되는 화물의 크기(Volume)** : 한 번에 운송되는 단위가 클수록 운송단위당 운송임은 감소하고, 작을수록 증가한다. 이는 "규모의 경제원칙"이 적용되어 대량운송일수록 운송효율성이 좋은 대형운송수단을 이용할 수 있기 때문이다.

　◉ **거리 및 중량에 따른 운송단가의 변화 형태**

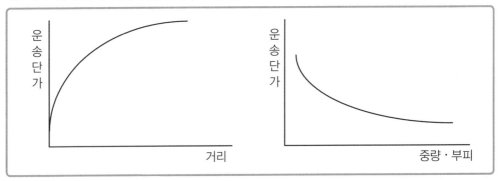

③ **밀도(Density)** : 밀도란 무게와 부피 및 면적(운송장비의 적재공간)을 통합시킨 개념이다. 밀도가 높은 화물은 적재공간이 적게 소요되므로 운송원가가 낮아진다.

④ **적재성(Stowability)** : 적재성이란 제품의 규격이 운송수단의 적재공간 활용에 어떤 영향을 미치는가를 말한다. 과도한 화물의 크기, 화물형상의 비정형성, 동일한 운송에 적재되는 화물형상의 다양성 등은 적재작업을 어렵게 할 뿐만 아니라 적재공간의 효율성도 떨어뜨린다. 따라서 화물의 밀도가 동일할지라도 적재성이 떨어지면 운송량이 적어지고 작업시간 및 비용도 증가되기 때문에 운송원가가 증가된다.

⑤ **취급(Handling)** : 운송될 화물의 상하차작업의 난이도에 따라 운송원가가 달라진다. 즉 상하차작업에 특수장비가 필요하거나 시간이 많이 소요되면 그만큼 원가가 증가되는 것이다.

⑥ **책임**(Liability) : 운송되는 화물의 사고(클레임)발생가능성 및 사고발생시 배상금액의 크기에 따라 운송원가가 달라진다. 또한 운송계약시 면책범위 및 배상비율 등에 의해서도 운송원가가 달라진다.

⑦ **시장요인**(Market factors) : 위의 6가지 요소를 감안하여 운송임을 산출하였다고 해도 결국은 시장에서의 경쟁상황이 최종적인 운송임 결정요소가 된다.

⑸ **운송가격**(운송비) **책정전략**

운송사업자가 운송원가를 기준으로 운송임을 제시하되 다음과 같은 전략하에서 제시하게 된다.

① **서비스 비용전략**(Cost of service strategy) : 운송서비스의 제공에 소요되는 원가에 적정한 일 반관리비 및 이윤을 더하여 책정 및 제시하는 전략으로 운송업자의 기본적인 운임전략이다.

② **서비스 가치전략**(Value of service strategy) : 운송기업이 제공하는 운송서비스에 의하여 화 주가 얼마나 부가가치를 얻느냐에 따라 운송비의 수준을 책정하는 전략이다. 운송업자가 독점 적 또는 경쟁우월적 지위에 있을 때 가능하다.

③ **복합전략**(Combination strategy) : 복합전략이란 운송가격을 서비스 비용전략의 최저선과 서 비스 가치전략의 최대선 사이의 어느 중간수준을 설정하여 제시하는 전략으로 시장에서 이용 되는 일반적인 관행이다.

④ **순수요율가격**(Net rate pricing) : 순수요율가격이란 운송업자 간 협정에 의하여 정한 협정요 금, 정부가 고시하거나 승인한 요금 등을 화주에게 그대로 제시하고 수수하는 것을 말한다.

⑤ **정책적 원가 이하 가격**(Strategic low price) : 실제 발생원가 이하로 가격을 제시하는 전략이다. 운송할 화물이 없거나(비수기) 귀로(歸路)화물이 없을 때, 차량을 운휴(運休)시키거나 공차회 귀시킴으로써 발생하는 비용을 최소화시키기 위하여 정책적으로 원가 이하의 가격을 제시하 는 방법이다. 이럴 경우 가격의 하한선은 변동비수준이 될 것이다.

4 운송임 적용의 기준

- 운송임은 기본적으로 운송량과 운송거리를 기준으로 계산된다.
- 현실적으로는 운송여건에 따라 다양한 기준을 정하여 적용한다.

⑴ **운송량 기준운임**

실제 운송한 수량을 기준하여 차등으로 운송임을 계산하는 방법이다. 일정한 기준 이상으로 운송 했을 경우에는 낮은 임률을, 이하일 때는 높은 임률을 적용한다.

⑵ **운송거리 기준운임**

운송하는 거리를 기준으로 하여 운임을 계산하는 방법이다.

① **단일거리 기준운임**(Uniform Rates)

㉠ 모든 운송물량에 대하여 동일한 임률을 적용하여 운송임을 계산한다.

㉡ 전체 운송물량에 대한 평균적인 거리를 산출하여 단일운임 설정한다.

　　예 택배, 우체국 소포

② **거리비례운임**(Proportional Rates)

㉠ 운송임을 운송거리와 완전히 비례하여 변동시키는 운임체계이다.

㉡ 운송거리가 2배로 증가하면 운송단가도 2배의 크기로 적용한다.

③ **거리체감운임**(Tapering Rates)

㉠ 운송거리가 증가하는 데 따라 일정비율로 운송거리당 운송단가가 감소하도록 운송임을 책정하고 적용하는 방법이다.

㉡ 거리경제의 원칙을 적용하는 방법으로서 가장 일반적인 계산방법이다.

④ **지역운임**(Blanket Rates)

㉠ 특정 지역으로 운송되는 화물에 대하여는 동일한 운임을 적용하는 **방법**이다.

㉡ 컨테이너운송임, 복화화물운송시장 등에서 적용하는 방법이다.

⑶ **수요기준운임**(Demand – Related Rates)

① 운송시장에서의 운송수요량에 따라 형성되는 운송단가를 기준으로 운송임을 계산하는 방식이다.

② 시중의 운송임 수준에 따라 동일한 운송거리, 동일한 운송량에도 불구하고 운송임이 달라진다.

⑷ **대절**(貸切)**운임**

① 대절운임이란 일정한 운송구간 또는 일정한 기간 동안 화주가 운송사업자에게 운송장비를 대절(렌트, 용선)하여 계약조건 내에서 자유자재로 활용하는 방법이다.

② 모든 운송수단에 있어서 활용되고 있는 운임계산방식이다.

③ 운영비용의 부담조건에 따라 운임의 크기가 달라진다.

⑸ **특별 서비스 요금**

특별 서비스 요금이란 운임이 아닌 운송업자의 각종 시설 및 서비스 제공에 대한 대가이다.

5 운송량의 적용기준(계산기준)

"운송한 화물의 크기계산을 무엇으로 할 것인가?"에 대한 기준이다.

(1) 운송단위 계산기준

구 분	내 용
용적단위	화물의 부피를 기준으로 하여 운임계산
중량단위	실 중량을 기준으로 하여 운임계산
가격기준	운송한 화물의 가격을 기준으로 하여 운임계산
박스단위(Box rate)	운송한 박스단위로 운임계산(컨테이너, 택배화물 등)
Revenue Ton	용적과 중량 중 운송업자에게 유리하게 적용한 운임기준
Freight Ton	실제로 운송업자가 운임을 계산하는 기준

(2) 운송수단별 중량적용의 기준

구 분	기 준	부피의 중량환산
화물자동차	기준이 다양(중량, 부피, 대당, 박스 등).	$1m^3 = 280kg$(과거 인가요금 적용시)
철 도	적재중량을 적용	중량과 화차크기 단위
선박(해상)	중량 또는 용적(Revenue ton), 컨테이너 단위	$1m^3 = 1$톤
항 공	• 중량으로 적용 • 부피는 중량으로 환산	• $6,000cm^3 = 1kg$ • 국제특송업체: $5,000cm^3 = 1kg$

6 운송임의 분류(종류)

운송임은 위에서 검토한 몇 가지 운임결정요소와 유형에 의하여 결정되지만 실제로 운송업계에서는 운송되는 화물의 종류, 운송의 형태, 경쟁상황, 수요자와 공급자 간의 역학관계, 서비스의 질적인 차이 등으로 인하여 다양한 형태로 운영되고 있는 것이 현실이다.

(1) 지급시기에 따른 분류

운임을 실질적인 운송시기를 기준으로 하여 언제 지급하느냐에 따른 분류이다.

종 류	내 용
선불운임	운송을 의뢰하면서 동시에 운임을 지급하는 경우의 운임
후불운임	일정기간 동안 운송결과를 종합하여 청구서를 제출하고 수수하는 형태의 운송임
착불운임	화물이 목적지에 도착하여 화물을 인계하면서 운송임을 받는 형태

(2) 운송거리 적용에 따른 분류

운송되는 거리와 그에 따른 운송단가를 어떻게 적용하느냐에 따른 분류이다.

종 류	내 용
거리비례운임	운송거리에 비례하여 운임이 증가하는 형태의 운임. ton · km당 고정된 운임을 적용한다. ◈ 철도운임은 영업km × 운임률 × 적재량
거리체감운임	운송거리가 증가할수록 ton · km당 운송단가가 감소되는 형태의 운임 ◈ 일반화물자동차 및 선박 등은 거리에 따라 체감제 적용
지역운임	일정한 지역별로 동일한 운임을 적용하는 형태의 운임 ◈ 컨테이너운임, 택배운임은 지역별 운임 적용
균일운임	지역 또는 운송거리에 관계없이 동일한 단위의 운송임을 적용하는 형태 ◈ 우편소포운임은 전국 균일운임률 적용

(3) 공시 여부에 따른 종류

화물운송임에 대한 정부의 관여 여부에 따른 분류이다.

종 류	내 용
인가운임	정부 또는 운송임 인가기관에서 운송소비자에게 수수할 수 있도록 승인된 운임 ◈ 항공운임은 국토교통부의 인가를 받는다.
신고운임	운송업체 또는 관련단체가 정부 또는 인증기관 등에 수요자에게 받을 운임을 정하여 신고하고 수리된 운임 ◈ 현재의 컨테이너 국내운송요금, 철도운송요금
자유경쟁운임	운송서비스공급자와 수요자가 합의하여 적용하는 운임. 운송원가, 경쟁상황 등에 의하여 다양한 형태로 결정된다.

(4) 운송정도에 따른 분류

일반적으로는 운송이 완성되어야 계약된 운임을 지급한다.

종 류	내 용
비례운임 (Pro Rata Freight)	운송이 이루어진 비율에 따라 운임을 수수하는 형태의 운임
전액운임 (Full Freight)	서비스의 완성정도에 관계없이 계약된 운송임 전액을 수수하는 형태의 운송임

(5) 적재정도에 따른 분류

종 류	내 용
만재운임 (Carload Freight)	화물을 운송수단의 적재능력만큼 적재 및 운송하고 적용하는 운송임
혼재운임 (Consolidation Freight)	다수의 운송의뢰자의 화물을 하나의 운송수단 또는 용기에 적재하여 대단위화하고 소량으로 의뢰했을 때보다 낮은 요율을 적용하는 운송임
공적운임 (Dead Freight)	운송계약을 운송수단 단위 또는 일정한 용기단위로 했을 때 실제로 적재능력만큼 운송하지 않았더라도 부담해야 하는 미 적재운송량에 대한 운송임

(6) 연계운송에 따른 분류

종 류	내 용
통운임 (Through Rate)	수출입화물운송에서 발송지에서 최종 목적지까지 도착할 때까지의 해상운송임, 철도 및 공로운송임, 하역비 등을 합하여 계약하는 운임
복합운임 (Combined Rate)	수출입화물운송에서 통운임을 제시할 수 없는 운송사업자가 각 단계별 운송업자 및 하역업자의 운임 및 작업비를 단순히 합산하여 제시 및 계약하는 형태의 운송임
Local Rate	수출입화물운송의 경우 수출국 또는 수입국 내에서의 내국운송에 대한 운송임
지선운임 (Feeder Rate)	철도운송이나 해상운송에서 본선으로 운송한 후 별도의 지선을 통하여 운송하거나 피더선을 이용하여 연안운송을 하는 경우에 적용하는 운송임

(7) 운임계산의 특수한 방법들(산정기준)

① 일반적으로는 운송량 또는 운송수단의 수에 운송거리에 따른 운임을 계산한다.

② 그러나 화물 및 운송여건의 특성에 따라 다양한 특수운임이 적용된다.

종 류	내 용
종가(從價)운임 (Ad Valorem)	운송되는 화물의 가격에 따라 운임의 수준이 달라지는 형태의 운임
최저운임 (Minimum Rate)	일정한 수준 이하의 운송량을 적재하거나 일정거리 이하의 단거리운송 등으로 실 운송임이 일정수준 이하로 계산될 때 적용하는 최저 수준의 운임 ♡ 항공화물운임, 철도운임 등에 적용
특별(예외)운임 (Special Rate)	주로 해상운송에서 적용하는 운송임으로서 해운동맹이 비동맹과 경쟁하기 위하여 일정조건을 갖춘 경우 요율을 인하하여 부과하는 운임

09

차별운임 (Rate Discriminate)	• 운송거리, 차량의 크기, 서비스의 수준, 운송량 수준, 운송시간 등에 따라 요율을 달리하는 형태의 운송임 • 동일한 운송원가에도 불구하고 다른 운송임을 적용하는 경우, 다른 운송원가에도 불구하고 동일한 운송임을 적용하는 경우에 해당
무차별운임 (Freight All Kind)	보통 해상운송에서는 운송품목에 따라 운송요율을 달리 적용하는데 반해 이에 관계없이 일률적으로 부과하는 운임
품목운임 (Commodity Rate)	운송하는 품목에 따라 요율을 달리하는 운송임
할증운임 (Surcharge)	기본운임 외에 특별한 서비스를 제공하거나 일정수준 이상의 운송성과를 올렸을 때 적용할 수 있는 운송임
반송운임 (Back Freight)	목적지에 도착한 후 인수거부, 인계불능 등에 의하여 반송조치하고 받는 운송임
등급운임 (Class Rate)	화물의 특성에 따라 특별한 취급이 필요한 경우 화물별 등급을 정하고 그에 맞는 시설, 장비 또는 취급서비스를 제공하고 차별적으로 받는 운임 ⓥ 항공화물은 품목별 등급 적용

제 2 절 운송수단별 운송임

■ 1 화물자동차 운송임

(1) 화물자동차 운송임의 특징

① **타 운송수단에 비하여 고정비보다는 변동비가 높은 편**

철도나 선박 또는 항공기에 비하면 고정비가 낮은 편이다.

② **일반적으로 수요공급의 원칙에 입각하여 운송임이 결정됨**

㉠ 운송물량이 많은 경우에는 장기계약에 의해 운송이 이루어진다(장기계약의 경우에도 전체적인 수요공급에 따라 계약단가 결정).

㉡ 많은 경우 계절, 요일 등의 물량수준 및 차량의 공급가능량에 따라 운송임의 등락이 심하다.

③ **운행시간대에 따른 차등운임이 적용됨**

야간운행시 운송단가가 상승한다.

④ **톤급체감식으로 운임이 결정됨**

대형차량일수록 고정비 소요가 적어 운송단가가 낮아진다.

⑤ 운송되는 지역에 따라 운임이 다름

동일한 운송거리에도 불구하고 운송물량이 많은 지역, 운송차량의 등록이 많은 지역의 운송임은 낮고, 그렇지 않은 지역은 높다(농촌지역, 중소도시 등).

(2) **화물자동차 운송임 지급방법**(실제적용방법론)

실제로 화물운송업계에서 이루어지고 있는 운임수수방법을 정리해보면 다음과 같이 분류할 수 있다. 물론 이러한 방법 외에도 더 다양한 방법으로 지급할 수도 있다.

구 분			내 용
Pool운임			전체 운송화물량과 운송비를 정하고 운송이 완료되면 전체 운임을 수수하는 방식 ⊘ 공장이전, 선박하역물량 등 대단위 운송에 적용
개별 운임	거리별	운송량 기준	실제 운송한 양과 운송거리에 따라 운송임을 계산하는 방식 ⊘ 대량화물의 장기운송계약의 경우 적용
		운송차량 기준	실제 운송에 투입된 차량의 크기와 대수 및 운송거리에 따라 운임을 계산하는 방식 ⊘ 일회성운송, 부피화물 등에 적용
	거리 무차별	운송횟수 기준운임	운송거리와 적재량에 관계없이 운송횟수당 운임계산 ⊘ 덤프트럭운송, 근거리배송 등
		운송수량 기준운임	운송거리에 관계없이 운송수량에 비례하여 운임계산 ⊘ 택배의 집배송 운임, 유통업체의 배송운임
		방문처당 운임	운송거리 운송량에 관계없이 배송처 수에 비례하여 운임계산 ⊘ 유통업체의 배송업무
총 운임비례운임			여러 구간의 연계운송이 이루어질 때 총 운임에 비례하여 각 구간별로 운송임을 배분하는 방식 ⊘ 택배운송에서 간선운송임의 경우
화물가격비례운임			전체 운송한 화물의 가격에 비례하여 운송임 산출 ⊘ 유통업체의 운송비 비율 안정화 대책
기간 운임	정액운임		운행거리나 운송량에 관계없이 일정한 운임을 지급하는 방법
	실비보상정액운임		유류, 통행료 등과 같이 운행거리 및 운송량에 따라 변동되는 비용을 별도 실비로 보상해주는 방법
	인센티브정액운임		변동비용을 실비보상할 뿐만 아니라 일정수준 이상 운송한 경우에는 별도의 장려수당을 지급하는 방법

⊘ **운송임 지급방법을 활용한 운송**(배송)**효율화 방안**

1. 운송효율성 추구시 : 기본운송임＋기본을 초과하는 수량에 대해서는 높은 운임률 적용
2. 운송서비스 추구시 : 기본운송임＋서비스율에 따른 인센티브제도

(3) 화물자동차 안전운임제

저(低)운임으로 인해 과로·과적·과속의 위험이 상존하는 화물운송 종사자의 근로 여건을 개선하고자 화물차주가 지급받는 최소한의 운임을 공표하는 제도이다. 현재 국내의 화물자동차 운송시장은 차량의 대형화, 운영효율성 향상, 화물정보망에 의한 완전자유경쟁 등으로 운송원가의 지속적인 상승에도 불구하고 오히려 운임수준은 하락하고 있는 것이 현실이다.

① **안전운임위원회의 설치 운영**: 국토교통부장관 소속으로 안전운임위원회를 설치하도록 하고 있으며 다음과 같은 역할을 한다.

ㄱ 화물자동차 안전운송원가 및 화물자동차 안전운임의 결정 및 조정에 관한 사항

ㄴ 화물자동차 안전운송원가 및 화물자동차 안전운임이 적용되는 운송품목 및 차량의 종류 등에 관한 사항

ㄷ 화물자동차 안전운임제도의 발전을 위한 연구 및 건의에 관한 사항

ㄹ 그 밖에 화물자동차 안전운임에 관한 중요 사항으로서 국토교통부장관이 회의에 부치는 사항

② **안전운송원가**: 국토교통부장관은 매년 10월 31일까지 안전운송원가를 공표해야 한다.

- 대상품목 ┌ 트레일러 - 철강재
　　　　　 └ 일반화물자동차 - 모든 운송품목

③ **화물자동차 안전운임**: 국토교통부장관은 안전운임위원회 심의를 거쳐 매년 10월 31일까지 안전운임을 공표해야 한다.

ㄱ 적용 대상: 컨테이너 및 시멘트 운송

ㄴ 적용기간: 2020년 1월 1일부터 2022년 12월 31일까지(한시적 적용)

ㄷ 안전운임의 종류

　ⓐ 안전운송운임: 화주와 운송회사간 체결하는 운임

　ⓑ 안전위탁운임: 운송회사에서 위탁 운송 차주에게 지급하는 운임

ㄹ 효력(강제)

　ⓐ 화주는 운수사업자 또는 화물차주에게 화물자동차 안전운송운임 이상의 운임을 지급하여야 한다.

　ⓑ 운수사업자는 화물차주에게 화물자동차 안전위탁운임 이상의 운임을 지급하여야 한다.

　ⓒ 화물운송계약 중 화물자동차 안전운임에 미치지 못하는 금액을 운임으로 정한 부분은 무효로 하며, 해당 부분은 화물자동차 안전운임과 동일한 운임을 지급하기로 한 것으로 본다.

　ⓓ 화주와 운수사업자·화물차주는 운임 지급과 관련하여 서로 부정한 금품을 주고받아서는 안 된다.

ㅁ 운임에 반영된 원가항목

　ⓐ 고정원가 및 변동원가

　ⓑ 화물 상하차 대기료

　ⓒ 운송사업자의 적정 서비스 수준에 대한 원가

ⓓ 운송서비스 제공에 필요한 추가적인 시설 및 장비 사용료

ⓔ 운송사업자의 적정 이윤 등

④ **컨테이너 안전운임 중요 부대조항**

㉠ 45피트 컨테이너는 40피트 컨테이너 운임의 112.5%를 적용

㉡ 20피트 컨테이너 2개를 Combine 동일장소로 운송할 때 : 20피트 1개 운임의 180% 적용

㉢ 탱크컨테이너 및 냉동·냉장컨테이너 운임 : 30% 할증

㉣ 주간 운행제한지역에 주간운송을 할 경우(허가운행) : 30% 할증

㉤ 산간·오지지역에 대한 운임 : 별도 협의

㉥ 위험물운송 : 위험물 종류에 따라 30 ~ 150% 할증

㉦ 화주의 요청에 의해 일요일, 공휴일, 심야운송(22:00 ~ 06:00)시 : 20% 할증

㉧ 기준시간 초과 상하차 대기료 : 도착 요청시간 기준 30분당 20,000원

ⓐ 부두도착시 : 1시간

ⓑ 화주문전 도착시 : 40피트 − 3시간, 20피트 − 2시간

㉨ 화주요청에 의한 Bob-Tail 운송 시 : 1회 운임의 100% 가산

㉩ 수도권 컨테이너 장치장에서 공컨테이너 반납 또는 수령하는 경우 : 편도운임 적용

㉪ 운송업자가 위탁운임에서 공제할 수 있는 비용 : 영업번호판 이용료. 지입료

㉫ 컨테이너 세척료 : 발생시 개당 20,000원

㉬ 운송장 기입중량 초과에 따른 회차 시 : 운임 100% 및 과태료 화주 부담

⑤ **시멘트 안전운임 주요 부대조항**

㉠ 화주의 요청에 의해 일요일, 공휴일, 심야운송(22:00 ~ 06:00)시 : 10% 할증

㉡ 기준시간 초과 상하차 대기료 : 도착 후 90분 초과시 30분당 10,000원

㉢ 총중량 40톤 초과시 초과 1톤당 해당구간 운임의 100% 가산

2 해상운송임

(1) 정기선의 운임

정기선의 운임은 정기선업자가 항로별, 운송단위별, 품목별 운송임을 정하고 총중량 또는 총용적을 기준하여 수수한다. 또한 정기선운임은 선내하역비가 포함된 Berth Term 또는 Liner Term운임이 적용된다.

국내 항만에서 적용하는 외항 정기선 운임은 해양수산부에서 제공하는 해운종합정보시스템(www.sis.go.kr)에 운임을 공표하여야 하며, 매년 4월과 10월에 일반컨테이너와 냉동컨테이너로 구분하여 정기적으로 게시하고, 게시된 운임의 1/10범위 내에서만 변경이 가능하도록 되어 있다. 한편 카페리와 같이 내항에서 운항하는 여객선을 이용하여 운송되는 화물의 운송임은 원가계산서를 첨부하여 지방해운청장에게 신고하도록 하고 있다.

◈ 해상운임 = 기본운임 + 부대운임

① **기본운임의 적용기준**

> • 기본적으로 해상운송에서는 용적톤 또는 중량톤 중 운송업자에게 유리한 기준을 적용한다. 이를 Freight 또는 Revenue톤이라고 한다.
> • 운송화물의 가격, 품목, 운송단계 등 특수한 경우에는 몇 가지 변형된 운송임을 적용하기도 한다.

㉠ 중량운임의 기준 : 기본이 되는 운임적용기준으로서 화물의 중량은 항로, 지역에 따라 다음과 같이 적용한다.

◉ **중량톤의 기준**

종 류	실중량	사용지역
Long ton(Gross ton)	2,240lbs(= 1,016kg)	영국 및 영연방국가
Short ton(Net ton)	2,000lbs(= 907kg)	미국 및 중남미국가
Metric ton(Kilo ton)	2,204lbs(= 1,000kg)	유럽대륙
Piculs	2,000lbs(= 15Piculs)	중국연안

㉡ 용적운임의 기준 : 용적의 기준치는 나라와 상품에 따라 차이가 있다. 중요한 종류는 다음과 같다.

◉ **국가별 용적톤의 기준**

지역 또는 품목	1톤의 기준
북유럽국가(스웨덴, 덴마크)	1m³
영국 등	40cubic feet
일 본	40입방척(立方尺)
목재 등	480SF(super feet)
쌀 등 곡물류	100石(1석 = 10입방척)

② **종가운임**(Ad Valorem Freight)

㉠ 종가운임은 예술품, 귀금속과 같이 운송 중 특수한 장소에 보관하고 특별한 주의를 기울여야 안전한 운송이 될 수 있는 화물에 적용하는 운임이다.

㉡ 일반적으로 상품가격의 2~5%를 할증으로 정상운임에 추가한다.

③ **할증운임**(Additional Rate) : 다음과 같이 기본운임 외에 다양한 할증운임(additional rate)을 설정하는 경우도 있다. 모든 경우에 적용되는 것이 아니라 특수한 경우에만 적용된다.

종 류	내 용
중량할증운임 (Heavy Cargo Surcharge)	화물 한 개의 중량이 일정한도 이상(예 4톤 이상)이 되는 화물에 대한 할증료(하역시간 지연, 특수기계사용 등 필요)
용적 및 장척할증료 (Bulky/Lengthy Surcharge)	화물 한 개의 용적 또는 길이가 어느 일정한도 이상(예 길이 35척 이상)인 화물에 대한 할증료
체선할증료 (Port Congestion Surcharge)	도착항의 항만사정이 혼잡할 때 받는 할증료
통화할증료 (Currency Adjustment Factor : CAF)	통화의 변동에 따른 환차손을 화주에게 부담시키는 할증료
유류할증료 (Bunker Adjustment Factor : BAF)	유류가격의 인상으로 발생하는 손실을 보전하기 위한 할증료
인플레 할증료 (Inflation Adjustment Factor : IAF)	특정 지역의 인플레가 심한데도 일괄운임인상이 이례적으로 늦어져, 운항원가의 상승으로 선사의 적정이윤이 유지되지 못할 때 부과하는 할증료
양륙항 선택화물(Optional Cargo) 할증료	화물 선적시에 양륙항이 지정되지 않고 출항 후에 화주가 가장 편리한 양륙지를 선택하여 그 항구에서 양륙하는 경우의 할증료
우회기항화물에 대한 부가율	예정 기항지 이외에 적하 혹은 양하를 위해서 기항을 하는 화물에 대해서는 특별한 운임부가율이 적용됨.

④ **특수운임**: 기본운임을 특정 상황에 따라 변형하여 적용하는 운임이다.

특별운임 (Special Rate)	해운동맹이 비동맹과 화물유치경쟁을 할 때 일정한 화물에 대해 일정조건을 갖춘 경우 정상요율을 인하하여 특별 요율로 화물을 인수하는 수단으로 사용되는 운임
경쟁운임 (Open Rate)	해운동맹선사가 대량화물을 유치할 수 있도록 특정 품목에 대해서 별도 운임을 적용하는 경우의 운임(자동차, 시멘트 등)
접속운임 (OCP Rate)	북미내륙의 육상운송의 종착역에 해당하는 OCP지역으로 운송하는 경우 해상운송업자가 육상·항공운송까지 화주를 대신하여 계약을 체결하는 경우에 화주가 지급하게 되는 총괄운임
지역운임 (Local Freight)	미국 록키산맥의 동부 지역은 local area라고 부르며 main port에서 내륙지역까지의 운송료를 port local freight라고 함.
소포운임 (Parcel Freight)	• 한 개의 용량이 너무 작아 최저 운임으로 부가할 수 없는 소포에 대하여 부가하는 운임 • 소포에 대해서는 B/L 대신에 소포화물수취증을 발행함.

⑤ **동맹표준운임** : 해운동맹이 결성되면 통일적인 표정운임이 적용된다. 또한 정기선은 다수의 화주와 다종의 화물을 개품운송계약을 통해 운송이 이루어지기 때문에 Liner Term이 원칙이다. 표정운임은 Main Port to Main Port 운송을 전제로 한 품목별 운임률과 중량 또는 용적이라는 운임기준치로 표시된다.

● **동맹표준운임의 변형**

자유운임 (Open Rate)	대량화물운송에 있어 동맹선사의 경쟁력을 높이기 위하여 동맹선사 스스로 운임을 결정하게 한 운임
기간물량운임 (Time Volume Rate)	일정기간에 제공되는 화물의 량에 따라 다른 운임률을 적용할 수 있도록 동맹선사에게 승인된 운임
우대운송계약에 의한 운임 (Service Contract)	화주 또는 단체가 정기선 화물운송을 위해 운임동맹 또는 비동맹선사와 제결하는 운송계약 운임. 계약기간 중 일정한 수량을 보장하고, 선사는 선복의 확보, 운송기간, 기항지, 운임할인 등 우대서비스 제공

⑥ **부대비용의 종류**

● **운임 이외에 부가되는 각종 비용**

Wharfage	부두사용료를 말하는 것으로 해운항만청 고시에 의하여 부과한다.
터미널화물처리비 (THC)	화물이 컨테이너 터미널에 입고된 순간부터 본선의 선측까지, 반대로 본선 선측에서 CY의 게이트를 통과하기까지 화물의 취급에 따르는 비용
CFS charge	소량화물(LCL : Less than Container Load)을 운송하는 경우, 선적지 및 도착지의 CFS(Container Freight Station)에서 화물의 혼재(적입) 또는 분류작업을 하는 데 따른 비용
컨테이너세 (Container Tax)	1992년부터 항만배후도로를 이용하는 컨테이너차량에 대해 징수하는 지방세로서 일종의 교통유발금
서류발급비 (Documentation Fee)	선사가 선하증권(B/L)과 화물인도지시서(D/O) 발급시 소요되는 비용을 보전하기 위한 비용
도착지화물인도비용 (DDC)	북미수출의 경우 도착항에서의 하역 및 터미널 작업비용을 해상운임과는 별도로 징수하는 것을 말함.
지체료 (Detention Charge)	화주가 반출해 간 컨테이너를 허용된 시간(free time) 이내에 지정된 선사의 CY로 반환하지 않을 경우 지불하는 비용
보관료 (Storage Charge)	CFS 또는 CY로부터 화물 또는 컨테이너를 무료기간(free time) 내에 반출해 가지 않을 때 수수하는 비용

(2) 부정기선의 운임

① 부정기선운임의 결정

㉠ 부정기선의 운임은 용선주와 용선자의 계약에 따라 결정된다.

㉡ 부정기선의 기본적인 용선임 수준은 해상운송수요와 공급에 따라 결정된다.

㉢ 용선의 방법, 하역비 부담 등에 따라 용선임의 크기가 결정된다.

② 부정기선운임의 종류

현물운임 (Spot Rate)	용선시장에서 현재 거래되고 있는 운임. 계약 즉시 운송이 이루어질 수 있는 상태에서의 계약
장기계약운임 (Long Term Contract Freight)	원료 및 제품을 장기적·반복적으로 수송하기 위한 장기운송계약 체결시의 운임을 말하며 '몇 년간 몇 항차' 또는 '몇 년간 몇 만톤' 등으로 계약하게 된다.
선불운임 (Prepaid Freight)	용선계약시 선부에게 용선료를 미리 지불하는 운임(전부 또는 일부)
선복운임 (Lump sum Freight)	계약한 선박 전체 또는 일정공간에 대하여 사용 여부에 관계없이 지불하는 용선료
비율운임 (Pro Rate Freight)	계약기간 또는 운송구간에 대한 운송을 완성하지 못하고 도중에 선박을 인도하는 경우 운송을 완료한 비율만큼만 지급하는 운임
공적운임(Dead Freight)	계약한 선복 중 이용하지 않은 선복에 대하여 지급하는 운임
반송운임	목적항에 선박이 도착했으나 하역하지 못하고 회송될 때 부과되는 운임

(3) 하역비의 부담

하역비를 누가 부담하느냐(운임에 포함되어 있느냐 여부)에 따라 다음과 같은 운임종류가 있다.

구 분	개 념
Berth Term (Liner Term)	선적시와 양하시의 하역비를 선주가 부담하는 조건(정기선의 개품운송에 적용)
Free In(F.I)	선적시에는 화주(용선자)가, 양하시에는 선주가 하역비를 부담하는 조건
Free Out(F.O)	선적시에는 선주가, 양하시에는 화주(용선자)가 하역비를 부담하는 조건
Free in & out(F.I.O)	Berth Term의 반대조건으로서 선적 및 양하시의 하역비를 화주가 부담하는 조건

■3 항공운임

(1) 항공운임의 결정

일반적으로 국제항공운송임은 국제항공운송협회(IATA : International Air Transport Association) 의 The Air Cargo Tariff Ⅰ & Ⅱ 및 Tariff Coordinating Conference Resolution에 의거하여 산출되며 국토교통부의 인가를 받아 시행하고 있다. 국내항공운송임은 항공사가 제정하여 20일간 예고를 한 후 시행하도록 하고 있다.

① **운임결정의 일반규칙** : 항공운임을 산출할 때 적용하는 일반규칙은 다음과 같다.

    ㉠ 요율, 운임 및 그와 관련된 규정의 적용은 운송장(Airway bill)의 발행 당일에 유효한 것을 적용한다.

    ㉡ 항공화물의 요율은 공항에서 공항까지의 운송대가이며 부수적인 서비스요금(이적, 통관, 인도, 보관료 등)은 별도로 계산한다.

    ㉢ 화물의 요율은 출발지 나라의 현지통화로 표시되며 출발지부터 목적지까지 한 방향 운송에 대해서만 적용한다.

    ㉣ 별도의 규정이 있는 경우를 제외하고 요율과 요금은 낮은 것을 적용한다.

    ㉤ 운임은 출발지에서 중량에 kg/lb당 적용요율을 곱하여 산출한다.

    ㉥ 화물요율은 kg당 요율로 설정하나 미국출발화물은 파운드(lb)당 요율로 계산한다.

    ㉦ 운임 및 종가요율은 모두 선불이거나 착불이어야 한다.

    ㉧ 화물의 실제 운송경로는 운임산출시 근거가 되었던 경로와 일치할 필요는 없다.

② **운임산출중량의 결정** : 운송임을 계산할 때 적용할 화물의 운임부과중량은 다음과 같은 방법에 의하여 결정한다.

    ㉠ 실제중량에 의한 방법 : 운송화물의 실제 무게를 kg 또는 파운드 단위로 측정하여 운임을 계산하는 방법으로서 일반적으로 0.1단위까지 측정한다. 또한 소수점이 있는 경우 0.5kg 미만의 중량은 0.5kg으로, 0.6kg 이상은 1kg으로 적용하며 파운드로 계산할 때는 소수점단위는 절상하여 적용한다.

    ㉡ 용적중량에 의한 방법 : '화물의 가로×세로×높이'로 계산하며 직육면체가 아닌 경우에는 '최대가로×최대세로×최대높이'로 산출하며 부피를 산출한 후 중량으로 환산한다. 중량환산은 $6,000cm^3 = 1kg(1m^3 = 166.66kg)$, $166inch^3 = 1$파운드로 적용한다.

       ⬡ 국제특송기업(DHL 등)들은 $5,000cm^3$를 1kg으로 환산한다.

       ⬡ 실 중량과 용적의 환산중량 중 항공사에 유리한 중량을 적용하여 운임을 산출한다.

    ㉢ 저임률의 적용방법 : 높은 중량단계에서 낮은 요율을 적용하여 운임이 낮아질 경우 그대로 낮은 운임을 적용하는 방법이다.

┌─ **보충학습** ─┐

저임률 적용의 예

40kg~49kg까지의 화물에 대한 운송임이 2$/kg이고 50kg 이상의 화물은 1.8$일 때 47kg의 화물은 기본적으로 94$이나 50kg으로 적용하면 90$이다. 이럴 경우에는 50kg으로 적용하여 운임을 계산한다.

(2) 항공운임요금 체계

항공사들이 적용하는 운송화물에 대한 운임체계는 다음과 같다.

		GCR(General Cargo Rate)
운송임	중량운임	SCR(Specific Commodity Rate)
		CCR(Class Rate)
		BUC(Bulk Unitization Charge)
	Unpublished Rate − Construction, Combination(특수한 결합운송)	
	Valuation Charge(종가율)	
부대운임	위험물 취급수수료, 운송장 작성수수료, 입체지불금 수수료, 착지불 수수료, Trucking Charge 등	

① **일반화물요율**(General Cargo Rate : GCR) : 특정 품목 할인요율의 적용을 받지 않는 모든 화물에 적용되는 가장 기본적인 요율로서 다음과 같이 3가지로 구분된다.

　㉠ **최저운임**(Minimum Charge) : 화물운송에 적용되는 운임 중 가장 적은 운임을 말하며, 중량이나 용적운임이 최저운임보다 낮은 경우에 적용한다.

　㉡ **기본요율**(Normal Rate) : 모든 화물의 기준이 되는 요율로서 45kg 미만의 화물에 적용된다.

　㉢ **중량단계별 할인요율**(Chargeable Weight) : 항공화물의 요율은 중량이 높아짐에 따라 일정한 단계별로 kg당 요율이 낮아지도록 설계되어 있는바 이를 말한다.

② **특정 품목 할인요율**(Specific Commodity Rate : SCR) : 특정 운송구간에서 반복적으로 운송되는 특정의 동일품목에 대하여 일반품목보다 낮은 요율을 적용함으로써 항공운송 이용을 확대·촉진하기 위한 요율이다. 즉, 현재 육상 또는 해상운송으로 이루어지고 있는 화물을 항공운송으로 유치하기 위하여 특별히 특정 품목에 대하여 낮게 요율을 설정하여 적용한다.

③ **품목분류요율**(Commodity Classification Rate, Class Rate : CCR) : 특정 품목, 특정 지역, 특정 구간에 대하여 일정한 할인·할증률을 적용하는 것을 말한다. 할인품목은 'R'로 표시되며 할증품목은 'S'로 표시된다.

09

보충학습

Class Rate 적용품목
1. 신문, 잡지, 정기간행물, 책, 카탈로그, 맹인용 잡지 등(R)
2. 비동반 수하물(R)
3. 생동물(S)
4. 귀중화물(S) ⇨ AWB상 운송신고가격이 kg당 USD 1,000 이상인 품목
5. 시체, 유골(S)
6. 자동차(S)

---

④ **종가운임**(Valuation Charge) : 항공화물운송시 사고가 발생하면 배상을 해야 하는바 일반적으로는 IATA규정에 의하여 kg당 19SDR을 기준으로 하여 배상한다. 그러나 고가의 화물인 경우 19SDR/kg을 초과하는 금액에 대하여 배상받고자 할 경우에는 항공사에 신고를 하고 일정률의 추가운임을 지불하게 되는바 이때의 운임을 말한다.

> **종가운임** = { 운송신고가격 − (총중량 × 19SDR)} × 0.75%
>
> ⊘ SDR은 IMF의 특별인출권으로서 달러, 파운드, 위안화, 엔화, 유로화의 환율변동을 기반으로 한 제3의 기축통화임. 달러환율은 1SDR = 1.3787$임(2020.7.3. 기준).

⑤ **단위탑재용기운임**(Bulk Unitization Charge) : 항공사가 송하인 또는 대리점에 컨테이너 또는 팔레트 단위로 판매시 적용하는 요금으로 IATA에서 규정한 단위탑재용기의 형태에 따라 상이한 운임이 적용된다. 탑재용기의 단위운임은 기본운임과 초과중량요율로 구성된다. 항공운송주선업자의 주 수입원은 실 적재중량에 의한 운임과 BUC운임의 차액이다.

⊘ **BUC 사용제한 품목** : 위험물, 생동물, 귀중화물, 유해

⑥ **부대운임**

위험물취급수수료	위험물로 지정된 화물에 대하여 개당 취급 수수료 부담
운송장작성수수료	• 운송장을 항공사 또는 대리점이 작성하였을 때 지불하는 수수료 • 작성 건당으로 지불
입체금지불수수료	• 수하인이 지불해야 할 착지 운송료, 보관료, 관세 등의 비용을 항공사가 대신 지급했을 때 지불하는 수수료 • 지급액의 일정율 부담
착지불수수료	운임을 착지에서 지급할 경우 지불하는 일종의 할증료

⑦ **Unpublished Rate** : 표준운임을 적용할 수 없는 특이한 형태의 운송이 이루어지는 경우에 적용할 운임으로 항공사가 정하거나 협의에 의해 결정하는 운임이다.

4 철도운송임

> • 한국철도공사가 국토교통부에 신고하여 수리된 요금을 적용한다.
> • 기본적으로 운송거리 비례로 계산한다.

(1) 일반화물운송임

화차급(일반화차단위)으로 운송되는 화물에 적용되는 운임이다.

① **운임계산기준** : 운송량에 대하여 거리비례제로 계산하며 운임단위계산은 화차단위로(컨테이너는 컨테이너 단위)하고, 적재중량이 표기톤수의 일정기준 이하일 때는 화물의 종류에 따라 60~80%를 적재한 것으로 계산하며, 화차단위운임이 최저운임 이하로 계산될 때는 최저운임 요금을 적용한다.

> 운임 = 운임단가 × 운송거리 × 화물 실 적재중량 또는 최저중량

　㉠ 운임계산 단수 : 100원 미만 반올림
　㉡ 중량계산 단수 : 1톤 미만 반올림
　㉢ 운송거리계산 단수 : 1km 미만 반올림
　㉣ 최저운임 : 사용화차 최대 적재량에 대한 100km 운송에 대한 운임
　　(40톤 화차의 경우 40톤 × 45.90원 × 100km = 183,600원)

② **운임률**(2020년 5월 기준)
　㉠ 일반화물 : 45.90원/영업km · ton
　㉡ 적재컨테이너 : 20피트 ⇨ 516원/km
　　　　　　　　　40피트 ⇨ 800원/km
　　　　　　　　　45피트 ⇨ 946원/km
　㉢ 공컨테이너 : 적재컨테이너 운임의 74% 적용

③ **운송거리의 적용** : 운송거리는 철도공사가 적용하는 영업km를 기준한다.

④ **운임기준중량** : 실제 적재중량을 기준하되 실 적재중량이 최저적재중량에 부족할 때는 별도로 정한 중량을 적용한다.
　　◈ **최저적재중량** : 화물의 품목에 따라 화차적재중량의 60% 또는 80%를 최저적재중량으로 적용하며 해당 품목은 철도공사 영업규칙에 따라 적용한다.

⑤ **할인율** : 한국철도공사는 화물운송의 활성화를 위하여 다양한 할인제도를 실시하고 있다.
　㉠ 운송구간할인 : 특정 구간에 대한 노선운영효율 및 왕복운송률을 높이기 위하여 일정한 구간에 운송되는 화물에 대하여 할인율을 적용한다.

발 지	착 지	대상화물	할인율
전 국	부산지구	40', 45' 영컨테이너	15%
부산지구	전국	40', 45' 영컨테이너	10%
광주(부산)지구	부산(광주)지구	40', 45' 영컨테이너	20%
전국(광양)	광양지구(전국)	40', 45' 영컨테이너	20%

ⓒ 사유화차할인: 화차를 화주 또는 일반운송회사가 제작하여 철도운송에 투입한 화차를 말한다. 따라서 차량의 감가상각비 및 이자부분 등을 감안하여 일정률의 운임을 저감해주고 있다.

벌크양회화차	유조차·무개차	컨테이너차	기타 화차
22% 할인	25% 할인	기본 16%. 50량 초과시마다 1%씩 추가(22% 까지)	투자비 보전이 가능한 운임 저감

ⓒ 장거리할인: 운송거리가 300km 이상 399km까지 운송시 1%를, 400km 이상 운송시 2% 할인

ⓔ 기타할인: 철도운송실적이 전년 대비 5% 이상 증가한 화주에게 매 5%마다 1%씩, 최고 5%까지 할인할 수 있다.

⑥ **할증률**: 일반화물의 운송료에 대한 할증은 위험품에 대하여 적용하며 위험품의 종류에 따라 적용률이 다르다.

(2) 유치료

유치료란 화주가 철도공사의 시설 및 장비를 규정시간 이상으로 사용한 데에 따라 지불하는 페널티 성격의 사용료를 말한다.

● 유치료의 종류

화차유치료	• 도착한 화물을 규정된 시간 내에 하차하지 못했을 때 부과하는 요금 • 매 5시간마다(화약 및 컨테이너는 3시간) 화차의 적재중량기준으로 부과
화물유치료	• 화물을 상옥이나 야적장에 기준시간 이상 보관했을 때 일종의 보관료 성격으로 수수하는 요금 • 야적장유치료와 상옥(헛간)유치료로 구분하여 적용하며 실제 사용면적(평방미터)을 기준으로 함.

(3) 그린마일리지제도

① 화물자동차운송을 철도운송으로 전환하여 CO_2 배출을 감축하기 위한 철도운송인센티브제도
② 철도수송물량을 CO_2 배출량으로 환산한 후 마일리지화하여 다음연도 철도운임요금에서 차감

- **1 마일리지** = 연간 수송실적(ton·km) × 35.9(g·CO_2/ton·km)/1,000(g)
- 1 마일리지당 기본 3원 지급, 증수송실적분에 대하여는 5원~12원 추가지급

01 운임의 종류에 관한 설명으로 옳지 않은 것은?

▸ 제19회

① Dead Freight : 화물의 실제 적재량이 계약량에 미달할 경우 그 부족분에 대해 지불하는 부적(不積) 운임이다.

② Freight Collect : 운송이 완료되기 전에 운송인에게 미리 지불하는 선불운임이다

③ Pro Rata Freight : 운송도중 불가항력 또는 기타 원인에 의해 운송을 계속할 수 없게 되어 중도에 화물을 인도할 경우, 그 때까지 이행된 운송비율에 따라 지불하는 비례운임이다.

④ Ad Valorem Freight : 금, 은, 유가증권, 귀금속 등과 같은 고가품의 경우 송장가격에 대한 일정률로 운임을 부과하는 종가운임이다.

⑤ Back Freight : 원래의 목적지가 아닌 변경된 목적지로 운송해야 할 때 추가로 지불하는 반송운임이다.

해설 Freight Collect란 후불운임으로서 운송완료 후에 지급하거나 도착지에서 수하인이 지불하는 운임을 말한다.

02 화물운임을 형태별로 분류했을 때 옳지 않은 것은?

① 계산방법에 따른 분류 : 인가운임, 신고운임

② 지급시기에 따른 분류 : 선불운임, 후불운임

③ 부과방법에 따른 분류 : 종가운임, 최저운임

④ 적재정도에 따른 분류 : 만재운임, 혼재운임

⑤ 연계운송에 따른 분류 : 통운임, 복합운임

해설 인가운임이나 신고운임의 구분은 공시여부에 따른 구분방법이다.

Answer 1. ② 2. ①

03 항공운송의 운임에 관한 설명으로 옳지 않은 것은? ▸제19회

① 최저운임은 요율표에 "N"으로 표시된다.

② 운임은 선불이거나 도착지 지불이다.

③ 신문, 잡지, 정기간행물은 할인적용품목이다.

④ 실제중량과 용적중량 중 숫자가 큰 중량이 운임산출의 기준 중량이 된다.

⑤ 기본요율은 45kg 미만의 화물에 적용되는 요율로 일반화물의 기준이 된다.

해설 항공운임은 최저운임은 "M", 기본운임은 "N"으로 표시한다.

04 가로 150cm, 세로 120cm, 높이 30cm의 Box 4개가 있다. Box 한 개당 실제 총 중량이 80kg일 때 항공운임 산출중량을 구한 것으로 옳은 것은? ▸제19회

① 320kg ② 340kg ③ 360kg

④ 380kg ⑤ 400kg

해설 실제 총중량은 320kg, 1개당 부피는 540,000cm³, 환산중량은 90kg(= 540,000 ÷ 6,000cm³)으로서 총 환산중량은 360kg(90kg × 4)이다. 따라서 환산중량이 실중량보다 크기 때문에 360kg을 적용한다.

05 다음에서 설명하는 항공운임요율은 무엇인가?

항공사는 화물운송도중 사고가 발생하여 배상해야 할 때는 일반적으로 IATA (International Air Transport Association)의 규정에 따라서 배상한다. 그러나 화주가 고가의 화물에 대하여 정해진 배상기준액을 초과하여 배상받고자 할 경우에는 항공사에 신고를 하고 일정률의 추가운임을 지불한다.

① Valuation Charge

② Bulk Unitization Charge

③ Commodity Classification Rate

④ Specific Commodity Rate

⑤ General Cargo Rate

해설 설명하고 있는 운임은 고가할증료를 말한다. 고가할증료는 Valuation Charge라고 한다. Valuation Charge와 Ad Valorem(종가운임)은 다르다. Ad Valorem은 종가운임으로서 화물의 가격에 따라 차등 운임을 받는 것을 말한다.

06 해상운송의 요율을 결정하는 요소가 아닌 것은?

① 화물의 특성
② 화물의 중량 및 부피
③ 화물의 운송거리
④ 화물의 포장디자인
⑤ 화물의 가치

해설 해상운임은 기본적으로 화물의 중량 및 용적과 운송되는 거리를 기본으로 운임이 결정되며 귀금속 등 고가품에 대해서는 상품가격의 2~5%의 종가운임을, 화물의 종류에 따른 품목요율이 적용된다. 품목 요율을 적용하지 않을 경우에는 이를 FAK(무차별운임)라고 한다.

07 정기선 운임의 종류에 관한 설명으로 옳지 않은 것은?

① 종가운임 : 귀금속 등 고가품의 가격을 기초로 하여 산출되는 운임
② 특별운임 : 수송조건과는 별개로 해운동맹 측이 비동맹선과 적취 경쟁을 하게 되면 일정 조건 하에서 정상 요율보다 인하한 특별요율을 적용하는 운임
③ 최저운임 : 화물의 용적이나 중량이 이미 설정된 운임산출 톤 단위에 미달하는 경우 부과되는 운임
④ 차별운임 : 화물, 장소 또는 화주에 따라 차별적으로 부과되는 운임
⑤ 등급운임 : 화물, 장소 또는 화주에 관계없이 운송거리를 기준으로 일률적으로 부과되는 운임

해설 등급운임이란 화물의 성질에 따라 취급등급을 설정하고, 그 등급에 따라 운임을 차등으로 적용하는 방법을 말한다.

08 정기선운임에 관한 설명으로 옳지 않은 것은?

① 하역비는 선주가 부담하는 Berth Term을 원칙으로 한다.
② Diversion Charge는 양륙항변경료를 말한다.
③ CAF는 유류할증료를 말한다.
④ 화물의 용적이나 중량이 일정기준 이하일 경우 최저운임(minimum rate)이 적용된다.
⑤ Freight Collect는 FOB조건의 매매계약에서 사용된다.

해설 CAF란 Currency Adjustment Factor의 약자로서 미국 외 지역에서 달러 이외의 화폐로 운임을 수수할 때 환율 변동에 따른 Risk를 담보하기 위해 받는 할증료를 말한다.

Answer 3. ① 4. ③ 5. ① 6. ④ 7. ⑤ 8. ③

09 특수화물(special cargo)의 추가운임 부과에 관한 설명으로 옳지 않은 것은? ▸ 제19회

① 특수 화물은 취급에 특별한 장비 및 주의를 요하므로 추가운임이 부과된다.

② 유황, 독극물, 화약, 인화성 액체, 방사성 물질 등과 같은 위험물은 특별취급을 요하므로 사전에 운송인에게 신고해야 하고 추가운임이 부과된다.

③ 악취, 분진, 오염 등을 일으키는 원피, 아스팔트, 우지, 석탄, 고철 등의 기피화물은 신고를 하여야 하며, 종류에 따라 추가운임이 부과된다.

④ 보통의 적양기(winch, crane)로 적양할 수 없는 통상 3톤 이상의 중량화물과 철도레일, 전신주, 파이프 등의 장척화물의 경우 추가운임이 부과된다.

⑤ 생선, 야채 등의 변질화물과 냉동품은 미리 운송인에게 특별히 신고를 할 필요가 없고, 운송수단에 따라 추가운임만 부과된다.

> **해설** 생선, 야채 등은 신선화물로서 냉동·냉장 운송수단을 이용해야 한다. 따라서 운송계약 전 화물 내용을 신고하여 적정한 운송수단이 선택되도록 해야 하며, 그에 따른 추가운임을 부과해야 한다.

10 우리나라 철도화물 운임체계에 관한 설명으로 옳지 않은 것은? ▸ 제19회

① 일반화물의 경우 차급화물은 화차1량 단위로 운임을 계산하고, 컨테이너 화물은 규격별 1개 단위로 계산한다.

② 일반화물 운임은 운임단가(원) × 수송거리(km) × 화물중량(ton)으로 산정한다.

③ 일반화물의 화차1량에 대한 최저운임은 사용화차의 최대 적재중량에 대한 100km에 해당하는 운임이다.

④ 컨테이너화물 운임은 컨테이너 규격별(20 feet, 40 feet, 45 feet) 운임단가(원) × 수송거리(km)로 산정한다.

⑤ 화물을 넣지 않은 공(空)컨테이너는 규격별로 적(積)컨테이너 운임단가의 70%를 적용하여 계산한다.

> **해설** 철도운송임 적용에 있어 공컨테이너는 영컨테이너운임의 74%를 부담하도록 하고 있다.

11 화물자동차 운임 결정에 영향을 주는 요소에 관한 설명으로 옳지 않은 것은?

① 화물의 취급이 어려울수록 운임은 증가한다.

② 밀도가 높은 화물은 동일한 용적을 갖는 적재용기에 많이 적재하게 되어 밀도가 높을수록 단위 무게당 운임은 증가한다.

③ 한 번에 운송되는 화물의 단위가 클수록 대형차량을 이용하게 되며, 이 때 단위당 부담하는 고정비 및 일반관리비는 감소한다.

④ 적재율이 떨어지면 운송량이 적어져 단위당 운임은 증가한다.

⑤ 운송화물의 파손, 분실, 부패, 폭발 등 사고발생 가능성에 따라 운임은 변동된다.

해설 운송임에 영향을 주는 요인들은 운송거리, 운송량, 화물의 밀도, 취급난이도, 적재성, 책임, 시장요인 등이다. 이 중 밀도는 일정한 부피당 무게를 나타내는 척도로서 밀도가 높을수록 중량당 부피가 적어 제한된 공간에 많은 량을 적재할 수 있게 된다. 따라서 밀도가 높을 수록 중량당 운임은 감소하게 된다.

12 해상운임의 부대비용 중 Detention Charge에 해당하는 것은?

① 북미수출의 경우, 도착항에서 하역 및 터미널 작업비용을 해상운임과는 별도로 징수하는 것으로서 TEU당 부과하고 있다.

② 적하 또는 양하일수가 약정된 정박기간을 초과하는 경우, 초과일수에 대하여 용선자가 선주에게 지불하는 것으로 1일 또는 1톤당으로 지불하는 금액이다.

③ 화주가 무료사용 허용기간(Free Time)을 초과하여 컨테이너를 반환하지 않은 경우, 선박회사에게 지불하는 비용이다.

④ 화물이 CY에 입고된 순간부터 선측까지, 반대로 본선의 선측에서 CY의 게이트를 통과하기까지 화물의 이동에 따르는 비용을 말한다.

⑤ LCL 화물 운송시에 선적지 및 도착지의 CFS에서 화물의 혼재 또는 분류작업을 할 때 발생하는 비용이다.

해설 ①번은 DDC(Destination Delivery Charge), ②번은 체선료(반대인 경우에는 조출료), ④번은 THC (Terminal Handling Charge), ⑤번은 CFS Charge라고 한다.

09

Answer   9. ⑤   10. ⑤   11. ②   12. ③

13 부정기선 운임에 대한 설명으로 옳지 않은 것은?

① Spot 운임(Spot Rate) : 계약 직후 아주 짧은 기간 내에 선적이 개시될 수 있는 상황에서 지불되는 운임

② 선물운임(Forward Rate) : 용선계약으로부터 실제 적재시기까지 오랜 기간이 있는 조건의 운임으로 선주와 화주는 장래 시황을 예측하여 결정하는 운임

③ 일대용선운임(Daily Charter Freight) : 본선이 지정선적항에서 화물을 적재한 날로부터 기산하여 지정양륙항까지 운송한 후 화물 인도 완료시점까지의 1일(24시간)당 용선요율을 정하여 부과하는 운임

④ 장기계약운임(Long Term Contract Freight) : 반복되는 항해에 의하여 화물을 운송하는 경우에 항해 수에 따라 기간이 약정되어 있는 운임

⑤ 선복운임(Lump Sum Freight) : 본선의 선복을 단위로 하여 포괄적으로 정해지는 운임

해설 장기계약운임은 원료 및 제품을 장기적·반복적으로 수송하기 위한 장기운송계약 체결시의 운임을 말하며 '몇 년간 몇 항차' 또는 '몇 년간 몇 만톤'으로 계약하게 된다.

14 항공운임에 관한 설명으로 옳지 않은 것은?

① 일반화물요율(GCR)은 최저운임, 기본요율, 중량단계별 할증요율로 구성된다.

② 특정품목할인요율(SCR)은 주로 해상운송화물을 항공운송으로 유치하기 위해 설정된 요율이다.

③ 종가운임(Valuation Charge)은 항공화물운송장에 화물의 실제가격이 기재된 경우에 부과된다.

④ 종가운임이 부과되면 항공운송인의 책임제한이 적용되지 않고, 화주는 항공화물운송장에 기재된 가격 전액을 배상받을 수 있다.

⑤ 단위탑재용기운임(BUC)은 팔레트 또는 컨테이너 단위로 부과된다.

해설 일반화물요율은 최저운임, 기본운임, 중량단계별 할인요율로 구성된다.

15 운송기업의 운송가격(운송임) 책정전략으로서 적절하지 않은 것은?

① 서비스비용전략

② 서비스가치전략

③ 복합전략

④ 정책적 원가이상전략

⑤ 순수요율가격

해설 운송기업은 운송수요의 크기, 경쟁상황, 시장신규진입 등에 따라 정책적으로 원가 이하 가격전략을 추진할 수 있다.

16 다음 중 Revenue ton에 대한 설명으로 적절한 것은?

① 주로 항공운송에 적용하는 운송단위 적용방법이다.

② 1톤은 $1m^3$이다.

③ 예를 들어 부피를 중량으로 환산한 단위가 50kg이고 실제 중량이 70kg일 때 70kg을 기준으로 하여 운송임을 계산하는 방법이다.

④ 모든 운송수단의 경우 $1m^3$를 1톤으로 계산한 것과 실제 중량과 비교하여 운송업자에게 유리한 것을 적용하는 방법을 말한다.

⑤ 모든 운송업자는 Revenue ton을 적용하여 운송임을 계산한다.

해설 Revenue ton은 운송종류별 적용하는 환산중량과 실제중량을 비교하여 운송업자에게 유리한 것을 적용하여 운송임을 적용하는 방법이지만 운송임의 결정력을 누가 가지고 있느냐에 따라 적용가능 여부가 결정된다.

17 화물운송원가의 결정에 영향을 주는 기본적인 요소와 가장 거리가 먼 것은?

① 운송거리   ② 운송되는 화물의 크기

③ 화물의 출하빈도   ④ 화물의 밀도

⑤ 화물의 적재성

해설 화물의 출하빈도는 운송원가에 직접적으로 영향을 주지는 않는다. 다만 영업적인 측면에서 매출의 규모가 크고 관리효율성이 높아질 수 있기 때문에 단가를 낮추어 계약할 수는 있다.

18 다음 중 국내컨테이너운임을 계산하는 방법에 대한 설명으로 적합하지 않은 것은?

① 경인ICD에 장치된 컨테이너를 이용하여 부산까지 운송시 부산CY ↔ 경인지역 편도운임을 적용한다.

② 국내컨테이너 육상운송임은 블록운임을 적용한다.

③ 화주문전에 도착 후 대기료가 부과되지 않는 대기 및 하역시간은 3시간이다.

④ 20피트 컨테이너 운송임은 40피트의 50%를 적용한다.

⑤ 화주의 요청에 의하여 Bobtail 운행을 하는 경우에 소정의 운송비를 지급해야 한다.

해설 20피트 컨테이너 운송임은 40피트의 90%를 적용한다.

19 운송임을 계산할 때의 기준으로서 일반적으로 사용하는 단위가 아닌 것은?

① 용적단위　　　　　② 중량단위　　　　　③ 화물의 가격
④ 박스 수　　　　　　⑤ 길이단위

해설 운송임은 기본적으로 운송량과 운송거리를 기준으로 하여 계산된다. 그러나 편의에 따라 운송량, 중량, 용적, 각종 화물의 수량, 가격 등 다양하게 적용한다. 다만 화물의 길이는 객관성이 없어 이용이 곤란하다.

20 선적시 하역비를 화주가 부담하는 조건의 운임을 나타내는 용어는 무엇인가?

① Free in & out　　　② Free out　　　　③ Free in
④ Berth term　　　　⑤ FOB

해설 Free in Out 조건이란 Berth Term의 반대조건으로서 화주가 하역비를 부담하는 용선계약시의 운임조건이다.

21 다음은 철도운송임에 대한 설명이다. 바르게 설명한 것은?

① 철도운임은 거리체감제이다.
② 철도운임에는 화차상하역비가 포함되어 있다.
③ 철도운임은 최저운임제를 적용한다.
④ 사유화차에 대해서는 일정액의 운임을 저감해준다.
⑤ 컨테이너운임은 크기, 적재 여부 등에 관계없이 거리에 따라 일정하다.

해설 철도운임의 최저운임은 이용하는 화차의 표기중량을 적재하고 100km를 운행했을 때 산출되는 운임이다.

22 화물차 안전운임제에 관한 설명으로 옳지 않은 것은?

① 안전운임제는 과로·과적·과속에 내몰리는 화물운송 종사자의 근로 여건을 개선하고자 법률에 의해 마련하였다.
② 안전운임제는 '안전운임'과 '안전운송원가' 두 가지 유형으로 구분된다.
③ 안전운임은 컨테이너, 시멘트에 한하여 2020년 1월 1일부터 계속 적용된다.
④ 안전운송원가는 트레일러에 적용하는 철강재와 일반화물자동차가 운송하는 모든 품목에 우선적으로 도입된다.
⑤ 안전운임은 안전운송운임과 안전위탁운임으로 구분된다.

해설 안전운임은 2020년 1월 1일부터 2022년 12월 31일까지 한시적으로 적용된다.

Answer 19. ⑤　20. ①　21. ③　22. ③

물류관리사
CERTIFIED PROFESSIONAL LOGISTICIAN

부록

핵심정리

제1장 운송의 이해

1 운송의 개념

상품이 생산되는 장소와 그것을 필요로 하는 장소 간에는 항상 거리의 장애가 존재하고 있으며, 이러한 장소적 장애요인을 제거하고 생산자(판매자)와 구매자 간을 원활히 연결함으로써 재화의 가치를 높이기 위한 재화의 공간적 이동행위를 운송이라고 한다.

① 운송은 무형의 용역상품이다.
② 운송은 재화의 생산과 소비에 따른 파생적 수요이다.
③ 경제규모의 확대와 국제무역의 활성화로 운송의 역할은 더욱 중요해지고 있다.
④ 재고의 축소와 구매자의 소비욕구의 다양화는 운송을 더욱 어렵게 하고 있다.
⑤ 운송의 경제적인 수행과 고객만족을 동시에 충족시켜야 하는 과제를 안고 있다.

2 운송의 기능

제품이동기능	생산자로부터 소비자에게, 가치가 높은 지역으로 이동
제품보관기능	출발지에서 도착지까지 운송 중 보관, 무역에서는 운송기간이 길다.
시간조절기능	운송수단, 통로, 연결방법 등에 따라 도착시간이 달라진다.

3 운송수요의 탄력성

운송수요는 다음과 같은 조건에 따라 탄력성이 결정된다.
① **화물의 운임부담력**: 화물의 가격과 운임의 크기를 비교하여 운임이 높으면 다른 운송수단을 선택하거나 운송을 포기하게 된다.
② **상품의 대체성**: 운임수준이 높아도 다른 상품으로 대체되기 어려우면 운송을 하겠지만 대체상품이 있다면 운임이 높을 경우 운송을 포기하고 다른 상품을 구매하게 된다.

③ **운송수단의 대체성** : 목적지까지 운송할 수단이 다양하면 운임수준은 운송수단 간 경쟁에 의하여 결정된다. 즉, 운임수준이 높으면 다른 운송수단을 선택하게 된다.

④ **운송원가** : 기본적으로 운송원가가 어떤 수준으로 변화하느냐에 따라 운임의 상승 및 하락폭이 결정된다.

┌─ **보충학습** ─┐

서비스형태별 운송탄력성

1. **정기운송서비스** : 운송임 및 운송량에 대한 공급탄력성은 낮은 편임.
   예 노선화물, 정기선 해운 및 항공, 택배 등

2. **부정기운송서비스** : 운송임 및 운송물량에 대한 탄력성이 높은 편임.
   예 부정기선 해운 및 항공, 구역화물운송, 주선업 시장 등

   ◇ **운임에 대한 운송수요 탄력성 산출**

   $$운송수요\ 탄력성 = \frac{운송수요\ 변화량/기본\ 운송수요}{운임\ 변동액/기존\ 운임}$$

---

4 운송의 경제적 역할

① 물품의 교환 촉진
② 가격의 안정과 평준화
③ 지역적 분업화 촉진
④ 경쟁조성
⑤ 대량생산과 대량소비
⑥ 도시화
⑦ 무점포판매 및 전자상거래의 활성화

5 운송의 구분

구 분		내 용
육상운송	육상운송은 지표면에 설치된 통로를 이용하여 운송을 하는 방법	
	공로(公路)운송	공공도로(Public load)를 이용하여 운송을 하는 방법으로서 주로 자동차가 운송수단이 된다.
	철도운송	지표면에 건설된 궤도를 이용하여 운송하는 방법으로서 궤도를 따라 운행하는 기관차와 화차가 운송수단이 된다.
	파이프라인운송	주로 액체 또는 분체물이나 기체를 지하에 매설하거나 지상에 설치된 파이프를 통하여 이동시키는 방법이다.
	삭도(索道)운송	삭도란 케이블카를 말한다. 지상에 설치된 철탑과 철탑 사이에 가설된 케이블을 이용하여 이동하는 운송수단이다.

부록

		해수면 또는 담수면을 통로로 이용하여 운송하는 방법. 운송수단은 선박을 이용
해상운송	원양해운	국내항구와 외국항구, 외국항구 간을 운항하는 해상운송
	연안해운	국내항만 간을 운항하는 해상운송
	내수면운송	하천, 운하, 호수 등을 따라 운항하는 운송
항공운송		하늘의 통로를 이용하여 운송하는 방법. 운송수단은 항공기를 이용
복합운송		2가지 이상의 운송수단을 연결하여 운송하는 것을 복합운송이라고 한다. 지리적 여건 때문에 필연적으로 이루어지기도 하고 운송의 효율화를 위해 시행되기도 한다.

6 운송시스템의 기본 요소

① Mode : 운송수단 ⇨ 자동차, 철도차량, 선박, 항공기, 파이프라인, 케이블카 등
② Node : 연결점 ⇨ 터미널, 공장, 물류센터, 판매점, 공항, 항만 등
③ Link : 통로 ⇨ 도로, 철도, 해로, 내수면로, 항공로, 케이블, 파이프라인 등

7 운송수요 및 공급의 특징

(1) 운송서비스 공급의 특성

① **즉시재**(Instantaneous Goods) : 운송의 공급은 수요자의 운송요청이 발생할 때 비로소 공급이 이루어진다(수요에 대비한 사전생산 불가능).

② **공적(空積)운송**(Unused Capacity) : 화물을 운송하기 위해서는 운송구간 외에 공차로 운행하는 구간이 발생하며, 다음 경유지에서 화물을 적재하기 위하여 여유 적재공간을 확보할 필요가 있다.

③ **결합생산**(Joint Production) : 운송서비스는 하나의 운송수단이 단독으로 생산을 하기도 하지만, 많은 경우 운송의 효율화를 위해서 또는 운송여건상 다른 운송수단과 연결하여 운송을 완성하는 결합생산형태가 대부분이다.

④ **복합생산**(Multiple Composite Production) : 운송은 하나의 운송에 다양한 다른 화주의 다른 화물을 동시에 운송할 수 있는, 소위 복합생산이 가능한 서비스이다.

(2) 운송서비스 수요의 특징

① **이질적 · 개별적 수요** : 운송은 운송을 요구하는 사람, 운송되는 화물의 특성에 따라 서비스의 형태가 결정되는 이질적이고 개별적인 형태로 발생한다.

② **집합수요** : 운송서비스 수요가 개별적으로 발생하더라도 일정한 산업, 지역, 시기, 화물에 따라 일정한 집단적 수요패턴을 보인다.

③ **파생수요** : 운송은 생산과 판매 조건에 따라 운송수량, 지역, 시간 등이 결정되는 파생적이며 생산과 소비활동을 지원하는 성격을 갖는다.

④ **종합수요** : 운송은 운송 그 자체로서만 끝나지 않고 하역, 포장, 보관 등 다른 형태의 물류수요와 동시에 발생하는 종합수요형태로 발생한다.

8 운송효율화 원칙

대형화 원칙	운송단위를 대형화하고 대형운송수단을 이용하게 되면 운송원가가 낮아진다.
영차율 극대화 원칙 (공차율 최소화)	운송수단에 화물을 적재하고 운송하는 비율을 극대화해야 한다.
회전율 극대화 원칙	운송수단은 운송횟수를 극대화해야 원가를 낮추고 이익을 증대시킬 수 있다.
가동률 극대화 원칙	운송수단은 정지해 있는 시간보다 이동할 수 있는 시간을 증대시켜야 한다.
적재율 극대화의 원칙	적법한 범위 내에서 최대한 많은 양을 적재하고 운송할 수 있도록 해야 한다.

9 운송수단의 선택

(1) 운송수단 적합성 판단을 위한 검토요소

운송수단을 결정하기 전 어떤 운송수단이 목적물의 운송에 적합한지를 판단하기 위한 요소

검토요소	비 고
화물의 종류와 특징	특징에 적합한 운송수단
화물의 규격(중량·용적)	화물의 단위당 규격을 수용할 수 있는 운송수단
이동경로	이동경로의 통행에 지장 없는 운송수단
운송거리	운송거리에 따른 경제적인 운송수단
발송가능시기와 도착해야 할 시기	Lead time을 충족시킬 수 있는 운송수단
운송비부담능력	지불 가능한 운송비 상한선을 충족시킬 수 있는 운송수단
물류센터의 작업여건	물류센터에서의 원활한 상하차가 가능한 운송수단
발송화물의 Lot size	1회 발송량에 적합한 운송수단
수하인의 요구사항	수하인이 요청한 운송수단 또는 수하인의 수하조건에 부합하는 운송수단

부록

⑵ **운송대안에 대한 평가와 선택**

① **운송대안별 평가요소**: 운송수단 간 질적인 평가를 위한 6가지 측면

구 분	내 용	운송수단별 순위
편리성	• 결절점(結節点)에서의 연결은 용이한가? • 송장 등 운송서류가 간단한가? • 필요시 이용이 가능한가?	트럭 > 철도 > 항공 > 해운 > 파이프라인
확실성	• 지정기일 내 인도가 가능한가? • 정기간 운행이 가능한가?	파이프라인 > 철도 > 항공 > 트럭 > 해운
신속성	• 발송에서 도착까지 시간이 단기간인가? • 주행속도가 신속한가?	항공 > 트럭 > 철도 > 해운 > 파이프라인
안전성	• 클레임 발생빈도가 많은가? • 사고에 의한 화물손상이 적은가? • 멸실, 손상 등에 대한 보상이 정확히 이행되는가?	파이프라인 > 항공 > 철도 > 트럭 > 해운
경제성	• 절대평가에 의한 비용이 저렴한가? • 상대평가에 의해 신속하고 저렴한가? • 자사의 운송수단 이용보다 저렴한가?	파이프라인 > 해운 > 철도 > 트럭 > 항공
신뢰성	• 운송주체가 크고 안전성이 높은가? • 장기거래관계에 있는가?	파이프라인 > 철도 > 항공 > 해운 > 트럭

② **적합한 운송수단의 선택에 대한 일반적 기준**

유 형	고려해야 할 요소(특성)	적합한 운송수단
공장 ⇨ 물류거점 간 간선수송의 경우	• 충분한 납기여유 • 차량단위 규모 • 계획운송	• 대형트럭 • 컨테이너 • 선박(원거리, 대량 경유)
공장 ⇨ 대규모 소비자 직송의 경우	• 불충분한 납기여유 • 정확성 유지	• 중형트럭 • 소형컨테이너 • 카페리(원거리시)
물류거점 ⇨ 소규모 배송의 경우	• 납기 임박 • 정확성 유지 • 소량 다품종	• 중·소형 트럭 • 승용화물차량 • 항공편(소량, 납기임박, 수출의 경우)

10 운송수단별 장단점 비교

종 류	장 점	단 점
화 물 자 동 차	• Door to Door의 편리한 운송 • 근거리운송에 경제적이고 운임이 탄력적임. • 간단한 포장상태로 운송 가능 • 필요한 때 즉시 이용 가능 • 다양한 통로 가능 • 신속한 운송 가능 • 화물의 특성에 맞는 차량 이용 가능(크기, 형태) • 장비조작이 비교적 용이	• 대량수송에 적합하지 못함. • 장거리운송에 부적합(비용적 측면) • 운행의 안전성 저하 • 환경오염 유발(대기, 소음, 교통체증 등) • 교통체증에 취약 • 적재중량 제한
철 도	• 대량운송 및 중량물 운송에 적합 • 중·장거리운송에 적합(경제적) • 비교적 안전한 운행 • 전천후 운송수단임. • 정시성 우수	• 근거리운송에 비용이 높음. • 연계운송이 필요(소운송이 필요) • 화물파손율 증가 • 화차확보에 시간 소요(사전예약) • 역구 내 체류시간 발생 • 운임이 비탄력적
선 박	• 대량화물의 장거리운송에 적합 • 단위당 운송료가 저렴하고 탄력적 • 용적 및 중량화물운송에 제한받지 않음. • 컨테이너운송체계에 의한 일관운송시스템 확립	• 운행속도가 늦음. • 기후에 영향을 많이 받음. • 육로운송과 연계운송 필요 • 항만 내 화물처리기간 소요 • 항만설비 투자 및 하역비 고가
항 공 기	• 신속한 운송 가능 • 정시성이 높음. • 소량·경량의 고가화물, 장거리운송에 적합 • 파손율이 적음.	• 운송단가가 높음. • 이동통로의 경직성 • 중량과 용적세한을 많이 받음. • 기후 영향을 많이 받음. • 공항 내 화물처리기간 소요 • 육상운송과 연계운송 필요

파
이
프
라
인
	• 공해 및 사고의 위험이 적음.
	• 저렴하게 대량으로 운송
	• 24시간 운송통로의 이용(운송능력 100%
	  활용)
	• 운송속도가 정확함.
	• 운송의 제어 용이
	• 운송 및 상하역의 완전 자동화 가능
		• 통로에 대한 대규모 투자 필요
		• 동일한 종류의 화물만 운송 가능(화물별
		  운송통로 필요)
		• 이용 가능한 화물이 적음(분체, 유체 및 기
		  체화물).
		• 한 방향으로만 운송

11 철도와 화물자동차운송의 선택기준

① **채트반공식**: 공로운송과 철도운송의 경제성 분기점을 구하는 공식

$$L = \frac{D}{T-R}$$

L = 자동차의 경제효용거리의 한계(분기점)
D = 톤당 추가되는 비용(철도역 상하차비용 + 포장비 + 소운송비용 + 기타 추가비용)
T = 자동차운송의 ton · km당 운송비
R = 철도운송의 ton · km당 운송비

보충학습

철도운송의 경제성효용거리 단축방안

1. 전체적으로 운임수준을 낮춘다.
2. 소운송 비용(거리)을 낮춘다(복합터미널 시스템).
3. 상하역비를 절감할 수 있도록 한다(자동화, 기계화).
4. 불필요한 포장비가 발생하지 않도록 한다.
5. 상하역과정에서 파손, 분실 등이 발생하지 않도록 한다.

---

② **철도운송서비스 선택의 결정 요인**

일반적으로 육상운송에서 철도와 공로운송 중 하나를 선택하는데 영향을 주는 요인들은 다음과 같은 것들이 있다.

운송비용	경쟁운송 수단과 비교한 운송비용(상대적인 비용)
운송시간	경쟁운송수단 대비 신속한 운송 가능 여부
유연성	운송요구시간, 운송량 변화에 대응할 수 있는 탄력성
정시성	요구시간 내 도착할 수 있는 정확성
서비스 적합성	운송화물의 특성에 따른 적정한 운송수단 제공 및 보호시스템 제공 여부
접근성	출발지 및 목적지와의 선로 및 역 등 시설의 접근성
안전성	화물의 분실, 파손 가능성 및 배상에 대한 신뢰도
운송정보 제공	화물의 추적 정보, 상태 정보 등의 제공 여부

12 운송시장의 환경과 운송형태의 변화

수요 및 사회적 측면에서의 변화	공급 측면에서의 변화
• 소량·맞춤형 생산	• 소량 다빈도 배송
• 재고수준의 감축	• Just in time 수배송시스템 구축
• 글로벌 아웃소싱의 일반화	• 국제 복합운송의 일반화
• 신속한 운송의 요구	• 정보시스템의 활용 증가
• 구매고객에 대한 서비스수준 향상	• 공동수배송시스템의 활용 증가
• 경제적인 운송요구 증대	• 항공운송의 급증
• 물류의 가시성 제공(Visibility)	• 택배서비스의 활성화
• 전자상거래의 증가	• 전용운송장비의 사용 활성화
• 물류보안 및 환경에 대한 규제 강화	• 운송의 전문화

13 운송 합리화 추진방향

① **공동수배송 활성화** : 소량 다빈도 배송이 증가할수록 공동수배송을 활성화해야 한다.

② **운송시스템의 개선**(효율화, 표준화)

   ㉠ 화물차량, 철도차량, 선박 등 모든 운송수단이 상하역을 효율적으로 수행하고 안전하게 운송할 수 있을 뿐만 아니라 물류표준규격에 맞춰 적재할 수 있는 구조를 갖도록 개선되어야 한다.

   ㉡ 터미널 및 역, 항만의 상하역 시설의 현대화 및 시스템화 필요

③ **화물정보시스템의 활성화**

   ㉠ CVO정보시스템의 활용 활성화

   ㉡ 운송의 효율화를 위한 각종 최적화 시스템 구축

④ **물류아웃소싱 활성화**(3PL)

   ㉠ 자가물류 및 2자물류보다는 물류전문기업에 아웃소싱

   ㉡ 물류전문기업의 대규모화, 전문화 유도

⑤ **효율적인 복합운송체계 구축** : 국내운송의 복합운송체계 구축에 의한 모달 쉬프트 추구

⑥ **화물운송의 직영화** : 운송장비의 직영화에 의한 운송시스템 현대화 추구

⑦ **화물자동차운송가맹사업의 활성화** : 지입차량을 효율적으로 관리할 수 있는 가맹사업자의 사업을 활성화

⑧ **도시지역 내 화물터미널 활성화**

   ㉠ 도시지역에 화물터미널 활성화

   ㉡ 효율적인 배송 및 공동수배송시스템 구축

부록

14 물류터미널의 기능

일반적으로 물류터미널은 다음과 같은 기능을 수행하고 있다.

① 화물운송의 중계기능   ② 화물보관기능
③ 운송수단 간 연계기능   ④ 도매시장기능
⑤ 통관기능   ⑥ 유통가공기능
⑦ 운송주선기능   ⑧ 주차장 기능
⑨ 물류의 효율화를 위한 지원기능

15 물류터미널 운영의 이점

① 물류기능 간의 효율적인 연계

② 공동화의 이점

③ 운송의 대형화 촉진

④ 시설의 대규모화의 이점

⑤ 현대적 설비 및 시설에 의한 물류비 절감

⑥ 운송화물정보의 용이한 확보

⑦ 전문적 물류서비스

⑧ 공차운행 방지

16 물류시설운영업의 종류

물류정책기본법 시행령 제3조에 의하면 물류터미널운영사업자로서 다음과 같이 규정하고 있다.

복합물류터미널	두 종류 이상의 운송수단 간의 연계운송을 할 수 있는 규모 및 시설을 갖춘 물류터미널사업자
일반물류터미널	물류터미널사업 중 복합물류터미널사업을 제외한 물류터미널사업자
해상터미널	항만물류터미널사업자
공항화물터미널	공항물류터미널사업자
화물차전용터미널	화물차의 주차 및 대기공간을 제공하는 사업자(트럭터미널)
컨테이너화물조작장(CFS)	LCL화물을 전문적으로 취급하는 터미널사업자

17 ICD(Inland Container Depot)

> - 내륙지역에서 컨테이너의 복합운송이 이루어지도록 시설과 장비가 갖추어져 있음.
> - 컨테이너의 수출입통관, 운송, 보관, 하역, CFS기능이 갖추어져 있음.

① 통관기능

② CFS기능

③ 공컨테이너 보관 및 공급기능

④ 컨테이너의 내륙 운송기능(영컨테이너의 운송 및 공컨테이너 회수)

⑤ 컨테이너의 철도차량 하역기능

⑥ 보세장치기능

⑦ 각종 지원기능(컨테이너 수리, 운행, 기타 운전원 지원기능)

제2장 공로운송

1 화물자동차의 이해

(1) 화물자동차의 정의

'화물자동차'란 화물을 운송하기 위하여 제작된 운송용 장비로서 공로(公路)를 운행할 수 있도록
원동기와 바퀴가 부착된 장비를 말한다.

① **자동차의 정의**(「자동차관리법」 제2조)

  ㉠ '자동차'라 함은 원동기에 의하여 육상에서 이동할 목적으로 제작한 용구 또는 이에 견인되
     어 육상을 이동할 목적으로 제작한 용구(이하 '피견인자동차'라 한다)를 말한다.

  ㉡ 트레일러 등과 같은 피견인 장비는 원동기가 없고 스스로 운행할 수 없으나 견인차량과
     결합되어 하나의 차량으로서 사람이나 화물을 싣고 견인차량에 의해 도로를 운행하기 때
     문에 자동차로 정의된다.

② **화물자동차의 정의**(「화물자동차운수사업법」 제2조) : '화물자동차'라 함은 「자동차관리법」 제3조
   의 규정에 의한 화물자동차 및 특수자동차로서 국토교통부령이 정하는 자동차를 말한다.

③ **화물자동차의 정의**(「자동차관리법」 제3조) : 화물을 운송하기에 적합한 화물적재공간을 갖추
   고, 화물적재공간의 총적재화물의 무게가 운전자를 제외한 승객이 승차공간에 모두 탑승했을
   때의 승객의 무게보다 많은 자동차를 말한다.

부록

■■ 2 화물자동차운송의 특징

(1) 기동성과 신속한 전달

① 화물자동차운송의 가장 큰 특징 중의 하나이다.

② 문전까지 개설된 도로와 적은 비용으로 확보된 다양하고 많은 화물자동차에 의하여 필요한 시점에 필요한 장소까지 효율적으로 화물을 운송할 수 있다.

(2) 문전운송(Door to Door)의 실현

① 중간 환적과정 없이 목적지까지 직접 운송을 함으로써 안전하고 신속하게 운송을 할 수 있다.

② 문전운송을 할 수 있도록 화물의 특성과 도로여건, 작업장 여건에 따라 다양한 차량을 선택할 수 있다.

(3) 다양한 고객니즈에 대응

① 화물자동차는 도로여건, 운송화물의 크기 및 특성 등 수요특성에 맞는 다양한 형태로 제작된다.

② 화주나 운송회사는 자신의 화물의 특성에 적합한 차량을 선택하여 운송한다.

(4) 에너지 다소비형이며 운송의 효율성이 낮음

① 철도나 선박과 같은 대형운송수단에 비하여 상대적으로 운송능력이 작다.

② 따라서 에너지 효율성 및 인당 생산성 측면에서 효율성이 떨어진다.

(5) 근·중거리운송에 적합

신속한 상하차 및 Door to Door 운송에 따라 근·중거리운송에서는 선박이나 철도에 비해 신속성 뿐만 아니라 경제적으로도 유리한 운송이 가능하다.

(6) 타 운송수단의 운송을 완성시켜 줌

화물자동차운송은 철도, 선박 및 항공기에 의한 운송이 Door to Door 운송이 되지 못함으로써 발생하는 운송의 단절문제를 다양한 크기의 차량을 이용하여 완성시켜 주는 역할을 담당한다.

(7) 교통환경에 취약

일반적으로 통제되지 않는 통로(공공도로)를 이용함으로써 교통체증 등 운행환경에 취약하다.

3 화물자동차운송이 증가하는 이유

화물자동차운송은 비교적 운송비가 비싼 편이고 교통환경에 취약한 점이 있음에도 불구하고 철도운송이나 해상운송에 비하여 지속적으로 증가되고 있다.

① 도로망의 발달로 운송의 신속성과 운행의 안전성 향상

② 효율성이 높은 화물차량의 개발(차량의 대형화 및 다양한 전문차량 및 합리화차량 개발)

③ 소량 다빈도 운송수요의 증가

④ 철도운송과 비교한 경제성 분기점 확대

⑤ 투자의 용이성

⑥ Door to Door 운송에 의한 신속성 및 안전성 보장

⑦ 소량화물에 대해서도 신속한 운송 가능

4 화물자동차의 제원(Specification)

제원이란 자동차의 외양, 크기, 무게, 성능 등 자동차의 설계나 제작의 기준이 되며 자동차의 형식승인을 받은 사양을 총칭하는 말이다. 제원은 크게 치수제원(Dimensions), 질량(Masses) 및 하중(Weight)제원, 성능(Performance)제원으로 나누어진다.

(1) 치수제원

명 칭	내 용
전 장	차량의 맨 앞부분에서 맨 뒷부분까지의 거리
전 폭	• 차량의 맨 좌측면부터 우측면까지의 거리 • 시이드미러는 제외
전 고	타이어 접지면에서 차량의 맨 높은 부분까지의 수직 거리
윤 거	• 차량의 좌우측타이어의 접지면 중앙부 간의 거리 • 윤거가 넓을수록 주행 및 코너링 안전성이 높음.
하대길이	• 화물을 적재하는 적재함의 거리 • 적재함의 길이가 길수록 부피화물 적재에 유리
상면 지상고	• 타이어 접지면으로부터 적재함 바닥면까지의 수직거리 • 지상고가 낮을수록 운행안전성이 높고 적재높이가 높아짐.
하대높이	• 적재함 바닥으로부터 적재문의 높이 • 윙바디 또는 탑차의 경우 적재량(부피)의 크기에 영향을 줌.

하대폭	• 적재함의 내측 좌우측면 간의 거리 • 적재함의 폭에 따라 적재량(부피)이 변할 수 있으며 팔레트의 적재수량에 영향을 줌.
축간거리	• 앞축의 중앙지점으로부터 후축(다음 축)의 중앙지점까지의 거리 • 일반적으로 축간거리가 길수록 차체가 길어져 적재량이 증가하며, 동일규격의 차체일 때는 화물의 중량이 앞쪽으로 이동하여 축하중관리에 유리함.
옵셋거리 Off-set	• 후축의 중앙지점으로부터 적재함의 중심 부분까지의 거리 • 옵셋이 클수록 하중이 앞으로 이동하여 축중관리에 유리
오버행	• 차량의 앞축 또는 맨 뒷축의 중심으로부터 차체의 맨 앞부분 또는 뒷부분까지의 거리 • 차량이 회전할 때 확보해야 할 도로의 폭에 영향을 줌.

⑵ **질량 및 하중제원**

자동차 자체의 무게 및 적정하게 운송할 수 있는 화물과 사람의 무게, 인원수 등에 대한 자동차 능력을 말한다.

공차중량	• 자동차에 사람이나 화물을 싣지 않은 상태에서의 중량 • 연료, 냉각수, 윤활유 등을 만재하고 운행에 필요한 기본장비(예비타이어, 예비부품, 공구 등은 제외)를 갖춘 상태
최대 적재량	• 적재를 허용하는 화물의 최대 중량 • 하대나 하실의 뒷면에 반드시 표시 • 자동차의 설계 및 형식승인시 정해지는 최대 적재량
차량총중량	자동차 차체의 무게와 적재한 화물의 중량과 승차인원 등을 포함한 전체 중량을 말한다. ◈ 차체중량 1,000kg, 승차인원의 몸무게 140kg, 적재한 화물의 양이 1,500kg일 때 총중량은 2,640kg이 된다.
축하중	• 좌우측 한쌍의 바퀴에 부하되는 차체와 화물의 무게 • 도로, 교량 등의 구조와 강도를 고려하여 도로를 주행하는 일반자동차는 최대 축하중을 10톤으로 규제하고 있다.
승차정원	입석과 좌석을 구분하여 승차할 수 있는 최대 인원수로 운전자를 포함한다.

5 화물자동차의 종류

화물겸용자동차	화물 · 인승겸용자동차			
화물전용자동차	일체형 화물차	일반화물자동차 : 일반화물차량		
		밴형화물자동차 : 탑차		
		전문용도형차량 (전용특장차)	액체운송차량	탱크로리
			분말운송차량	
			가스운송차량	
			냉동물운송차량	
			중량물운송차량	
			레미콘운송차량	
			동물운송차량	
			차량운송차량	
			무진동차량	
		합리화차량 (합리화특장차)	상하차 합리화차량	덤프트럭
				리프트게이트트럭
				크레인부착트럭
				세이프로더
				롤러장치차량
				롤러베드차량
				팔레트레일차량
				팔레트슬라이더차량
			적재함 구조합리화차량	행거차량
				적재함분할차량
				스테빌라이저차량
				화물압착차량
				워크쓰루밴
			적재함 개폐합리화차량	윙바디차량
				셔터도어밴
				측면전개차
				아코디온적재함차량

부록

		시스템차량	스왑바디차량	
			암롤차량	
		견인차량	트랙터(Tractor)	
			풀카고트럭(Pull cargo)	
분리형차량 (트레일러)	피견인트럭		풀트레일러(Full trailer)	
		세미트레일러 (Semi trailer)	평트레일러	
			로우베드트레일러	
			컨테이너 섀시	
			특수용도형트레일러	
		폴트레일러 (Pole trailer)	Dolly	

(1) 일반화물자동차의 특징

- 좌·우·후방 및 상방향에서 상하차작업을 할 수 있다(상하차 편리성).
- 적재 후 화물의 안전을 위하여 결박(結縛)작업이 필요하다(결박 및 해체작업 시간소요).
- 우침사고(雨侵事故)방지, 습기방지, 화물의 비산(飛散)과 낙하(落下)방지 등을 위하여 화물덮개를 씌워야 한다(작업시간 소요 및 수침사고 발생 우려 높음).
- 적재함의 중량이 적기 때문에 적재량이 증가한다.
- 측·후면의 보호대가 낮기 때문에 높이 쌓기에 부적절하다.
- 자동차 구입 후 화물 특성에 따라 적재함을 개조하여 이용할 수 있다.

(2) 밴형화물자동차의 특징

- 화물을 높게 적재할 수 있다.
- 화물의 결박 및 해체에 별도의 시간이 소요되지 않는다.
- 화물의 안전성이 증대된다.
- 적재함의 내부구조를 다양한 형태로 효율화할 수 있다(합리화차량편에서 상술).
- 적재함의 무게가 증가하여 적재량이 감소한다.
- 상하차작업방향의 제한을 받는다.
- 자동차 제작가격이 일반화물자동차에 비해 높다.

(3) 전문용도형 화물자동차(Specialized Truck)의 특징

- 화물에 대한 포장비를 절감할 수 있다.
- 상하차작업이 신속하다.
- 화물운송의 안전도를 향상시킨다.
- 상하차 작업비가 절감된다.
- 악천후에도 상하차작업이 용이하다.
- 자동차 구입가격이 높다.
- 상하차를 위한 기계구입 또는 전용설비를 해야 한다.
- 귀로에 운송할 화물이 희귀하다.
- 물량감소시 운휴해야 한다.
- 수하처에도 하역설비가 필요하다.
- 적재량이 감소된다.
- 소량화물운송에는 부적절하다.

(4) 합리화차량의 특징과 구분

- 합리화차량이란 적재함의 구조를 개선(량)하여 화물을 효율적으로 적재 및 운송할 수 있도록 한 차량을 말한다.
- 합리화의 방향은 상하차작업 합리화, 적재함 구조의 합리화, 적재함의 개폐방법 및 합리화로 구분할 수 있다.

① **상하차작업 합리화차량**: 적재함에 상하차작업을 효율적으로 할 수 있는 장치를 부착한 차량을 말한다.

② **적재함구조 합리화차량**: 화물을 보다 안전하고 효율적으로 적재하기 위하여 적재함의 구조를 개선한 차량을 말한다.

③ **적재함개폐 합리화차량**
  ㉠ 적재함의 문 개폐방법 및 문의 형태를 개선하여 적재방향성을 개선하고 개폐시간을 단축시킨 차량을 말한다.
  ㉡ 일반 밴형차량의 상하역작업의 방향성 제한을 개선하기 위한 차량이다.

부록

⑸ 시스템차량의 특징

한번 적재한 화물을 상하차하지 않고 적재함 채로 다른 차량으로 옮겨 실어 연속적인 운송이 이루어질 수 있도록 고안된 차량이다.

- 운송차량의 상하차대기시간이 없어지거나 단축된다.
- 효율적인 복합운송이 용이해진다(피기백, 피쉬백 등).
- 중소형화물운송에 대해서도 운송의 시스템화가 가능해진다.
- 차량의 창고역할 수행이 가능해진다.
- 적재함 무게의 증가로 운송량에 제한을 받는다(일반카고트럭에 비해).

⑹ 피견인차량의 종류와 특징

차 종	특징 및 주요 용도	
훌트레일러 (Full trailer)	• 적재된 화물의 무게가 견인차량의 바퀴에 영향을 주지 않는 형식의 트레일러 • 견인차량과는 토잉바(Towing bar)에 의하여 연결됨. • 자체적으로 균형을 잡을 수 있도록 2개 이상의 축이 설치됨.	
센터액슬트레일러	• 바퀴가 트레일러의 중앙부분에 부착된 트레일러 • 화물을 수평으로 적재시 무게의 1/10 정도가 견인차에 전달 • 회전반경이 짧아 좁은 작업장에서의 작업 유리	
세미트레일러 (Semi trailer)	• 피견인차량에 적재된 화물무게가 견인차량에도 전달된 형식의 트레일러 • 견인차량과는 커플러(coupler, 오륜이라고도 함)에 의하여 연결됨(커플러를 통해 하중이 견인차량에 전달). • 피견인차량의 앞부분에는 바퀴(축)가 없으며 견인차량과 연결되지 않을 때는 Outrigger(Landing gear라고도 함)에 의하여 지지됨.	
	평판트레일러 (Plate T/R)	• 피견인차량의 적재대가 평평한 마루형으로 제작된 형태 • 주로 다양한 장척물, 활대품, 중량물을 운송하기 위한 범용성 트레일러
	컨테이너 섀시	• 컨테이너를 전문적으로 운송하기 위한 트레일러 • 컨테이너의 규격에 따라 차량의 규격이 결정됨.
	덤프트레일러	• 트레일러의 적재함을 덤프트럭과 동일하게 제작 • 주로 곡물 등을 운송하는데 이용
	탱크트레일러	• 적재함을 탱크형으로 제작 • 유류, 화학물질, 가스 등 운송

	벌크트레일러	• 적재함을 분말 및 소립자 운송에 적합하도록 탱크형 또는 홉퍼형으로 제작 • 곡물, 시멘트, 분말 등 운송용
	로우베드 T/R	• 적재함의 높이를 최대한으로 낮추어 제작한 트레일러 • 중장비, 높이가 높은 기계류 등을 운송
	기타전용 T/R	다양한 형태의 전용트레일러 제작·활용
폴트레일러 (Pole trailer)		• 견인차량과 폴(pole)에 의하여 연결되고 견인되는 트레일러(일명 Dolly) • 하나의 차량에 안전하게 적재되지 않은 장척물을 견인차량과 피견인차량이 결합하여 운송하는 형태의 차량(Dolly가 화물의 뒷부분을 받쳐주는 형태) • 전신주, 철탑, 원목 등을 안전하게 운송하는 용도로 이용
더블트레일러 (Double Trailer)		• 트레일러 2개를 연결하여 운송하는 방법 • 일반적으로 앞부분트레일러는 Semi Trailer를, 뒷부분 트레일러는 Full Trailer를 연결함.

6 자율주행차

운전자가 핸들, 브레이크, 페달 등을 조작하지 않아도 스스로 주행하는 자동차로, 센서를 통해 주변 상황을 파악해 장애물을 피하고 목적지까지 최적의 주행 경로를 선택하여 자동으로 주행한다. 고속도로 주행 지원 시스템, 차선이탈 경보 시스템, 차선유지 지원 시스템, 후측방 경보 시스템, 차량 간의 거리를 일정하게 유지하게 해주는 어드밴스트 스마트 크루즈 컨트롤, 자동 긴급제동 시스템 등이 필수적이다.

SAE(Society of Automotive Engineers)의 기준에 따르면 자율주행차량의 발전 단계를 아래 표와 같이 6단계로 구분하고 있다.

자율주행 단계	단계 명칭	실행 형태
Level 0	자동화 없음	운전자가 완전하게 제어하는 단계
Level 1	운전자 보조	• 방향·속도제어 등 특정기능 자동화 • 운전자는 차의 속도와 방향 통제
Level 2	부분 자율주행	• 고속도로와 같은 정해진 조건에서 차량, 차선 인식, 앞차와의 간격유지 등 가능 • 운전자는 항상 주변 상황 주시
Level 3	조건 자율주행	• 일정구간 자율주행 가능 • 운전자는 주변상황을 주시해 돌발상황 대비 • 한계조건 도달 시 운전자는 정해진 시간 내 대응해야 함
Level 4	고도화된 자율주행	• 특정 도로조건에서 안전제어 가능 • 그 외 도로에서는 운전자가 주행에 개입
Level 5	완전 자율주행	• 운전자의 개입없이 목적지까지 주차 등 모든 기능이 완전 자동화 • 운전자 없어도 됨

◈ 현재 우리나라의 수준은 Level 3정도라고 할 수 있다.

7 차량의 사양과 적재관리

동일한 톤급의 차량이라도 다양한 사양(규격)으로 제작이 되고 있고, 사양이 달라지면 적재 및 운송할 수 있는 화물의 양도 달라진다.

사양요소	운송에 미치는 영향
적재함의 크기(폭과 길이)	• 적재함이 길면 부피화물을 더 많이 적재 • 적재함이 길면 차체 무게 증가로 적재중량 감소
적재함의 폭	적재함의 폭은 팔레트적재에 영향을 줌(표준팔레트의 폭은 1,100cm).
축간거리	• 축간거리가 길면 적재화물의 하중이 전륜으로 더 많이 이동 • 축간거리가 길면 적재함의 길이가 길어짐.
축의 수	• 축의 수가 많아지면 하중분산이 잘됨. • 축의 수가 많으면 중량화물 운송에 적합
적재대(하대)의 높이	• 하대의 높이가 낮으면 실질적인 화물의 적재높이 증가 • 하대의 높이가 낮으면 지하 및 다리하부 통과 용이
차체의 무게	차체의 무게가 증가하면 적재화물의 양이 감소

8 차량의 안전운행기준

적재가능 중량	표기 적재중량의 11할 이내
적재가능 길이(총길이)	자동차 길이에 그 길이의 1/10을 더한 길이
적재가능 너비	후사경으로 후방을 확인할 수 있는 범위
적재가능 높이	4미터(지표면으로부터 화물의 최대높이) 단, 도로구조의 보전과 통행의 안전에 지장이 없다고 인정하여 고시한 도로노선의 경우에는 4미터 20센티미터, 소형 3륜자동차에 있어서는 지상으로부터 2미터 50센티미터
차로보다 넓은 자동차	경찰서장의 통행허가 필요차폭 양 끝에 적색헝겊 부착 운행(너비 30cm, 길이 50cm)
화물낙하방지	덮개를 덮거나 결박
운행기록계 설치	• 1톤 이하의 소형차량을 제외한 모든 사업용화물자동차 • 운행기록을 6개월 간 보관

9 화물자동차 운영관리지표

(1) 화물운송서비스 생산량

- 화물운송서비스의 생산량은 ton · km로 나타낸다.
- ton · km는 매번의 운송거리에 그때에 적재한 화물의 양(ton으로 환산)을 곱하여 산출한 숫자를 말한다. ⇨ 운송 ton · km = Σ(적재량 × 영차운송거리)
- 운송원단위라고도 한다.

(2) **운영효율성지표**: 운영효율성지표란 차량이 운송 및 운행한 실적을 평가하는 지표이다.

종 류	내 용
가동률	**가동률** = 실 운행일수 ÷ 목표 운행일수 = 또는 실 총 운행시간 ÷ 목표운행시간 • 일정기간 동안 화물의 운송을 하거나 운송을 위해 운행한 날짜 또는 시간의 목표와 실적치의 비율을 말한다. • 운송할 화물이 없거나 고장이나 운전기사의 유고로 인하여 차량의 운행이 불가능한 날이 많을수록 가동률은 떨어진다.
회전율	**회전율** = 일정기간의 운송횟수의 합 = 또는 총 운송량 ÷ 평균적재량, = 또는 총 영차거리 ÷ 평균영차거리 • 차량이 일정한 시간 내에 화물을 운송한 횟수를 말한다. • 대부분의 차량들은 차량의 특성에 따라서 운송패턴이 있기 때문에 회전율의 내용이 크게 변하지는 않는다. • 그러나 장거리운송과 단거리운송을 혼합하여 운송할 경우에는 회전율 성과는 많은 차이가 발생한다.
영차율	**영차율** = 영차운행거리 ÷ 총 운행거리 • 총 운행거리 중 실제 화물을 적재하고 운행한 비율을 말한다. • 영차율이 높아야 기본적으로 생산성이 좋아질 수 있다.
복화율	**복화율** = 귀로시 영차운행횟수 ÷ 편도운송횟수(영업장 소재지 부근에서 출발한 운송) • 편도운송을 한 후 귀로에 복화운송을 몇 회 수행했느냐를 나타내는 지표이다. • 장거리운송을 하는 차량들은 복화운송이 절대적으로 필요하다.
적재율	• 차량에 화물을 몇 톤을 싣고 운행을 했느냐를 나타내는 지표이다. • 적재율이 높을수록 생산성이 높아지는 것이다. 적재율은 다음과 같이 2가지로 산출한다. 　1. 총 운행적재율 　　차량의 전체적인 적재운송능력대비 실질적인 운송량을 나타내는 지표이다. 　　♦ 공차운행시에도 적재운송을 해야 한다는 개념 　　　**총 운행적재율** = 총 운송 ton·km ÷ 운송능력 ton·km 　　　**총 운송능력 ton·km** = 적재능력×총 운행거리 　2. 영차운행적재율 　　① 화물을 운송할 때 차량의 적재능력대비 실제 적재한 비율을 말한다. 　　② 배차의 효율성, 적재방법의 효율성 등을 관리하는 지표로 활용된다. 　　　**영차운행적재율** = 총 운송량 ÷ 운송횟수 ÷ 차량적재능력 　　　= 또는 총 운행 ton·km ÷ (차량적재능력×영차운행거리)

10 운송효율 향상방법

(1) 대형화 수배송 방법

방 법	내 용
운송물량의 대형화	대형차량을 이용하여 운송할 수 있도록 묶음으로 운송해야 한다.
대형차량의 이용	대량으로 운송할 수 있는 대형차량을 확보한다.
콘솔운송시스템의 구축 (Consolidation)	공동수배송시스템을 구축하여 대형운송을 추구한다.

(2) 영차율 향상방안

환결운송시스템	장거리운송차량이 귀로에 복화화물이 없으면 다른 지역(방향)의 운송화물을 계속 연결하여 운송한 후 최종적으로 출발했던 지역으로 돌아오는 운송방법
지역별 영업소 운영 및 물량확보	장거리 운송사업을 전문적으로 하는 운송기업은 각 중요도시에 영업소를 운영하여 왕복운송물량을 확보하는 것이 필요
기업 간 운송제휴	장거리 자가운송을 하는 화주기업은 귀로에 유상운송을 할 수 없으므로 도착지에서 출발지로 자가운송을 하는 다른 화주기업과 물량을 교환하여 운송하는 방법
CVO의 활용	구차구화시스템의 회원으로 가입하여 복화물량의 확보
주선업체의 네트워크화	각 지역의 주선업체와 계약 또는 제휴로 복화물량 사전확보
운송가맹사업자의 활용	운송가맹사업자의 회원으로 가입하여 편도 또는 복화물량 확보
마거릿형 배송루트 운영	수배송루트를 타원형으로 설계하고 물류센터 인근에서 배송을 시작하여 최종적으로 물류센터 인근에서 끝나도록 하면 공차운행거리가 감소됨.
철도와 연계한 복합운송 추진	물류센터와 철도역 간에는 화물차량이, 장거리운송은 철도가 담당함으로써 장거리 공차운행이 감축됨.
차량의 범용화	일반카고트럭을 이용하면 특장차를 이용했을 때보다 다양한 화물 및 다양한 적재방법으로 운송할 수 있어 복화화물의 확보기회가 증가됨.

부록

(3) 회전율(수) 향상

① 상하차시간 단축

방 법	내 용
상하차 기계화	지게차, 컨베이어, 크레인 등 상하차 작업을 기계화한다.
운송장비의 전용화	탱크로리, 벌크탱크, 홉퍼, 덤프차량 등 화물의 신속한 상하차가 가능한 전용차량을 활용한다.
차량의 합리화	각종 합리화특장차량을 이용하여 상하차시간을 단축한다.
상하차작업 준비	운송할 차량이 도착하기 전 운송할 화물의 상하차 준비를 끝내둔다.
충분한 상하차장	측면에서의 상하차작업이 가능하도록 도크의 길이를 길게 운영한다.

② 상하차대기시간의 단축

③ 효율적인 배차기법의 적용

장·단거리 혼합배차	오전에 근거리운송을 한 후 오후에 장거리운송을 하거나, 장거리운송 완료 후 오후에 근거리운송
사전 2배차제도	• 1차 운송 배차시 2차, 3차 운송에 대한 배차 실시 • 각 운송별 목표 종료시간 지점(불필요한 귀점 억제 및 목표의식)
현장배차제도	하차작업 종료시 현장에서 배차관리자와 통화 후 2차 배차 배정(운송종료시간 예상이 불가할 때)

④ 효율적인 운송시스템의 구축

멀티트레일러 시스템	• 하나의 트랙터에 다수의 트레일러를 배치 • 트레일러에 상하차하는 동안 트랙터는 다른 트레일러 운송
스왑바디시스템	• 하나의 차체에 다수의 스왑바디 배치 • 스왑바디에 상하차하는 동안 차체는 다른 스왑바디 운송
중간환승시스템	• 장거리운송에 있어서 양쪽에서 출발한 차량이 중간지점에서 차량을 교체하여 운행하는 방법 • 차량을 교체하여 출발했던 지역으로 되돌아 옴.
릴레이운송시스템	장거리운송시 중간에서 다른 운전기사로 교체하여 계속 운행하는 방법 출발지 ◯ ⟶ ◯ ⟶ ◯ ⟶ ◯ ⟶ ◯ ⟶ ◯ 목적지 　　　　기사1　　기사2　　기사3　　기사4　　기사5
디마운터블시스템 (Demountable)	• 크로스닥킹으로 수배송처리를 할 때 입고되는 화물을 배송처별로 미리 분류하여 롤테이너, 팔레트 등에 적입한 상태로 입고시키고 이들 단위로 분류하여 상차하는 시스템 • 분류를 대단위로 하여 신속한 분류 및 상하차작업이 이루어 짐.

Meetpoint 시스템	• 배송화물을 물류센터에서 인수하지 않고 배송지역의 일정 약속장소에서 인계받아 배송하는 방법 • 물류센터에서 배송지역까지는 대형트럭으로 운송 • 배송차량별로 화물을 구분하여 운송(롤테이너, 팔레트 이용) 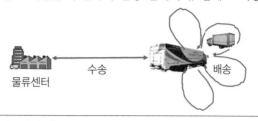
1차량 2승무원 시스템	1대의 차량에 2명의 운전기사를 배치시킨다. • 2인 교대승무 : 편도운송이 종료되면 대기하고 있던 다른 기사가 해당 차량을 운전하고 돌아옴. • 2인 동승운행 : 1차량에 2명의 기사가 동승하여 교대로 운전하면서 장거리 운행

(4) 가동률 향상방안

1차량 2기사 승무제도	회전율 향상방안과 동일
예비운전기사 운영	예비기사를 확보하여 운전기사 유고시 대신 운전토록 함으로써 차량이 운휴하는 일이 없도록 함.
차량성능 유지관리	차량이 항상 운행이 가능하도록 예방정비 실시
안전관리시스템	• 운전기사에 대한 안전관리강화 • 차량의 정비철저
운송물량확보	항상 차량이 운송할 수 있는 물량을 확보
전천후 상하역시설 및 장비 확보	• 상하차 작업장 캐노피 설치(일반카고트럭용 상하차장) • 실내 입출하시설 운영 • 밴형화물자동차에 의한 운송 • 전용특장차의 활용

(5) 적재율 향상

방 안		내 용
차종의 선택	부피화물	• 밴형차량을 이용하여 운송(높이 쌓기 유리) • 장축형차량 이용(적재함 규격이 큼)
	중량화물	• 일반카고트럭 이용 • 단축 또는 중축차량 이용
	활대화물	• 트레일러 이용 • 적재함 완전개방형차량 이용
적재 방법의 개선	균등적재	• 일반적으로는 적재함의 앞에서 뒷부분까지 균등하게 적재 • 기계류 등 중량물일 때는 화물의 적재위치가 편중되지 않도록 조정
	적재함 앞쪽적재	• 일반적으로 균등적재시 전축보다 후축에 하중이 많이 분포 • 화물을 앞쪽으로 당겨서 적재하면 전축으로 하중이 이동되어 적재량 증가
배차 방법의 개선	적정량 운송지시	• 운전기사는 가급적 적재정량만 운송하려는 습성이 있음. • 배차관리자는 적재요령에 따라 적재 가능한 운송량을 적재토록 배차지시
	혼적운송	운송량이 적정하지 못한 운송건에 대하여는 2~3개의 수하처를 묶어서 하나의 차량으로 운송하는 것을 추진
	주문 조정	• 운송량이 적정한 수준으로 유지될 수 있도록 거래처의 주문주기 조정 • 최소주문량제 등 주문량의 조정

▌11 화물자동차 운송원가계산

(I) 고정원가와 변동원가 구분

고정원가 항목	운전기사 급여 및 복리비, 감가상각비, 보험료, 세금과 공과금, 지급이자, 통신비, 지입료 등
변동원가 항목	연료비, 윤활유비, 타이어비, 수리비, 도로통행료, 출장여비, 상하차작업비 등

(2) 변동원가 계산 방법

변동비 항목	계산방법
연료비	• 표준적 원가계산방법을 적용한다. • 영차거리 또는 운행 ton·km와 공차운행거리로 구분하여 계산한다. • 영차운행거리당 또는 운행 ton·km당, 공차운행거리당 연료소비기준을 설정한다. • 운행내용에 따라 소모기준과 연료구입단가를 곱하여 연료비를 산출한다. **표준연료비 원가** = 〔(운송 ton·km × 소모기준) + (공차운행거리 × 소모기준)〕× 연료단가 또는 〔(영차운행거리 × 소모기준) + (공차운행거리 × 소모기준)〕× 연료단가 • 윤활유는 별도로 계산할 수도 있고 연료비에 일정율을 곱하여 산출하기도 한다.
수리비	**운송구간 수리비 원가** = 일정기간 동안 수리비예산 × 실 운행거리 ÷ 운행거리목표 • 표준적 원가계산방법을 적용한다. • 실 운행거리에 운행목표거리를 비교하여 계산한다.
타이어비	**운송구간 타이어비** = 타이어구입단가 ÷ 목표운행거리 × 실 운행거리 • 표준적 원가계산방법을 적용한다. • 실 운행거리에 타이어 목표운행거리 비교하여 계산한다. • 타이어의 가격은 현재 구입가능가격으로 한다. • 튜브를 사용하는 경우에는 튜브구입비를 포함시킨다. • 펑크수리비는 수리비에 포함시킬 수도 있고 타이어비에 포함시킬 수도 있다.

보충학습

유가보조금제도

1. **내용**: 유류가격의 급등에 따른 운송임인상을 억제함과 동시에 운송기업 및 차주의 부담을 완화시키기 위해 정부에서 유류가격 중 세금의 일부를 보조해주는 제도
2. **시행시기**: 2008년부터
3. **지급대상**: 영업용 버스, 택배, 화물자동차, 연안화물선
4. **지급유종**: 경유, LPG
5. **지급방법**: 운송수단의 크기에 따라 일정한 한도 내의 사용량에 대해 지급(사용량당 지급단가 별도 정함)
6. **지급처**: 각 지방자치단체

12 화물자동차 운송정보시스템

(1) 화물자동차 운송정보시스템의 종류와 특징

① **차량배차관리시스템**(TMS : Transportation Management System)
  ㉠ 화물차량을 이용한 운송업무와 관리업무를 효율적으로 수행할 수 있는 방법을 제공하는 시스템을 말한다.
  ㉡ 운송업체의 특성에 따라 개발의 범위 및 업무처리의 방식이 달라진다.
  ㉢ 필요한 차량의 대수 판단, 차량별 운송물량 배차, 운송의 순서, 비용계산, 운송실적관리 등이 주 내용이다.

② **적재관리시스템**(VMS : Venning Management System)
  ㉠ 운송화물을 차량에 효율적으로 적재할 수 있는 방법을 제공하는 정보시스템이다.
  ㉡ 물량수준 및 화물의 특징(크기, 형상 등)에 따라 차량의 소요, 적재순서, 적재위치 등을 지정해준다.

③ **구차구화**(求車求貨)**시스템**(CVO : Commercial Vehicle Operation System)
  ㉠ 운송에 필요한 차량이나 운송할 화물을 정보시스템을 이용하여 구하는 시스템을 말한다.
  ㉡ 화주기업이나 운송회사, 운송주선회사, 운전기사(개인차주)들이 회원으로 가입하여 운영된다.
  ㉢ 정부가 지원하여 개발·운영되고 있는 시스템과 운송가맹사업자 또는 운송주선업자들이 개발하여 운영하는 시스템이 있다.
  ㉣ 가입자들은 자신이 필요한 정보를 시스템에 등록하여 운송할 차량에 대한 정보나 화물정보를 구하게 된다.

④ **라우팅시스템**(Routing system)
  ㉠ 화물자동차의 운행경로와 배송처를 최적으로 설정해주는 정보시스템을 말한다.
  ㉡ 택배업체와 배송업체 등에서 운송화물의 양, 운행거리, 운행소요시간, 작업시간, 방문요구시간 등의 제약조건을 감안하여 가장 효율적인 운송경로를 찾아 준다.
  ㉢ 시뮬레이션기법을 이용하여 산출한다.

⑤ **화물추적시스템**(Tracing, Tracking)
  ㉠ 화물의 현재 위치나 상태, 화물이 이동한 경로를 파악할 수 있는 시스템이다.
  ㉡ 택배, 포워딩, 국제화물운송에 적극적으로 활용되고 있다.
  ㉢ 화물이나 차량, 컨테이너 등에 부착된 바코드나 RFID를 스캐닝함으로써 정보가 구축된다.

(2) **정보시스템에 의한 운송의 효율화 추진방향**

① **가시성(Visibility)확보**: 고객만족과 운송의 효율성 향상을 위하여 실시간으로 차량의 현재위치, 이동경로, 도착예정시간을 알려줄 수 있는 시스템의 구축 및 활용이 일반화되고 있다.

② **모바일시스템**: 스마트폰이나 PDA, GPS장치 등을 이용하여 이동경로, 현재위치, 도착예정시간을 파악할 수 있을 뿐만 아니라 현재 수행하고 있는 업무의 내용, 업무처리결과, 업무처리지시 등을 실시간으로 처리할 수 있는 시스템이 활용되고 있다.

③ **RFID의 활용**: RFID칩을 화물이나 차량, 컨테이너, 팔레트 등에 부착하여 이들의 출입 및 이동상황을 신속하고 정확하게 파악할 수 있다.

13 택배서비스의 성격과 특징

(1) **택배서비스의 성격**

택배서비스는 공공물류 또는 대중물류이면서 전형적인 소매물류라고 할 수 있다.

(2) **이용자 측면에서의 택배서비스 특징**

① 소형·소량화물을 위한 운송체계

② 문전에서 문전까지의 포괄적인 서비스 제공

③ 공식적인 약관에 따른 보증제도

④ 운송서비스의 혁신성

고도의 편리성	전화 통화, 인터넷 접수 등으로 가정까지 방문하여 집하하고 지정된 장소로 배달해준다.
운송서비스의 신속성	24시간 시스템을 운영함으로써 당일 집하한 화물은 야간에 분류, 운송한 후 익일 중 배달할 수 있도록 해준다. 오토바이를 이용하거나 일정한 지역 내에서 배달서비스를 해주는 업체들은 수시간 또는 당일 내 배달을 해주기도 한다.
안전 및 확실성	컴퓨터정보시스템에 의하여 화물취급의 전 과정이 추적되고 포장이 불안전한 화물에 대해서는 포장서비스를 제공하고 롤테이너 등을 이용하여 안전한 취급을 함으로써 기존의 소화물서비스에 비하여 안전성이 향상되었다.
경제성 있는 운송서비스	기존의 소화물운송업자들에 비하여 경제성 있는 단가로 서비스를 하고 있으며 생산자로부터 소비자에게 상품을 직접 전달함으로써 판매자에게는 물류비 이외의 이익을 제공한다.

14 택배관련 중요 용어

① **택배**: 소형·소량의 운송물을 고객의 주택, 사무실 또는 기타의 장소에서 수탁하여 수하인의 주택, 사무실 또는 기타의 장소까지 운송하여 인도하는 것을 말한다(약관상 해석).

② **택배사업자**: 택배를 영업으로 하는 자

③ **고객**: 택배사업자에게 택배를 위탁하는 자로서 운송장에 송하인으로 기재되는 자

④ **수하인**: 고객이 운송장에 운송물의 수령자로 지정하여 기재하는 자

⑤ **운송장**: 택배사업자와 고객 간의 택배계약의 성립과 내용을 증명하기 위하여 사업자의 청구에 의하여 고객이 발행한 문서

⑥ **수탁**: 택배사업자가 택배를 위하여 고객으로부터 운송물을 수령하는 행위

⑦ **인도**: 택배사업자가 수하인에게 운송장에 기재된 운송물을 넘겨주는 행위

⑧ **손해배상한도액**: 운송물의 멸실, 훼손 또는 연착시에 사업자가 손해를 배상할 수 있는 최고한도액. 다만, '손해배상한도액'은 고객이 운송장에 운송물의 가액을 기재하지 아니한 경우에 한하여 적용되며, 사업자는 손해배상한도액을 미리 이 약관의 별표로 제시하고 운송장에 기재해야 한다.

15 택배 표준약관 주요 내용

(1) 택배화물의 배달기일

① 운송장에 인도예정일의 기재가 있는 경우에는 그 기재된 날

② 운송장에 인도예정일의 기재가 없는 경우에는 운송장에 기재된 운송물의 수탁일로부터 인도예정장소에 따라 다음 일수에 해당하는 날

　㉠ 일반 지역: 2일(48시간)

　㉡ 산간, 오지지역: 1일 추가

　㉢ 도서지역: 2일 추가

③ 택배사업자는 수하인이 특정 시간을 지정한 경우에는 운송장에 기재된 인도예정일의 특정 시간까지 운송물을 인도해야 한다.

(2) 택배취급이 제한되거나 금지되는 화물

① **취급 제한 대상 화물**

사업자는 다음의 경우에 운송물의 수탁을 거절할 수 있다.

　㉠ 고객이 운송장에 필요한 사항을 기재하지 아니한 경우

　㉡ 고객의 화물이 운송에 적합하게 포장되지 않은 경우

ⓒ 고객이 포장된 화물의 내용 확인을 거절하거나 운송물의 종류와 수량이 운송장에 기재된 것과 다른 경우

ⓔ 화물의 크기가 택배사가 약관에 정한 규격을 초과할 경우

ⓜ 운송물 1포장의 가액이 택배사가 정한 금액을 초과하는 경우

ⓗ 운송물의 인도예정일(시)에 따른 운송이 불가능한 경우

ⓢ 운송물이 재생불가능한 계약서, 원고, 서류 등인 경우

ⓞ 운송물이 살아있는 동물, 동물사체 등인 경우

ⓩ 운송물이 화약류, 인화물질 등 위험한 물건인 경우

② **취급금지품목**

취급금지품목이란 어떤 경우에도 수탁을 해서는 안 되는 품목을 말한다. 이는 분실, 도난, 화재 등의 위험이 크거나, 법적으로 택배에서 취급이 불가능한 화물을 말한다.

> **▌심화학습**
>
> **취급금지품목의 예**
> 1. **유가증권류**: 현금, 유가증권(수표, 어음, 상품권, 복권, 채권, 주권, 신용카드, 입장권 등 티켓 등)
> 2. **위험물**: 총포·도검류, 화약류, 유류 등 인화성물질, 유독성화학물질 등
> 3. **운송금지화물**: 밀수품, 마약류, 장물, 사체, 신서류 등
> 4. **기타 취급곤란화물**: 보석류, 고급모피의류, 생동물, 계약서 등 서류 등

③ **취급화물의 가격**(단가)

ⓐ 택배업체들은 내부규정 및 약관을 통하여 정상적으로 수탁되는 화물의 가격을 50만원으로 제한하고 있다.

ⓑ 300만원 미만의 화물에 대해서는 소정의 할증료를 지불하는 경우 수탁을 수락한다.

(3) **택배 운임의 청구와 유치권**

① **운임의 청구**

ⓐ 사업자는 운송물을 수탁할 때 고객에게 운임을 청구한다. 다만, 고객과의 합의에 따라 운송 물을 인도할 때 수하인에게 청구할 수도 있다.

ⓑ 운송물이 포장당 50만원을 초과하거나 운송상 특별한 주의를 요하는 것일 때에는 사업자 는 따로 할증요금을 청구할 수 있다.

ⓒ 고객의 사유로 운송물을 돌려 보내거나, 도착지 주소지가 변경되는 경우 사업자는 따로 추 가요금을 청구할 수 있다.

ⓓ 운임 및 할증요금은 미리 약관에 별표로 제시하고 운송장에 기재해야 한다.

② **유치권 행사**

수하인이 운임을 지급하지 않는 때에는 사업자는 운송물을 유치할 수 있다.

> 🔷 **유치권**: 타인의 물건이나 유가증권을 점유하고 있는 자가 그 물건에 관하여 생긴 채무의 변제를 받을 때 까지 그 물건이나 유가증권을 유치할 수 있는 권리

(4) **택배운송장**

① **운송장의 역할**

　㉠ 계약서 역할 : 기업거래처의 경우에는 별도의 계약서를 작성하고 택배거래를 하지만, 개인의 경우에는 별도의 계약 없이 택배업체가 정한 약관을 기준으로 거래가 이루어지며 운송장에 기록된 내용이 곧 계약내용이 된다. 따라서 운송장에 기록되는 내용이 이용자에게 불리하지 않도록 확인해야 한다.

　㉡ 택배요금 영수증 역할 : 운송장에 기록된 요금의 종류(선불, 착불, 신용 등) 중 선불과 그에 해당하는 요금은 그 금액을 영수하였음을 확인하는 것이며, 이 운송장은 영수증으로 사용할 수 있다(택배사의 사업자등록번호와 영수증 인쇄).

　㉢ 화물인수증 역할 : 택배회사가 화물을 송하인으로부터 이상없이 인수하였음을 증명하는 서류로서의 역할을 한다.

　㉣ 정보처리자료 역할 : 운송장에 기록된 송·수하인 및 화물에 관한 정보가 정보시스템에 입력되며, 인쇄된 운송장번호 바코드를 화물취급단계마다 스캐닝함으로써 추적정보를 생성시켜주는 역할을 하게 된다.

　㉤ 화물취급지시서 역할 : 운송장에는 화물이 도착되어야 할 지역정보, 취급주의사항, 배달약속일자 등 화물을 어떻게 취급하고 배달해야 할지를 알 수 있게 하는 정보가 기록되어 있으며, 각 단계의 관리자 및 화물취급자는 이 정보가 지시하는 바에 따라 화물을 안전하게 취급해야 한다.

　㉥ 배달에 대한 증빙 역할 : 배달을 완료하고 수하인으로부터 화물수령확인을 받아두면 차후 발생할 배달 여부의 확인, 파손 등에 대한 책임소재 등을 확인해줄 수 있는 증빙으로서의 역할을 한다.

　㉦ 요금청구서 역할 : 착불 또는 착지신용택배화물의 경우에는 운송장을 증빙으로 제시하여 수하인에게 요금을 청구하게 된다.

　㉧ 수입금관리자료 역할 : 선불화물이나 착불화물의 경우 입금을 할 때 입금표와 수입금 및 운송장을 첨부하여 제출하게 된다.

　㉨ 화물피킹 및 패킹지시서 역할 : 운송장에 상품명을 기록함으로써 이를 이용하여 물류센터에서 피킹 및 패킹을 하게 된다.

② **운송장에 기재되어야 할 사항**

　㉠ 송하인(고객)의 주소, 이름(또는 상호) 및 전화번호

　㉡ 수하인의 주소, 이름(또는 상호) 및 전화번호

　㉢ 운송물의 종류(품명), 수량 및 가액

　　❤ 고객이 운송장에 운송물의 가액을 기재하면 사업자가 손해배상을 할 경우 이 가액이 손해배상액 산정의 기준이 된다는 점을 명시해 놓아야 함

ⓔ 운송물의 인도예정장소 및 인도예정일(특정 일시에 수하인이 사용할 운송물의 경우에는 그 사용목적, 특정 일시 및 인도예정일시를 기재함)

ⓜ 운송상의 특별한 주의사항(훼손, 변질, 부패 등 운송물의 특성구분과 기타 필요한 사항을 기재함)

ⓑ 운송장의 작성연월일

(5) 화물사고에 대한 책임과 소멸시효

① 화물사고에 대한 책임

ⓖ 책임의 시작 : 운송물의 멸실·훼손 또는 연착에 관한 사업자의 책임은 운송물을 송하인으로부터 인수한 때부터 시작된다.

ⓛ 공동운송 또는 타 운송수단 이용시의 책임 : 사업자가 다른 운송사업자와 협정을 체결하여 공동으로 운송하거나 다른 운송사업자의 운송수단을 이용하여 운송한 운송물이 멸실·훼손 또는 연착되는 때에는, 이에 대한 책임은 사업자가 부담한다(일관책임).

ⓒ 손해배상 : 사업자는 자기 또는 사용인, 기타 운송을 위하여 사용한 자가 운송물의 수탁, 인도, 보관 및 운송에 관하여 주의를 태만히 하지 않았음을 증명하지 못하는 한 고객에게 운송물의 멸실·훼손 또는 배달지연으로 인한 손해를 배상해야 한다. 배상의 기준은 다음과 같다.

ⓐ 운송장에 운송물의 가액을 기재한 경우의 배상액 기준

---

1. **전부 또는 일부 멸실된 때**
   운송장에 기재된 운송물의 가액을 기준으로 산정한 손해액의 지급

2. **훼손된 때**
   • 수선이 가능한 경우 : 수선해 줌.
   • 수선이 불가능한 경우 : 멸실의 경우를 기준으로 배상

3. **연착되고 일부 멸실 및 훼손되지 않은 때**
   • 일반적인 경우 : 인도예정일을 초과한 일수에 사업자가 운송상에 기재한 운임액의 50%를 곱한 금액(초과일수 × 운송장 기재 운임액 × 50%)의 지급. 다만, 운송장 기재 운임액의 200%를 한도로 한다.
   • 특정 일시에 사용할 운송물의 경우 : 운송장 기재 운임액의 200%를 지급

⬡ 배달지연(연착)과 일부 멸실 또는 훼손이 동시에 발생했을 때는 2, 3을 동시에 적용한다.

부록

ⓑ 운송장에 화물의 가액을 기재하지 않은 경우의 배상액 산정

> 1. **전부 멸실된 때**
>   인도예정일의 인도예정장소에서의 운송물 가액을 기준으로 산정한 손해액의 지급
> 2. **일부 멸실된 때**
>   인도일의 인도장소에서의 운송물 가액을 기준으로 산정한 손해액의 지급
> 3. **훼손된 때**
>   • 수선이 가능한 경우 : 수선해 줌.
>   • 수선이 불가능한 경우 : 전부 멸실의 경우에 준함.
> 4. **연착되고 일부 멸실 및 훼손되지 않은 때** : 연착에 따른 손해배상
> 5. **연착되고 일부 멸실 또는 훼손된 때** : 인도 예정일의 인도지 가격 기준으로 산정한 손해액을 배상하거나 수선 가능한 경우에는 수선해 줌.
> 6. **배상한도**
>   화물의 가액을 운송장에 표시하지 않았거나 계약서에 명시하지 않은 경우에는 개당 50만원 한도에서 1, 2의 기준으로 가격을 산정하며 고가할증을 적용하여 운송임을 적용했을 때는 할증률에 따른 가액의 범위 내에서 산정한다.

ⓒ 사업자 또는 그의 사용인의 고의 또는 중대한 과실로 인하여 발생한 때 : 사업자는 화물의 가액표시 여부에 관계없이 모든 손해를 배상해야 한다.

ⓓ 택배사업자의 면책 : 택배사업자는 천재지변 기타 불가항력적인 사유에 의하여 발생한 운송물의 멸실, 훼손 또는 배달지연(연착)에 대해서는 손해배상책임을 지지 아니한다.

② **책임의 특별소멸사유와 시효**

　㉠ 운송물의 일부 멸실 또는 훼손에 대한 사업자의 손해배상책임은 수하인이 운송물을 수령한 날로부터 14일 이내에 그 일부 멸실 또는 훼손의 사실을 사업자에게 통지하지 아니하면 소멸된다.

　㉡ 운송물의 일부 멸실, 훼손 또는 배달지연에 대한 사업자의 손해배상책임은 수하인이 운송물을 수령한 날로부터 1년이 경과하면 소멸된다. 다만, 운송물이 전부 멸실된 경우에는 그 인도예정일로부터 기산한다.

　㉢ 위 ㉠과 ㉡은 사업자 또는 그 사용인이 운송물의 일부 멸실 또는 훼손의 사실을 알면서 이를 숨기고 운송물을 인도한 경우에는 적용되지 아니한다. 이 경우에는 사업자의 손해배상책임은 수하인이 운송물을 수령한 날로부터 5년 간 존속한다.

③ **파손·분실 등에 대한 배상금 지급** : 손해입증서류 제출일로부터 30일 내 지급해야 한다.

16 택배운영시스템

(1) Point to Point System(PTP 시스템)

어느 하나의 지역에서 집하한 화물을 그 지역의 터미널로 집결시킨 후 배달할 지역별로 구분하여 배달담당 터미널로 발송하는 중계 및 운송시스템을 말한다.

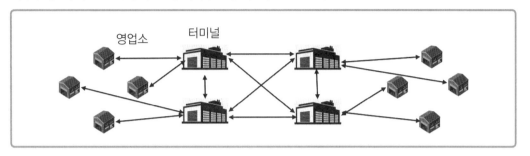

특 징	• 지역별로 큰 규모의 터미널이 설치되어야 한다.
	• 셔틀(Shuttle)운송이 필요하게 된다.
	• 가장 먼 지역에서 배달될 화물의 출발시간에 맞춰 집하화물이 입고되어야 한다(집하활동의 조기 종료).
	• 운송노선의 수가 많다(간선 및 Shuttle).
	• 분류작업이 시간적으로 발송작업과 도착작업으로 구분되어 이루어진다.
	• 네트워크의 구조는 주로 터미널과 영업소로 이루어진다.
	• 영업소(배송센터)의 확대가 비교적 자유로우나 비용의 증가로 이어질 수 있다.

(2) Hub & Spokes System(H & S 시스템)

각 터미널 또는 집배센터에서 집하한 화물을 하나의 대형터미널에 집결시킨 후 배달할 지역별로 분류하여 이를 배달지 터미널(집배센터)로 연계시키는 운송시스템이다. 중앙의 터미널을 Hub terminal이라 하고 허브터미널과 배달지의 영업소 또는 집배센터를 연결하는 간선운송을 Spokes 라고 한다(미국의 FEDEX 멤피스 허브터미널이 유명하다).

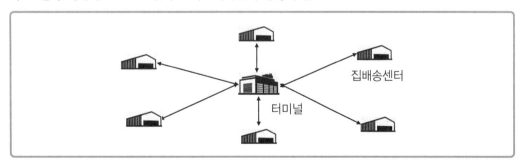

부록

특 징	• 대형의 분류능력을 갖는 허브터미널이 필요하다. • 네트워크의 구조는 허브터미널, 집배송센터로 이루어진다. • 기본적으로는 Shuttle 운송이 없다. • 허브터미널에서의 중계작업은 입고와 동시에 분류 및 출고작업이 이루어진다. • 각 집배센터의 발송작업은 집하물량의 입고순서에 따라 순차적으로 이루어진다(도착도 순차적으로 이루어짐). • 운송노선이 단순하다(집배센터와 허브터미널 간의 간선운송). • 집배센터의 규모가 대형화 되어야 효율적인 운송과 분류작업이 가능하다.

17 국제택배

(1) 국제택배사업 자격요건

「항공사업법」 제52조 및 동법 시행규칙 제52조에 의하면 국제택배사업을 하기 위해서는 다음 조건을 갖추어 국토교통부에 신고하도록 하고 있다.

> • 외국의 상업서류송달업체로서 50개 이상의 대리점망을 갖춘 업체와 대리점 계약을 체결한 사업자 또는
> • 2개 대륙 6개국 이상에 해외지사를 직접 설치한 사업자

(2) 국제택배화물의 통관

수입되는 국제택배화물은 신속한 통관을 위하여 목록통관, 간이통관, 일반통관으로 구분하여 처리하며, 발송지 국가의 공항에서 기적(機積)하여 출발시키면서 적하목록을 도착국의 영업소에 통보하면 이를 이용하여 공항세관에 사전에 목록을 제출하여 통관을 실시한다.

① **목록통관화물** : 운송 건당 물품의 가격이 미국으로 수입되는 화물의 경우 200$, 기타국가의 경우 150$(상품대·배송비·발송국내 세금 포함) 미만의 개인화물 또는 기업의 견본품 등으로서 면세가 되는 화물을 말한다.

② **간이통관화물** : 운송 건당 150$(미국 200$) 초과 2,000$ 미만의 개인 또는 기업의 화물로서 간이세율표에 의하여 관세가 부과되는 화물을 말한다.

③ **일반통관화물** : 운송 건당 2,000$을 초과하는 화물로서 국제택배업체가 운송한 화물이라 하더라도 일반과세물품으로 간주하여 일반수입신고 절차를 거치도록 하는 화물을 말한다.

제 3 장 철도운송

1 철도운송의 이해

(1) **철도의 특징**

① 철도운송은 대운송(철도운송구간)과 소운송(트럭운송구간)으로 구성된다.

② 철도운송은 시스템에 의하여 운영된다.

③ 철도는 철로의 폭이 1,435mm인 표준궤를 기준으로 광궤와 협궤로 구분며, 우리나라는 표준궤를 이용하고 있다.

2 철도 화차의 종류

화차의 종류	용도 및 특징
유개(有蓋)화차	• 화물을 안전하게 적재할 수 있도록 지붕과 벽을 설치한 밴형구조로 되어 있는 화차 • 악천후, 도난 등으로부터 보호해야 할 일반화물의 운송
무개화차	• 화물을 지지할 수 있는 벽체구조는 있으나 지붕구조가 없는 화차 • 주로 자갈, 무연탄, 고철, 광석 등을 운송할 때 이용 • 곤돌라화차라고도 한다.
평판화차	• 화차의 프레임(Frame) 위에 화물을 적재할 수 있는 상판(床板)만을 부착한 차량 • 장대화물, 중량물, 건설자재, 컨테이너와 같이 우천에 관계없는 일반화물운송용
유조차	유류 및 액체화학제품 등을 운송하기 위한 탱크차량
벌크화차	시멘트, 밀가루 등 분말을 운송하기 위한 차량
컨테이너화차	• 컨테이너를 전용으로 운송하기 위한 평판화차 • 미국에서는 컨테이너를 2단으로 적재하기 위한 더블스텍카를 활용
기타 특장화차	자동차운송전용차, 코일운송전용차 등 다양한 형태

3 컨테이너의 철도운송

(1) 컨테이너운송을 위한 인프라

컨테이너 야드 (Container Yard)	작업장이 일반화물역의 작업장과 달리 포장된 평탄한 컨테이너 야드가 조성되어야 함.
컨테이너 핸들러 (Container Handler)	무거운 컨테이너를 신속하게 화차에 적재하거나 하차하기 위한 컨테이너 전용크레인, 대형지게차 등이 필수적으로 구비되어야 함.
보세장치장	수입된 화물을 통관하기 전 도착역에 설치된 물류센터에 보관하기 위하여 보세장치장이 필요함.
CFS창고	소량의 수출입물량을 컨테이너화하고 Devanning하기 위한 CFS 필요
세 관	수출입화물의 신속한 통관을 위해서는 역구내에 세관이 설치되는 것이 필요함.

(2) 컨테이너운송에 이용되는 철도화차

Open Top Car	콘도라와 같이 생긴 화차로서 보기(bogie : 바퀴의 축)가 없으며 ISO표준규격 컨테이너를 적재하기 편리한 구조로 되어 있는 화차
Flat Car (평판화차)	• 장대화물이나 중량물을 운송하기 위한 화차 • 컨테이너 전용 화차가 부족할 때는 평판화차에 컨테이너를 적재하여 운송 (안전을 위한 결박 필요)
Container Car	전문적으로 컨테이너운송을 위하여 컨테이너규격에 맞게 화차의 규격을 제작하고 불필요한 부분은 제거하여 중량을 최소화한 화차
Double Stack Car	• 컨테이너를 2단으로 적재할 수 있도록 적재대 부분이 요(凹)자형으로 낮게 설치되어 있음. • 2단으로 적재할 수 있기 때문에 열차의 길이를 장대화하지 않고도 대량운송이 가능함. ◈ 국내 이용을 위한 실험 추진중

(3) 컨테이너 운송시 하역방식

① **TOFC**(Trailer On Flat Car) **방식** : 화차 위에 컨테이너를 적재한 트레일러를 적재한 채로 운송을 한 후 목적지에 도착하여 트레일러를 견인장비로 견인, 하차한 후 트랙터와 연결하여 운송하는 방식을 말한다.

　㉠ Piggy back 방식 : Piggy back 방식이란 화차 위에 화물을 적재한 트럭 등을 적재한 상태로 운송을 하는 형태를 말한다.

　㉡ Kangaroo 방식 : 캥거루 방식이란 피기백 방식과 유사하나 트레일러 바퀴가 화차에 접지되는 부분을 경사진 요철(凹凸) 형태로 만들어 적재높이가 낮아지도록 하여 운송을 하는 형태이다.

② COFC(Container On Flat Car) **방식** : 화차에 컨테이너만을 적재하는 방식을 말한다. 철도 컨테이너 야드(Depot)에서 크레인이나 컨테이너핸들러를 이용하여 적재하며, 일반 평판화차나 컨테이너전용화차를 이용하여 운송한다.

ⓐ 가로세로이동 방식 : 지게차 및 전용 핸들러를 이용하여 컨테이너를 적재하는 방식
ⓑ 매달아 싣는 방식 : 크레인을 이용하여 컨테이너를 와이어에 매달아 상하역하는 방식
ⓒ 플렉시밴 방식 : 화차에 턴테이블(Turn table)이 장착되어 있어 직각으로 상차된 컨테이너를 90° 회전시켜 장착하거나 하역하는 방식

4 철도차량 운행방법

직행운송 (Direct Freight)	• 역과 역 간을 Non-stop으로 직행운송하는 철도운송시스템을 말한다. • 운송량이 많이 발생하는 주요 생산지와 소비지 도시지역 간을 운행한다.
컨테이너운송 (Container Freight)	• 컨테이너 수출입항만과 주요 도시지역 간을 직행운행처럼 운송하는 형태이다. • 컨테이너만을 적재하고 직행운송한다.
프레이트라이너 (Freight Liner)	철도의 일정구간을 정기적으로 고속운행하는 열차를 편성하여 운송서비스를 하는 철도화물운송방법
야드집결운송	철도운송에서의 Hub & Spokes 타입의 운송시스템이다. 지선을 이용하여 허브터미널로 화차를 집결시킨 후 운송한다.
노선운송 (Single-Wagon Train)	철도차량 운행구간의 모든 화물이 존재하는 역을 경유하여 화물을 인계 · 인수하면서 운송하는 방식이다.
순환운송 (Shuttle Train)	노선을 환상(環狀)으로 구성하고 철도차량이 순환하면서 노선상에서 발생하는 운송물량을 인수하고 인계하면서 운송하는 형태이다.
Y셔틀트레인 (Y-Shuttle Train)	• 셔틀트레인과 유사한 형태로 운행을 한다. • 두 개의 셔틀노선이 만나는 중간터미널을 설치하고 이곳에서 노선 이외의 지역의 화물을 인계하거나 인수하여 운행한다.
Coupling & Sharing Train	중단거리운송이나 소규모터미널에서 운행할 수 있는 모듈트레인 형태이다 (신속한 상하역으로 운행속도 향상).

◈ 국내에서 주로 이용하는 방법은 직행운송, 컨테이너운송, 노선운송방법이다.

부록

■5 철도운송의 효율화 시스템

(I) 블록트레인(Block Train)시스템

① 운송업자가 자기화차와 자기터미널을 가지고 일정한 터미널에서 목적지 터미널 또는 수하인의 문전까지 타인의 선로(국영 또는 타 철도사업자 선로)를 임대하여 철도 또는 철도와 공로를 연계한 복합운송서비스를 제공하는 새로운 철도물류시스템을 말한다.

② 일반적으로 철도운송업자, 해운사, 터미널사업자, 트럭운송업자, 포워딩업자 등이 콘소시움을 구성하여 운영한다.

③ 철도는 안정적으로 물량을 확보할 수 있고 화주는 저렴하게 운송을 할 수 있다.

④ 운송의 효율성 향상을 위해 운송업자와 이용자가 공동으로 노력함으로써 문제점이 효율적으로 해결될 수 있다.

▌심화학습

블록트레인시스템의 특징
1. Door to Door 운송
2. 트럭과 철도를 연계한 복합운송
3. 전용화물터미널 확보 및 운영
4. 철도 레일 사용료 지불
5. 통관 등 수출입화물을 운송하기 위한 부대서비스 제공
6. 정기 또는 부정기편으로 운영

---

(2) 벌크운송시스템

벌크운송시스템은 화물을 포장하지 않은 상태에서 전용차의 용기에 적재하여 운송하고 목적지에 도착하여 별도의 용기에 화물을 저장하는 형태의 운송시스템을 말한다.

① 벌크운송의 목적

㉠ 포장비 절감 : 화물을 별도의 용기에 포장하지 않고 특수용기 형태로 만들어진 화차를 이용하여 운송함으로써 포장비를 절감할 수 있다.

㉡ 상하역비 절감 : 기계장치에 의한 상하역을 함으로써 신속하고 안전하게 상하역을 할 수 있으며, 하역비도 절감할 수 있다.

㉢ 안전한 운송 : 벌크운송차량은 운송하는 화물의 안전성을 감안하여 각종 필요한 안전장치를 갖추고 있기 때문에 운송 중의 사고위험성이 낮다.

㉣ 대량운송에 의한 운송비 절감 : 소비지에서 소량으로 판매되는 상품을 철도를 이용하여 대량으로 운송한 후 저장조에 보관한 상태에서 판매가 이루어지는 대로 소량으로 포장 또는 벌크상태로 판매함으로써 운송비를 절감할 수 있다.

② 벌크운송이 이루어지기 위한 조건

    ㉠ 전용화차 : 화물을 안전하게 운송할 수 있도록 유조차, 벌크차, 홉퍼차, 무연탄차 등과 같은 전용화차가 필요하다.

    ㉡ 자동적재장치 : 신속한 상하차를 위하여 기계상하차, 자동화 상하차설비 등이 필요하다.

    ㉢ 전용선 확보 : 전용차량을 이용하여 운송하는 화물은 대량으로 운송되기 때문에 인근역에서 생산공장까지 연결되는 전용선의 설치가 필요하다.

    ㉣ 화물보관용 저장고 설치 : 화물을 자동으로 하차하여 대량으로 보관할 수 있도록 시멘트싸일로와 같은 대단위의 저장시설을 설치하는 것이 필요하다.

6 철도운송 화물의 종류

① **화차취급** : 화차취급이란 화물운송의 수탁을 화차단위로 받아 운송하는 방법으로서 일종의 화차대절방법이다.

② **컨테이너취급** : 컨테이너 단위로 운송을 의뢰하는 형태이다.

③ **혼재차취급** : 다수의 화주의 화물을 하나의 철도차량에 혼재하여 운송하는 형태이다.

④ **소화물취급** : 화주로부터 비교적 소형의 화물에 대하여 화물단위별로 수탁받아 운송하는 형태이다(현재 한국철도공사는 취급하지 않고 있다. 다만 코레일네트웍스라는 철도공사 자회사가 KTX열차를 이용하여 KTX특송이라는 소화물 배송서비스를 제공하고 있다).

7 사유화차제도

① 사유화차란 트럭운송사업자, 화주, 해운회사 등이 제작한 철도화차를 말한다.

② 사유화차는 제작하여 등록시킨 기업의 화물을 전용으로 운송하게 되며, 운송업무는 철도공사가 담당하고 철도공사는 운임을 저감시켜 준다.

③ 사유화차를 제작하여 철도공사에 등록하면 사유화차를 이용하여 운송할 수 있다.

┌─ 보충학습 ◁─────────────────────────────────

사유화차의 이점

1. 화주기업 등은 자신의 전용화차로 철도운송을 할 수 있다.
2. 철도공사는 화차제작에 필요한 자금투입을 감축할 수 있다.
3. 화주기업 등은 필요한 시점에 저렴하게 철도운송을 할 수 있다.

└──

8 철도운송의 경쟁력확보방안

① 하역의 효율화
　　㉠ 화물취급역의 현대화
　　㉡ 상하차작업의 기계화(지게차, 컨베이어벨트 등)
　　㉢ 화물의 ULS화
② 소운송거리 단축
③ 소량화물운송체계 구축
④ 거점역화와 열차운행의 정기화
⑤ 철도역의 물류기지화
⑥ 연계운송의 유연성 확보
⑦ Freight Liner 업체의 육성

9 철도운송 이용 절차

국내 철도(한국철도공사)를 이용하여 화물을 운송하려고 할 때는 다음과 같은 절차에 의한다.

순 서	화주 역할	철도공사 역할
1	운송신청 • 화물운송장 제출 • 운송내역 신고	• 화물운송장 적합성 검토 • 차량 공급능력 검토 • 배차계획 수립 • 수용조건 수락 검토 • 회차 회송
2	화물적재(화주책임) • 화차 도착 후 5시간 이내 상차완료 •5시간 경과시 화차 유치료 부담	• 화물운송장 신고내역과 현품의 확인 • 포장·적재방법의 적정성 확인
3	운임 지불 • 거리중량·조건에 따른 운임 지불 • 화물운송 통지서 교부	운송기간 • 발송기간 : 화물수취 후 24시간 내 • 수송기간 : 200km마다 24시간 • 인도기간 : 도착역에 도착시간부터 24시간
4	화물의 하차(화주책임) • 화차 작업선 도착 후 5시간 내 하차 • 하차 당일 반출 •5시간 내 미하차 및 당일 미반출시 화물 유치료 부담	인도 • 화물 인도명세서에 수령인 날인

제 4 장 해상운송

1 해상운송의 특성

① 대량운송수단이다.

② 대양을 횡단하는 원거리 운송수단이다.

③ 운송비가 저렴하다.

④ 운송로가 비교적 자유롭다.

⑤ 국제성을 지니고 있다.

⑥ 운송속도가 느리다.

2 해상운송의 방식

구 분		운항방식
정기선운송	일반화물선운송	운항노선을 설정하고 다양한 종류 및 규격의 일반화물을 정기적으로 운송하는 방법
	컨테이너선운송	컨테이너만을 대상으로 하여 운항노선을 정기적으로 운송하는 형태
부정기선운송	일반부정기선운송	• 운송수요가 있을 때만 운송하는 형태 • 다양한 종류의 화물을 운송할 수 있는 구조의 선박 • 용선시장에서 단기 또는 장기계약으로 용선하여 운송
	전용선운송	• 일반적으로 특정 화물만을 전용으로 운송할 수 있는 구조의 선박을 이용한 운송 • 특정 화주에 장기계약으로 용선되어 운항

3 해상운송의 역할

① **자원의 효율적인 배분** : 경제적인 대량운송수단을 이용하여 지하자원 등 대규모 자원을 필요한 국가에서 원활하게 확보할 수 있도록 한다.

② **국민소득 증대에 기여** : 해상운송은 선원 및 해운종사자, 하역종사자 등 많은 고용창출을 함으로써 국민의 소득 증대에 기여한다.

부록

③ **국제수지의 개선**: 해운산업의 발전은 해상운임의 외국으로의 유출을 방지할 뿐만 아니라 외국의 수출입화물을 운송함으로써 외화 획득을 하여 국제수지를 개선시킨다.

④ **관련 산업의 육성**: 해상운송업의 발전은 조선업의 발전을 유발시키고 조선업은 철강, 기기산업의 발전에 영향을 준다. 또한 하역, 해상보험, 기타 물류산업발전에 많은 영향을 준다.

⑤ **국방력의 강화**: 해운산업의 발전은 유사시 군수물자의 원활한 조달을 가능케 하여 국방력을 강화시킨다.

⑥ **국제경쟁력의 강화**: 자국의 해운산업의 발전은 자국상품에 대한 운송비 경쟁력을 향상시킬 뿐만 아니라 필요한 때 필요한 선복을 원활하게 확보할 수 있어 수출상품을 적기에 운송할 수 있도록 한다.

▎4 ▏ 선박의 개념

① **일반적 의미**: 일반적으로 선박이란 사람이나 화물을 싣고 해상(海上)을 통하여 공간적·장소적 이동을 수행하는 운송수단을 말한다.

◉ 선박의 3요소

> ㉠ 부양성: 물 위에서 뜰 수 있어야 한다.
> ㉡ 적재성: 화물이나 여객을 실을 수 있어야 한다.
> ㉢ 운반성: 적재한 화물이나 여객을 이동시킬 수 있어야 한다.

② **상법상의 선박**: 상법상 선박이란 상행위, 기타 영리를 목적으로 항해에 사용하는 선박이라고 규정(제740조)하고 있으나 상행위나 영리를 목적으로 하지 않는 국가나 공공기관 소유의 선박도 포함되어야 할 것이다.

③ **무역에서의 선박**: 일반적으로 무역에서 선박이란 상선 중에서도 영리를 목적으로 하고, 화물을 수송하는 협의의 개념으로 파악해야 한다.

◉ 화물선의 정의

> 화물선이란 화물운송을 주목적으로 건조된 선박을 말하며, 여객운송과 화물운송을 동시에 수행할 경우에는 여객정원이 12명 이하인 선박일 때 화물선으로 분류한다.

◉ 소형선박의 정의

> • 총톤수 20톤 미만의 기선 및 범선
> • 총톤수 100톤 미만의 부선

5 선박의 국적

(1) 국적(國籍)

선박이 국가의 보호를 받고 정상적인 운항을 하기 위해서는 어느 한 국가에 등록을 해야 하는데 이때 등록된 국가가 선박의 국적, 즉 선적(船籍)이 된다.

우리나라 국적(한국국적) 선박으로 인정하는 국내법 규정은 다음과 같다(「선박법」 제2조).

① 국유 또는 공유의 선박
② 대한민국 국민이 소유하는 선박
③ 대한민국 법률에 따라 설립된 상사법인이 소유한 선박
④ 대한민국에 주된 사무소를 둔 위 제③항 이외의 법인으로서 그 대표자(공동 대표인 경우 그 전원)가 대한민국 국민인 경우에 그 법인이 소유하는 선박

(2) 편의치적제도(Flag of Convenience)

선주(船主)가 속한 국가의 엄격한 요구 조건과 의무부과를 피하기 위하여 파나마, 온두라스 및 라이베리아 등의 국적을 취득하는 것을 의미한다.

이 같은 편의치적제도의 이점은 다음과 같다.

◉ 편의치적제도의 이점

① 운항상의 융통성
② 선원공급원(船員供給源) 선택상의 자유재량권
③ 세제상의 이점
④ 금융상의 이점
⑤ 운항 및 안전기준의 이행 회피 등

(3) 제2치적제도(Second Registry)

자국 선박의 해외등록을 방지하기 위하여 자국의 자치령, 또는 속령, 자국 내의 특정 지역 등을 지정하여 이곳에 등록을 하면 선원고용의 융통성, 세제혜택 등을 부여하는 제도이다.

우리나라의 경우에는 제주도에 등록을 할 경우 지방세의 감면, 외국선원의 고용 등을 허용하고 있다.

◉ 제2치적의 주요 내용

① 기존의 등록지와 다른 곳(지정된 곳)에 등록하고 그곳에 명목상 본사를 둔다.
② 자국기를 계양하면서 외국선원의 고용을 허용하고 각종 세금을 경감해준다.
③ 선박안전과 선박관리 등에 관한 사항은 자국선과 동일하게 적용한다.

부록

6 선박의 제원과 흘수(吃水)

(1) 선박의 제원

① 길 이

㉠ 전장(全長, Length Over All : LOA) : 선체에 고정되어 있는 모든 돌출물을 포함한 배의 맨 앞부분에서부터 맨끝까지의 수평거리로 접안(接岸, berthing) 및 입거(入渠, docking) 등 선박건조시 사용된다.

㉡ 수선간장(垂線間長, Length Between Perpendicular : LBP) : 만재흘수선상의 선수수선(船首垂線)으로부터 타주(舵柱)의 선미수선(船尾垂線)까지의 수평거리로 일반적으로 선박의 길이는 이것을 사용한다.

㉢ 등록장(登錄長, registered length) : 상갑판 가로들보의 선수재전면으로부터 타주후면까지의 수평거리를 말하며, 선박원부에 등록 및 선체운동 분석시 이용된다.

② 선 폭

㉠ 전폭(全幅, extreme breath) : 선체의 가장 넓은 부분에서 측정한 외판의 외면에서 반대편 외판까지의 수평거리로 입거시 이용된다.

㉡ 형폭(型幅, moulded breath) : 선체의 가장 넓은 부분에서 측정한 frame의 외면에서 외면까지의 수평거리로 「선박법」상 배의 폭에 이용된다.

③ 선심(船深, vertical dimensions) : 선체중앙에 있어 상갑판 가로들보(빔) 상단에서 용골의 상단까지의 수직거리로 「선박법」상 배의 깊이에 이용된다.

④ 건현(Free board) : 선체 중앙부 현측에서, 갑판 윗면으로부터 만재흘수선마크 윗단 부분까지의 수직거리를 말한다. 즉, 선박의 선심에서 흘수 부분을 뺀 길이를 말하며 건현이 크면 예비부력이 커져서 선박의 안정성이 커진다.

(2) 흘수(吃水, load draft)

흘수란 선박이 화물을 만재했을 경우 선박 정중앙부의 수면이 닿는 위치에서 배의 가장 밑바닥 부분까지의 수직거리를 말하며, 수심이 낮은 운하 및 하천의 운항과 원양선의 적하량을 설정하는 기준이 된다. 흘수의 표시방법에는 다음과 같은 방법이 있다.

흘수의 종류	내 용
전흘수(keel draft)	수면에서 선저의 최저부까지의 수직거리
형흘수(moulded draft)	수면에서 용골의 상단까지의 수직거리
만재흘수(load draft)	만재흘수선에서 용골의 상단까지의 수직거리
선수흘수(fore draft)	선수수선에서의 흘수
선미흘수(aft draft)	선미수선에서의 흘수

7 선박의 톤수

(1) 용적표시 톤수

선박이 화물을 적재할 수 있는 공간이 얼마인가를 나타내는, 용적에 의한 적재능력을 나타낸다. 선박의 용적은 1톤으로 한다. 용적톤수는 총톤수와 순톤수로 구분된다.

① **총톤수**(Gross Tonnage : G/T) : 선박의 밀폐된 전 내부공간, 즉 총용적량(總容積量)으로서 측정갑판 아래의 모든 공간과 상갑판의 밀폐된 장소의 합을 말한다.

② **순톤수**(Net Tonnage : N/T) : 총톤수 공간에서 선원실, 기관실 등을 뺀 화물을 적재할 수 있는 공간의 용적크기이다.

③ **재화용적톤수**(Measurement Tonnage : M/T) : 선박의 각 홀드(선창)의 용적과 특수화물의 창고 등 운송영업에 제공될 수 있는 공간의 크기를 나타내며 산출된 용적을 $40ft^3(1.133m^3)$을 1톤으로 환산한다.

(2) 중량표시 톤수

① **배수톤수**(Displacement tonnage) : 이것은 선박의 전 중량(全重量)을 말하는 것으로 배의 무게는 선체의 수면하의 부분인 배수용적에 상당하는 물의 중량과 같으며, 이 물의 중량을 배수량 또는 배수톤수라고 한다.

② **재화중량톤수**(Dead Weight Tonnage : DWT) : 선박이 적재할 수 있는 화물의 최대 중량을 가리키는 단위로 영업상 가장 중요시되는 톤수이다.

8 선급제도

선급제도란 선박이 정상적으로 운항할 수 있는 안전한 상태인지 여부의 감항성을 인증하는 제도이다. 선박이 안전하게 항해할 수 있는지 여부는 보험회사, 화주, 해운사 등에게 있어서 매우 중요한 사항이기 때문에 국제적으로 인정되는 신뢰성 있는 기준과 인증기관이 필요하게 되었으며, 이러한 선박의 감항성을 인정해주는 제도가 선급제도이다.

> **■ 심화학습**
>
> **선박의 감항성**(堪航性)
> 선박은 고가의 운송서비스 생산수단이며, 해상의 위험에 항상 노출되어 있게 되므로 만일의 사고로 인한 손실을 보상하기 위하여 아주 오래전부터 보험에 가입하는 것이 관례화되어 왔다. 보험계약을 체결할 때 보험업자는 사고로 인한 보험금 지불을 가능한 줄이기 위해 적어도 정상적인 항해가 가능한 선박만을 계약하려 한다. 이때 정상적인 항해가 가능한 선박의 상태를 감항성(seaworthiness)이라고 한다.

부록

9 해상운송방법

해상운송은 정기선운송과 부정기선운송으로 구분된다. 다음과 같은 차이가 있다.

구 분	정기선운송	부정기선운송
운항형태	• 규칙성, 반복성 • 운송물량에 관계없이 정해진 항로 운항	• 불규칙성 • 운송의 필요성이 있을 때 선박을 용선하여 운항
운송인 성격	공중운송인(Common Carrier)	• 계약운송인(Contract Carrier) • 전용운송인(Private Carrier)
화물의 성격	이종화물	동종화물
화물의 가치	일반적으로 고가화물	일반적으로 저가화물
운송계약	선하증권(B/L)	용선계약서(Charter Party : CP)
운 임	공표된 운임률 적용	시장의 수요와 공급수준에 따라 결정
서비스	화주의 요구에 따라 조정	선주와 용선자 간의 협의로 결정
선 박	고가, 구조 복잡	저가, 단순구조
조 직	대형, 글로벌조직 필요	소형조직
화물의 집하	영업부 또는 대리점	중개인
여객운송	제한적 취급(페리선)	취급하지 않음.

10 정기선화물의 운송절차

(1) 일반화물의 선적절차

① 선사(또는 선사의 대리점)에 선복신청(Shipping request) 및 운송계약체결(출발항, 선편, 출항일, 운송임 등 결정)
② 화물의 포장 : 장거리 항해에 적합하도록 견고하게 목재포장을 실시한다.
③ 화물에 대한 용적중량증명서 발행(검량회사) : 선사가 지정한 검량회사
④ 수출신고(Export declaration) 및 수출허가(Expert permit) 취득 : KT-net을 통하여 EDI로 신고
⑤ 해상보험 가입 : 국제운송에는 보험가입이 필수적
⑥ 화물의 운송(물류센터, 포장센터 ⇨ 항만) : 화주의 책임하에 부두까지 운송
⑦ 화물의 선적(항만하역회사 ⇦ 화주가 계약 또는 선사가 계약)
⑧ 본선수취증(Mate's receipt, M/R) 수득(1등항해사가 발행)
⑨ 선하증권(Bill of lading, B/L) 수득(선사가 M/R과 교환으로 발행)

⑵ 컨테이너화물의 선적절차

> **보충학습**
>
> **FCL과 LCL**
>
> 1. **FCL**: Full Container Load의 약자로서 운송되는 화물의 양이 하나의 컨테이너에 적절하게 적입되어 적재효율성이 저하되지 않은 상태로 의뢰되는 화물을 말한다.
> 2. **LCL**: Less Than Container Load의 약자로서 하나의 컨테이너를 이용하여 운송하기에는 운송의뢰되는 화물의 양이 적어 적재효율성이 저하되는 화물이다. 컨테이너를 이용하기 위해서는 다수의 운송의뢰자의 화물을 집결시켜야 하는 화물이다(CFS에서 컨테이너화함).

① **FCL화물의 운송절차**: FCL화물은 컨테이너운송회사(선사)가 송하인의 문전에서 화물을 인수하여 수하인의 문전 또는 지시하는 장소까지 일관책임으로 운송한다.

◉ **FCL화물의 선적절차**

> ㉠ 컨테이너 운송계약 체결: 컨테이너선사 또는 대리점과 또는 포워딩업체와 컨테이너운송 계약체결
>
> ㉡ 선복신청(화주 ⇨ 선사): 수출계약에 따라 선적희망일자를 계약한 업체에 통보
>
> ㉢ 컨테이너 배치(Depot ⇨ 화주문전): 화주의 선복요청에 따라 선사 또는 포워딩업체는 계약한 컨테이너운송회사에 공컨테이너(Empty container)를 화주문전에 배치할 것을 지시하고 이에 따라 운송회사가 컨테이너를 배치
>
> ㉣ 화물의 적입(Stuffing): Empty container에 화물을 적입 후 봉인실시
>
> ㉤ 수출허가 수득(세관): 화주는 관할 세관에 수출신고를 함.
>
> ㉥ 해상보험 가입: 화주가 보험회사에 수출되는 상품의 가액(L/C상의 계약금액)을 기준으로 하여 보험가입을 함.
>
> ㉦ 컨테이너의 운송: 화주의 문전에서 CY(Container Yard)로 Stuffing이 완료되면 컨테이너 운송회사에 연락하여 컨테이너를 CY 또는 부두로 운송시킴.
>
> ㉧ 부두수취증(Dock Receipt, D/R)의 수득: 선사가 화물의 인수를 증명하는 서류로서 컨테이너가 CY(또는 CFS)에 인도되면 선사가 발행한다(일반화물의 경우 Mate's Receipt에 해당).
>
> ㉨ B/L의 수득: D/R과 교환하여 발행한다. 선적(On board)되었음이 기록되어야 은행 Negotiation이 가능하다.
>
> ㉩ 선적: 컨테이너의 선적은 선사의 책임으로 수행한다.

부록

② **LCL화물의 운송절차**: LCL화물을 컨테이너에 적입하여 운송하기 위해서는 CFS(Container Freight Station)를 통과해야 하며 인수시에도 CFS에서 인수한다.

● FCL화물의 운송절차와 다른 점

> ㉠ 송하인의 책임으로 선사 또는 포워딩회사(선사의 대리점)가 운영하는 CFS까지 운송한다.
> ㉡ 운송료는 CFS에서 포장 및 컨테이너에 적입한 실 용적을 계산하여 책정된다.
> ㉢ 포워딩회사는 같은 행선지의 다수의 화물을 콘솔(Consolidation)하여 하나의 컨테이너에 적입해야 하기 때문에 원하는 출항일자에 앞서 충분한 시간을 두고 CFS에 반입해야 한다.
> ㉣ 운송 후 화물 인수시에도 CFS에서 이루어지며 CFS에서 통관 후 수하인의 책임으로 문전까지 운송한다.

11 정기선운송에 관한 주요 서류

Shipping Request(S/R)	• 화주가 선사에 제출하는 운송의뢰서로서 운송화물의 명세가 기재 • S/R을 기초로 선적지시서, 선적계획, 검수보고서, 본선수취증, 선하증권 등이 발행(선적서류의 출발점)
Booking Note	S/R을 기초로 선사가 작성하는 화주별 운송내역서
Equipment Receipt(E/R)	컨테이너 및 컨테이너 섀시 등에 대한 터미널에서의 기기 인수·인계 증빙서
Shipping Order(S/O)	• S/R을 받은 선사가 화주에게 발행하는 선적승낙서 • 동시에 일등항해사에게 선적을 지시하는 서류
Dock Receipt(D/R)	• 컨테이너화물에 대하여 선사가 화물을 인수했다는 증빙서(컨테이너 터미널에서 인수) • 화주가 운송화물의 내역을 기록하여 제출하면 선사 또는 실제 화물내용과 서류의 내용을 확인하여 이상유무를 기록하고 발급
Mate's Receipt(M/R)	• 본선에 화물이 이상 없이 인도되었음을 증빙하는 서류(일반화물에 대하여 본선에 대한 선적증명) • 일등항해사가 S/R과 대조하여 확인하고 발급
Cargo Manifest(M/F)	• 선적완료 후 선사가 작성하는 적하목록 • 목적지 항별로 작성하여 목적항 대리점에 통보
Delivery Order(D/O)	• 양륙지에서 수하인에게 화물을 인도할 것을 지시하는 서류 • 선하증권 또는 화물선취보증장(L/G)을 받고 발급
Boat Note(B/N)	• 선사로부터 화물을 인수하였음을 증명하는 화물인수증 • D/O를 기초로 실제 인수화물과 대조하여 발급
Arrival Notice(A/N)	• 선사가 화주에게 선박 도착예정일을 통보하는 통지서 • 수입업자 또는 전속통관사 등에 통보

12 부정기선(Tramper)운송

(1) 부정기선 용선형태

용선형태	내 용
항해용선 (Voyage charter)	한 항구에서 다른 항구까지 한 번의 항해를 위해 체결하는 계약
정기(기간)용선 (Time charter)	모든 장비를 갖추고 선원이 승선해 있는 선박을 일정기간 동안 고용하는 계약
선복용선 (Lump sum charter)	항해용선계약의 변형으로 운항선박의 선복 전부 또는 일부를 한 선적으로 간주하여 운임액을 결정하는 용선계약
일대용선 (Daily charter)	항해용선계약의 변형으로 하루 단위로 용선하는 용선계약
나용선 (Bare boat charter)	선박만을 용선하여 인적 및 물적요소 전체를 용선자가 부담하고 운항의 전부에 걸친 관리를 하는 계약

(2) 부정기선 용선계약의 종류별 특징

구 분	항해용선계약	정기용선계약	나용선계약
선장고용책임	선주가 임명, 지휘통제	좌동	임차인이 임명
책임한계	선주책임으로 운송	좌동	임차인의 책임으로 사용 및 운송
운임결정기준	화물수량 또는 계약선 복량 기준	운항기간을 기준하여 결정	사용기간을 기준으로 결정
기항담보	용선자는 기항담보책임 없음	좌동	지정된 항으로 기항시켜야 함
선주의 비용부담	선원급료, 식대 및 음료수, 선박 운영 및 유지비, 보험료, 상각비, 연료비, 항비, 하역비, 예선 및 도선료 등 (운항, 하역관련 제 비용)	선원급료, 식대 및 음료수, 유활유, 유지보수비, 보험료, 상각비 등	감가상각비
용선자 비용부담	용선임과 비용부담 없음.	연료, 항비, 하역비, 예선 및 도선료	감가상각비를 제외한 모든 비용

(3) 부정기선의 정박기간의 조건

관습적 하역조건(CQD)	해당 항만의 관습적 하역방법 및 하역능력에 따라 가능한 신속하게 하역을 종료하는 조건이다.
연속작업일 조건 (Running Laydays)	역의 시작시점으로부터 끝날 때까지의 모든 날짜를 하역기간에 포함시키는 방법이다.
호천일작업일조건(WWD)	기상조건이 하역가능한 날짜만 정박기간에 산입하는 하역조건으로서 가장 많이 선택되고 있는 조건이다.
WWD-SHEX	하역의무기간 산입에 일요일과 공휴일을 제외시키는 조건이다.
WWD-SHEXUU	일요일, 공휴일에 대하여 작업을 하지 않았을 때만 산입하지 않고 작업을 하게 되면 산입을 하는 방법이다.
WWD-SHEXUU-but only time actually used to count	일요일, 공휴일에 작업을 했을 경우에만 산입을 하지만 일요일, 공휴일에는 실제 작업한 시간만을 계산하여 작업시간에 산입한다는 조건이다.

13 해상화물운송계약의 방법

(I) 개품운송계약 절차

절 차	주요 내용
운임 및 일정확인	선사의 홈페이지 또는 운항스케줄정보지 등을 이용한 일정 확인
선적요청서 작성	선사 홈페이지 또는 영업점에서 선적신청서 작성(Shipping Request : S/R)
선복원부 기입	선사는 계약승낙의 의사표시로 운송계약예약서 작성(Booking Note)
선복예약서 교부	송하인에게 Booking Note 교부
선적 및 B/L 교부	지정된 시기에 선적을 완료한 후 선하증권 발부

(2) 부정기선 계약절차

절 차	주요 내용
선복 확인 조회	• 화주가 용선중개인에게 화물의 종류, 수량, 선적시기, 운항구간, 운임률 등의 조건을 정하여 선박중개를 의뢰 • 이를 토대로 중개인은 조건과 일치하는 선박이 있는지를 조회
선복을 위한 확정청약	조회를 받은 선사가 요청조건이 합당하면 화주에게 용선계약을 신청하게 되며, 이때 작성하는 신청서를 Firm Offer라고 한다.
확정청약에 대한 반대청약	• 선사가 제시한 조건에 대하여 화주가 조건의 일부를 수정하거나 추가제의를 할 경우 희망조건을 제시하는 것을 Counter Offer라고 한다. • 청약과 반대청약이 수차례 반복되어 최종적으로 계약조건을 일치시켜 나간다.
선복확약서 작성	용선계약조건이 최종적으로 일치되면 화주와 선주, 중개인이 선복확약서를 작성하여 서명날인하고 1부씩 보관한다.
용선계약서 작성	화주와 선주 간 최종적으로 선복확약서에 따라 정식 용선계약서를 작성한다.

(3) 개품운송과 용선운송계약의 비교

개품운송과 용선운송계약의 차이점은 다음과 같다.

구 분	개품운송계약(정기선운송)	용선운송계약
운송형태	다수의 화주로부터 개별화물의 위탁운송	특정의 상대방과 계약에 의해 선박을 대여하는 형태
운송선박	정기선	부정기선
화주특성	불특정 다수	특정 계약화주
화물특성	컨테이너, 잡화(비교적 소규모)	대량 살화물
계약서	선하증권(B/L)	용선계약서(Charter Party : CP)
운임조건	Berth Term(Liner Term)	FI, FO, FIO
운임률	공시요율(Tariff Rate)	수요공급에 따른 시세(Open Rate)

14 해운동맹(Shipping Conference, Alliance)

(1) 해운동맹 조직방법

① 폐쇄적 해운동맹 : 동맹에 대한 신규 가입이 엄격히 제한되는 형태로 운항능력, 선사의 신뢰성, 영업력 등을 엄격히 심사한다(영국형).

② 개방적 해운동맹 : 공공운송인(Common Carrier)이면 누구나 참여 및 탈퇴가 가능하고, 구속력이 약하여 동일선대로서의 역할이 미흡하다(미국형).

(2) 해운동맹의 경쟁제한수단

대내적 제한수단(동맹선사 대상)	대외적 제외수단(화주 대상)
① 운임협정(rate agreement)	① 이중운임제(Dual Rate System)
② 배선협정(sailing agreement)	② 운임연환급제(Deferred Rebate System)
③ 공동계산(pooling agreement)	③ 경쟁대항선(Fighting Ship)
④ 공동운항(joint service)	④ 성실보상제(Fidelity Rebate System)
⑤ 중립감시기구(neutral body : N/B)	

(3) 해운동맹의 장단점

구 분	내 용
장 점	① 선박의 운항이 빈번, 정확, 규칙적이어서 무역거래 편리 ② 안정적 자본투자에 의한 서비스 개선 촉진 ③ 운임의 안정화에 의한 생산 및 판매계획 수립 용이 ④ 운임부담력에 근거하여 모든 화주에게 공평하게 적용 ⑤ 합리적 배선에 의한 불필요한 낭비 방지 및 원가 절감 ⑥ 동맹가입을 통한 소규모 선사들 생존 가능
단 점	① 독점성에 의한 과대이윤 추구 및 서비스 저하, 클레임 회피, 보복적·차별적 대우 우려(기항지 축소, 자의적 맹외항 할증률 적용 등) ② 운임률이 원가보다는 동맹의 정책에 좌우되어 불합리하게 책정(화주 불리) ③ 운임환불제, 계약운임제도 등에 의해 선사의 일방적 운송통제 ④ 기존 회원사들의 신규회원사에 대한 차별적 대우 우려(배선율, 화물적취율 제한)

15 위험물 해상운송(IMDG Code)

(1) 위험물의 정의

일반적으로 위험물(Dangerous Goods)이란 운송시 건강, 안전, 재산 및 환경에 부당한 위해를 끼칠 수 있는 모든 물질 및 제품을 말한다.

또한, 위험물에는 이전에 위험물을 담았던 세척되지 않은 빈 포장용기(소형용기, 중형산적용기, 대형용기, 산적 컨테이너, 이동식 탱크 또는 탱크차량)도 포함된다.

(2) 위험물의 등급별 화물

제1급(Class 1)	화약류(Explosives)
제2급(Class 2)	가스류
제3급(Class 3)	인화성 액체(Flammable liquids)
제4급(Class 4)	가연성 고체, 자연발화성 물질, 물과 접촉시 인화성 가스를 방출하는 물질
제5급(Class 5)	산화성 물질 및 유기과산화물
제6급(Class 6)	독성 및 전염성 물질
제7급(Class 7)	방사성 물질
제8급(Class 8)	부식성 물질
제9급(Class 9)	환경유해성 물질(수생환경)

(3) 위험물의 포장

① 위험물의 종류에 따른 지정된 등급으로 포장해야 한다.

② 위험물의 종류 및 수량에 따라 적정한 포장이 되어야 한다.

③ 위험물의 포장에는 위험물의 종류에 따른 표식을 부착해야 한다.

(4) 위험물의 적재

위험물을 동일한 공간에 적재할 때는 IMDG Code 격리표에 정해진 방법으로 격리하여 적재해야 하며, 격리표상 code에 따른 격리 및 적재방법은 다음과 같다.

구 분	1	2	3	4
갑판상부 적재	수평거리로 3m 이상 격리	수평거리로 6m 이상 격리	수평거리로 12m 이상 격리	수평거리로 24m 이상 격리
갑판하부 적재	동일 화물창 또는 구획에 적재 가능. 단, 수평거리로 3m 이상 떨어지게 적재	별도의 화물창 또는 구획에 적재	1화물창 이상 또는 1구획실 이상 떨어지게 적재	선수미 방향으로 1화물창 이상 또는 1구획실 이상 떨어지게 적재

부록

(5) 위험물의 운송

① 위험물의 운송시 운송서류에는 기본적인 위험성 정보를 기록해야 한다.

② 기본적인 위험성 정보는 다음 내용과 순서에 의해 기록되어야 한다.

순 서	정 보	표시방법
1	유엔번호(UN No.)	"UN"이라는 문자 뒤에 표시
2	정식운송품명(PSN)	해당하는 경우 전문명칭을 괄호 안에 기재
3	주 위험성 급/등급 (Primary Hazard Class/Div.)	제1급인 경우에는 혼적그룹 문구도 추가 기재
4	부 위험성 급/등급 (Subsidiary Hazard Class/Div.)	배정된 경우에 한하며, 괄호 안에 기재
5	포장등급(Packing Group)	배정된 경우에 한함

16 해상운송화물의 보안제도

(1) 컨테이너안전협정(Container Security Initiative : CSI)

미국 관세청(CBP)은 9 · 11 이후 대량살상무기 등이 자국으로 밀반입되는 것을 차단하고 자국 영토를 보호하기 위해 반테러 프로그램을 개발하기 시작하였으며, 그 일환으로 2002년 1월 CSI (Container Security Initiative) 프로그램을 도입하였다.

(2) 대테러방지 민관협력프로그램(Customs Trade Partnership Against Terrorism : C-TPAT)

2002년 미국CBP(세관 · 국경안정청)가 도입한 반테러 민관파트너쉽제도이다. C-TPAT 가입대상은 미국의 수입자, 운송회사, 관세사 등을 포함하는 서플라이체인의 모든 당사자들이다.

(3) 24-hour advance vessel manifest rule

미국으로 수출하는 모든 운송인(Carriers and NVOCCs)은 컨테이너가 선박에 선적되기 24시간 전에 미국행 화물컨테이너에 적입된 화물내역(적하목록)을 미국 관세청의 자동적하목록시스템(Automated Manifest System)에 신고해야 하는 규정이다.

(4) Megaports Initiative(MI)

MI는 해상항구를 통해 선적되는 화물에 폭발물이나 핵무기와 같은 위험한 물체가 포함되어 있는지를 검사(Screen)하기 위한 프로그램으로, 미국으로 화물이 반입되기 전에 외국 항구에서 화물을 검사하는 조치를 이행한다.

(5) 물류보안경영시스템(ISO 28000)

ISO 28000시스템은 다양한 국가의 물류보안제도를 수용, 준수하는 보안경영시스템을 구축하여 국제적으로 보안상태가 유지되는 기업임을 인증받는 제도로서 생산자, 운송업자, 보관업자 등 모든 공급망상의 기업들이 대상이다.

(6) 공인경제운영인제도(Authorized Economic Operator : AEO)

초창기 물류보안제도가 보안검색활동으로 인한 리드타임 지연문제를 발생시켰다. 따라서 이를 보완하기 위하여 세계관세기구(World Customs Organization : WCO)가 무역안전과 원활한 무역활동을 보장하기 위한 국제규격의 무역안전규정을 제정하였으며 이 규정에 따라 인증을 받은 기업은 수출입화물의 보안시스템에서 혜택을 주는 제도이다.

(7) 위험물 컨테이너점검제도(Container Inspection Program : CIP)

CIP는 컨테이너에 적입되어 해상으로 운송되는 위험화물에 의한 사고를 예방하기 위하여 수입되는 위험물 컨테이너에 대한 국제해상위험물규칙(IMDG Code)의 준수 여부를 점검하는 제도이다.

(8) 국제선박 및 항만시설 보안규약(International Ship and Port facility Security : ISPS)

각국의 정부와 항만관리당국, 선사들이 갖추어야 할 보안관련 조건들을 명시하고 있는 국제해상보안규약으로서 국제무역에 사용되는 선박과 항만시설의 보안에 대한 위협을 감지하고 사고를 예방하는 방법에 대한 가이드라인을 제시하고 있다.

(9) GreenLane 해상화물보안법(GreenLane Maritime Cargo Security Act)

2005년에 도입된 GLMCSA는 C-TPAT 참여자가 화물의 Screening 및 검사와 관련한 특정 기준을 충족한 경우 추가적인 세관 혜택을 제공하는 것이다.

(10) SAFE Port Act

미국 국토안보부가 현재까지 시행되고 있는 제도만으로는 WMD(대량살상무기)를 효과적으로 차단하는데 한계가 있다고 판단하여 Security and Accountability for Every Port Act 2006(이하 SAFE Port Act, 2006년 10월부터 발효)을 제정하였는데, 본 법률은 해상 항구 및 화물을 보호하기 위한 기존의 미국 법률을 재조립하여 완성시킨 법률이라는 측면에서 큰 의의가 있다.

(11) 9/11 Act 2007

외국항만에서 선적 후 직접 또는 경유과정을 거쳐 미국으로 반입되는 모든 컨테이너는 선박에 적재되기 전에 NIIE 및 RDE에 의해 Scan되어야 하며, 이를 충족하지 못한 경우 미국으로의 반입을 금지하고 있다.

부록

17 해상위험의 종류

(1) 위험의 특성에 따른 분류

① **해상고유의 위험** : 해상고유의 위험(perils of the sea)은 해난, 즉 바다의 자연적 위험으로 인한 우연한 사고 또는 재난을 말하고, 전형적인 예로는 침몰(sinking), 좌초(stranding), 충돌(collision), 교사(grounding)를 비롯하여 악천후(heavy weather) 등이 있다.

② **해상위험** : 해상위험(perils on the seas ; maritime perils)의 전형적인 예로는 자연적 또는 인위적 행위에 의한 화재(fire or burning)뿐만 아니라 투하(jettison), 선원의 악행(barratry of master or mariners), 해적ㆍ절도ㆍ강도(pirates, rovers & thieves) 등 인위적 위험도 포함한다.

③ **전쟁위험** : 해상보험에 있어서의 전쟁위험(war perils)의 개념은 국제법상의 전쟁뿐만 아니라 국가로서 승인되어 있지 않은 주체(해적 등)에 속하는 군함 등에 의한 포획(capture)이나 나포(seizure) 등 전쟁에 준한 상황으로 인한 인위적 위험을 말한다.

(2) 위험 담보 여부에 따른 분류

① **담보위험** : 담보위험(perils covered risks)은 보험자가 그 위험에 의하여 발생한 손해를 보상할 것을 약속한 위험으로서 보험자가 보상책임을 부담하기 위해서는 손해가 담보위험에 의하여 발생된 것이어야 한다.

② **면책위험** : 면책위험(excepted or excluded perils)은 그 위험에 의하여 발생된 손해에 대하여 보험자가 보상책임을 면하는 특정한 위험이다.

③ **비담보위험** : 비담보위험(perils not covered)은 담보위험 및 면책위험 이외의 모든 위험을 말하며, 이는 처음부터 보험의 대상에서 제외되는 중성위험(neutral perils)에 속한다.

18 해상손해의 종류

(1) 물적손해

① **전 손**

전손(Total Loss)이란 피보험이익이 전부 멸실된 경우를 말하며, 전손은 다시 현실전손과 추정전손으로 구분한다.

㉠ 현실전손(Actual Total Loss : ATL) : 현실전손은 보험목적물이 현실적으로 전멸된 경우를 말한다.

ⓐ 보험목적물이 완전히 파손되어 상품가치가 완전히 멸실되었을 경우

ⓑ 보험목적물이 존재하고는 있지만 부보된 물건이 본래의 성질보다 심각한 정도로 상실되었을 경우

ⓒ 피보험자가 보험목적물을 탈취당해 다시 찾을 수 없는 경우

ⓓ 선박이 상당한 기간 행방불명된 경우

ⓛ 추정전손(Constructive Total Loss : CLT) : 보험증권에 명시된 특약의 경우를 제외하고는 보험목적물이 현실전손을 피하기 어려울 정도로 손해가 심각하여 종래 그 목적물이 갖는 용도로 사용할 수 없게 되었을 때와 그 수선 및 수리비가 수선 후 그 목적물이 갖는 시가보다 클 때에는 추정전손으로 간주한다.

ⓐ 선박 또는 화물의 점유를 박탈당한 경우에 피보험자가 그것을 회복할 가망이 없을 때 또는 그것을 회복하는 비용이 회복한 후의 가액을 초과하는 경우

ⓑ 선박의 수리비가 수리 후의 선박가액을 초과하는 경우

ⓒ 화물의 수선비와 목적지까지의 운반비가 도착 후의 화물가액을 초과하는 경우 등이다.

② 분 손

ⓖ 단독해손(Particular Average : PA) : 피보험이익의 일부에 발생하는 손해로서 공동해손에 속하지 않는 분손을 말하며, 피보험자가 단독으로 입은 손해이다.

ⓛ 공동해손(General Average : GA) : 선박, 화물 및 운임이 공동의 위험에 처한 경우에 그 위험을 피하려고 선장의 의사에 의하여 선박 또는 화물의 일부가 희생적으로 처분됨으로써 일어나는 손해 및 비용이다.

(2) 비용손해

보험의 목적물을 손해로부터 방지·경감하기 위하여 피보험자가 지출하는 비용을 비용손해라고 한다. 비용손해에는 손해방지비용(sue and labour charges), 구조비(salvage charges), 특별비용(special charges), 공동해손분담금(general average contribution), 충돌손해배상금(선박의 경우), 손해조사비용(loss survey charges) 등이 있다.

(3) 배상책임손해

선박의 충돌, 해상오염 등과 같은 사고로 인하여 선박이 손해를 배상해 주어야 하는 경우의 손해를 말한다.

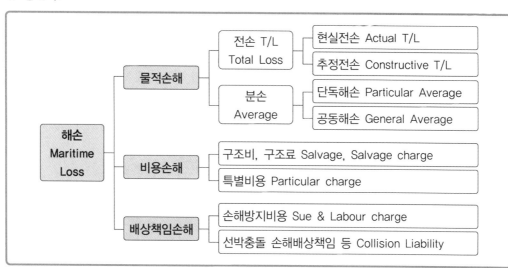

▌19 연안해송의 필요성

① **운송비의 절감** : 컨테이너의 경우 공로운송에 비하여 35~45%가 저렴하다.

② **공로의 혼잡도 완화** : 경부축의 도로 혼잡도가 완화된다.

③ **철도운송의 한계 극복** : 경부선의 경우 이미 철도의 운송능력이 한계에 도달하였다.

④ **에너지 절약** : 우리나라는 에너지를 수입에 의존하고 있으며 수입된 에너지의 많은 부분이 운송에 사용되고 있다. 따라서, 연안해송의 활성화는 에너지 절약에 크게 기여한다.

⑤ **남북 물자교류 활성화 대비** : 남북통일시 국내운송도 장거리화하여 남북 간의 연안해송의 경쟁력이 더욱 커질 것이다.

⑥ **도서지역에 대한 원활한 물자운송** : 도서지역이 많은 우리나라는 도서지역에 대한 신속하고 저렴한 물자운송을 위하여 효율적인 연안해송이 절대적으로 필요하다.

▌20 연안해송의 문제점

연안해송은 트럭운송이나 철도운송에 비하여 일반적으로 다음과 같은 문제점(약점)이 있다.

① **운송시간이 긺** : 일반적으로 국내 연안선들은 시속 10노트 정도로 운항하며 부산 ↔ 인천 간약 25~30시간의 운항소요시간과 양 항만에서의 하역시간 등을 감안하여 2일이 소요된다.

② **운송단계의 복잡성** : 철도운송과 같이 물류센터에서 항만까지, 항만에서 물류센터까지의 소운송이 필요하다.

③ **화물의 환적에 따른 화물의 안전성 문제** : 양 항만에서의 하차, 선적, 양하, 상차의 작업과정으로 화물의 파손, 분실문제가 발생한다.

④ **운항횟수의 부족** : '화물운송량의 부족 ⇨ 운항횟수 부족 ⇨ 이용의 기피현상'으로 이어진다.

⑤ **소량운송화물은 시간·비용면에서 불리** : 해상운송은 대량운송수단으로서 많은 양의 화물을 운송함으로써 상하역시간이 많이 소요된다. 따라서 소량의 화물을 운송의뢰하는 경우에도 해당 선박의 선적이 완료되어야 출항이 가능하여 시간과 비용이 많이 소요된다. 특히 카페리선의 경우 박스당 운송요금은 5천원~1만원 수준이다.

⑥ **기상에 따른 운항불가 사유 빈발** : 연안해송에 이용되는 선박은 중소형선박으로 기상여건에 따라 운항을 하지 못하는 일수가 많다.

21 연안운송의 활성화 방안

연안해송이 활성화되기 위해서는 다음과 같은 정책들이 추진되어야 한다.

① **연안화물선 전용부두 건설**: 연안해송화물을 효율적이고 신속하게 하역할 수 있는 자동화설비가 갖추어진 전용부두의 건설이 필요하다.

② **유류, 시멘트, 철재 컨테이너 등의 전용선 투입**: 유류, 시멘트, 철재 컨테이너 등 대량으로 운송되는 화물을 전문적으로 대량운송할 수 있는 대형, 전용선의 투입이 필요하다.

③ **영세한 규모의 연안해운업체의 구조 조정**: 영세한 연안해운업체들의 자율적 인수·합병 등을 통하여 대형화하고 효율적인 운영이 될 수 있도록 유도해야 한다.

④ **적정선박량 공표제 도입**: 선복의 과잉을 방지하기 위하여 선종별 적정선박량을 공표함으로써 시장의 진입에 대한 판단을 업계가 자율적으로 할 수 있도록 해야 한다.

⑤ **신규진입선박에 대한 선령제한**: 신규등록선박의 선령을 제한함으로써 중고선의 무분별한 진입에 의한 시장질서의 문란을 방지해야 한다.

⑥ **연안운송선의 등록기준 강화**: 선박 1척 이상이면 누구나 사업참여가 가능한 현재의 등록기준을 강화하여 업계를 대형화하고 운송능력도 상향조정하는 것이 필요하다.

⑦ **선박금융지원강화**: 신규 선박건조자금의 저리지원으로 자금확보를 용이하게 하고 저리에 의한 운송원가를 낮출 수 있도록 적극적인 지원제도가 필요하다.

⑧ **연안해운에 대한 조세지원 정비**: 운송의 사회적비용을 감안하여 연안해운과 같은 온실가스 배출 및 사회적 비용이 낮은 운송수단에 대해 사회적 비용의 저감 부분을 세금 또는 각종 지원금, 보조금 등으로 지원하는 제도가 필요하다.

22 페리(Ferry)운송시스템

(1) **카페리운송방법**

① **유인(有人)도선방법(제1방법)**: 유인도선방법이란 화물자동차를 운전하는 기사가 직접 그 선박에 탑승하여 부두에 선박이 도착하면 직접 차량을 운전하여 운송하는 방식이다.

② **무인도선방법(제2방법)**: 차량만 선적한 후 목적지에 도착하면 다른 운전기사가 운행을 하는 방식이다.

③ **무인트레일러방법(제3방법)**: 무인도선방법과 유사하나 일반화물자동차를 도선시키는 방법이 아니라 화물을 적재한 트레일러만을 도선시키는 방법이다.

④ **Train-ship 피기백방법(제4방법)**: 활발하게 이용되고 있는 방법은 아니나 철도운영회사가 철도운송을 활성화하기 위하여 양단의 페리부두에 인접하여 대규모의 철도역을 설치하고 피기백시스템에 의하여 운송된 트레일러나 화물자동차를 페리부두에서 카페리로 환적하고, 도착지에서도 차량을 하역 후 다시 철도를 이용하여 최종 목적지까지 운송하는 방식이다.

부록

(2) **카페리운송의 이점**

① 상하역비 절감

② 신속한 운송

③ 화물의 안전성 향상

④ 운행거리 단축

⑤ 차량의 고정비 절감

⑥ 차량 운전기사 인건비 절감

보충학습 ◁

열차페리의 장점

1. 수출입화물의 운송 소요시간 단축
2. 물류처리 단계의 삭감(상하역)
3. 화물의 안전성(파손, 도난 등) 향상
4. 화물 포장비 절감

---

23 모달 쉬프트(Modal Shift)

(1) **모달 쉬프트를 추진하는 이유**

철도나 해상운송을 함으로써 다음과 같은 이점이 있다.

① **대량운수단에 의한 저렴한 운송**: 대량운수단에 의한 에너지의 절감과 저렴한 국가물류비를 실현한다.

② **도로교통체증의 완화**: 도로교통의 체증을 완화하여 사회적 비용을 경감시킨다.

③ **환경오염 방지 및 온실가스 배출 억제**: 운송단위당 에너지 사용을 억제함과 동시에 매연, 먼지, 아황산가스 등의 환경오염물질의 배출을 억제하고 온난화의 주범인 이산화탄소 배출을 억제시킨다.

(2) **원활한 모달 쉬프트를 위한 조건**

① **운송수단의 속도 개선**: 물류의 속도가 중요해지고 있는 것에 맞춰 보다 신속한 상하역 및 운송이 이루어져야 한다.

② **철도 및 항만의 하역시설 현대화**: 하역비의 감소 및 신속한 하역을 위하여 철도역 및 항만의 하역설비의 현대화가 이루어져야 한다.

③ **철도 및 항만에 효율적인 화물집배시설(콘솔작업용) 설치**: 중·소량의 화물도 원활하고 저렴하게 철도 및 선박을 이용할 수 있도록 효율적인 집배시설이 필요하다.

④ **Unit Load System의 정착**: 신속하고 저렴한 하역작업과 화물의 안전성 증대를 위하여 팔레트 및 컨테이너를 이용한 운송이 정착되어야 한다.

⑤ **운송빈도의 증대**: 원하는 시간에 발송할 수 있도록 철도 및 선박의 운행빈도가 증대되어야 한다.

제 5 장   항공운송

1 항공화물운송의 특징

신속 · 정시성	항공운송은 해상운송에 비해 운송기간이 짧으며, 발착시간, 정시운항, 운항횟수에 의한 정시성을 서비스의 최우선으로 하고 있다.
안정성	항공운송은 운항시간이 짧고 운항의 정숙성이 높아 안전성이 높다. 따라서 일반포장에 의해서도 수출입이 가능하다.
경제성	운임면에서 항공운임이 해상운임에 비해 높으나 포장비, 보험료, 관리비손실 등 간접비와 배달시간, 정시성, 신뢰성 등 보이지 않는 비용을 감안한 종합비용면에서 볼 때 해상운송과 경쟁력이 있는 품목이 증가하고 있다.
야행성(夜行性)	항공화물은 오후까지 운송할 화물을 모아서 야간에 운송하여 아침까지 목적지에 도착시키는 운행방법이 관행화되어 있다
비계절성 (非季節性)	주로 고가, 긴급, 소량의 화물이 이용되기 때문에 계절성 상품보다는 고정적이고 반복적으로 출하되는 화물들이 이용된다
편도성(片道性)	육상이나 해상운송에 비하여 편도운항이 대부분이며 귀로에 물량이 없다고 해도 할인판매를 하거나 물량이 확보될 때까지 항공기를 대기시킬 수는 없기 때문에 주어진 영업환경에 순응할 수밖에 없다.

2 항공운송사업의 특징

공공성이 강함	여객 및 수출입화물의 국가 간 이동의 필수적 수단으로서 노선의 인가를 받아 서비스를 제공하는 공공서비스
거대 장치 산업	항공기 확보, 영업네트워크 구축, 조업장비 등 고정자산에 대한 투자가 많이 소요
낮은 생산탄력성	이미 확보한 운항노선에 따른 항공기 및 좌석 수, 화물적재공간 등은 승객 수 및 화물의 양에 관계없이 운항을 하게 됨.
파생적 수요	화물의 생산 및 판매와 여행 수요에 따라 운항의 수요가 증감하는 파생적인 서비스
차별화 곤란	여객의 경우 좌석의 등급이 구분되어 있으나 화물의 경우 화물의 종류에 따른 적재칸이 구분되어 있을 뿐 운행속도의 차별화, 수요자의 요청에 의한 화물의 특별 취급서비스 제공 등 차별화가 어려움.
서비스의 생산과 동시 소비	무형의 재화의 특성
장거리운송에 유리	상하역 시간보다 운항시간이 짧아 장거리 운송일수록 운송원가가 낮음.

3 항공운송이 증가하는 원인

① 고가품에 속하는 상품점유율의 증가

② 국제사회의 정보화추세에 따른 세계경제의 긴밀화 및 유행에 민감한 상품의 신속한 유통

③ 국제적 분업화의 가속화

④ 항공운송에 적합한 고부가가치 품목의 증가

⑤ 항공기의 대형화에 의한 운임의 인하

⑥ 화물전용기의 정기적 취항

⑦ 화물전용터미널의 건설 등

4 항공기 관련 중량 구분

중량 구분	내 용
자중(Empty weight)	기체구조, 엔진, 고정장치, 연료, 윤활유 등 내부장비 무게의 합
기본운항중량 (Basic Operate Weight)	자중 + 수명조끼 등 긴급장비, 각종 규정집, 운항일지 등 표준 운항장비의 중량
운용중량(Operate Weight)	기본운항중량 + 승무원 중량과 부가장비를 더한 무게
유상탑재중량(Pay Load)	실제로 탑재한 여객·화물·우편물의 중량
허용중량(Allowed Cabin Load)	해당 항공기에 적재 가능한 중량(추발 공항의 활주로 길이, 표고, 바람, 경로, 목적비행장 상황 등을 고려한 결정)
이륙중량(Take-Off Weight)	기본중량 + 유상탑재량 + 탑재연료
최대 이륙중량 (Maximum Take-Off Weight)	항공기가 이륙시 발생할 수 있는 모든 상황에서 이륙 가능한 최대 중량
착륙중량(Landing Weight)	이륙중량에서 운항 중 소비한 연료량을 뺀 중량

5 항공기 탑재용기

(1) 팔레트

팔레트는 1인치 이하의 알루미늄 합금으로 만들어진 평판으로, 팔레트 위의 화물을 특정 항공기의 내부 모양과 일치하도록 적재작업한 후 망(net)이나 띠(strap)로 묶을 수 있도록 고안된 장비이다.

(2) 컨테이너

별도의 보조장비 없이 항공기 내의 화물실에 적재 및 고정이 가능하도록 제작된 용기로서 재질은 탑재된 화물의 하중을 견딜 수 있는 강도로 제작되어야 하며, 항공기 기체에 손상을 주지 않아야 한다.

(3) 이글루

유리섬유(fiber glass) 또는 알루미늄 등의 재질로 비행기의 동체 모양에 따라 만들어진 항공화물을 넣는 특수한 덮개로서 팔레트와 함께 사용되어 공간을 최대한 활용하도록 윗면의 모서리 부분이 둥근 형태로 고안되었다.

(4) 특수 ULD

특수화물의 운송에 적합하도록 고안된 ULD로 자동차운송용 Car Transporter, 말운송용 Horse Stall, 의류운송용 GOH(Garment on Hanger) 등이 있다.

⬡ 항공기용 ULD는 IATA가 정한 표준규격이 있다. 그러나 항공기의 종류 및 크기에 따라 ULD의 규격, 형태 등이 달라지기 때문에 모든 ULD가 표준규격으로 제작되지는 않는다.

6 항공화물 지상조업 장비

Transporter	화물이 적재된 ULD를 항공기와 터미널 간에 이동시키는 장비
Tractor	Dolly를 연결하여 견인하는 장비
Dolly	항공기와 터미널 간 ULD를 운반하는 장치로서 원동기가 없는 장치
Forklift Truck	터미널 및 공항 내에서 화물을 적재하는데 사용하는 장비
Self-Propelled Conveyer	소형의 화물이나 수하물을 항공기에 탑재하거나 하역할 때 사용하는 컨베이어
High Loader	대형항공기에 ULD를 탑재할 때 사용하는 장비
Work Station	화물을 팔레트에 적재하거나 해체할 때 사용하는 설비
Tie-Down Equipment	운항 중 또는 이착륙시 화물의 피손 및 위치이탈 방지를 위한 결박장치

■7 항공운송 품목의 특성

① 급송을 요구하는 품목

② 중량에 비해 고액이고 중요한 품목으로 운임 부담력이 있는 것

③ 항공운송수단이 다른 운송수단보다 싸거나 동일한 정도의 것

④ 마케팅 전략차원에 의한 것

⑤ 안전성과 확실성이 요구되는 것

■8 항공운송 특수화물의 종류와 취급요령

화물종류	취급방법
중량·대형화물 (Heavy/Out − Size Cargo : HEA)	• 중량화물은 포장단위 기준 1개의 중량이 150kg을 초과하는 화물 • 부피화물은 ULD size를 초과하는 화물
부패성화물 (Perishables : PER)	• 운송 중 가치가 손상될 수 있는 화물 • 우유, 버터 등 냉장식품, 화훼류, 냉장약품 등 • 보냉컨테이너를 이용해야 함.
귀중화물 (Valuable Cargo : VAL)	• 세관신고가격이 kg당 미화 1,000$를 초과하는 보석, 화폐, 유가증권 등 • AWB당 50만 달러를 초과하거나 항공기당 신고가격 총액이 800만 달러를 초과하는 화물 • 세관의 사전승인이 필요함.
생동물 (Live Animals : AVI)	• 살아 있는 생동물로서 도착시까지 생존해야 하는 화물 • 전 운송구간이 즉시 운송이 가능한 상태여야 함(예약확인). • 생동물에 대한 검역서, IATA규정에 의한 포장이 필요함. • 통과지점의 특별조치, 수하인의 즉시인수 조치 등이 필요함. • 운송장에는 "Nature and Quantity of goods"란에 생동물의 명칭 기재
위험물 (Dangerous Goods : DGR)	• 화물 자체의 속성으로 인해 화물의 상태변화에 따라 인명, 항공기, 기타 화물을 손상시킬 수 있는 화물 • 위험물은 일반화물과 별도로 특별취급해야 함.

9 수입화물 사고의 종류와 처리요령

(1) 화물사고의 유형

사고유형		내 용
화물손상(Damage)		• 운송 도중 상품의 가치가 저하되는 상태의 변화 • 파손, 부패 등
지 연	Short shipped(SSPD)	적하목록에 등록되어 있으나 항공기에 탑재되지 않은 경우
	Off load(OFLD)	출발지나 경유지에서 선복부족으로 의도적 또는 실수로 하역한 경우
	Over carried(OVCD)	하역지점을 지나쳐서 하역을 한 경우
	Short landed(STLD)	적하목록에 있는 화물이 도착하지 않은 경우
	Cross Labeled	• 실수로 라벨이 바뀌어서 부착된 경우 • 운송장번호, 목적지 등을 잘못 기재한 경우
분실(Missing)		• 화물의 행방을 알 수 없는 경우 • 탑재, 하역, 보관, 인계 · 인수과정에서 분실
Non-delivery		• 화물도착 후 14일 내 화주가 화물을 찾아가지 않은 경우 • 수하인의 주소 오류, 수하인이 화물인수에 필요한 비용이 없는 경우 • 수하인이 화물에 대해 무관심한 경우 등
Payment change		항공임이 선불(Prepaid)에서 착불(Charges collect)로, 착불에서 선불로 변경된 경우(송 · 수하인 상호 동의 필요)
Miss-application & Miss-calculation		화물의 운송에 관련한 각종 취급규정을 잘못 적용했거나 중량, 부피, 요금 등을 잘못 적용한 경우

(2) 운송인에 대한 손해배상청구

① **클레임의 청구기간** : 클레임의 제기나 통고는 규정된 기간 내에 서면으로 해야 한다.

사고의 종류	기 간
화물의 파손 및 손상의 경우	화물인수 후 14일 이내
화물의 도착지연	도착통지 수령 후 인수, 처분가능일 이후 21일 이내
분 실	항공운송장 발행일로부터 120일 이내

② **클레임 청구서류** : 항공운송장 원본 및 운송인 발행 항공운송장, 포장명세서, 손해를 증명할 수 있는 서류 및 손실계산서 등

부록

10 항공화물운송장(AirWay Bill : AWB)

(1) 항공화물운송장의 개념

항공화물운송장은 항공사가 화물을 항공으로 운송하는 경우 송하인과 항공사 간에 운송계약의 체결을 증명하고, 송하인으로부터 운송할 화물을 인수했다는 증거서류이다.

> • Master Airway Bill : 항공사가 화주나 항공주선업체에게 발행하는 운송장
> • House Airway Bill : 항공주선업체가 화주에게 발행하는 운송장

(2) 항공화물운송장의 기능

운송계약서	• 송하인과 운송인 간의 운송계약이 성립되었음을 증명 • 제1원본 : 항공사용. 제3원본 : 송하인용
화물수취증	항공운송인이 해당화물을 인수하였음을 증명
요금계산서 및 통지서	운송장에 기록된 내용으로 운임이 계산되었으며, 목적지에서 화물의 내용과 운임, 요금을 대조하는데 사용되는 통지서 역할
보험계약증서	보험가입시 가입보험의 내용 증명
수출입신고서 및 수입통관자료	운송장을 기준으로 통관
화물운송지시서	항공사는 기록된 운송 요구사항에 따라 취급해야 함.
사무정리용 서류	운임의 정산, 회계자료, 기타 사무처리에 이용(부본 활용)
수하인에 대한 인도증서	운송화물의 인도 요청서 역할 및 인도하였음을 증명하는 서류

(3) 항공화물운송장과 선하증권의 차이점

항공화물운송장과 선하증권의 차이점은 다음과 같다.

항공화물운송장(AWB)	선하증권(B/L)
• 단순한 화물수취증 • 비유통성 • 기명식 • 수취식(창고에 화물을 수취하고 발행) • 송하인이 작성	• 유가증권 • 유통성 • 지시식(무기명식) • 선적식(본선 선적 후 B/L 발행) • 운송인이 작성

11 국제항공기구와 조약

(1) 국제 항공관련 기구

기 구	역 할
국제항공운송협회 (International Air Transport Association : IATA)	• 국제민간항공의 안전과 경제적 발전을 도모하고 항공사 간의 협력을 증진할 목적으로 1945년 설립(민간단체) • 항공운임, 운항, 정비, 정산업무 등에 관한 연구 • 민간항공사 간의 협력방안 추구 • 국제 민간항공기구 및 기타 국제기구와 협력
국제민간항공기구 (International Civil Aviation Organization : ICAO)	• 국제 민간항공의 안전성 확보와 항공질서 감시를 위한 정부 간 기관으로 유엔의 전문기관(1947년 발족) • 항공기의 설계나 운항기술의 장려 • 항공로, 공항, 항공보안시설의 발전 장려 • 항공기의 비행안전 증진
국제주선인협회연맹 (International Federation of Freight Forwarder Association : FIATA)	• 국가별 대리점협회와 개별대리점으로 된 국제 민간기구로서 1926년 발족 • 국제복합운송업계의 결속 • 국가 간 국제교역의 촉진활동

(2) 국제항공운송조약(사법관계조약)

조 약	내 용
Warsaw Convention & Hague Protocol	• 항공운송이 국제교통수단으로서 적용되어야 할 국제법규와 여객이나 운송인에게 보장해야 할 최소한의 책임한도 규정 • 우리나라는 헤이그 프로토콜에 가입
Montreal Agreement	• 미국을 출발, 경유, 도착하는 항공사 간의 협정 • 항공운송의 책임한도를 $75,000(소송비 포함)로 정함. • 항공운송인의 책임을 절대주의원칙으로 정함.
Guadalajara 조약	항공기의 임대차 Charter와 관련한 조약
Guatemala 의정서	승객의 사상에 대한 절대책임, 책임한도액의 절대성, 한도액의 정기적 자동수정 등 바르샤바체계를 개정함.
Montreal 제1.2.3.4 추가의정서	바르샤바조약, 헤이그의정서, 과테말라의정서 등에서 표시한 통화단위를 IMF의 SDR(특별인출권)로 표시토록 정함.

부록

제6장 복합운송

1 국제복합운송의 요건

국제 간 운송과 단일계약	운송의 출발지와 도착지가 각기 다른 국가여야 하며, 운송업자와 하나의 운송계약과 책임하에 전 구간의 운송이 이루어져야 한다.
하나의 책임주체	여러 단계의 운송과 다양한 운송수단을 이용하더라도 전 운송구간에서의 운송 및 관련된 물류활동에 대한 책임은 계약운송업체인 1개의 기업이 지게 된다.
단일운임	전체 운송구간에 다양한 운송수단 및 운송인이 개입하고 다양한 작업단계가 이루어지더라도 운임은 운송구간별, 작업단계별로 구분되지 않고 하나의 운임으로 적용한다.
운송수단의 다양성	복합운송은 2가지 이상의 다양한 운송수단을 결합하여 하나의 운송을 완성하는 운송방법이다.
복합운송증권의 발행	복합운송계약의 성립요건으로서 복합운송증권이 발행되어야 한다.

2 운송수단의 결합방법에 따른 복합운송의 종류

Piggy back System	화물차량을 철도차량에 적재하고 운행하는 시스템
Birdy back System	항공운송과 공로운송을 연계하여 화물을 적재한 차량을 항공기에 적재하고 일관시스템으로 운송하는 방법
Train-ship System	선박과 철도운송을 결합하여 일관시스템으로 운송하는 방법
Sky-rail System	항공운송과 철도를 연계하여 일관시스템으로 운송하는 방법
Sky-ship System	항공운송과 선박운송을 연계하여 일관시스템으로 운송하는 방법
Fishy back System	선박에 차량이나 철도화차를 적재하고 운송하는 방법

3 복합운송인의 책임종류와 체계

(1) 책임의 종류

운송인이 과실유무에 따라 책임을 어떻게 지느냐에 따른 종류이다.

과실책임 (Liability for negligence)	과실책임은 선량한 관리자로서 운송인의 주의의무를 태만히 함으로써 야기된 사고 등에 대하여 책임을 져야 하는 원칙이며, 운송인에게 책임이 있음을 화주가 입증하는 것을 원칙으로 하고 있다. 이에 대하여 운송인은 자신이 책임을 다하였음을 입증해야 한다.
무과실책임 (Liability without negligence)	운송인의 과실유무를 떠나 운송인 및 사용인이 배상책임을 지는 원칙이다. 다만 절대책임과는 달리 화물의 성질상 자연적으로 발생할 수 있는 손실, 통산적인 손실, 포장불비 등에 따른 손해에 대해서는 면책을 인정한다.
결과책임 (절대책임)	결과책임(Strict liability, Absolute liability)은 손해의 결과에 대해서 절대적으로 책임을 지는, 다시 말하면 면책의 항변이 인정되지 않는 것을 말한다. 주로 여객의 사상에 대해서 적용한다(몬트리올 협정).

(2) 복합운송인의 책임체계

운송 중 화물사고에 대해 누가 책임을 지느냐에 따른 분류이다.

Tie up system	"Tie up(pure network) system of liability"라고 불리는 이 책임체계는 화주가 각 운송구간의 운송인과 개별적으로 운송계약을 체결한 경우 각 운송인은 각 운송구간에 적용되는 책임원칙에 따라 운송책임을 부담하는 책임체계이다. 사고운송구간에 적용되는 배상법규가 없을 때는 계약약관에 따라 배상한다.
단일책임체계 (Uniform System of Liability)	단일책임체계는 손해발생의 구간 또는 불명손해 등의 여부를 불문하고 전 구간을 통해 동일한 기준에 따라 복합운송인이 책임을 지는 시스템이다.
이종책임체계 (Network System of Liability)	이종책임체계는 전 운송구간에 대하여 복합운송인이 단일책임을 지되 손해발생의 운송구간이 명확할 경우 그 운송구간에 강행법규인 조약 또는 국내법이 적용되는 경우는 그 규정에 따라 책임을 진다고 하는 점에서는 Tie Up System과 동일하다.
절충책임체계 (Flexible System)	절충책임체계 또는 수정단일책임체계는 이종책임체계와 단일책임체계의 절충안으로 유엔 국제복합운송조약이 채택하고 있다. 동 조약은 원칙적으로 단일책임체계를 택하고 있으며, 예외적으로 손해발생구간이 판명되고 다른 국제조약 등의 강행성을 가진 법규가 유엔 국제복합운송조약보다 더 높은 책임한도액을 정하고 있는 경우에는 높은 한도액을 적용하고 있다.

부록

> **▌심화학습**
>
> 운송구간별 적용할 책임규정
> 1. 도로운송구간에서의 책임 : 도로화물운송조약(CMR) ⇨ 1956년
> 2. 철도운송구간에서의 책임 : 철도화물운송조약(CIM) ⇨ 1970년
> 3. 해상운송구간에서의 책임 : 헤이그규칙(Hague Rules) ⇨ 1924년

▌4 프레이트 포워더(Freight Forwarder)

(1) 프레이트 포워더의 기능(업무)

① 운송계약의 체결 및 선복의 예약

② 전문적인 조언자(수출입 및 운송관련 업무)

③ 관계서류의 작성

④ 통관수속

⑤ 운임 및 기타비용의 입체

⑥ 포장 및 창고보관

⑦ 보험의 수배

⑧ 화물의 집하, 분배, 혼재서비스

⑨ 화물의 관리업자, 분배업자

⑩ 시장조사

(2) 포워더의 혼재방법

수하인 혼재운송 (Buyer's Consolidation)	한 사람의 수하주를 위하여 다수의 송하인으로부터 화물을 픽업하여 컨테이너에 혼재한 후 컨테이너를 수하주에게 운송해주는 형태
송하인 혼재운송 (Shipper's Consolidation)	단일 송하주의 화물을 목적지(항만 또는 내륙터미널)까지 운송 후 각각의 수하인에게 운송해주는 형태
운송주선인 혼재운송 (Forwarder's Consolidation)	다수의 송하인으로부터 픽업한 LCL화물을 각 목적지(항만 또는 내륙터미널)별로 분류한 후 하나의 컨테이너에 혼재하여 발송하며, 도착지에서 각 수하인별로 분배하는 형태
Co-Loading	운송이 적은 지역에 대하여 화물의 신속한 운송을 위하여 포워더들 간에 콘솔운송하는 방법

5 해륙복합운송

(1) 해륙복합운송의 이점

① 장거리해상운송로를 이용할 때보다 운송거리를 단축할 수 있어 운송시간의 단축과 재고를 감축할 수 있다.

② 운송비를 절감할 수 있다.

③ 철도나 화물터미널 등 기존 시설의 활용도를 높일 수 있다.

(2) 주요 해륙복합운송 경로

미대륙횡단철도(ALB)	극동의 주요 항만에서 유럽지역으로 운송되는 화물을 미국의 서안 주요 항만까지 운송 후 내륙철도를 이용하여 미대륙을 횡단운송한 후 미 동안의 항구에서 다시 해상운송으로 유럽까지 운송하는 시스템이다.
캐나다랜드브릿지(CLB)	ALB와 유사한 형태로 극동지역에서 시애틀까지 해상운송을 하고 그곳에서 캐나다의 내륙철도를 이용하여 몬트리올까지 운송 후 대서양을 횡단하여 유럽까지 운송하는 경로이다. 1979년 일본의 포워더가 시도하였다
미니랜드브릿지(MLB)	극동항에서 미국 동안 또는 걸프지역의 도시로 운송할 화물을 파나마운하를 이용하지 않고 서안의 항구에서 내륙철도를 이용하여 동안지역의 도시까지 운송하는 시스템이다.
마이크로랜드브릿지 (Micro Land Bridge)	인테리어 포인트 인터모달(Interior Point Inter -modal : IPI)이라고도 하며, 극동에서 미국서안 항만까지 해상운송한 후 록키산맥 동부의 내륙거점까지 철도운송을 하고 철도거점에서 화주문전까지 도로를(트럭) 이용하는 복합운송방식이다. 목적지가 미국의 내륙지역이라는 점과 1개의 항만을 이용한다는 점에서 미니랜드브릿지와 다르다.

┌─ 보충학습 ◁

IPI, Reverse IPI, OCP

1. IPI의 특징
   ① 미국내륙지역 특히 록키산맥의 동부지역이 복합운송의 출발지이자 도착지이다.
   ② 내륙운송은 철도와 화물자동차에 의하여 이루어진다.
   ③ 파나마운하를 경유하지 않는다.

2. Reverse IPI
   IPI서비스에 대항하기 위하여 전 구간 해상서비스를 제공하는 선사가 파나마운하를 경유하여 운송한 후 걸프만의 항만에서 내륙지역까지 철도와 트럭으로 복합운송을 하는 방식이다. 시간상으로는 IPI에 비해 떨어지나 경제적으로는 유리하다.

부록

3. OCP(Overland Common Point)

미대륙에서 공동운임을 부과하는 지역을 말한다. IPI시스템을 이용시 록키산맥에서 멀리 떨어진 지역은 Reverse IPI에 비하여 경제성이 떨어진다. 이러한 지역에 대한 화물을 유치하기 위하여 운임을 특별 할인해주는 제도로서 이 지역을 OCP Area라고 한다(North Dakoda, South Dakoda, Nebraska, Colorado 등).

제 7 장 Unit Load System을 활용한 운송

1 일관팔레트시스템

일관팔레트화란 출고시 팔레트에 적재된 화물이 목적지의 창고에 입고될 때까지 이 상태가 유지되게 하는 시스템을 말한다.

(1) 일관팔레트화의 경제적 효과

① 작업의 능률 향상

② 하역의 기계화

③ 화물의 효율적 관리

④ 보관의 효율성 향상

⑤ 물류서비스품질의 향상

(2) 일관팔레트시스템의 단점

① 빈 팔레트의 회수, 보관, 정리 등 관리가 복잡하다.

② 운송수단의 적재함 규격이 상이하여 팔레트 규격이 통일되어 있지 않다.

③ 제품의 다양화에 적합한 팔레트의 다종화가 필요하다.

④ 하역작업의 기계화가 되지 않은 업체가 많다.

2 팔레트풀시스템(Pallet Pool System : PPS)

(1) 팔레트풀시스템의 개념

팔레트풀시스템이란 팔레트의 규격, 재질 등을 표준화하여 서로 다른 기업들이 팔레트를 서로 교환 사용하여 효율적인 팔레트의 사용과 물류비 절감을 할 수 있도록 팔레트보관소(Pool)와 관리시스템을 구축하고 운영하는 것을 말한다.

(2) **팔레트풀의 목적**

① 일관팔레트시스템의 실현

② 팔레트의 이용률 극대화

③ 팔레트 회수비용의 최소화

④ 저렴한 비용으로 팔레트 이용

(3) **팔레트풀시스템의 운영방식**(공급과 회수)

① **교환 방식**: 운송회사와 화주기업이 일관팔레트운송을 할 수 있도록 하기 위하여 화물의 인계·인수시 동종·동일 수량의 팔레트를 주고받는 방식을 교환 방식이라고 한다.

② **리스·렌탈 방식**: 팔레트풀회사가 표준팔레트를 대량으로 보유하고 팔레트 수급불균형의 애로를 갖고 있는 기업을 상대로 필요한 시기에 필요한 수량을 임대하고 필요없게 된 시점에 회수하는 방식을 말한다.

③ **교환·리스 병용 방식**: 리스·렌탈방식의 문제점(관리상의 문제 및 지역 간 운송량 불균형 문제)을 해결하기 위하여 팔레트를 이용하는 관계자(송하인, 운송업자, 수하인 등)가 동일한 수량의 팔레트를 팔레트풀사업자에게서 대여받아 화물을 인계·인수할 때 동일한 수량의 팔레트를 교환하는 방식이다.

④ **대차결제 방식**: 국영철도에서 화물을 인수하는 즉시 팔레트를 교환하지 않고 일정기간 동안(화물도착 3일 내) 모아서 반환 및 교환하는 방식을 말한다.

3 컨테이너운송

(1) **컨테이너운송의 경제적 효과**

① 문전에서 문전까지 일관운송으로 적하시간과 비용을 감소시킨다.

② 화물의 운송 도중 석입 및 적출작업이 생략되므로 화물의 손상과 도난이 감소된다.

③ 화물의 단위화로 포장 및 장비사용의 효율화를 제고할 수 있다.

④ 높은 노동생산성의 실현과 창고 및 재고관리비를 절감할 수 있다.

⑤ 특수컨테이너를 이용하는 경우 특수화물의 효율적인 취급이 가능해진다.

⑥ 내륙터미널시설을 이용하여 해상운송을 용이하게 처리할 수 있다.

⑦ 서류의 간소화가 가능하다.

부록

(2) 컨테이너의 용도에 따른 분류

종류		내용
납품용 컨테이너		• 소형제품 또는 부품 등을 제작하여 포장하지 않고 컨테이너에 담아서 납품하기 위하여 사용 • 플라스틱컨테이너, 메쉬컨테이너 등
국내운송용 컨테이너		• 국내화물의 운송에 사용되는 컨테이너로서 ISO 규정이나 컨테이너조약에서 정하고 있는 규격, 표시 등에 대한 제한을 받지 않고 사용할 수 있는 컨테이너 • 이삿짐운송, 농수산물운송, 기타 다양한 용도로 사용
수출입용 컨테이너	건화물컨테이너 (Dry cont')	온도조절이나 특수한 보호장치가 없는 일반잡화의 운송에 이용하는 컨테이너로서 가장 일반적으로 활용되는 컨테이너
	냉동컨테이너 (Reefer cont')	• 육류, 어류, 과일, 야채 등과 같이 상온에서 운송할 경우 부패·변질되는 화물을 운송하는 데 사용 • 컨테이너에 냉동기를 부착, 벽체와 출입문에 보온장치가 설치되어 있는 컨테이너
	오픈탑컨테이너 (Open top cont')	• 컨테이너의 상부(천장 부분)가 캔버스(canvas) 등으로 덮여있고 개폐식으로 되어 있는 컨테이너 • 활대화물 운송용(상방향에서 적재)
	플랫랙컨테이너 (Flat rack cont')	• 컨테이너의 지붕과 벽체를 제거하고 바닥과 기둥, 버팀대만으로 구성된 컨테이너 • 활대화물 운송용(측면방향 적재)
	동물용 컨테이너 (Pen cont')	• 소, 말 등 동식물을 운송하기 위하여 제작된 컨테이너 • 통풍이 가능하며 사료 등을 줄 수 있는 주입구가 설치됨.
	탱크컨테이너 (Tank cont')	• 유류, 술, 화학물질 등과 같은 액체화물을 운송하기 위하여 제작된 컨테이너 • 기둥으로 된 구조물 안에 탱크를 제작하여 설치
	플랫폼컨테이너 (Platform cont')	• 중량물이나 부피가 큰 화물을 운송하기 위하여 제작된 바닥면만 있는 컨테이너 • 와이어나 지게차를 이용하여 상하역
	솔리드버크 컨테이너(Solid buck cont')	• 소맥분, 가축사료, 양곡 등과 같은 분말 및 산화물을 운송하기 위하여 제작된 컨테이너 • 컨테이너 상부에서 화물을 적입할 수 있는 구멍과 후면부에는 화물을 쏟아낼 수 있는 배출구가 설치
	행거컨테이너 (Hanger cont')	의류 등을 컨테이너의 천장에 매달아 운송할 수 있도록 제작된 컨테이너
	자동차용 컨테이너 (Auto cont')	• 소량으로 수출입되는 자동차를 운송하기 위하여 제작된 컨테이너 • 2단 적입구조 또는 중량의 감소를 위하여 바닥, 벽, 천장 부분 등을 과감하게 제거

(3) 수출입용컨테이너의 규격

수출입용으로 이용되는 컨테이너는 ISO 규정에 의하여 다음과 같은 규격이 있다.

◉ 일반적으로 이용되는 컨테이너의 내측 규격

명 칭	길이(mm)	폭(mm)	높이(mm)	용적(m³)	화물적재 가능량(톤)
20ft	5,898	2,348	2,376	33.20	21.74
40ft	12,031	2,348	2,376	67.11	26.74
40ft(하이큐빅)	12,031	2,348	2,695	76.11	26.54
45ft	13,555	2,348	2,695	85.77	25.60

◈ 1. 40피트 하이큐빅컨테이너 : 부피화물을 운송하기 위한 컨테이너
   2. 45피트 컨테이너 : 장대화물 및 부피화물 운송에 적합한 컨테이너(45피트 슈퍼섀시를 이용하여 운송)

(4) 컨테이너 운송용 차량

컨테이너를 운송할 수 있는 차량은 다음과 같으며 각 차량의 종류별로 용도가 다르기 때문에 운송 상황에 따라 적절한 차종을 선택해야 한다.

장비명		용 도
트랙터(Tractor)		• 트레일러를 견인하는 차량 • 일반적으로 2축 또는 3축의 구조
섀시	정 의	컨테이너를 전용으로 운송하기 위한 안전장치를 갖추고 차체를 경량화 시킨 트레일러
	40feet	40피트 컨테이너 한 개 또는 20피트 컨테이너 2개를 적재할 수 있는 섀시
	20feet	• 20피트 컨테이너를 전용으로 운송할 수 있는 섀시 • 주로 중량화물을 적재한 20피트 컨테이너운송
	40feet 콤비네이션	• 40피트와 45피트 컨테이너를 운송할 수 있는 섀시 • 45피트 컨테이너 운송시에는 섀시의 뒷부분을 확장함.
	야드용 섀시	• 부두 CY 내 또는 부두와 ODCY 간을 운송하는 셔틀운송 전용 섀시 • 신속한 상차를 위하여 컨테이너 적재 가이드 장치 부착
평트레일러 (Plate trailer)		• 일반화물 운송과 컨테이너운송에 모두 활용 가능한 트레일러 • 평판 적재대의 설치로 중량이 무거움.
풀카고 및 훌트레일러 (Pull cargo, Full trailer)		• 컨테이너를 적재할 수 있도록 적재함 폭이 2,400mm로 제작된 카고트럭 및 트레일러 • 주로 공컨테이너의 운송에 활용
일반카고트럭 (General cargo truck)		컨테이너운송에 적합하지 않으나 필요시 측문을 개방하고 운송을 한다 (허가를 받지 않으면 불법).

부록

(5) **컨테이너 운송방법**

방 법		내 용
Full 컨테이너	Door to Door	수출자 문전에서 적입하여 수입업자의 문전까지 일관운송할 수 있으며, 계약형태에 따라 Port to Port, Door to Port, Port to Door형태로 운송될 수도 있음.
LCL 컨테이너	CFS to CFS	• 다양한 송하인과 수하인의 화물을 하나의 컨테이너에 적입하여 운송하는 방법 • CFS에서 화물의 인계인수가 이루어짐.
	Door to CFS	하나의 송하인이 다수의 수입업체(최종목적지)의 화물을 하나의 컨테이너에 적입하여 운송 후 착지 CFS에서 인계하는 방법
	CFS to Door	하나의 수입업자가 다수의 수출업자로부터 화물을 수입할 때 발지의 CFS에서 하나의 컨테이너에 적입한 후 도착지에서 화주 문전까지 운송하는 방법

▌4 컨테이너 취급방식

컨테이너부두에서 CY와 갠트리크레인 간에 컨테이너를 운반하고 보관하는 형식이다.

(1) **섀시 방식**(Chassis System)

선박으로부터 갠트리크레인을 이용하여 하역한 컨테이너를 컨테이너섀시(트레일러)에 직접 상차한 후 CY로 이동시킨 후 분리하지 않고 보관했다가 화주문전으로 직접 운송하는 방식이다.

(2) **스트래들케리어 방식**(Straddle Carrier System)

갠트리크레인으로 하역한 컨테이너를 스트래들케리어를 이용하여 에이프런에서 CY까지 운반하며, CY에서는 컨테이너만 2~3단으로 보관하는 방식이다.

(3) **트랜스테이너 방식**(Transtainer System)

대형 트랜스테이너를 이용하여 하역하는 방식으로 횡열과 수직으로의 적재수량이 많기 때문에 트랜스테이너 자체의 이동이 적고(운영비가 적게 소요) 넓은 면적에 높게 적재함으로써 토지이용률을 극대화할 수 있다.

(4) **혼합방식**(Mixed System)

스트래들케리어 방식과 트랜스테이너 방식을 결합한 방식으로서 수입컨테이너를 이동시킬 때는 스트래들케리어를 이용하고 수출컨테이너를 야드에서 선측까지 운반할 때는 트랜스테이너를 이용하는 방법이다.

제 8 장 수배송시스템 설계

1 화물자동차운송시스템 설계

(1) 운송시스템 설계를 위한 기본요건

운송시스템은 최소한 다음과 같은 6가지 요건이 확립되어 있어야 한다.

① 지정된 시간 내에 배송목적지에 배송할 수 있는 화물의 확보

② 운송, 배송 및 배차계획 등을 조직적으로 실시

③ 적절한 유통재고량 유지를 위한 다이어그램배송 등의 운송계획화

④ 운송계획을 효율적으로 실시하기 위한 판매·생산의 조정

⑤ 수주에서 출하까지 작업의 표준화 및 효율화

⑥ 최저 주문 단위제 등 주문의 평준화

(2) 운송시스템의 설계 포인트

① **운송네트워크의 정비** : 운송네트워크란 생산공장, 물류센터, 판매점 등 운송이 발생하고 도착하는 장소를 말한다.

구 분	재고비 및 재고관리비	수송비	배송비	리드타임
물류네트워크의 수 증가	증가	증가	감소	단축
물류네트워크의 수 감소	감소	감소	증가	지연

② **최적 운송수단의 선택** : 운송이 효율적으로 운영되기 위해서는 운송될 화물의 운송에 적합한 운송수단과 운송방법이 선택되어야 한다.

    ㉠ 경제적 측면 : 운송수단의 종류 선택 ⇨ 운송수단의 크기 선택 ⇨ 운송수단의 특수성 선택 ⇨ 운송서비스 종류(운송상품) 선택

    ㉡ 품질적 측면 : 신속성, 안전성, 고객서비스 측면의 검토

③ **운송효율의 향상방법** : 가능하면 일시에 많은 양을 운송하며 하역 시간을 단축하고 대기시간을 삭제하며 가동효율을 높일 수 있는 배차방법을 이용하는 등 효율성 향상을 위한 방법들을 검토해야 한다.

④ **공동운송의 실시** : 공동수배송시스템은 소량 다빈도 수배송을 해야 하는 화주기업들에게 있어서 다빈도 중량운송을 가능케 하여 물류비를 낮추면서 고객만족도도 높일 수 있는 방법이다.

⑤ **수배송의 합리화 수단 고려** : 수배송을 시스템으로 구축하고 합리화하기 위하여 다양한 시스템의 도구들을 이용해야 한다.

    ㉠ 계획화 : 운송업무가 임기응변에 의해 처리되지 않고 사전에 충분히 검토된 계획에 의하여 처리될 수 있도록 계획화해야 한다.

부록

ⓛ 체계화(시스템화) : 수배송이 정기적이고 규칙적으로 이루어져 관리의 효율성은 물론이고 운송이 체계적으로 이루어질 수 있도록 해야 한다.

ⓒ 표준화 : 운송, 적재, 하역의 방법 및 적재의 규격 등이 표준화되도록 해야 한다.

⑥ **수배송 합리화를 위한 협력체계 구축** : 독자적인 물류처리의 한계를 극복하고 보다 적극적으로 합리화를 추구하기 위해서 동종, 이종업체 간 또는 공급채널에서의 공동화, 협력화할 수 있는 아이디어를 발굴하고 효율성 향상의 가능성이 있다면 적극적으로 추진해야 한다.

⑦ **제1차 운송과 제2차 운송의 연결** : 소량 다빈도 수배송은 운송비의 증가를 초래하고 있다. 따라서 이러한 문제를 해결하기 위하여 일정한 장소까지는 대형차량으로 운송을 하고 그 이후에는 대량으로 운송된 화물을 재분류하여 소형차량을 이용하여 운송하는 것이 효율적이다.

(3) 운송시스템전략 10원칙

운송시스템을 구축하는 데 있어서 기본적으로 적용해야 할 원칙을 말한다.

① **운송·재고 트레이드오프(Trade off)의 원칙** : 수배송비와 재고관리비(창고비, 관리비, 재고에 대한 이자비용 등)는 Trade off 관계에 있는 것이다. 따라서 기본적으로 운송의 형태는 재고관리비와의 Trade off 관계를 파악하여 총비용을 최소화할 수 있도록 설계해야 한다는 것이다.

② **자가차량과 영업용차량 믹스의 원칙** : 필요성이 인정되어 자가차량을 운영하더라도 영업용차량과 적절하게 혼합하여 최적의 운송비가 지출될 수 있도록 해야 한다.

③ **단일 원거리 운송의 원칙** : 운송되는 화물은 중간에 환적이 없이 동일한 운송수단에 의하여 목적지까지 운송을 함으로써 중간의 환적에 따른 하역비용 및 하역에 의한 운송시간의 지연에 따른 비용지출 증가가 억제될 수 있도록 해야 한다.

④ **수배송 일원화의 원칙** : 수송(Haul Line)과 배송(Delivery)을 연결시켜 물류센터 내에 재고를 제로(0)로 하는 원칙을 말한다. 일반적으로 크로스닥킹(Cross docking)이라고 말하는데 이렇게 함으로써 재고비를 줄이면서 일정한 구간을 대형차량으로 운송하여 경제성을 확보하고 배송의 효율성을 높일 수 있도록 해야 한다.

⑤ **회전수 향상의 원칙** : 운송을 담당하는 차량의 운행횟수를 늘릴 수 있는 방법을 강구해야 한다. 차량의 효율성을 높이기 위한 방법으로서 동일한 거리를 1회전하는 것보다는 2회전하는 것이 당연히 경제성이 높다. 따라서 관리자는 차량의 회전수를 높이기 위한 운송시스템을 구축해야 한다.

⑥ **상하차 신속의 원칙** : 차량의 회전수를 증가시키기 위해서는 차량에 상하차되는 화물을 신속하게 취급함으로써 상하차를 위해 차량이 대기하거나 상하차시간이 장시간 소요되게 해서는 안 된다는 원칙이다. 이를 위해서는 상하차작업의 계획화와 기계화가 필요하다.

⑦ **배송특성 대응의 원칙** : 화물이 배송되는 지역에 따라 배송의 특성이 나타난다. 도심지역은 배송밀도가 높은 대신 운행거리가 짧다. 또한 시외곽지역이나 지방은 밀도가 도심지역보다 떨어지지만 운행거리는 길다. 따라서 효율적인 배송이 되기 위하여 그 지역의 배송특성에 맞는 차량을 배차해야 하는 것이다. 이는 교통특성, 배송가능 최대량 등을 차량의 크기에 감안하는 것이다.

⑧ **리드타임 충족의 원칙**: 어떤 운송수단이나 방법을 이용하더라도 구매자가 희망하는 배송리드 타임을 충족한다면 경제성(수익성)을 기초로 하여 운송수단을 선택해야 한다는 원칙이다. 예를 들면 리드타임만 충족한다면 1톤씩 운송하는 것보다는 2톤씩 배송하는 것이 유리하고 1톤씩 개별배송하는 것보다는 3~4톤의 물량을 적재하고 순회배송하는 것이 효율적이다.

⑨ **운송단가 분기점의 원칙**: 자가차량과 영업용차량의 사용결정을 하는 데 있어서 영업용차량을 이용했을 때의 운송단가와 자가용차량을 이용했을 때의 운송원가를 비교하여 영업용 단가보다 낮으면 자가용차량을, 높으면 영업용차량을 이용하는 방법을 선택한다는 원칙이다.

⑩ **횡지(橫持) 관리의 원칙**: 상품의 판매이익이나 운송이익보다 화물을 다른 운송회사의 트럭터미널에 이동시켜 타사 차량으로 운송시키는 비용이 적다면(이 비용을 횡지비용이라고 함) 타사 차량을 이용해야 한다는 원칙이다.

■ 2 배송시스템의 설계

(1) 배송시스템 효율화 포인트(촛점)

① 기존 차량보다 운송능력이 큰 차량에 의한 배송이 가능한가?

② 상하차 시간을 단축할 수 없는가?

③ 상하차를 기계작업으로 할 수 없는가?

④ 상품의 인계·인수를 신속하고 정확하게 할 수는 없는가?

⑤ 운행거리를 최단거리로 할 수는 없는가?

⑥ 운행시간을 최단시간으로 할 수는 없는가?

⑦ 운전원의 운행시간을 최대화할 수 없는가?

⑧ 구매자가 원하는 배송시간의 표준화 및 유동화 추진

(2) 배송계획 수립시 설정해야 할 기준

배송계획을 수립함에 있어 효율적인 배송계획이 될 수 있도록 하고, 실제로 배송기사가 계획대로 배송업무를 수행할 수 있도록 하기 위해서는 다음과 같은 기준을 설정해야 한다. 또한 이러한 기준을 제정하기 위해서는 사전에 충분한 조사를 거쳐 합리적인 기준이 마련될 수 있도록 해야 한다.

시간기준	업무시작시간, 검수시간, 출발시간, 주행시간, 인계시간, 마감시간 등에 대한 기준
적재량기준	차량별 최대·최저·평균 적재량 기준, 표준적인 주문단위에 대한 기준
루트기준	배송구역, 최대·최소 운행거리 등에 대한 기준
작업기준	검수 상하차, 인계 등의 방법 및 시간 등에 대한 기준
차량기준	이용하는 차량의 크기, 투입차량의 수 등에 대한 기준

(3) **배송경로 및 일정계획 원칙**

① 가장 근접해 있는 지역의 물량을 함께 싣는다.

② 배송날짜가 다른 경우에는 경유지를 엄격하게 구분한다.

③ 운행경로는 물류센터에서 가장 먼 지역부터 만들어간다.

④ 차량경로상의 운행순서는 눈물방울 형태로 만들어간다.

⑤ 가장 효율적인 경로는 이용할 수 있는 가장 큰 차량을 사용하여 만든다.

⑥ 픽업은 배송과 함께 이루어져야 한다.

⑦ 루트배송에서 제외된 수요지는 별도의 차량을 이용한다.

⑧ 너무 짧은 방문간격은 피해야 한다.

(4) **배송방법**

일반적으로 배송의 방법은 다음과 같이 구분할 수 있다.

다이어그램 배송	배송차량이 출발지에서 목적지까지 운송을 하면서 발생하게 되는 운행과 정지에 관한 사항을 시간대별로 계획하여 표로 나타낸 것을 배송다이어그램이라 하며, 그런 계획에 의해 배송하는 것을 다이어그램 배송이라고 한다. • 배송의 효율성이 향상된다. • 차량의 도착시간이 확정되어 가시성이 확보된다. • 배송처를 고정시킬 수도 있으며(고정다이어그램) 정보시스템에 의하여 변동다이어그램 배송을 할 수도 있다.
밀크런배송	매일 지정된 경로와 장소를 지정된 시간에 방문하여 집하 또는 배달을 하는 형태이다. • 배송구역, 배송처 등이 고정된다. • 집배송서비스품질이 향상된다. • 집하 및 배달수량이 고정되어야 한다. • 배송보다는 집하에 더 많이 활용된다.
Route 배송	일정한 배송경로를 정하여 반복적으로 배송하되 경로상의 모든 거래처에 대하여 배송한다. • 배송처의 수 변화에 관계없이 경로상의 모든 배송처의 화물을 배송한다. • 배송물량의 변화가 크지 않을 때 이용할 수 있다. 예 택배
변동 다이어그램 배송	배송처 및 배송물량의 변화가 심할 때 매일 방문하는 배송처, 방문순서, 방문시간 등이 변동되는 방법으로서 매일 최적의 경로를 설정하여 배송한다. • 정보시스템을 이용하여 경로를 설정해야 한다. • 배송관련 기준설정이 중요하다. • 고객만족 배송을 위해서는 배송예정정보를 알려줄 수 있는 시스템이 구축되어야 한다.

적합배송	사전 설정된 경로에 배송할 물량을 기준으로 적합한 크기의 차량을 배차하는 방법이다. 배송물량, 작업시간, 운행시간 등의 제약조건하에서 경로의 크기가 변동될 수 있다. • 다양한 크기의 차종을 보유하고 운영할 때 이용할 수 있다. • 정보시스템에 의한 Routing작업이 필요하며 Visibility System이 필요하다.
단일배송	하나의 배송처에 1대의 차량을 배차하는 방법이다. • 주문자가 신속한 배송을 요구할 때 이용한다. • 주문량이 보유하고 있는 1대의 차량을 이용할 만큼 대량주문이 이루어질 때 이용한다.

3 공동수배송시스템

• 공동수배송이란 하나의 차량에 다양한 화주(송화주 또는 수화주)의 화물을 혼적하여 운송함으로써 운송의 대형화와 순회배송을 가능케 하는 운송의 기법이다.
• 소량 다빈도 수배송과 JIT 수배송의 필요성 증대, 고객지향적 수배송서비스가 더욱 요구되고 있는 물류현실에서 공동수배송의 필요성은 더욱 증대되고 있다.
• 실질적으로 많은 생필품 판매기업들이 공동수배송시스템을 이용하고 있다.

(1) 공동수배송의 이점

① 적재율 향상에 의한 운송의 대형화로 경제성 향상

② 취급물량 대형화로 물류센터 내의 물류취급을 위한 기기의 자동화 등 현대화 가능

③ 효율적인 정보시스템 구축 가능

④ 전 네트워크 간의 효율적인 EDI 구축으로 수발주업무, 물류회계, 상품의 추적정보 등 제공 가능

⑤ 동일지역 및 동일수하처에 대한 중복방문 제거로 수하처의 상품인수업무 효율화

⑥ 교통체증의 감소와 환경오염 경감

⑦ 오지지역까지 적기에 경제적인 배송실시

⑧ 운영주체에 따라 자가용화물차를 이용한 운송이 가능해짐.

⑨ 효율적인 물류센터관리 정보시스템(WMS)을 활용함으로써 물류센터의 화물처리 품질이 향상됨(정확성·안전성·작업의 효율성).

⑩ 다양한 거래처(납품 및 수하처)에 대한 공동수배송을 실시함으로써 상품의 계절적 수요 변동에 따른 차량수요 기복을 완화시킬 수 있음.

⑪ 물류센터의 운영효율을 향상시킬 수 있음.

⑫ 물류관리를 위한 제반 경비(인건비 등)에 대한 규모의 경제를 이룰 수 있음.

부록

(2) **공동수배송의 전제조건**

① 일정지역 내에 유사영업과 배송을 실시하는 복수기업이 존재해야 한다.

② 대상기업 간에 배송조건의 유사성이 있어야 한다.

③ 공동수배송에 대한 이해가 일치해야 한다.

④ 공동수배송을 위한 간사회사가 존재해야 한다.

(3) **공동수배송 추진의 장애요인**

① 기업의 영업기밀 유지

② 자사의 고객서비스 우선

③ 배송서비스를 기업의 경쟁력으로 삼으려는 전략

④ 상품특성에 따른 특수서비스의 제공 필요

⑤ 긴급대처능력 결여

⑥ 상품에 대한 안전성문제

(4) **공동수배송 물류센터의 기능**

공동물류센터에서는 다음과 같은 기능을 수행할 수 있다.

주요기능	세부내역	비 고
분 류	입고되거나 보관된 화물을 배달처별로 분류 및 출하 준비 (인력 또는 분류기 이용)	기본 활동
보 관	입고된 화물의 일시적 보관, 보관출하서비스 형태, 반품입고된 화물의 보관 등	배송형의 일반적 기능
유통가공	보관되어 있는 화물의 픽킹, 포장, 합포장, 조립작업(Setting, Assembling), 라벨 및 스티커 부착작업 등	TPL형
A/S	고객불만족 처리 및 반품관리, 수리업무	〃
통 관	수입화물의 통관	〃
주 선	기본적인 수배송업무 외의 화물주선업무(택배, 포워딩 등)	〃

⑸ **공동수배송의 유형**

물류센터의 유무에 따라 다음과 같이 다양한 유형으로 공동수배송이 이루어진다.

수배송유형	특 징
개별입고, 개별배송	• 대형차량을 이용하여 대량으로 입고 • 분류 후 중대형차량을 이용하여 배송(1개의 대형배송처) • 주로 대형할인매장 등에 적용
개별입고, 공동배송	• 대형차량을 이용, 대량으로 입고 • 분류 후 중대형차량을 이용하여 순회배송
공동집하, 개별배송	• 소형의 납품처에 대하여 순회집하 • 분류작업 후 중대형차량을 이용하여 대형배송처에 배송
공동집하, 공동배송	• 소형의 납품처에 대하여 순회집하 • 분류작업 후 중소형차량을 이용하여 수개의 배달처에 순회배송
공동수주, 공동배송	• 일반적으로 공동구매를 위하여 운송인이 조합을 구성하여 운영한다. • 픽업은 공동집하할 수도 있으며 개별납품할 수도 있다. • 물류센터에서 Cross Docking으로 처리할 수도 있고, 보관 후 주문량에 따라 배송할 수도 있다. • 배송은 공동배송을 한다.
노선집배송형	• 집배송차량이 노선을 정하여 순회 • 노선상의 집하처와 배달처를 방문하여 집배송

⊗ 공동화의 단계가 많을수록 공동수배송의 효과가 큼.

4 콜드체인 운송시스템

⑴ **콜드체인의 의의**

Cold Chain System(또는 Cool Chain System이라고도 함)이란 냉동 또는 냉상화물을 출하단계에서부터 마지막 소비자에게까지 운송하는 과정에서 냉동 및 냉장이 유지되도록 운송장비 및 시설을 갖추어 안전하게 운송하는 시스템을 말한다.

① **콜드체인의 역할**

㉠ 잔류열의 제거: 운송장비의 적재함 내부 공기 중에 있는 잔류열 및 내부자재 및 단열재 등에 있는 잔류열을 제거한다.

㉡ 외부 복사열의 차단: 외부의 열이 적재함 내부 및 적재물에 전달되는 것을 차단한다.

㉢ 침투열 방지: 적재함의 파손된 틈이나 문틈을 통하여 들어오는 열을 차단한다.

㉣ 적정한 온도를 초과하는 상품의 열 제거: 신선화물 특히 과일 및 야채의 경우에는 운송 중 호흡을 하게 되고, 이 호흡과정에서 열이 발생하게 된다(호흡 가스도 동시에 발생한다). 따라서 냉각시스템은 호흡열에 의해 상품 자체의 변질이 발생하지 않도록 적정온도를 초과하는 열을 제거한다.

② **콜드체인 온도 구분**: 콜드체인의 온도는 다음과 같이 구분된다. HACCP(위해요소중점관리기준)과 대한약전에서 규정하는 기준이 다소 다르나 일반적으로 물류업계에서는 HACCP기준을 따른다.

온도 구분	HACCP	대한약전
상 온	15 ~ 25℃	15 ~ 25℃
실 온	1 ~ 35℃	1 ~ 30℃
냉 장	0 ~ 10℃	1 ~ 15℃(냉소)
냉 동	− 18℃ 이하	−10 ~ −25℃
Cold	−	2 ~ 8℃
표준온도	−	20℃
미 온	−	30 ~ 40℃

⑵ **콜드체인의 장점**

① 화물의 품질유지

② 상품판매 및 물류마케팅에 유리

③ 냉동·냉장화물 운송 및 하역의 효율성 향상(전문성 확보)

④ 상품 및 물류서비스의 부가가치 향상

⑶ **콜드체인을 위한 인프라**

① **냉동·냉장탑차**: 전용 냉동·냉장탑차 뿐만 아니라 냉동·냉장겸용탑차, 3온대(냉동·냉장·일반화물)차량도 필요하다.

② **냉동·냉장 롤테이너**: 일반탑차를 이용하여 냉동·냉장화물을 운송하기 위해서 냉동·냉장 롤테이너를 이용할 수 있다.

③ **냉동·냉장창고**: 냉동·냉장화물을 보관·가공하거나 미배달화물을 일시적으로 보관하기 위한 보관시설이다.

④ **저온분류장**: 배달할 냉동·냉장화물을 분류, 검수, 상차하기 위한 공간으로서 일반작업장과 구분하여 냉방장치를 한다.

⑤ **냉동·냉장박스**

> • 일반차량을 이용하여 소량의 냉동·냉장화물을 배달하기 위하여 적재함에 싣고 다니는 일종의 아이스박스
> • 일반 아이스박스형과 박스 내부에 가스(Gas)를 주입하여 냉기를 유지시키는 방법이 있다.

5 수송(운송) 수요모형

수송(운송)수요모형은 화물 또는 여객 운송수요와 공급량을 예측하고 현재의 Node(터미널 등)및 Link(도로, 철도 등)의 능력에 따라 어떻게 운송량이 부담될 것인가, 어떻게 운송량을 배정할 것인가, 능력이 부족하다면 어떤 Node와 Link를 증설할 것인가 등의 교통수요정책을 결정하기 위해 활용하는 수요예측 및 할당 모형으로서 여러 단계의 예측 및 분석과 수용 영향요인에 따라 다양한 기법을 적용한다.

(1) 자료의 집계

수송수요를 예측하기 위한 기본적인 자료를 수집하는 방법으로서 다음과 같이 집계모형과 비집계모형 중 유효한 것을 선택한다.

집계모형	• 일정한 구역단위에서 발생한 합산된 물량자료를 사용하는 모형(총량지표의 활용) • 예측 대상에 따라 적정한 모형 활용	
	화물발생량 예측	회귀모형
	화물의 배분 결정	중력모형, 선형계획법
	운송수단 배정	회수모형, 선형로짓모형
	노선 설정	네트워크 균형모형
비집계모형	분석 대상 개별로 구성되는 자료를 사용하는 모형 🖉 화주들의 운송수단 선택 방법	
	운송수단의 선택	로짓모형, 프로핏모형

(2) 발생 및 도착량 예측

확보된 자료(Data)와 물량변화에 영향을 주는 변수관계를 이용하여 장래의 발생량 및 도착량을 추정하는 단계로서 다음과 같은 기법을 사용한다.

회귀분석법	화물의 발생량 및 도착량에 영향을 주는 해당지역의 사회·경제적 변수와의 상관관계를 회귀분석법을 이용하여 회귀식을 도출하고, 이 회귀식을 이용하여 장래의 발생 및 도착량을 예측하는 방법
원단위법	지역단위, 인구단위 등에 따른 화물의 발생단위(원단위)를 산출하고, 이를 통하여 장래의 발생량 또는 도착량을 예측하는 방법 🖉 국민 1인당 연간 택배 수요가 50개일 때 지역주민의 증감에 따른 택배 수요 예측
카테고리 분석법	조사 및 분석 대상을 몇 개 그룹으로 분류한 후 각 그룹별 원단위를 추출하여 화물의 발생량 및 도착량 예측 🖉 청년층과 노·장년층의 택배수요 원단위를 추출하여 인구분포 변화에 따른 장래 택배발생량 예측
성장률법	시장이 큰 변화가 없이 안정적인 상태에서 단기간의 화물량을 추정할 경우 평균 성장률 또는 가중 평균 성장률을 사용하여 매출액을 추정하는 방법

부록

⑶ **화물분포 추정**

화물의 발생 및 도착량 예측 자료를 이용하여 물동량 O/D(Origin/Destination)를 추정하는 과정으로서 다음과 같은 방법이 사용된다.

중력모형	양국(지역) 간의 교역 규모(운송량)는 경제 규모에 비례하고 거리(시간과 비용)에 반비례한다는 실증 분석 모형
성장인자모형	현재의 물동량의 이동 행태가 장래에도 변하지 않는다는 가정을 두고, 장래의 지역 간 이동량이 현재의 총 이동량 또는 그룹별 이동 유입·유출량에 비례한다는 원리를 이용한 이동량 분포 추정법 • 평균인자법: 성장인자의 산술평균값을 적용한 물동량 추정 • 평형인자법: 평균인자법 단점 보완
엔트로피 극대화모형	지역 간 물동량의 공간적 분산정도를 엔트로피로 정의하고, 주어진 제약조건을 만족시키며 엔트로피(균형상태)를 극대화하는 화물 배분모형

⑷ **수송분담 예측**

예측된 물동량을 바탕으로 각 운송수단별(공로, 철도, 항공 등)로 분담을 예측하는 과정으로서 다음과 같은 방법이 이용된다.

통행교차모형	• 조사된 물동량 O/D에 의해 교통량을 수단과 교통망에 시간, 비용 등을 고려하여 효율적으로 배분하는 모형 • 전환곡선법, 로짓모형, 프로빗모형 등이 있음.
통행단모형	통행분포과정을 수행하기 전 구역별 통행발생량 및 도착량을 수단별로 배분하는 모형

⑸ **통행 배정**

예측된 화물이동량을 구축되어 있는 교통망(교통 노선)에 배정하여 각각의 교통망의 이동량을 추정하는 과정이다. 물동량 자료를 통행량자료로 전환하여 예측한다(예 이동량 100톤 → 25톤 트럭 4대). 교통시설의 용량에 대한 제약 유무에 따라 용량비제약모형과 용량제약모형으로 구분된다.

용량비제약 모형	교통시설의 용량을 고려하지 않고 기존의 각 최단경로에 통행량을 배정하는 방식
용량제약모형	운송구간의 통행용량의 제약으로 인해 통행비용의 상승을 고려하지 못하는 용량비제약모형의 하나인 전량배정방법을 보완하기 위한 방법 • 반복배정법: 운송구간의 운송비용을 이용하여 구간별 통행량을 조정하여 최적화하는 방법 • 분할배정법: 통행량을 일정비율로 분할하여 순차적, 반복적으로 배정하고 총 통행량을 산출하는 방법

- 수형망단위 분할배정법 : 나뭇가지 형태의 운송경로(간선과 지선)에서 최단경로 수송경로를 찾아 통행량을 배정하여 반복적으로 운송 비용을 산출하여 최적 경로별 배정량을 찾는 방법
- 교통망 평행배정법 : 운송을 이용하는 자들이 비용을 최소화하기 위해 지속적으로 최소비용경로를 찾는 방법으로서 더 이상 낮은 비용(또는 시간)이 존재하지 않는 수준까지 수리적으로 탐색하는 방법

6 수송문제 해결을 위한 해법

(1) 북서코너법(North-West Corner Method) ★

북서코너법은 수송비용은 고려하지 않고 수송표의 북서코너, 즉 왼쪽 위에서 차례로 오른쪽 아래 방향으로 공급량과 수요량을 각각 만족할 때까지 수송표의 각 셀에 수송량을 기입하여 가는 방법이다. 보통 각 행은 공급지를 나타내며 각 열은 수요지를 나타낸다. 각 공급지의 제일 오른쪽 열에는 가능한 총 공급량이 표시되어 있고 각 수요지의 제일 하단에는 총 수요가 표시되어 있다. 그리고 각 셀(Cell)에는 공급지에서 각 수요지로 가는 단위당 수송비가 표시되어 있다.

(2) 최소비용법(Least-Cost Method)

최소비용법은 수송표상에서 수송비용이 가장 낮은 셀(운송구간)에 우선적으로 할당하되 그 행의 공급능력과 그 열의 수요량(또는 필요량)을 비교하여 가능한 최대량을 할당하는 방법이다. 가장 낮은 비용 셀의 할당이 끝나면 순차적으로 다음으로 낮은 비용의 셀에 할당을 해나가며 같은 수송비용이 2개 이상 있을 때에는 임의로 한 칸을 선택하여 할당한다.

(3) 보겔의 추정법(Vogel's Approximation Method : VAM)

보겔의 추정법은 기회비용의 개념을 활용하여 총 수송비용이 최소가 되도록 공급량을 할당하는 기법이다. 전체 운송구간에서 가장 운송비가 낮은 구간과 다음으로 낮은 구간의 차이(기회비용 : 잘못 배정했을 때 부담할 수 있는 리스크의 크기)가 큰 구간부터 최대한의 양을 할당함으로써 잘못 배정하여 부담할 수 있는 위험을 최소화하는 방법이다.

7 수배송네트워크 모형

(1) **최단경로법**(Shortest Route Problem)

최단경로법은 각 운송구간별로 운송거리 또는 단위당 운송비용 등이 제시된 운송네트워크가 있을 때 출발지에서 도착지까지 도달하기 위한 최단의 경로를 찾거나 최소의 비용이 소요되는 경로를 찾기 위하여 사용하는 기법이다.

(2) **최대 수송량 계획**(Maximal Flow Problem)

각 운송구간의 운송특성에 의하여 해당 구간의 운송량이 일정한 양으로 제한될 경우 출발점에서 목적지까지의 경로에서는 운송능력이 가장 적은 통로의 운송량이 전체 운송구간의 운송량을 제한하게 된다. 따라서 전체 네트워크에서 목적지에 운송할 수 있는 최대한의 능력은 결국 출발지로부터 목적지로 갈 수 있는 경로의 수와 각 경로의 운송가능량으로 산출되는 것이다. 이러한 운송문제는 주로 파이프 운송과 같은 경우에 발생하게 된다.

(3) **최소비용 수송계획**(Minimum Cost Flow Problem)

최소비용 수송계획법은 각 운송네트워크의 구간별 최대 운송가능량과 단위당 운송비용 및 운송방향이 정해진 운송망이 있을 때, 출발지에서 도착지까지 임의의 두 교점 간 운송시에 최소 운송비용으로 가능한 최대한의 운송량을 파악하는 방법이다. 이 방법은 운송효율의 극대화를 위하여 운송비용의 최소화와 운송량의 최대화를 동시에 달성할 목적으로 운송계획을 수립할 경우에 유용하게 사용될 수 있다. 따라서 최소비용 수송계획은 최대 수송량 계획법을 기본으로 하여 운송네트워크에서의 최대 운송량계획을 수립하고 그 조건에서 최소의 운송비를 구하는 방법이기 때문에 결국은 최대 수송량 계획법을 이용하여 그 해를 구하게 된다.

(4) **최소걸침나무법**(Minimal Spanning Tree Method)

각 네트워크가 어느 한 네트워크와 연결되어 운송이나 통신이 가능해지도록 네트워크 통로를 설계하는 방법으로서 가장 짧은 거리로 연결하는 방법이다.

① 각 네트워크는 어느 한 네트워크와 연결만 되면 된다.

② 각 네트워크는 가장 짧은 거리로 연결되도록 한다.

③ 각 네트워크는 Cycle(돌아서 다시 연결되는 형태)이 되지 않도록 연결한다.

④ 특정 네트워크에서 시작하여 가장 가까운 거리에 위치한 네트워크로 연결해 나가는 방법과 가장 짧은 네트워크 간을 순차적으로 연결해 나가는 방법이 있다.

8 변동다이어그램 시스템

매일 또는 운송상황의 변화에 따라 적정한 운송경로를 찾아야 하는 경우에 활용하는 기법이다.

(1) 스위프(Sweep)법

배송차량의 적재범위 내에서 배송루트가 교차하지 않고 가능한 눈물방울 형태의 배송루트가 설정될 수 있도록 배송거리와 물류센터로부터의 배송위치 각도를 이용하여 최적의 배송루트를 만들어가는 방법이다.

(2) 외판원문제(Traveling Salesman Problem : TSP)기법

TSP기법은 차량이 배송구역의 배송을 위하여 배송센터를 출발하여 돌아오기까지 소요되는 거리 또는 시간을 최소화하기 위한 기법이다. 이 기법은 방문해야 하는 모든 네트워크를 최단거리 또는 최단시간에 빠짐없이 방문하고 돌아오는 순서를 찾는 방법으로 모든 네트워크에서 다른 모든 네트워크로 이동할 수 있기 때문에 경우의 수가 (n－1)!로 산출되어 방문처 수가 많을 경우 사람이 직접 계산한다는 것이 사실상 불가능해진다. 따라서 TSP기법은 컴퓨터와 각종 알고리즘(Algorithm)기법을 적용하여 산출해낸다.

(3) Saving기법

① Saving의 개념

각각의 배송처를 개별적으로 왕복운행하여 운송하는 것보다는 순회배송함으로써 운송거리나 시간을 단축하는 것을 말한다.

② Saving 값의 계산

개별·왕복운송했을 경우의 운송거리(시간)에서 순회운송했을 때의 운송거리(시간)를 감하여 계산한다.

$$Saving = 2(a + b) - (a + b + c)$$

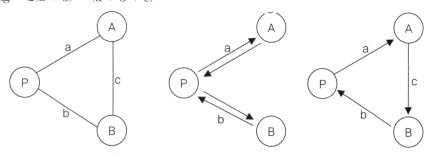

- 왕복운송거리 > 순회운송거리 = Saving이 있다.
- 왕복운송거리 = 순회운송거리 = Saving이 없다.
- 왕복운송거리 < 순회운송거리 = Saving이 없다.

③ Saving을 이용한 배차방법

> ㉠ 각 네트워크 간 거리(또는 시간)를 파악한다.
> ㉡ 각 네트워크에 운송될 물량을 파악한다.
> ㉢ 이용가능한 차량의 크기와 수량을 파악한다.
> ㉣ 출발지(물류센터)와 각 네트워크 2개를 연결하여 Saving을 구한다(모든 네트워크를 대상으로 계산).
> ㉤ Saving이 큰 순서로 연결구간을 배열한다.
> ㉥ Saving값이 큰 순서로 연결배송을 하도록 배차한다.
> ㉦ 연결배송한 물량이 이용가능차량의 적재능력 내에 있는지를 확인한다(적재능력 내에 있을 때만 연결이 가능).
> ㉧ 인접구간의 Saving값이 다음으로 클 때는 처음 연결한 구간의 적재량과 추가되는 구간의 운송량을 합하여 가장 큰 차량의 적재능력 범위 내에 있는지를 확인한다(능력범위를 초과하면 연결 불가).
> ㉨ 위의 ㉦, ㉧의 작업을 Saving값의 크기 순서에 따라 계속한다(모든 네트워크에 더 이상 연결 배송이 불가능할 때 까지).

제 9 장 화물운송임

1 운송임의 의의

운송임이란 운송수단을 이용하여 화물을 이동시켜 주고 운송업자가 받는 대가를 말한다.

> • 운송서비스를 이용하는 입장에서 보면 비용(운송비)이며, 운송업자 측에서 보면 수입이다.
> • 운송임의 수준은 국가의 상품경쟁력과 제조 및 유통업체의 경쟁력을 좌우할 수 있다.

2 운송임의 결정

(1) 운송원가에 영향을 주는 요소

① 거리(Distance) : 운송거리는 운송임의 크기 결정에 가장 기본적으로 영향을 미친다.

② 운송되는 화물의 크기(Volume) : 한 번에 운송되는 단위가 클수록 운송단위당 운송임은 감소하고, 작을수록 증가한다.

③ **밀도**(Density) : 밀도란 무게와 부피 및 면적(운송장비의 적재공간)을 통합시킨 개념이다. 밀도가 높은 화물은 적재공간이 적게 소요되므로 운송원가가 낮아진다.

④ **적재성**(Stowability) : 적재성이란 제품의 규격이 운송수단의 적재공간 활용에 어떤 영향을 미치는가를 말한다.

⑤ **취급**(Handling) : 운송될 화물의 상하차작업의 난이도에 따라 운송원가가 달라진다.

⑥ **책임**(Liability) : 운송되는 화물의 사고(클레임)발생가능성 및 사고발생시 배상금액의 크기에 따라 운송 원가가 달라진다. 또한 운송계약시 면책범위 및 배상비율 등에 의해서도 운송원가가 달라진다.

⑦ **시장요인**(Market factors) : 아무리 운송원가와 위의 6가지 요소를 감안하여 운송임을 산출하였다고 해도 결국은 시장에서의 경쟁상황이 최종적인 운송임 결정요소가 된다.

(2) **운송가격**(운송비) **책정전략**

운송사업자가 운송원가를 기준으로 운송임을 제시하되 다음과 같은 전략하에서 제시하게 된다.

① **서비스 비용전략**(Cost of service strategy) : 운송서비스의 제공에 소요되는 원가에 적정한 일반관리비 및 이윤을 더하여 책정 및 제시하는 전략으로 운송업자의 기본적인 운임전략이다.

② **서비스 가치전략**(Value of service strategy) : 운송기업이 제공하는 운송서비스에 의하여 화주가 얼마나 부가가치를 얻느냐에 따라 운송비의 수준을 책정하는 전략이다. 운송업자가 독점적 또는 경쟁우월적 지위에 있을 때 가능하다.

③ **복합전략**(Combination strategy) : 복합전략이란 운송가격을 서비스 비용전략의 최저선과 서비스 가치전략의 최대선 사이의 어느 중간수준을 설정하여 제시하는 전략으로 시장에서 이용되는 일반적인 관행이다.

④ **순수요율가격**(Net rate pricing) : 순수요율가격이란 운송업자 간 협정에 의하여 정한 협정요금, 정부가 고시하거나 승인한 요금 등을 화주에게 그대로 제시하고 수수하는 것을 말한다.

⑤ **정책적 원가 이하 가격**(Strategic low price) : 실제 발생원가 이하로 가격을 제시하는 전략이다. 운송할 화물이 없거나(비수기) 귀로(歸路)화물이 없을 때, 차량을 운휴(運休)시키거나 공차회귀시킴으로써 발생하는 비용을 최소화시키기 위하여 정책적으로 원가 이하의 가격을 제시하는 방법이다.

부록

3 운송임 적용의 기준

① 운송임은 기본적으로 운송량과 운송거리를 기준으로 계산된다.

② 현실적으로는 운송여건에 따라 다양한 기준을 정하여 적용한다.

운송량 기준운임		기본적인 운송량을 운송할 경우에는 정상운임을, 기본량보다 적은 운송량을 운송할 경우에는 더 높은 운송임을, 많은 운송량을 운송할 경우에는 할인율을 적용하는 방법
운송거리 기준운임	단일거리 기준운임 (Uniform Rates)	실 운송거리에 관계없이 동일한 임률 적용(평균거리를 산출하여 적용)
	거리비례운임 (Proportional Rates)	운송거리에 일정한 임률을 곱하여 산출(철도운임)
	거리체감운임 (Tapering Rates)	운송거리가 증가할수록 낮은 임률 적용(일반 공로운임)
	지역운임(Blanket Rates)	중요 지역별로 운임을 정하여 그 지역은 동일한 운임 적용 (컨테이너내륙운송임)
수요기준운임 (Demand-Related Rates)		수요량에 따라 변하는 시장의 운임수준에 따라 변동 적용
대절(貸切)운임		운송수단만 임차하여 사용하는 운임(용선, 용차)
특별 서비스 요금		운임 이외의 특별 서비스 제공에 대한 대가

4 운송량의 적용기준(계산기준)

"운송한 화물의 크기계산을 무엇으로 할 것인가?"에 대한 기준이다.

구 분	내 용
용적단위	화물의 부피를 기준으로 하여 운임계산
중량단위	실 중량을 기준으로 하여 운임계산
가격기준	운송한 화물의 가격을 기준으로 하여 운임계산
Box 단위(Box rate)	운송한 박스단위로 운임계산(컨테이너, 택배화물 등)
Revenue Ton	용적과 중량 중 운송업자에게 유리하게 적용한 운임기준
Freight Ton	실제로 운송업자가 운임을 계산하는 기준

5 운송임의 분류(종류)

(1) 지급시기에 따른 분류

운임을 실질적인 운송시기를 기준으로 하여 언제 지급하느냐에 따른 분류이다.

종 류	내 용
선불운임	운송을 의뢰하면서 동시에 운임을 지급하는 경우의 운임
후불운임	일정기간 동안 운송결과를 종합하여 청구서를 제출하고 수수하는 형태의 운송임
착불운임	화물이 목적지에 도착하여 화물을 인계하면서 운송임을 받는 형태

(2) 운송거리 적용에 따른 분류

운송되는 거리와 그에 따른 운송단가를 어떻게 적용하느냐에 따른 분류이다.

종 류	내 용
거리비례운임	운송거리에 비례하여 운임이 증가하는 형태의 운임. ton·km당 고정된 운임을 적용한다. ◈ 철도운임은 영업km × 운임률 × 적재량
거리체감운임	운송거리가 증가할수록 ton·km당 운송단가가 감소되는 형태의 운임 ◈ 일반화물자동차 및 선박 등은 거리에 따라 체감제 적용
지역운임	일정한 지역별로 동일한 운임을 적용하는 형태의 운임 ◈ 컨테이너운임, 택배운임은 지역별 운임 적용
균일운임	지역 또는 운송거리에 관계없이 동일한 단위의 운송임을 적용하는 형태 ◈ 우편소포운임은 전국 균일운임률 적용

(3) 공시 여부에 따른 종류

화물운송임에 대한 정부의 관여 여부에 따른 분류이다.

종 류	내 용
인가운임	정부 또는 운송임 인가기관에서 운송소비자에게 수수할 수 있도록 승인된 운임 ◈ 항공운임은 국토교통부의 인가를 받는다.
신고운임	운송업체 또는 관련단체가 정부 또는 인증기관 등에 수요자에게 받을 운임을 정하여 신고하고 수리된 운임 ◈ 현재의 컨테이너 국내운송요금, 철도운송요금
자유경쟁운임	운송서비스공급자와 수요자가 합의하여 적용하는 운임. 운송원가, 경쟁상황 등에 의하여 다양한 형태로 결정된다.

부록

(4) 운송정도에 따른 분류

일반적으로는 운송이 완성되어야 계약된 운임을 지급한다.

종 류	내 용
비례운임 (Pro Rata Freight)	운송이 이루어진 비율에 따라 운임을 수수하는 형태의 운임
전액운임 (Full Freight)	서비스의 완성정도에 관계없이 계약된 운송임 전액을 수수하는 형태의 운송임

(5) 적재정도에 따른 분류

종 류	내 용
만재운임 (Carload Freight)	화물을 운송수단의 적재능력만큼 적재 및 운송하고 적용하는 운송임
혼재운임 (Consolidation Freight)	다수의 운송의뢰자의 화물을 하나의 운송수단 또는 용기에 적재하여 대단위화하고 소량으로 의뢰했을 때보다 낮은 요율을 적용하는 운송임
공적운임 (Dead Freight)	운송계약을 운송수단 단위 또는 일정한 용기단위로 했을 때 실제로 적재능력만큼 운송하지 않았더라도 부담해야 하는 미 적재운송량에 대한 운송임

(6) 연계운송에 따른 분류

종 류	내 용
통운임 (Through Rate)	수출입화물운송에서 발송지에서 최종 목적지까지 도착할 때까지의 해상운송임, 철도 및 공로운송임, 하역비 등을 합하여 계약하는 운임
복합운임 (Combined Rate)	수출입화물운송에서 통운임을 제시할 수 없는 운송사업자가 각 단계별 운송업자 및 하역업자의 운임 및 작업비를 단순히 합산하여 제시 및 계약하는 형태의 운송임
Local Rate	수출입화물운송의 경우 수출국 또는 수입국 내에서의 내국운송에 대한 운송임
지선운임 (Feeder Rate)	철도운송이나 해상운송에서 본선으로 운송한 후 별도의 지선을 통하여 운송하거나 피더선을 이용하여 연안운송을 하는 경우에 적용하는 운송임

⑺ 운임계산방법에 의한 분류

종 류	내 용
종가(從價)운임 (Ad Valorem)	운송되는 화물의 가격에 따라 운임의 수준이 달라지는 형태의 운임
최저운임 (Minimum Rate)	일정한 수준 이하의 운송량을 적재하거나 일정거리 이하의 단거리운송 등으로 실 운송임이 일정수준 이하로 계산될 때 적용하는 최저 수준의 운임 ◎ 항공화물운임, 철도운임 등에 적용
특별(예외)운임 (Special Rate)	주로 해상운송에서 적용하는 운송임으로서 해운동맹이 비동맹과 경쟁하기 위하여 일정조건을 갖춘 경우 요율을 인하하여 부과하는 운임
차별운임 (Rate Discriminate)	• 운송거리, 차량의 크기, 서비스의 수준, 운송량 수준, 운송시간 등에 따라 요율을 달리하는 형태의 운송임 • 동일한 운송원가에도 불구하고 다른 운송임을 적용하는 경우, 다른 운송원가에도 불구하고 동일한 운송임을 적용하는 경우에 해당
무차별운임 (Freight All Kind)	보통 해상운송에서는 운송품목에 따라 운송요율을 달리 적용하는데 반해 이에 관계없이 일률적으로 부과하는 운임
품목운임 (Commodity Rate)	운송하는 품목에 따라 요율을 달리하는 운송임
할증운임 (Surcharge)	기본운임 외에 특별한 서비스를 제공하거나 일정수준 이상의 운송성과를 올렸을 때 적용할 수 있는 운송임
반송운임 (Back Freight)	목적지에 도착한 후 인수거부, 인계불능 등에 의하여 반송조치하고 받는 운송임
등급운임 (Class Rate)	화물의 특성에 따라 특별한 취급이 필요한 경우 화물별 등급을 정하고 그에 맞는 시설, 장비 또는 취급서비스를 제공하고 차별적으로 받는 운임 ◎ 항공화물은 품목별 등급 적용

▌6 화물자동차 안전운임제

저(低)운임으로 인해 과로·과적·과속의 위험이 상존하는 화물운송 종사자의 근로 여건을 개선하고자 화물차주가 지급받는 최소한의 운임을 공표하는 제도이다. 현재 국내의 화물자동차 운송시장은 차량의 대형화, 운영효율성 향상, 화물정보망에 의한 완전자유경쟁 등으로 운송원가의 지속적인 상승에도 불구하고 오히려 운임수준은 하락하고 있는 것이 현실이다.

(1) **안전운임위원회의 설치 운영**

국토교통부장관 소속으로 안전운임위원회를 설치하도록 하고 있으며 다음과 같은 역할을 한다.

① 화물자동차 안전운송원가 및 화물자동차 안전운임의 결정 및 조정에 관한 사항

② 화물자동차 안전운송원가 및 화물자동차 안전운임이 적용되는 운송품목 및 차량의 종류 등에 관한 사항

③ 화물자동차 안전운임제도의 발전을 위한 연구 및 건의에 관한 사항

④ 그 밖에 화물자동차 안전운임에 관한 중요 사항으로서 국토교통부장관이 회의에 부치는 사항

(2) **안전 운송원가**

국토교통부장관은 매년 10월 31일까지 안전운송원가를 공표해야 한다.

- **대상품목**: 트레일러 ⇨ 철강재
  일반화물자동차 ⇨ 모든 운송품목

(3) **화물자동차 안전운임**

국토교통부장관은 안전운임위원회의 심의를 거쳐 매년 10월 31일까지 안전운임을 공표해야 한다.

① **적용 대상**: 컨테이너 및 시멘트 운송

② **적용기간**: 2020년 1월 1일부터 2022년 12월 31일까지(한시적 적용)

③ **안전운임의 종류**

　㉠ 안전운송운임: 화주와 운송회사 간 체결하는 운임

　㉡ 안전위탁운임: 운송회사에서 위탁 운송 차주에게 지급하는 운임

　㉢ 효력(강제)

　　ⓐ 화주는 운수사업자 또는 화물차주에게 화물자동차 안전운송운임 이상의 운임을 지급하여야 한다.

　　ⓑ 운수사업자는 화물차주에게 화물자동차 안전위탁운임 이상의 운임을 지급하여야 한다.

　　ⓒ 화물운송계약 중 화물자동차 안전운임에 미치지 못하는 금액을 운임으로 정한 부분은 무효로 하며, 해당 부분은 화물자동차 안전운임과 동일한 운임을 지급하기로 한 것으로 본다.

　　ⓓ 화주와 운수사업자·화물차주는 운임 지급과 관련하여 서로 부정한 금품을 주고받아서는 안 된다.

④ **운임에 반영된 원가항목**

　㉠ 고정원가 및 변동원가

　㉡ 화물 상하차 대기료

　㉢ 운송사업자의 적정 서비스 수준에 대한 원가

　㉣ 운송서비스 제공에 필요한 추가적인 시설 및 장비 사용료

　㉤ 운송사업자의 적정 이윤 등

7 해상운송임

(1) 정기선의 운임

정기선의 운임은 정기선업자가 항로별, 운송단위별, 품목별 운송임을 정하고 총중량 또는 총용적을 기준하여 수수한다. 또한 정기선운임은 선내하역비가 포함된 Berth Term 또는 Liner Term운임이 적용된다.

① 기본운임의 적용기준

> • 기본적으로 해상운송에서는 용적톤 또는 중량톤 중 운송업자에게 유리한 기준을 적용한다. 이를 Freight 또는 Revenue톤이라고 한다.
> • 운송화물의 가격, 품목, 운송단계 등 특수한 경우에는 몇 가지 변형된 운송임을 적용하기도 한다.

㉠ 중량운임의 기준 : 기본이 되는 운임적용기준으로서 화물의 중량은 항로, 지역에 따라 다음과 같이 적용한다.

◉ 중량톤의 기준

종 류	실중량	사용지역
Long ton(Gross ton)	2,240lbs(= 1,016kg)	영국 및 영연방국가
Short ton(Net ton)	2,000lbs(= 907kg)	미국 및 중남미국가
Metric ton(Kilo ton)	2,204lbs(= 1,000kg)	유럽대륙
Piculs	2,000lbs(= 15Piculs)	중국연안

㉡ 용적운임의 기준 : 용적의 기준치는 나라와 상품에 따라 차이가 있다.

◉ 국가별 용적톤의 기준

지역 또는 품목	1톤의 기준
북유럽국가(스웨덴, 덴마크)	$1m^3$
영국 등	40cubic feet
일 본	40입방척(立方尺)
목재 등	480SF(super feet)
쌀 등 곡물류	100石(1석 = 10입방척)

② 종가운임(Ad Valorem Freight)

㉠ 종가운임은 예술품, 귀금속과 같이 운송 중 특수한 장소에 보관하고 특별한 주의를 기울여야 안전한 운송이 될 수 있는 화물에 적용하는 운임이다.

㉡ 일반적으로 상품가격의 2~5%를 할증으로 정상운임에 추가한다.

부록

③ **할증운임**(Additional Rate) : 다음과 같이 기본운임 외에 다양한 할증운임(Additional Rate)을 설정하는 경우도 있다. 모든 경우에 적용되는 것이 아니라 특수한 경우에만 적용된다.

종 류	내 용
중량할증운임 (Heavy Cargo Surcharge)	화물 한 개의 중량이 일정한도 이상(◙ 4톤 이상)이 되는 화물에 대한 할증료(하역시간 지연, 특수기계사용 등 필요)
용적 및 장척할증료 (Bulky/Lengthy Surcharge)	화물 한 개의 용적 또는 길이가 어느 일정한도 이상(◙ 길이 35척 이상)인 화물에 대한 할증료
체선할증료 (Port Congestion Surcharge)	도착항의 항만사정이 혼잡할 때 받는 할증료
통화할증료 (Currency Adjustment Factor : CAF)	통화의 변동에 따른 환차손을 화주에게 부담시키는 할증료
유류할증료 (Bunker Adjustment Factor : BAF)	유류가격의 인상으로 발생하는 손실을 보전하기 위한 할증료
인플레 할증료 (Inflation Adjustment Factor : IAF)	특정 지역의 인플레가 심한데도 일괄운임인상이 이례적으로 늦어져, 운항원가의 상승으로 선사의 적정이윤이 유지되지 못할 때 부과하는 할증료
양륙항 선택화물 (Optional Cargo) **할증료**	화물 선적시에 양륙항이 지정되지 않고 출항 후에 화주가 가장 편리한 양륙지를 선택하여 그 항구에서 양륙하는 경우의 할증료
우회기항화물에 대한 부가율	예정 기항지 이외에 적하 혹은 양하를 위해서 기항을 하는 화물에 대해서는 특별한 운임부가율이 적용됨.

④ **특수운임** : 기본운임을 특정 상황에 따라 변형하여 적용하는 운임이다.

특별운임 (Special Rate)	해운동맹이 비동맹과 화물유치경쟁을 할 때 일정한 화물에 대해 일정조건을 갖춘 경우 정상요율을 인하하여 특별 요율로 화물을 인수하는 수단으로 사용되는 운임
경쟁운임 (Open Rate)	해운동맹선사가 대량화물을 유치할 수 있도록 특정 품목에 대해서 별도 운임을 적용하는 경우의 운임(자동차, 세멘트 등)
접속운임 (OCP Rate)	북미내륙의 육상운송의 종착역에 해당하는 OCP지역으로 운송하는 경우 해상운송업자가 육상·항공운송까지 화주를 대신하여 계약을 체결하는 경우에 화주가 지급하게 되는 총괄운임
지역운임 (Local Freight)	미국 록키산맥의 동부 지역은 local area라고 부르며 main port에서 내륙지역까지의 운송료를 port local freight라고 함.
소포운임 (Parcel Freight)	• 한 개의 용량이 너무 작아 최저 운임으로 부가할 수 없는 소포에 대하여 부가하는 운임 • 소포에 대해서는 B/L대신에 소포화물수취증을 발행함.

⑤ **동맹표준운임** : 해운동맹이 결성되면 통일적인 표정운임이 적용된다. 또한 정기선은 다수의 화주와 다종의 화물을 개품운송계약을 통해 운송이 이루어지기 때문에 Liner Term이 원칙이다. 표정운임은 Main Port to Main Port 운송을 전제로 한 품목별 운임률과 중량 또는 용적이라는 운임기준치로 표시된다.

● **동맹표준운임의 변형**

자유운임(Open Rate)	대량화물운송에 있어 동맹선사의 경쟁력을 높이기 위하여 동맹선사 스스로 운임을 결정하게 한 운임
기간물량운임 (Time Volume Rate)	일정기간에 제공되는 화물의 량에 따라 다른 운임률을 적용할 수 있도록 동맹선사에게 승인된 운임
우대운송계약에 의한 운임 (Service Contract)	화주 또는 단체가 정기선 화물운송을 위해 운임동맹 또는 비동맹선사와 체결하는 운송계약 운임. 계약기간 중 일정한 수량을 보장하고, 선사는 선복의 확보, 운송기간, 기항지, 운임할인 등 우대서비스 제공

⑥ **부대비용의 종류**

● **운임 이외에 부가되는 각종 비용**

Wharfage	부두사용료를 말하는 것으로 해운항만청 고시에 의하여 부과한다.
터미널화물처리비 (THC)	화물이 컨테이너 터미널에 입고된 순간부터 본선의 선측까지, 반대로 본선 선측에서 CY의 게이트를 통과하기까지 화물의 취급에 따르는 비용
CFS Charge	소량화물(LCL : Less than Container Load)을 운송하는 경우, 선적지 및 도착지의 CFS(Container Freight Station)에서 화물의 혼재(적입) 또는 분류작업을 하는 데 따른 비용
컨테이너세 (Container Tax)	1992년부터 항만배후도로를 이용하는 컨테이너차량에 대해 징수하는 지방세로서 일종의 교통유발금
서류발급비 (Documentation Fee)	선사가 선하증권(B/L)과 화물인도지시서(D/O) 발급시 소요되는 비용을 보전하기 위한 비용
도착지화물인도비용 (DDC)	북미수출의 경우 도착항에서의 하역 및 터미널 작업비용을 해상운임과는 별도로 징수하는 것을 말함.
지체료 (Detention Charge)	화주가 반출해 간 컨테이너를 허용된 시간(free time) 이내에 지정된 선사의 CY로 반환하지 않을 경우 지불하는 비용
보관료 (Storage Charge)	CFS 또는 CY로부터 화물 또는 컨테이너를 무료기간(free time) 내에 반출해 가지 않을 때 수수하는 비용

(2) 부정기선의 운임

- 부정기선의 운임은 용선주와 용선자의 계약에 따라 결정된다.
- 부정기선의 기본적인 용선임 수준은 해상운송수요와 공급에 따라 결정된다.
- 용선의 방법, 하역비 부담 등에 따라 용선임의 크기가 결정된다.

(3) 하역비의 부담

하역비를 누가 부담하느냐(운임에 포함되어 있느냐 여부)에 따라 다음과 같은 운임종류가 있다.

구 분	개 념
Berth Term (Liner Term)	선적시와 양하시의 하역비를 선주가 부담하는 조건 (정기선의 개품운송에 적용)
Free In(F.I)	선적시에는 화주가, 양하시에는 선주가 하역비를 부담하는 조건
Free Out(F.O)	선적시에는 선주가, 양하시에는 화주가 하역비를 부담하는 조건
Free in & out(F.I.O)	Berth Term의 반대조건으로서 선적 및 양하시의 하역비를 화주가 부담하는 조건

8 항공운임

(1) 항공운임의 결정

일반적으로 국제항공운송임은 국제항공운송협회(IATA : International Air Transport Association)의 The Air Cargo Tariff Ⅰ & Ⅱ 및 Tariff Coordinating Conference Resolution에 의거하여 산출되며 국토교통부의 인가를 받아 시행하고 있다. 국내항공운송임은 항공사가 제정하여 20일간 예고를 한 후 시행하도록 하고 있다.

(2) 운임산출중량의 결정

운송임을 계산할 때 적용할 화물의 운임부과중량은 다음과 같은 방법에 의하여 결정한다.

① **실제중량에 의한 방법** : 운송화물의 실제 무게를 kg 또는 파운드 단위로 측정하여 운임을 계산하는 방법으로서 일반적으로 0.1단위까지 측정한다. 또한 소수점이 있는 경우 0.5kg 미만의 중량은 0.5kg으로, 0.6kg 이상은 1kg으로 적용하며 파운드로 계산할 때는 소수점단위는 절상하여 적용한다.

② **용적중량에 의한 방법** : '화물의 가로 × 세로 × 높이'로 계산하며 직육면체가 아닌 경우에는 '최대가로 × 최대세로 × 최대높이'로 산출하며 부피를 산출한 후 중량으로 환산한다. 중량환산은 $6,000cm^3 = 1kg(1m^3 = 166.66kg)$, $166inch^3 = 1lb(1파운드)$로 적용한다.

③ **저임률의 적용방법** : 높은 중량단계에서 낮은 요율을 적용하여 운임이 낮아질 경우 그대로 낮은 운임을 적용하는 방법이다.

┌ 보충학습 ┌

저임률 적용의 예

40kg~49kg까지의 화물에 대한 운송임이 2\$/kg이고 50kg 이상의 화물은 1.8\$일 때 47kg의 화물은 기본적으로 94\$이나 50kg으로 적용하면 90\$이다. 이럴 경우에는 50kg으로 적용하여 운임을 계산한다.

---

(3) 항공운임요금 체계

항공사들이 적용하는 운송화물에 대한 운임체계는 다음과 같다.

운송임	중량운임	GCR(General Cargo Rate)
		SCR(Specific Commodity Rate)
		CCR(Class Rate)
		BUC(Bulk Unitization Charge)
	Unpublished Rate-Construction, Combination(특수한 결합운송)	
	Valuation Charge(종가율)	
부대운임	위험물 취급수수료. 운송장 작성수수료. 입체지불금 수수료. 착지불 수수료. Trucking Charge 등	

① **일반화물요율**(General Cargo Rate : GCR) : 특정 품목 할인요율의 적용을 받지 않는 모든 화물에 적용되는 가장 기본적인 요율로서 다음과 같이 3가지로 구분된다.

  ㉠ **최저운임**(Minimum Charge) : 화물운송에 적용되는 운임 중 가장 적은 운임을 말하며, 중량이나 용적운임이 최저운임보다 낮은 경우에 적용한다.

  ㉡ **기본요율**(Normal Rate) : 모든 화물의 기준이 되는 요율로서 45kg 미만의 화물에 적용된다.

  ㉢ **중량단계별 할인요율**(Chargeable Weight) : 항공화물의 요율은 중량이 높아짐에 따라 일정한 단계별로 kg당 요율이 낮아지도록 설계되어 있는바 이를 말한다.

② **특정 품목 할인요율**(Specific Commodity Rate : SCR) : 특정 운송구간에서 반복적으로 운송되는 특정의 동일품목에 대하여 일반품목보다 낮은 요율을 적용함으로써 항공운송 이용을 확대·촉진하기 위한 요율이다. 즉, 현재 육상 또는 해상운송으로 이루어지고 있는 화물을 항공운송으로 유치하기 위하여 특별히 특정 품목에 대하여 낮게 요율을 설정하여 적용한다.

③ **품목분류요율**(Commodity Classification Rate, Class Rate : CCR) : 특정 품목, 특정 지역, 특정 구간에 대하여 일정한 할인·할증률을 적용하는 것을 말한다. 할인품목은 'R'로 표시되며 할증품목은 'S'로 표시된다.

부록

┌─ **보충학습** ─┐

Class Rate 적용품목

1. 신문, 잡지, 정기간행물, 책, 카탈로그, 맹인용 잡지 등(R)
2. 비동반 수하물(R)
3. 생동물(S)
4. 귀중화물(S) ⇨ AWB상 운송신고가격이 kg당 USD 1,000 이상인 품목
5. 시체, 유골(S)
6. 자동차(S)

④ **종가운임**(Valuation Charge) : 항공화물운송시 사고가 발생하면 배상을 해야 하는바 일반적으로는 IATA규정에 의하여 kg당 19SDR을 기준으로 하여 배상한다. 그러나 고가의 화물인 경우 19SDR/kg을 초과하는 금액에 대하여 배상받고자 할 경우에는 항공사에 신고를 하고 일정률의 추가운임을 지불하게 되는바 이때의 운임을 말한다.

> **종가운임** = { 운송신고가격 − (총중량 × 19SDR)} × 0.75%
>
> ❇ SDR은 IMF의 특별인출권으로서 달러, 파운드, 위안화, 엔화, 유로화의 환율변동을 기반으로 한 제3의 기축통화임. 달러환율은 1SDR = 1.3787$임(2020.7.3. 기준).

⑤ **단위탑재용기운임**(Bulk Unitization Charge) : 항공사가 송하인 또는 대리점에 컨테이너 또는 팔레트 단위로 판매시 적용하는 요금으로 IATA에서 규정한 단위탑재용기의 형태에 따라 상이한 운임이 적용된다. 탑재용기의 단위운임은 기본운임과 초과중량요율로 구성된다. 항공운송주선업자의 주 수입원은 실 적재중량에 의한 운임과 BUC운임의 차액이다.

❇ **BUC 사용제한 품목** : 위험물, 생동물, 귀중화물, 유해

⑥ **부대운임**

위험물취급수수료	위험물로 지정된 화물에 대하여 개당 취급 수수료 부담
운송장작성수수료	• 운송장을 항공사 또는 대리점이 작성하였을 때 지불하는 수수료 • 작성 건당으로 지불
입체금지불수수료	• 수하인이 지불해야 할 착지 운송료, 보관료, 관세 등의 비용을 항공사가 대신 지급했을 때 지불하는 수수료 • 지급액의 일정율 부담
착지불수수료	운임을 착지에서 지급할 경우 지불하는 일종의 할증료

⑦ **Unpublished Rate** : 표준운임을 적용할 수 없는 특이한 형태의 운송이 이루어지는 경우에 적용할 운임으로 항공사가 정하거나 협의에 의해 결정하는 운임이다.

9 철도운송임

(1) 운임계산기준

운송량에 대하여 거리비례제로 계산하며 운임단위계산은 화차단위로(컨테이너는 컨테이너단위)하고, 화차단위운임이 최저운임 이하로 계산될 때는 최저운임요금을 적용한다.

> **운임 = 운임단가 × 운송거리 × 화물 실 적재중량 또는 최저중량**
> ⬡ 적재화물의 중량이 화차표기톤수의 일정기준 이하일때는 화물의 종류에 따라 60% ~ 80%를 적재한 것으로 계산한다.

① **운임계산 단수**: 100원 미만 반올림

② **중량계산 단수**: 1톤 미만 반올림

③ **운송거리계산 단수**: 1km 미만 반올림

④ **최저운임**: 사용화차 최대 적재량에 대한 100km 운송에 대한 운임
(40톤 화차의 경우 40톤 × 45.90원 × 100km = 183,600원)

(2) 운임률(2020년 5월 기준)

① **일반화물**: 45.90원/영업km · ton

② **적재컨테이너**: 20피트 ⇨ 516원/km
40피트 ⇨ 800원/km
45피트 ⇨ 946원/km

③ **공컨테이너**: 적재컨테이너 운임의 74% 적용

02 제24회 기출문제

01 다음에서 설명하는 운임결정이론(Theory of Rate Making)은?

> • 운임의 최고한도는 화주의 운임부담능력이 되고, 최저한도는 운송인의 운송원가가 된다.
> • 실제 운임의 결정은 운임부담능력과 운송원가 사이에서 결정된다.

① 용역가치설

② 운임부담력설

③ 생산비설

④ 절충설

⑤ 일반균형이론

해설 용역가치설은 운송을 완료함으로써 화주가 얻는 가치를 기준으로 운임이 결정되어야 한다는 것이며, 운임부담력설은 운송수요자의 운임부담능력에 따라 결정된다고 주장한다. 생산비설은 운송에 소요되는 비용을 기준으로 운임이 결정되며, 일반균형이론은 지역 간의 상품가격의 차이가 운임수준에 영향을 미친다는 주장이다.

02 화물자동차 운영효율성 지표에 관한 설명으로 옳지 않은 것은?

① 영차율은 전체 운행거리 중 실제 화물을 적재하지 않고 운행한 비율을 나타낸다.

② 회전율은 차량이 일정한 시간 내에 화물을 운송한 횟수의 비율을 나타낸다.

③ 가동률은 일정기간 동안 화물을 운송하거나 운송을 위해 운행한 일수의 비율을 나타낸다.

④ 복화율은 편도 운송을 한 후 귀로에 화물운송을 어느 정도 수행했는지를 나타내는 지표이다.

⑤ 적재율은 차량의 적재정량 대비 실제 화물을 얼마나 적재하고 운행했는지를 나타내는 지표이다.

해설 영차율은 차량의 전체 운행거리 중 실제 화물을 적재하고 운행한 거리의 비율을 말하며, 실차율이라고도 한다.

03 화물운송에 관한 설명으로 옳지 않은 것은?

① 운송은 재화에 대한 생산과 소비가 이루어지는 장소적 격차를 해소해준다.

② 운송방식에 따라 재화의 흐름을 빠르게 또는 느리게 하여 운송비용, 재고수준, 리드타임 및 고객서비스 수준을 합리적으로 조정할 수 있다.

③ 운송은 지역 간, 국가 간 경쟁을 유발하고 재화의 시장가격과 상품의 재고주순을 높인다.

④ 운송은 분업을 촉진하여 국제무역의 발전에 중요한 역할을 한다.

⑤ 운송은 재화의 효용가치를 낮은 곳에서 높은 곳으로 이동시키는 속성을 갖고 있다.

해설 원활한 판매이익이 발생하는 지역에 신속하게 상품을 공급하여 지역 간, 국가 간 상품의 경쟁을 활발하게 하며, 저렴한 운송으로 인해 지역 간, 국가 간 상품의 가격이 평준화된다. 또한 원활한 운송은 상품의 재고수준을 낮추는 역할을 한다.

04 대형 목재, 대형 파이프, H형강 등의 장척화물 운송에 적합한 화물자동차는?

① 모터 트럭(Motor Truck)

② 세미 트레일러 트럭(Semi-trailer Truck)

③ 폴 트레일러 트럭(Pole-trailer Truck)

④ 풀 트레일러 트럭(Full-trailer Truck)

⑤ 더블 트레일러 트럭(Double-trailer Truck)

해설 대형목재 등 장대화물은 화물 자체의 길이 때문에 적재차량의 균형유지가 어려울 수도 있고, 경우에 따라서는 화물이 휘거나 절단되는 위험이 발생할 수도 있다. 이때 사용되는 차량이 Pole Trailer이며, 트럭 또는 세미 트레일러와 폴(Pole)대로 연결된다. 일명 Dolly라고도 한다.

05 TMS(Transportation Management System)에 관한 설명으로 옳지 않은 것은?

① 화물운송시 수반되는 자료와 정보를 수집하여 효율적으로 관리하고, 수주과정에서 입력한 정보를 기초로 비용이 저렴한 수송경로와 수송수단을 제공하는 시스템이다.

② 화물이 입고되어 출고되기까지의 물류데이터를 자동 처리하는 시스템으로 입고와 피킹, 재고관리, 창고 공간 효율의 최적화 등을 지원하는 시스템이다.

③ 최적의 운송계획 및 차량의 일정을 관리하며 화물 추적, 운임 계산 자동화 등의 기능을 수행한다.

④ 고객의 다양한 요구를 수용하면서 수·배송비용, 재고비용 등 총비용을 절감할 수 있다.

⑤ 공급배송망 전반에 걸쳐 재고 및 운반비 절감, 대응력 개선, 공급업체와 필요부서 간의 적기 납품을 실현할 수 있다.

해설 화물의 입출고관리 및 보관위치관리, 피킹작업 등을 체계적, 효율적으로 할 수 있도록 지원하는 정보시스템은 WMS(Warehouse Management System)이다.

부록

Answer 1. ④ 2. ① 3. ③ 4. ③ 5. ②

06 컨테이너 화물의 총중량 검증(Verified Gross Mass of Container)제도에 관한 설명으로 옳지 않은 것은?

① 수출을 위하여 화물이 적재된 개별 컨테이너, 환적 컨테이너 및 공 컨테이너를 대상으로 한다.

② 해상에서의 인명안전을 위한 국제협약(SOLAS)에 따라 수출컨테이너의 총중량 검증 및 검증된 정보의 제공을 의무화하면서 도입되었다.

③ 화주는 수출하려는 컨테이너의 검증된 총중량 정보를 선장에게 제공하여야 한다.

④ 검증된 컨테이너 총중량 정보의 오차는 해당 컨테이너 총 중량의 ±5% 이내에서 인정된다.

⑤ 컨테이너 총중량은 컨테이너에 적재되는 화물, 해당 화물을 고정 및 보호하기 위한 장비, 컨테이너 자체 무게 등을 모두 합산한 중량을 의미한다.

해설 컨테이너의 중량을 검증하는 방법은 ㉠ 승인된 중량측정소(계근소)에서 컨테이너 중량을 측정하여 그에 따른 정보를 제공하는 방법과 ㉡ 컨테이너에 적재된 모든 개별 품목의 중량값과 컨테이너 Tare중량을 합산하여 산출하는 방법이 있다. 한편 환적 컨테이너 및 공 컨테이너는 검증대상에서 제외된다.

07 운송수단별 특성에 관한 설명으로 옳은 것을 모두 고른 것은?

> ㉠ 트럭운송은 Door to Door 운송서비스가 가능하고 기동성이 높은 운송방식이다.
> ㉡ 해상운송은 물품의 파손, 분실, 사고발생의 위험이 적고 타 운송수단에 비해 안정성이 높다.
> ㉢ 항공운송은 중량에 크게 영향을 받지 않고 운송할 수 있다.
> ㉣ 철도운송은 트럭운송에 비해 중ㆍ장거리 운송에 적합하다.

① ㉠, ㉡   ② ㉠, ㉣
③ ㉡, ㉢   ④ ㉡, ㉣
⑤ ㉢, ㉣

해설 해상운송은 하역단계가 많고, 풍랑 등 기상상태의 영향을 많이 받아 화물의 파손ㆍ분실 위험성이 높고 안정성이 떨어진다. 또한 항공운송은 중량이 크면 항공기의 이착륙 및 운항에 많은 영향을 받는다. 따라서 항공운송에서는 비교적 가볍고 고가인 화물이 주로 이용된다.

08 운임결정의 영향요인에 관한 설명으로 옳지 않은 것은?

① 화물의 파손, 분실 등 사고발생 가능성이 높아지면 운임도 높아진다.

② 적재작업이 어렵고 적재성이 떨어질수록 운임은 높아진다.

③ 운송거리가 길어질수록 총 운송원가는 증가하고 운임이 높아진다.

④ 화물의 밀도가 높을수록 동일한 적재용기에 많이 적재할 수 있으며 운임이 높아진다.

⑤ 운송되는 화물의 취급단위가 클수록 운송단위당 고정비는 낮아진다.

해설 운임결정에 영향을 주는 요인은 운송거리, 운송화물의 Volume, 화물의 밀도, 취급의 난이도, 책임의 가능성, 시장요인 등이다. 이 중 화물의 밀도는 부피 대비 무게를 말하는 것으로 밀도가 높으면 부피는 작고, 무게는 많이 나가는 상태를 말한다. 따라서 밀도가 높으면 동일한 공간에 적재되는 양이 많기 때문에 운임이 낮아진다.

09 운송방식의 선택에 관한 설명으로 옳지 않은 것은?

① 수량이 적은 고가화물의 경우에는 항공운송이 적합하다.

② 장기운송시 가치가 하락하는 화물의 경우에는 항공운송이 적합하다.

③ 근거리운송이나 중·소량 화물의 경우에는 도로운송이 적합하다.

④ 대량화물 장거리 운송의 경우에는 해상운송이 적합하다.

⑤ 전천후 운송의 경우에는 도로운송이 적합하다.

해설 전천후 운송이란 눈·비 등 기상상태에 관계없이 화물을 안전하게 운송할 수 있는 운송방식을 말한다. 도로운송은 악천후에는 적재 및 하차에 영향을 받을 수 있고, 특히 눈이 많이 오면 도로결빙 등으로 운송이 어렵게 된다.

10 전용특장차에 관한 설명으로 옳지 않은 것은?

① 덤프차량은 모래, 자갈 등의 적재물을 운송하고 적재함 높이를 경사지게 하여 양하하는 차량이다.

② 분립체수송차는 반도체 등을 진동 없이 운송하는 차량이다.

③ 액체수송차는 각종 액체를 수송하기 위해 탱크형식의 적재함을 장착한 차량이다.

④ 냉동차는 야채 등 온도관리가 필요한 화물운송에 사용된다.

⑤ 레미콘 믹서트럭은 적재함 위에 회전하는 드럼을 부착하고 드럼 속에 생 콘크리트를 뒤섞으면서 운송하는 차량이다.

해설 전용특장차는 특정한 화물의 운송에 적합하도록 제작된 차량을 말한다. 이 중 분립체수송차는 분말화물(시멘트, 곡물, 밀가루 등)을 전문적으로 운송할 수 있도록 탱크형태로 만들어진 차량이며, 반도체, 정밀기계 등을 운송할 수 있는 차량은 무진동차량으로 제작된다.

Answer 6. ① 7. ② 8. ④ 9. ⑤ 10. ②

부록

11 화물자동차의 중량에 관한 설명으로 옳지 않은 것은?

① 공차는 화물을 적재하지 않고 연료, 냉각수, 윤활유 등을 채우지 않은 상태의 화물차량 중량을 말한다.

② 최대적재량은 화물자동차 허용 최대 적재상태의 중량을 말한다.

③ 자동차 연결 총중량은 화물이 최대 적재된 상태의 트레일러와 트랙터의 무게를 합한 중량을 말한다.

④ 최대접지압력은 화물의 최대 적재상태에서 도로 지면 접지부에 미치는 단위면적당 중량을 말한다.

⑤ 차량의 총중량은 차량중량, 화물적재량 및 승차중량을 모두 합한 중량을 말한다.

> **해설** 공차는 운송을 할 수 있는 상태의 차체무게를 말한다. 따라서 운전기사의 무게는 제외되지만 연료, 냉각수, 윤활유, 휴대공구 등은 적재된 상태의 무게이다.

12 화물운송의 3대 구성요소로 옳은 것은?

① 운송경로(Link), 운송연결점(Node), 운송인(Carrier)

② 운송방식(Mode), 운송인(Carrier), 화물(Cargo)

③ 운송방식(Mode), 운송인(Carrier), 운송연결점(Node)

④ 운송방식(Mode), 운송경로(Link), 운송연결점(Node)

⑤ 운송방식(Mode), 운송인(Carrier), 운송경로(Link)

> **해설** 화물운송의 3대 요소는 Node와 Link, Mode이며, Node는 출발지, 도착지 및 경유하는 다양한 운송시설(터미널, 공항, 항만 등)을 말하고, Link는 Node를 연결하는 통로 즉, 도로, 철도, 해로 및 항공로, 파이프라인 등이며, Mode는 운송수단 또는 방식으로서 차량, 철도차량, 선박, 항공기, 파이프라인 등이다.

13 화물자동차 운수사업법(2020년 적용 화물자동차 안전운임 고시)에 규정된 컨테이너 품목 안전운임에 관한 설명으로 옳은 것은?

① 덤프 컨테이너의 경우 해당구간 운임의 30%를 가산 적용한다.

② 방사성물질이 적재된 컨테이너는 해당구간 운임에 100%를 가산 적용한다.

③ 위험물, 유독물, 유해화학물질이 적재된 컨테이너는 해당구간 운임에 25%를 가산 적용한다.

④ 화약류가 적재된 컨테이너는 해당구간 운임에 150%를 가산 적용한다.

⑤ TANK 컨테이너는 위험물이 아닌 경우 해당구간 운임의 30%를 가산 적용한다.

> **해설** 2020년부터 안전운임제가 시행되었으며 컨테이너와 벌크시멘트 운송의 경우 안전운임을 적용할 것을 의무화하였다. 안전운임은 기본적인 운송구간별 컨테이너의 크기, 종류, 적재여부 등에 따라 기본운임과 특수한 상황과 특수자동차로 운송되는 컨테이너의 경우에 발생하는 부대운임 등으로 구성되어 있다. 덤프컨테이너의 경우에는 25%, 방사성물질 150%, 위험물·유독물·유해화학물질 30%, 화약류는 100%의 운임이 추가된다.

14 화물차량을 이용하여 운송할 때 발생되는 원가항목 중 고정비 성격의 항목을 모두 고른 것은?

㉠ 운전기사 인건비	㉡ 주차비
㉢ 통신비	㉣ 유류비
㉤ 복리후생비	㉥ 도로통행료

① ㉠, ㉡, ㉥
② ㉠, ㉢, ㉤
③ ㉡, ㉢, ㉥
④ ㉡, ㉣, ㉤
⑤ ㉢, ㉣, ㉥

해설 고정비란 운행거리 또는 운송량에 관계없이 일정하게 발생하는 비용이다. 운전기사의 인건비 및 복리후생비, 보험료와 세금, 감가상각비, 통신비 등이 이에 속하는 비용이다.

15 도로운송의 효율성을 제고하기 위한 방안으로 옳지 않은 것은?

① 육·해·공을 연계한 도로운송시스템을 구축하여야 한다.
② 철도운송, 연안운송, 항공운송 등이 적절한 역할분담을 할 수 있도록 하여야 한다.
③ 운송업체의 소형화, 독점화 등을 통해 경쟁체제의 확립을 위한 기반을 조성해주어야 한다.
④ 비현실적인 규제를 탈피하여 시장경제원리에 입각한 자율경영 기반을 조성하여야 한다.
⑤ 도로시설의 확충 및 산업도로와 같은 화물자동차전용도로의 확충이 필요하다.

해설 도로운송의 효율성을 높이기 위해서는 운송업체의 대형화를 통하여 운영의 효율성을 높일 수 있어야 하며, 완전경쟁체제에 의해 경쟁운임과 서비스 경쟁이 이루어질 수 있어야 한다. CVO나 화물정보망은 공차운행을 방지하면서 사이버공간에서의 경쟁을 통하여 자유경쟁운임이 형성되는 역할을 한다.

16 화물자동차 운송의 단점이 아닌 것은?

① 대량화물의 운송에 불리하다.
② 철도운송에 비해 운송단가가 높다.
③ 에너지 효율성이 낮다.
④ 화물의 중량에 제한을 받는다.
⑤ 배차의 탄력성이 낮다.

해설 화물자동차는 차량의 구입가격이 다른 운송수단에 비해 낮기 때문에 자가용을 확보하여 운영할 수도 있고 영업용차량을 이용할 수도 있다. 또한 운영되는 대수가 많기 때문에 필요한 시점에, 필요한 형태의 차량을, 필요한 대수만큼 이용하는 데 무리가 없다.

부록

Answer 11. ① 12. ④ 13. ⑤ 14. ② 15. ③ 16. ⑤

17 화차에 컨테이너만 적재하는 운송방식을 모두 고른 것은?

㉠ 캥거루 방식	㉡ 플랙시밴 방식
㉢ TOFC 방식	㉣ COFC 방식

① ㉠, ㉡　　　　　　　　　　　② ㉠, ㉢
③ ㉠, ㉣　　　　　　　　　　　④ ㉡, ㉢
⑤ ㉡, ㉣

> **해설** 화차에 컨테이너를 적재하는 방식은 기본적으로 TOFC와 COFC방식이 있다. TOFC는 트레일러와 컨테이너를 같이 적재하는 방식이고 COFC는 컨테이너만 적재하는 방식으로서 COFC방식에는 플랙시밴 방식과 가로세로 방식이 있다.

18 ( )에 들어갈 컨테이너 터미널의 운영방식을 바르게 나열한 것은?

운영방식	야드면적	자본투자	컨테이너 양륙시간	하역장비 유지비용	자동화 가능성
(㉠)	소	소	장	소	고
(㉡)	중	중	중	대	중
(㉢)	대	대	단	소	저

① ㉠ : 샤시방식, ㉡ : 스트래들캐리어방식, ㉢ : 트랜스테이너방식
② ㉠ : 스트래들캐리어방식, ㉡ : 샤시방식, ㉢ : 트랜스테이너방식
③ ㉠ : 트랜스테이너방식, ㉡ : 스트래들캐리어방식, ㉢ : 샤시방식
④ ㉠ : 스트래들캐리어방식, ㉡ : 트랜스테이너방식, ㉢ : 샤시방식
⑤ ㉠ : 트랜스테이너방식, ㉡ : 샤시방식, ㉢ : 스트래들캐리어방식

> **해설** 트랜스테이너방식은 대형의 트랜스테이너를 이용하여 일반적으로 '4열×4~5단'으로 적재하기 때문에 야드면적이 적게 소요되며, 필요 장비 대수도 적다. 스트래들캐리어방식은 '1열×2~3단'으로 적재하기 때문에 트랜스테이너방식에 비해 야드면적과 장비 대수도 많이 소요된다. 또한 샤(섀)시방식은 컨테이너 섀시 1개에 1개의 컨테이너만 적재하여 야드에 보관하기 때문에 야드면적이 가장 많이 소요되고 장비 수도 많이 소요된다. 이에 따라 핸들링시간, 유지비용, 자동화가능성도 달라진다.

19 정박기간에 관한 설명으로 옳지 않은 것은?

① 정박기간은 Notice of Readiness 통지 후 일정기간이 경과되면 개시한다.

② SHEX는 일요일과 공휴일을 정박일수에 산입하지 않는 조건이다.

③ WWD는 하역 가능한 기상조건의 날짜만 정박기간에 산입하는 조건이다.

④ CQD는 해당 항구의 관습적 하역방법과 하역능력에 따라 할 수 있는 한 빨리 하역하는 조건이다.

⑤ Running Laydays는 불가항력을 제외한 하역 개시일부터 끝날 때까지의 모든 기간을 정박기간으로 계산하는 조건이다.

> **해설** 용선계약을 할 때는 총 용선기간 산출을 위해 하역조건을 명기하는 것이 일반적이다. 하역조건 중 "Running Laydays" 조건은 하역의 시작점부터 끝날 때까지 모든 날짜를 포함시켜 하역의무일수로 계산한다. 예를 들면, 10만 톤의 양곡을 적재한 모선이 하루에 2만 톤씩 하역을 해야 하고 Running Laydays 조건으로 계약했다면 비가 오든, 파업이 발생하든, 중간에 있는 휴일에 관계없이 10일 내에 끝내야 한다.

20 철도운송의 장점이 아닌 것은?

① 환경 친화적인 운송이다.

② 적재 중량당 용적이 작다.

③ 계획적인 운행이 가능하다.

④ 적기 배차가 용이하다.

⑤ 다양한 운임할인 제도를 운영한다.

> **해설** 철도운송은 운송이 필요한 시점으로부터 2일 전에 배차신청을 해야 하며, 2일 내에 화차확보가 가능해야 필요한 시점에 이용할 수 있다. 따라서 적기 배차가 안 될 경우도 발생한다.

21 선적시 양하항을 복수로 선정하고 양하항 도착 전에 최종 양하항을 지정하는 경우 발생하는 비용은?

① 항구변경할증료 　　② 외항추가할증료

③ 환적할증료 　　④ 양하항선택할증료

⑤ 혼잡할증료

> **해설** 항구변경할증료는 최초 지정되었던 항구에 입항하지 않고 다른 항에 입항 및 하역하는 경우에 적용하며, 양하항선택할증료는 처음부터 최종목적지가 지정되지 않고 목적지에 근접하여 당시의 항만 혼잡도(Port Congestion)를 감안하여 최종적으로 목적항을 선택하는데 따른 부대요금이다.

22 용선계약시 묵시적 확약이 아닌 것은?

① 휴항의 내용

② 신속한 항해 이행

③ 부당한 이로 불가

④ 위험물의 미 적재

⑤ 내항성있는 선박 제공

> **해설** 묵시적 확약이란 계약서상에 명시하지 않아도 당연히 준수될 것으로 인정되는 사항들을 말한다. 선주
> 측에서는 내항성(운항가능) 선박의 제공, 신속한 항진(운항), 부당한 이로(항로이탈)를 하지 않을 것 등
> 이며, 화주측에서는 위험물을 적재하지 않도록 하는 것 등이다. 만약 휴항이 필요하다면 계약서에 사유
> 와 정박항, 기간 등이 명시되어야 한다.

23 헤이그 규칙과 함부르크 규칙을 비교 설명한 것으로 옳지 않은 것은?

① 헤이그 규칙에서는 운송인 면책이었던 항해 과실을 함부르크 규칙에서는 운송인책임으로 규정하고 있다.

② 헤이그 규칙에서는 지연손해에 대한 명문 규정이 없으나 함부르크 규칙에서는 이를 명확히 규정하고 있다.

③ 헤이그 규칙에서는 운송책임 구간이 'from Receipt to Delivery'였으나 함부르크 규칙에서는 'from Tackle to Tackle'로 축소하였다.

④ 헤이그 규칙에서는 운송인의 책임 한도가 1포장당 또는 단위당 100파운드였으나 함부르크 규칙에서는 SDR을 사용하여 책임한도액을 인상하였다.

⑤ 헤이그 규칙에서는 선박화재가 면책이었으나 함부르크 규칙에서는 면책으로 규정하지 않았다.

> **해설** ③ 헤이그 규칙과 함부르크 규칙의 운송책임구간이 서로 바뀌었다. 다음은 비교표이다.

구 분	Hague Visby Rule	Hamburg Rule
적용대상	체약국에서 발행된 선하증권	체약국과 관련된 해상운송계약
책임기간	적재부터 양하까지 (Tackle to Tackle)	인수부터 인도까지 (Receipt to Delivery)
책임원칙	• 과실책임주의 : 선박의 불감항성, 상사과실 • 면책사유 열거 : 항해과실, 화재 등 17가지	과실책임주의 : 운송인은 자기 또는 그 사용인 등이 운송물의 손해의 원인이 된 사고를 회피하기 위하여 합리적으로 조치를 취하였다는 것을 증명하지 못하면 화물배상책임 발생
책임제한	• 포장당 : 667 SDR • Kg당 : 2 SDR	• 포장당 : 835 SDR • Kg당 : 2.5 SDR
제척기간	인도완료(예정)일로부터 1년	인도완료(예정)일로부터 2년

24 철도화물 운송에 관한 설명으로 옳지 않은 것은?

① 차급운송이란 화물을 화차단위로 탁송하는 것을 말한다.

② 화차의 봉인은 내용물의 이상 유무를 검증하기 위한 것으로 철도운송인의 책임으로 하여야 한다.

③ 화약류 및 컨테이너 화물의 적하시간은 3시간이다.

④ 전세열차란 고객이 특정열차를 전용으로 사용하는 열차를 말한다.

⑤ 열차·경로지정이란 고객이 특정열차나 수송경로로 운송을 요구하거나 철도공사가 안전수송을 위해 위험물 및 특대화물 등에 특정열차와 경로를 지정하는 경우를 말한다.

해설 화차에 대한 적재작업이 완료되면 송하인은 화차에 대한 봉인을 하게 되며, 철도운송인은 봉인의 실시 여부, 도착지에서의 이상 여부만 확인하게 된다.

25 국제항공 협약과 협정에 관한 설명으로 옳지 않은 것은?

① 항공협정이란 항공협상의 산출물로서 항공운송협정 또는 항공서비스협정이라고 한다.

② 국제항공에 대한 규제 체계는 양자 간 규제와 다자 간 규제로 나누어진다.

③ 항공협정은 '바젤 협정'을 표준으로 하여 정의 규정, 국내법 적용, 운임, 협정의 개정, 폐기에 관한 사항 등을 포함한다.

④ 상무협정을 항공사 간 체결한 협정으로 공동운항 협정, 수입금 공동배분 협정, 좌석 임대 협정, 보상금 지불 협정 등이 있다.

⑤ 하늘의 자유(Freedom of the Air)는 '시카고 조약'에서 처음으로 명시되어 국제항공 문제를 다루는 기틀이 되었다.

해설 나라와 나라 간에 항공회담을 통해 논의하여 결정한 내용이 항공협정이다. 기본적으로 양국 간 운항할 항공기, 편수, 기종 등을 미리 협의하여 정하는 것이 그 목적이다. 이 협정을 통해 해당 노선에 대한 운수권이 결정된다. 다자 간 협정은 1944년 시카고국제민간항공회의에서 체결된 시카고협약이 근간이 되며, 쌍무협정은 1946년 미국과 영국이 체결한 버뮤다협정이 표준이 되고 있다.

부록

Answer 22. ① 23. ③ 24. ② 25. ③

26 택배 표준약관(공정거래위원회 표준약관 제10026호)의 운송장에 관한 설명으로 옳지 않은 것은?

① 사업자의 상호, 대표자명, 주소 및 전화번호, 담당자(집화자)이름, 운송장 번호를 사업자는 고객(송화인)에게 교부한다.

② 운임 기타 운송에 관한 비용 및 지급 방법을 사업자는 고객(송화인)에게 교부한다.

③ 고객(송화인)이 운송장에 운송물의 가액을 기재하지 아니하면 제22조 제3항에 따라 사업자가 손해배상을 할 경우 손해배상한도액은 50만원이 적용된다.

④ 고객(송화인)이 운송물의 가액에 따라 할증요금을 지급하는 경우에는 각 운송가액 구간별 최저가액이 적용됨을 명시해 놓는다.

⑤ 고객(송화인)은 운송물의 인도예정장소 및 인도예정일을 기재하여 사업자에게 교부한다.

> **해설** 표준약관에서는 할증요금을 적용하지 않았을 때의 손해배상한도액은 50만원이 적용되고, 운송물의 가액에 따라 할증요금을 지급하는 경우에는 각 운송가액 구간별 최고가액이 적용됨을 명시해 놓을 것을 요구하고 있다.

27 운송주선인의 기능에 관한 설명으로 옳은 것은?

① 운송주선인은 복합운송에서 전 운송구간에 운송책임을 지지만 구간별 운송인과는 직접 계약을 체결하지 않는다.

② 운송주선인은 혼재운송보다 단일 화주의 FCL화물을 주로 취급한다.

③ 운송주선인은 화주를 대신하여 운송인과 운송계약을 체결하고, 화물운송에 따른 보험업무를 대리하지 않는다.

④ 운송주선인이 작성하는 서류는 선하증권, 항공화물운송장으로 제한된다.

⑤ 운송주선인은 화주를 대신하여 수출입화물의 통관절차를 대행할 수 있지만, 국가에 따라서 관세사 등 통관허가를 받은 자만이 할 수 있다.

> **해설** 복합운송주선인은 기본적으로 소량의 LCL화물을 집하하여 FCL화하여 운송하는 것이 주 기능이며, 자신의 이름으로 운송업체와 계약을 한다. 또한 주 운송구간을 담당하는 운송기관과 전 운송구간에 대한 운송계약을 체결할 수도 있고, 각 구간별로 담당 물류회사와 계약을 할 수도 있다. 보험은 기본적인 책임배송보험은 복합운송주선인과 보험사 간에 포괄적으로 체결하고 있으며, 추가적인 보험은 소개, 비교 및 권유 등을 할 수 있다. 한편 복합운송인이 작성하는 서류는 UN 국제물품복합운송협약상에 "복합운송서류란 복합운송계약, 복합운송인에 의한 화물의 수령 및 그 계약의 조건에 따라 복합운송인이 화물을 인도한다는 확약을 증명하는 서류를 의미한다"라고 규정하고 있어 반드시 복합운송증권(해상운송), House Airway Bill(항공운송)만으로 제한하는 것은 아니다.

28 항공화물의 특성으로 옳지 않은 것은?

① 취급과 보관비용이 낮은 화물   ② 긴급한 수요와 납기가 임박한 화물

③ 중량이나 부피에 비해 고가인 화물   ④ 시간의 흐름에 따라 가치가 변동되는 화물

⑤ 제품의 시장경쟁력 확보가 필요한 화물

> **해설** 항공을 이용하는 화물은 보관에 따른 비용과 취급단계에서의 비용이 많이 발생하는 화물이 주로 이용된다. 항공을 이용하면 운송기간이 단축되어 재고수준이 낮아지고 포장도 일반포장으로 운송될 수 있어 포장비용도 절감될 수 있다.

29 다음과 같은 요율 체계를 가지고 있는 A항공사는 중량과 용적중량 중 높은 중량 단계를 요율로 적용하고 있다. B사가 A항공사를 통해 서울에서 LA까지 항공운송할 경우 중량 40kg, 최대길이(L) = 100cm, 최대폭(W) = 45cm, 최대높이(H) = 60cm인 화물에 적용되는 운임은? (단, 용적중량은 1kg = 6,000cm³를 적용하여 계산함)

지 역	최저요율	kg당 일반요율	kg당 중량요율 (45kg 이상인 경우)
LA	70,000원	10,000원	9,000원

① 70,000원
② 320,000원
③ 400,000원
④ 405,000원
⑤ 450,000원

해설 이 문제는 높은 단계의 저임율 적용에 의한 운임산출방법을 계산하는 문제이다. 실중량 40kg, 환산중량 45kg(= 100cm × 45cm × 60cm ÷ 6,000cm³)이다. 40kg을 45kg으로 인정하고 9,000원을 적용할 수도 있고, revenue ton개념으로 환산중량 45kg을 적용할 수도 있다. 어쨌든 운임은 405,000원이 된다(= 45kg × 9,000원).

30 택배 표준약관(공정거래위원회 표준약관 제10026호)의 운송물 수탁거절 사유를 모두 고른 것은?

> ㄱ 운송이 법령, 사회질서 기타 선량한 풍속에 반하는 경우
> ㄴ 운송물 1포장의 가액이 200만원을 초과하는 경우
> ㄷ 운송물의 인도예정일(시)에 따른 운송이 가능한 경우
> ㄹ 운송물이 현금, 카드, 어음, 수표, 유가증권 등 현금화가 가능한 물건인 경우
> ㅁ 운송물이 재생 불가능한 계약서, 원고, 서류 등인 경우

① ㄱ, ㄴ, ㄹ
② ㄱ, ㄹ, ㅁ
③ ㄴ, ㄷ, ㅁ
④ ㄴ, ㄹ, ㅁ
⑤ ㄷ, ㄹ, ㅁ

해설 이 문제는 표준약관이 정하고 있는 내용과 실제 이루어지고 있는 형태를 구분해서 답을 찾아야 할 문제이다. ㄴ의 경우 약관에는 300만원 이하의 물품으로 되어 있지만 고가할증요금을 지급하지 않으면 100만원짜리 화물도 취급을 거절할 수 있다. 또한 ㄷ의 경우 운송기일에 대해서는 천재지변 및 불가항력적인 사항으로 운송이 불가능한 경우 수탁을 거절할 수 있다고 되어 있으나 현실적으로는 송하인이 요구하는 배송기일이 도서, 산간지역으로서 요청하는 날(예를 들면, 익일 배송)까지 배송이 불가능할 경우에는 거절을 할 수 있다.

Answer 26. ④ 27. ⑤ 28. ① 29. ④ 30. ②

31 공동 수 · 배송시스템의 구축을 위한 전제조건이 아닌 것은?

① 물류표준화

② 유사한 배송 조건

③ 물류서비스 차별화 유지

④ 적합한 품목의 존재

⑤ 일정구역 내에 배송지역 분포

> **해설** 공동 수 · 배송이 이루어지기 위해서는 유사한 배송조건과 유사하거나 혼합적재에 적합한 품목이어야
> 하고, 공동화함으로써 배송밀도를 높이고 화물당 운송거리를 줄일 수 있어야 하며 취급방법의 표준화
> 가 가능해야 한다. 따라서 공동 수 · 배송서비스는 대상화물이 모두 동일하거나 비슷한 수준의 서비스
> 로 제공된다.

32 항공화물 조업 장비에 관한 설명으로 바르게 연결된 것은?

> ㉠ 화물을 운반하는데 사용되는 작은 바퀴가 달린 무동력 장비
> ㉡ 화물을 여러 층으로 높게 적재하거나 항공기에 화물을 탑재하는 장비
> ㉢ 탑재용기에 적재된 화물을 운반할 수 있는 장비
> ㉣ 화물 운반 또는 보관 작업을 하는데 사용되는 장비

① ㉠: Dolly, ㉡: High Loader, ㉢: Tug Car, ㉣: Hand Lift Jack

② ㉠: Dolly, ㉡: Hand Lift Jack, ㉢: Tug Car, ㉣: High Loader

③ ㉠: Dolly, ㉡: Tug Car, ㉢: High Loader, ㉣: Hand Lift Jack

④ ㉠: Tug Car, ㉡: Hand Lift Jack, ㉢: Dolly, ㉣: High Loader

⑤ ㉠: Tug Car, ㉡: High Loader, ㉢: Dolly, ㉣: Hand Lift Jack

> **해설** Dolly는 화물을 적재하여 Tug Car 또는 Tractor에 견인되는 일종의 트레일러로 여러 개가 연결되어
> 운반에 사용된다. High Loader는 항공기 화물적재실에 화물을 적재하거나 내릴 때 사용되며, Tug Car
> 는 적재대가 없이 Dolly만을 연결하여 이동시키는 장비이다. 화물을 운반하거나 보관하는 대는 Hand
> Lift Jack이나 Fork Lift Truck(지게차)이 사용된다.

33 다음과 같은 운송조건이 주어졌을 때 공급지 C의 공급량 20톤의 운송비용은? (단, 공급지와 수요지 간 비용은 톤당 단위운송비용이며, 운송비용은 보겔의 추정법을 사용하여 산출함)

수요지 공급지	X	Y	Z	공급량
A	10원	7원	8원	15톤
B	17원	10원	14원	15톤
C	5원	25원	12원	20톤
수요량	15톤	20톤	15톤	50톤

① 100원 　　　　　　② 135원 　　　　　　③ 240원
④ 260원 　　　　　　⑤ 500원

해설 보겔의 추정법은 기회비용을 이용하여 운송량을 배정하는 방법이다. 즉 기회비용이 큰 구간에 우선적으로 최대한의 양을 배정하는 방법으로 기회비용(각 공급지와 수요지 간의 운임 중 가장 낮은 운임과 다음으로 낮은 운임의 차이)이란 잘못 배정했을 때 발생할 손실을 말하며, 손실위험을 줄이기 위해서는 기회비용이 큰 구간 간에 운송임이 적은 구간에 우선 배정한다. 위 수송표에서 초기의 기회비용은 공급지 A에서는 1(7원 − 8원), B공급지에서는 4(10원 − 14원), C공급지에서는 7(12원 − 5원), 수요지 X에서는 5(10원 − 5원), Y에서는 3(10원 − 7원), Z에서는 4(12원 − 8원)이 된다. 따라서 기회비용이 가장 큰 C ⇨ X구간에 배정할 수 있는 최대한의 양 15톤을 우선 배정한다, 이후 다시 남은 운송구간에 대한 기회비용을 산출한다. 2차 기회비용 산출에서는 공급지 C에서 운송하는 구간과 수요지 X로 운송하는 구간에서만 기회비용의 변동이 생겨 기회비용은 A에서는 1(7원 − 8원), B공급지에서는 4(10원 − 14원), C공급지에서는 13(25원 − 12원), 수요지 X에서는 7(17원 − 10원), Y에서는 3(10원 − 7원), Z에서는 4(12원 − 8원)이 되고 이 중 C ⇨ Z구간의 기회비용이 가장 크기 때문에 배정가능한 양 5톤(총 공급가능량 20톤 − 기 배정량 15톤)을 배정하면 공급지 C의 공급량은 배정이 완료되고 총운임은 135원이 된다[= (15톤 × 5원) + (5톤 × 12원)].

34 항공화물운임에 관한 설명으로 옳지 않은 것은?

① 동물, 화폐, 보석류, 무기, 고가 예술품 등은 일반요율보다 높은 운송요율을 책정할 수 있다.
② 할인요율은 특정한 구간과 화물에 적용되는 요율로 일반요율보다 낮게 적용된다.
③ 표준 컨테이너요율은 대체로 일반요율보다 낮은 수준의 요율이 적용된다.
④ 화물의 특성상 특별한 취급과 주의를 필요로 하거나 우선적으로 운송되어야 하는 화물에는 별도의 요율을 부과할 수 있다.
⑤ 일반요율은 일반화물에 적용하는 요율로 중량만을 기준으로 운송요율을 책정한다.

해설 항공화물운임은 기본적으로 중량단위(kg 또는 파운드)로 계산한다. 그러나 부피화물의 경우에는 산출된 부피를 6,000cm³로 나누어 1kg으로 환산한 후 운송업자에게 유리한 무게를 적용한다(국제택배의 경우에는 5,000cm³를 1kg으로 환산).
　💠 본 문제는 운임적용 단위와 크기 산출방법을 혼동할 수 있는 문제임.

Answer 　31. ③ 　32. ① 　33. ② 　34. ⑤

35 수·배송 계획 수립의 원칙으로 옳은 것은?

① 집화와 배송은 따로 이루어지도록 한다.

② 효율적인 수송경로는 대형 차량보다 소형 차량을 우선 배차한다.

③ 배송지역의 범위가 넓을 경우, 운행 경로 계획은 물류센터에서 가까운 지역부터 수립한다.

④ 배송날짜가 상이한 경우에는 경유지를 구분한다.

⑤ 배송경로는 상호 교차되도록 한다.

> **해설** ①②③⑤는 반대의 설명이다. 배송날짜 또는 요일이 다른 경우에는(예를 들면, 월, 수, 금 배송, 화, 목, 토 배송) 지역별로 배송일자 또는 배송요일을 구분하여 배송을 하면 배송구역 내에서의 운송거리가 짧아지고 더 많은 배송처를 담당할 수 있게 된다.

36 3개의 수요지와 공급지가 있는 운송문제에서 최소비용법(Least-cost Method)을 적용하여 산출한 최초 가능해의 총운송비용은? (단, 공급지와 수요지 간 비용은 톤당 단위운송비용임)

공급지 \ 수요지	X	Y	Z	공급량
A	10원	15원	5원	500톤
B	20원	10원	25원	1,000톤
C	8원	15원	20원	500톤
수요량	700톤	700톤	600톤	2000톤

① 17,100원   ② 20,000원

③ 20,700원   ④ 21,700원

⑤ 22,100원

> **해설** 최소비용법은 각 운송구간별(공급지 ⇨ 수요지) 운송임이 가장 적은 구간에 최대한의 량을 배정하여 운송하는 방법이다. 먼저 구간별 운송임이 적은 순서를 정한다. A ⇨ Z, C ⇨ X, A ⇨ X와 B ⇨ Y, A ⇨ Y와 C ⇨ Y, B ⇨ X와 C ⇨ Z, B ⇨ Z 순이다. 동일한 운송임은 어느 구간을 적용해도 상관없으나 배정할 량이 있을 때만 가능하다. A ⇨ Z는 500톤의 배정이 가능하다(운송임 : 500×5원), C ⇨ X 역시 500톤 배정이 가능하다(운송임 : 500×8원). A ⇨ X와 B ⇨ Y 중 공급지 A는 500톤 배정이 이미 완료되어 B ⇨ Y에 배정해야 하며 배정량은 700톤이 된다(운송임 : 700×10원). 다음은 A ⇨ Y와 C ⇨ Y에 배정해야 하나 Y가 수용할 수 있는 양이 이미 채워졌다. 따라서 다음은 B ⇨ X와 C ⇨ Z에 배정해야 하는바 공급지 C는 이미 배정이 완료되었기 때문에 B ⇨ X에 배정하며, 배정량은 200톤(700톤 − 500톤)이 된다(운송임 : 200×20원). 마지막으로 B ⇨ Z에 100톤(= 600톤 − 500톤)을 배정한다(운송임 : 100×25원). 이렇게 배정하면 총 2,000톤이 모두 배정되며 총운임은 [(500×5원) + (500×8원) + (700×10원) + (200×20원) + (100×25원)] = 20,000원이 된다.

37 다음 그림과 같이 각 구간별 운송거리가 주어졌을 때, 물류센터 S에서 최종목적지 G까지의 최단 경로 산출거리는? (단, 구간별 운송거리는 km임)

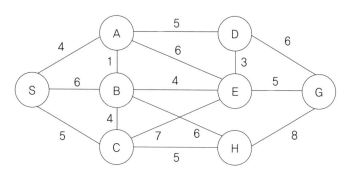

① 12km

② 13km

③ 14km

④ 15km

⑤ 16km

해설 최단경로법은 출발지에서 가장 가까운 네트워크를 연결하여 경로를 만드는 방법이다.
따라서 최초의 목적지는 SA, SB, SC 중 가장 짧은 SA가 선택되고 거리는 4km가 된다. A에서 연결되는 네트워크는 B와 D가 있는데 S ⇨ A ⇨ B는 5km, S ⇨ A ⇨ D는 9km로서 S ⇨ A ⇨ B를 선택한다. B에서는 C와 E로 연결할 수 있는데 동일하게 9km가 된다. 그러나 B ⇨ C로 연결해야 한다면 S ⇨ C로 연결하는 것이 더 짧고 논리상 맞지 않으며, 이렇게 되면 최종적으로 S ⇨ C ⇨ E로 가거나 S ⇨ C ⇨ H로 연결해야 하는데 이 방법은 S ⇨ A ⇨ B ⇨ E로 가는 방법보다 운송거리가 길어진다. 따라서 S ⇨ A ⇨ B ⇨ E가 선택되어야 한다. 다음은 E에서 D와 G로 연결할 수 있는데 E ⇨ G가 더 짧지만 역시 D로 가는 방법은 S ⇨ A ⇨ D가 더 짧아 논리적으로 맞지 않으며 최종적으로 G에 도착하는 거리가 15km로서 S ⇨ A ⇨ B ⇨ E ⇨ G로 가는 경로 14km보다 멀다. 따라서 경로는 S ⇨ A ⇨ B ⇨ E ⇨ G이고 거리는 14km가 된다. 이 방법은 결국 각 네트워크에 도달하는 다양한 방법 중 가장 짧은 경로를 탐색하여 선택해 나가는 방법이다.

Answer   35. ④   36. ②   37. ③

38 물류센터에서 배송처 A와 B를 순회 배송하는 방법(물류센터 ⇨ 배송처 A ⇨ 배송처 B ⇨ 물류센터)과 배송처 A와 B를 개별 배송하는 방법(물류센터 ⇨ 배송처 A ⇨ 물류센터, 물류센터 ⇨ 배송처 B ⇨ 물류센터) 간의 운송거리 차이는?

(단위 : km)

From \ To	물류센터	배송처 A	배송처 B
물류센터	0	10	12
배송처 A	10	0	8
배송처 B	12	8	0

① 6km ② 8km
③ 10km ④ 12km
⑤ 14km

해설 이 문제는 Saving의 크기를 계산하는 문제로 다음과 같이 다이어그램을 그리면 쉽게 풀 수 있다. Saving을 구하는 식은 2(10 + 12) − (10 + 8 + 12)이고, 답은 14가 된다.

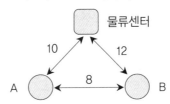

39 공동 수 · 배송에 관한 설명으로 옳은 것은?

① 배송, 화물의 보관 및 집화 업무까지 공동화하는 방식을 공동납품대행형이라 한다.
② 크로스도킹은 하나의 차량에 여러 화주들의 화물을 혼재하는 것이다.
③ 참여기업은 물류비 절감 효과를 기대할 수 있다.
④ 소량 다빈도 화물에 대한 운송요구가 감소함에 따라 그 필요성이 지속적으로 감소하고 있다.
⑤ 노선집화공동형은 백화점, 할인점 등에서 공동화하는 방식이다.

해설 공동 수 · 배송의 가장 기본적인 목표는 물류비의 절감이다. 이 효과는 운송기업과 참여기업 모두에게 발생한다. ①은 공동납품 · 공동배송형이라고 하며, ②의 크로스도킹은 물류센터에 화물이 입고되는 즉시 행선지별로 분류한 후 배송을 시키는 무재고 배송방법이며, ④ 재고감축과 고객만족을 위한 소량 다빈도 배송은 지속적으로 증가하고 있다. ⑤는 조립형생산 공장에서 부품을 납품할 때 적용하는 방법이다.

40 화물을 공급지 A, B, C에서 수요지 X, Y, Z까지 운송하려고 할 때 북서코너법에 의한 총운송비용은? (단, 공급지와 수요지 간 비용은 톤당 단위운송비용임)

수요지\공급지	X	Y	Z	공급량
A	4원	6원	5원	20톤
B	7원	4원	12원	17톤
C	12원	8원	6원	10톤
수요량	15톤	20톤	12톤	47톤

① 234원
② 244원
③ 254원
④ 264원
⑤ 274원

해설 북서코너법은 AX칸에서부터 최대한의 양을 할당하는 방법으로 할당한 후 잔량이 남으면 가로축으로 이동하여 추가할당하고, 완전할당이 되면 세로축으로 이동하여 할당한다.
따라서 AX는 X에서 받을 수 있는 양이 15이기 때문에 15만큼 배정하고(운임은 15×4원), 나머지 5는 Y에 배정한다(운임은 5×6원). A의 배정이 끝났기 때문에 B를 배정한다. B가 보낼 수 있는 양은 17이고 Y가 받을 수 있는 양은 20이지만 Y는 이미 5를 A에서 받았기 때문에 15만 받을 수 있다(운임은 15×4원). B의 나머지 2는 Z에 할당한다(운임은 2×12원). B의 할당이 끝났기 때문에 C를 Z에 할당한다. C는 10톤을 보낼 수 있고, Z도 받을 수 있는 양 12 중 이미 B로부터 2를 받았기 때문에 10을 받으면 된다(운임은 10×6원). 각 구간별 총운임을 더하면 234원이다.

Answer   38. ⑤   39. ③   40. ①

조윤성

학 력
- 성균관대학교 회계학과 졸업(학사)
- 서강대학교 경영전문대학원 졸업 석사(마케팅 전공)
- 인천대학교 동북아물류대학원 졸업 박사(물류시스템 전공)

경 력
- 現 ㈜네이카 유통물류부문 대표컨설턴트
    한국물류시스템연구원 대표
    성결대학교 겸임교수
    한국통합물류협회, 물류신문, 무역협회 무역아카데미, 우정공무원교육원 등 출강
- 대한통운 택배사업부장, 서울택배지사장 역임
- 현대택배 육운사업부장, 기획부장 역임
- 아주택배 사업본부장 역임
- 사가와 익스프레스 코리아 대표이사 역임
- 로젠주식회사 대표이사 역임
- 한국산업관리공단 물류공동화프로젝트 자문위원 역임
- 우정사업본부 고객대표자회의 위원 역임
- 대한상공회의소 물류실무위원회 위원장 역임
- 서울보건대학, 아주대 산업대학원, 명지대 유통물류대학원, 서경대 외래교수 역임

저 서
- 택배의 이해와 운영(2001년, 물류신문사)
- 화물자동차운송관리(2005년, 도서출판 범한)
- 화물운송론(2005~2011년, 도서출판 범한)
- 택배운영시스템(2014년, 도서출판 범한)
- 콜드체인 관리(2019년, 한국콜드체인협회, 공저)
- 화물운송론(2012~2020년, 박문각)

최 / 신 / 개 / 정 / 판

물류관리사 | 화물운송론

초판인쇄 2020년 7월 25일 | **초판발행** 2020년 7월 30일 | **편저자** 조윤성 | **발행인** 박 용

발행처 (주)박문각출판 | **등록** 2015. 4. 29. 제2015-000104호

주소 06654 서울시 서초구 효령로 283 서경 B/D 4층

교재주문 (02) 3489-9400 | **동영상문의** (02) 3489-9500 | **팩스** (02) 584-2927

판권
본사
소유

ISBN 979-11-6444-722-0 | ISBN 979-11-6444-729-9(세트)

정가 24,000원